앨프리드 슬론의 회고록

나의 GM 시절

MY YEARS WITH GENERAL MOTORS

앨프리드 슬론의 회고록

나의 GM 시절

앨프리드 P. 슬론 2세 지음
심재영 옮김

북코리아

추천사

『나의 GM 시절』을 왜 읽어야만 하는가?
— 피터 F. 드러커

앨프리드 P. 슬론의 『나의 GM 시절』은 슬론이 90세로 세상을 뜨기 2년 전인 1964년에 출간된 책으로, 출간 즉시 베스트셀러가 되었을 뿐만 아니라 아직까지도 경영자와 경영학도 사이에 애독서로 남아 있는 책이다. 나는 25년 동안 이 책을 친구들과 고객, 학생들에게 추천해왔는데, 나에게 추천받은 모든 사람들은 이구동성으로 이 책이 매혹적이고 재미있었다고 했다. 그러나 슬론 자신은 이러한 반응에 오히려 놀라워했다. 1943년에 시작되어 1966년에 그가 세상을 뜨기 몇 달 전까지, 20년간 친분을 유지하는 동안 그가 진정으로 내게 화를 낸 것은 단 한 번, 내가 「뉴욕타임스」의 서평에서 그 책을 재미있다고 칭찬했을 때였다. 슬론은 내가 고의로 독자들을 호도했다고 질책했다. 그 책은 '재미'를 의도한 것이 아니었다. 오히려 전문경영자라는 새로운 전문직을 확립하고, 리더와 의사결정자로서 전문경영자의 역할을 기술하기 위한 것이었다.

슬론은 그 자신이 유해한 것으로 여긴 1946년에 출간한 제너럴 모터스에 대한 나의 책 『기업의 개념Concept of the Corporations』에 반박하기 위해 — 또는 적어도 균형을 맞추기 위해 — 『나의 GM 시절』을 썼다. 『기업의 개념』은 학문으로서 경영에 대한 최초의 연구였고, 대기업 내부의 제도적 원리들, 구조, 기본적 관계, 전략과 정책에 대한 최초의 연구였다. 이 책은 1943년부터 1945년까지 GM 경영진의 전폭적인 협조 하에 GM의 초청을 받아 수행한 2년의 연구결과였다. 그러나 책이 출간되었을 때 GM의 고위경영자들은 크게 불쾌해했고, 수년 동안 GM에서 언급조차 할 수 없었으며, 사실상 GM 경영자들에게는 '금서'가 된 것이다. 왜냐하면 이 책은 노무 및 종업원관계, 본사 스태프의 쓰임새와 역할, 딜러관계와 같은 GM의 일부 정책들이 시대에 뒤떨어져 있지 않은가를 묻고 있었기 때문이다. 이것은 GM 경영진들에 대한 불경죄였고, 나는 결코 완전히 용서를 받은 바가 없다. 그러나 슬론은 다르게 대응했다. 그 책에 대해 논의하기 위해 소집한 회의에서 GM의 경영진들이 나를 공격했을 때, 슬론은 즉각 나를 변호했다. 슬론은 GM의 경영진들에게 "저는 여러분에게 전적으로 동의합니다"라고 말했다. "드러커 씨가 크게 잘못했을 수도 있습니다. 그러나 그는 우리가 요청했을 때 자신이 해야만 하는 것을 정확히 말했습니다. 그리고 설령 그것들이 틀렸을지라도 그는 여러분이나 저만큼 자신의 의견을 피력할 권리를 가지고 있습니다." 나와 앨프리드 슬론의 사적인 인간관계는 사실상 그 회의에서 시작되었다. 그 책을 쓰기 위해 사전작업을 하는 동안 나는 슬론을 매우 자주 만났는데, 보통은 아주 큰 회의석상에서 그리고 GM 사무실에서였다. 이후 20년 동안 그는 1년에 한두 차례 나를 자신의 뉴욕 아파트에 초대해 점심식사를 같이했다. 거기서 슬론은 자신의 자선활동 계획, 특히 슬론-케터링암연구소와 MIT 슬론경영대학에 관한 계획들을 상의했다. 그러나 무엇보다 그는 자신이 여러 해 동안 작업하고 있던 『나의 GM 시절』에 관해 의견을 나누고 싶어 했다. 그는 나에게 의견을 물었고 나의 의견을 경청하였으나, 나의 조언을 받아들인 적은 한 번도 없었다.

슬론은 나의 책 『기업의 개념』이 경영을 학문으로서 확립시킬 것임을 나보다 먼저 깨달은 최초의 사람이었고, 정말로 그렇게 되었다. 하지만 그 책은 슬론의 관점에서는 분명히 잘못된 부분이 있었다. 그는 경영학의 기본개념인 대기업 조직의 체계적 운영, 기획과 전략, 성과의 측정, 분권화 원리의 창시자라는 것에 자부심을 가지고 있었고, 마땅히 그럴 만했다. 주제에서 벗어나지만, 실제로 경영의 설계자와 건설자로서 슬론의 업적은 제2차 세계대전에서 미국을 성공으로 이끈 주요 요소였다. 그것은 미국이 전혀 대비하지 못한 심각한 불황으로 사기가 저하되어 있을 때 기록적으로 짧은 기간 안에 미국의 산업을 일으켜 세우도록 한 것이다. 그리고 이는 제2차 세계대전 후 40년 동안 미국이 경제적 리더십을 확보한 기반이 되었다. 일본인들은 미국을 통해 교훈을 얻었고, 이때 배운 교훈을 바탕으로 경제 대국으로 성장하였다. 그러나 슬론은 '경영자라는 전문직profession of the manager'에 우선적으로 관심을 가졌고, 이에 비해 '경영학discipline of management'은 두 번째로 밀려났을 뿐만 아니라 한참 뒤떨어져 있었다.

플라톤과 아리스토텔레스로 거슬러 올라가면, 통치에 대한 접근법에는 쌍벽을 이루는 두 가지가 있다. 하나의 접근법은 '입헌주의자 접근법'으로, 정치에서의 정부 또는 조직들은 무엇보다도 폭정에 대비하여 질서 있는 승계와 안전을 제공할 수 있는 확실한 구조에 기반을 두어야 한다는 것이다. 다른 접근법은 정치사상사에서 '군주의 교육'이라고 불리는 것으로, 지배자의 성격과 지배자가 추구하는 도덕적 원칙들을 강조한다. 우리는 오랫동안 두 가지 접근법이 모두 필요하다는 것을 알고 있었다. 나의 저서는 이 두 가지 범주와 정확히 맞아떨어진다. (1954년에 출간한 『경영의 실제Practice of Management』는 주로 '입헌주의자 접근법'에, 1966년 앨프리드 슬론이 세상을 뜬 후 몇 주 만에 출간한 『성공적인 경영자The Effective Executive』는 '군주의 교육' 접근법에 해당한다.) 놀라울 정도로 박식한 사람이었던 슬론은 두 개의 전통적 접근법을 모두 알고 있었다. 그는 나에게 GM과 대기업의 조직 및 경영개념을 개발하기 위해 미국 헌법을 얼마나 반복해서 읽었는지 여러 차례 말했다. 그러나 그에게 가장 중요했던 것은 실무자로서, 리더로서 그리고 모범으로서의 전문경영자였다. 그는 『기업의 개념』이 중요하다는 것을 즉각적으로 알아챈 동시에 그것이 왜 유해한지를 깨달았다. 그는 나에게 실무경영자들과 학자들 모두 너무나도 잘못된 방향으로 가고 있다고 말했다. 오늘날의 언어로 다시 표현하자면 슬론은 내가 '리더십leadership'에 앞서 '경영management'을 먼저 생각한다고 비판했다.

GM에서 슬론은 첫 10년은 최고운영책임자로서, 이후 23년간은 CEO로서 일한 후 1943년, 67세의 나이에 CEO에서 은퇴하기로 계획을 세웠다. 이에 대비해서 슬론은 1930년 말부터 자서전적 스케치를 위한 자료를 수집하기 시작했는데, 그것은 출판을 염두에 두고 한 것이 아니라 동료들에게 일종의 고별 연설을 하기 위한 것이었다. 그러나 1943년에 들어섰을 때 미국은 한창 전쟁 중에 있었다. 슬론이 최고경영자 후보로 훈련시켜온 서너 명은 모두 전쟁활동에 참여하고 있었고, 그들이 다시 회사로 돌아왔을 때 그 자리를 이어받기에는 나이가 너무 많았다. 그래서 슬론은 마지못해 전쟁 기간과 그다음의 전환기까지 회사에 좀 더 남아 있기로 했다. 이 기간 중에 그는 자신을 승계할 다른 젊은 인재들을 훈련시켜야 했다. 당시 슬론은 전문가로서의 경영자상을 확립하기 위한 책을 집필해야 한다고 결정했고, 10년 전에 완전히 다른 목적으로 만들고 있던 자료를 찾았다.

그 결과는 보기 드문 성공이었다. 표면적으로는 슬론의 자서전 같았지만, 실제로 그것은 훨씬 더 많은 '사례 연구들'을 담고 있었다. 그것은 교훈적 목적을 담고 있었음에도 불구하고 생동감 있고 재미있으며,

읽기도 쉬웠고, 무엇보다 한 인간에 관한 것이었다. 그 사람은 앨프리드 P. 슬론이라는 인간 그 자체가 아니라 전문경영자를 위한 모델과 모범으로서의 앨프리드 P. 슬론이다.

『나의 GM 시절』에 묘사된 슬론은 흔히 '인간미가 없고' '냉정한' 것으로 비판을 받고 있다. 그런 비판을 받게 된 것은 그가 이 책에서 자신을 그렇게 그렸기 때문이다. 그는 "최고경영자는 직장에서 친구들을 가져서는 안 된다"고 확신했다. 그는 미국사에서 가장 훌륭한 대통령인 에이브러햄 링컨이나 프랭클린 D. 루스벨트 중 누구도 자신의 동료 중에서는 친구를 가지지 않았다는 것을 지적했다. 그리고 대통령을 역임했던 그랜트, 슬론이 높게 평가한 트루먼 그리고 그가 불신했던 아이젠하워는 곧바로 자신들의 친구들에 의해 배반당했다고 지적했다. 슬론은 "친구라는 이유만으로 너무 쉽게 편애하게 된다"고 하는 한편, "CEO는 항상 공평하고, 성과에 의해서만 판단해야 한다"고 주장했다. 노년에 난청이 그를 고립시켰을 때까지 슬론은 강한 우정을 지킨 사람이었다. 그들 모두는 '일을 쉬지' 않았다. 다년간 그의 가장 친한 친구였던 월터 P. 크라이슬러는 슬론이 자립하라고 그를 설득했을 때까지 GM의 뷰익사업부장이었다. 크라이슬러는 자신의 이름을 가진 아주 큰 자동차회사를 차릴 수 있었는데, 그 이유는 슬론이 그에게 1920년대 중반에 포드 모터 컴퍼니의 쇠퇴로 얻게 될 기회를 알려주었을 뿐만 아니라 포드가 급격하게 쇠락하는 것과 함께 GM 자체의 이익을 위해 강력한 경쟁자가 필요하다고 판단했기 때문이다. 그리고 크라이슬러는 그가 1940년에 65세의 나이로 세상을 뜰 때까지 줄곧 친한 친구로 남아 있었다.

슬론은 무엇보다 인간적으로 매우 따뜻한 정을 가지고 있었고, 금전뿐만 아니라 시간까지도 놀라울 정도로 관대하게 베풀었다. 내가 연구하면서 GM을 방문할 때마다 묻지도 않았는데, 부하직원들은 나에게 슬론이 자신들을 돕기 위해 어떻게 했는지에 대해 말했다. 예를 들어, 나는 슬론이 한 번도 만난 적 없는 공장관리자의 아이가 심한 화상을 입었다는 이야기를 듣고 크리스마스 휴가 일정 전체를 포기해 가면서 최상의 치료를 받을 수 있는 병원을 찾았다는 이야기를 들었다. 나는 항상 직원들에게 당신이 심각한 문제에 봉착해 있다면 누구에게 도움을 청해야 하는가를 물었다. 대부분의 사람들은 망설임 없이 곧바로 "물론, 앨프리드 슬론"이라고 대답했다. 슬론은 정책과 전략을 통해 GM을 성장시킨 것과 마찬가지로 개인적 존경심과 신뢰로 의욕을 고취시킴으로써 GM을 만들어냈다. 쉐보레, 뷰익, 캐딜락 같은 GM의 대규모 사업부를 운영하고 있던 책임자들은 GM에 매각되기 전인 1920년대 그리고 어떤 경우에는 그보다 오래전에 대기업을 창립하여 성공적으로 성장시킨 강한 지도자들이었다. 이 사람들은 슬론보다 나이가 많았고, 훨씬 더 부유했다. 왜냐하면 슬론이 GM의 경영진으로 이적하면서 GM에 매각한 액세서리사업은 아주 작았기 때문이다. 당시 GM의 대규모 사업부의 책임자들은 모두 GM의 대주주였다. 그들은 매우 독립적이었고, 본사로부터 '간섭'받는 것을 매우 싫어했다. 그러나 슬론이 GM에 몸담고 일을 시작한 지 몇 년이 되지 않아 이들 모두는 슬론을 존경하게 되었고, 충실한 팀원이 되었다.

슬론은 정말로 돈키호테라고 할 정도로 '인간중심적'이었다. 『나의 GM 시절』은 사실상 1954년에 완성되었으나, 그로부터 10년이 지난 후에야 출판되었다. 왜냐하면 슬론이 그 책에서 언급한 GM 사람들이 아직 생존해 있는 동안에는 출판을 거부했기 때문이다. 그는 "경영자는 공개적으로 부하직원들을 비판해서는 안 됩니다" 그리고 "그 책에서 내가 말하고 있는 것 중의 일부는 비판으로 해석될 수 있어요"라고 말했다. 당시 슬론은 80세로 이미 노쇠하였고, 그 책에서 언급된 아직 생존해 있는 GM 사람 중 일부는 열다섯 살 이상이나 더 어렸다. 더블데이 출판사의 편집자는 "슬론 씨, 귀하는 책이 출판될 때까지 살지 못할 우려가 충분히 있습니다"라고 애원하며 출간을 독촉했다. 그리고 편집자는 실제로 그 사람들을 찾아갔다. 그들 모두는 예외 없이 "비판을 받았다"는 느낌을 갖지 않았다고 했고, 슬론에게 책을 출판하라고 촉구했다. 그러나 슬론은 조금도 양보하지 않고 이렇게 말했다. "내가 충분히 오래 살지 못한다면 여러분은 사후에 출판해야 할 것입니다. 왜냐하면 사람이 출판 일정보다 우선이기 때문입니다." 슬론은 다른 모든 사람보다 오래 살았고, 그 책에서 언급한 마지막 사람이 세상을 뜬 날에야 그 책을 출판하여 배포했다. 확실한 것은 슬론이 '다정다감하지는' 않았다는 것이다. 그러나 그는 이상할 정도로 사람에게 관심을 가졌고, 그들을 주목했으며, 무엇보다도 그들 모두를 존경했다.

슬론의 책 『나의 GM 시절』에서 사람은 없다. 왜냐하면 슬론은 '전문경영자'는 인격의 힘을 통해서가 아니라 사실의 힘을 통해 경영을 해야 한다고 믿었기 때문이다. 나는 언젠가 슬론이 GM 경영자들 앞에서 한 연설에서 "환자를 대하는 태도가 올바른 진단을 대체할 수는 없습니다"라고 말하는 것을 들었다.

또한 슬론은 『나의 GM 시절』에서 자신의 모든 개인적 관심과 흥미를 일일이 엄격히 검열하고는 삭제했다. 그는 정치에서 항상 패배한 측에 깊이 개입했는데, 1937년에는 랜든의 유세에 그리고 1948년에는 듀이의 유세에 적극적으로 참여했다. 그는 프랭클린 D. 루스벨트와 20년간 애증관계를 유지했다. 그는 루스벨트의 성공을 찬미했으나 인간 루스벨트는 혐오했고, 뉴딜에 반대했다. 그는 언젠가 나에게 "알 스미스는 아주 좋은 사람이었지만, 루스벨트는 확실히 훨씬 더 좋은 대통령이었어요"라고 말해 나를 몹시 놀라게 한 적이 있다. 그렇지만 슬론의 책에서 루스벨트에 대한 유일한 언급은 1937년에 GM 노조가 농성 파업을 할 때 미시간주지사 프랭크 머피가 노조 지지를 그만두려고 하자 워싱턴의 누군가가 이에 반대했다는 내용이다. 뉴딜에 대해서는 전혀 언급이 없다! 내가 "뉴딜과 루스벨트 없는 1930년대의 역사는 왕자 없는 '햄릿'같다"고 주장했을 때, 슬론은 "이것들은 나와 GM에는 매우 중요한 사건들이었지만, 역사적 사건들이었을 뿐 전문경영자의 직무와는 아무 관계가 없어요"라고 말했다.

유사하게, 이 책에서는 슬론이 오랜 시간 열정을 바쳤던 자동차 안전과 플린트에 있는 GM인스티튜트지금의 GMI Tech라는 두 가지 사안에 대한 언급이 전혀 없다. 단지 슬론의 '유일한 아이'였던 18살 연하인 이복동생 레이먼드에 대한 아주 짧은 언급이 있다. 슬론은 50대의 젊은 나이에 세상을 떠난 레이먼드에 대해 "제 인생에서 가장 큰 개인적 비극이었습니다"라고 말했다. 전혀 언급하지 않았지만 앨프리드 슬론은 그 분야의 개척자였던 레이먼드를 통하여 병원 경영에 깊은 관심을 가지게 되었고, 슬론-케터링연구소에서 암 연구와 관련하여 많은 노력을 기울였다. 그는 "이것들은 방종이었어요. 그리고 그것들은 단지 제 아내가 골동품을 수집하는 것이나 최고재무책임자가 야한 넥타이를 매는 것에 지나지 않아 전문경영자를 다룬 책에는 들어갈 수 없습니다"라고 말했다.

『나의 GM 시절』에서 슬론은 한 인간으로서보다는 경영의 멘토로 그려지고 있음에도 불구하고 이 책은 대부분의 독자들에게 슬론이 책을 쓴 목적에 걸맞은 교훈들을 명확히 제시하고 있지 않다는 것을 주목할 필요가 있다. 나는 슬론의 주장에 모두 동의하는지의 여부를 떠나서 아직도 이 책을 최고의 경영서라고 생각한다. 이 책은 폭넓은 독자층을 확보하고 대중의 인기를 끌었음에도 불구하고 실제 경영에 미친 영향은 그리 크지 않았다. 이 책 자체가 하나의 '자서전'으로 제시된 것은 왜 그것이 슬론이 의도했던 행동지침으로서 읽히고 있지 않는지를 대부분 설명한다. 슬론이 자신의 계획을 말했을 때 나는 흥분했다. 내 생각에 '경영'이라는 전문직과 '전문경영자'에 대한 책은 1급 아이디어였고, 나는 아직도 그렇게 생각하고 있다. 그러나 나는 그것을 자서전 형태로 정리하는 것은 원래의 의도를 흐리게 할 우려가 있다는 것을 지적했다. "왜 그 주제 자체로 책을 쓰지 않고, 단지 예를 들기 위해 GM을 사용하는가?"를 물었을 때, 슬론은 그렇게 하기에는 자신이 적임이 아니라고 대답했다. 나는 "제목을 '전문경영자The Professional Manager'로 달고 부제를 'GM과 함께한 40년에서 얻은 교훈Lessons from Forty Years with GM'으로 하는 것이 어떨까요?" 하고 제안했다. 그러나 슬론은 그것이 너무 가식적이라고 생각했다. 그래서 나는 "각 장의 말미에 교훈을 전달하기 위한 짧은 절을 넣으시죠"라고 제안했다. 그러나 슬론은 단호하게 말했다. "드러커 씨, 나는 멍청이들을 대상으로 글을 쓰고 있는 것이 아니에요. 나는 경험 있는 경영자들을 대상으로 하여 쓰고 있습니다. 그들에게 명백한 것을 일일이 알려줄 필요는 없습니다." 그러나 모든 편집자가 곧 알게 되는 것처럼 분명한 것은 무엇이 필요한가를 정확히 알려주는 것이다. 그렇지 않으면 그것은 그냥 지나쳐질 수도 있을 것이다.

그렇다면 앨프리드 슬론의 의도를 감안했을 때 『나의 GM 시절』에 담겨 있는 주요 교훈들은 무엇인가? 이것은 내가 이해하기 쉽도록 부연하여 설명하는 것이다:

- 경영은 하나의 전문직이고, 경영자는 전문가이거나 전문가가 되어야 한다는 것이다. 이것은 1990년에는 진부하게 들릴 수 있으나, 30년

전만 해도 명확한 것이 아니었다. 이제는 대부분의 경영자들이 이를 역설하고 있지만, 실제로 그렇게 행동하고 있는 사람은 많지 않다.

- 전문경영자는 어떤 다른 전문가, 예를 들면 의사나 변호사와 같이 기업이라는 '고객'을 가지고 있다. 그는 그 자신의 이익을 고객의 이익에 종속시켜야 한다. 그것은 '전문가'를 특징짓는 고객에 대한 의무다.
- 전문가들은 개인적 의견이나 선호에 따라 의사결정을 하지 않는다. 그들은 사실facts에 근거해서 의사결정을 한다. 나는 이것이 나를 포함한 많은 독자들이 너무 길다고 여긴 『나의 GM 시절』 중 일부인 찰스 F. 케터링의 '동랭식 엔진'을 다룬 장의 의미라고 생각한다. 슬론은 케터링을 매우 존경했고, 그를 20세기 미국이 낳은 뛰어난 발명가로 여겼다. 그러나 슬론이 그토록 칭찬한 그 위대한 사람마저 사실에 반하는 자신의 선호와 애호에 집착했을 때 상처를 입고 스스로 무너졌다.
- 전문경영자의 직무는 사람들을 좋아하는 것이 아니며, 사람들을 변화시키는 것도 아니다. 그들의 강점을 일에 투입하는 것이다. 누가 일을 하든, 어떤 방법으로 일을 하든 상관없이 일하는 사람의 성과는 오로지 실적이고, 전문경영자는 진정으로 그 실적 하나에 관심을 집중해야 한다. 나는 언젠가 슬론에게 "나의 연구 중에 GM의 수익성 있는 사업부들인 쉐보레와 캐딜락을 운영했던 두 사람처럼 그렇게 다른 성향의 사람을 본 적이 없다"고 말했다. 그러자 그는 "당신은 크게 오해하고 있어요. 그들 두 사람은 아주 비슷해요. 두 사람 다 성과가 있었어요"라고 말했다.
- 성과는 '순이익' 그 이상이다. 그것은 또한 모범을 보이는 것이다. 그리고 그것은 신의와 성실을 요구한다. 이들 두 개의 영역, 즉 사업의 성과 그리고 모범과 멘토로서의 성과를 아우르기 위해서는 절대적인 관용을 가지고 최대한의 다양성을 인정해야 한다.
- 의견의 불일치, 갈등 또한 필요하며, 실제로 바람직하다. 의견의 불일치와 갈등이 없으면 이해심도 없다. 그리고 이해심이 없으면 단지 잘

못된 결정들만 있을 뿐이다. 슬론의 책에서 나에게 가장 매력적으로 와 닿는 부분은 비망록들인데, 그 안에는 그가 처음 의견의 불일치를 이끌어낸 다음 반대 견해를 이해로 그리고 합의와 헌신으로 통합하는 과정이 담겨져 있다. 리더십은 '카리스마'도 아니고, '홍보'도 아니며, 쇼맨십도 아니다. 그것은 성과, 일관된 행동, 신뢰성이다.

- 마지막으로 그리고 아마도 가장 중요한 교훈은 전문경영자는 '하인servant'이라는 것이다. 계급은 특권을 부여하는 것도 아니고, 권력을 주는 것도 아니다. 그것은 책임을 부과하는 것이다.

누구든 슬론의 명제들에 대해 반박할 수 있다. 슬론은 정말로 독자들이 그것들과 관련하여 많은 반박을 하길 원했다. 언젠가 내가 의문을 제기했을 때 그는 "그렇지 않으면 독자들은 내가 세운 명제들을 진지하게 받아들이지 않을 것입니다"라고 말했다. 그것이 앨프리드 슬론이 이 책을 집필한 이유이고, 『나의 GM 시절』을 '반드시' 읽어야 하는 이유다.

저자 서문

이 책은 GM에 대한 이야기를 대부분 나의 관점에서 서술하고 있다. 이것은 내가 23년간 회사의 최고경영책임자로서 그리고 45년간 이사회 멤버이자 그 위원회의 참여자로서 주요 정책결정과 경영의 핵심에 있었던 상황을 감안해볼 때 어느 정도 정당화될 수 있다고 생각한다. 또 유사한 맥락에서 내가 작성했거나 책임을 지고 있었던 과거의 자료를 사용하는 것이 정당화된다고 생각한다. 그것들은 정책 수립에 사용되었거나 정책에 영향을 주었고, 그렇기 때문에 그 자료들은 역사적 사건과 관련이 있다. 이 책을 쓸 때 이러한 방식으로 접근했기 때문에 엄청난 양의 연구를 해야 했고, 그로 인해 놀라울 정도로 많은 협업이 필요했다.

나는 무엇보다도 「포춘」지의 존 맥도널드John McDonald에게 많은 빚을 졌다. 그는 우리가 수년 전 이 프로젝트를 시작했을 때, 아마도 내가 모르고 있었거나 잊고 있던 많은 것을 포함하여, 이 책을 구상하고 내가 GM에 관해 알고 있는 것을 글로 만드는 데 있어서 가까이에서 많은 도움을 주었다. 나는 맥도널드 씨에게 함께 일하자고 요청했고, 친절하게도 「포춘」의 편집자들은 기꺼이 그의 휴직을 승인했다. 우리의 본래 의도는 특별히 GM을 참조하여 미국 기업에 대한 일련의 에세이를 쓰는 것이었다. 사실에 대한 조사에 들어갔을 때 프로젝트는 우리가 당초에 생각했던 수준을 넘어 크게 확대되었다. 우리는 끝까지 매 단계마다 그런 상태를 지속할 수밖에 없음을 느꼈다. 맥도널드 씨가 편집자로 지명된 것은 사실상 그가 선택한 것이었으나, 내가 권고한 것으로 널리 알려져 있다. 맥도널드 씨의 학식, 장인정신, 상상력, 전문가로서의 모범기준, 사업전략에 대한 이해가 이 책의 창작을 가능하게 만들었다.

나는 또한 처음부터 나와 맥도널드 씨와 함께 가까운 동료로 일해 온 캐서린 스티븐스에게 같은 빚을 지고 있다. 이러한 크고 복잡한 프로젝트를 조직하고 관리하는 데 있어서 그녀의 영감과 지성 그리고 다재다능한 능력으로 혜택을 받을 수 있었던 것은 우리의 행운이었다. 그녀는 또한 뛰어난 편집자였다. 존, 캐서린 그리고 나의 협업은 이 작업을 완성 시점까지 계속 진행할 수 있게 해준 원동력이 되었다. 그리고 우리는 다른 분들의 도움도 받았다.

우리의 편집 및 기술 보조원들이었던 펠리스 파우스트, 바버라 멀린, 메리 로스에게 이 책을 집필하는 오랜 시간 동안 이 프로젝트에서 보여준 헌신과 훌륭한 성과에 대해 존경과 감사를 전한다. 나는 또한 도리스 포스터, 린 고리, 마거릿 브레킨리지에게도 뛰어난 공헌에 대해 감사를 표하고 싶다.

나는 매사추세츠공과대학교 역사학 부교수 앨프리드 D. 챈들러에게도 도움을 받았다. 그는 우리의 자문역사가와 연구 동료로서 큰 도움을 주었다. 챈들러 교수는 GM의 발전에 대한 우리의 주요 연구 중 하나를 창의적으로 수행하였고, 원고 초안을 기꺼이 검토해주었다.

때때로 여기저기에서 나는 많은 재능 있는 전문가에게 도움을 청했다. 윌리엄 휘플은 이 책에 중요한 공헌을 하였다. 「포춘」의 대니얼 셀리그먼은 그의 편집기술과 판단력으로 많은 곤란한 문제들을 해결하는 데 도움을 주었고, 책 전체의 훌륭한 편집에 도움을 주었다.

나는 「포춘」의 샌퍼드 S. 파커의 큰 도움에 감사의 뜻을 표하고 싶다. 그는 경제 분석과 편집체제에 대한 자신의 능력을 여러 연구 분야, 특히 자동차시장과 그 역사에 활용했다.

또한 「포춘」의 찰스 E. 실버맨, 전 미국경영학회 현재는 몬론 캘쿠레이팅 머신 컴퍼니리톤의 프랭크 M. 리치아르디, 사회학자 네이선 그레이저, 「포춘」의 루이스 뱅크, 「포춘」에 있었던 루스 밀러, 존 와일리 & 손즈의 프랜시스 윌슨 그리고 매사추세츠공과대학교의 시드니 S. 알렉산더의 특별한 도움에 대해, 그리고 제이슨 엡스타인의 관심에 대해 감사드린다. 「포춘」의 메리 그레이스는 꼼꼼하게 원고를 검토해주었고, 『세계의 스포츠카Sports Cars of the World』의 저자 랠프 스타인은 초기 자동차에 대한 자신의 특별한 지식을 활용하여 우리에게 친절하게 조언해주었다. 뛰어난 사진작가인 워커 에반스는 유능한 사진편집자였다.

이 책은 회사의 입장이 아닌 나의 개인적 견해를 피력한 것이지만, GM의 모든 사업부와 본사는 내가 이 책을 저술하는 데 도움을 주었다. 너무 많은 사람들이 도와주었기 때문에 나는 그들에게 한꺼번에 인사할 수밖에 없다. 이 책에 대한 그들의 소중한 개인적 기여에 대해 그들 모두에게 뜨거운 감사를 보낸다. 이 책을 집필하는 데 있어 내가 상의했던 나의 오랜 친구와 동료로는 도널드슨 브라운, 고 할로우 H. 커티스, 할리 J. 얼, 폴 개릿, 고 리처드 H. 그랜트, 오몬드 E. 헌트, 찰스 스튜어트 모트, 고 제임스 D. 무니, 존 L. 프랫, 마이어 L. 프렌티스, 존 J. 슈먼 2세, 고 에드거 W. 스미스, 고 찰스 E. 윌슨, 월터 S. 카펜터 2세, 고 조지 휘트니, 헨리 C. 알렉산더가 있다.

나와 다른 길을 걷고 있는 아주 많은 사람들이 이 책에 나온 여러 가지 문제들을 돕기 위해 나와 서신을 교환하거나 직접 나를 만나러 와주었다. 1920년 이전으로 돌아가 당시의 많은 기억들을 되살려준 W.

C. 듀랜트의 전 비서 윈 머피, 연구 개념의 발전에 대한 도움이 되는 대화에 응해준 프랭크 A. 하워드, 대화 중에 듀랜트 씨에 대한 몇 가지 영감을 불러일으키는 생각들을 나에게 알려준 윌리엄 제켄도프, 이스턴 에어라인을 그에게 판매한 데 대한 기억을 되살려준 에디 리켄배커, 노스 아메리칸 에이비에이션에 대한 우리의 관심을 다룬 텍스트 일부분을 검토해준 고 제임스 H. 킨들버거, 귀중한 논평을 해준 아널드 J. 저커 박사, 우리의 초고에 대해 사려 깊은 논평을 해준 헤들리 도노번, 그리고 책 전체를 읽고 논평해준 내 동생 레이먼드에게 특별히 감사를 표하고 싶다.

주제를 정확히 커버하기 위해 연구하고 확인하는 과정에서 우리는 연구하고 글을 쓰는 모든 사람이 인정해야 하는 것과 같이 인간의 시야의 한계에 대해 절감했다. 나는 우리가 정확한 그림을 제시하기 위해 최선을 다했다고밖에 말할 수 없다. 나를 도와준 분들이 너무 많고, 그들의 많은 공헌이 이 책에 직접적으로 반영되었지만 여기에서 밝힌 결론과 의견 그리고 이 책 전체에 대한 책임은 당연히 나 개인에게 있음을 밝힌다.

앨프리드 P. 슬론 2세
뉴욕 시, 1963년 10월

차례

제2부

들어가는 말

이 책은 제너럴 모터스이하 GM의 발전에 대한 이야기를 하기 위해 기획되었다. 세계 최대의 민간 공업 기업인 GM에 관해서는 많은 이야깃거리가 있다. 그 역사는 금세기 그리고 지구의 많은 지역, 즉 도로가 있는 곳이라면 그 어디라도 관련되어 있다. 수많은 현대 공학기술의 개발과도 관련이 있다. GM은 시장에서 쉐보레, 폰티악, 올즈모빌, 뷰익, 캐딜락, GMC트럭과 코치로 대표되고 있으며, 오늘날 미국과 캐나다에서 제조되는 승용차와 트럭의 약 절반을 생산하고 있다. GM의 해외 사업체인 영국의 복스홀, 독일의 아담 오펠, 호주의 GM-홀덴스 그리고 아르헨티나와 브라질의 GM 제조공장은 1962년에 미국과 캐나다를 제외한 자유세계에서 만들어진 승용차와 트럭의 약 10분의 1을 생산했다. 이 회사는 또한 자동차 제조뿐만 아니라 세계의 기관차, 디젤 및 가스터빈엔진, 그리고 가전제품의 상당량을 생산하기도 한다. 이 책에서 나는 대부분 자동차 분야에 한정해서 설명했는데, 그 이유는 GM이 주로 현재 민수사업의 약 90%를 점유하는 자동차 제품의 생산자이기 때문이다. 그러나 비자동차 분야, 그리고 전쟁과 국방에서의 GM의 역할에 대해서는 별도의 장을 마련하여 설명했다.

자동차와 그 주변산업에서 65년 이상을 보냈고, GM에서는 그 가운데 엄밀한 의미에서 45년을 보낸 후 이 모든 것에 대해 내가 받은 인상이 이 책의 기초가 되었다. 그러나 역사가 이루어진 긴 기간, 주제 그 자체의 크기 그리고 기억의 한계가 이야기 전개를 과거에 대한 나의 인상뿐만 아니라 기록에 근거하도록 만들었다. 나는 또한 자주 동료들의 기억에 의존해야 했다. 따라서 나의 판단 하에 GM의 발전에 가장 큰 영향을 준 특정요소들, 대체로 GM의 분권화된 조직체계, 재무통제의 유래와 발전, 그리고 자동차시장의 경쟁이 치열해짐으로써 나타난 사업business의 개념에 나의 생각을 집중했다. 내 생각으로는 이 세 가지 요소가 GM 사업방식의 기초를 형성하고 있다.

GM의 역사적 측면에 관한 기술은 1908년에 업계의 천재 W. C. 듀랜트에 의해 GM이 설립된 초기부터 현재까지의 전 존속기간을 대상으로 하였다. 그러나 주로 내가 GM을 현대적 기업modern corporation이라고 불렀던 1920년 이후의 기간, 좀 더 구체적으로는 내가 사장 그리고 그 후 회장으로서 회사의 CEO였을 때인 1923년에서 1946년까지의 기간에 초점을 맞추었다. 이 기간 중에 GM은 오늘날 가지고 있는 기본적 특성을 어느 정도 개발했다. 나는 우리가 현대적 기업을 만들었을 때 시작했던 일들을 보여주기 위해 1921년 이전의 회사에 관해서도 기술했다.

나의 자서전적 측면에 대해서는 내가 업계에 있었던 초창기 시절과, 1918년에 회사에 들어가게 되는 과정을 대상으로 기술하였다. 내 사업 생애에서 거의 유일한 관심은 GM과 하얏트 롤러 베어링 컴퍼니였다. 하얏트 롤러 베어링 컴퍼니는 유나이티드 모터스 코퍼레이션의 일부가 되었다가 후에 다시 GM의 일부분이 되었는데, 그 이전에 나는 그 회사의 사장인 동시에 공동소유주였다. 그 회사에 참여한 이래 나는 회사에서 주요 주주가 되었는데, 오랫동안 보통주식의 약 1%를 소유한 최대 개인 대주주 중 한 명이었다. 여기에서 발생한 거의 모든 재산은 내 이름을 가진 자선재단으로 갔거나 갈 예정이고 거기서 교육, 의료, 기타 분야의 과학적 연구에 투자될 것이다.

따라서 나로서는 주주의 관점이 자연스럽다. 나는 항상 주주들과 배당금 지급 같은 문제에 대해 이사회와 위원회에 강한 입장을 견지해 왔다. 그렇지만 나는 또한 나 자신을 현재 우리가 '경영자executive'라고 부르는 부류의 한 사람으로 여기고 있다. 경영은 나의 전문 분야가 되었기 때문이다. 내가 CEO였을 때 나는 정책 발의를 위한 개인적 책임을 지고 있었다. 정책은 어디에서나 발안할 수 있지만, 개인에 의해 관리되기 전에 위원회에 의해 평가되고 승인되어야 하는 것이 GM의 원칙이었다. 환언하면 GM은 매우 유능한 개인들로 구성된 하나의 집단 경영을 해왔다. 그래서 나는 자주 '나' 대신에 '우리'라고 말할 것이고, 종종 내가 '나'라고 말할 때는 '우리'를 의미할 수도 있다.

GM의 발전에 대해 이야기하기 위해서는 그 배경 속에 있는 많은 다양한 요소들을 알고 있어야 한다. GM과 같은 회사가 어디에나 존재한다고 상상하기는 어렵다. 그러나 매우 활동적이고 진취적인 사람들, 과학과 기술 그리고 사업과 업계의 노하우를 포함한 자원, 광대한 공간과 도로 그리고 풍부한 시장, 변화와 이동성 그리고 대량생산이라는 산업적 특징과 금세기의 큰 산업적 확장, 일반적인 자유체제, 특히 자유경쟁기업을 가진 이 나라에서나 존재할 수 있다. 미국 자동차시장의 독특한 특징에 적응하는 것은 GM의 발전에 중요하고도 매우 복잡한 부분이었다. 결국 자동차로 보여준 바와 같이 우리가 미국의 스타일에 기여했다면 그것은 상호작용에 의한 것이다.

예를 들어, 미국 자동차산업의 생존이 매년 신차 구입자의 선호에 의해 결정된다고 생각해보자. 이것의 본질적인 부분은 연차 모델이라는 요구에 대해 조직이 대응하거나 포기하는 것이다. 이러한 요구를 만족시키려는 강한 욕구가 GM의 역동성이다. 기업과 업계의 발전에 관한 많은 것들은 연차 모델에 대한 이해를 통해 알 수 있다. 연차 모델의 유래와 발전, 그리고 자동차의 업그레이드에 관련된 개념 등에서 GM은 초기의 포드 조직에 비하여 두드러진 역할을 했다.

나는 또한 자동차가 현 시대에서 최대의 산업적 기회들 중 하나를 제시했다는 것을 언급하지 않을 수 없다. GM이 바닥에 위치해 있었던 것은 행운이었다. 이러한 사고를 바탕으로 GM의 초기를 다루고 있는 첫 두 장의 개념이 나왔다. 게다가 자동차는 GM으로 하여금 내부연소엔진의 개발과 밀접한 관련을 갖게 함으로써 필연적으로 우리가 다양한 동력이 필요한 다른 분야, 특히 비행기와 기관차에까지 이런 유형의 활용에 주도적으로 참여하게 만들었다. 우리는 내부연소엔진에 의한 동력을 공급하는 차량의 대량생산을 거의 독점할 정도로 성장했다. 그렇기 때문에 내가 GM과 그 성과에 심취해 있다는 것은 그 누구에게도 놀라움으로 다가오지는 않을 것이다. 그러나 나는 GM이 한쪽 끝의 주주들과 종업원들로부터 다른 쪽 끝의 소비자에게까지 기업과 그 주변의 이해관계를 만족시키기 위해 역사적 기회를 활용하였다고 말하는 것이 매우 객관적이라고 생각한다.

그러나 나는 GM이 100만 명이 넘는 주주들, 약 60만 명의 종업원, 92억 달러의 자산, 146억 달러의 매출액, 그리고 1962년에 14억 6,000만 달러의 매출을 올린 최대의 민간 공업 기업이라는 것을 언급하지 않을 수 없다. 나는 GM이 규모 문제를 충족해서 기쁘다. 왜냐하면 내 생각에 경쟁력 있는 기업의 규모는 그 기업의 경쟁력 있는 성과의 소산이기 때문이다. 큰 규모의 내수시장과 세계시장을 대상으로 자동차와 기관차 같은 제품을 대량생산할 때 기업의 크기가 큰 것은 매우 적절하다. 또한 이들 제품의 금액이 상대적으로 크다는 것을 잊어서는 안 된다. '소규모' 자동차 생산업체일지라도 미국에서 상위 100대 대규모 공업 기업 사이에 포함될 수 있다.

나는 성장 또는 그것을 위해 노력하는 것은 기업의 건전성에 필수적이라고 믿고 있다. 의도적으로 성장을 중단하는 것은 질식사하는 것이다. 우리는 그러한 사례를 미국의 산업에서 보아왔다. 자동차산업 그리고 많은 다른 산업에서 성장의 과정이 GM을 대기업이 되도록 이끌었다. 그것이 현재 우리 사회의 특징이다. 우리 대부분은 미국에서 대규모로 일을 한다. 나는 항상 기획은 크게 해야 한다고 생각한다. 그리고 무슨 문제가 발생한 후에야 나는 항상 우리가 충분히 크게 계획하지 않았다는 사실을 발견했다. 그러나 나는 GM의 규모를 예견하지 않았고, 규모를 하나의 목표로서 염두에 두고 있지는 않았다. 나는 단순하게 우리가 적극적으로 발전의 한도에 제한을 받지 않고 앞으로 나아가야 한다는 의견을 가지고 있었다.

성장과 발전은 관련되어 있다. 왜냐하면 경쟁적인 경제체제에서는 어떤 한 기업을 위한 안식처는 없기 때문이다. 장애물, 갈등, 다양한 형태의 새로운 문제, 새로운 지평이 상상력을 자극하기 위해 나타나고, 산업의 발전은 계속된다. 그러나 성공은 자기만족을 가져올 수 있다. 그럴 경우 모든 경제적 유인 중 가장 강력한 생존을 위한 욕구가 약해진다. 변화에 대응하는 타성적인 마음자세로 인해 모험정신을 잃어버린다. 이러한 결과들이 나타날 때, 기술 발전이나 소비자의 욕구 변화에 대해 깨닫지 못하거나 더욱 왕성하고 공격적이 된 경쟁에 의해 성장은 저지되고, 쇠퇴가 시작된다. 어느 산업에서나 특이한 성공을 지속하거나 특이하게 높은 수준에서 선두자리를 지키는 것은 종종 최초로 성공하거나 선두자리를 확보하는 것보다 더욱 어렵다. 이것은 한 산업의 리더가 해결해야 할 가장 큰 도전이다. 또한 미래의 GM이 해결해야 할 하나의 도전이기도 하다.

여기에서 명확히 해야 할 것은 내가 규모를 장애로 간주하고 있지 않다는 것이다. 나에게 규모는 단지 하나의 경영 문제일 뿐이다. 규모에 관한 나의 사고는 이론과 실제에서 상당한 복잡성을 내포하는 하나의 개념을 중심으로 삼고 있는데, 그 개념은 분권화로 요약된다. 정책에서 조정되고, 관리에서 분권화된 GM 같은 조직 유형은 잘 운영됐을 뿐만 아니라 대다수 미국 산업의 표준적 관행이 되었다. 이 개념은 적절한 재무적 인센티브와 함께 GM의 조직 정책의 초석이다.

우리의 경영철학의 요체는 사업 판단에 대한 사실적 접근factual approach이다. 물론 사업 판단에 대한 마지막 행동은 직관적이다. 아마도 사업 전략 또는 정책 결정의 논리를 개선하는 공식적인 방법들이 있을 것이다. 그러나 사업 판단의 배후에 있는 큰 작업은 끊임없이 변화하는 기술, 시장 등에 관한 사실과 상황을 발견하고 인정하는 데 있다. 현대 기술변화의 빠른 속도는 항구적으로 필요한 산업의 특징인 사실에 대한 탐구를 하도록 만든다. 그것은 명백한 것으로 보이지만, 산업에서 가장 큰 위상의 변동을 가져오는 것의 일부는 어느 정도 누군가가 제안한 아이디어가 영원할 것으로 생각하고 있었기 때문에 발생한다.

그러나 조직의 구조적인 설계보다 건전한 경영을 확립하는 것이 더 필요하다. 조직을 운영하는 사람들이 그것을 운영하기 위해 타인에게 권한을 위양하는 것보다 더 건전한 조직은 없다. 그들은 분권조직에서의 균형을 깨뜨리고 집권화와 1인 지배를 향해 갈 수 있는 지위에 있다. GM의 장기적 생존은 분권화의 정신과 실질 모두를 지키며 운영되고 있는가에 달려 있다.

이런 연유로 GM을 하나의 기관institution이라고 말하는 것은 적절한 것으로 보인다. 회사 내에는 기업 활동의 객관성을 중시하는 분위기가 있다. 회사의 큰 강점의 하나는 개성의 주관성에 휘둘리지 않고 사실을 중시하는 조직이 되도록 설계되었다는 것이다.

그러나 나는 경험을 통해 조직의 문제에 단순한 공식은 없다는 것을 깨달았다. 개성의 역할은 너무 중요할 수 있어서 개인들을 그 조직에 맞추기보다는 오히려 종종 하나의 조직 또는 조직의 한 부문을 한 명 이상의 개인들을 중심으로 만들 필요가 있다. 이러한 것은 우리의 초기 엔지니어링스태프 업무의 개발에 대한 나의 설명에서 상당히 극적인 형태로 보여줄 것이다. 그러나 회사의 어떤 부분을 개인에게 맞추어야 할 때에는 큰 제약조건이 필요하다. 왜냐하면 다른 과정과 같이 이 과정에도 한계가 있기 때문이다. 그리고 앞서 언급한 바와 같이 그것은 항상 주관을 초월하는 경향이 있는 조직의 건전성을 위해 불가피하다.

내가 이 책에서 소위 사상ideology을 표현하거나 암시했다면 그것은 아마도 하나의 신조로서, 진보의 한 수단으로서, 그리고 삶의 한 방식으로서 경쟁을 믿고 있는 것이라고 생각한다. 경쟁이 다양한 형태를 취하고 있다는 것을 인정해야 한다. 예를 들어, GM은 분권화된 조직의 한 유형으로서 일상적인 매일의 사업 활동뿐만 아니라 제품을 업그레이드하는 장기적 사업 운영방식으로서 타 기업과 경쟁했다. 반면에 연로한 헨리 포드는 집권조직과 하나의 고정된 자동차 모델을 더 신뢰하고 있었다. 이러한 기본 정책에서 경쟁은 결정적이다. 우리는 또한 진보에 대한 믿음을 가지고 전진했다. 그것은 우리의 진취적 투자 계획에서 명확히 드러난다. 우리는 계속적으로 생활수준이 향상된다는 가정하에 선택된 소수를 위한 것이 아니라 전체 소비자, 대중을 위한 생산을 시작했다. 생활수준 향상의 중요성에 대한 우리의 판단은 현대적 시장의 형성기에 우리와 타사 간에 큰 차이를 가져왔다.

내가 이 책에서 구획을 나누어 표시한 GM에서의 영역은 보통 보이지 않는 것이다. 그것은 이사회로부터 생산 사업부들까지 확장되고, 일반관리, 집행임원들, 정책위원회들, 라인과 스태프조직, 생산 사업부 간의 상호작용으로 구성된다. 환언하면 부분이 전체에 공헌하고, 전체가 부분에 공헌하는 영역이다. 따라서 생산 사업부의 내부가 아니라 우리가 GM이라고 부르는 하나의 별자리 내부가 나의 분석 대상이다.

이 책은 2부로 나뉜다. 제1부는 조직, 재무, 제품의 분야에서 주식회사의 기본적 경영 개념들의 유래와 발전을 포함한 GM 발전의 근간이 되는 부분에 대한 통합적이고 연속되는 이야기다. 제2부는 엔지니어링, 유통, 해외사업, 군수품, 인센티브 보상, 기업의 다른 측면들과 분과들을 자세하게 다루는 별개의 섹션들로 구성되어 있다. 나는 이 모든 측면을 종합하려고 시도하지는 않았다. 반세기 이상을 유지하고 있는 GM의 모든 이야기를 하려고 시도하는 것은 나에게는 불가능한 일이었다. 나는 모든 저자들이 하는 것과 같이 주로 나 자신의 경험에서 취사선택했고, 그에 따른 평가를 받을 준비를 했다.

이 책의 접근법은 논리적 관점에서 사업을 다루고, 아이디어들과 역사를 통합시키는 것이다. 이 책의 구조, 특히 제1부의 일련의 장들은 자동차산업에서 발생한 사건들과 관련된 경영의 논리를 숙고하여 정리한 것이다. 물론 심리적, 사회적, 주관적 등 다른 가능한 접근법들이 있었다. 논리적 접근법을 선택한 이유는 그것이 한정된 지면에서 다량의 복잡한 자료의 제시를 가능하게 만들었기 때문이다. 그것은 또한 사업에 대한 명확한 관점을 제시할 수 있게 해주었다. 이러한 접근법은 GM과 같은 주제를 다루는 데 적절한데, 그 이유는 회사의 사업전략의 한 측면 자체가 사업목표를 추구할 때 의식적으로 객관성을 유지하고자 노력하는 것이기 때문이다.

필연적으로 나는 많은 장기적인 기본 정책들이 처음으로 정해졌을 때인 과거에 이루어낸 일들을 강조하였다. 그러나 나는 매년 회사의 운영에서 초기 정책들을 다듬고 수정하는 새로운 창의적 노력들이 계속적으로 이루어져야 한다는 것을 알고 있다. 게다가 새로운 상황에 대응하기 위해서는 새로운 정책들이 수립되어야 한다. 내가 자주 말했듯이 변화는 도전을 의미하고, 도전에 대응하는 능력을 갖는 것은 좋은 경영에 대한 신호가 된다. GM이 성장과 번영을 유지하기 위해서는 제품, 수요, 외부의 압력에서 지대한 영향을 가져올 변화에 대해 늘 대응해야만 했다. 실제로 현재 GM의 경영진은 그 세대에 독특하게 나타나는 완전히 새로운 문제들에 맞닥뜨려 이를 해결하고 있다.

제1부

제1장 위대한 기회 I

GM의 탄생 1908년, 자동차산업의 발전에 지속적으로 중요한 영향을 미친 두 가지 사건이 발생했다. 하나는 뷰익 모터 컴퍼니Buick Motor Company에서 일하고 있던 윌리엄 C. 듀랜트William C. Durant가 제너럴 모터스 코퍼레이션General Motors Corporation의 전신인 제너럴 모터스 컴퍼니General Motors Company를 설립한 것이고, 또 하나는 헨리 포드Henry Ford가 '모델 T'를 내놓은 것이다. 이 두 가지 사건은 각각 하나의 회사, 하나의 자동차로서의 의미 이상의 것을 상징적으로 나타내고 있다. 이들은 기존의 것들과는 상이한 관점과 철학을 보여주었다. 역사적으로 보면 이러한 철학들은 이들이 후세에 자동차산업에서 선도적 역할을 하는 데 기여하였다. 포드의 철학이 먼저 조명을 받았는데, 모델 T의 수명인 19년간 지속되었고, 그에게 불멸의 명성을 가져다주었다. 듀랜트 씨의 개척자적 업적은 이미 그 가치를 인정받았다. 그의 철학은 모델 T 시대에 나타나 그 후에 그가 아닌 나 자신을 포함한 다른 사람들에 의해 실현되었다.

초기에 듀랜트 씨와 포드 씨 두 사람보다 자동차산업에 주어진 기회를 잘 이해한 사람은 없었다. 당시에 자동차는 특히 금융인들 사이에서 하나의 스포츠로서 널리 인식되었다. 자동차는 터무니없이 비싼 가격이 매겨져 시장에서 배척당했고, 기계적인 신뢰성이 없었으며, 도로도 엉망이었다. 그러나 1908년에 미국 산업계에서 고작 6만 5,000대의 '기계장치들machines'을 생산했을 때, 듀랜트 씨는 연간 100만 대의 자동차 시대가 올 것이라고 예상하였다. 그 때문에 그는 무모한 아이디어의 주창자로 여겨졌다. 그리고 포드 씨는 모델 T에서 그 예언을 실현시킬 수 있는 첫 번째 방법을 이미 찾아냈다. 미국 자동차업계는 1914년에 50만 대 이상의 자동차를 생산했다. 1916년에 와서는 포드 씨 홀로 50만 대 이상의 모델 T를 생산했고, 1920년대 초 포드 씨의 전성기에는 1년에 200만 대 이상의 자동차를 생산했다. 역사적 소명을 달성한 후에 후년에 가서 그 위대한 자동차가 몰락한 것은 이 이야기의 중심이 되는 사건들 중의 하나다.

듀랜트 씨와 포드 씨는 둘 다 남다른 비전, 용기, 대담무쌍함, 상상력, 선견지명을 가지고 있었다. 1년 동안 만든 것이 현재의 단 며칠 만에 만든 것보다 적었던 시대에 두 사람 모두 자동차의 미래에 모든 것을 걸었다. 그들은 그 이름들이 미국인의 언어와 하나가 된 위대하고 영속적인 제품계열을 창조했으며, 위대하고 지속적인 기관들institutions을 만들었다. 그들은 내가 '개인적 유형의 산업가personal types of industrialists'라고 부르는 세대였다. 즉, 듀랜트 씨와 포드 씨는 방법과 객관적 사실들을 기반으로 한 경영 훈련 없이 주관적 요인으로 자신들의 개성, 말하자면 '천재성'을 기업경영에 담았다. 그러나 그들의 조직 운영방법은 양극단에 있었다. 포드는 '극단적 집권주의자centralizer'였고, 듀랜트는 '극단적 분권주의자decentralizer'였다. 그리고 그들은 제품과 시장에 접근하는 방식도 달랐다.

포드 씨의 조립라인 자동차 생산, 높은 최저임금 및 저가격 자동차는 가히 혁명적이었고, 그는 우리의 산업문화에 가장 큰 기여자로 우뚝서 있다. '저가의 하나의 모델로 만들어진 하나의 자동차'라는 그의 기본적인 구상은 그 당시 시장, 특히 농촌시장에서 주로 필요한 콘셉트였다. 그러나 당시 자동차의 다양성에 대한 듀랜트 씨의 생각은 아직 확실하지 않았고, 이후에 진화하면서 업계의 추세와 가까워졌다. 오늘날 미국의 주요 자동차회사들은 각각 다양한 자동차를 만들고 있다.

듀랜트 씨는 창업create은 할 수 있었으나 관리administer는 할 수 없었던 큰 약점을 가진 위대한 인물이었다. 그는 몰락하기 전에 한 세기의 4분의 1이 넘는 기간 동안 마차사업에서 자동차사업까지 창업의 영광을 이어갔다. 그는 제너럴 모터스General Motors, 이하 GM를 설립했으나, 자신이 한때 개인적으로 가진 지배적인 지위를 장기적으로 지키고 유지할 수 없었는데 이것은 미국 산업사에서 하나의 비극이었다.

세기의 전환기에 아무런 사전 준비 없이 사업을 시작한 듀랜트 씨가 미국 굴지의 수레와 마차 생산자였다는 것은 일반적으로 알려지지 않은 사실이다. 그는 1904년에 도산 위기에 몰린 뷰익 모터 컴퍼니에 들어가 조직을 재정비하였는데, 1908년에 이 회사는 미국 굴지의 자동차 제조업체로 변모해 있었다. 그는 1908년에 8,487대의 뷰익을 만들어냈다. 타 업체와 비교해보면, 그해에 포드는 6,181대를 생산했고 캐딜락은 2,380대를 생산했다.

1908년 9월 16일, 듀랜트 씨는 GM컴퍼니를 설립했다. 1908년 10월 1일에 가장 먼저 뷰익을 합병한 다음 11월 12일에 올즈를, 그 이듬해인 1909년에 오클랜드와 캐딜락을 합병했다. 지주회사였던 GM컴퍼니에서 자회사들은 모회사와 독립적으로 사업운영의 정체성을 유지했다. 즉, 본사는 자주적으로 운영되는 위성 같은 회사들로 둘러싸였다. 듀랜트 씨는 다양한 방법 — 주로 주식의 교환 — 으로 1908년과 1910년 사이에 약 25개의 회사를 GM에 합병했는데, 11개는 자동차

회사, 2개는 전기램프회사, 나머지는 자동차 부품 및 액세서리 제조업체들이었다. 회사의 발전사를 보면 자동차회사 중 뷰익, 올즈현재의 올즈모빌, 오클랜드현재의 폰티악, 캐딜락의 4개 회사가 처음에는 회사companies로서, 나중에는 사업부divisions로서 영구적으로 남아 있다. 다른 7개의 초창기 자동차회사들은 단지 그림자 기업shadow enterprises으로, 주로 엔지니어링설계와 작은 공장이나 생산시설을 가지고 있었다.

그 당시는 조직을 합병할 때 흔히 '주식 물타기stock watering'와 다른 조작이 개입되었는데, 이러한 재무적인 연금술은 종종 물을 금으로 변화시켰다. 나는 GM컴퍼니가 설립될 때에도 그렇게 했다고 말할 자신은 없다. 왜냐하면 뷰익은 GM의 주축 회사가 되기 전에 매우 수익성 있는 기업이었기 때문이다. 뷰익은 1906년에 약 200만 달러의 매출로 약 40만 달러의 이익을 얻었고, 국가경제가 '공황panic'이었던 해인 1907년에도 약 420만 달러의 매출을 올려 110만 달러의 이익을 얻었으며, 1908년에는 약 750만 달러의 매출로 약 170만 달러의 이익을 얻었는데, 이는 훌륭한 성장과 수익성을 분명하게 보여준 것이다.

듀랜트 씨는 제품라인의 확장과 통합을 통한 합병consolidation에 관심을 가졌다. 그는 일반적인 생산방법에서 자신이 살았던 시대를 앞서 있었다. 듀랜트 씨는 부품 제조업체들이 만든 부품을 단순히 조립한 대부분의 초기 자동차 생산자들과는 달리 이미 많은 자체부품을 사용하여 뷰익을 만들고 있었으며, 이 방법으로 경제성이 증가하기를 기대했다. 1908년에 맥스웰-브리스코 모터 컴퍼니Maxwell-Brisco Motor Company와 뷰익의 합병은 실현되지 못했는데, 합병 검토 서류에 따르면 합병을 통해 구입, 판매, 통합생산에서 기대되는 경제성을 명시하고 있다. 이 서류에 따르면 플린트에 있는 뷰익 공장들 중 하나는 "차체, 차축, 스프링, 휠, 주물을 제조하는 10개의 독립적인 공장 집단의 가운데에 위치하고 있었다." 듀랜트 씨는 그 회사들 중 일부에 대해 옵션options을 보유하고 있었다. 따라서 듀랜트 씨는 단순한 '주식시장 투기꾼stock market plunger'이라는 그의 대중적 이미지와는 달리 경제 문제에서 상당히 세련된 식견을 보여주었다. 나는 그가 자신의 경제철학을 적용함에 있어 엄밀했다고는 말할 수 없다. 그러나 그는 아주 많은 자동차회사들의 탄생과 죽음을 체험한 시기에 걸출하게 등장했다.

듀랜트의 합병전략 나는 듀랜트 씨가 GM을 설립하는 방법에서 세 가지 유사한 유형이 있다고 본다. 첫 번째는 시장에서의 다양한 기호와 경제 수준을 고려한 자동차의 다양성variety이었다. 그것은 뷰익, 올즈, 오클랜드, 캐딜락 그리고 후에 쉐보레Chevrolet에서 분명해진다.

두 번째 유형은 다각화diversification로, 자동차 엔지니어링의 미래에서 많은 가능성을 타진하기 위해 전부가 아니면 전무의 방법 대신에 높은 평균적 결과를 찾기 위해 고안된 것으로 보인다. 예를 들어 GM에서 살아남지 못한 회사들 중에는 당시 슬라이딩 기어 트랜스미션의 잠재적 경쟁자로 간주된 '마찰 구동' 기술을 보유한 카터카Cartercar 그리고 자전거 제조기업에서 파생하여 어떤 종류의 수요에 대한 기회를 가진 것으로 보인 2사이클 모터 기술을 보유한 엘모어 매뉴팩처링 컴퍼니Elmore Manufacturing Company가 있다. 또한 다음과 같이 이름만 나열하는, 무작위로 도박하는 것처럼 투자한 많은 기업들이 있다.

- 마켓 모터 컴퍼니Marquette Motor Company
- 유잉 오토모빌 컴퍼니Ewing Automobile Company
- 랜돌프 모터카 컴퍼니Randolf Motor Car Company
- 웰치 모터카 컴퍼니Welch Motor Car Company

• 래피드 모터 비히클 컴퍼니Rapid Motor Vehicle Company
• 릴라이언스 모터 트럭 컴퍼니Reliance Motor Truck Company

마지막 두 회사는 통합되어 래피드 트럭Rapid Truck이 되었는데, 이 회사는 1911년 7월 22일에 GM 트럭 컴퍼니General Motors Truck Company에 흡수 · 합병되었다.

세 번째 유형은 뷰익과 관련하여 언급한 자동차의 기초를 이루는 부품들과 액세서리 제조를 통한 통합integration을 증가시키기 위한 노력이었다. 듀랜트 씨는 다음과 같은 많은 부품제조회사들을 GM컴퍼니로 합병했다.

• 자동차와 승용차, 트럭용 모터와 부품을 생산하는 노스웨이 모터 앤드 매뉴팩처링 컴퍼니Northway Motor and Manufacturing Company
• 스파크 플러그 제조업체인 미시간 주 플린트의 챔피언 이그니션 컴퍼니Champion Ignition Company, 나중에 AC 스파크 플러그 컴퍼니AC Spark Plug Company로 개명
• 뷰익의 부품제조업체인 잭슨-처치-윌콕스 컴퍼니Jackson-Church-Wilcox Comapany
• 휠과 차축 등의 생산업체인 유티카, 나중에 플린트의 웨스턴-모트 컴퍼니Weston-Mott Company로 개명
• 기타 회사

또한 듀랜트 씨는 건실한 마차 제조회사carriage maker였던 캐나다의 맥러플린 모터카 컴퍼니McLaughlin Motor Car Company, Ltd.를 인수했다. 이 회사는 캐나다에서 뷰익 부품을 구입했고, 맥러플린-뷰익차를 제조했다. 이러한 조치는 캐나다에서 GM의 발전에 큰 책임을 맡은 R. 새뮤얼 맥러

플린R. Samuel McLaughlin의 재능을 GM과 연결시켰다.

듀랜트 씨가 이들 추가된 회사들을 모두 취득한 것은 아니다. 예를 들면 그는 모든 자금을 투입하여 챔피언 이그니션을 설립했고, 자신의 노하우 중 25%를 앨버트 챔피언Albert Champion에게 주었다. 그 회사는 GM이 챔피언 씨의 미망인으로부터 소수지분을 구입할 때인 1929년까지 부분적으로 소유한 종속회사로 남아 있었다.

듀랜트 씨는 또한 잠재적인 통합 관점에서 GM을 중요한 부품기업 그룹으로 변모시켰다. 다른 한편으로 그는 쓸모없게 된 히니 램프 컴퍼니Heany Lamp Company에 뷰익과 올즈 통합을 위해 지급한 것보다 더 많이 지급했다. 히니의 주식은 약 700만 달러에 구입했는데, 주로 GM 유가증권으로 지급되었다. 히니의 주요 자산은 후에 특허청이 받아들이지 않았던 텅스텐램프를 위한 특허 신청이었다.

듀랜트 씨의 접근법은 장기적으로는 타당성이 있었을지 몰라도 단기적으로는 그의 파멸 원인이 되었다. 뷰익과 캐딜락, 특히 품질과 물량을 결합한 뷰익은 원래 GM에 있던 거의 모든 것이었다. 그것들이 자동차 생산의 대부분을 차지하고 있었는데, 1910년에는 미국의 자동차 생산의 약 20%를 차지했다. 회사의 나머지 차들은 영향력이 없었다. 그래서 나중에 밝혀진 것처럼 GM은 빠르게 과잉 확장했고, 재무적 어려움에 처하게 되었다. 듀랜트 씨는 GM컴퍼니를 설립한 지 정확히 2년이 되는 1910년 9월에 회사의 경영권을 상실했다.

보스턴의 리 히긴슨 앤드 컴퍼니Lee Higginson and Company의 제임스 J. 스토로James J. Storrow와 뉴욕의 J. 앤드 W. 셀리그먼 앤드 컴퍼니J. and W. Seligman and Company의 앨버트 스트로스Albert Strauss가 이끄는 투자은행그룹이 재융자를 위해 GM에 들어왔고, 이런 연유로 의결권 신탁을 통하여 GM의 운영권을 인수했다. 원금 1,275만 달러를 5년 뒤 1,500

만 달러로 상환한다는 엄격한 조건으로 사채를 발행했다. 사채 발행은 궁극적으로 사채보다 엄청나게 더 큰 가치가 있게 될 보통주의 형태로 대부자에게 '보너스'를 가져다주었다. GM의 대주주인 듀랜트 씨는 부사장 겸 이사회 멤버로 남아 있었지만 경영 문제에서는 옆으로 밀려나야 했다.

그 후 1910년에서 1915년까지 5년 동안 은행그룹이 GM컴퍼니를 효율적이지만 보수적으로 운영했다. 그들은 수익성 없는 사업들을 청산했고, 재고와 기타 자산 가치에서 그 당시에는 거액이었던 약 1,250만 달러를 상각했다. 그들은 GM의 제품을 해외에 판매하기 위해 1911년 6월 19일에 GM 모터스 익스포트 컴퍼니General Motors Export Company를 설립했다. 전체적으로 자동차산업은 이 기간 동안 주로 포드의 저가시장에서의 활약으로 1911년에 약 21만 대에서 1916년에 약 160만 대로 급격하게 확장됐다. GM은 1910년에 4만 대에서 1915년에 약 10만 대로 매출을 늘렸지만, 포드의 부상에 따라 판매량 면에서 시장점유율이 20%에서 10%로 하락함으로써 상대적인 지위가 약화되었다. 당시 GM은 저가시장에서 두드러지지 못했다. 그러나 회사의 재무 상태는 좋았다. 효율적인 운영이 이뤄진 것은 당시 사장인 찰스 W. 내시Charles W. Nash 덕분이었다.

내시 씨는 다음과 같은 과정을 거쳐 GM에 들어왔다. 그는 약 20년 동안 듀랜트-도트 캐리지 컴퍼니Durant-Dort Carriage Company에서 듀랜트 씨와 함께 일했고, 듀랜트 씨가 먼저 자동차사업에 진출했을 때 그곳의 경영자로 남아 있었다. 듀랜트 씨가 명석하고 대담 또는 무모하다고 할 수 있었던 데 비해 내시 씨는 안정되고 세심했다. 내시 씨는 자동차에 대한 경험이 거의 없었지만, 1910년 들어 제조 및 관리 기술에서 재능을 보여주었다. 나는 은행가인 스토로 씨가 뷰익 경영자로 내시 씨를 기용한 것은 듀랜트 씨의 제안 때문인 것으로 알고 있다. 어쨌든 내시 씨는 1910년에 자회사인 뷰익의 사장이 되었고, 뷰익에서 성과를 올려 1912년에는 GM컴퍼니의 사장이 되었다.[1]

초기에 뷰익이 GM의 중심으로 남아 있었던 것은 결코 우연이 아니었다. 뷰익은 스타들로 구성된 경영진을 보유하고 있었다. 아메리칸 로코모티브American Locomotive의 이사director였던 스토로는 그 회사 공장 중의 한 곳에서 월터 P. 크라이슬러Walter P. Chrysler를 발견하여 그를 내시 씨에게 추천했다. 나는 내시 씨가 1911년에 크라이슬러 씨를 뷰익의 작업관리자work manager로 고용한 것으로 알고 있다. 내시 씨가 1912년에 GM의 사장으로 승진했을 때 크라이슬러 씨는 뷰익에 남아 있었고, 나중에 그곳에서 사장 겸 사업부장이 되었다. 은행의 지배기간인 1910년부터 1915년 사이에 뷰익은 캐딜락과 함께 GM컴퍼니의 거의 모든 이익을 지속적으로 창출했다.

그 당시 GM은 은행그룹의 도움이 필요했다. 5년 만기 사채 발행 1,500만 달러를 발행하여 회사의 과거 만기채무를 청산할 수 있었으나 여전히 운전자본이 필요했다. 이 때문에 은행으로부터 대규모 차입을 했는데, 이 차입금은 특정 기간에 약 900만 달러까지 상승한 적도 있다. 그러나 1915년에 GM의 재무상황은 아주 양호했다. 그해 9월 16일의 회의에서 이사들은 7년 전 회사가 설립된 이래 처음으로 보통주에

---

1 내시 씨는 GM의 초대 사장으로 큰 역할을 했지만, 사실상 직함을 보유한 다섯 번째 인물이었다. 회사 설립 시에 듀랜트 씨는 스스로 부사장직을 택했다. 사장 직함을 가진 첫 번째 인물은 조지 E. 대니얼스(George E. Daniels)였는데, 그의 임기는 1908년 9월 22일부터 10월 20일까지 채 한 달도 되지 않았다. 두 번째는 윌리엄 M. 이튼(William M. Eaton)이었는데, 1908년 10월 20일부터 1910년 11월 23일까지 약 2년 동안 그 직책을 맡았다. 제임스 J. 스토로(James J. Storrow)는 1910년 11월 23일부터 1911년 1월 26일까지 두 달 동안 임시직 사장이었다. 네 번째는 토머스 닐(Thomas Neal)이었다. 그의 임기는 1911년 1월 26일부터 1912년 11월 19일까지였다.

대해 주당 50달러의 현금배당을 선언했다. 이러한 조치는 당시의 16만 5,000주에 800만 달러 이상의 배당금을 분배하는 것이어서 금융계를 깜짝 놀라게 했다. 왜냐하면 그때까지 뉴욕주식거래소에 상장된 주식 중 최대의 주당 현금배당이었기 때문이다. 이사회 의사록을 보면 이러한 배당을 선언하기 위한 안건 발의는 내시 씨가 했고, 듀랜트 씨가 이를 지지했다. 그러나 의결권 신탁기간이 끝나 있었고, 듀랜트 씨가 회사의 경영권을 되찾으려고 함으로써 한편으로는 듀랜트 씨, 다른 한편으로는 은행그룹과 내시 씨 경영진 간에 심각한 갈등이 일어나고 있었다.

듀퐁사로부터의 출자 1910년에 GM의 경영에서 밀려난 후, 듀랜트 씨는 자동차산업에서 자신의 기업가정신을 다시 한 번 보여주었다. 그는 경차를 가지고 한 실험에서 루이 쉐보레Louis Chevrolet를 지원했다. 1911년에 듀랜트 씨와 쉐보레 씨는 함께 쉐보레 모터 컴퍼니Chevrolet Motor Company를 출범시켰다. 듀랜트 씨는 이를 4년 만에 미국과 캐나다에 여러 조립공장과 도매영업소를 가진 전국적 조직으로 발전시켰다. 이 기간 중 어느 시기에 그는 쉐보레 컴퍼니 주식의 보유량을 늘려 GM 주식과의 교환조건으로 제공하기 시작했다. 그는 쉐보레를 통해 GM의 지배권을 되찾게 되기를 원했다.

듀퐁du Ponts이 등장하여 GM의 역사에 중요한 역할을 시작한 것은 바로 이 무렵이었다.

듀퐁을 GM으로 끌어들이는 중요한 책임을 맡은 사람은 당시 듀퐁 컴퍼니du Pont Company의 재무책임자treasurer 겸 피에르 S. 듀퐁Pierre S. du Ponts의 개인 재무 자문역이었다가 나중에 사장이 된 존 J. 래스콥John J. Raskob이었다. 1953년, 정부에 의해 제기된 듀퐁 컴퍼니와 GM 간의 관계를 공격하는 소송에서 듀퐁은 1914년경에 개인투자자로 약 2,000

주의 GM 주식을 샀다고 증언했다. 존 래스콥은 1915년 어느 날 듀퐁이 이사로 있던 채텀 앤드 피닉스 내셔널 뱅크Chatham and Phenix National Bank의 사장인 루이 G. 카우프만Louis G. Kaufman이 자신에게 GM의 상황을 설명했다고 말했다. 카우프만 씨는 회사의 역사와 다가오는 은행가들의 의결권 신탁 소멸에 대해 설명했다. 1915년 9월에 열린 회의는 11월 선거를 앞두고 새로운 이사회를 제안하기 위한 것이었다. 듀퐁 씨는 듀랜트 씨와 보스턴 은행가들이 화합하고 있다는 것을 알았다고 말했다. 듀퐁 씨와 래스콥 씨는 회의에 초대를 받았다. 이것이 듀퐁 씨가 기억하는 듀랜트 씨와의 첫 만남이다.

또한 듀퐁 씨는 이렇게 말했다:

> 카우프만 씨가 예상했던 화목한 회의 대신에 보스턴 은행가들과 듀랜트 씨의 두 파벌은 불화가 심했습니다. 그들은 새로운 이사회의 후보자 명단이 어떠해야 하는지에 관한 합의를 하지 못했습니다.
>
> ……많은 대화 후에 카우프만 씨는 저를 따로 불렀습니다. 그런 다음 우리는 회의실로 돌아왔고, 제가 그 회사를 위해 3인의 중립적 이사들을 거명한다면 7인의 이사를 갖고 있는 각 파벌과 제가 3인을 지명해서 후보자명단을 구성해야 한다고 선언했습니다.
>
> 그동안에 그들은 저를 회의의 의장으로 지명했습니다. ……

후보자명단은 합의되었고, 1915년 11월 16일의 연차 주주총회에서 주주들에 의해 선출되었다. 같은 날 이사회의 창립총회에서 피에르 S. 듀퐁이 GM컴퍼니의 회장으로 선출되었고, 내시 씨는 사장으로 재선되었다. 보스턴 은행가들과 듀랜트 씨 간에는 회사경영권에 대해 교착상태가 지속되었으나, 듀랜트 씨가 주도권을 가지고 있다는 루머가 널리 퍼졌다. 그는 경영권을 주장했고, 위임장 경쟁이 있었지만 성공하지 못했다. 1916년에 은행가들은 다투지 않기로 결정하고 사임했다. 듀랜트 씨는 쉐보레에 대한 자신의 경영권으로 GM에 대한 경영권을 획득했다.[2]

듀랜트 씨는 승리 후 내시 씨에게 GM에 남아 있도록 권유했다. 그러나 내시 씨는 1916년 4월 18일에 회사의 사장직을 사임하고 보스턴 은행그룹의 스토로 씨의 지원 하에 내시 모터스 컴퍼니Nash Motors Company를 출범시켰다. 1916년 7월에 그는 '램블러'라는 자동차를 생산하고 있던 전 자전거제조업체인 위스콘신 주 케노샤의 토머스 B. 제프리 컴퍼니Thomas B. Jeffery Company를 구입했다. 나는 그때 내시 모터스의 주식을 좀 샀다. 그것은 매우 수익성이 있었다. 몇 년 전에 내시 씨가 세상을 떴을 때, 그는 보수적인 기업인으로서는 매우 인상적인 4,000만~5,000만 달러 사이의 유산을 남긴 것으로 알려졌다.

내시 씨의 사임이 이사회에 의해 공식적으로 수리된 1916년 6월 1일, 듀랜트 씨는 GM의 사장직을 이어받았고 또다시 빅쇼가 있었다. 그는 곧 뉴저지 주의 주식회사 GM컴퍼니를 델라웨어 주의 주식회사 GM코퍼레이션으로 전환시켰고, 자본총액을 6,000만 달러에서 1억 달러로 증액시켰다.[3] 뷰익, 캐딜락 등 자동차제조 자회사들은 운영사업부operating divisions로 만들어 GM코퍼레이션이 운영회사가 되도록 함으

---

2 쉐보레 모터 컴퍼니가 GM의 지배권을 보유하고 있다는 사실은 1917년에 증명되었다. GM컴퍼니 보통주식 1주에 대해 GM코퍼레이션의 보통주식 5주와 교환 후에 GM코퍼레이션의 기발행 보통주식 82만 5,589주 중에서 45만 주를 쉐보레 모터 컴퍼니가 소유했다. 따라서 듀랜트 씨는 자신의 이전 권리를 쟁취했다. 쉐보레가 GM을 지배했다는 이런 기묘한 얽힘은 몇 년 후에야 마무리되었다. 1918년 5월에 GM은 쉐보레의 운영자산을 구입했고, 그것들에 대해 GM의 보통주식으로 지급했다. 후에 쉐보레 모터 컴퍼니에 의해 소유된 GM 주식은 쉐보레 모터 컴퍼니 해산 시에 후자의 주주에게 분배되었다. 쉐보레 모터 컴퍼니는 GM코퍼레이션의 쉐보레 사업부가 되었다.

3 1916년 10월 13일에 GM코퍼레이션은 델라웨어 주법 하의 법인이 되었다. 뉴저지의 회사는 해산되었고, 그 자산은 1917년 8월 1일에 코퍼레이션에 의해 인수되었으며, 후자는 그 날짜에 실제 운영하는 코퍼레이션이 되었다.

로써 구지주회사와 구별하였다. 1917년 8월에 새로운 법인corporation과 운영사업부가 공식적으로 합병했다.

듀랜트 씨는 당시 실질적인 재무 파트너를 찾으려고 했고, 그래서 듀퐁그룹으로 시선을 돌린 것으로 보인다. 듀퐁 컴퍼니에서는 그들이 GM에 투자할 것인지 여부와 관련하여 논란이 제기되었다. 듀퐁 씨는 그 사건을 다음과 같이 설명하고 있다.

> 그[래스콥]는 그것[GM]이 듀퐁에게 매우 좋은 투자라고 믿었습니다. 그 이유는 듀퐁이 현재의 배당을 보완하기 위해 수익력과 배당력이 좋은 투자가 필요하다는 것이었습니다. 듀퐁은 국방사업을 잃었고, 우리는 그것이 바로 손실을 가져온다는 것을 알았습니다. 국방사업의 이익과 그 후에 올 수 있는 이익과의 사이에 우리는 듀퐁 컴퍼니의 배당을 지원할 무엇인가가 필요했습니다.
>
> ……GM은 이미 대활약을 하고 있었습니다. 그들은 좋은 자동차라인을 설립했고, 인기가 많았습니다. 그리고 배당이 좋았던 때의 배당률을 지속하거나 아마도 더 높은 배당률로 배당할 것이라는 약속을 매번 했습니다. 그것이 래스콥 씨에게 매력 있는 점이었습니다. 저 또한 그것은 매우 좋은 투자라고 생각했습니다. 그것은 우리가 아는 한 다른 어떤 곳에서도 따라올 수 없는 것이었습니다.

듀퐁 씨는 이렇게 부언했다:

> GM코퍼레이션과 그 산업 자체는 일반적으로 수용될 정도로 발전하지는 않았습니다. 그것은 매우 위험한 것으로 간주되어 그 당시 그 주식은 액면으로도 팔리고 있었습니다. 그것은 실제 이익의 관점에서 보면 명백히 매우 좋은 투자였지만, 대중은 믿지 않았습니다. 그래서 형성될 수 있는 투자가치는 매우 관심을 끌었습니다. 그것이 듀퐁 컴퍼니가 제

안한 출발점이었습니다. ……

우리는 듀퐁의 군수사업과 관련하여 아주 많은 재무적 조정을 하고 있었고, 듀랜트는 자신의 회사에 금융과 재무관리가 필요했습니다. 그는 자신이 그것을 원하고 있다는 것을 알았고, 그의 사업에서 그 부문을 운영하기 위해 듀퐁 지분을 갖는 것에 대해 매우 기뻐하고 있었습니다. ……

1917년 12월 19일 자 듀퐁 컴퍼니 재무위원회의 비망록을 보면, 래스콥 씨는 자동차산업의 미래에 대해 비상한 안목을 가지고 듀퐁의 GM 참여를 역설하고 있다. 래스콥 씨는 다음과 같이 썼다:

자동차산업, 특히 GM컴퍼니의 성장은 그의 순이익과 GM-쉐보레 모터 컴퍼니스[원문 그대로임]의 내년 총수입이 3억 5,000만 달러에서 4억 달러 사이의 금액이 될 것이라는 사실이 보여주듯이 놀랄만한 것이었습니다. GM컴퍼니는 오늘날 자동차산업에서 독특한 위치를 차지하고 있고, 적절한 경영지식을 가진 필자의 견해로는 장차 미국의 어떤 산업에도 뒤처지지 않는 결과를 보여줄 것입니다. 듀랜트 씨는 아마도 어느 누구보다 이러한 것을 더 완벽하게 인식하고 있고, 이런 훌륭한 사업을 경영하기 위해 가능한 한 완전한 조직을 갖기를 원하고 있습니다. ……(중략)…… 듀랜트 씨의 관계는 ……(중략)…… [듀퐁그룹]이 보다 실질적으로 그와 함께 관심을 갖고, 그의 입장에서 소망을 표현할 정도가 되었으며, 따라서 우리는 거대한 사업 방향에서 특히 경영진으로서의 역할과 재무적 방법으로 그를 도와줄 수 있습니다. 이 문제에 대한 논의의 발전은 제 생각에 세계 그 어느 나라보다 가까운 장래에 큰 발전 가능성을 가진 미국에서 가장 발전이 약속되는 산업으로 매력적인 투자가 제공된다는 것입니다. 개인적인 방법으로 이것을 이용하고 있는 우리 이사들 그룹을 가짐으로써 우리의 일에서 시간과 관심을 (어느 정도 최소로) 분산시키는 것보다는 제공된 기회를 우리 회사가 수용하는 것이 훨씬 바람직합니다. 따라서 듀퐁사에서 그들의 주식 소유를 통해 우리의 이사들이 관심을 갖도록 하는 것이 매우 바람직합니다.[4]

래스콥 씨는 투자에 찬성하는 자신의 견해를 다음과 같이 다섯 가지로 요약했다:

첫째, 듀퐁 컴퍼니가 듀랜트 씨와 함께 공동 지배를 할 수 있다는 것이다.
둘째, 듀퐁인들은 "GM의 재무활동에 책임을 지게 된다"는 것이다.
셋째, 기대이익에 대한 예측에 관한 것이다.
넷째, 구입이 자산기준에서 보다 낫다는 것이다.
다섯째, 그대로 인용한다. "의심할 바 없이 GM컴퍼니의 우리 지분은 우리가 그들 회사의 패브리코이드, 피랄린, 페인트, 니스사업을 확보하게 만들 것이다. 그것이 실질적인 요인이다."[5]

---

4 인용 시에 나는 가능한 한 원래의 자료에 가장 가깝도록 했다. 그러나 철자법이나 구두법 등에서 약간의 차이가 날 수 있다.

5 정부가 듀퐁과 GM을 상대로 한 소송의 근거가 되었던 GM의 듀퐁 지분 취득은 1949년 또는 사후에 30년 이상 제기되었다. 기본적 혐의는 주식 취득이 반트러스트법을 위반했고, 듀퐁이 자사의 생산제품에서 GM의 사업을 이용하여 이익을 취했다는 것이다. 그러나 이 혐의는 GM과 듀퐁이 모두 부인했다. 지방법원은 적극적인 참여자들을 통해 수개월간의 광범위한 증언 청취와 수백 건의 서류를 조사했지만, 그 문제에 대한 정부의 주장을 지지할 증거를 발견하지 못해 그 사건은 기각되었다. 대법원은 30여 년 전 듀퐁 지분에 의한 취득은 취득으로 거래의 구속을 초래했을 가능성이 농후했기 때문에 불법이라는 견해를 견지하였다. 그러나 대법원은 1심 판결과 마찬가지로 "가격, 품질 그리고 서비스는 듀퐁이나 GM 모두 간과하지 않았고, 두 회사와 관련된 고위 경영진의 행동은 듀퐁 경쟁자들을 포함한 어느 누구에 대해서도 도가 지나치게 밀어붙이려는 어떤 불순한 계획 없이 정직한 확신으로 자기 회사의 이익을 위해 최선을 다했으며, 명예롭고 공정하게 행동했다"는 진술에 동의했다. 기각에 대한 1심 판결은 파기되었고, 지방법원은 GM 주식에서 듀퐁의 지분은 그들 스스로 수년 이내에 처분하도록 명령했다. 이 사건에 관한 대법원의 논거는 비전문가인 나에게는 거의 순수하게 학술적이고, 현실적인 상황을 감안할 때 지방법원에 의해 발견된 것과 같은 지지는 받지 못한 것으로 보인다.

1917년 12월 21일에 듀퐁 이사회는 피에르 S. 듀퐁과 래스콥 씨의 권고에 따라 2,500만 달러의 가치를 가진 GM과 쉐보레의 보통주식 취득을 승인했다. 거기에서 1918년 초에 듀퐁 컴퍼니는 GM 보통주식의 23.8%를 보유하게 되었는데, 그 주식들을 공개시장과 개인에게서 구입했다. GM에서 듀퐁 컴퍼니의 투자액은 1918년 말에 4,300만 달러 또는 26.4%로 증가했다.

듀퐁 컴퍼니와 듀랜트 씨 간의 협력기간은 첫 투자가 이루어졌을 때 시작되었다. 듀퐁의 대표는 GM 재무위원회Finance Committee의 책임을 양도받았고, 존 J. 래스콥이 위원장이 되었다. 듀랜트 씨는 듀퐁 컴퍼니 출신이 아닌 유일한 재무위원회의 멤버였다. 재무 문제는 위원회에 의해 독점적으로 수행되었다. 또한 재무위원회는 최고경영자를 위한 보상을 결정했다. 반면에 집행위원회Executive Committee는 재무위원회에 위임된 문제들을 제외하고는 모든 경영활동에 대해 완전한 책임을 떠맡았다. 집행위원회의 위원장은 듀랜트 씨였고, 운영에서 듀퐁과 연락 담당자로 일하는 J. A. 해스켈J. A. Haskell이 멤버였다. 해스켈 씨는 듀랜트 씨와 같이 집행위위원회와 재무위원회의 일원이 되었다.

1919년 말경에 GM의 대폭적인 확장에 따라 듀퐁 컴퍼니는 GM에 대한 투자를 4,900만 달러로 늘려 GM 보통주식의 28.7%를 소유하였다. 당시 피에르 S. 듀퐁은 "듀퐁은 이번 투자가 마지막 투자가 될 것이라고 선언했고, 더 이상 하려 하지 않았다"고 말했다. 그러나 상황은 다른 방향으로 전개되었다.

1918년과 1919년 사이의 기간에 듀랜트 씨는 GM을 크게 확장하여 래스콥 씨와 재무위원회의 열렬한 지지를 받았고, 확장을 위한 자본을 확보했다.

1918년에 쉐보레의 취득으로 — 비록 당시 품질 면에서는 포드와 경쟁할 수 없었고 가격도 포드 차 이상으로 책정되었지만 — 저가 시장에서 포드와 잠재적으로 경쟁력을 가진 차를 확보할 수 있게 되었다. 쉐보레와 함께 쉐보레가 소유한 소형차 회사인 스크립스-부스Scripps-Booth가 왔다.

1919년에는 피셔 바디Fisher Body 지분의 60%를 취득함으로써 차체 제작 계약과 함께 이 회사와의 중요한 관계가 시작되었다.

1920년, 소집단에 의해 만들어진 셰리든Sheridan을 구입하여 한동안 회사 내에는 일곱 개의 자동차 라인이 제공되었다. 그때까지만 해도 생산라인에서 캐딜락과 뷰익만이 가치 있는 차였지만, GM트럭과 함께 캐딜락, 뷰익, 올즈, 오클랜드 그리고 쉐보레가 함께 제작되었다.

두 가지 특별 프로젝트가 듀랜트 씨 개인의 주도하에 시작되었는데, 하나는 트랙터사업이고, 다른 하나는 냉동refrigeration사업이었다. 그는 때때로 현장에 나가 있을 때 무엇인가를 시작하기 위해 비공식거래를 했다. 그리고 이것은 종종 본사와 불편한 관계를 초래했다. 그러나 결국 그의 직관적이고 추진력 있는 행동은 지지를 받았다.

그렇게 해서 1917년 2월에 듀랜트 씨는 GM이 캘리포니아 주 스톡턴에 있는 '샘슨 시브 그립 트랙터 컴퍼니Samson Sieve Grip Tractor Company'라는 소기업을 사들이도록 했는데, 그 기업은 말과 같은 트랙터를 운전하기 위한 신제품을 가지고 있었고 '철마the Iron Horse'라고 불렸다. 그리고 그는 나중에 위스콘신 주 제인스빌의 제인스빌 머신 컴퍼니Janesvill Machine Company와 펜실베이니아 주 도일스타운의 도일스타운 애그리컬처럴 컴퍼니Doyelstown Agricultural Company를 더 사들였는데, 이는 나중에 밝혀진 것처럼 수익성이 거의 없는 벤처사업인 샘슨 트랙터 사업부를 설립하기 위한 것이었다. 다른 한편으로 듀랜트 씨는 1918년 6월에 디트로이트의 '가디언 프리저레이터 컴퍼니Guardian Frigerator Company'

라는 소기업을 사들인 뒤 자신의 수표로 5만 6,366.50달러를 결제했는데, 그는 그 돈을 1919년 5월 31일에 GM으로부터 돌려받았다. 이 시작단계의 기업은 나중에 프리지데어 사업부로서 중요성을 갖게 되었다.

1918~20년 기간 중에 GM은 다음과 같은 다른 많은 기업을 신설하거나 합병하였다.

- GM오브캐나다General Motors of Canada, Ltd.
- GM 승용차와 트럭의 판매를 위한 금융을 조달하기 위해 설립한 GM 액셉턴스 코퍼레이션General Motors Acceptance Corporation, GMAC
- 찰스 F. 케터링Charles F. Kettering이 관심을 가졌던 데이턴Dayton회사 그룹
- GM의 자동차사업부에 차축, 기어, 크랭크축 등을 공급하기 위해 설립된 많은 제조사업부들
- 내가 회장이었던 유나이티드 모터스United Motors라는 부품 및 액세서리회사 그룹

전적으로 듀랜트 씨에게 감사해야 하지만, GM은 그 당시에 이미 위대한 기업의 자질을 갖추고 있었다. 그러나 그것은 대부분 물리적으로 통합되지 않았고, 경영 측면에서도 제대로 조정되지 못했다. 신설 회사, 공장 및 설비 그리고 재고로 인한 지출은 엄청났고, 그것들 중 일부는 사실상 오랫동안 이익을 창출하지 못했다. 그리고 그런 투자가 늘어날수록 현금은 고갈되었다. GM은 위기를 향해 치닫고 있었으며, 거기에서 현대적인 GM코퍼레이션이 출현하게 되었다.

제2장 위대한 기회 II

자동차산업과의 만남 내가 어떻게 GM에 오게 되었는지를 말하기 위해서는 전술했던 것보다 더 작은 문제들을 가지고 이야기를 시작할 필요가 있다. 나는 1875년 5월 23일에 코네티컷 주 뉴헤이븐에서 태어났다. 그 시절에는 조금도 과장하지 않고, 미국의 스타일이 오늘날과는 아주 달랐다. 나의 아버지는 베넷-슬론 앤드 컴퍼니Bennett-Sloan and Company라는 기업을 운영하며 차, 커피, 담배 도매사업을 하였다. 1885년에 아버지는 뉴욕 시의 웨스트 브로드웨이로 사업체를 옮겼다. 나는 열 살 때부터 브루클린에서 자랐다. 그래서 나는 아직도 브루클린 억양으로 말한다. 나의 조부는 교사였고, 나의 외조부는 감리교 목사였다. 나의 부모는 다섯 명의 자녀를 두었는데 그중 나는 맏이다. 나의 누이는 현재 미망인으로, 캐서린 슬론 프랫Katharine Sloan Pratt이다. 나의 세 동생은 광고업에 종사했던 클리퍼드Clifford, 대학교수인 해럴드Harold, 막내인 레이먼드Raymond가 있는데, 막내는 교수, 작가이면서 병원행정전문가다. 나는 우리 형제 모두가 공통적으로 각자의 관심 분야에 헌신할 수 있는 능력을 갖고 있었다고 생각한다.

나는 미국에서 자동차산업이 처음 등장했을 즈음 성년이 되었다. 내 생각으로는 1895년에 자동차를 가지고 실험을 해온 두리에이Duryeas

가 미국에서 첫 번째 휘발유-자동차 제조회사였던 것으로 기억한다. 그해에 나는 매사추세츠공과대학에서 전기공학 학사학위를 받고 뉴저지 주 뉴어크나중에 해리슨의 하얏트 롤러 베어링 컴퍼니Hyatt Roller Bearing Company에 입사했다. 하얏트의 감마베어링antifriction bearing은 나중에 자동차의 부속품이 되었고, 내가 자동차산업에 진출하게 된 것은 바로 베어링을 통해서였다. 그로부터 나는 초창기에 한 번의 짧은 외도를 제외하면 일생을 자동차산업에서 보냈다.

그 당시 하얏트는 대략 25명을 고용하고 있는 소기업이었다. 10마력의 모터가 그 공장의 모든 기계에 동력을 공급하였다. 하얏트에서 제조한 제품은 존 웨슬리 하얏트John Wesley Hyatt가 발명한 특수 감마베어링이었다. 그는 또한 상아 당구공의 대체품으로 사용하려 했지만 실현되지는 못한 최초의 현대적인 플라스틱 재료인 셀룰로이드를 발명했다. 그 당시 감마베어링은 충분히 개발되지 않아 잘 알려지지 않았다. 그러나 하얏트 베어링은 그 당시에 만들어진 다른 기계부품보다 조잡한 것은 아니었다. 우리는 이동 기중기, 제지공장설비, 광산차 그리고 또 다른 기계에 베어링의 일부를 장착할 수 있었다. 내가 입사했을 때만 해도 우리 회사는 월 2,000달러의 매출밖에 올리지 못했다. 나는 일종의 사환, 제도공, 판매원이었고, 월 50달러의 봉급을 받고 회사의 총무 조수 역할을 했다.

나는 하얏트는 더 이상 장래성이 없다고 보고 퇴사한 후 바로 전망이 좀 더 좋아 보이는 가전 냉장고회사에 입사하였다. 그 회사는 아파트의 중앙에 위치한 전기냉장을 공급하기 위한 기계를 만들고 있었다. 나는 약 2년 후에 그 제품이 복잡한 메커니즘과 높은 원가 때문에 더는 개발될 수 없을 것이라고 확신했다.

그동안 하얏트 롤러 베어링 컴퍼니가 추진한 사업들은 제대로 진척되지 않았고, 이익 기반을 만든 적이 없었다. 무엇보다 중요한 것은 그것을 추진한 존 E. 설스John E. Searles가 손실을 메우기 위해 추가 자금을 투입하려고 하지 않았다는 점이다. 1898년에 회사는 정리해야 하는 상황에 처했다. 그래서 아버지와 아버지 친구는 나에게 회사로 돌아와 6개월 동안만 일해 달라고 하면서 공동으로 5,000달러를 투자하기로 했다. 나는 그 제안을 받아들였고, 당시 경리사원이었다가 나중에 판매관리자가 된 피터 스틴스트럽Peter Steenstrup과 한 팀이 되어 사업을 시작했다. 6개월이 지날 즈음에 우리는 판매량과 경제성에서 진전을 이루어 1만 2,000달러의 이익을 얻었고, 이 정도면 성공이라고 생각한 목표치까지 사업을 올려놓았다. 당시에 나는 하얏트를 통하여 이미 GM 수원지의 하나로 들어갔다는 것을 알지 못했다.

우리는 이후 4, 5년 동안 하얏트에서 일종의 성장통을 겪었다. 사업을 확보하기가 어려웠고, 사업을 확장해나가기 위한 운전자본이 필요했다. 하지만 그 시절에는 지금보다는 기업을 만들기가 훨씬 수월했다. 그 이유는 정부가 현재와 같이 이익에 높은 과세를 하지 않았기 때문이다. 5년 내에 우리는 발전을 이루어냈다. 우리의 이익은 1년 사이에 약 6만 달러로 증가했고, 신생 자동차산업이 새로운 시장을 개척함으로써 전망이 더욱 밝아졌다.

세기가 바뀌면서 자동차사업은 수많은 소기업으로 분할되기 시작했다. 그 즈음 감마베어링이 중요한 부품으로 부각되었고, 우리는 몇 개의 주문을 받기 시작했다. 1899년 5월 19일에 헨리 포드에게 사업을 부탁하는 편지를 썼는데, 앨런 네빈스Allan Nevins는 자신이 쓴 포드 자서전에서 그 편지가 포드 기록보관소에 수록될 것이라고 했다. 당시에 포드는 여러 가지 자동차를 실험하고 있었고, 사업을 시작할 예정이었다. 금세기의 첫 10년 내에 기계적 기술에서 베어링의 쓰임새는 서서히 확대되었다. 이 기간에 설립된 많은 자동차회사들은 대부분 자동차 시작품sample car만 만들고 나서 얼마 지나지 않아 사라졌다. 나의 동업자인 스틴스트럽 씨는 이들 신생 생산자들과 판매를 위한 접촉을 하려고 수없이 발품을 팔았다. 스틴스트럽 씨는 누군가 신차를 제작하려고 한다는 정보를 입수하면 즉시 내가 그 사업자와 접촉하여 공학적 관점에서 조사했다. 나는 차축이나 일부 다른 부품에 하얏트 베어링이 들어가도록 설계했고, 그렇게 함으로써 후속 생산에서 우리의 롤러베어링 판매가 용이하도록 하였다.

우리의 활동이 점점 널리 알려짐에 따라 나는 베어링을 활용하는 많은 회사들과 그들의 공급자들에게 베어링 문제에 대해 일종의 컨설팅 기술영업자Sales Engineer로 자리매김하는 데 성공했다. 나는 설계의 일부가 변경되거나 새로운 설계를 할 때마다 불려 다녔다. 그리고 이것은 우리가 만드는 베어링을 뒤축rear axle이나 트랜스미션 또는 모두에 포함시키도록 하는 기회를 제공해주었다.

이러한 우리의 기술영업은 특히 1905년에서 1915년까지 포드, 캐딜락, 뷰익, 올즈, 허드슨Hudson, 레오Reo, 윌리스Willys 등과 같은 제조업체들 중 일부가 상당한 수량을 개발하기 시작할 때까지 지속적으로 향상되었다. 하얏트의 사업은 이와 같이 이 사업에서 함께 성장한 고객사들을 확보할 때마다 더욱 확장되었다. 우리의 사업은 매우 순조로워서 급격히 확장하고 있는 자동차사업과 보조를 맞추어 신건물, 신기계, 신방법 등을 가지고 생산을 확장시킬 수 있을지에 대한 과제를 안게 되었다.

자동차와 함께한 나의 첫 경험은 그 시대의 다른 사람들이 한 경험과 매우 유사했다. 나는 자동차를 갖기 원했지만 그것을 마련할 여유가 없었다. 1900년도에는 고작 4,000대의 자동차가 생산되었고, 가격도 비쌌다. 나의 아버지는 가족이 함께 이용하는 용도로 초기 윈턴Winton 자동차들 중에서 한 대를 구입했다. 1903년에 나는 '콘래드Conrad'라는 차를 구입했다. 그것은 회사차로 구입한 것이고, 점심 약속이나 해리슨 공장에서 뉴어크로 이동할 때 등에 사용되었다. 콘래드 자동차는 4기통의 2사이클 엔진을 갖고 있었고, 빨간색으로 칠해진 멋진 차였다. 그러나 그것은 실패한 자동차였다. 콘래드는 1900년에서 1903년까지 제작된 후 시장에서 사라졌다. 우리는 '오토카Autocar'라는 이름을 가진 또 다른 차를 구입하였다. 그것은 훨씬 더 잘 작동했고, 출장 갈 때 주로 사용했다. 우리는 종종 그 차로 애틀랜틱시티까지 갔다. 윈턴이나 콘래드와 마찬가지로 오토카도 이내 단종이 되었다. 그러나 얼마 후 오토카 트럭이 개발되었고, 자동차산업에서 하나의 변수가 되었다. 오토카는 1953년에 화이트 모터 컴퍼니White Motor Company에 합병되었다. 1910년경에 내가 개인적으로 구입한 최초의 자동차는 캐딜락이었다. 당시의 관습에 따라 나는 캐딜락 섀시Chassis를 구입한 후 차체를 주문 제작했다.

초기의 캐딜락 엔지니어링은 자동차업계와 하얏트에서 나의 사업에 중대한 영향을 미치고 있었다. 나는 그 이유가 헨리 릴런드Henry Leland 때문이라고 믿고 있는데, 그는 주로 호환 가능한 부품을 자동차 제조에서 사용하는 생산방법을 자동차업계에 소개한 역할을 한 사람들 중의 한 명이었다. 그의 첫 번째 작품은 1900년경에 올즈에 적용되었다. 1909년에 올즈가 GM에 영입되었을 때 그는 캐딜락의 사장이었으며, 1917년에 은퇴할 때까지 그곳의 사장으로 일했다. 그 후에 그는 링컨카Lincoln car를 설립했는데, 그것을 포드 모터 컴퍼니에 매각했다.

릴런드 씨는 이 업계에서 나의 초창기 친구 중 한 명이었다. 그는 나보다 한 세대 정도 나이가 많았는데, 엔지니어링 분야에 대해 갖고 있는 그의 해박한 지식 때문에 그를 선배로서 존경했다. 그는 멋있고 창조적이며 지적인 사람이었다. 그는 품질을 신처럼 생각했다. 1900년대 초, 처음에는 릴런드 씨에게 우리의 롤러베어링을 판매하는 데 어려움을 느꼈다. 당시 그는 나에게 호환 가능한 부품의 정확한 기준을 충족하기 위해 우리의 제품이 좀 더 정확해야 할 필요성을 알려줬다. 릴런드 씨는 일반 엔지니어링과 가솔린엔진에서 쌓은 노련한 경험을 무기로 업계에 진출했다. 그는 오랫동안 보트를 만들었다. 그의 전문 분야 중의 하나는 정밀 금속작업이었다. 그의 정밀 금속작업 경험은 남북전쟁 중에 연방병기고를 위한 공구제조로 거슬러 올라가는데, 나중에 로드아일랜드 주 프로비던스의 기계공구 제작업체인 브라운 앤드 샤프 컴퍼니Brown and Sharpe Company에서 직접 개발에 참여했다. 과거 엘리 휘트니Eli Whitney가 총기 제작과 관련하여 호환 가능한 부품의 개발을 시작했고, 휘트니로부터 시작하여 릴런드에 이르기까지 자동차산업에서 계보가 형성되었다는 사실이 나의 주의를 끌었다.

초기에 자동차산업을 만든 집단은 얼마 되지 않았다. 주요 자동차 부품의 중요한 공급자로서 나는 사업 시작 후 처음 20년 사이에 그 집단구성원 대부분을 알게 되었다. 그리고 나는 동료 및 친구로서 그들로부터 많은 것을 배웠다. 초창기에 나는 가끔 캐딜락, 포드 등의 자동차생산자들을 상대로 직접 베어링을 팔기도 했다. 그러나 나의 주요 판매처는 자동차 제조회사에 부품을 공급하는 공급업체였다. 이들 공급자들 중 나에게 가장 중요한 업체는 차축 제조업체인 유티카의 웨스턴-모트 컴퍼니Weston-Mott Company였다. 뒤 차축은 6개의 베어링을 가지고 있었고, 그것들 중 일부는 하얏트 타입이었다. 찰스 스튜어트 모트Charles Stewart Mott가 1906년에 유티카에서 자동차산업이 발전하고 있는 플린트로 옮긴 이후에 나는 한 달에 한 번꼴로 그를 방문했다. 내 기억에 플린트의 중심가인 새기노가의 양끝에 말을 매는 말뚝과 함께 선이 그어져 있었고, 토요일 밤마다 거리는 농부들이 주말 쇼핑과 흥겨운 밤을 보내기 위해 시내로 가져온 말들, 짐수레들, 마차들로 붐볐다. 그런 상황에서 자동차 및 부품 생산자들은 소규모 사회를 이루며 수년 동안 사교상으로 그리고 사업상으로 만남을 가졌다. 모트, 찰스 내시, 월터 크라이슬러, 해리 바셋Harry Bassett 등이 있었는데, 당시에 나를 제외한 그들 모두는 GM에 근무하고 있었다. 그 모임에서 듀랜트 씨를 만났을 것이 틀림없지만, 내가 기억하는 것은 뉴욕과 디트로이트 사이를 오가는 기차 안에서 그를 봤다는 것뿐이고, 기껏해야 우리가 나눈 말은 "굿이브닝"과 "굿모닝"이었다. 당시에 나와 GM 사이의 실질적인 교섭은 1909년에 자신의 회사를 GM으로 영입한 모트 씨를 통해서였는데, 그는 뷰익, 오클랜드, 올즈의 차축 공급자였다. 엄밀히 말하면 GM은 1909년에 모트 씨의 회사 주식의 49%를, 1912년에는 나머지를 취득했다. 나는 웨스턴-모트를 통하여 GM 자동차에 롤러베어링을 장착시키는 데 성공했다.

내가 월터 크라이슬러를 처음으로 알게 된 것은 플린트에서였다. 그는 그 당시 노무관리자이자 뷰익의 사장으로서 웨스턴-모트에서 차축 설계를 의뢰해왔을 때 우리가 만든 제품에 대해 판단을 내렸다. 우리는 GM 안팎에서 충분한 시간을 보내면서 서로 많은 것을 알았고, 그와 일생 동안 사적으로 친구가 되었다. 몇 년 후 우리가 라이벌인 각자의 기업 크라이슬러와 GM의 총수로 있을 때, 사업상 금기임에도 불구하고 우리는 종종 함께 휴가를 갔다. 크라이슬러 씨는 큰 야망과 풍부한 상상력을 가진 사람이었다. 그는 폭넓은 능력을 가진 실무가였다. 나는 그의 천재성이 자동차 생산 조직에서 충분히 발휘되었다고 생각한다. 내시와 마찬가지로 그는 새로운 사업이지만 발전 가능성이 높은 자동차사업에 기회가 있음을 깨닫고 있었다. 그들은 모두 초창기 자동차 산업 발전의 진정한 리더였고, 위대한 기업들의 총수가 되었다.

디트로이트의 포드 모터 컴퍼니Ford Motor Company에서 나는 하얏트의 세일즈맨으로서 포드 씨를 만나곤 했고, 때때로 그와 점심식사를 같이했다. 그러나 나는 주로 포드의 수석엔지니어인 C. 해럴드 윌스C. Harold Wills를 통해 비즈니스를 했다. 그는 나중에 윌스-세인트 클레어Wills-Sainte Claire 자동차를 창립했다. 이 회사는 훌륭했지만 오래가지는 못했다. 포드 씨는 엔지니어링, 특히 야금 부문에서 윌스 씨의 재능에 많이 의지했다. 신뢰성 있게 생산하고 납품하는 하얏트의 능력 때문에 우리는 마침내 하얏트 베어링을 디자인에 적용 가능한 범위 내에서 포드의 사업에서 100%의 선택을 받게 되었다. 포드의 회사가 크게 성장함에 따라 그는 우리의 최고 고객이 되었고, GM은 두 번째가 되었다. 하얏트의 물량이 점차 확대되면서 나는 디트로이트의 웨스트 그랜드가에 판매사무소를 열었다. 이후 예측 불가능한 일련의 사건들이 발생했고, 이 사무실은 디트로이트에서 GM 빌딩 부지의 중심이 되었다.

GM과의 합병 1916년 봄, 어느 날 나는 듀랜트 씨로부터 만나자는 전화를 받았다. GM과 쉐보레의 설립자로서 듀랜트 씨는 자동차 및 금융업계에서 유명한 인물이었다. 나는 그가 어떻게 몇 년 동안 GM을 떠났다가 그 당시에 다시 사장으로 돌아왔는지에 대해 전술했다. 나는 듀랜트가 매우 설득력 있고, 말투도 상냥하며 싹싹하다는 것을 알았다. 그는 몸집이 작았지만 보수적이고 깔끔한 스타일의 옷을 입었으며, 크고 복잡한 재무적 사건들에 계속 연루되었지만 침착해보였다. 그는 자신의 성격과 능력에 대해 자신감을 갖고 있었다. 그는 나에게 하얏트 롤러베어링 컴퍼니를 매각할 수 있는지를 물었다.

오랫동안 하얏트를 운영해왔는데 매각해야 한다고 생각하니 충격적이었지만, 듀랜트 씨는 나에게 새로운 전망을 펼쳐주었고, 나 스스로 냉정하게 하얏트의 상황을 분석하도록 만들었다. 듀랜트 씨의 제안은 사업에서 나타나는 세 가지 요소의 조합을 생각하게 해주었다.

첫째, 하얏트가 규모는 커졌지만 소수의 고객에 의존해왔다는 것이다. 포드가 매출의 약 절반을 차지하고 있었다. 포드를 상실한다면 그 정도 규모의 신규 고객이 존재하지 않기 때문에 완전히 조직을 재정비해야 할 것이다.

둘째, 그 시점에서 우리가 만든 같은 유형의 롤러베어링은 자동차 디자인의 발전으로 다른 유형에 의해 보충되거나 아마도 대체되어야 할 운명에 처해 있다는 것을 알았다. 그리고 그다음에는 어떻게 될 것인가? 또 다른 조직으로 재편해야 하고, 또 다른 제품을 생산해야 하는데, 그렇게 되면 사실상 새로운 사업을 모색해야 할 것이다. 나는 항상 제품을 개선하는 데 관심을 가져왔다. 그러나 이것은 특수품 사업이었고, 독립적으로 영위해나갈지 아니면 통합된 기업 안에서 영위해나갈지를 선택해야 했다. 단언할 수 있는 것은 과거 45년 동안 베어링사업에서 일어날 것이라고 생각했던 일이 결국 일어났다는 것이다. 하얏트의 구형 감마베어링은 당시 다른 유형의 기존 감마베어링과 마찬가지로 자동차 설계에서 사라지고 있었다.

셋째, 당시 40세였던 나는 하얏트의 발전을 위해 청춘을 보냈고, 아주 큰 공장의 책임자였다. 그러나 나는 결코 배당으로 많은 이익을 챙기지는 않았다. 듀랜트 씨의 제안은 하얏트의 이익을 쉽게 판매 가능한 자산으로 전환할 기회를 제시했다.

세 가지 요소 중에서 특히 내 마음을 움직인 결정적인 이유는 두 번째인 하얏트의 구형 롤러베어링의 변화 가능성이었다. 또 한 가지 추가할 내용은 하얏트의 단기적인 이익상태는 양호했지만, 장기적인 상태는 듀랜트 씨가 제안한 제휴를 통해서만 이익을 얻을 것이라는 점이다. 그리고 듀랜트 씨는 자산주식을 전환해주겠다는 것을 약속했다. 나는 제안을 받아들이기로 결정했고, 우리 회사의 이사 네 명을 만나 듀랜트에게 우리가 1,500만 달러에 매각할 의사가 있다고 말하는 것이 어떨지 상의했다. 두 명의 이사는 가격이 너무 높다고 생각했지만, 나는 우리의 강점과 자동차산업의 성장잠재력을 고려할 때 절대 그렇게 생각하지 않았다. 나는 듀랜트 씨의 동료인 법률가 존 토머스 스미스John Thomas Smith, 은행가 루이스 G. 카우프만Louis G. Kaufman과 협상에 들어갔다. 밀고 당기는 수많은 흥정 끝에 1,350만 달러에 하얏트 베어링을 매각하는 제의에 합의했다.

지불방법을 결정할 단계에 왔을 때 나는 절반은 현금으로, 나머지 절반은 듀랜트 씨가 설립하기로 한 유나이티드 모터스 코퍼레이션United Motors Corporation이라는 신설기업의 주식으로 받는 데 동의했다. 그러나 협상이 막바지에 이르렀 때 나는 하얏트의 동료 중 일부가 새 회사의 주식으로 받는 것을 달가워하지 않는다는 것을 알았다. 그래서 나는 주식을 더 받고 그만큼의 현금을 포기하기로 했다. 아버지와 내가 하얏트의 상당 부분을 소유했기 때문에 나는 유나이티드 모터스 코퍼레이션의 주식에서 중요한 지위를 갖게 되었다.

듀랜트 씨는 하얏트와 부품 및 액세서리 생산업체 네 곳을 사들이기 위해 1916년에 유나이티드 모터스를 설립했다. 이들 회사는 하얏트를 제외하면 볼베어링 생산업체인 코네티컷 주 브리스톨의 뉴 디파처 매뉴팩처링 컴퍼니New Departure Manufacturing Company, 전기 스타팅과 점화 및 시동장치 생산업체인 인디애나 주 앤더슨의 레미 일렉트릭 컴퍼니

Remy Electric Company, 레미와는 다른 시스템을 사용한 전기장비 생산업체인 델코Delco로 알려진 데이턴의 데이턴 엔지니어링 래보레토리 컴퍼니Dayton Engineering Laboratories Company, 미시간 주 잭슨의 펄만 림 코퍼레이션Perlman Rim Corporation이 있었다.

처음으로 나의 사업 지평이 자동차 부품을 넘어서 확대되었다. 나는 자신들의 재산을 투자한 이사회와 함께 유나이티드 모터스의 사장 겸 최고운영책임자chief operating officer가 되었다. 듀랜트 씨는 이사회에 참석하지 않았고, 회사의 문제에 관여하지 않았으며, 경영을 나에게 완전히 맡겨놓았다. 그 후 나 스스로 발의하고 이사회의 승인을 얻어 해리슨 래디에이터 코퍼레이션Harrison Radiator Corporation과 당시 잘 알려진 경적 제조업체인 클랙슨 컴퍼니Klaxon Company를 매수했다. 나는 유나이티드 모터스 서비스United Motors Service, Inc.를 설립했는데, 그 회사는 여러 군데의 유나이티드 모터스에서 만든 부품들을 미국 전역에 판매하고 서비스를 제공했다. 통합된 그룹의 총 매출액은 첫해에 3,363만 8,956달러였다. 하얏트가 그룹에서 가장 큰 수익원이었다.

수년 동안 유나이티드 모터스 그룹은 생산품 대부분을 GM 외부의 제조업체들에 판매했다. GM의 리더들은 자동차 생산자로서 궁극적으로 유나이티드 모터스의 생산량 대부분을 필요로 한다는 것을 예견하고 있었다. 그래서 GM은 1918년에 주로 나와 당시 GM의 재무위원회 위원장인 존 J. 래스콥 간의 협상을 통해 유나이티드 모터스의 자산들을 취득했다.

내가 이 책에서 하얏트에 관한 이야기에 할애한 지면의 양이 GM 체제에서 하얏트가 차지하는 상대적 위치의 척도를 표시한 것은 아니다. 단지 논리적인 방법으로 이야기를 전개하기 위한 것이다. 나는 GM에 유나이티드 모터스에서 운영했던 것과 동일한 액세서리 회사를 담당하는 부사장으로서 참여했다. 또한 나는 GM의 이사가 되었고, 당시 듀랜트 씨가 위원장이었던 집행위원회의 멤버가 되었다.

1918년부터 1920년까지 GM에서의 나의 책임은 액세서리 그룹과 함께 계속되었다. 그러면서 회사의 집행위원회 멤버로서 나의 시야는 계속 넓어졌다. 또한 나는 개인 재산의 대부분을 GM의 주식으로 전환했기 때문에 직업적인 이유에서뿐만 아니라 소유권을 가지고 있었으므로 회사 전체에 관심을 가졌다. 그래서 듀랜트 씨의 일반적인 정책에 대해 세심하게 관찰하기 시작했다.

나는 듀랜트 씨에 관해 두 가지 견해를 가지고 있다. 자동차에 대한 그의 천재성, 상상력, 관대한 인간성과 성실성을 존경했다. 기업에 대한 그의 충성심은 완벽했다. 나는 래스콥 씨와 피에르 S. 듀퐁이 인정한 것과 마찬가지로 그가 GM의 역동적인 성장을 창조하고 고취했다는 것을 인정한다. 그러나 나는 그가 관리자로서의 운영방식이 너무 우발적이고, 스스로 지나치게 과중한 부담을 졌다고 생각한다. 중요한 의사결정은 그가 시간이 날 때까지 기다려야 했으며, 자주 충동적으로 결정했다. 이에 대해 내가 경험한 두 가지 사례가 있다:

내 사무실은 뉴욕 57번가에 있는 구 GM 빌딩에 있었는데, 바로 그의 옆방이었다. 나는 종종 그를 만나러 가곤 했다. 1919년 어느 날, 나는 그에게 회사 지분구조상 일반 대중의 지분이 높기 때문에 공인회계사에게 맡겨 독립적인 감사를 받아야 한다고 말했다. 당시 우리의 회계장부들은 초기에 은행가의 지배하에 있었음에도 감사를 받지 않고 있었다. 듀랜트 씨는 회계에 대한 건전한 상식을 갖고 있지 않았고, 관리에서 그것의 중요성을 깨닫지 못하고 있었다. 그러나 회계감사에 관해 말했을 때 그는 단번에 나의 의견에 동의한다고 말하면서, 그렇게 하라고 말했다. 그것이 그가 일하는 방식이었다. 그에게는 그런 종류의 일을 처리하는 재무부서가 있었는데도 내가 제안했다는 이유로 그 과제를 내가 맡았다. 나는 유나이티드 모터스의 회계감사를 했던 해스킨스 앤드 셀스Haskins & Sells에 의뢰했다. 이 법인은 아직도 GM의 회계감사를 하고 있다.

또 한번은 언젠가 듀랜트 씨가 몇몇 사람들과 디트로이트에 지을 신사옥에 대해 얘기하고 있는 것을 목격했다. 그것은 듀랜트 빌딩으로 불렸으나, 현재는 GM 빌딩으로 알려져 있다. 그들은 디트로이트 지도를 조사하고 있었다. 평소와 같이 듀랜트 씨는 논의에 참가하도록 나를 불렀다. 그들이 고려하고 있는 위치는 그랜드 서커스 파크 지역의 다운타운이었다. 유나이티드 모터스의 판매사무소는 웨스트 그랜드가에 있었는데, 거기서 북쪽으로 2마일 떨어진 시 외곽의 주거지구에 있었다. 나는 그 지역을 잘 알고 있었고, 자연스럽게 그곳을 염두에 두게 되었다. 새 건물을 짓기 위해 그곳을 고려하는 데는 그럴듯한 이유가 있었다. 우선 그곳은 시 북부에 사는 사람들에게 인접해 있었고, 당시 그곳의 교통 상황은 다운타운보다 한가했다. 나는 이러한 장점들을 듀랜트 씨에게 말했다. 그러자 그는 나를 돌아보고는 다음에 디트로이트에 갈 때 모두 올라가서 그곳을 보자고 말했다. 그리고 우리는 그렇게 했다. 나는 지금도 당시의 듀랜트 씨의 모습이 기억난다. 그는 카스가의 코너에서 출발하여 낡은 하얏트 빌딩을 지나 유나이티드 모터스 빌딩이 들어선 그랜드가의 서쪽에 있는 어떤 거리를 천천히 걸었다. 그런 다음 그는 별 이유 없이 빌딩의 다른 쪽에 있는 일부 아파트주택 앞에 멈췄다. 그는 "이곳이 우리가 원했던 땅"이라고 말하고, 나를 향해 돌아서서 "앨프리드, 당신이 당장 이 부지를 매입하는 일을 맡아요. 어떠한 부지라도 당신이 매입하기로 결정하면 프렌티스Prentice 씨가 대금을 지급할 거예요"라고 말했다. 나는 부동산사업에 몸담아본 적이 없었다. 나는 디트로이트에 살지도 않았다. 그러나 나는 진행했고, 그 대지properties를 구입하기 위한 협의체를 조직했다. 그리고 이렇게 말하면 자화자찬일지 모르지만, 내 생각에 우리는 일을 잘해냈다. 나는 대지 구입 처리를 유나이티드 모터스 서비스 코퍼레이션의 사장인 랠프 S. 레인Ralph S. Lane에게 위임했다. 그 업무는 한 블록의 부동산을 구입하기 위한 흥미진진한 사업이었다. 만약 블록 구입을 위한 우리의 의도를 공개한다면 그것이 가격에 영향을 줄 것이었다. 듀랜트 씨가 원하는 반 블록을 확보했을 때, 그는 우리에게 나머지도 사들였어야 했다고 말했다. 그래서 우리는 다시 일을 진행하여 전체 블록을 구입했다. 그 당시 그에게 즉시 블록 전체를 사용하려는 의도가 있는지는 알지 못했지만 구입하자마자 즉시 사용됐다. 그곳에 건축된 GM 빌딩은 디트로이트의 신사업지구로 출발하였다.

듀랜트 씨의 비공식적인 사업운영방법은 설립기에는 매우 효과적이었고, 다른 일들에서 나에게 신뢰를 주었기 때문에 나는 그에게 호의적이었다. 그에 대해 제기한 비판은 순수하게 기본적인 사업경영basic business adminstration의 관점에서 나온 것이다. 나는 특히 1918년과 1920년 사이에 조직의 여러 부문을 통제하기 위해 명확한 경영정책 없이 GM을 확장했던 것에 대해 관심을 가졌다.

확장 그 자체와 그로부터 생겨나는 조직의 필요성 사이에는 구분이 있어야 했다. 그 당시 확장 프로그램의 건전성, 듀랜트 씨와 래스콥 씨가 공유한 책임에 대해 의견차이가 있을 수 있다. 그러나 장기적으로 볼 때 적어도 자동차 개발에 관한 한 프로그램의 중요한 부분은 건전했고 바람직했다는 것을 보여줬다. 자동차는 대규모 시장을 위해 만든 고가의 제품이기 때문에 산업은 대규모 자본구조를 필요로 했다. 듀랜트 씨와 래스콥 씨는 이러한 필요성을 예견했다.

조직에 관해 우리는 개별 운영사업부에 대한 적절한 지식이나 통제를 갖고 있지 않았다. 그것은 거래기준으로 운영되는 사업부를 가진 패거리경영이었다. GM의 최고 인재인 월터 크라이슬러가 본사 경영자general executive가 되었을 때, 나는 그가 듀랜트 씨와 그들의 개별 관할권에 대해 충돌했다고 믿고 있다. 크라이슬러 씨는 강한 의지와 감정을 가진 사람이었다. 그는 자신이 원하는 결과를 얻지 못하자 결국 회사를 떠났다. 나는 그날을 또렷이 기억한다. 그는 문을 쾅 닫고 그 길로 나가서 크라이슬러 코퍼레이션Chrysler Corporation을 설립했다.

GM 조직의 중요한 약점은 제1차 세계대전 중에, 그리고 전후 인플레이션 기간 중에는 한동안 명확히 드러나지 않았다. 그러나 1919년 말과 1920년에 처음으로 그 약점을 결정적으로 드러냈다. 그 당시 공장 확장 프로그램에 따라 모든 사업부에 거액의 자금이 배분되었다. 그와 동시에 계획된 확장이 완성되기도 전에 증가하는 재료비와 노무비가 이들 기금을 잠식했다. 거의 모든 사업부에서 지출예산appropriations의 초과, 즉 설정한도를 초과한 지출이 발생했다.

그것은 가용 자본에 대한 사업부 간의 경쟁과 최고경영자의 상이한 선호로 인한 불가피한 결과였다. 예를 들어, 듀랜트 씨는 트랙터사업에 대해 확고한 입장을 갖고 있었다. 1919년 10월 17일, 재무위원회는 트랙터 지출승인을 위한 그의 요청을 기대투자이익률에 대한 추가 정보를 요청하면서 되돌려 보냈다. 같은 회의에서 재무위원회는 약 710만 달러의 뉴 디파처 사업부New Departure Division에 대한 나의 요청은 지지했다. 당시 듀랜트 씨는 1919년 10월 31일 집행위원회 회의에서 뉴 디파처에 대한 지출예산 요청에 대해 반대했다. 나중에 같은 회의에서 요청한 3분의 1 정도의 자금지원을 하고, 나머지 3분의 2는 우선주 발행으로 조달하는 데 동의했다. 같은 회의에서 듀랜트 씨는 디트로이트의 듀랜트GM 빌딩에 대한 추가비용 730만 달러에 대한 요청에 반대했다. 당시 GM의 재무책임자인 마이어 L. 프렌티스Meyer L. Prentice의 기억에 따르면, 듀랜트 씨가 듀랜트 빌딩에 대한 추가지출예산에 대해 반대한 이유는 래스콥 씨와는 달리 자금을 부동산보다는 공장 및 운전자본에 배분하는 것을 선호했기 때문이다. 듀랜트 씨를 돕기 위해 듀퐁을 떠난 존 L. 프랫John L. Pratt은 이것을 투자에 대한 선호의 차이로 기억하고 있다. 그 사건은 협상 테이블에서 또 다른 것을 얻기 위해 요청을 승인하지 않는 모션을 취하면서 위원장석을 떠나던 듀랜트 씨에 대한 기억을 상기시켜준다. 집행위원회는 그를 지지했다. 사실 그가 본 대로 이 모든 수요를 충족하기에는 자금이 턱없이 부족했다. 그 결과 한정된 투자 자금을 어떻게 나누느냐의 문제가 아니라 어떻게 더 많은 자금을 조달할지에 관심이 모아졌다.

재무위원회는 1919년 11월 5일, 뉴욕 회의에서 듀랜트 씨로부터 1920년 12월 31일로 종료되는 15개월 동안의 추정 자금수지 보고를 청취했고, 토론 후에 구두보고를 통해 제안된 지출은 그대로 진행하며, 액면가치 5,000만 달러의 무상환 사채debenture stock, 그리고 가능하면 5,000만 달러를 추가하여 총 1억 달러를 판매할 준비를 하도록 즉각적인 조치를 취해야 한다고 만장일치로 합의했다.

집행위원회가 뉴욕에서 만난 그날, 같은 문제가 제기되었다. 회의록 내용은 다음과 같다: "재무위원회의 위원장인 J. J. 래스콥은 회의에 앞서 도착해 미래의 자금 조달에 대한 짧은 보고를 했다. 그는 회사가 추가적인 금액의 무상환 사채를 팔고, 지난 회의에서 '승인되지 않았던' 여러 지출예산 요청에 대해 후속 조치를 취하도록 권고했다." 그 후 집행위원회는 듀랜트 빌딩, 뉴 디파처, 트랙터 그리고 나머지 지출예산을 만장일치로 통과시켰고, 재무위원회는 그것들을 만장일치로 승인했다.

나중에 우리의 지출예산 절차에 대한 연구에서 나는 이러한 상황에 대해 다음과 같이 회고했다: "따라서 (적절한 지출예산 절차의 결여에 대한) 실제적 결과는 그가 감독권을 가지고 있는 사업부에 의해 발의된 지출예산에 대한 집행위원회의 어떤 멤버의 승인은 반드시 집행위원회의 다른 멤버의 지지를 받게 된다는 점이다. 환언하면 실제적 관점에서 집행위원회에 의해 행사되는 것으로 가정되는 감독권은 실제적이기보다는 좀 더 원론적이었다."

따라서 지출예산을 요청했던 사람들은 누구나 만족하게 될 것이었다. 그러나 완전하게 운이 따라주지는 않았다. 무상환 사채 판매는 성공하지 못했다. 8,500만 달러를 조달하려 노력했지만 1,100만 달러만 조달되었다. 이것은 1918년에 2억 7,000만 달러에서 1919년에 5억 1,000만 달러로, 1920년에는 5억 6,700만 달러까지 매출이 증가하였음에도 현실과는 괴리된 외부 재무환경이 보내온 첫 번째 신호였다.

자본지출예산에 대한 경쟁은 전체 재무조직 문제를 전면에 부각시켰다. 1919년 12월 5일, 듀랜트 씨는 집행위원회의 지출예산 요청을 관리하는 일반적인 방법이 불만족스럽다고 말했고, 그 문제에 대해 모두가 동의했다. 그는 이들 요청에 대해 조사하고, 그것들을 사장에게 보고하는 절차에 대한 개요를 설명했다. 나는 이것을 특별위원회의 발의로 구체화했고, 프랫 씨가 위원장이 되었다. 동시에 나는 이러한 요청을 통제하는 정규적인 절차규칙rule of procedure을 만들기 위해 또 다른 위원회를 만들도록 조치를 취했다. 나는 이 '지출예산요청절차위원회Committee on Appropriation Request Rules'의 위원장이 되었다. 이 위원회의 목적은 지출승인의 책임을 적절히 부여하는 것이었다. 이것은 이 기간에 조직에서 내가 수행한 세 가지 프로젝트 중 하나였다.

여기서 주목해야 할 중요한 것은 집행위원회나 재무위원회가 사업부에 대해 필요한 정보나 통제를 확보하고 있지 못했다는 것이다. 사업부는 계속 낭비적으로 지출했고, 추가 자금에 대한 그들의 요청은 받아들여졌다. 1919년 말과 1920년 초에 집행위원회와 재무위원회의 회의록은 지출액이 지출예산보다 계속 과도하게 초과되었다는 점을 보여준다. 한 회의에서 집행위원회는 최대지분을 가졌던 뷰익, 쉐보레, 샘슨 트랙터의 현행 지출예산을 초과하여 1,033만 9,554달러를 승인했다. 그 회의가 예외적인 것은 아니었다. 자본 투자에 대한 초과는 규칙이 되었다.

1919년 말이 되자 경제 불황을 해결할 회사의 능력에 대해 의문이 제기되었다. 나는 결국 그해 12월 27일에 움직였고, 집행위원회는 만장일치로 다음과 같은 결의안을 통과시켰다:

> 결의안
>
> 증가된 자본 요구를 충족하기 위한 잉여현금을 제공하는 문제에서 재무위원회가 받아들여야 할 정책을 연구하고 추천하기 위해 지명된 위원회는 여러 달에 걸친 심각한 파업에 대해서는 사업에서 중대한 휴업을 결의하거나 공장을 전격적으로 폐쇄해야 한다는 것을 결의했다.

그러나 불황이라는 절박한 위험은 미국의 대부분의 사람들이 그러했던 것처럼 아직 우리에게도 천만 뜻밖이었다. 이러한 이유로 나는 당시 주요 위원회들이 사업부의 행동에 대한 통제를 제대로 하지 못한 것이 얼마나 중요한지를 인식하지 못했다고 생각한다. 그러나 1920년 2월 말, 해스켈Haskell 씨는 사업부장들에게 "그 때문에 승인받은 작업을 진행하기 전에 환경변화에 의해 영향을 받게 될 모든 지출승인 요구를 집행위원회에 또다시 제공해야 할 필요성"에 대해 집행위원회의 승인과 함께 알려주었다. 그것은 강제력이 없는 온건한 경고였다.

재고는 자본적 지출을 초과함으로써 동일한 소멸과정runaway course을 따랐다. 1919년 11월에 다가올 회계연도에 대한 생산계획은 마감연도보다 36% 높게 설정되었다. 이러한 생산계획은 주먹구구식 또는 사업부 관리자의 야망으로 만들어졌다. 일정에 맞추기 위해 사업부들은 즉각적으로 과도하게 재고를 구입하기 시작했다. 1920년 3월 말, 집행위원회는 1920년 8월에 시작되는 회계연도에서 87만 6,000대의 승용차, 트럭, 트랙터의 생산일정을 전체적으로 승인했다. 3월과 4월에 래스콥 씨는 재무위원회의 위원장으로서 약 총 1억 달러의 계속되는 자본적 지출을 위한 자금을 제공하기 위해 6,400만 달러의 가치가 있는 보통주식 판매를 위한 준비를 시작했다. 듀퐁, J. P. 모건 앤드 컴퍼니J. P. Morgan and Company, 그리고 일부 영국의 지분이 이러한 노력에 참여했고, 새로운 지분의 대표자들이 이사회로 왔다.

1920년 5월, 집행위원회의 의사록은 래스콥 씨가 공장설비에 대한 무계획적인 지출과 증가하는 재고에 대해 한숨을 쉬면서 우려를 표시했음을 보여주고 있다. 그는 당시 1억 5,000만 달러로 설정된 재고의 한도를 넘어서면 회사가 위험에 빠질 수 있다고 경고했다.

한 주 뒤에 나와 듀랜트 씨, 해스켈 씨, 프렌티스 씨로 구성된 특별재고할당위원회Inventory Allotment Committee는 각 사업부의 최대 허용 가능 지출에 대한 상세한 목록을 승인했다. 그러나 줄어든 생산일정까지도 사업부 경영자들은 자신들의 재고나 자본적 지출에 대해 승인된 한도를 넘겼으며, 그것들을 효과적으로 통제하기 위해 아무것도 하지 않았다. 이것은 분권화의 부작용이었다.

지출이 계속적으로 상승하는 동안 1920년 6월에 잠시 수요가 증가한 후 자동차시장은 나빠지기 시작했다. 8월에 재무위원회와 집행위원회는 사업부 경영자들에게 5월에 설정한 지출한도를 지킬 것을 엄중하게 경고했다. 10월 초에 재무위원회는 심각한 상황을 통제하기 위해 프랫 씨가 이끄는 재고위원회를 임명했다. 그러나 결국 손실이 발생했다. 1920년 1월에 1억 3,700만 달러, 4월에는 1억 6,800만 달러, 6월에는 1억 6,500만 달러, 10월에는 5월에 설정된 한도를 5,900만 달러 초과한 2억 900만 달러였다. 그러나 아직 최악의 상태는 오지 않았다.

9월에 자동차시장은 바닥으로 추락했다. 9월 21일, 포드 씨는 이 상황을 해결하기 위해 가격을 20~30% 인하했다. 사업부 판매관리자들에 의해 지지를 받은 듀랜트 씨는 한동안 가격 유지를 시도했고, 딜러와 고객에게 어떤 삭감에 대해서도 반대한다는 것을 확실하게 하기 위한 시도를 했다. 10월에 GM의 상황은 너무 심각해서 많은 경영자들이 송장과 급여 지급을 위한 현금을 확보하는 데 어려움을 겪고 있었다. 그 달에 우리는 단기어음으로 은행에서 약 8,300만 달러를 차입했다. 11월에 뷰익과 캐딜락을 제외한 모든 주요 자동차생산사업부는 사실상 공장을 폐쇄했다. 두 사업부는 감소된 비율로 운영하고 있었다. 미국 경제 전체가 불황에 빠져들었다.

이들 사건이 발생하기 전에 나는 GM의 내부 사정으로 점점 더 방해를 받아왔다. 1919년 말과 1920년 초에 나는 운영조직의 결점을 수정할 조직 계획을 입안하여 듀랜트 씨에게 제출했다. 그는 그것에 대해 아무런 조치도 취하지 않았지만, 호의적으로 받아들이는 것으로 보였다. 나는 이것을 부분적으로, 그가 당시에 조직이 처한 문제들을 받아들이기에는 준비가 되지 않았다는 사실 때문이었다고 생각한다. 그는 온갖 종류의 당면한 운영 및 개인적 재무문제들로 과중한 부담을 안고 있어서 이러한 종류의 광범위한 계획을 고려하기는 몹시 어려웠다.

나는 회사의 경영과 방향에 대한 걱정으로부터 일단 회사를 벗어나서 내가 무엇을 할 것인지 결정하기 위해 1920년 초 여름에 한 달간 휴가를 신청했다. 내가 소유한 모든 것은 회사의 주식과 연결되어 있었다. 처음에 나는 크라이슬러 씨처럼 나도 GM에서 퇴사해야 한다고 생각했다. 나는 은행기업인 리 히긴슨 앤드 컴퍼니Lee Higginson and Company로부터 잠재적으로 산업분석에 대한 동업 제안을 받고 있었다. 1910년부터 1915년까지 GM의 재무업무를 이끌었고, 내시 모터스의 주요 후원자였던 스토로 씨가 이런 동업 제안을 하였다. 나는 이런 변화를 가지는 것에 망설였고, 심사숙고하기 위해 유럽으로 떠났다. 나의 망설임에 대한 옳고 그름은 잘 모르겠으나, 듀랜트 씨가 어떻게든 위기에 빠진 GM 주식의 시장가치를 유지하기 위해 그의 관할 하에 모든 주식을 가지고 노력하고 있었으므로 내가 보유한 주식을 판매하여 나의 재무상태를 방어해야 한다는 것을 느끼지 못했다. 영국에서 나는 아내와 함께 여행하기 위해 롤스로이스Rolls-Royce를 주문했지만, 결국 롤스를 인수하여 여행을 하지는 못했다. 8월에 나는 미국으로 돌아왔는데, 상당한 변화가 발생하여 중대한 국면을 맞고 있다는 것을 알았고, 일단 기다리기로 결정했다.

듀랜트의 퇴진 1920년에 발생한 기업의 불황은 주식시장에서 주가의 폭락을 수반했다. 이것은 대부분의 GM 공장이 거의 문을 닫는 것과 함께 회사의 역사에서 한 시대의 종언을 가져왔다. 듀랜트 씨를 사임으로 이끈 사건에 대한 기록은 나중에 피에르 S. 듀퐁이 E. I. 듀퐁 드 느무르 앤드 컴퍼니E. I. du Pont de Nemours & Company의 사장이 된 그의 동생 이레네 듀퐁Irénée du Pont에게 보낸 1920년 11월 26일자 편지에 쓰여 있다.

사장에게

GM코퍼레이션의 사태에서 최근 새로이 전개된 사건들은 지난 2주간의 진전 상황을 기록할 필요를 가져왔다. 이 기록은 나 자신이 쓴 메모와 아직도 분명하게 남아 있는 기억에 근거한 것이다. 역사에 남을 이 부분을 다루기 전에 나는 듀랜트 씨의 개인적 문제에 관련하여 내가 이전에 알고 있던 것에 대해 몇 마디의 기록을 남기고 싶다.

수년 전에 내가 듀랜트 씨를 처음 만난 이래로 1920년 11월 11일까지 그는 나에게 자신의 사적인 문제에 대해 말한 적이 없었다. 듀퐁사가 GM컴퍼니에 출자해 액면가를 약간 초과한 가격인 2,500백만 달러에 주식을 취득했을 때, 듀랜트 씨는 아마도 자신의 직계 가족과 함께 유사한 액수의 주식을 소유하고(당시에 현재 GM 보통주식의 지주회사였던 쉐보레 컴퍼니의 그의 보유주식을 포함하여) 있는 것으로 알려졌다. 또한 그 당시에 듀랜트 씨가 보유한 주식의 대부분이 브로커 명의로 되어 있다고 하였다. 그러나 그것은 어디까지나 편의상 그렇게 한 것으로 이해하고 있었다. 나는 듀랜트 씨가 당시에 이 주식을 담보로 차입을 하였는지에 대해 아무런 말도 한 적이 없다고 확신한다. 지난봄까지 우리가 주식을 취득한 여러 달 동안에 나는 듀랜트 씨가 종종 그의 주식을 빌려주고 있었던 것으로 알고 있었다. 나는 또한 그가 가끔은 직접 또는 다른 사람들에게 구입하도록 권고하였다는 것을 알고 있다. 나는 그가 겉보기에 큰 재산을 가지고 있으므로 직접 현금을 지급할 수 있는 범위나 지급능력이 허락하는 범위 내에서 구입했다고 추측하고 있었다.

나는 그가 어떤 경우에도 주식을 판매했다고 말한 기억이 없고, 현재 그가 주식 구입자에서 벗어난 것으로는 보이지 않는다. 그가 나에게 주가조작에 대한 어떤 생각들을 토로했지만, 나는 듀랜트 씨를 결코 부추긴 적이 없다. 사실 조금이라도 말했다면 그것들을 조장하기보다는 그런 시장거래를 단념하게 하려고 한 말이었다. 그러나 전술한 바와 같이 듀랜트 씨는 개인적인 문제에 대해 결코 나에게 말한 적이 없고, 주식거래가 결코 개인적이지 않았다고 해명한 적도 없다. 나는 1920년 봄에 듀랜트 씨가 주식시장에서 완전히 벗어나 있었다는 강한 인상을 가지고 있다. 그것은 래스콥 씨도 확인했다.

나는 그가 채무, 특히 브로커에 대한 채무는 없을 것으로 추측하고 있었다. 최근 몇 달 동안 모건 앤드 컴퍼니에 의해 신디케이트가 결성되었을 때도 내가 알기에 듀랜트 씨는 주식시장에서 아무런 활동도 하지 않았을 것이다. 두 집단은 독립적으로 행동해 만족할 만한 성과를 거두지 못했다. 나는 최근 몇 주 동안 모건 신디케이트가 적절히 잘하고 있지 못하기 때문에 시장을 떠받쳐야 한다는 듀랜트 씨의 말을 듣고 실망했다. 나의 판단은 이러한 독립적인 행동에 반대하는 것이다. 그러나 나는 그 문제가 나의 관점에서 듀랜트 씨에게 어떤 명확한 아이디어를 암시하는 방법으로 논의되었어야 했는지에 대해서는 자신이 없다. 사실, 나는 그 자신의 구매력과 주가를 지지하기 위해 그를 지원할 수 있는 친한 친구들의 구매력 범위 내에서 주식 수량을 통제함으로써 시장을 유지하도록 그가 직접 매입하는 것에 대해서도 생각해보았다. 나는 11월 11일까지는 듀랜트 씨가 주식시장에서 주가조작을 도모하고 있다고도, 자금을 차입하고 있다고도 거의 생각하고 있지 않았다.

이상과 같은 나의 확고한 생각에도 불구하고 듀랜트 씨의 투기에 대한 루머가 들려왔다. 래스콥 씨와 나는 모건 앤드 컴퍼니가 GM의 출자자가 된 이후에도 듀랜트 씨의 활동에 대해 무지했다고 생각했다. 모건 앤드 컴퍼니는 그 문제에 대해 듀랜트 씨에게 의문을 제기할 충분한 기회를 가졌다. 나는 듀랜트 씨 문제를 파고드는 것이 나의 의무라고 생각하지 못했다. 지난 6주 동안의 어느 시점에 모건 앤드 컴퍼니의 모로 Dwight W. Morrow 씨가 래스콥 씨와 나에게 듀랜트 씨의 개인적 문제에 대해, 특히 그에게 있음직한 주식시장의 활동에 관하여 몇 가지를 물어왔다. 이에 대해 우리는 그의 사적인 문제들에 대해 아무것도 모르고, 그가 우리를 결코 신뢰하지 않았다고 답변했다. 나는 모로 씨에게 듀랜트 씨 본인에게 직접 물어보도록 권했고, 솔직하게 대답해줄 것으로 생각한다고 했다.

이렇게 하여 1920년 11월에 모로 씨의 사무실에서 그와 듀랜트 씨, 래스콥 씨와 내가 참석한 가운데 회의가 열렸다. 회의석상에서 나는 GM주식의 소유권을 가진 파트너는 상호간에 정확한 상태를 알 권리를 갖는 것이 공정하다고 말했다. 듀퐁사는 GM과 쉐보레가 보유한 우리 주식 모두를 담보로 제공하지도 않았고, 어떤 금액으로도 주식을 매매하려고 하지 않는다는 것을 알려주었다. 나 개인적으로도 주식을 담보로 차입한 경험이 없고, 나의 지분은 모두 수중에 가지고 있으며, 최근에 주식을 매매하지 않았다. 그리고 내가 아는 한 듀퐁그룹에서 개인 중 어느 누구도 GM주식에 대한 차입자이거나 어떤 방식으로든 활동하지 않았다고 말했다. 모로 씨는 모건 앤드 컴퍼니와 관계자 모두 각자 구입한 GM주식을 아직 보유하고 있고 팔 의향이 없다고 말했다. 나는 듀랜트 씨가 자신의 입장에서 적극적으로 이야기했는지는 기억하지 못한다. 그러나 그는 어떤 방식으로든 주식을 담보로 차입했거나 주가조작을 했다는 어떠한 암시도 주지 않았다. 모로 씨는 듀랜트 씨에게 그가 시장에서 어떤 취약점에 대해 알고 있는지를 직접 물어보았는데, 듀랜트 씨의 대답은 "모른다"였다. 그는 자신이 보유한 주식이 우리 자신의 것만큼 온전하다는 인상을 주고 우리를 떠났다. 듀랜트 씨의 독특한 성격에 대해 알고 있었기 때문에 나는 그가 어떤 방식으로든 우리를 속이려고 했다고는 생각하지 않았다. 그러나 모로 씨는 관대하지 않았다. 내 생각에 그는 듀랜트 씨가 자신의 실패에 대해 우리에게 솔직하지 않았다고 심하게 비난했다.

이제 1920년 11월 11일로 넘어간다. 그날 듀랜트 씨가 나와 래스콥 씨에게 점심식사를 같이하자고 했는데, 거기서 생각지도 못한 사실을 알 수 있었다. 그때 그는 '은행가들'로부터 GM컴퍼니의 사장 자리에서 사임하라는 통보를 받았고, 그 요구에 응하여 '정정당당하게 행동하기로' 결심했다고 말했다. 그 이유는 그 자신뿐만 아니라 회사가 "은행가들의 수중에 있어서 그에 따라 행동해야 하기 때문"이라고 했다. 나는 회사에 관한 그의 말에 즉각 이의를 제기했다. 그는 우리의 차입금이 우리의 운전자본과 기타 자산에 비해 거액은 아니고 이월된 현금잔액과 우리의 재무적 전망을 생각하면 충분히 재무건전성을 유지할 수 있다고 설명했다. 나는 우리의 은행 파트너가 이러한 의견에 동의했고, 기업운영을 통해 청산이 이루어질 때까지 우리의 대출금을 떠맡는 데 있어서 어려움이 없는 것으로 안다고 설명했다.

듀랜트 씨는 자신의 자산상태에 대해 걱정하고 있다고 말했지만 분명한 설명은 하지 않았다. 질문을 위한 기회도 주어지지 않았다. 그것은 그 시점에 필요한 것으로 보이지도 않았다. 그러나 그 만남이 끝난 후에 래스콥 씨는 듀랜트 씨의 말이 가지고 있는 의미에 대해 심사숙고했다. 다음날 래스콥 씨가 듀랜트 씨의 문제 상황에 관해, 특히 그의 부채가 "600만 달러 또는 2,600만 달러"라는 액수가 맞는지의 여부에 관해 질문했다. 듀랜트 씨는 그 문제를 확인해보아만 알 수 있을 것이라고 대답했다. 래스콥 씨와 나는 금요일12일에 뉴욕을 떠났고, 그다음 주 화요일인 11월 16일에서 돌아왔다. 그날 아침에 우리는 어떻게 해서든지 그의 정확한 상태를 알아보기로 결정하고 듀랜트 씨의 사무실로 갔다. 만일 듀랜트 씨가 재정적으로 곤경에 빠져 있으면 그것이 개인적이라고 해도 GM의 신용에 영향을 줄지도 모른다는 데 의견의 일치를 보았다. 듀랜트 씨는 그날 사람들을 만나고, 전화통을 붙잡고 여기저기 전화를 하고, 방을 들락날락하는 등 매우 바빴다. 우리는 점심시간만 빼고는 몇 시간 동안 참을성 있게 기다렸다.

듀랜트 씨가 자신이 처한 상황을 나타내는 수치를 우리에게 보여주기 시작한 것은 그날 오후 4시가 되어서였다. 그는 연필로 쓴 은행 차입금의 수치에 대한 메모를 가지고 있었다. 메모 내용은 그가 말한 것을 우리가 받아썼는데, 부채총액은 2,000만 달러였다. 모두 주식 브로커에 대한 것이었고, 타인 명의의 주식 130만 주, 듀랜트 씨 개인에 대한 금액 불명의 담보액이 있었다. 물론 타인이 소유한 130만 주를 제외하고, GM주식 300만 주를 담보로 그가 개인적으로 은행과 브로커들에게 진부채는 1,419만 달러였다. 듀랜트 씨는 개인장부와 계정을 가지고 있지 않았고, 전체적으로 부채 총액에 관한 명확한 내역을 알려줄 수 없다고 말했다. 그중 어떤 부분은 자신의 명의이고, 어떤 부분은 담보를 제공한 타인 명의의 부채였다. 그는 분명히 브로커의 계정에 대한 일람을 수중에 가지고 있지 않았다. 그러나 고액의 채무가 있는 것은 틀림없었고, 전체적으로 매우 심각해 보였다. 듀랜트 씨는 브로커의 계정에 대한 자료를 확보한 다음 분명하게 설명하겠다고 약속했다.

화요일 저녁11월 16일에 듀랜트 씨는 브로커인 매클루어, 존스 앤드 리드McClure, Jones & Reed로부터 자신의 계정을 지원하기 위한 15만 달러에 대한 전화를 받았다. 이 금액은 어떻게 해서든 수습되었다.

수요일11월 17일에 우리는 브로커의 계정에 대해 문의했고, 사업마감일인 11월 17일에 설명하기로 지시가 내려진 것을 알았다. 그래서 그날은 아무것도 할 수 없었다. 그동안에 주어진 설명은 명확하지 못해 래스콥 씨와 나는 어떤 면에서는 계정이 정확한 것을 믿고 싶지 않았다. 그러나 상황은 구제계획을 심사숙고할 만큼 충분히 나빠 보였다. 우리는 위기를 비켜나가기 위해 채무소유자에게 담보로 제공되어야 할 어음 2,000만 달러를 발행하여 듀랜트 씨의 보유주식을 인수한 다음 회사를 설립하는 것이 가능할 것이라고 판단했다. 듀퐁사 측은 긴급한 계정을 청산하고 부분적으로 다른 용도로 지급하기 위한 현금을 공급하기 위하여 회사의 유가증권으로 700만 달러 또는 1,000만 달러까지도 투자하기로 했다.

11월 18일 목요일이 되어서야 브로커의 계정에 대한 자료가 들어오기 시작했다. 그날 하루 종일 내역서 형식을 만들어 듀랜트 씨에게 정확성 여부를 확인하고 동의를 받았다. 그러나 브로커 계정 자료에서 제시된 것을 제외하고는 정확한 확인을 할 수 없었으며, 누락이 있는지를 확인할 방법이 없었다. 은행대부에 관해 명확한 것이 아무것도 없었고, 듀랜트 씨가 담보의 대부자로서 개입한 신디케이트 계정에서도 없었다. 은행으로부터의 차입에 대해서는 확실한 자료가 아무것도 없었고, 듀랜트 씨가 담보를 제공한 타인 명의의 차입에 대해서도 마찬가지였다. 그러나 그 자료를 바탕으로 요약표를 작성하여 화요일 오후 늦게 복사하기 위해 타이피스트에게 넘겼다.

그 즈음 듀랜트 씨는 자신의 사무실로 래스콥 씨와 나를 불러서 모건 파트너들 중 몇 명이 얼마 전에 자신을 찾아왔으며, 우리에게 회의에 참석해달라고 요청했다고 말했다. 우리는 그에게 말했다. "우리와 모건 앤드 컴퍼니에게 말한 내용은 진실과 아주 동떨어져 있다. 진실을 모두 분명히 한다고 약속해주지 않는 한 동석할 수 없다." 그는 이 점에 동의하지 않았고, 우리는 방을 나왔다.

오후 6시 30분경에 우리가 호텔로 떠나려고 할 즈음에 듀랜트 씨와 만났던 모로 씨, 코크란Thomas Cochran 씨, 휘트니George Whitney 씨를 만났다. 휘트니 씨 측에서는 그날 저녁 9시 정각에 듀랜트 씨와 다시 면담 약속을 했다. 모로 씨는 나를 따로 불러내더니 나와 몇 분간의 면담을 원한다고 말했다. 그러고 나서 나는 그와 그의 동료들과 함께 래스콥 씨의 방으로 갔고, 몇 분간의 사전 준비 후에 듀랜트 씨가 그들에게 완벽한 진술을 했는지에 대해 물었다. 그에 대해 모로 씨는 그렇다고 대답했다. 내가 작성해서 타이프를 의뢰했지만 아직까지 완성된 형태로는 처음 본 요약서의 사본을 만들었다. 그 후에 이번 문제 전체에 대한 논의가 계속됐다. 모건 파트너들은 듀랜트가 파산할 경우 거액의 대손이 2건 발생할 우려가 있어 여러 브로커와 몇몇 은행이 도산할 가능성이 있고, 상황이 극도로 심각하며, 공황이 발생할지도 모른다고 말했다.

모로 씨는 다른 약속을 취소하고 정각 9시에 돌아온다고 말했고, 나도 약속을 취소하고 그렇게 하는 데 동의했다. 우리의 대화는 반시간도 채 걸리지 않았다. 나는 호텔로 돌아와 래스콥 씨와 함께 약속된 시간에 3명의 모건 파트너가 모여 있는 사무실로 갔다. 래스콥 씨는 모로 씨에게 우리의 개략적인 지원계획을 설명했다. 거기에서 우리는 듀퐁사를 대표하여 이런 절망적인 상황에서 실질적으로 지원할 의지가 있다는 것을 보여주었다. 모로 씨는 그 계획은 시장이 매우 심각한 상황이기 때문에 실행이 불가능한 것으로 생각한다고 말했고, 우리가 듀랜트 씨의 모든 채무에 대해 현금상환을 할 수 있도록 은행들에서 2,000만 달러의 융자를 받으라고 제안했다. 래스콥 씨와 나는 듀퐁사 측에서 그 프로젝트에 대해 700만 달러와 그 이상의 충분한 추가적 담보를 제공할 용의가 있다고 했다. 모건 파트너들은 그런 상황에서 지원하겠다는 듀퐁사의 의지에 큰 찬사를 보냈고, 코크란 씨는 "이 나라에는 진정한 스포츠정신을 가진 두 기업, 즉 듀퐁과 모건이 있습니다"라는 표현을 사용했다.

이어서 듀랜트 씨의 처우에 대한 논의가 계속됐다. 모로 씨는 주식 중 4분의 1의 지분이 듀랜트 씨에게 남아 있어야 하고, 이 지분 중 일부는 사채를 발행할 때 사용해야 할지도 모른다는 제안을 했다. 그는 처음에 모건 앤드 컴퍼니는 거래에서 자신들의 서비스에 대해 어떤 종류의 커미션이나 지급을 요구하지 않는다고 말했다. 지분에 대한 이러한 분할이 듀랜트 씨와 다른 당사자들에게 공정한지를 세심하게 고려했다. 이러한 사전 논의 후에 모건 파트너들은 채권발행 수속을 시작하기 전에 듀랜트 씨의 재무상태를 가능한 한 상세하게 조사해야 한다고 말했다. 그들이 제안한 조사를 즉각 개시하기 위해 듀랜트 씨의 방으로 갔다. 재무상태에 대한 확인이 진척되었고, 모로 씨가 듀랜트 씨에게 제안을 설명했다. 듀랜트 씨는 자신에게 돌아온 지분 4분의 1은 가혹하다고 불만을 표시했다. 그래서 모로 씨는 3분의 1을 제안했다. 듀랜트 씨는 나에게 듀랜트 40%, 듀퐁 60%가 좀 더 공정한 것이 아니냐고 말했다. 어려운 상황에서도 이러한 부분 협상들은 기분 좋게 진행되었고, 모든 당사자들에게 공정할 수 있도록 모두가 노력하였다.

계정 확인과 그 문제에 대한 논의는 금요일 새벽 5시 30분경까지 쉬지 않고 계속되었고, 그 시간쯤 듀랜트 씨와 나는 듀퐁사가 제공하는 700만 달러를 지원하기 위해 2,000만 달러의 어음발행과 주식발행, 그리고 130만 주로 추정되는 추가담보의 대부에 대한 일반적 제안에 동의하는 각서에 서명했다. 각서는 또한 주당 9.50달러에 비용과 이자를 가산한 것 이상의 가격으로 표시된 주식지분이 듀랜트 씨에게 3분의 1,

듀퐁사에게 3분의 2로 분할되어야 한다는 데 합의했다. 이날까지도 총부채는 불명확했고, 타인 명의의 채무도 아직 포함되어 있지 않았다.

서둘러 아침식사를 한 후에 우리는 2시간의 수면을 취한 뒤 그날 아침 9시 30분에 각자의 사업으로 돌아갔다. 모건 앤드 컴퍼니 사람들은 그날 저녁11월 19일 5시 정각 전에 뉴욕에 있는 주요 은행과 교섭하여 2,000만 달러의 융자를 준비했다. 그동안 듀퐁사는 현금으로 우선주의 8%를 인수하고, 담보부 융자로 보통주식의 80%를 인수하는 것을 제안했다. 후자는 9.50달러 이상의 주식가격에 비용과 이자를 가산한 지분을 표시한 것이다. 이 보통주식의 20%는 2,000만 달러의 융자를 제공하는 은행이자로 할당되었다. 그날 듀퐁사에서는 재무위원회가 열려 80%의 보통주식을 듀랜트 씨와 동일하게 분할하여 듀랜트 40%, 듀퐁 40%, 은행가들 20%의 비율로 분배하는 안을 승인했다. 이것이 최종적으로 완성된 계획이었다. 토요일11월 20일에 거래에 대한 루머가 많이 퍼졌지만, 발표는 월요일11월 22일에야 이루어졌다.

이날 모건 앤드 컴퍼니가 이 주식의 매수주문을 내기 시작했다. 전체 거래에서 모건 파트너들은 가장 큰 공헌을 했다. 그들은 시작부터 보상을 바라지 않는다고 말하고, 사태수습을 위해 성심을 다하여 뛰어들었다. 그들은 놀랄만한 속도로 행동했고, 총 6,000만 달러 이상의 거래를 계획하여 실제로 토요일과 일요일을 포함한 4일 만에 마무리했다.

1920년 11월 30일, 듀랜트 씨는 GM의 사장직에서 사임했다.

지금까지는 듀랜트 씨의 방식을 평가하는 데 초점을 맞추어 기술해왔지만, GM이 확장 일로에 있을 때 경기 변동이 일치하지 않은 것에 대해 그가 래스콥 씨보다 더 책임이 있는 것은 아니다. 래스콥 씨는 앞서서 확장을 밀고나갔고, 계속하여 지출을 승인했다. 듀랜트 씨의 경영방식은 그것들을 통제할 수 없는 상태로 방치한 것이다. 나는 듀랜트 씨가 1919년 말에 국가경제에 관해 비관적이 되었다고 들었지만, 그것에 대한 기록을 발견하지 못했다. 듀랜트 씨와 래스콥 씨는 모두 강력한 낙관주의적 확장주의자였다고 할 수 있다. 그들은 단지 얼마만큼의 자금을 투입할 것인가의 경우에만 불일치하는 것으로 보인다.

나는 듀랜트 씨의 개인적인 주식시장 활동이 근본적으로 GM과 관련된 모든 부분에서의 크나큰 자긍심에 의해, 그리고 수년 동안 정당성을 입증해온 미래에 대한 그의 무한한 신뢰에 의해 동기가 부여되었다고 생각한다. 또한 모건과 듀퐁이 그 어려운 기간에 듀랜트 씨의 주식채무stock obligation를 인수하기 위해 그와 맺은 합의arrangement는 관대한 것이었다고 생각한다.

다음을 고려해보자. 1921년에 듀랜트 씨는 자신을 곤경에서 구제하기 위해 설립된 회사에 대한 자신의 지분을 듀퐁에게 되팔았다. 그는 취득시점에 시가가 299만 달러였던 GM주식 23만 주를 지분으로 받았다. 듀랜트 씨가 자신의 지분에 대해 처분한 것이 이 이야기의 핵심은 아니지만, 1947년 3월 19일 세상을 뜬 시점에 그것들을 보유하고 있었다면 시가는 2,571만 3,281달러가 되었을 것이다. 거기에다가 배당금과 권리 매각으로 총 2,703만 3,625달러를 받았을 것이다.

1920년의 사건으로 돌아가면, 국가경제의 침체와 회사에 미친 영향, 운영통제control of operations의 결여, 그리고 듀랜트 씨의 사임이 기업의 기반을 흔들었고, GM의 역사는 완전히 새로운 시대를 향해 출발하였다. 이 시기가 바로 내 이야기의 주요 부분이 시작된 곳이다.

1920~1921 경제 불황을 포함한 4년간 산업 및 자동차 생산 및 금속가격

FRB 산업생산지수(계절적으로 조정, 1923-1925=100)

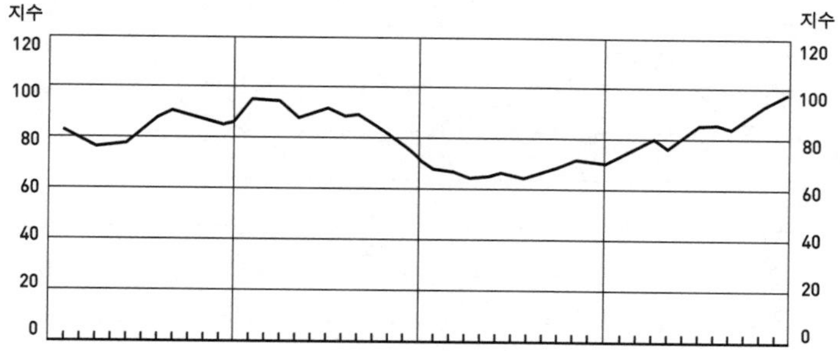

승용차 생산 - 미국 공장들

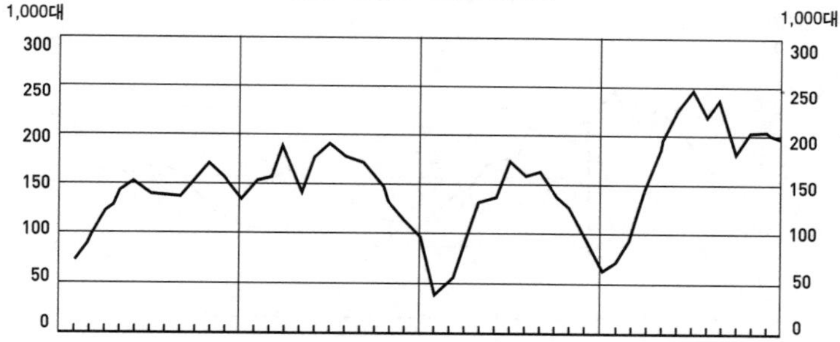

BLS(미국노동통계국) **금속 및 금속제품 도매물가 지수**(1923=100)

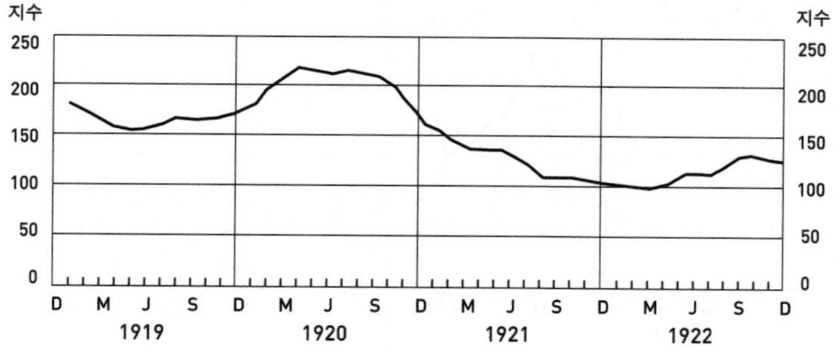

산업생산 - "산업생산 1957~79 기준"(연방준비제도이사회 발간), 1923-25=100으로 전환.
승용차생산 - 스탠더드 앤드 푸어의 "거래 및 증권통계", 23권, 11호, 1957년 11월, p. 221.
도매물가 - 노동통계국 "1890년부터 1926년까지의 도매물가", 고시 제440호, 1927년 7월, pp. 22-23.

1920~1921 경제 불황을 포함한 4년 동안의 보통주식 가격

다우-존스 산업보통주식의 평균(매일 종가의 고저점의 산술평균)

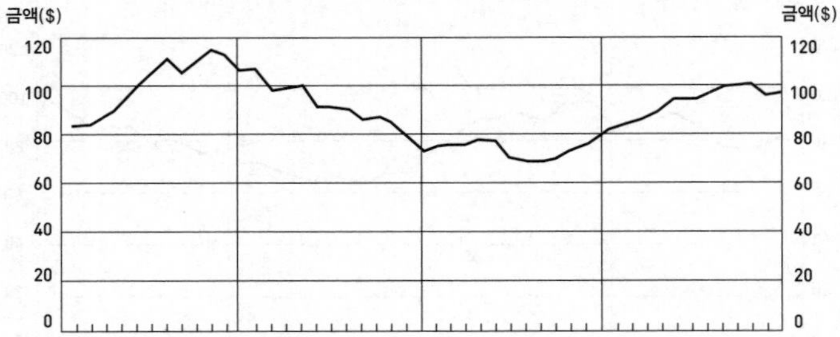

S & P GM을 제외한 자동차 보통주식 지수(1941-43=10)

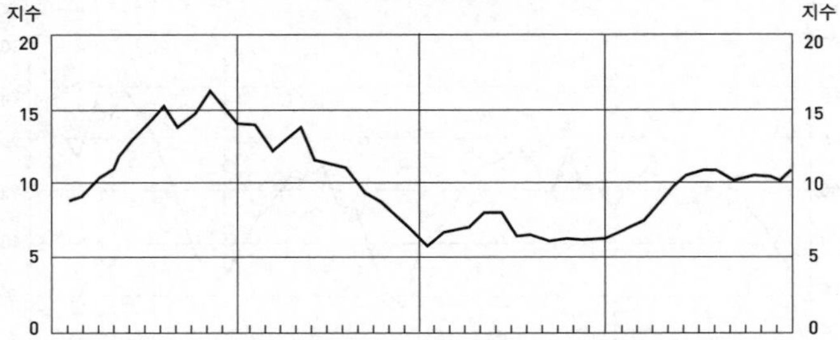

GM 보통주식(매월 15일의 종가)

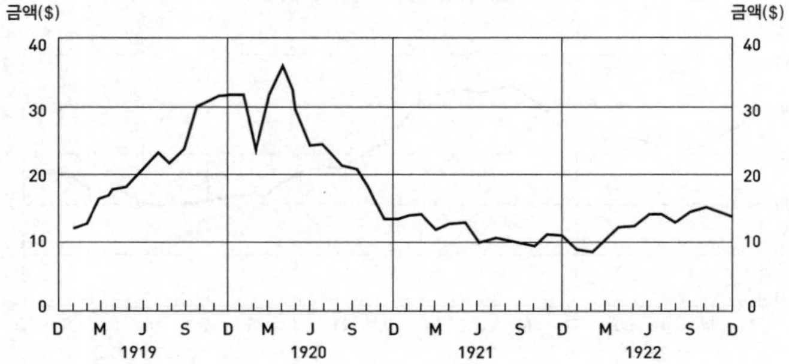

다우-존스평균 - "다우-존스평균", 12판, 1946년, pp. A60-66.
S & P 지수 - 스탠더드 앤드 푸어의 "상품거래 및 증권, 통계, 증권가격지수 기록", 1957년 판, p. 16.
GM 보통주식 - 월 스트리트 저널. 가격은 1920년 3월 10 : 1로 분할 조정되었다.

제3장 조직의 개념

피에르 S. 듀퐁의 사장 취임 1920년이 저물 무렵에 GM이 당면한 과제는 조직개편이었다. 그 당시 회사는 밖으로는 경제 불황, 안으로는 경영위기라는 내우외환에 직면하고 있었다.

자동차시장은 거의 붕괴되었고, 그와 함께 우리의 이익도 사라졌다. 공장 대부분과 업계의 다른 공장들은 문을 닫거나 공장에서의 반제품으로 남아 있던 재공품들로 소량의 차를 조립하고 있었다. 고가의 재고와 이전의 폭등한 가격수준에서의 계약을 안고 있었으며, 현금이 부족했다. 우리는 혼란스러운 제품라인을 가지고 있었다. 운영과 재무에서 통제와 통제수단이 결여돼 있었고, 모든 면에서 적절한 정보가 결여돼 있었다. 한마디로 대내외적으로 공전의 위기에 처해 있었다.

자동차회사들 중 우리만 그런 것은 아니었다. 다른 회사들 또한 곤경에 빠져 있었으나 그것이 특별한 위안이 될 수 없었다. 경제침체는 기업의 취약한 부분을 뒤흔들었는데, 우리는 취약함을 가지고 있었기 때문이다. 어떤 사람들은 침체 이후를 볼 수 없었지만 나는 경제적 비관주의에 결코 굴복하지 않았고, 침체시기에도 궁극적으로 경기가 호전될 것이라는 점과 장기적 성장동력에 대한 기대를 마음에 남겨두었다. 1920년에 나의 태도를 형성하고 있던 것은 확신과 신중함이었다. 우리는 환경을 통제하거나 그 변화를 정확히 예측할 수 없었지만, 사업이 변화하는 상황에서 생존하기 위한 유연성을 찾을 수는 있었다.

조금도 과장하지 않고 자동차시장이 당면한 미래는 불확실했다. 그러나 우리는 경제뿐만 아니라 제품의 미래를 믿었다. 이렇게 말할 수 있는 것은 사업에서는 확신이 중요한 요소이기 때문이다. 그것이 때로는 어떤 사람은 성공하고, 다른 사람은 실패하는 차이를 가져온다. 우리의 확고한 믿음은 당시에 자동차가 미국의 새로운 수송시스템을 형성하는 과정에 있다는 것, 그렇기 때문에 자동차시장은 반드시 강력하게 반등할 것이라는 점이었다. 우리는 이것을 1920년의 연차보고서에서 그 당시까지의 자동차산업 발전에 대한 검토와 함께 언급했다. 그리고 당면한 문제에 관심을 집중했다.

무엇보다 우리는 듀랜트 씨를 대신할 신임 사장을 찾아야 했다. 나는 신임 사장이 되어야 한다고 생각한 사람을 결정하는 데 두 번도 생각하지 않았다. 나는 피에르 S. 듀퐁을 어렴풋이 사적인 경로로만 알고 있었다. 그러나 그는 GM의 내부조직, 일반대중 그리고 은행들에게 신뢰를 줄 수 있고, 사기저하를 막을 수 있는 명성과 존경을 한 몸에 받고 있는 GM의 사람이었다. 그는 회장이었고, 회사의 최대 지분을 가지고 있었다. 그는 리더십에 대한 자신의 역량을 듀퐁 컴퍼니와 GM과의 재무적 관계에서 보여주었다. 회사에서 사장 후보로 고려되어온 유일한 다른 한 사람은 듀퐁의 측근이자, 영향력 있는 자문가이며, GM 재무위원회 위원장인 존 J. 래스콥이었다.

래스콥 씨의 자수성가형 경력은 여러 번 언급했다. 나는 개인적으로 그의 초창기 경력에 대해서는 알지 못하나 그는 세기가 바뀔 즈음에 피에르 S. 듀퐁 씨의 타이피스트와 비서로 입사했다고 한다. 듀퐁 씨는 그의 활기찬 상상력과 재무적 능력에 깊은 인상을 받았다. 듀퐁 씨가 듀퐁 컴퍼니의 자금담당 임원으로 승진했을 때 래스콥 씨는 함께 그의 조수이자 자문가로 옮겼고, 듀퐁 컴퍼니의 자금담당 임원을 승계했다. 듀퐁 씨와 래스콥 씨는 수년 동안 가까운 경영동료였다. 그러나 그들은 전혀 다른 유형의 기질을 가지고 있었다.

듀퐁 씨가 안정되고 보수적이었던 반면에 래스콥 씨는 명석하고 상상력이 풍부했다. 듀퐁 씨는 키가 크고 체격이 좋았으며 과묵했다. 무엇보다 그는 주제넘게 나서지 않았다. 래스콥 씨는 키가 작았으며 과묵하지 않았다. 그는 매우 다정다감했고, 이야기를 나누기에 좋은 친구였으며, 무궁무진한 아이디어를 가진 사람이었다. 나는 그가 자주 아이디어를 가지고 내 사무실로 와서 마법의 지팡이를 흔들며 행동에 들어가길 원했던 것을 기억한다. 그는 전체 조직이 즉각 회의 자리로 올 수 있기를 원했다. 그의 결점그것들을 결점이라고 불러야 한다면은 공격적이고 참을성 없이 기민하게 행동하는 것인데, 바로 그것이 그를 성공으로 이끌었다. 그가 그랬던 것처럼 많은 사람들이 자동차산업의 미래를 예견한 것은 아니었다.

따라서 래스콥 씨와 듀퐁 씨 모두 강점을 가졌지만, 우려하고 있던 우리에게는 모든 것을 감안할 때 듀퐁 씨가 우리에게 필요한 사람으로 보였다. 그 당시 그렇게 뛰어난 자격을 가지고 있는 사람은 아무도 없었다.

듀퐁 씨에게 단 하나의 단점이 있었다면 자동차사업에 관한 지식이 없었다는 것이다. 나 같은 구식인 사람은 사업에 대한 지식이 성공적인 관리에 기본이라고 생각했다. 그러나 그 당시 상황에서는 기업에 대한 해박한 지식보다 관리적 측면에서 일반적으로 건설적인 리더십이 당장 필요했고, 미래에 대한 확신을 재정립하는 것이 더 중요했다. 그리고 자동차산업에 대한 지식을 잘 알고 있는 다른 사람들을 활용하거나 얻으면 되는 것이었다. 이런 이유로 나는 비공식적으로 열린 토론에서 듀퐁 씨가 합리적인 선택이라고 강하게 설득했다.

그렇다고는 해도 듀퐁 씨가 사장으로 선택된 것은 나의 강한 설득 때문만은 아니었다. 다른 사람들의 영향력이 더 컸고, 듀퐁 씨는 GM의 재무적 책임뿐만 아니라 경영을 수락할 수밖에 없는 그 자신만의 이유를 가지고 있었다. 듀퐁 컴퍼니는 위기 속에서 듀랜트의 주식을 인수했고, 1921년에 GM코퍼레이션의 보통주 총 지분의 약 36%로 소유권을 증가시켰다. 듀퐁 씨는 그 상황에서 명백한 책임을 가졌다. 그는 나중에 "나는 그사장 직책을 수락하는 것을 매우 꺼려했습니다. 나는 당시에 사업에서 은퇴했지만 어떻든 간에 그들이 최선이라고 생각하는 것을 해야만 한다고 말했습니다. 그리고 나는 그 직무 수행에 정통한 더 좋은 사람을 찾을 때까지만 그 자리에 있겠다는 것을 분명히 이해시키고 사장으로 취임했습니다"라고 말했다.

피에르 S. 듀퐁이 사장직을 수락했을 때 래스콥 씨는 재무위원회 위원장직을 계속 맡았으며, 수년 동안 회사의 공식 대변인으로서 기여했다. 말하자면 J. 에이모리 해스켈J. Amory Haskell과 나는 듀퐁 씨의 최측근이 되었다. 1920년 12월 30일의 이사회 회의에 배부된 서신에서 듀퐁 씨는 해스켈 씨와 나에게 "집행위원회가 열리지 않는 동안, 그리고 사장 부재 시 대리하여 집행문제들의 해결을 맡기고 싶다"고 언급했다. 집행위원회는 재구성되었고 일시적으로 나와 듀퐁 씨, 래스콥 씨, 해스켈 씨 4인으로 축소되었다. 새 위원회는 운영정책과 일정 부분의 경영에 대한 책임을 떠맡았다. 대부분 사업부장으로 구성된 구 집행위원회는 하나의 자문운영위원회로 만들어졌다.

임기응변적 성격에도 불구하고 이러한 변화들은 GM의 전면적인 개편과 일치했고, 기업철학의 근본이 되었다. 회사의 의사록에 기록된 언어는 간결하지만, 그 결과는 그것들이 이 순간에 있음으로써 지대한 영향을 미칠 수 있다. 1920년 12월 30일, 구 집행위원회의 마지막 회의에서 채택된 신경영진의 첫 번째 사업은 다음과 같이 기록되었다:

> 사장은 집행위원회가 고려하도록 설명문과 함께 우리 회사의 새로운 조직도를 제출했고, 본 건에 대해 상세히 토의했다.[6]

이것은 만장일치로 승인되었고, 이사회에 보내도록 하달되었다. 그것은 1921년 1월 3일에 시행되었다.

이렇게 해서 채택된 이 계획은 내가 『조직 연구Organization Study』라는 제목으로 1년여 앞서 초안을 작성한 것을 수정한 것이었고, 듀랜트 씨에게 제출되었다.[7] 이 계획은 현대적 GM에서 그 조직을 지배하는 '분권화'의 기본원리를 나타내고 있는 경영정책의 기반이 되었고, 그로 인해 미국의 대규모 공업 기업에 얼마간 영향을 주었다고 말하기 때문에 여기에서 그것의 유래와 본질에 대해 중요한 것만 언급하고자 한다.

---

6 이 조직도의 사본은 이 장의 말미에 있다.

7 나를 둘러싸고 있는 상황을 고려할 기회를 가진 것은 극히 최근이고, 지금 처음으로 내가 그 연구의 초안을 작성했을 때의 대략적인 시기를 확인했다. 그것은 내가 오랫동안 생각했던 1920년 봄이 아니라 1919년 말(12월 5일 이후 얼마 동안과 1920년 1월 19일 이전)이다. 나는 연구가 1919년 12월 5일에 조직된 지출예산위원회를 조사한 자료와 당시 뷰익의 사업부장인 H. H. 바셋이 나에게 보낸 1920년 1월 19일자 편지에서 이러한 결론에 도달했다. 그 편지에서 그는 연구에 대한 열정을 표현했다. "저는 첨부된 보고서의 모든 단어를 읽고 또 읽었고, 우리 조직의 제도를 훌륭하게 생각하고 있으며, 확실히 전폭적인 지지를 한다고 굳게 믿고 있습니다"라고 바셋 씨는 매우 친절하게 말했다. 나는 1월 21일자로 그에게 다음과 같이 답장을 했다:

"나의 친애하는 해리, 나는 귀하의 1월 19일자 편지를 가지고 있고, 일반적으로 계획이 귀하의 승인과 지지를 충족한다는 것에 주목하면서 기뻐하고 있습니다."

"나는 어떤 행동을 취할 것인지에 대해서는 알지 못하지만 모두를 만족시킬 무엇인가를 만들기를 희망합니다. 그 이유는 내가 조금 더 명확하게 정리된 무엇인가를 갖는 것이 바람직하다는 것을 진정으로 믿고 있기 때문입니다."

사업부제의 개념 첫 번째로 그것의 유래는 다음과 같다. 일부 연구자들은 GM이 분권화된 조직의 유형을 두 회사 간 관계의 결과로 듀퐁 컴퍼니에서 가져온 것이라고 추정했다. 당시에 두 회사의 경영진은 사실상 조직문제에 독립적으로 관심을 가졌고, 결국 모두 분권화 원리를 채택했다. 그러나 그들은 상반된 양극에서 진행하고 있었다. 당시 듀퐁 컴퍼니는 미국의 산업 초기에 보편적이었던 집권적 조직형태에서 발전하고 있었던 반면, GM은 거의 총체적 분권화에서 발전하고 있었다. GM은 분권화의 이점을 상실함 없이 조정의 원리a principle of co-ordination를 찾아야 할 필요가 있었다. GM코퍼레이션과 듀퐁 컴퍼니의 이런 다른 배경은 두 기업에서 생산하는 제품의 성격, 마케팅 차이와 함께 그들 모두에게 타당하게 공헌할 수 있는 동일한 조직 모델이 현실화될 수 없도록 만들었다.

듀퐁의 경영자들은 몇 년 동안 자체의 조직개편문제에 매달리고 있었다. 그러나 GM이 조직계획을 채택한 후 9개월이 되어서야 듀퐁 컴퍼니 또한 분권화된 제도를 채택했다. 그들은 두 가지 계획의 세부사항을 공유하지는 않았지만 분권화의 철학만은 공유했다.

운영문제의 두 가지 유형 중 하나는 지나친 집권화듀퐁로 인해 발생한 것이고, 다른 하나는 지나친 분권화GM로 인해 발생한 것으로 미국의 많은 대규모 제조기업에 의해 곧 해결되었다. 아마도 왜 GM과 듀퐁이 그들의 조직문제를 일찍이 해결하고 대응했는가는 1920년과 1921년에 그들 앞에 놓인 운영문제들이 대부분 당대의 미국 공업 기업들의 그것보다 더 크고 더 복잡했기 때문이다. 나는 그것 또한 사실이라고 믿는다. 우리는 당시 대부분의 사업가들이 했던 것보다 문제들을 더욱 명확히 인식하고, 조직의 원리와 철학에 관해 심각하게 고민했다. 조직의 원리들은 당시의 대학에서보다 우리 사이에서 더욱 관심을 받았다. 다음의 내용들이 아카데믹하게 보인다면 나는 그렇게 생각하지 않았다는 것을 보증한다.

나는 제1차 세계대전 이후 회사의 확장으로 나타난 특정한 문제에 대해 하나의 가능한 해결책으로서 GM을 위한 『조직 연구』를 저술했다. 물론 나는 경영에 대한 나의 사고 중에서 얼마나 많은 부분이 동료들과의 접촉에서 나왔는지는 확실하게 말할 수 없다. 나는 완전히 오리지널한 아이디어는 거의 없다고 생각한다. 그러나 내가 아는 바로 이 연구는 하얏트, 유나이티드 모터스 그리고 GM에서의 나의 경험에서 나왔다. 나는 책을 많이 읽은 사람은 아니었다. 책을 많이 읽었다면 나는 당시에 그쪽에서 도움이 될 만한 것을 많이 발견하지 못했을 것이라고 생각한다. 그리고 나는 군대 경험이 없다. 하얏트에서 20여 년 몸담고 있는 동안에 나는 상대적으로 소규모와 기본적으로 단일 제품을 가진 단일 산업단위를 운영하는 것을 배웠다. 이러한 단위는 엔지니어링, 생산, 판매 그리고 재무 같은 제조사업의 기초적 기능들을 포함하고 있다. 그러나 나는 단지 작은 이사회만을 갖고 있었을 뿐 집행위원회도 없었고, GM 유형의 조직문제들도 없었다.

유나이티드 모터스에서 나는 처음으로 독립된 사업부에서 만든 상이한 제품들을 가지고 다수의 단위 조직을 운영하는 문제에 봉착했다. 초창기에 유나이티드 모터스가 유지한 모든 것은 자동차부품과 액세서리 개념이었다. 우리는 경적, 라디에이터, 베어링, 외륜rims 등을 만들었고, 그것들을 자동차생산업체와 일반인에게 팔았다. 예를 들어, 서로 다른 사업부에서 만들어진 수많은 소형 제품들의 제공 같은 조정이 가능한 특별히 제한된 영역이 그들에게 제시되었다. 이러한 소항목들을 위해 분리된 서비스기관들을 갖는 것은 비경제적이었다. 그래서 나는 1916년 10월 14일에 '유나이티드 모터스 서비스'라는 전국적인 규모의 단일 조직을 설립했는데, 20여 개의 대도시에 기지stations와 다른 지점에 있는 수백 명의 딜러들을 사업부들에게 제공하기 위해서였다. 자연히 사업부들은 한동안 이러한 움직임에 저항했다. 그러나 나는 그들에게 그 필요성에 대해 설득했다. 그리고 처음으로 분권화된 경영이 공유재common good에 대한 기능의 일부를 산출한다는 것이 무엇인가를 배웠다. 서비스조직은 아직도 GM에서 운영하고 있고, 전체적으로 기업과 함께 성장했다. 나는 연구를 위한 공동실험실 설립을 고려했고, 만약 GM에 편입되지 않았더라면 필시 그렇게 했을 것이다. 나는 투자이익률의 원칙principles of return on investment을 통해 사업목적의 통합체인 유나이티드 모터스를 설립했다. 각 사업부에 자체 영리기준을 부여함으로써 나는 각 사업부 전체에 대한 기여도를 판단하기 위해 경영 효율에 대한 공통의 측정치를 본사에 제공했다. 이런 연유로 나는 하나의 표준회계시스템을 고안했는데, 그것은 GM의 최고재무책임자CFO인 앨버트 브래들리Albert Bradley가 나중에 비전문가를 위해서도 오랫동안 아주 훌륭했다고 말했을 만큼 충분히 유익했다.

1918년과 1920년 사이에 GM의 대규모 확장에서 나는 '많은 양의 실질과 적은 양의 형식'이라는 실질과 형식 간의 격차disparity between substance and form로 인해 충격을 받았다. 이로써 나는 회사가 이러한 것이 잘 조직되지 않으면 계속적인 성장과 생존을 기대할 수 없다는 확신을 갖게 되었다. 이것은 명약관화했지만 이 논제의 필요성에 대해 아무도 주목하지 않았다.

나의 아픈 곳을 찌르는 하나의 예가 있다. 1918년 말에 유나이티드 모터스 그룹이 GM코퍼레이션에 편입되었을 때, 회사 간의 관계에서 지배적인 관행을 따른다면 더 이상 이들 액세서리사업부에 대해 개별적 또는 하나의 그룹으로서 투자이익률을 결정할 수 없다는 것을 발견했다. 이것은 필연적으로 나의 운영분야에 대해 상당한 정도의 경영 통제력을 상실한다는 것을 의미했다. 그 당시 GM 내에서 사용되는 재료는 원가나 사전에 결정된 일정률을 원가에 가산한 가격으로 하나의 운영사업부에서 다른 운영사업부로 이전되고 있었다. 유나이티드 모터스 코퍼레이션에 있는 나의 사업부들은 외부 고객들과 그들의 관련 사업부들에게 시장가격으로 판매했다. 나는 내가 영리그룹을 운영하고 있다는 것을 알고 있었고, 타 사업부의 회계상 여분 이익을 흡수하는 사업부 상호간에 발생하는 사업에서 거둔 운영성과보다 이렇게 외부에 시장가격으로 판매하였을 때의 운영성과를 일반경영진에게 계속 보여주길 원했다. 그것은 정보를 투명하게 관리하는 사례였다.

그러나 그것은 단지 나의 사업부들만 관련된 이익 문제가 아니었다. 나는 집행위원회의 멤버로서 일종의 일반경영자였으므로 회사의 관점에서 생각하기 시작했다. 중요한 것은 각 사업부가 회사의 공유재에 얼마나 기여했는지 아무도 모른다는 것이다. 따라서 어디에 효율과 비효율이 있는지 아무도 모르고 증명할 수 없기 때문에 새로운 투자를 배분할 객관적 기준이 없었다. 이것은 당시의 확장 프로그램이 가진 어려움 중의 하나였다. 그것은 투자자금을 확보하기 위해 경쟁하는 사업부들에게는 자연스러운 것이었지만, 최대이익을 위해 자금을 어디로 배분해야 할지를 모르는 회사의 일반임원들에게는 비합리적인 것이었다. 객관성이 없는 경우 일반임원들 사이에 진정한 합의를 이루기 어려운 것이 당연하다. 게다가 그들 중 일부는 시야가 넓지 않았고, 주로 개별 사업부들의 이익을 증진시키기 위해 집행위원회 소속으로서의 자신들의 지위를 이용했다.

나는 GM에 들어가기 전에 듀랜트 씨와 사업부 상호간의 관계에 대한 의문을 제기했다. 그것에 대한 나의 견해들은 1918년 12월 31일에 "사업부 상호간의 사업에 관한 규칙과 규정을 성안하기 위한" 위원회의 위원장에 내가 지명된 것으로 충분히 잘 알려져 있었다. 나는 다음 해 여름쯤에 보고서를 완성했고, 1919년 12월 6일에 그것을 집행위원회에 제출했다. 나는 여기서 첫 번째 원칙으로 몇 가지를 선정했다. 그것들은 오늘날 경영원칙management doctrine의 일부로 인정되고 있지만, 당시에는 그렇게 잘 알려진 것이 아니었다. 나는 아직도 그것들이 주목할 가치가 있다고 생각한다.

나는 다음과 같이 기본적 논거를 서술했다:

> 추상적으로 생각한 어떤 사업에서 얻은 이익은 특정 사업의 장점에 대한 진실한 측정치가 아닙니다. 1년에 10만 달러의 매출을 올리는 사업이라도 확장과 모든 추가적 자본의 사용을 정당화하는 매우 수익성 있는 사업일 수 있습니다. 반면에 1년에 1,000만 달러를 만드는 사업이 매우 수익성 없는 사업이 될 수 있어서 더 많은 수익성 있는 대가를 얻을 수 없다면 추가적 확장을 정당화하지 못할 뿐만 아니라 청산하는 것이 정당할 수도 있습니다. 따라서 그것은 이익의 금액 문제가 아니라 사업 내 투하자본의 진정한 가치와 그 이익과의 관계입니다. 채택될 어떤 계획에서 그러한 원칙이 완전히 인식되지 않으면 비논리적이고 부적절한 결과들과 통계들을 피할 수 없을 것입니다.

아직도 나에게는 그것에 관해 의문의 여지가 없는 것으로 보인다. 내 생각에 그것은 자본이익률을 얻기 위한 한 기업의 전략적 목적이고, 어떤 특정한 경우에 장기적으로 이익이 만족스럽지 못하다면 결점이 시정되거나 더 유리한 것을 위해 활동들을 포기해야 한다.

외부 고객을 대상으로 한 판매에서 나는 시장이 실제 가격을 결정할 것이라는 것을 보고서에서 인정했다. 그리고 그것이 기대이익을 산출한다면 의문시되었던 사업의 확장은 정당화될 수 있을 것이다. 독점적인 사업부 상호간의 거래에서 나는 원가에 약간의 예정이익률 predetermined rate of return을 가산한 것이 출발점이 되어야 한다는 것을 단지 지침으로서만 권고했다. 고비용 생산자일 수 있는 공급 사업부를 보호할 가능성을 피하기 위해 운영분석과 외부의 경쟁적 생산이 가능한 곳과의 비교를 포함한 여러 단계를 권고했다. 내가 여기서 강조하려고 하는 것은 다른 사람들이 나보다 더 잘 알고 있는 기법들이 아니라 기업가치의 측정치로서 이익률의 일반 원칙들이다. 그 아이디어는 경영문제들에 관한 사고의 기초였다.

이익률의 분권화에 대한 영향과 전체와 부분의 관계에 대해 다음과 같이 나 스스로에게 흥미 있어 보이는 여러 가지 논점을 만들었다.

> 조직에 미치는 영향에 대하여
>
> …… [그것은] 자신이 속한 사업이 회사의 일익을 담당하고 있다는 의식을 싹트게 해 자신의 책임을 자각하고, 전사적 실적에 공헌하게 함으로써 조직의 사기를 증진시킨다.
>
> 재무통제에 미치는 영향에 대하여
>
> …… 거기에 기여하는 다른 사업부의 수와 그러한 사업부 내에 사용된 자본과 관계없이 효율의 진정한 측정치인 각 운영사업부의 순이익과 투하자본과의 관계를 반영하는 통계를 정확하게 개발한다.
>
> 전략적 투자에 미치는 영향에 대하여
>
> …… 회사는 전사에 최대 이익을 가져올 수 있는 곳에 추가자본을 투입하도록 지시할 수 있다.

내가 아는 한 이것이 GM의 광범위한 재무통제 원칙의 첫 번째 성문화된 보고서였다.

조직에 대한 고찰 그 후에도 나는 계속 조직에 대한 주제에 몰두했다. 1919년의 늦여름, 나는 회사의 해외 전망을 연구하기 위해 일단의 GM 경영자들과 함께 해외로 갔다. 그 그룹 내에는 회장인 해스켈 씨, 케터링 씨, 모트 씨, 크라이슬러 씨, 앨버트 챔피언Albert Champion, 그리고 비서로 활동한 앨프리드 T. 브랜트Alfred T. Brandt가 있었다. 가는 도중에 S. S. 프랜스 선상에서 우리는 해외문제에 대해 정기적으로 회의를 열었고, 다른 시간에는 조직의 문제들에 대해 토의했다. 나는 우리가 그러한 대화를 나눈 것은 기억하지만, 무슨 말을 했는지는 정확히 기억하지 못한다. 당시에 해스켈 씨는 그것들을 상당히 중요한 것으로 여기는 것 같았다. 우리가 미국으로 돌아온 지 얼마 안 된 1919년 10월 10일에 그는 듀랜트 씨에게 보낸 편지의 말미에 다음과 같이 썼다:

> 뉴욕을 떠난 그날 우리는 조직문제에 대한 논의를 시작했고, 위원회 전체가 콘퍼런스에 참여하여 합의를 도출하였습니다. 그리고 하나의 보고서가 작성되었습니다. …… 그것은 우리가 믿기에 실행 가능하고, 우리의 모든 부담을 덜어주는 데 도움을 주었습니다. 그러나 이 문제들은 아마도 너무 오래 의사소통하는 것보다는 개인적으로 다루는 것이 가장 나을 수 있습니다.

나는 해스켈 씨가 아마도 더 나은 조직에 대한 필요 이외에 우리가 합의했다는 것이 무엇을 의미하고 있는지를 모른다. 나의 기록에는 합의보다는 더 많은 의견차이가 있었다. 나는 이 논의들로부터 나왔던 조직에 대한 어떤 보고서도 알지 못한다.

오래전으로 돌아가 기억을 되살리는 것, 특히 당시에 그것들의 중요성을 인식하지 못했을 때의 일들에 대한 정확한 시간과 장소를 찾아내는 것은 쉽지 않다. 나는 여러 가지 유래에 대한 나의 기억을 검증하거나 수정하기 위한 탐색을 시작했다. 예를 들어, 나는 1919년도 중에 집행위원회의 멤버로서 조직과 관련된 많은 과업을 수행했고, 나의 종합적인 『조직 연구』에서 기술했던 아이디어의 일부를 그들과 관련하여 가장 기본적인 방법으로 개발했음을 알았다.

이들 과업 중의 하나는 앞에서 논의한 사업부 상호간의 사업에 대한 연구였다. 또 다른 것은 지출예산 요청 지침에 대한 연구였고, 그것은 뒤에 나오는 장에서 언급되었다. 이러한 엄청난 양의 사고와 작업을 시도하는 중에, 그리고 실제 경제 및 경영위기가 시작되기 반년 전에 나는 『조직 연구』 초안을 잡았고, 그것을 비공식적으로 배포했다. 그것은 1920년 내내 회사 내부에서 일종의 '베스트셀러'였다. 나는 그것에 대한 사본을 요구하는 경영자들로부터 엄청나게 많은 편지를 받았고, 그것을 대량으로 복사할 필요성을 발견했다. 그 책의 경쟁자는 존재하지 않았다. 즉, 내가 아는 한 조직문제에 대한 일반적 해법을 얻기 위해 다른 어떤 구체적인 노력도 시도된 적이 없었다.

1920년 9월에 나는 당시 회사의 회장이었던 피에르 S. 듀퐁에게 연구의 한 사본을 보냈다. 우리는 그에 관해 의견을 교환했다. 나는 다음과 같이 썼다:

듀퐁 씨께

일전에 나눈 대화에서 말씀드렸듯이 제가 약 1년 전에 수행한 조직 연구에 대한 결과물을 여기에 동봉합니다.

저는 그 후에 개발의 관점에서 그리고 우리의 조직을 운영함에 있어서 더 큰 이해를 가지고 이것을 검토했습니다. 그리고 저는 추가적 권고에 관한 것을 제외하고는 급격한 변화를 권고한 것으로 보지 않습니다. …… 현재 상황에서 저는 그것을 제안하지 않을 것입니다.

회장님이 적어도 이 연구서를 읽을 시간이 있으시다면 제가 생각하기에 이상적인 조직을 만드는 것보다는 모든 이해관계를 수용할 수 있는 기준에서 수행되었다는 것을 염두에 두십시오. 만약 후자의 방식에 따라 수행되었다면 저는 궁극적으로 6페이지에 열거된 세 그룹을 담당할 경영자를 임명하는 것을 지지해야 합니다. 엑스포트 코퍼레이션과 억셉턴스 코퍼레이션 이외에 잡다한 그룹은 궁극적으로 다른 세 집단의 하나에 편입됩니다. 이것은 사장에게 직접 보고하는 경영자의 수를 5인으로 줄임으로써 사장에게 더 전반적인 문제들을 연구할 시간을 주게 하는 것입니다.

듀퐁 씨의 답장은 다음과 같다.

슬론 씨에게

1년 전의 약속대로 연구서 사본을 보내주어서 기쁩니다. 기회가 닿는 대로 이것을 주의 깊게 읽고 당신과 함께 그 주제에 대해 또 다른 협의를 하고 싶습니다.

1920년 11월 말에 듀랜트 씨가 사임하고 듀퐁 씨가 사장에 취임했을 때 새로운 경영진은 즉각적으로 조직에 대한 계획을 필요로 했다. 듀랜트 씨는 회사를 그 자신의 방식으로, 속칭 '육감으로' 운영할 수 있었다. 새로운 경영진은 사업경영에 관한 매우 다른 생각을 가진 사람들로 구성됐다. 그들은 고도로 합리적이고 객관적인 운영 방식을 원했다. 『조직 연구』는 그 목적에 부합했고, 내가 참여하여 일부 수정한 다음 회사의 기본정책으로 공식 채택됐다.

그 연구는 오늘날의 경영지식과 비교하면 초보 단계였다. 그리고 나는 그것이 듀랜트 씨가 받아들여야 할 무엇인가를 제시하는 관점으로 쓰인 것이라고 생각한다. 그래서 그것은 한계가 있었으며, 다음과 같이 시작된다:

> 이 연구의 목표는 지금까지 수행해온 업무의 유효성을 전혀 훼손하지 않은 채, 서비스의 각 부문을 조정할 뿐만 아니라 폭넓은 운영을 통해 권한의 라인을 명확하게 부여할 GM을 위한 조직을 제안하기 위해서다.
>
> 이 연구가 만들어지는 근거는 두 가지 원칙에서 발견되는데, 그것은 다음과 같다.
>
> 1. 각 사업부의 최고경영자가 갖는 책임은 결코 제한되지 않을 것이다. 최고경영자가 이끄는 각각의 조직은 모든 필요한 기능이 완전히 갖추어져 있고, 완전히 주도적이고 타당한 개발을 시행할 수 있을 것이다.
> 2. 분명한 본사 조직 기능들은 회사 활동의 타당한 개발과 적절한 통제를 하기 위해 절대적으로 필수적이다.

이것은 많은 해석이 필요하지 않다. 첫 번째로 당시의 지배적인 분권화 전체의 권한의 한계, 조정 및 효과성의 유지를 요구한다. 그러나 이러한 모든 일이 지나간 후에 두 가지 원칙에 대한 글들을 회고해보면, 언어가 심하게 모순된다는 것이 문제의 핵심이라는 사실이 나를 미소 짓게 한다. 요점 1의 "결코 제한되지 않을 것이다"라는 문구에서 사업부 운영의 분권화를 극대화했다. 요점 2의 '적절한 통제'라는 표현에서 사업부장의 책임을 제한하도록 방향을 잡았다. 조직의 언어는 항상 인간의 상호작용에 있어 진실한 사실과 상황을 표현하기 위한 단어들이 조금 부족하기 때문에 고통을 받는다. 사람들은 항상 여러 경우에 부서의 절대적 독립을 주장하다가 조정의 필요성을, 그리고 지도부guiding center를 가진 전체의 개념과 같은 한 측면이나 다른 측면을 주장한다. 그러나 상호작용이 가장 중요하다. 그리고 언어와 세부내역에 대해서는 일부 판단을 유보하지만, 연구에서 썼던 기본에 대해서는 나는 아직도 같은 입장을 견지하고 있다. 그 기본원칙은 지금까지 내가 알아온 바로는 경영의 중심문제와 관련되어 있다.

이 연구에서 다음 논점은 이러한 철학을 행동으로 옮기는 방법에 대한 것이다. 나는 다음과 같이 썼다:

> 위의 원칙들을 기초로 설정할 때, 그리고 회사 내의 모든 이해관계자가 이 원칙들에 동의할 때 이 연구에 의해 달성되기를 희망하는 명확한 목표는 다음과 같다:
>
> 목표 1
>
> 사업부들 사이에 관련해서뿐만 아니라 본사 조직과 관련해서도 회사의 활동을 구성하고 있는 다양한 사업부들의 기능을 명확히 결정한다.

이것은 대략적이지만 적절한 표현이다. 만약 누군가가 부분과 전체의 기능을 기술할 수 있다면 그는 완벽하게 작동하는 조직을 제시한 것이다. 왜냐하면 이 기술에는 암묵적으로 다양한 수준에서 결정을 위한 책임을 배부하는 것이 포함되어 있기 때문이다.

두 번째 목표는 다음과 같다.

목표 2

본사 조직의 지위를 결정한다. 그리고 필요하고 타당한 위치에서 수행하도록 전체적으로 회사와 함께 본사 조직의 운영을 조정한다.

이것은 첫 번째 포인트의 재천명이지만 역으로, 즉 톱다운에서 찾는 것이다.

세 번째 목표는 다음과 같다.

목표 3

최고경영책임자CEO로서 사장에게 회사의 모든 집행 기능의 통제를 집중시킨다.

분권화이든 아니든 공업회사는 사회에서 가장 약한 형태의 조직이 아니다. 나는 그 자리에 있었을 때 원칙적으로 CEO의 경영권을 결코 최소화하지 않았다. 나는 단지 그 힘을 분별력을 가지고 행사했다. 나는 하려고 하는 것을 사람들에게 지시하기보다 내 생각을 설득함으로써 결과를 나아지게 했다. 따라서 CEO에게 좀 더 행동할 수 있는 권한을 주어야 한다.

네 번째 및 다섯 번째 논점은 그들 스스로를 대변하고 있다.

목표 4

사장에게 직접 보고하는 경영자의 수를 실제적으로 가능한 한 제한하여 사장이 경영자에게 안전하게 맡길 수 있는 덜 중요한 문제를 다루지 않고 회사의 전반적인 정책을 더 잘 이끌 수 있도록 한다.

목표 5

궁극적으로 각 집행부서의 개발이 회사 전체에 발전적인 방향이 되는 자문적인 방법으로 표현할 수 있도록 각 집행부서 내에 수단을 제공한다.

간단히 말해서 연구는 그 당시에 존재했던 것과 같은 회사의 특정 구조를 제시했다. 그 구조는 각각 자족적인 기능집단엔지니어링, 생산, 판매 등이었던 사업부의 형태를 인정했다. 그것은 활동이 같은지 여부에 따라 사업부로 그룹화되었다. 그리고 편지에서 밝힌 바와 같이 듀퐁 씨에게 각 그룹에 책임질 경영자를 배치할 것을 제안했다. 그 계획은 라인 권한이 없는 자문스태프를 위해 제공되었다. 또한 재무스태프를 위해서도 제공되었다. 그것은 정책을 정책 관리에서 구별했고, 그 구조에서 각각의 위치를 규정했다. 나중에 조화로운 통제하의 분권화된 운영으로 구성된 개념을 그런 방식으로 표현했다.

따라서 연구에서 조직의 원칙들은 현대적 GM을 위해 순수한 집권화와 순수한 분권화라는 양극단 사이에서 중도를 걷는 산업조직으로의 트렌드를 일으켰다. 새로운 정책은 회사가 이전과 같이 약한 형태의 조직으로 남아 있어도 안 되고, 강하고 명령적인 형태로 남아서도 안 된다고 요구하였다. 그러나 신경영 하에서 미래에 발전하게 되는 실제 조직의 형태, 예를 들어 사업부의 책임은 정확히 어떻게 남아 있어야 하고, 어떻게 조정되어야 하는지, 그리고 어떻게 정책으로 수립되어야 하고, 어떻게 관리되어야 하는지는 『조직 연구』에서 논리적 과정으로 추론될 수 없었다. 심지어 실수까지도 실제 사건들에서 큰 역할을 했다는 것을 보여줄 것이다. 그리고 포드 씨를 포함한 우리의 경쟁자들이 그들 자신을 상당한 규모로 키우지 않았다면, 그리고 우리의 확신을 바꾸지 않았다면 GM의 위치는 오늘날과 다를 것임에 틀림없다.

그 계획은 1920년에 공식적으로 채택되었지만, 얼마 동안 편의주의가 회사를 지배했다. 첫 번째로 편의주의의 두드러진 예는 새로운 집행위원회의 구성이다. 회사를 이끄는 책임을 가진 4인의 멤버는 이전에는 결코 자동차 생산에 대한 책임을 진 적이 없었다. 듀랜트 씨, 내시 씨, 그리고 크라이슬러 씨는 GM의 위대한 자동차 생산자였다. 그들은 이미 1921년경에 자동차산업의 리더십에서 뚜렷한 족적을 남겼고, 내가 기술한 행운을 만나서 당시에 우리 경쟁자들 사이에 끼었거나 낄 예정이었다. 듀랜트 씨는 GM을 떠난 후에 곧 또 다른 회사인 듀랜트 모터스Durant Motors를 창립했다. 그 당시 그의 회사는 듀랜트, 플린트, 스타 그리고 그가 인수한 로코모바일 같은 여러 자동차를 생산했다. 크라이슬러 씨는 윌리스-오버랜드Willys-Overland와 현재 크라이슬러 코퍼레이션의 선두주자인 맥스웰Maxwell에서 구제조치를 담당하고 있었고, 내시 씨는 자신의 이름을 내건 기업을 운영하고 있었다.

한편으로 GM의 새 경영진을 살펴보면 피에르 S. 듀퐁은 첫 5년 동안 GM 회장으로서 사업의 운영을 마감하고, 내시 씨에게는 짧게, 그 후에 듀랜트 씨에게 남기고 떠났다. 래스콥 씨는 재무통이었다. 해스켈 씨는 사업에 잠시 동안만 관여했고, 사업부를 직접 운영하지는 않았다. 그리고 그는 곧 새로운 운영 책임에 깊숙이 참여하지 못하고 중도하차했다. 그는 1923년 9월 9일에 세상을 떴다. 나는 자동차에 대한 경험을 쌓는 데 가장 근접해 있었다. 나는 생애 대부분을 자동차산업에서 보냈지만, 자동차산업의 운영에 미숙했다. 내시 씨, 크라이슬러 씨 그리고 듀랜트 씨와 비교해볼 때 우리 4인은 아마추어였다. 말하자면 적극적인 목표에서 우리는 셋이었다. 그리고 래스콥 씨가 재무를 담당하고 있었기 때문에 회사 운영의 최고책임은 듀퐁 씨와 그의 주요 조력자로서 내가 담당하게 되었다. 듀퐁 씨와 나는 긴밀하게 함께 일했고, 여행했으며, 디트로이트에서 2주마다 사업부장들과 함께 만났다. 여섯 달 후에 나는 모든 운영을 책임지고 듀퐁 씨에게 보고하는 일종의 집행부사장이 되었다. 그러나 이 문제에서 직접적이고 명확한 선이 없었다. 예를 들어, 한번은 듀퐁 씨가 회장직 그리고 사장직과 함께 스스로 쉐보레의 사업부장에 취임함으로써 자신의 부담을 증가시키고, 즉흥적으로 경영함으로써 상황은 더욱 복잡해졌다.

우리는 운영에 대한 경험은 결여되어 있을지라도 이러한 결점을 극복하는 데 필요한 에너지는 결여되지 않았다. 집행위원회는 1921년 내내 쉬지 않고 일했다. 우리는 1921년 한 해 동안 공식회의에서 정확히 101번 만났다. 우리는 회의 사이에 개인적으로, 그리고 함께 셀 수 없이 많은 긴급한 문제, 그리고 미래에 대한 문제들에 끊임없이 몰입했고, 디트로이트, 플린트, 데이턴 그리고 다른 곳에 있는 사업부와 그들의 공장을 방문했다.

내가 경영진의 변동 후에 서너 달을 버텼을 때 그 상황을 점검해보았다면 경험은 부족했지만 논리와 추진력은 충분했으며, 사업의 제어가 안 되는 요소, 특히 재고에 대해 통제하고 있었다고 말하고 싶다. 또한 우리는 GM이 생산할 자동차 라인에 관해 명확한 정책이 없었는데, 그것이 사업의 다음 순서였다는 것을 깨달았다.

제너럴 모터스 코퍼레이션

GENERAL MOTORS CORPORATION

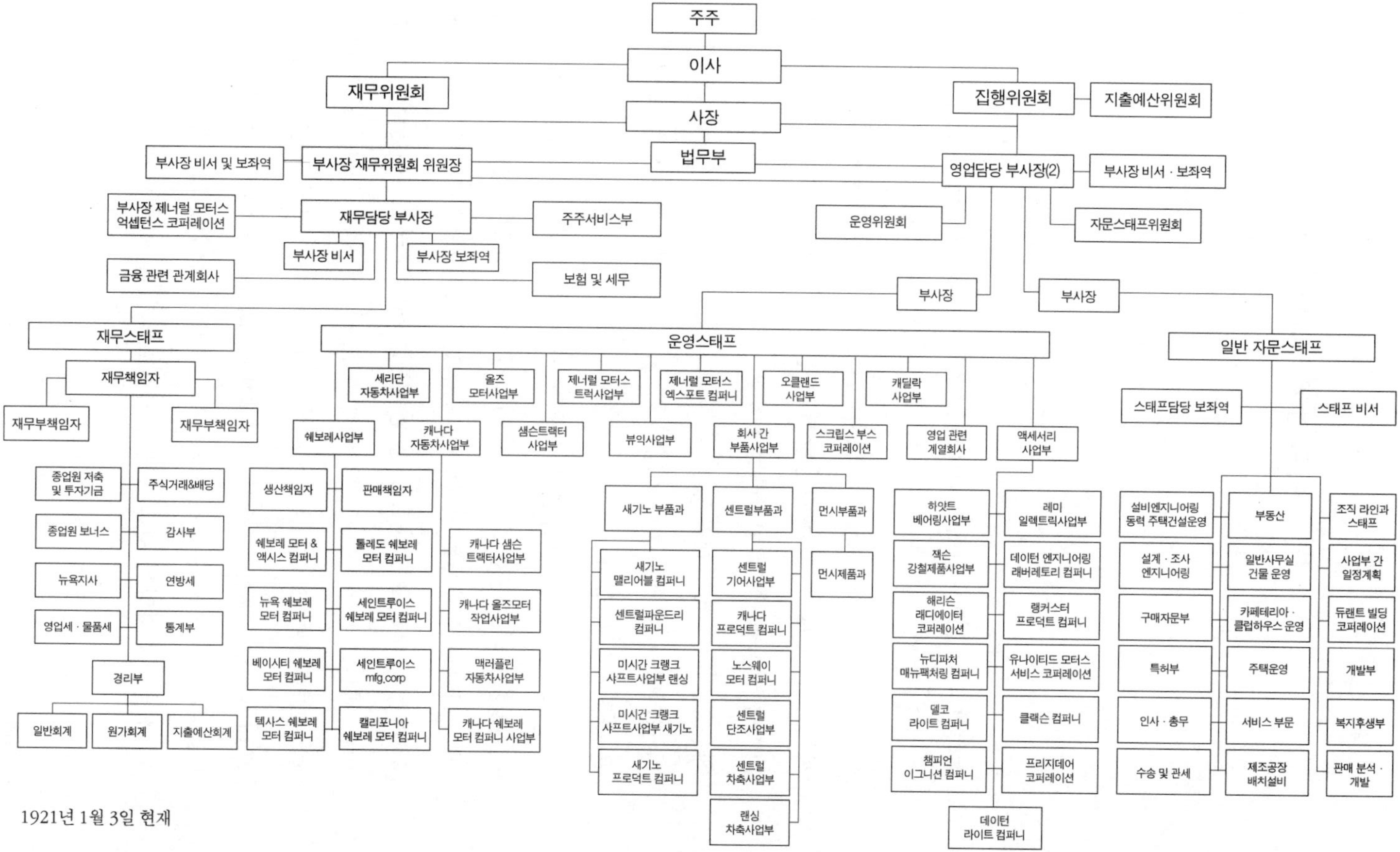

1921년 1월 3일 현재

제4장 제품정책과 그 유래

정책의 부재 1908년에서 1918년까지, 그리고 1918년에서 1920년까지 두 번의 큰 확장 이후에 — 아마도 사람들은 두 번의 확장 때문이었다고 할 것이다 — GM은 경영의 개념뿐만 아니라 자동차사업의 개념까지 필요로 했다. 모든 기업은 해당 산업의 개념을 필요로 한다. 만약 그것을 알아낼 수 있다면 해당 산업의 사실들과 상황에 맞추어 사업을 하는 논리적인 방법을 알아낼 수 있다. 관련된 기업들 간에 상이한 개념이 있다면 이들 개념들은 가장 강력하고 가장 결정적인 형태로 경쟁력을 만들어낼 수 있다.

그러한 일은 1921년에 자동차산업에서 일어났다. 자동차시장에서 '모델 T'라고 불린 포드 씨의 저가격 정태적 모델 개념은 그 후 10년 이상 대량생산 시장을 지배하였다. 그것과 다른 사업 모델로는 약 20개의 자동차 제품을 고가로 소량 생산하는 개념과 중간 가격대의 다양한 차를 생산하는 방법들이 제시되었다. 그 당시 GM은 사업에 대한 명확한 개념을 가지고 있지 않았다. 앞서 살펴본 바와 같이 듀랜트 씨는 쉐보레상이한 엔진을 가진 두 가지 아주 상이한 모델 '490'표준과 고가의 'FB', 오클랜드폰티악의 전신, 올즈, 스크립스-부스Scripps-Booth, 세리단, 뷰익 및 캐딜락의 일곱 가지 계열에서 다양한 제품 유형을 가지고 있었다. 이들 중에서 뷰익과 캐딜락만 명확한 사업부 개념을 가지고 있었다. 뷰익은 높은 중간 가격대에서 고품질로 비교적 대량생산을 했고, 캐딜락은 실질적인 사업을 영위할 수 있는 생산량과 가격으로 최고 품질을 제시하기 위한 노력을 기울였다. 그렇기에 캐딜락과 뷰익은 오랫동안 그들 가격 층에서 업계의 리더로서 자리 잡았다.

그럼에도 불구하고 그 당시 GM은 전체적으로 자동차 라인에 대한 정책을 수립하지 않고 있었다. 우리는 저가 제품 분야에서 확고한 자리를 확보하지 못했다. 쉐보레는 그 시점에서 가격이나 품질 면에서 포드와 경쟁이 되지 않았다. 1921년 초에 쉐보레는 모델 T보다 약 300달러 높은 가격으로 책정되었기에비교 가능한 설비로 조정하였을 때 두 모델은 경쟁이 될 수 없었다. 내 생각으로는 우리가 중간 가격대나 고가격대의 자동차를 생산한다는 것은 사려 깊은 정책이 아니었다. 당시 전체 시장의 과반수를 차지하고 있던 포드와 어떻게 경쟁할지 아무도 알지 못하는 상황이었다. 그러나 주목해야 할 것은 그 당시에 전체 자동차 라인을 제시한 생산자는 아무도 없었고, GM 라인만큼 광범위한 라인을 제시한 다른 생산자가 없었다는 것이다.

1921년 초에 7개 라인에서 10가지 자동차를 생산하는 우리의 제품라인 공간은 합리적이지 못했다. 그 시점에서 우리가 생산한 자동차와 각각의 가격로드스터에서 세단까지의 판매가, 디트로이트 본선인도가격은 다음과 같다:

쉐보레 '490'4기통	795~1,375달러
쉐보레 'FB'4기통	1,320~2,075달러
오클랜드6기통	1,395~2,065달러
올즈4기통 'FB'	1,445~2,145달러
6기통[1]	1,450~2,145달러

8기통	2,100~3,300달러
스크립스-부스6기통*	1,545~2,295달러
셰리단4기통 'FB'	1,685달러
뷰익6기통	1,795~3,295달러
캐딜락8기통	3,790~5,690달러

* 6-기통엔진은 오클랜드에서 만들었다.

피상적으로 볼 때 이것은 인상적인 자동차 라인이었다. 전년도인 1920년에 우리는 미국에서 생산된 승용차 중 33만 1,118대를 팔았다. 그중 쉐보레는 12만 9,525대로 추산되었고, 뷰익은 11만 2,208대로 추산되었으며, 나머지 8만 9,385대는 라인에서 다른 자동차에 배분되었다. 차량의 총 생산대수와 매출액에서 GM은 포드 모터 컴퍼니에 이어 두 번째였다. 미국과 캐나다에서 우리는 39만 3,075대의 자동차와 트럭을 팔았는데, 포드가 생산한 107만 4,336대와 대비된다. 업계의 총 매출은 약 230만 대의 자동차와 트럭이었다. 우리의 순 매출액은 총 5억 6,732만 603달러였고, 포드가 총 6억 4,483만 550달러였다.

하지만 내부 상황은 아주 좋지 않았다. 대량생산과 실질적으로 미래 성장의 원동력이었던 저가 분야에서 포드와는 경쟁이 되지 않았을 뿐만 아니라 우리가 중복하여 집중한 중간가격대 시장에서도 우리는 서로의 고객을 빼앗아서 차를 판매하는 것을 제외하고는 무엇을 할지 알 수 없었다. 어떤 합리적인 정책 유형이 요구되었다. 즉, 발전하는 과정에서 소비자, 경쟁, 기술, 경제적 조건의 결합으로 우리에게 무엇이 부과되는지의 문제가 아니라 우리가 무엇을 시도하고 있는지 알아야 할 필요가 있었다. 자동차 라인에서 합리적 정책의 결여는 특히 쉐보레 'FB', 오클랜드 및 올즈의 가격대 중복에서 볼 수 있었다. 정책의 부재 속에서 각 사업부는 자체의 가격대와 생산정책의 수립을 독립적으로 운영했다. 그것은 일부 자동차를 기업 전체의 이익과 무관하게 동일한 가격대로 올려놓았다.

내 생각에 라인에서 셰리든과 스크립스-부스의 존재는 정당화할 근거가 없었다. 어떤 차도 자체의 모터를 가지고 있지 않았다. 인디애나주 먼시의 단일 공장에서 조립한 셰리단은 4기통 'FB'모터를 장착했다. 디트로이트에서 만든 스크립스-부스는 좀 더 덧붙이자면 당시 인기가 없던 오클랜드 6기통 모터를 장착하고 있었다. 둘 다 변변치 못한 딜러 조직을 가지고 있었다. 홀로 또는 함께 그들은 단지 GM의 자동차 라인에 초과된 수하물을 더하고 있을 뿐이었다. 당시에 왜 그것들이 거기에 있었을까? 스크립스-부스의 재고는 1918년에 쉐보레 자산의 취득과 함께 회사에 편입되었다. 그러나 그 차는 영향력 있는 수량1919년에 약 8,000대, 1920년에도 동일함을 판매해내지 못했고, GM 라인에서 합당한 지위를 갖지 못했다. 셰리단의 존재는 나에게 미스터리였다. 1920년에 듀랜트 씨는 GM이 그것을 취득하도록 했기에 무슨 의도를 가지고 있었을 텐데 나는 그것이 무엇인지 알 수 없었다. 그것은 우리 라인에 강한 조직, 수요 또는 인지할 수 있는 목적, 그 어느 것 하나도 갖고 있지 않았다.

오클랜드와 올즈는 다른 제품들과 거의 동일한 가격대로 경쟁할 뿐만 아니라 그들 모두 디자인에서 급격히 진부해지고 있었다. 오클랜드에 대해 이야기해보자. 1921년 2월 10일, 내 사무실에서 열린 회의에서 프랫 씨는 이 자동차의 문제에 대해 다음과 같이 말했다: "오클랜드는 제품을 개선하는 데 많은 노력을 들이고 있습니다. 어떤 날은 10대의 자동차를 생산하고, 어떤 날은 50대의 자동차를 생산합니다. 상황이 이렇습니다. 그들은 많은 자동차들을 생산한 다음에 문제가 생긴 것을 발견하고 그것들을 수리해야 합니다. …… 동력장치에도 큰 문제가 있었습니다. ……” 같은 회의에서 내가 말했다: “이 문제에 대해 이야기할 것이 많습니다. 현재 시점에서 우리는 오클랜드 모터에서 35 내지 40 H.P.를 얻고 있는데, 크랭크축은 이 속도출력에 비해 너무 가볍습니다. 그리고 우리는 다른 부서들과 함께 일하고자 하는 협동심도 부족합니다. 또한 오클랜드 모터카 컴퍼니Oakland Motor Car Company는 1년 전에 새로운 모터를 설치할 것을 결정했습니다. 새로운 모터 공장은 1년 전에 승인을 받았지만 우리가 개발 프로그램을 축소했을 때 새로운 모터 설치는 유보되어야 했습니다. …… 오클랜드에서 검사를 통과하는 적절한 모터를 얻을 수 있을지 경영진들은 의문입니다. ……”

오클랜드는 1919년 호황기에 5만 2,124대 이상의 차를 판매했다. 1920년에는 3만 4,839대를 판매했고, 밝혀진 바와 같이 1921년에는 단지 1만 1,852대의 차를 판매했다.

오클랜드는 이쯤으로 끝내자.

올즈는 조금 나아졌을 뿐이다. 1919년에 4만 1,127대, 1920년에 3만 3,949대를 팔았다. 그들은 단지 생존하기 위해 새로운 디자인을 채택했다.

캐딜락은 1920년에 1만 9,790대를 팔았다. 1921년에는 1만 1,130대를 팔았고, 미국에서 발생한 엄청난 물가하락에 따라 새로운 최적의 원가, 가격, 수량을 찾아야 했다.

분명한 사실은 1921년에 GM 라인에서 뷰익과 캐딜락을 제외하고 모든 차들이 손실을 보고 있었다는 것이다. 그해 쉐보레 사업부는 1920년 판매량의 약 절반을 잃었다. 1921년에는 한때 손실액이 한 달에 약 100만 달러에 달했고, 그 연도 중에 전체적으로 거의 500만 달러를 잃었다. 누군가 해리 바셋Harry Bassett이 월터 크라이슬러의 구 정책을 성공적으로 수행하던 뷰익의 경영에 변화를 가져올 것을 제안했을 때,

나는 이 상황에 대해 심각하게 생각했다. 그리고 듀퐁 씨에게 편지를 썼다. "GM의 나머지를 폐기하고 뷰익의 수익력으로 기회를 얻는 것이 훨씬 더 좋습니다." 그것이 과장된 주장처럼 보인다면 뷰익의 상태를 고려해보면 된다. 뷰익의 매출은 1919년 호황기에 11만 5,401대에서 1921년에 8만 122대로 완만하게 떨어졌고, 더군다나 계속적으로 이익을 산출하고 있었다. 뷰익이야말로 GM 자동차 라인의 전체 유형을 가치 있게 만들고 있었다.

뷰익과 캐딜락의 높은 품질이나 신뢰성과 비교할 때, 이 상황은 다른 라인에서 생산되는 빈약한 품질과 신뢰성 없는 제품을 정확하게 반영하고 있었다. 이들 요소의 영향은 일반 경제 불황의 여파로 강화되었다. 일반적으로 불황에서 판매 감소가 불가피하다고 하더라도 다른 사업부와 비교하여 한 사업부의 상대적인 감소는 어디까지나 경영상의 문제였다.

불황기에는 항상 그랬던 것처럼 이 시기의 불황도 모든 유형의 취약점을 드러냈다. GM은 1920년에 미국 내에서 승용차와 트럭시장의 17%를 점유하고 있었다. 1921년에는 점유율이 12%로 하락했다. 반면에 포드는 판매량이 1920년의 45%에서 1921년에는 60%로 상승 중에 있었다. 환언하면 1908년 이래 저가격대에서 아무도 감히 도전하려는 사람이 없는 상황에서 포드 씨가 자신의 지배력을 유지하고 있는 동안 우리 사업부 대부분은 수익성에서뿐만 아니라 판매량에서도 패배하고 있었다. 대체로 대량의 저가대에서 설 자리도 없었고, 행동에 지침이 되는 개념도 없이 우리는 어려운 상황에 처해 있었다. 우리에게는 저가격대를 뚫기 위해, 그리고 전체 라인에 차들을 배치하기 위해 아이디어가 필요하다는 것이 분명했다. 그리고 우리는 우리가 무엇을 하든지 간에 지원할 연구개발정책, 판매정책 등이 필요했다.

포드에 대한 도전 이런 상황을 고려하여 집행위원회는 자연스럽게 1921년 4월 6일에 우리의 제품정책을 조사하기 위해 경영에 경험 있는 자동차인들로 구성된 자문스태프Advisory Staff인 특별위원회를 발족하였다. 이 과업은 회사의 발전에서 가장 중요한 것 중의 하나가 되었다. 위원회의 멤버들은 나중에 승용차, 트럭, 부품 운영 부서의 그룹 경영자가 된 C. S. 모트, GM에 참여하기 전에 포드의 판매책임자였던 노벌 A. 호킨스Norval A. Hawkins, GM연구소의 C. F. 케터링, 뷰익의 사업부장 H. H. 바셋, 쉐보레의 신임 사업부장 K. W. 짐머시드K. W. Zimmerschied였고, 집행위원회에서는 내가 포함되었다. 특별위원회가 구성되었을 때 내가 자문스태프를 담당하고 있었고, 위원회의 시니어 멤버였기 때문에 나 역시 특별위원회에 포함되었다. 대략 한 달 후에 우리는 연구를 완성했고, 6월 9일에 나는 집행위원회에 우리의 권고안을 제출했다. 거기에서 권고안은 승인받았고, 회사의 정책으로 채택되었다. 권고 내용은 기업의 기본 제품정책, 시장전략 및 일부 우선 원칙들을 요약한 것이었다. 그와 동시에 사업의 개념을 표현하고 있었다.

위원회의 제안은 전술한 역사적 · 일반적 상황과 관련되어 있었다. 또한 GM의 다른 내부 상황들도 위원회의 제안에 영향을 주었다. 첫 번째로 집행위원회는 회사가 저가격대로 진출할 의도가 있다고 특별위원회에 지시했다. 즉, 포드의 지배에 도전하여 경쟁하겠다는 의도를 표출했다. 집행위원회는 이 문제에 대해 특별위원회에 자문을 구하도록 요청했고, 포드와 경쟁할 두 개의 저가범위 내에서 자동차를 설계하여 제작하고, 그중 가격이 낮은 것으로 포드와 경쟁하도록 제안했다. 또한 나중에 다른 가격대에 대해서도 논의하도록 요청했다. 그러나 집행위원회는 이미 성공적으로 구축된 뷰익과 캐딜락에서는 어떤 변화도 배제했다.

피에르 S. 듀퐁이 이끌고 있는 집행위원회에서 회사가 새롭고 혁명적인 종류의 저가대 자동차시장에 진출해야 한다고 결정하기 몇 주 앞서서 회사에 큰 논란의 씨앗들이 뿌려졌는데, 다음 장에서 상세히 논의된다. 이 차는 흥미진진한 새로운 잠재력을 가진 것으로 나타났다. 그러나 나는 제기된 모든 엔지니어링 문제들을 해결할 우리의 능력에 대해 약간의 의구심을 가졌다. 내가 보기에 제품정책을 명확하게 만들어야 하는 이유는 자동차사업 종사자들을 토론으로 끌어들이기 위해서였다. 구형 자동차 라인을 형성하고 있는 사업부들의 절박한 조직합리화의 필요성, 그리고 논쟁에서 모두에게 수용 가능한 첫 번째 원칙의 필요성 등도 토론을 통해 인식하게 되었다. 그리고 새로운 제품정책은 그 자체로서가 아니라 기업의 전반적인 목표와 근본적인 관계에서 고려되어야 하므로 우리는 전체 그림을 그리는 것을 수행했고, 그 일에 모든 지식을 쏟아 부었다.

신경영진은 사업의 첫 단계에서 특별한, 그리고 상당한 정도의 일반화를 거쳐 한 걸음 물러나 냉정하게 목표를 검토하여 시급한 문제들에 대처할 수 있는 거의 찾아오기 힘든 기회를 잡았다. 특히 당면한 문제들에 대해 기꺼운 동의를 얻는 것은 쉬운 일이 아니었다. 예를 들어, 혁명적인 자동차에 대한 아이디어는 집행위원회에서 매우 탄탄하게 자리를 잡았다. 그리고 나는 제품의 개념을 사업의 개념으로 확대하기를 원했다. 나는 이런 이유에서 우리가 특별위원회에서 처음으로 그 문제를 이상적인 것으로 만들었다고 생각한다. 우리는 정책표준을 천명하기 위해 실제 회사가 아니라 모델회사를 가지고 출발했다.

우리가 세운 목표는 이 모델회사의 미래 사업을 위해 진정한 최선의 코스를 차트화하는 것이었다. 이는 현재의 실제 상황들이 어떤 채택된 정책표준에 의해 완전한 효과를 얻을 수 있는지 일시적으로 추천된 코스를 실험해볼 필요가 있었기 때문이다. 이것을 위해 우리는 사업과정의 전제 그 자체를 명확하게 만들었다. 자본을 투자하는 첫 번째 목적은 만족할 만한 배당금을 지급하고, 그 자본의 가치를 보존하고 증가시킬 기업을 설립하는 두 가지라고 가정했다. 따라서 우리는 회사의 1차적 목적은 단순히 자동차를 만드는 것이 아니라 '이익을 실현하는 것'이라고 선언했다. 이와 같은 명백한 천명은 구식 취향을 가지고 있었으나, 나는 아직도 이와 같은 사업 정책은 결론에 도달하기 위한 장점을 가지고 있다고 생각한다. GM은 1908년 이래로 수익성 없는 자동차들을 많이 만들어왔고, 일부는 아직도 생산되고 있다. 따라서 문제는 이익을 가져올 제품 라인을 설계하는 것이었다. 우리는 회사의 미래와 수익력은 최소 원가로 대량의 최대 효용가치를 내는 차들을 설계하고 생산하는 능력에 달려 있다고 단정했다. 실제로 효용을 극대화하는 동시에 원가를 최소화할 수는 없다. 그러나 그것은 오늘날 우리가 좀 더 정확히 상충기능의 최적화라고 표현하는 것을 말하고 있다. 우리가 생산한 차들의 효용을 향상시키고 원가를 낮추기 위해 우리가 내린 첫 번째 결론은 당시 회사 내에 존재한 차종의 수와 모델의 경합을 제한하는 것이었다. 나는 여러 해 동안 다양한 형태로 이루어진 이런 절약합리화으로 회사가 성공을 위해 장기적으로 달성해야 할 서비스를 대중에게 제공할 수 있다고 생각했다.

집행위원회에 널리 보급된 개념은 혁명적인 자동차 디자인을 가지고 정면으로 포드와 대결하기 위한 것이었다. 확실히 포드는 어떤 평범한 수단을 가지고는 이길 수 없는 것처럼 보였다. 또한 회사 내의 일부에서는 저가격대 시장에 진출하는 것은 우리가 다른 곳에서 얻을 수 있는 자원을 낭비하는 것이라는 의견이 있었다. 하지만 우리는 구매자가 있었던 저가시장에서 차를 팔기 위해 스스로 대량생산 정책을 확고히 했다. 특별위원회가 안고 있는 진정한 문제는 그것을 달성하는 방법을 찾는 것이었다. 우리의 해결책은 새로운 자동차 디자인의 개념을 수용하고, 그 개념을 전체 제품정책의 관점에서 배치하는 것이었다.

우리가 제안한 제품정책은 GM에서 오랫동안 이어져오고 있다.

> 첫째, 회사는 저가부터 엄격히 높은 등급의 대량생산 차에 이르기까지 각 가격대 시장에서 한 라인의 차는 반드시 생산해야 한다는 것이다. 그러나 소규모 생산으로 터무니없이 비싼 가격대로 진출해서는 안 된다.
>
> 둘째, 가격 단계는 라인 내에서 큰 차이를 두어서는 안 된다. 그리고 가격 단계의 수량을 유지하기 위한 충분한 근거가 있어야 한다. 그렇게 함으로써 대량생산의 최대 이점을 얻을 수 있어야 한다.
>
> 셋째, 그 가격대나 단계에서 중복이 없어야 한다.

이 새로운 정책들은 결코 이러한 방식으로 정확하게 유형화할 수 없는데, 예를 들어 사실상 회사에서 사업부들 사이에 중복과 경쟁이 존재했다. 그럼에도 새로운 제품정책은 신 GM과 구 GM, 신 GM과 그 당시의 포드조직이나 다른 자동차 제조업체와 차별화되었다. 자연히 우리는 이 정책이 그 산업 내의 경쟁적인 정책보다 우월하며, 그들을 이길 것이라고 생각했다. 다시 한 번 강조하고 싶은 것은 회사들은 특정 제품에서뿐만 아니라 전체 정책에서도 경쟁한다는 것이다. 이러한 정책적인 아이디어는 시간이 지남에 따라 마치 신발제조업체가 하나의 사이즈보다 많은 신발들을 판매하기 위한 제안처럼 매우 단순해 보인다. 그러나 그 시대에는 확실히 단순하게 보이지 않았다. 그것은 포드가 두 가지 등급대량 저가의 모델 T, 그리고 소량 고가의 링컨을 가지고 시장의 절반 이상을 점유하고 있고, 닷지, 윌리스, 맥스웰크라이슬러, 허드슨, 스튜드베이커, 내시 등이 업계에서 상당한 위치를 갖고 있었으며, 다른 제품정책을 가지고 강력한 입찰을 진행하고 있거나 준비하고 있을 때였다. 그럼에도 우리는 당시 우리의 정책이 아주 잘 먹혀들지는 않을 것임을 알고 있었다. 업계가 그것이 잘될 것이라고 생각했다면 다른 기업들도 그것을 채택하려고 했을 것이다. 모두가 동일한 정책을 실행할 수 있었으나 수년 동안 GM 홀로 그것을 추구하고 그것의 가치를 증명하려고 했다.

정책의 전체 그림을 그리는 데 있어서 우리는 그것들을 다른 가능한 타당한 기준으로 통합했다. 가능하다는 것은 그것들이 개별기준으로 사용될 것이라는 의미다. 예를 들어 우리가 생산한 차가 다른 경쟁자들의 최고의 설계와 최소한 동일한 수준의 설계를 선보인다면 이는 설계 면에서 최소한 시도해보지 않은 실험들에서 오는 위험을 감당할 필요가 없다는 것이고, 이는 우리가 말한 정책이 타당하다는 것이다. 확실히 나는 기존의 표준 쉐보레를 혁명적 차로 대체하는 회복 불능한 투입보다 이 개념을 선호했다. 이러한 차에도 그것이 작동되었다면 좋을 것이다. 그러나 나는 먼저 광범위한 사업 전략에 우리의 정책이 적용되는 것을 선호했다. 그리고 정책이 채택됨으로써 피에르 S. 듀퐁 또한 적어도 원칙적으로 이 개념을 지지했다는 것이 명백해졌다. 특별위원회는 합리적으로 GM의 자동차들이 모든 등급에서 탁월해질 것이라고 기대했다. 물론 당시 우리의 시장점유율 12%는 이러한 점에서 우리에게 특별한 이익을 가져다주지 않았지만, 폭넓은 자동차 라인은 우리에게 이런 가능성을 줄 수 있다고 여겼다. 우리는 제품라인에서, 그리고 품질기준에서 타사가 잘하고 있는 분야에서는 그들만큼 잘하고, 그들이 잘못하는 분야에서 더 잘하게 될 수 있을 것이라고 생각했다.

생산에 대해서도 같은 생각을 가지고 있었는데, 거기에서도 물론 포드를 염두에 두어야 했다. 우리는 어떤 특정 차에 대해 최고의 경쟁자보다 생산이 더 효율적이어야 한다거나 어떤 특정 제품에서 광고, 판매, 서비스방법이 경쟁자보다 더 효율적이어야 한다는 것은 근본적인 것이 아니라고 지적했다. 이 사업에서 획득하게 될 이점에 대한 근본적인 개념은 우리의 다양한 정책들과 사업부들의 협력과 조정으로 표현되었다는 것은 이미 지적한 바와 같다. 자연스럽게 사업부가 어긋나게 일하고 있는 사례보다 우리 공장의 조정된 활동이 더 큰 효율성을 가져올 것이라고 기대했다. 그리고 엔지니어링과 기타 기능에서도 마찬가지일 것이다. 이렇게 자체 기준을 높임으로써 우리는 어떤 등급의 경쟁에서든 우리가 어떤 측면에서는 경쟁사만큼 잘하고, 어떤 측면에서는 경쟁사를 넘어서기를 기대했다. 따라서 하나의 협력계획 아래 다져진 팀워크는 인하된 원가로 수량 증가를 달성할 수 있도록 해주었다. 그리고 우리가 판매한 차량이 미국에서 생산되는 모든 승용차와 트럭들 중 아주 작은 비율만 차지했을 때도 우리는 광범위한 범위의 사업에서 연합정책을 가지고 장래에 GM 차가 전 등급에서 엔지니어링뿐만 아니라 생산, 광고, 판매 및 기타 기능에서 의문의 여지없이 최고가 될 수 있다고 믿었다.

이러한 개념들이 제시되었을 때 우리는 당시 집행위원회의 안을 승인했는데, 그것은 한 차는 600달러 이하의 가격으로 판매하기 위해 설계하여 제작하고, 다른 차는 900달러 이하의 가격으로 판매하기 위해 설계하여 제작해야 한다는 취지에 대해 연구하도록 했다. 특별위원회는 또한 각각 엄격하게 정해진 가격대를 지키도록 하는 4개의 추가 모델을 권고했다. 그것은 6가지 표준모델만 생산하여 시장에 내놓아야 하며, 실현 가능한 대로 최대한 빨리 다음과 같은 등급을 전체 차 라인에 구성해야 한다고 회사에 정책을 권고했다.

(a) 450~600달러

(b) 600~900달러

(c) 900~1,200달러

(d) 1,200~1,700달러

(e) 1,700~2,500달러

(f) 2,500~3,500달러

이 완전히 새로운 가상적 가격구조는 이 장의 앞에서 열거한 GM의 실제 가격대와 비교해볼 때 차 라인을 7가지에서 6가지로또는 쉐보레 'FB'의 경우 10가지에서 6가지로, 올즈 '6'와 '8'은 거의 같은 것이었으나 별도의 차로 간주되었다 감소시켰다. 그리고 우리가 하나도 갖지 않은 리스트의 하단에 하나의 새로운 분류를 개설했다. 또한 예전에는 최저가 바로 위와 최고가 바로 아래의 중간 구조를 8가지로 분류했지만, 지금은 단지 4가지로 분류했다. 새로운 세트의 가격 단계는 GM의 차 라인이 통합되어야 하고, 라인 안에서 각 차는 전체적으로 라인과의 관계를 적절히 가져야 한다는 것을 의미했다.

저가격대의 진출전략 관련된 가격단계를 분리했을 때, 우리는 다음과 같이 요약될 수 있는 복잡한 전략을 제시했다. 일반적으로 GM은 차를 각 가격대에서 최고의 품질에 포진하고, 그것들을 그 가격 이하로 판매되도록 유인하며, 특히 추가 옵션에 대해 좀 더 지급하려는 고객에게는 그러한 자동차를 판매하도록 제안했다. 또한 고가격 경쟁의 품질에 근접한 차는 가격 이점을 아는 고객에게 그 가격 이상으로 판매되도록 유인하는 것을 제안했다. 이것은 주어진 가격표 이하로 차에 대한 품질경쟁을 하도록 했고, 그 가격표 이상의 차에 대한 가격경쟁을 하기에 이르렸다. 물론 경쟁자는 동일하게 대응했지만, 수량을 거의 가지고 있지 않은 곳에서는 아래위로 가격을 조금씩 잘라내면서 대응했고, 수량을 가지고 있는 곳에서 정책을 유지하는 일은 우리에게 달려 있었다. 모델 수를 제한하지 않는 한, 그리고 각 모델이 그 자신의 등급을 확보하거나 그 가격의 아래위로 겹치도록 계획하지 않는 한 각 차에서 대량생산을 확보할 수 없었다. 우리는 이러한 대량생산이 규모의 경제를 얻기 위해 필요하고, 모든 등급에서 탁월한 위치를 확보하는 데 가장 중요한 요소라고 생각했다.

제품정책은 또한 특별한 사례인 저가 분야에 침투하는 문제에도 적용되었다. 우리는 첫 등급 차의 영역은 당시 포드가 실제로 독점하고 있다는 것에 주목했고, 어떻게든 그것을 점령하려고 시도했다. 우리는 GM이 포드가 첫 등급 내에서 최저가로 판매했던 것처럼 정확하게 포드 수준의 차를 만들어 파는 것을 시도해서는 안 된다고 권고했다. 그 대신 회사는 첫 등급에서 최고 가격이지만, 포드보다 훨씬 더 나은 차를 내놓아야 한다고 제안했다. 우리는 포드 등급과 치열하게 경쟁할 것을 제안하지 않았다. 그러나 이는 포드 등급으로부터 수요를 끌어오게 되고, 당시 포드의 실용신안 디자인보다는 우선하여 선택되도록 약간 높은 가격으로 인상하여 포드 가격과 매우 근접한 가격에서 포드보다 우수한 차를 생산할 것을 제안했다.

우리는 표에서 최저가대600달러의 톱을 달리고 있는 새로운 GM의 저가 차를 750달러 이하에 팔리고 있는 차상위 등급에서 경쟁자들의 차와 비교할 때, 정반대의 영향이 나타날 것에 주목했다. 새로운 GM의 저가 차가 대략 750달러에 팔리고 있는 경쟁 차의 품질과 완벽하게 같지는 않더라도 미래의 구입자가 150달러의 절약을 선호하고, 가격이 거의 동일한 경우 그들이 경쟁 차에 대해 갖게 될 비교적 경미한 선호를 산출할 수 있도록 두 번째 가격대의 중간에서 팔리고 있는 경쟁 차의 품질 등급과 아주 가깝도록 제안했다.

그 당시 신제품정책의 경쟁목표는 모델회사를 위해 설정한 최저가 분류에서 명확하게 드러난다. 이 분류에서 GM은 1921년 4월에 제의한 차를 생산하고 있지 않았다. 이 영역에서 이용 가능한 단 하나의 차는 포드였다. 더군다나 두 번째 저가 분류에서 쉐보레와 윌리스-오버랜드만 하나의 차를 제공했다. 따라서 우리의 정책은 당시 미국과 전 세계의 선두 제조업체에서 생산하는 주요 제품과 경쟁시킬 차의 공급을 지향했다.

공교롭게도 우리가 정책을 수립했을 때인 4월, 시장에 존재했던 전체 가격구조가 붕괴되면서 1921년에는 모든 범주에서 실제 차 가격이 급격하게 하락했다. 실제 수준들은 달라졌지만 정책의 목표는 변하지 않았다. 즉, 상대적으로 저가대로 이동한 것이다. 실제로 1921년에 쉐보레 '490' 투어링 카의 가격은 820달러1921년 1월 가격에서 525달러로 급격히 떨어졌다. 반면 포드의 모델 T 가격은 440달러에서 355달러로 완만하게 떨어졌다. 그러나 포드의 가격은 쉐보레에 있는 탈착식 외륜과 셀프-스타터를 포함하지 않았다. 그래서 비교 가능한 설비기준에서 보면 9월에 포드와 쉐보레 간에는 약 90달러의 차이가 있었다. 이 차이는 아직도 상대적으로는 중요하지만, 쉐보레는 제품정책에서 권고한 방향으로 움직이기 시작했다. 따라서 이 정책은 새로운 저가격대를 열어놓으면서 GM이 실제로 포드의 지배에 대해 도전하는 전조가 되었다.

이들 가격대에서 실제 제품들의 배치는 위원회에 의해 다음과 같이 작성되었다: 저가에서 고가 순으로 나열하면 쉐보레, 오클랜드, 신뷰익 4, 뷰익 6, 올즈, 캐딜락이 된다. 1921년에 GM은 셰리단을 매각하고 스크립스-부스를 해체하는 단계를 밟았으며, 1922년에는 쉐보레

'FB'를 탈락시켰다. 나중에 밝혀진 것처럼 쉐보레와 캐딜락의 가격대 위치만 지속되었다.

전체 자동차 라인에 대량생산 개념을 적용한 새로운 제품정책의 핵심은 품질과 가격에서 등급을 상향시켰다. 이 원칙은 시장에 대한 GM의 개념과 구 포드 모델 T의 개념을 차별화하는 첫 번째 요소를 제공했다. 구체적으로 GM의 개념은 쉐보레를 모델 T와의 경쟁에 투입시키기 위한 전략을 제공했다. 이러한 우리의 정책이 없었다면 포드는 그 당시에 자신이 선택한 분야에서 어떠한 경쟁도 하지 않았을 것이다.

1921년에 포드는 시장의 승용차와 트럭 판매량에서 60%를 차지했고, 쉐보레는 약 4%를 차지하고 있었다. 저가 분야를 거의 완전하게 점유한 포드와의 경쟁에 뛰어드는 것은 자살 행위였던 것이다. 상대의 장기를 역이용하여 그로부터 수량을 탈취하는 데 들어가는 손실은 미국 재무부의 국고를 사용하여도 유지할 수 없었을 것이다. 우리가 고안한 전략은 가격대로서, 새로운 가격대를 만들어 쉐보레의 판매량을 수익성 있게 구축하는 것이었다. 몇 년 후 소비자들이 선호를 업그레이드함으로써 GM의 새로운 정책은 미국 역사의 진행과정과 아슬아슬하게 조화를 이룰 수 있었다.

우리에게 새로운 방향을 알려준 이러한 전략 개념은 그 이전에 이미 형성된 것으로 밝혀졌다. 그러나 당시 자동차시장의 많은 사건들이 그 원칙에 완전한 실질을 부여했던 것이다. GM 내부의 사건들, 특히 연구개발과 관련한 많은 사건들예를 들어 혁명적인 자동차은 이 개념의 적용을 방해했으며, 이후 몇 년 동안 GM을 불안하게 만들었다.

제5장 동랭식 엔진

공랭식 엔진의 개발 논리적으로 생각했을 때 신경영의 첫 번째 원칙은 경영의 개념과 자동차사업이라는 개념을 현실화시키기 위한 것이라고 생각되지만, 사실상 많은 경우 그렇지 않다. '신경영의 시대'라고 정의할 수 있는 기간의 최초 2년 반 정도는 신경영의 첫 번째 원칙들을 벗어났고, 때로는 위반하기도 했다. 환언하면 이 장에서 언급하고자 하는 이야기는 GM의 역사에서 뼈아픈 부분이지만, GM의 발전을 설명하려면 이 이야기를 빼놓을 수는 없다. 왜냐하면 많은 경우가 그렇듯이 뼈아픈 경험으로 얻은 교훈이 더 값지기 때문이다. 1921년과 1922년에 GM에서 일어난 일들은 회사의 미래를 형성하는 데 중요한 부분이 되었던 일들과 관련하여 많은 교훈을 제공한다.

문제는 연구조직과 생산사업부 간의 갈등 그리고 회사의 최고경영층과 사업부 경영자와의 평행선을 이루는 갈등이었다. 이 갈등은 피에르 S. 듀퐁이 종래의 수랭식 엔진을 가진 자동차에 대한 대안으로서 케터링 씨가 설계한 공랭식 엔진을 탑재한 혁명적 자동차를 도입하고자 했던 것과 관련되어 있다.

이야기는 케터링 씨가 데이턴에 있는 자신의 작업장 한 곳에서 공랭식 엔진을 가지고 실험을 시작한 1918년에 시작된다. 당시 공랭식 자동차엔진은 세상에 널리 알려지지 않았다. 미국에서는 누군가가 프랭클린 차 등에서 사용하고 있었을 뿐이다. 프랭클린은 주철을 이용하여 이 원리를 이용하려고 했다. 한편 케터링 씨는 엔진 벽에 핀을 납땜하거나 용접하기 위해 철 전도성의 10배가 넘는 구리 핀을 사용하자고 제안했다. 이 기술이 가능하기 위해서는 엔진과 야금술 두 분야에서의 신기술이 필요했다. 케터링 씨는 두 금속의 확장과 축소 정도의 차이 때문에 설계에 많은 어려움이 있었으나, 문제를 해결할 수 있을 것이라는 기대를 가지고 계속 실험했다. 후속 단계이긴 했지만, 개발이 끝난 후에는 제품 생산이라는 문제도 여전히 남아 있었다.

공랭식 엔진의 전망은 매력적이었다. 공랭식 엔진을 사용하면 크고 무거운 래디에이터와 배관시스템을 사용하지 않아도 되고, 엔진과 관련된 많은 무거운 부품들을 줄일 수 있었다. 즉, 자동차의 원가를 감소시킴과 동시에 엔진 효율을 향상시키는 것이었다. 이 모든 것이 공랭식 엔진을 통해 실현된다면 이것이야말로 산업에 혁신을 가져오는 것이었다. 그러나 엔진설계에서는 원리에서 현실로 가는 길이 너무도 멀었다. 실용적 제트와 로켓모터를 개발하는 데 걸린 시간이나 수랭식 내부연소엔진이 19세기 말 이래 전체 업계에 의해 지속적으로 개발된 후 1921년에 효율적으로 사용할 수준까지 오는 데는 몇 년이라는 시간이 걸렸다. 그럼에도 불구하고 케터링 씨가 그것에 매달린 시간은 짧았지만, 공랭식 엔진에 관한 그의 확신은 낙관적이었다. 그리고 그는 당시 셀프-스타터와 점화 및 조명시스템에 대해, 그리고 무인비행기를 가지고 실험했을 만큼 앞서 있는 항공 분야에서의 개척자적 업적이 있었기 때문에 자동차 분야에서는 상당한 명성을 가지고 있었다.

케터링 씨는 데이턴 메탈 프로덕트 컴퍼니Dayton Metal Products Company와 데이턴 라이트 에어플레인 컴퍼니Dayton Wright Airplane Company에

서 공랭식 엔진과 나중에 가솔린에틸 가스에 대한 테트라에틸납을 이끌어 낸 연료연구에 대한 작업을 설명하기 위해 1919년 8월 7일에 재무위원회에 출석했다. 나는 이 회의의 예비단계에 종종 참석했다. 나는 데이턴 엔지니어링 래버레토리 컴퍼니Dayton Engineering Laboratories Company가 유나이티드 모터스로 들어온 1916년부터 케터링 씨를 알고 있었고, 그의 작업과 관련하여 계속 연락하고 있었다. 재무위원회 회의 전날, 케터링 씨는 데이턴에 있는 도메스틱 엔지니어링 컴퍼니Domestic Engineering Company, 데이턴 메탈 프로덕트 컴퍼니, 데이턴 라이트 에어플레인 컴퍼니의 자산을 GM이 매입하는 것을 주선하기 위해 데이턴 메탈 프로덕트 컴퍼니의 사장인 해럴드 E. 탤봇Harold E. Talbott, 해스켈 씨, 래스콥 씨 그리고 나를 만났다. 그 일은 1919년 8월 26일의 위원회 회의에서 결말이 지어졌다. 거기에서 듀랜트 씨와 듀퐁 씨는 데이턴의 상황에 대해 보고했다. "찰스 F. 케터링은 …… 이 상황의 중심에 있습니다. 케터링 씨의 모든 시간과 관심이 아주 중요하고, 그를 새로운 디트로이트 실험실 책임자로 배치하는 것이 바람직합니다. ……그리고 듀랜트 씨, 해스켈 씨, 슬론 씨, 크라이슬러 씨 등의 의견에 따르면 케터링 씨는 직책상 이 회사에서 단연코 가장 가치 있는 인물입니다. ……" 당시 재무위원회 의사록에는 다음과 같이 기록되어 있다:

> 사장[듀랜트 씨]은 재무위원회에서 데이턴 메탈 프로덕트 컴퍼니가 개발하고 있는 공랭식 엔진과 그것의 미래 전망에 대해 자문했다. 공랭식 엔진의 발명은 아직까지 성공이 완전히 보장된 지점까지 진전되지는 않았지만 성공 가능성은 매우 유망하고, 이 경우에 우리의 투자는 눈부신 재무적 이익을 제공할 것으로 보인다.

그렇게 해서 우리는 케터링 씨의 서비스와 데이턴에 있는 시설, 공랭식 엔진 기술을 획득했고, 이때부터 GM의 원대한 역사가 시작되었다.

내가 이 일에 관여한 후 1년이 넘는 시간이 흘렀다. 듀퐁이 GM의 사장이 된 직후인 1920년 12월 2일에 케터링 씨는 듀퐁 씨에게 보고했다. "포드형의 소형 공랭식 엔진을 생산에 투입할 준비가 되었습니다." 케터링 씨는 몇 개의 차를 만들어 시험하고, 그것이 만족스럽다면 1921년에 출시하기 위해 1,500~2,000대 정도의 차를 준비할 수 있다고 제안했다.

며칠 후인 1920년 12월 7일에 피에르 S. 듀퐁 , 존J. 래스콥, J. A. 해스켈, 쉐보레의 사업부장 K. W. 짐머시드, 재무위원회의 비서 C. D. 하트먼C. D. Hartman, 그리고 나를 포함한 우리 팀은 함께 데이턴에 갔다. 데이턴을 오가는 기차 안에서 우리는 많은 일들, 그중에서도 공랭식 엔진에 대해 토론했다. 토론에 대한 기록은 다음과 같다:

> 데이턴에서 개발되고 있는 신차는 생산 개발에 착수하기 전에 매우 엄격한 조건 하에서 충분한 테스트를 해야 한다는 것에 동의했다. 그리고 제품에 충분히 만족할 만한 장점이 있다면 그 기술을 쉐보레 라인에 적용함으로써 현재의 490 모델을 대체하기로 한다.

당시 '490'은 표준형 저가 쉐보레 라인이었는데, 포드와의 실질적 경쟁은 아니더라도 잠재적인 경쟁은 하고 있었다. 이런 차에 새로운 엔진을 장착하는 것은 대량생산을 해야 하는 GM에게는 엄청난 일이고, 상상컨대 결정적인 것이었다.

1921년 1월 19일, 첫 회의 중에 새 집행위원회가 공랭식 엔진과 기존의 수랭식 쉐보레 '490'에 대한 비교연구를 하는 것을 승인했다는 것은 자연스러운 일이었다. 우선 1921년 가을에 생산이 시작되는 후속 '490'에서는 큰 변화를 주지 않기로 합의했다. "그리고 1922년 8월에 시작되는 생산연도 동안 만들어지게 될 변화를 결정하기 전에 장래 공랭식 엔진의 개발상황을 기다려야 한다"는 위원회의 합의가 있었다. 우리는 공랭식 차를 '기다리고' 있는 중간에 구 수랭식 '490' 모델을 개발하지 않기로 결정했다. 내가 집행위원회에 대해 "우리가 결정했다"고 말하는 것은 항상 기구로서 결정했다는 뜻이다.

2주 후에 우리는 "공랭식 엔진은 먼저 쉐보레 사업부의 저가 차에 대해 적용하기로 한다. 케터링 씨와 짐머시드 씨에게도 이 의견을 전달하는 것이 우리의 의도다"라고 확고한 결의를 했다. 이것은 사실상 명령이었고, 쉐보레와 관련된 운명의 주사위는 던져졌다.

한 달 후 집행위원회는 새로운 6기통 엔진을 장착한 공랭식 프로그램을 적용할 차로 오클랜드를 지목했다. 그러나 집행위원회에서 이 결정은 매우 "불확실성이 크다"고 판단하여 당시 내가 의장으로 있던 자문위원회에 자문을 요청했다. 내 기억이 맞는다면 위원회 구성원 중 네 명은 "불확실성이 크다"고 판단하고 있었다. 이것은 나중에 명확해졌다. 그러나 위원회는 사장인 듀퐁 씨의 확고한 통제에 이끌려 이를 추진하기로 했고, 공랭식 프로그램에 대해 압박했다.

1주일 후인 1921년 2월 23일에 내가 불참한 회의에서 집행위원회는 신속하게 새로운 결정으로 넘어갔다. 의사록은 "그것은 전제되었다." "현재 연구 및 개발 중에 있는 4기통 공랭식 차는 저가시장을 점유할 것이다. 다음 전략은 약 900달러에서 1,000달러의 6기통 공랭식 차가 되어야 한다"고 기록하고 있다. 케터링 씨는 "6기통 공랭식 차의 설계와 구조를 가지고 진행하라"고 지시했다. 그러나 위원회는 "몇 대의 (시험)차의 완전한 시험으로 성공이 확고해질 때까지 대량생산을 시도해서는 안 된다"고 권고했다. 모트 씨, 바셋 씨와 함께 참석했던 케터링 씨는 1921년 7월 1일까지 두 차의 장점을 알기를 기대한다고 말했고, 공랭식 '4'의 생산에 대한 준비는 대략 1922년 1월 1일에 차를 출시할 목적으로 8월 1일에 시작될 수 있다고 말했다. 쉐보레의 짐머시드는 집행위원회에 참석하여 자신의 사업부에서 진행되고 있는 프로그램에 관해 말했다. 그는 1922년 8월에 공랭식 '4'의 생산을 위해 준비하는 것이 바람직하다고 말하면서 이의를 제기했다. 그는 수랭식 '490'을 개선했고, 그것을 위해 새로운 차체를 설계했다고 말했다. 집행위원회와 쉐보레사업부는 다른 방향으로 움직이는 것으로 밝혀졌다.

사업부와 연구소의 대립 케터링 씨는 1921년 5월에 데이턴에서 가동 중인 두 가지 유형의 차를 시험하고 '4'와 '6' 중의 하나가 먼저 출시될 수 있다고 보고했다. 6월 7일에 집행위원회는 일종의 시험가동센터인 소규모 생산시설을 데이턴에 있는 GM 리서치 코퍼레이션General Motors Research Corporation을 만드는 데 합의했다. 이 생산 시설에서 생산하는 양은 1일 최대 25대를 넘지 않는다. 리서치 코퍼레이션은 나중에 GM의 연구소가 되었다.

이 즈음 짐머시드 씨의 공랭식 쉐보레에 관한 유보 의견은 더욱 확고해졌다. 한동안 묻혀 있던 문제가 전면에 등장한 것이다. 당시에 좋은 성과를 내고 있던 뷰익은 완전히 분권화된 상태로 그 자체의 프로그램을 가지고 남아 있어야 할 상황이었다. 그러나 우리의 조직 개념과 직접적으로 배치되는데도 사리사욕이 타 사업부들의 문제들을 집권화하도록 했다. 이러한 경향은 아주 단호해서 최고경영자의 결정으로 쉐보레와 오클랜드 두 사업부에 대해 차 설계를 급진적으로 하도록 지시했다. 따라서 집행위원회는 사업부의 전면에 나올 수 있는 가장 중요한 문제,

즉 엔진과 자동차 디자인에 대한 이들 사업부의 정책과 프로그램을 모두 만들었다. 집행위원회는 그런 특권을 갖고 있었고, 그런 상황에서 권한을 행사하기 위해 선출되었다. 문제는 신차에 대한 결정이 건전한지의 문제뿐만 아니라 실제로 그 차를 만들어야 하는 두 사업부에서 그것을 제대로 만들어낼 수 있는가도 문제였다. 내가 알고 있기에 이 문제는 리서치 코퍼레이션과 사업부들 간의 긴밀한 협력이 요구된 최초의 사례였다. 최초의 생산과 디자인 설계에 대한 권한은 데이턴에 있는 케터링 씨의 연구그룹에 주어졌고, 생산에 대한 권한은 해당 사업부에 주어졌기 때문에 권한 배분이 명확하지 않았다. 짐머시드 씨는 생산책임자에게 자동차사업부를 위한 연구인지, 아니면 연구를 위한 자동차사업부인지에 대해 누가 자문했는지를 알고 싶어 했다. 새로운 설계의 장점에 관해 의문이 없을지라도 이것은 경영의 문제로 드러난 것임에 틀림없었다. 그때 사정으로는 신엔지니어링 설계에 대해 쉐보레 측에서 회의론이 팽배했고, 데이턴 연구소는 자동차사업부가 설계를 변경할 것이라는 염려를 하고 있었다. 사업부 엔지니어들과 사업부장들은 그들의 본거지와 데이턴 사이를 바삐 오갔고, 이러한 방문과정에서 케터링 씨는 오클랜드의 사업부장인 조지 H. 핸넘George H. Hannum이 신차에 대해 좀 더 호의적인 것에 주목했다. 케터링 씨는 또한 그가 연말에 오클랜드를 위해 준비한 공랭식 '6'을 가질 수 있을 것으로 생각했다.

1921년 7월 상반기에 나는 파리에 있었다. 내가 돌아온 후 집행위원회 4인은 7월 26일에 또다시 데이턴으로 갔다. 우리는 비공식적으로 케터링 씨와 당시 자동차사업부의 그룹경영자인 모트 씨를 만났다. 신차에 대한 케터링 씨의 열정은 전보다 더 강했다. 그는 "……그것은 자동차업계에서 생산해온 이래 가장 위대한 것입니다"라고 말했다. 듀퐁 씨는 이 판단에 대한 그의 믿음을 의심하지 않았다. 케터링 씨는 또다시 쉐보레와 오클랜드의 태도 사이의 차이에 주목했다. 자연히 그는 더 큰 호의를 표시한 사업부, 즉 오클랜드와 좀 더 긴밀하게 일하기를 갈망했다. 데이턴 회의에 대한 기록은 다음과 같다. "마침내 6기통 차가 추진되고, '4'를 생산했을 때 '6'에 대한 경험으로 그들이 이익을 얻을 수 있다고 느꼈으므로 당분간 4기통을 보유할 것을 권고했다. ……" 쉐보레의 짐머시드 씨는 '6'의 타당성이 검증된 후에 공랭식 '4' 엔진이 더 잘 팔릴 수 있을 것이라고 믿었다. 모트 씨는 쉐보레가 아직도 청산하지 못한 '490'의 재고 약 15만 대를 보유하고 있다고 말했다.

쉐보레를 향한 이러한 타협적인 태도는 오래 지속되지 못했다. 몇 주 후에 듀퐁 씨는 집행위원회에서 명확한 프로그램을 위한 제안들을 가지고 GM의 제품상황에 대한 총평을 했다. 그는 오클랜드를 위한 공랭식 '6'에 대한 결정을 재확인했다. 쉐보레에 왔을 때 그는 다음과 같이 제안했다: "그것'490'은 재고와 계약의 감소에 필요한 기간 이후에는 생산을 중단한다. 신차의 지속적인 제조를 위한 즉각적 결정이 필요하다." 그는 공랭식 '4'는 "정책의 명확한 변화가 없다면 쉐보레사업부에 대해 채택된 방침"이라고 말했다. 그리고 그것은 1922년 5월 1일 이전에 생산이 준비되어야 했다. 이를 기구로서의 집행위원회가 승인했다.

1921년 가을에 데이턴에서 새로운 엔진의 개발이 계속되었고, 동시에 공랭식 차를 위한 새로운 공장, 공장의 전환, 그리고 마케팅 프로그램에 관한 연구가 이루어졌다. 데이턴에서 오클랜드사업부로 첫 번째 시험 차의 배송을 위한 시간이 가까워옴에 따라 뉴욕과 디트로이트 사무실에서는 점점 기대가 높아졌다. 듀퐁 씨는 케터링 씨에게 다음과 같은 내용의 편지를 썼다. "신차에 대한 생산계획의 정점에 있는 지금, 저는 오래 기대한 서커스 포스터가 울타리에 나타나고, 서커스의 각 부분이 어떻게 보일 것인지, 그리고 제가 가장 좋아할 연기는 어떤 것인지를 궁금해하는 소년 같은 느낌을 가지기 시작했습니다."

1921년 10월 20일의 집행위원회에서 오클랜드 일정에 대한 상세한 일자들이 다음과 같이 공식적으로 결정되었다.

- 기존의 수랭식 차의 생산은 1921년 10월 20일에 중단한다.
- 데이턴에서 만든 새로운 공랭식 차는 1922년 1월 뉴욕자동차 쇼에서 공개한다.
- 미시간 주 폰티악의 오클랜드사업부에서 시작될 새 자동차의 생산은 2월에는 하루 100대, 그 후에는 증산한다.

프로그램에 대한 의문은 더 이상 남아 있지 않은 것으로 보였다.

최초의 공랭식 차가 시험을 위해 데이턴에서 오클랜드사업부로 보내졌다. 이것은 케터링 씨가 데이턴에서 운영한 시험 차가 제대로 만들어졌는지 처음으로 외부의 평가를 받는 것이었다. 약간의 정적이 흐른 후 충격적인 소식이 전해졌다. 오클랜드사업부에서 자동차가 시험에 실패했다는 것이었다.

1921년 11월 8일에 핸넘 씨는 듀퐁 씨에게 다음과 같은 편지를 썼다:

> 이것을 현실적 작업으로 만드는 데 필요한 변경사항을 고려할 때, 지금 정해진 시간으로는 모든 시험을 통과함과 동시에 생산 승인까지 하는 것은 불가능할 것 같습니다. 적어도 6개월은 걸릴 것입니다.
>
> 대략 12월 15일경에 현행 모델에 대한 출하를 종결할 예정이므로 공랭식 차를 출시할 때까지의 공백을 메우기 위해 완전한 새 [수랭식 차]를 출시할 계획을 가지고 있습니다. ……
>
> 그리고 공랭식 작업에 대해 저희가 염두에 두고 있는 변화를 덧붙여

말씀드리고 싶습니다. 적어도 그 명제에 대한 저의 생각은 변하지 않았습니다. 그러나 우리가 떠돌아다니다가 첫 직장을 잡았을 때 큰 변화가 오는 것처럼 시험보고서에 큰 변화가 있게 될 것입니다.

이후 한 달 만에 회사의 계획들은 백지화되었고, 오클랜드에 관한 전체 상황과 미래의 GM 제품 라인은 완전히 바뀌었다. 뉴욕에서는 실망과 경고가, 디트로이트, 플린트 그리고 폰티악에서는 공랭식 차의 전망에 관한 비관론이 일었다. 데이턴과 제조사업부 사이에 신차의 시험에 대한 논쟁과 혼란이 발생했다. 케터링 씨가 이끄는 디자이너들과 다른 사업부의 엔지니어, 사업부장 간에 의견 일치를 보지 못했다. 케터링 씨는 굉장히 실망했고 좌절했다. 1921년 11월 30일에 집행위원회는 오클랜드 공랭식 일정을 공식적으로 취소하면서 그에게 다음과 같이 신뢰를 담은 편지를 보냈다:

친애하는 케터링

우리는 귀하가 공랭식 차의 개발과 기타 실험 작업과 관련된 걱정에서 벗어나는 것이 가장 중요하다고 생각합니다.

수랭식 엔진에서 공랭식 엔진으로 엔진의 표준을 바꾸는 것과 같이 매우 급진적인 기술을 개발하고 도입하는 과정에서는 그 기술개발 과정을 두고 감 놓아라 대추 놓아라 하고 나서는 사람이 있는 것은 매우 자연스런 일입니다.

우리는 공랭식 개발에 관하여 귀하의 마음을 완전히 편안하게 해드리기 위해 많은 생각을 하고 있습니다.

첫째, 우리가 제안한 공랭식 차의 개발과 관련하여 귀하는 모든 문제를 극복했다고 믿으며, 귀하의 능력을 충분히 신뢰합니다.

둘째, 지금까지 했던 것과 마찬가지로 이 과업을 달성하기 위해 귀하와 귀하의 능력을 계속해서 신뢰할 것입니다. 솔직하게 말해서 우리가 목적을 달성할 가능성 또는 실현 가능성에 관해 의구심을 가지고 있다면 귀하는 우리가 제일 먼저 달려갈 인사가 될 것입니다. 이 서신이 우리가 귀하와 이 업무에 대해 신뢰를 가지고 있다는 것을 잘 알려줌으로써 이 업무와 관련해서는 전혀 우려하지 않았으면 좋겠습니다. 그리고 만약 이 편지가 귀하의 우려를 불식시키지 못했다면 어떤 면에서 우려를 가지고 계신지 솔직한 의견을 담은 편지를 보내주시지 않겠습니까?

공랭식 차가 실제 생산에 들어가고 사용될 때까지 비판이 계속되어야 한다는 사실 때문에 귀하는 우리의 생각에 동의하지 않을지도 모릅니다. 어느 때라도 귀하와 이 개발에 대한 우리의 믿음과 신뢰에 의문이 발생하면 귀하는 잠시 멈추어 이 편지를 다시 읽을 것이고, 그 후에 귀하는 우리가 어떤 의심을 할 경우에도 제일 먼저 귀하에게 편지를 쓸 것이라는 것을 우리가 솔직하게 말한 것을 고려하여 우리에게 답장을 쓸 것이라 믿습니다.

편지는 집행위원회 4인의 멤버와 자동차사업부의 그룹경영자인 C. S. 모트가 개별적으로 서명했다.

위기는 지나갔다. 새로운 엔진에 대한 사장의 믿음은 회복되었고, 케터링 씨의 흥미와 열정은 되살아났으며, 국면은 오클랜드에서 쉐보레로 이동했다.

1921년 12월 15일에 집행위원회는 1922년 9월 1일까지 쉐보레 공랭식 '4'를 생산에 투입하기를 적극 강조했다. 사업부와 연구 조직을 조정하기 위해 쉐보레의 수석엔지니어에는 O. E. 헌트를, 그리고 오클랜드와 뷰익을 대표하는 수석엔지니어에는 B. 제롬B. Jerome과 E. A. 디워터스E. A. DeWaters를 데이턴으로 보내 공랭식 '4'와 '6'의 설계에 대해 케터링 씨와 협력하도록 했다. 그리고 시험보고서는 매일 사업부 경영자들과 사장에게 보내도록 요청했다.

1921년 GM의 제품 라인은 별 진전 없이 마무리되었다.

이 사건들을 집행위원회에 보고해야 한다는 것이 나를 몹시 괴롭혔다. 나는 공랭식 대 수랭식 엔진의 기술적 문제에 관한 한 어떤 한 가지 방법을 더 선호하지는 않는다. 그것은 기술적인 문제일 뿐이다. 지금에서야 개인적인 의견을 밝히자면, 원리에서는 케터링 씨가 옳았고 시대에 앞섰으며, 개발과 생산 관점에서는 사업부가 옳았다. 환언하면 이런 종류의 상황은 그 어떤 것에도 동의하지 않고 모든 것이 괜찮아질 것이라고 말하는 의사에게나 가능하다. 그러나 사업과 경영 관점에서는 각자의 노선대로 모순되는 행동을 하고 있었다. 예를 들어, 우리는 기업의 전반적 목표보다 특정의 엔지니어링 설계에 좀 더 유착되어 있었다. 그리고 우리는 궁극적으로 신차를 생산하고 판매하는 사업부 사람들에 반대하여 이 연구를 지지하고 있었다. 그사이에 우리의 전통적 수랭식 모델은 진부해져 다른 모델에 추월당하고 있었고, 기존의 모델을 보호하는 공식 프로그램도 없었다.

1921년 12월 말에 오클랜드에서 시험의 실패와 신차를 제안하는 것이 어떤 문제를 야기하는지에 대한 교훈을 마음에 새기면서 그에 대해 피에르 S. 듀퐁과 논의할 목적으로 몇 가지 메모를 남겼다. 데이턴 상황에 관해 나는 다음과 같이 썼다:

> 나는 의심할 여지없이 공감의 결여가 공랭식 엔진의 개발에 상당한 시간을 허비하게 했다고 믿는다. GM의 모든 사람들은 케터링 씨가 제안한 차를 팔아야 함에도 불구하고 기본적인 사실조차 케터링 씨의 견해와 일치하지 않았다. 나는 그가 차를 개발하여 그것의 성과를 보여주었거나 독립된 관찰자의 수준에서 자신의 성과를 보여주고, 원리대로

다른 사람에게 차의 생산을 보여주었다면 우리는 좀 더 앞으로 나아갔을 것이라고 믿는다. 나는 우리가 케터링 씨에게 모든 것을 내놓는, 그리고 그의 특별하고 독특한 상황을 인식하지 못한 실수를 범했다고 생각한다.

나는 회사와 산업은 선진 기술을 필요로 한다고 믿는다. 우리는 평범한 엔지니어의 자세로는 발전된 기술을 얻을 수 없다. 앞서 나아가는 모든 것이 그렇듯, 선진 기술 역시 먼 미래를 내다볼 수 없는 사람들의 마음에는 늘 불신임을 초래한다. 이러한 이유로 기술이 이론을 받아들이는 것이 아니라, 사실들이 이론보다 더 받아들여져야 하는 것처럼 보여야 한다. 나는 오클랜드에서 어떤 문제도 없었거나 제안된 어떤 변화들은 케터링 씨가 상당히 만족스런 성과를 가진 차를 보여줄 때까지 기다려야 한다고 생각하지 않는다. 나는 우리가 일하는 이런 방법이 우리가 그렇게 필요로 하는, 그리고 케터링 씨와 같이 경탄할만한 능력을 가진 사람에게서 얻을 수 있는 아이디어의 손실을 가져오게 될 것이 두렵다.

이 메모는 공랭식 엔진에 관한 나의 행동에 전환점을 찍었다. 당시 나는 이중정책을 추구하기 시작했다: 첫째는 신차에 대한 듀퐁 씨와 케터링 씨의 희망을 계속 지지하는 것, 둘째는 전통적 수랭식 형의 대체 프로그램을 개발하는 사업부를 지지하는 것이다. 우연의 일치로 당시 나와 짐머시드 씨는 새로운 '뮤어Muir' 증기냉각시스템을 연구하고 있었는데, 그것은 결국 생산에 투입하지 못했다. 듀퐁 씨는 공랭식 엔진에 대한 대체안에 열정을 가지지는 않았지만, 내가 이러한 입장을 취하는 것을 막지는 않았다. 우리는 단순히 약간 다른 라인을 따라 일했을 뿐이다. 그러나 같은 조직 내의 주요 구성원이 다른 길을 걷는 상황은 편안하지 않았고 영원히 지속될 수 없었다.

다음 16개월 동안 공랭식 차는 회사를 계속 힘들게 했고, 주요 임원들은 회사의 미래제품이 무엇이 되어야 하는지에 대한 문제로 계속 긴장상태를 유지해왔다.

1922년 초에 신차에 대한 쉐보레에 대한 압력은 증가한 반면 오클랜드에서는 다소 완화됐다. 나는 이번 신차 프로그램이 실패할 경우 최고경영진과 사업부 사이의 입장 차이를 잘 보완하여 회사를 보호하는 것이 꼭 필요하다고 느꼈고, 이를 위해 첫 단계를 취했다. 운영부 사장으로서 나는 1922년 1월 26일에 디트로이트호텔 스캐틀러에 있는 내 방에서 모트 씨차 그룹 경영, 바셋 씨뷰익 및 짐머시드 씨쉐보레와 함께 회의를 열었고, 쉐보레에 대한 공식적 공랭식 프로그램이 진전될 것이나 아직까지는 조심하자는 데 대한 합의를 도출했다. 공식적 프로그램의 수행과 관련하여 쉐보레 경영진은 아직 데이턴에서 개발 중인 공랭식 '4' 모델의 시험 차를 보지는 않았지만, 약 7개월 후인 1922년 9월 1일부터 쉐보레사업부가 생산을 시작하기 위해서는 데이턴에서 개발 중인 공랭식 '4' 모델의 시험 차가 필요하다고 생각했다. 그러나 우리는 "현 시점에서 회사나 쉐보레사업부가 공랭식 차를 정해진 날짜에 생산에 투입해야 한다는 결론을 정당화할 것이 아무것도 없다"는 데 동의했다. 그러나 1922년 4월 1일에 시험용 차가 만들어진 이후에 우리는 안전 프로그램을 결정할 수 있었다. 동시에 우리는 보수적인 정책의 일환으로 "제2차 방어선이 마련되어야 한다"는 것에 동의했다. 2차 방어선은 기존의 수랭식 쉐보레를 개선하기 위해 사업부를 병행하는 것이었다.

1922년 2월 21일에 나는 오클랜드에 관해 집행위원회에 보고했고, 취소되었던 공랭식 '6'의 생산에 대한 새로운 일정을 연기하기 위해 승인을 얻었다. 당시에 우리는 오클랜드에 대해 다음과 같이 합의했다:

1. 1923년 6월 30일에 끝나는 1년 반의 기간 동안은 최근에 설정된

[공랭식] 모델을 계속 유지함

2. 오클랜드가 관련되는 한 그날 이전에는 공랭식 모델의 도입을 고려하지 않음
3. 그동안 오클랜드가 개발한 설계는 회사에 의해 이미 설정된 설계 프로그램을 따를 것
4. 오클랜드 모델의 진행 상황을 봤을 때, 손익분기점을 도저히 달성하지 못할 것 같다면 그 시점을 기준으로 모든 상황을 고려하여 상황을 가장 잘 개선시킬 수 있는 상태로 나아감

데이턴의 리서치 코퍼레이션은 당시 GM의 유일하고도 실질적인 스태프 엔지니어링 그룹이었다. 리서치 코퍼레이션은 공랭식 엔진 실험을 전담하고 있었기 때문에 공랭식 모델을 연구하는 기술자들은 주로 그 사업부에 있었다. 그 당시 모든 자동차사업부는 그들의 전통적 자동차의 경쟁력을 더욱 높이기 위해 첨단 기술을 필요로 했다. 쉐보레, 오클랜드 및 올즈에서 그 필요성은 훨씬 높았다. 다시 말하면, 각 사업부는 현재 유지하고 있는 자동차 모델의 기술, 제조 그리고 판매와 관련된 그들의 주요 사업뿐만 아니라 미래의 기술과 관련된 업무에도 참여해야 했다. 문제는 이 분야에서 이전에 어떤 차이가 있었는지가 아니라 회사를 위해 포괄적 엔지니어링스태프 업무를 제공하고자 하는 우리의 의도였다. 리서치 코퍼레이션은 케터링 씨의 비상한 능력에 집중하는 장기적인 아이디어 조직으로서의 운영을 선택했는데, 이는 회사의 중요한 기능 조직과 가장 기본적인 유형의 기술직 사이에 큰 격차가 있음을 의미했다. 나는 당시에 GM에서 역사적 구분이 만들어지고 있었던 것을 알지 못했다. 그러나 나는 내 앞에 놓인 격차를 보았고, 1922년 3월 14일에 사업부들이 외부 엔지니어링 디자인을 활용할 수 있도록 하는 정책의 승인을 얻었다. 이 정책은 결코 문제를 해결할 수 없었지만,

일부 도움은 될 것으로 보였다. 문제가 완전히 이해되고 해결되기까지는 몇 년이 걸릴 것이다. 그 당시에 내가 협의한 사람 중에는 헨리 크레인Henry Crane이 있는데, 그는 나중에 사장의 기술보좌로 회사에 들어와 자동차 디자인의 발전, 특히 폰티악 차의 디자인에서 중요한 기여를 했다. O. E. 헌트O. E. Hunt는 1921년 10월에 짐머시드 씨에 의해 기술책임자로서 쉐보레에 영입됐고, 나는 아직 그의 뛰어난 능력을 잘 알지 못했다.

쉐보레에서 공랭식과 수랭식 개발 간의 타협은 쉽지 않았다. 1922년 2월 1일에 모트 씨의 제안으로 이전에 포드의 생산관리자였던 윌리엄 S. 뉴슨William S. Knudsen을 회사의 자문스태프로 영입했고, 모트는 제조 보좌역으로 임명하였다. 뉴슨 씨는 데이턴을 방문한 이후 3월 11일에 공랭식 엔진에 대한 보고서를 만들었는데, 거기에서 그는 "자동차는 곧 생산에 들어가야 한다"고 권고했다. 그러나 그는 자동차 생산이 실제로 시작되기 위해서는 상업적 · 기술적 측면을 고려한 실험 과정이 필요하므로 소규모로 시작해야 한다고 충고했다. 3월 22일에 듀퐁 씨는 집행위원회의 동의를 얻어 짐머시드 씨를 쉐보레의 사업부장 자리에서 물러나 GM의 사장 보좌역으로 일하도록 임명했고, 뉴슨을 쉐보레의 운영부 사장으로 임명했다. 그리고 듀퐁 씨는 회장과 사장으로 남아 있으면서 자신이 쉐보레의 사업부장을 맡겠다고 제안하여 승인을 받았다.

동랭식 차 생산의 단행 1922년 4월 7일, 사장의 요청에 따라 우리는 실험개발의 공식 명칭을 '공랭식 엔진' 대신에 '동랭식'이라고 했다. 듀퐁 씨는 그것을 다른 공랭식 시스템과 차별화하길 원했으나, 케터링 씨는 '공랭식'을 계속 주장했다.

1922년 9월 15일경에 하루 10대 정도로 생산을 시작하여 연말에는 하루에 50대로 증가하기를 기대하면서 동랭식 쉐보레 '4'의 생산을 위한 장비를 갖추기 시작했다. 캐나다 조직도 동랭식 '4'의 생산을 위한 장비를 갖추기 시작했다. 그러나 1922년 봄은 새 프로그램에서 큰 성과를 얻지 못하고 지나갔다.

1922년 봄의 신차 판매에 약간 회복세가 있는 것으로 보였다. 설계 디자인 단계에 있던 쉐보레 '490'이 다시 팔리고 있었다. 1922년 5월, 디트로이트의 회의에서 모트 씨는 나의 지지 하에 또 다른 타협안, 즉 내년도 모델로 어떤 새로운 것을 보유해야 할 것인가를 결정하기 위해 가을에 구 '490' 차대에 대해 동랭식 차로 설계된 쉐보레 차체를 투입할 것을 제안했다. 캠벨Campbell 씨는 이것에 반대했는데, 그는 겨울에 '490'을 가지고 딜러들에게 출시한 다음 1923년 봄에 그들에게 동랭식 차를 내놓는 것이 매우 걱정된다고 말했다. 나는 이중 프로그램 정책을 진전시키려 노력하면서 다음과 같이 말했다. "……우리는 4월 1일1923년까지 동랭식 차를 하나의 실험으로 사용해야 한다. 그런 다음 그것이 성공하게 되고 그 분야에서 잘 버틴다면 동랭식 작업에서 생산을 증가시키고, 8월 1일1923년에 쉐보레사업부의 유일한 제품으로 동랭식 차를 도입한다. 만약 성공적이지 못하면 우리는 '490' 제조를 계속할 수 있다. 따라서 어떤 방향으로 갈지는 아무것도 결정되지 않았다."

프로그램을 병행하는 것은 회사 내에 피할 수 없는 긴장을 가져왔다. 케터링 씨는 계속해서 사업부가 자신을 방해하고 있다고 느꼈다. 그는 오클랜드가 동랭식 개발에서 쉐보레보다 여러 달 뒤처져 있음을 주시했고, 쉐보레 계획이 부적절했다고 말했다. 그는 1922년 5월에 올즈의 수석엔지니어인 로버트 잭Robert Jack이 일을 가장 잘하고 있다고 말했다. 듀퐁 씨는 쉐보레 계획에 대한 케터링 씨의 의견을 지지했고, 6월에 그 사업부에서 동랭식 프로그램을 강화하는 것이 어떠냐고 제안했다. 새로운 엔진에 대한 섀시와 차체의 변화가 가을에 완성될 것이 예상되었고, 그다음의 전환은 엔진에만 관련되기 때문에 그는 동랭식 쉐보레의 생산일정을 다가오는 가을로 잡자고 제안했다.

9월에 생산은 시작되지 않았지만 공식적인 기대는 낙관적이었다. 쉐보레에 대한 계획은 1923년 3월경에 월간 3만 대의 수랭식과 1만 2,000대의 동랭식 차량을 생산하는 것이었다. 그리고 1923년 7월 또는 늦어도 10월에는 생산라인 전체에서 수랭식 생산을 동랭식으로 바꾸는 것이었다.

11월에 케터링 씨는 오클랜드에서뿐만 아니라 올즈에서 동랭식 차에 대한 관심의 부족을 지적했다. 나는 듀퐁 씨에게 세 개의 사업부에 검증 과정을 완전히 거치지 않은 새로운 차 설계를 적용한 것이 두렵다고 말했다. 듀퐁 씨는 나에게 이번 결정은 이미 몇 개월 전에 집행위원회에 의해 이루어졌다는 것과 "수랭식 또는 증기냉각식 차에 대한 모든 실험의 방향전환 또는 완전한 포기 문제만 미결되었을 뿐이다"라는 것을 지적했다. 그러나 그는 1923년 5월 1일까지 쉐보레에 대한 최종 결정은 없어야 한다는 것에 동의했다. 그러고 나서 올즈 프로그램은 독자적으로 동랭식으로 전환할 것을 제안했다.

당시 듀퐁 씨와 나의 견해는 1922년 11월 26일, 집행위원회의 타협안에서 다음과 같이 표현되었다:

결의 동랭식 프로그램은 다음과 같이 진행될 것이다.

1. 1923년 5월 1일에 올즈사업부의 제품은 6기통 동랭식 차가 될 것이다. ……수랭식 모터 개발은 이 날짜1922년 11월 16일로 종료될 것이다.

2. 쉐보레 모터사업부는 회사에 대한 위험을 최소화하는 방법으로 움직여야 한다. 이 경우 상업적이고 기술적인 측면을 모두 고려하여 동랭식 모델의 개발을 주의하여 진행할 것이다.
3. 오클랜드사업부의 정책은 차후에 결정될 것이다. 오클랜드 컴퍼니는 평범한 범위에서 동랭식 차의 형태가 결정될 때까지는 어떤 종류의 동랭식 자동차도 생산해서는 안 된다. 기술적 및 상업적 측면 모두에서 충분히 실험한 후에 가능할 것이다.

따라서 1922년 말에 우리는 올즈에 독자적으로 동랭식 프로그램을, 쉐보레에 이중 프로그램을 약속했고, 오클랜드는 검증된 신차가 나올 때까지 결정을 유보하기로 했다. 12월에 뉴슨 씨는 쉐보레에서 250 동랭식 차를 제조하기 시작했다. 1922년은 1921년과 마찬가지로 GM 제품의 기술설계가 어떻게 되어야 할 것인지 불확실한 채로 끝났다.

1923년 1월 뉴욕 자동차 쇼에서 섀시와 모터를 가진 동랭식 쉐보레가 공개되었다. 그것은 표준 수랭식 쉐보레현재는 '슈피리어' 모델이라 불린다보다 약 200달러 높은 가격에 결정되었고, 쇼에서 선풍적인 인기를 끌었다.

쉐보레사업부의 일정은 10월에 5만 대로 증산할 계획을 가지고, 2월에는 1,000대의 동랭식 차를 제조하는 것이었다. 수랭식 차에 관해서는 연초에 남아 있는 재고를 바탕으로 정확히 언제 생산을 중단할 것인지를 결정하는 문제가 남아 있었다. 그러나 생산과정에서 문제가 나타났고, 2월에 대량의 쉐보레 공랭식 차를 생산하는 데 실패했다.

두 가지 결정적 사실이 1923년 3월, 4월, 5월 중에 동시에 발생했다. 첫째, 우리는 한 해에 400만 대의 승용차와 트럭이 팔릴 만큼 자동차의 역사에서 전성기에 있었다. 둘째, 생산과정에서의 몇몇 문제들이 동랭식 쉐보레의 제조 속도를 늦췄다. 또한 이미 시장에 팔린 몇몇 동랭식 쉐보레 자동차와 관련하여 쉐보레 자동차는 아직 실험 단계이며, 상업용 자동차로서의 성능이 아직 증명되지 않았고, 여전히 해결해야 할 문제가 많이 남았다는 지적이 나왔다. 무엇을 할 것인지에 대한 의문은 큰 의사결정을 요구하지 않았다. 우리가 팔아야 했던 단 하나의 쉐보레는 오래된, 그러나 전통적 수랭식 모델이었다. 그것은 그 당시에 고성능 자동차는 아니었지만, 쉐보레 수랭식 '슈피리어' 모델은 조금씩 개선되었고, 별문제 없이 이용할 수 있는 차였다. 이 모델은 그해 봄에 판매가 기록적으로 뛰어올랐다.

누구든 자동차시장에 새로운 시대가 열렸다고 느낄 수 있었고, 회사는 한번쯤 미래를 위한 제품 프로그램을 정착시키는 것이 꼭 필요했다. 1923년 5월 10일에 듀퐁 씨는 GM의 사장 자리에서 물러났고, 이사회에서 듀퐁 씨의 추천으로 내가 그의 직위를 승계했다. 우리는 동랭식 프로그램의 장점에 계속 동의하지 않았으나, 그는 그 문제를 CEO로서 내가 결정하도록 남겨뒀다.

당시의 정책에 따라 올즈에서는 수랭식 차에 대한 모든 작업이 중단됐다. 사업부는 1923년 8월 1일에 새로운 동랭식 '6'이 생산되기를 기다리면서 보유하고 있던 재고 차량은 대당 약 50달러의 손실을 보고 팔아치웠다. 그러나 동랭식 쉐보레가 가진 문제점들은 이 프로그램의 타당성을 위협했다.

사장이자 집행위원회 위원장으로서 나는 피셔 바디Fisher Body의 수장인 프레드 피셔Fred Fisher와 모트 씨를 위원회 구성원에 포함시키기 위해 노력했다. 1923년 5월 18일에 내가 주재한 첫 회의에서 올즈의 문제부터 지적했다. 나는 올즈에 대한 사실들을 언급하면서 다음과 같이 말했다. "……쉐보레 동랭식 차의 생산이 계속 지연되어 전 세계 올즈 모터 워크스Olds Motor Works 조직에 심각한 곤경을 초래한 데는 기술과 제조 과정이 불확실하고 어려움이 끊임없이 발생했기 때문입니다." 케터링 씨, 뉴슨 씨 그리고 헌트 씨와 논의한 후에 우리는 세 명의 기술자 GM의 엔진생산사업부 노스웨이의 사업부장 A. L. 캐시A. L. Cash, 쉐보레의 수석엔지니어 헌트 씨, 그리고 뷰익의 수석엔지니어 디워터스 씨를 위원으로 임명했고, 그들에게 6기통 동랭식 엔진의 상태를 보고하도록 지시했다. 그들은 듀퐁 씨, 해스켈 씨, 래스콥 씨가 불참한 1923년 5월 28일의 집행위원회 회의에서 보고서를 제출했다. 이 보고서는 그날 회의의 주요 쟁점이었으며, 당시 엔지니어들은 다음과 같이 보고했다:

> 그[동랭식 '6'] 엔진은 공기 온도가 60~70℃ 수준일 때 적당한 속도로 운전한 후에 심하게 점화됩니다. 엔진이 차가운 상태에서 따뜻해지는 동안 동력은 매우 만족스러운 결과를 보여주지만, 엔진이 뜨거울 때에는 압축과 동력에 심각한 손실을 가져옵니다.
>
> 우리는 이렇게 크고 작은 문제점들이 세세하게 보고되는 것을 보고 '6' 엔진의 즉각적인 생산이 어려울 것이라는 결론을 내렸습니다. 그리고 '6' 엔진의 기술이 더 발전할 동안 엔진의 생산과 관련해서는 당분간 고려하지 않는 것이 좋겠습니다.

집행위원회는 이러한 보고를 받은 후 올즈에서 진행되고 있던 동랭식 프로그램을 취소하고 동랭식 차대에서 작동할 수 있는 수랭식 엔진의 개발을 개발하도록 지시했다. 우리는 장기 개발로서 동랭식 원리에 신뢰를 표시했고, 노스웨이사업부의 캐시 씨에게 공랭식 '6'의 개발을 담당하도록 했다.

쉐보레에서 759 동랭식 차가 생산되었는데, 그중 239대는 생산과정에서 폐기되었다. 남아 있는 것 중에서 500대는 판매부서에 인도되었다. 이들 중 약 150대는 공장 대표들이 사용했다. 300대 이상은 딜러들에게 팔렸고, 그중 약 100대는 일반 구매자들이 타고 있었다. 1923년 6월에 쉐보레사업부는 동랭식 차 전부를 리콜하기로 결정했다.

1923년 6월 26일에 케터링 씨는 나에게 보낸 편지에서 동랭식 엔진을 GM에서 폐기할 것을 제안했다. 그 내용은 다음과 같다:

> 우리는 완전히 명확한 어떤 것을 만들기 위해 출발했고, 줄곧 그렇게 해왔습니다. 그러나 1년 전과 비교해볼 때 현재 큰 변화가 없습니다. 그런데 전환 단계에서 어떤 요인들이 이 일에 끼어들어 혼란을 가중시켰고, 이를 명확하게 하지 않는 한 이 모든 일들은 더 이상 진행될 수 없을 것입니다. 지난주에 떠오른 생각인데, 만약 우리의 조직 안에서 이 제품을 상용화할 어떤 실제적인 방법을 얻을 수 없다면, 회사 밖에서 이 제품의 개발을 진행하는 것이 어떨지 논의해보고 싶습니다. 저는 그것이 이루어질 수 있다고 믿고, 제가 알고 있는 방법으로 필요한 자본과 조직을 구할 수 있다고 확신합니다.

그는 당시 동랭식 쉐보레가 중단되고 있다는 것을 알지 못했던 것으로 보인다. 그러나 케터링 씨는 동랭식 쉐보레의 생산 중단 소식을 듣고 나서 나흘 후에 나에게 다시 편지를 보내 회사를 떠나겠다고 했다:

> 저는 동랭식 엔진의 기초 개발 과정에 오류가 없음에도 불구하고 회사에서 인정을 받지 못하는 상황을 막기 위한 대책이 세워지지 않는다면 회사를 떠나는 것이 맞다고 결심했습니다. ……
>
> 회사 내에서 조직의 저항이 없다면 우리가 받아들인 제안은 100% 성공할 수 있다고 확신합니다. 이것은 집행위원회가 그것이 회사에 가치 있는 것이라 판단할 때, 집행명령을 통해 그들이 그것을 채택하도록 강제할 수 없다면 불가능합니다.
>
> 저는 이런 상황이 초래된 것을 매우 후회합니다. 저와 귀하가 이 문

제를 빈번하게 논의함으로써 귀하와 듀퐁 씨를 모두 불편하게 만들었다는 것을 압니다. 저는 기질적으로 앉아서 아무것도 하지 않는 일은 벌이지 않습니다. 저는 제가 수행했던 어떤 제안에서도 아직 실패한 적이 없습니다. 저는 여기 실험실에서의 작업이 거의 100% 실패라는 것을 깨달았습니다. 그러나 이는 기본적 원리 때문이 아닙니다. 실험 결과들은 충분히 나왔지만, 어느 누구도 연구소의 활동을 있는 그대로의 모습으로 지속적 관심을 보여주지 않았습니다.

저는 귀하, 듀퐁 씨, 모트 씨 그리고 다른 분들과 아주 좋은 관계를 가지고 있었는데, 회사를 그만두려고 생각하니 굉장히 유감입니다. 제가 다른 분야로 가서 새로운 것을 개발하게 될 기회는 매우 많겠지만, 새로운 일에 존재하는 문제들은 자동차산업에서 존재했던 것만큼은 아주 어렵지 않을 것 같습니다. 따라서 이 서신을 읽으신 후에 귀하가 회사 내의 상황을 정리한다거나 저를 현재의 직위에서 물러나게 하겠다는 명확한 의견을 표명해주시기를 희망합니다. 이 문제와 관련하여 가능한 한 빨리 명확한 결론을 내리고 싶습니다.

케터링 씨는 항상 솔직했다. 우리의 40년 우정 동안에 그는 항상 자신의 마음을 나에게 명확히 말했고, 나도 같은 방법으로 그에게 말했다. 나는 이것이 우리에게 최악의 순간이라고 생각했다. 그의 전기작가인 T. A. 보이드T. A. Boyd는 다음과 같이 썼다. "……1923년 여름에 동랭식 쉐보레의 중단은 그에게 매우 강한 충격이었다. 당시 그의 정신 상태는 연구경력을 통틀어 최저상태였다." 나는 케터링 씨의 상태를 알고 있었다. 그러나 나는 그 자신이 가지고 있는 입장만큼 내가 가지고 있는 입장도 확실하다고 생각했다. 물론 우리는 다른 책임을 가지고 있었다. 경영은 기술 문제보다 더 많은 것을 내포하고 있다. 자동차시장이 점점 성장하고 있는 상황에서 나는 불확실한 기술을 계속 유지할 수 없었다. 만약 내가 그렇게 했다면 오늘날의 GM은 없었을 것이다. 게다가 아무리 엔진이 이론적으로 건전하다고 해도 당시나 그 후 어느 때에도 사업부의 판단에 반대해서 이러한 종류의 일을 그들에게 강제하는 것이 나의 정책은 아니었다. 이 문제에 관해 (어떤 다른 것이 아닐지라도) 케터링 씨, 그의 실험실, 그리고 한편에서 듀퐁 씨와 나 자신을 포함한 사업부 편에는 큰 입장의 차이가 있었다. 나는 그 차이를 없애기 위해 노심초사했다.

케터링 씨의 새로운 아이디어에 대한 자연스런 반응과 열정을 현실에 잘 조화시켜나가는 것이 나의 과제였다. 동랭식 차는 타당성 시험을 통과하는 데 실패했다. 그것은 오클랜드에서 실패했다. 그것은 고도로 우수한 그룹인 뷰익, 쉐보레 그리고 노스웨이의 수석엔지니어들로 구성된 공동 연구팀에서 좀 더 개발이 필요한 것으로 판단되었다. 쉐보레가 생산하여 현장으로 보내진 샘플 차는 다양한 결점 때문에 회수되었다. 문제는 새로운 엔진뿐만 아니라 새로운 섀시의 불확실성에 의해 더 복잡해졌다. 운영사업부의 엔지니어링스태프들과 비교할 때 연구엔지니어들이 상대적으로 섀시설계에서 경험이 별로 없었기 때문이다. 나는 이런 사실들과 상황들을 존중할 필요가 있다고 생각했다.

1923년 7월 2일에 나는 케터링 씨에게 편지를 썼는데, 인용하면 다음과 같다:

> 1. 귀하는 그저께 모든 쉐보레 차가 시장에서 판매가 중단되었다는 것을 알았다고 했습니다. 귀하는 디트로이트에 있는 듀퐁 씨의 사무실에서 쉐보레의 동랭식 자동차는 추가적인 조립 문제가 반영될 때까지 생산이 중단되어야 한다고 합의한 사실을 기억하고 있을 것입니다. 그리고 그 조립은 뉴슨 씨, 헌트 씨 그리고 귀하가 조립이 충분하다고 보고할 때까지 다시 조립이 시작되어서는 안 된다고 합의한 것도 기억할 것입니다. 이렇게 과거를 떠올려보면 귀하는 이 사건의 당

사자로서 세부적인 내용들을 바탕으로 매우 긴 토론 후에 그렇게 하는 것이 옳은 것이었다고 보였습니다. 같은 회의에서 8월 1일에 시작하는 판매연도에 동랭식 차가 계속되어야 한다는 것에 동의했고, 캠벨 씨는 양쪽에 계약을 하도록 승인했습니다. 귀하는 그것을 기억해야 합니다. 따라서 사실상 쉐보레의 입장은 그 회의에서 동의한 것과 같은 입장입니다. 첫째로 쉐보레는 1923년에서 1924년의 판매연도 중에 두 종류의 차 모두를 판다는 것이고, 둘째로 동랭식 엔진을 장착한 차량은 다음 승인이 있을 때까지 제조되어서는 안 된다는 것입니다. 따라서 오히려 쉐보레 측이 더 당황스런 입장이었을 것입니다. 그들은 두 종류의 자동차가 있는데, 아직 한 종류의 차만 생산하고 있다고 말했습니다. 저는 오해가 없도록 이것을 말하고자 합니다.

2. 최근에 저의 관심을 불러일으켰던 것은 그 지역에서 143대의 동랭식 차가 이미 시장에 나갔다는 것인데, 저는 회수하여 재조립을 하는 것이 바람직하다고 보입니다. 여기저기서 크고 작은 불평들이 있는 것을 고려할 때, 엔진만 고칠 것이 아니라 자동차 전체를 회수하여 다시 점검하는 것이 바람직하다고 생각합니다. 이번 사건은 엔진 문제나 그 밖의 것에서 기인했다고 말한 적이 없습니다. 여러 가지를 고려해 볼 때 단순히 그렇게 하는 것이 바람직한 것으로 보였습니다. 귀하는 이러한 일들이 이루어졌을 때 정책을 세부적으로 세워야 하고, 종종 일을 수행할 많은 사람들을 모두 완전히 이해시키고, 정책 결정에 영향을 주는 진정한 이유들은 모두 제시하기가 불가능하다는 것을 인식하셔야 합니다.

나는 여기에서 근본적이지 않은 문제들을 건너뛰고 편지의 결론으로 간다.

7. 저는 어떤 의미에서 희망이 없다는 것인지 궁금하고, 거기에 동의할 수 없습니다. 개괄적으로 말하면 저는 우리 조직에 대한 신뢰가 매우

큽니다. 제가 그렇게 여긴다면 우리 조직의 구성원들은 그들로부터 기인한 신뢰를 받을 자격이 있고, 또한 그들의 단점에 대해서는 불신을 받을 만하다고 생각합니다. 동랭식 차와 관련된 가장 큰 문제는 동랭식 차에 대한 구성원들의 명백한 신뢰가 없었다는 것입니다. 회사와 집행위원회의 경영자들이 최선을 다해 호소하고 있음에도 불구하고 우리의 사업부가 지금까지 그것을 믿지 못하고 있다는 사실이 동랭식 차의 성공적인 판매를 불가능하게 만들었습니다. 제가 보기에 그것이 우리 앞에 있는 진정한 문제입니다. 이는 이번 상황에만 국한된 문제가 아닐 뿐만 아니라, 수일 혹은 수주를 보내더라도 쉽게 상황을 바꿀 수 없는 문제입니다. 우리가 해야 할 것은 귀하가 생각하는 대로 우리와 같이 일하는 사람들도 생각하도록 하는 것이고, 그러면 앞으로는 더 이상 아무 문제가 없을 것입니다. 그렇게 강요한다고 하더라도 우리를 아무데나 가도록 할 것이라고는 생각하지 않습니다. 그렇게 노력했지만 우리는 결국 실패했습니다. 우리가 성공하려면 다른 방식으로 가야 합니다.

나는 이 편지를 그것이 가져온 다양한 문제 때문에 상당히 자세하게 인용했다. 내용 중 대부분은 적어도 내 입장이 무엇인지 자명했다.

긴장을 완화시키기 위한 노력에서 나는 동랭식 차에 대한 새로운 개발 프로그램을 제안했다.

책임이 분리되었다는 것이 명백한 잘못이었다. 집행위원회, 운영사업부 그리고 리서치 코퍼레이션은 각각의 역할에 대해, 그리고 상호간의 관계에 대해 모두 상이한 관점을 가지고 있었다. 우리는 현재 건전한 원칙으로 돌아가 책임을 한 곳에 집중하고, 그러한 노력을 지원해야 하는 것이 명백했다. 나의 계획은 케터링 씨의 단독 관할 하에 동랭식 차 사업부만 담당하는 독립적인 임시 사업부를 만드는 것이었다. 케터링 씨는 제조의 기술적 문제를 해결하기 위해 그 자신의 수석엔지니어와 생산스태프를 지명했고, 그의 조직은 동랭식 차의 판매까지 담당하게 될 것이었다. 그들은 상황에 따라 차량을 적게 혹은 많이 생산하게 될 것이다. 이 프로그램은 다른 부서의 간섭 없이 케터링 씨에게 재량권을 주는 것이었는데, 이는 케터링 씨가 확신을 가지고 있었던 개념의 정당성을 성공적으로 증명하는 것이었다.

새로운 접근법을 평가하기 위해 나는 프레드 피셔, 스튜어트 모트와 함께 회의를 했다. 우리는 모두 문제에 대한 해법에 공감했다. 나는 1923년 7월 6일에 듀퐁 씨에게 비망록을 보냈는데, 인용하면 다음과 같다:

> 피셔 씨, 모트 씨 그리고 저는 어제 우리가 지금까지 추구해오고 있던 것보다 좀 더 건설적이고 좀 더 근본적이어야 하는 정책에 관해 오래 대화를 나눴습니다. 우리는 사업부 사람들이 스스로 믿지 않는 것을 채택하도록 강제하면 성과를 얻을 수 없다고 생각합니다. 그리고 수석엔지니어와 케터링 씨 간에 책임을 분할시키면 책임소재의 문제가 발생했을 때 한 집단이 다른 집단에 비해 옳다는 것이 명확히 인증되지 않는 한 좋은 성과를 거둘 수 없습니다. 우리는 사업안의 상업적 가치를 실제적으로 보여주는 것을 가장 걱정하고 있고, 귀하의 승인 하에 실제로 결정된 해답이 유일한 해결법입니다.
>
> 우리는 오늘 아침에 케터링 씨와 그 문제를 상세히 논의했습니다. 그는 우리가 만든 모든 점에 전적으로 동의했습니다. 그는 그 제안을 매우 열정적으로 받아들였고, 이 가이드라인을 따라 잘될 수 있다는 신뢰를 갖는 것으로 보였습니다. 그 계획은 다음과 같은 원칙에 기반을 두고 있습니다:
>
> 1. 동랭식을 상용으로 개발하기 위해 오늘날까지 우리가 했던 노력은 완전한 손실을 초래했고, 반복된 실패 때문에 제기되어온 저항으로

우리는 2년 전 상태보다 더 악화되었다고 생각한다.

2. 직무를 잘 수행하기 위한 기술적 책임은 한 사람에게 분명하게 집중되어야 한다.
3. 바람직한 결과를 얻기 위한 단 하나의 방법은 동랭식 아이디어를 상용으로 보여줄 유일한 목적을 가진 독립적인 사업부를 운영하는 것이라고 생각한다.
4. 따라서 우리는 특별히 에어로플레인 사업부가 사용하지 않고 있는 리서치 플랜트의 일부를 사용하여 데이턴에 새로운 사업부를 만들기로 결정했다. 그리고 우리는 거기에 조립 제안을 할 부서를 설립하기로 결정했다. 케터링 씨는 그가 임명할 수석엔지니어를 통하여 기술적 측면에서 모든 권한과 책임을 가질 것이다.
5. 새로운 운영조직은 4기통 동랭식 엔진과 아마도 6기통 올즈를 인수할 것이다. 두 개의 동랭식 자동차는 하루에 5대 혹은 10대 정도로 생산을 시작해서 수요가 증가함에 따라 점점 생산을 늘려 그의 명의로 시장에 판매할 것이다.
6. 이미 개발된 모든 공구설비 및 재고는 케터링 씨가 바꾸기로 결정한 것을 제외하고는 그대로 이용한다.
7. 운영은 우리가 확실히 작업이 잘되는 것으로 느끼는 차체에 매력적인 모습을 추가하여 상대적으로 소량 생산과 전력공장의 특별한 성격 때문에 작업에 대한 추가적인 장기 가격으로 매길 수 있는 특별한 성격을 가질 것이다.

피셔 씨, 모트 씨 그리고 저는 각자가 속한 곳에서 맡은 바 책임을 다하고, 다른 부서와는 충돌을 없애기로 했습니다. 각 부서가 현재의 상태를 미래에도 계속 유지하고자 하면 매우 큰 문제가 발생하게 되듯이 한 부서가 자기 자신만의 방법을 통해 다른 부서보다 앞서가려고 하면 혼란이 발생하기 때문에 타 사업부와의 혼란을 막는 유일한 해결법이라고 생각합니다.

> 저는 동랭식 개발에 관여된 여러 기술적인 점들에 대해 케터링 씨와 헌트 씨, 또는 케터링 씨와 그 밖의 누구 사이에 합의를 이루도록 시도하는 것은 쓸모없다고 믿습니다. 그들은 결코 동의하지 않을 것이고, 어떻게 되든지 그 자체로 자신의 판단 하에 마음에 드는 방식으로 일을 해결하도록 요구할 것임이 틀림없습니다.

R&D에서 얻은 귀중한 교훈 듀퐁 씨는 사업부와 그들의 대규모 판매조직에서 동랭식 개발을 분리하기 위한 이 계획을 승인하지는 않았지만 결국에 그것을 받아들일 수밖에 없었다. 동랭식 개발은 케터링 씨의 관할 하에 데이턴에 모든 개발과 책임을 부여했고, 자동차사업부들은 수랭식 프로그램으로 나갈 것을 명확히 한다는 내용에 대해 나는 1923년 7월 25일 집행위원회의 멤버들에 대한 검토 메모를 썼는데, 인용하면 다음과 같다:

> GM의 재건을 시작한 지 2년 반이 흘렀습니다. 동랭식 엔진과 관련하여 우리가 처하게 된 어려움 때문에 쉐보레는 생각했던 것만큼의 발전을 이룩하지 못했습니다. 지금까지의 과정들은 모두 주의 깊게 고려되어 왔고, 많은 이유들이 이러한 결과의 원인이 될 수 있습니다. 그리고 아마도 무엇이 진정한 원인인지에 대해 약간의 의견 차이가 있을 것입니다.
>
> 그러나 말할 것도 없이 명백한 사실이 있습니다. 이 비망록의 목적은 우리가 강력하게 모델을 개발했다면 얻을 수 있었던 장점 혹은 우리가 초기에 그러한 모델을 가짐으로써 얻게 되는 것들과 관련된 장점을 지적하고자 하는 것입니다. 의심할 바 없이 이런 점들 중에서 가장 중요한 것들은 동력장치가 수랭식뿐만 아니라 동랭식에서도 이용 가능해야 한다는 것입니다. 그 이유는 두 디자인은 실질적인 면에서 큰 차이는 없고, 다만 동랭식은 다른 모든 조건이 동일하다면 한 단계 선진화된 기법으로 물을 사용하지 않는다는 것뿐이기 때문입니다.

이 비망록은 잃어버린 시간에 대한 단순한 후회의 표현이 아니라 1924년의 박리다매시장에서 경쟁해야 하는 수랭식 쉐보레를 위한 새로운 설계를 가지고 진전된 새로운 프로그램에 대한 서문이다.

동랭식 차는 결코 또다시 대규모로 나올 수 없었다. 무엇 때문인지는 모르겠지만, 동랭식 차는 완전히 사라졌다.[8] 자동차시장의 엄청난 호황과 이러한 수요를 충족하기 위한 수랭식 자동차시장의 경쟁은 우리의 관심과 에너지를 흡수했다.

케터링 씨와 그의 스태프는 GM이 철도에 대변혁을 가져오게 만든 테트라에틸납, 고압엔진, 무독 냉매, 2기통 디젤엔진을 창안하고 개발하는 데, 그리고 자동차, 기관차, 항공기, 가전제품 등에서 발견되는 수없이 많은 발명, 개량, 개발하는 데 그들의 위대한 능력을 마음껏 발휘했다.

동랭식 엔진의 의미 있는 결과는 우리에게 기술과 기타 문제들에서 조직 간의 협력과 조정이 얼마나 중요한지를 가르쳐주었다. 기술적 문제는 사업부와 회사본사 기능 간에, 또한 제품의 기술적 개량과 장기적 연구 간에 구분을 제대로 할 필요성이 있다는 것을 보여주었다. 동랭식 엔진에 얽힌 에피소드는 경영진에게 우리가 일해오고 있는 조직과 사업의 이 같은 확고한 정책을 지원하고 감수할 필요가 있다는 것을 강력하게 증명하였다. 이 경험은 미래의 회사 조직에서 매우 중요한 영향을 끼치게 되었다.

---

8 몇 년 뒤에 첨단 공랭식 엔진은 자동차에 대한 원리의 적용이 실용화되도록 하는 지점까지 개선되었다. 알루미늄으로 만든 이러한 엔진의 예는 쉐보레가 만든 현대적 코베어 안에 장착되어 있다.

제6장 안정화

GM 사장에 취임하다 1923년 봄에 피에르 S. 듀퐁이 퇴임하고 내가 그를 승계하게 되면서 GM의 사장이 교체되었다. 듀퐁 씨의 퇴임은 현대적 기업으로서 GM의 첫 번째 시대가 종료됨을 의미했다. 제품 프로그램의 지연에도 불구하고 이 기간에 회사는 그 당시 가장 크게 필요했던 전반적 안정을 달성했다. 이것은 부분적으로 1920년에서 1921년의 불황을 통과함으로써 가능해졌지만, 가장 큰 공은 듀퐁 씨에게 돌려야 할 것이다. 필요한 시기에 회사를 구하기 위해서는 그에게 다른 어떤 사람보다 많은 신뢰가 주어져야 했고, 도량을 가지면서도 강력한 입장에서 회사를 이끌어야 했다. 그는 회사의 경영이 다시 자립을 지속할 수 있다고 판단될 때 사업운영의 리더십을 자동차계 인사에게 넘겨주기로 결심했다. 그는 다음과 같이 행동했다.

1923년 4월 18일에 연차 주주총회가 개최되었고, 다음 연도에 재직할 이사회를 선출했다. 다음 날인 4월 19일에 이사들은 총회를 열고 다음 임기에 취임할 사장으로서 듀퐁 씨를 포함한 임원들과 상임위원회를 재선임했다. 이사회 구성원 거의 모두는 1년간은 그대로 유지된다고 생각했다. 나도 분명하게 그렇게 생각했으나 그렇게 되지 않았다.

정례회의가 끝나고 5월 10일에 듀퐁 씨는 임시이사회를 요구했고, 모트 씨에게 회장 대행을 요청한 후 사장으로서 사의를 표명했다. 그러자 곧 이사회는 만장일치로 다음과 같은 결의안을 채택했다:

> 적절한 절차에 의해 발의되고 만장일치로 가결되었다. 그것은 다음과 같다.
>
> 의결
>
> 사장으로서 피에르 S. 듀퐁의 사임이 승인되었다. 그리고 추가하여 이사회 회장으로서 듀퐁 씨의 사임을 수락하는 데 있어서 지난 2년 반 동안 회사에 기여한 그의 귀중한 공헌에 대한 그들의 감사를 표한 것을 기록하고, 그가 사장직을 인계하는 것과 관련한 그의 희생을 기억하고자 한다. 그는 이 직책에 재직하는 동안 회사를 번영시켰고, 이사들은 그가 이 직책으로부터 퇴임하기로 결정한 데 대해 깊은 유감을 표시하기를 원한다. 그들은 그가 회사와 어떤 식으로든 관계를 끊지 않을 것이고, 이사회 의장으로서 회사업무의 방향에서 적극적 참여를 계속할 것을 알고 환영한다.

당시 회의는 계속해서 공석을 채울 사장을 선출했다. 듀퐁 씨는 나를 지명했고, 내가 선임되었다. 이어서 나는 집행위원회 위원장으로 선임됐다. 그 당시 아무도 듀퐁 씨의 퇴임을 예상하지 못했지만 그가 한시적으로 사장직을 맡는다고 공언했고, 그의 재임 중에 운영에 대한 많은 책임을 부사장에게 위임했기 때문에 모두가 이해했다. 그는 사실상 그렇게 했다.

재임했던 어려운 기간 동안 GM에 대한 듀퐁 씨의 뚜렷한 공헌을 어느 누구도 나만큼 직접적으로 평가할 수는 없다. 나는 그가 사장직에 있는 전 기간을 통해 그와 매우 긴밀한 관계를 가졌다. 우리는 함께 여행했고, 함께 회의에 참석했으며, 발생하는 모든 문제들에 대해 함께 협의했다. 듀퐁 씨는 은퇴생활을 접고 자동차산업에 실무 경험이 거의 없으면서도 재무적으로 곤경에 처한 기업의 총수가 되었다. 당시 듀랜트 씨의 사임으로 인해 기업은 약화되었고, 시장에서의 지위는 하락했으며, 경영진의 믿음도, 그리고 미래의 기회도 흔들렸다. 말하자면 아직 듀퐁 씨가 기업의 총수로 그곳에 있다는 사실만으로도 전체 상황의 심리를 변화시켰던 것이다. 은행은 안심했고, 미래의 조직에 대한 신뢰는 새로워졌으며, 주주들은 격려를 받았다. 우리 모두는 기업이 계속될 뿐만 아니라 우리 사업의 성격상 내재하는 광범위한 기회를 포착할 것임을 알았다. 그리고 이런 연유로 듀퐁 씨의 새롭고 뛰어난 리더십에 대한 우리의 믿음에 고무되었다.

그의 경영방법은 매우 적극적인 것이었다. 듀퐁 씨는 자랑스러워하고 만족해했던 델라웨어 주 윌밍턴의 바로 외곽인 펜실베이니아 주의 그의 집에서 나와 뉴욕과 디트로이트 사이에 격주로 자신의 시간을 할애했다. 그는 회사 시설을 조사하기 위해, 그리고 현장에서 더 잘 평가될 수 있는 문제들을 논의하기 위해 자주 여행을 했다. 조사와 관찰을 위해 여러 날을 보냈고, 토론을 위해 여러 밤을 보냈다. 하지만 우리는 문제들을 쫓아가기가 어려웠다. 듀퐁 씨의 경영방식은 현상에 대한 평가와 장래에 토대를 둔 건설의 하나로 불릴 것이다. 결과적으로 우리는 사업의 요소들을 식별할 수 있었고, 많은 시행착오과정을 통해 현대의 기업이 구축해야 하는 토대를 건설할 수 있었다.

듀퐁의 경영은 건전한 조직구조라는 원칙과 제품 라인에서 건전한 접근법이라는 원칙을 채택했다. 동시에 회계와 재무 시스템이 도입되었다. 가장 포괄적인 인센티브계획은 존 J. 래스콥과 그의 전 동료인 도널드슨 브라운Donaldson Brown에 의해 개발되었다. 그리고 그 계획은 아주 중요한 경영자들이 재무적 이득에 참여할 수 있는 기회에 따라 보완되었다. (뒷장에서 상세히 기술할 예정인) '매니저스 시큐리티스 플랜Managers Securities Plan'으로 알려진 경영자 참여를 위한 계획은 주주들과 경영자들 간의 동업자 관계의 타당성에 대한 듀퐁 씨의 믿음으로 가능하게 되었다. 듀퐁 씨는 또한 샘슨트랙터Samson Tractor 같은 수익성 없는 사업부들을 청산했고, 회사를 건전하고 탄탄한 기준으로 끌어 올리는 방대한 재무조직으로 만들었다.

GM의 쟁쟁한 인재들 경영은 영입되었거나 함께하고 있는 사람들의 역량으로 측정될 수 있다. 1923년에 GM 내부 또는 GM과 관련된 회사들 중에는 미국산업사에 큰 족적을 남긴 많은 사람들이 있었다. 그들 중 일부는 이미 역사를 만들기 시작했다. 맏형인 프레드 피셔가 이끄는 피셔 형제들이 있었다. 또한 인디애나 주 앤더슨에서 레미 일렉트릭 사업부의 공장장으로, 어느 날 사장이 되었다가 그 후 미국 국방장관이 된 찰스 E. 윌슨Charles E. Wilson이 있었다. 제임스 D. 무니James D. Mooney는 GM의 해외사업을 책임진 부사장이었다. 데이턴에서는 리처드 H. '딕' 그랜트Richard H. 'Dick' Grant가 델코 라이트Delco Light를 책임지고 있었다. 그는 1920년대 쉐보레의 판매를 지휘했고, 미국 최고의 딜러가 되었다. AC 스파크 플러그사업부의 회계책임자는 한국전쟁 이후 GM의 대규모 확장기간 동안 사장이 된 할로 H. 커티스Harlow H. Curtice였다. 또한 회사의 사장이 되기 전에 수년 동안 쉐보레를 지휘해온 윌리엄 S. 뉴슨이 있었다. 존 토머스 스미스John Thomas Smith는 법무 자문위원이었다. 그는 후에 집행위원회로 일했고, 그의 자문과 영향은 법률뿐만 아니라 도덕적 및 공공정책문제들에서도 높은 수준이었다. 쉐보레의 제조경영자인 K. T. 켈러K. T. Keller는 후에 크라이슬러 코퍼레이션의 사장 및 회장이 되었다. 당시 재무스태프 중 젊고 핵심 멤버였던 앨버트 브래들리 Albert Bradley는 이후 GM 회장이 되었다. 그 밖에 앞에서 언급한 사람들, 특히 찰스 S. 모트, 찰스 F. 케터링, 듀퐁 조직에서 온 존 J. 래스콥, 도널드슨 브라운, 그리고 존 L. 프랫과 함께 다른 많은 사람들은 경험 있고 유망한 자동차인사 및 재무인사들로 구성된 위대한 팀이었다.

내가 회사의 사장이라는 중요한 직책에 선임된 것은 기업에서 드물게 오는 기회였다는 것을 알고 있었다. 나는 회사를 탁월하게 성공으로 이끌기 위해 어떤 개인적 희생도 불사할 것이며, 내가 가진 모든 정열, 경험, 지식을 사용하기로 결심했다. 이후로 나는 GM을 위해 줄곧, 어쩌면 지나칠 정도로 전념하여 활동을 해왔다. 사장이 된 후에도 운영담당 부사장으로서 책임을 가졌던 활동을 그대로 껴안았다. 일들이 쉬지 않고 밀려들었다. 나의 많은 기본적 생각들이 회사의 정책으로 수용된 아주 좋은 현실에서 사장이 되었다. 내 앞에는 번영의 시대가 전개되고 있었다.

그러나 GM의 생존 자체와 미래발전의 초석을 만든 공로는 전적으로 피에르 S. 듀퐁에게 돌려져야 한다.

제7장 위원회에 의한 조정

새로운 도전의 시기 1923년 가을, 회사의 분위기는 승용차와 트럭의 판매가 업계 최초로 400만 대를 돌파할 것이라는 전망으로 흥분되어 있었다. 또한 동랭식 엔진에 의해 제기된 조직 문제의 조정에 대한 큰 기대가 있었다. 그 엔진과 함께한 경험은 GM에 커다란 영향을 미쳤다. 또한 같은 시기에 발생한 자동차에 대한 엄청난 수요는 우리를 더욱 몰아붙였다. 따라서 그때는 명백히 20세기 자동차 붐에 잘 대처하기 위해 우리 자신을 결집해야 하는 시기였다. 결집한다는 것은 조정한다co-orclinate는 것을 의미했다.

조정의 문제는 다양한 경영 기능과 관련된 실제적 수단을 개발하는 일 중의 하나다. 우리는 1919~1920년의 『조직 연구』에서 정한 조직의 원리를 갖고 있었다. 우리에게는 본부, 연구스태프, 분권화된 사업부와 같은 매우 다른 기구들을 확고하게 조정하는 것이 필요했다. GM에서 사업부는 엔지니어링, 생산 및 판매 기능이 통합된 독립적인 단위들이다. 환언하면 이익창출활동을 하는 단위들이다. 이들 기능 각각에서 일하는 회사 스태프들은 이들 사업부 단위들에 영향을 미친다. 예를 들어, 스태프 엔지니어링의 기능은 잠재적으로, 종종 직접적으로 독립적인 운영사업부의 일부 또는 전체 엔지니어링 활동과 관련된다. 우리가 비싼 교훈을 얻었던 것처럼 스태프와 라인 기능의 연결은 매우 중요하다. 공랭식 자동차에서 얻은 경험은 그것이 전쟁터로 변했을 경우 이들 단계의 하나가 어떤 마비효과를 가져오는지를 보여주었다.

조정과 분권화의 광범위한 문제는 회사의 상층부에서 시작됐고, 당시 나의 책임이었다. 나는 신경영의 제1기 문제에 대해 접근하기 시작했지만, 조정과 분권화를 더 강력하게 추진하기로 했다. 1921년 말에 쓴 회사의 상황에 대한 기록에서 나는 최고경영자그룹의 활동과 관련하여 분권화의 문제를 끄집어냈다. 첫째로 나는 원칙에 대한 선언을 다음과 같이 정리해두었다:

> ……나는 분권화조직을 완전히 신뢰한다는 관점에서 [조직의] 문제에 접근했다. 나는 1년의 경험 후에 아직도 분권조직이 회사의 큰 문제들을 해결하기 위해 필요한 인재를 개발할 유일한 해답이라는 확고한 믿음을 가지고 있다. 그러나 분권조직을 도입한 것만으로 모든 것이 해결되는 것이 아니라는 것을 더욱 통감하고 있다. ……

1921년에 닥친 긴급 상황의 해소를 기대하면서 내가 말한 주요 문제들은 운영구조의 최고기구인 집행위원회 자체와 관련된 것이었다. 이들 문제들은 정책결정그룹으로서 집행위원회의 역할, 운영 측면에서의 대의권, 사장이라는 인물이 가진 권한의 필요성과 같은 것이었는데 그 내용은 다음과 같다:

> a. 집행위원회는 현재와 같이 그 자체로 집단에 의해 경영되는 것보다는 [운영조직]에 의하여 제시되어야 하는 원칙들에 의해 좀 더 특별하게 한정하여 적절히 개발되고 사려 깊게 수행할 수 있어야 한다.

이것은 전술했으므로 더 이상의 설명을 필요로 하지 않는다. 그러나 나를 모르는 사람들에 의해 위원회 사람들과 내가 함께어느 의미에서는 대부분 나 자신이 비난을 받아오고 있지만, 나는 그와 같은 집단이 무엇인가를 경영할 수 있다고는 결코 믿지 않는다. 정책은 한 집단이 만들 수는 있지만 정책을 관리하는 것은 개인들이다. 당시에 특히 동랭식 엔진과 관련해서 집행위원회의 우리 네 명이 사업부를 관리하기 위해 노력하고 있었다.

다음의 내 견해는 특별히 자동차 경험이 없다는 것을 겨냥한 것이 아니라 최고집행위원회와 운영조직의 통합의 필요성을 지적한 것이다:

b. 집행위원회에는 운영 측면이 충분히 반영되지 않는다. 이것은 집행위원회의 증원에 의해 교정되어야 한다. 나는 모트, 맥러플린, 바셋을 추가 멤버로 추천했다. 집행위원회는 대개, 즉 한 달에 한 번2주보다는 긴 간격으로 만난다.

당시 나는 사장이 더 많은 권한을 가져야 한다고 제안했다. 이 제안이 의외는 아닐 것이다. 왜냐하면 관리는 집단이 아닌 한 개인이 해야 한다는 원리를 따랐기 때문이다. 실제로 내가 운영부사장이었을 때, 일반 운영은 나에게 맡겨졌다. 그리고 우리에게는 권한을 혼동한 상황이 있었는데, 이에 대해 나는 다음과 같이 정리했다:

c. 누가 운영 책임을 맡든 비상시에 사용될 진정한 권한을 가지고 임명되어야 한다. 아마도 회사의 사장이 운영 책임을 절대적으로 가질 수 있다면 최상일 것이다. 이것이 실행 가능하지 않다면 누군가가 그렇게 임명되어야 하고, 누가 책임을 갖든 집행위원회뿐만 아니라 운영측과 접촉할 합리적인 조직을 개발해야 한다.

당시 나는 정책과 관리 간의 구분에 대한 예를 들었다. 나는 전반적인 매가정책은 집행위원회가 결정해야 한다고 말했다. 분명히 사업부는 가격대를 가지고 운영해왔기 때문에 우리는 쉐보레 가격대의 차를 생산하기 위해 캐딜락을 원할 수 없었다.

그리고 제품의 성격과 품질에 대한 집행위원회의 활동범위에 대한 의문에 대해 다음과 같이 정리했다:

> 새로운 분야로의 진입이나 기존의 수익성 있는 라인의 위치를 약화시킬 가능성을 내포하지 않는다면 고려 중인 제품의 사양이나 주요 특성까지 집행위원회에서 승인하는 것은 적절하지 않을 것이다. 집행위원회는 가격대에 따라 제품에 대한 건전한 배분을 하고, 사업부 간에 과도한 간섭을 피할 수 있도록 정책적 관점을 가지고 사업부들의 일반적 품질을 규제하는 방향으로 문제를 처리해야 한다. 주의 깊게 설계된 정책은 각 사업부가 달성되거나 유지되어야 할 제품의 전반적 품질에 대한 완전한 이해를 할 수 있어야 한다. 그리고 모든 주요 설계에 대한 변경은 이런 관점을 가지고 승인을 위해 집행위원회에 제출해야 한다. 집행위원회는 기계적 특징에 대해 판단을 시도하는 것이 아니라 운영조직의 일부 유능한 개인이나 기구에 의존하여 판단해야 한다.
>
> 일반적으로 집행위원회의 활동은 수립된 정책과 승인된 집행활동의 기준에 관한 명백하고 포괄적인 조건에 의해 진행되어야 한다.

이들 제안에 대해 듀퐁 씨가 어떤 의견을 표시했는지는 자세히 기억나지 않는다. 나는 그가 찬성했다고 생각한다. 왜냐하면 그는 제안들이 효과를 얻을 수 있도록 협력했기 때문이다. 1922년, 그는 집행위원회에 모트 씨와 프레드 J. 피셔가 선임되도록 했다. 모두 운영에 경험이 있었다. 그리고 1924년에 내가 회장이었을 때 그는 바셋 씨, 브라운 씨,

프랫 씨, 찰스 T. 피셔Charles T. Fisher, 로렌스 P. 피셔Lawrence P. Fisher를 추가하는 데 동의했다. 모두 10인으로 구성되었는데 7인은 운영, 2인은 재무를 맡았고, 그리고 듀퐁 씨가 포함되었다. 따라서 집행위원회는 이후로도 줄곧 하나 또는 또 다른 명칭 아래서 운영조직이라는 정체성을 확정했고, 지금까지 유지해오고 있다. 결국 집행위원회는 정책문제에만 한정하고, 관리는 사장에게 일임했다.

각종 위원회의 설치 여기서는 스태프, 라인, 현재 일반경영자의 관계 문제를 다룬다. 그런 다음에 조직으로 형성되는 단계들을 기술할 것이다.

앞선 두 개의 영역, 즉 구매 영역과 광고 영역에서의 조치들은 실제적인 조직의 형태로 가는 길을 제시해주었다. 일반구매위원회General Purchasing Committee의 설치는 1922년에 내가 수행한 과업이었다. 이 위원회에 관해서는 중요하게 고려해야 할 두 가지가 있다. 하나는 "그 자체에 어떠한 존재 의의가 있었는가?"이고, 다른 하나는 "그것을 조정하는 과정에서 얻은 부수적인 교훈"이었는데, 그것은 여기에서 하는 이야기와 밀접한 관련이 있다.

중앙구매는 우리가 가진 당초의 생각은 아니었다. 당시 그것은 중요한 산업경제전략이 될 것으로 예상되었고, 어떤 상황 하에서 나는 그렇다고 믿었다. 나는 하얏트에서 일하던 시기에 포드에 대한 공급자로서 규모의 경제를 경험했다. 그러나 우리가 깨달은 바와 같이 중앙구매를 "한 기업의 여러 사업부가 관련된 계약을 단일 구매부서가 집행하는 것"이라고 지나치게 단순하게 생각했다는 것이다. 1922년에 드러난 GM의 문제는 타이어, 강철, 문구, 넝마, 배터리, 블록, 아세틸렌, 연마재 등과 같은 항목들을 일반계약으로 구매함으로써 규모의 이점을 얻는 것이었고, 동시에 사업부가 그들 자신의 문제들에 대해 통제할 수 있도록 허용하는 것이었다. 앞의 비망록에서 나는 구매의 조정에 대해 다음과 같이 주장했다.

- 회사가 1년에 500만 달러에서 1,000만 달러를 절약할 것으로 추정된다.
- 그것은 재고 통제, 특히 축소를 더 쉽게 만든다.
- 긴급한 경우 한 사업부는 다른 곳에서 재료를 구입할 수 있다.
- 회사의 구매전문가들은 가격변동을 이용할 수 있다.

그러나 나는 "누군가 실제적으로 모든 회사 제품이 고도의 기술적인 특성을 고려하고, 다른 제품들과 비교하여 특정 제품과 오랜 접촉으로 개발한 담당자의 많은 기질들과 발상이 침투되어 있다는 것을 인정했을 때" 발생하는 독특한 어려움을 인정했다. 환언하면, 그것은 제품의 테크놀로지와 경영자의 발상이라는 양면으로 형성된 분권화의 태생적 한계를 인정하는 문제였다. 후자는 내가 구매스태프를 조정하도록 제안한 후 오래지 않아 정확히 밝혀졌다. 그들은 자동차 프로그램을 수행하는 능력에 영향을 미칠 수 있는 영역에서 그들의 오랜 경험, 요구조건의 다양성, 그리고 사업부 책임의 부재를 논거로 중앙구매를 반대했다.

이런 반론에 대처하기 위해 나는 대부분의 사업부들에서 차출한 대표들로 구성된 일반구매위원회General Purchasing Committee를 제안했다. 사업부는 그들의 대표가 구매정책 및 절차 결정, 사양의 결정 및 계약서 작성 등에 참여해야 하고, 위원회에서 그들의 결정이 최종적인 것이 되어야 한다는 것을 알았을 때 비로소 일반구매위원회의 제안을 지지했다. 따라서 위원회에서 사업부 대표들이 사업부의 특수한 필요와 일반적 이익 간의 균형을 맞출 기회를 갖는 것으로 정리했다. 회사 구매스태프는 위원회의 결정을 관리하는 것일 뿐 지시하는 것이 아니다. 즉, 위원회와 스태프의 관계는 '주인과 대리인'이 되는 것이었다. 구매위원회는 10년 동안 지속됐고, 그 기간 동안에 합리적으로 잘 운영됐다. 그러나 그 가치에 대해서는 다음과 같은 많은 한계들이 드러났다.

첫째는 일반적으로 하나의 사업부에 필요했던 어떤 특정 제품의 수량이 충분히 컸기 때문에 공급자가 그 사업부에 가능한 한 최저가격으로 줄 수 있었다.

둘째는 관리의 문제였다. 예를 들어, 회사가 모든 사업부에 이용 가능한 계약을 맺는 경우, 종종 계약을 따내지 못한 공급자가 사업부 중의 하나로 가서 더 낮은 가격을 제시하는 일이 발생했다. 그것은 혼란과 불만을 가져왔다.

셋째는 구입될 많은 수의 부품들과 소모품들이 공통분모가 없었다. 그것들은 특정 엔지니어링 개념에 적용될 특별항목들이었다.

따라서 나는 일반구매위원회 그 자체가 완전무결한 성공이었다고 말할 수는 없다고 생각한다. 그러나 가능한 부문에 계약서의 조항을 표준화하기 위해 강력한 노력을 기울이도록 하는 계기가 되었다. 구매와 관련하여 표준화된 생산에 대한 기술들은 매우 중요한 문제들이었다. 일반구매위원회의 실제적이고 지속적인 성공은 재료의 표준화 영역에 있었다.

또한 이 위원회는 조정에 있어서 우리에게 첫 번째 교훈을 제공했다. 그것은 라인사업부 기능의 수준에서, 스태프일반구매 부문, 일반경영자나는 위원회의 초대 위원장이었다를 결합하는 사업부 상호간의 활동에 대한 최초의 경험이었다. 2년 후에 그 일을 검토하면서 나는 다음과 같이 정리했다:

……나는 일반구매위원회가 조정의 방법을 보여주었고, 각 기능적

활동에 책임을 가지고 있는 사람들이 동시에 그들 자신의 이익과 주주들의 이익을 위해 함께 일할 수 있다는 것을 보여주었다고 생각한다. 그리고 이러한 조정계획은 모든 관점에서 중앙활동으로부터 운영으로 주입하기 위해 하는 어떠한 노력보다 더욱 좋았다.

조정을 위한 중요한 다음 단계는 광고 영역이었다. 나는 1922년에 수행된 몇 개의 소비자 연구를 갖고 있었는데, GM이 월가와 브로드가 외에는 미국 전역의 사람들에게 알려져 있지 않다는 것을 깨달았다. 그래서 나는 우리 스스로 모회사를 알려야 한다고 생각했다. 현재는 BBDO가 된 바턴, 더스틴, 앤드 오스본Barton, Durstin, and Osborn이 나에게 제출한 계획은 재무위원회와 최고경영자에 의해 승인되었다. 그러나 사업부 문제들이 등장한 이래 사업부의 인사 및 기타 경영자에게 그러한 프로그램의 적절성에 대한 질문이었다. 그들은 우리의 계획이 가치가 있다는 데 동의하였고, 브루스 바턴Bruce Barton 씨가 캠페인을 수행하는 데 전적으로 책임을 졌다. 당시 우리는 바턴 씨를 돕고, '회사 홍보의 필요한 조정을 달성하기 위해' 자동차사업부 경영자들과 스태프로 구성된 기업광고위원회Institutional Advertising Committee를 구성했다. 나는 어떤 광고 주제가 특정 사업부를 다루고 있다면 그것은 그 사업부의 승인을 받아야 한다는 규칙을 만들었다. 그것은 사업부와의 관계에서 얻은 또 다른 작은 교훈이었다.

기술위원회 그러나 조정 면에서 진정으로 앞으로 나아가게 된 계기는 동랭식 엔진 경험에서 나왔다. 특히 그 이슈가 연구엔지니어들과 사업부 엔지니어들이 대립하는 결과를 초래했을 때, 새로운 개념을 찾는 사람들과 자동차 생산에 책임을 가진 사람들 간에 근본적 갈등을 해결하고 그들의 상처를 치료하기 위해 무엇인가를 해야 했다. 무엇보다 정보를 교환하고, 차이를 없애기 위해 우호적인 상황 하에서 이들을 단합하기 위한 장소가 필요했다. 나에게는 이러한 합의가 결국 미래 프로그램에 대해 큰 결정을 하거나 승인해야 하는 일반경영자가 있는 데서 이루어지는 것이 바람직한 것으로 보였다.

기억을 통해 전모를 밝히는 것보다 그 안에서 인간이 저지르는 실수를 공유하는 것이 나에게는 더 타당해 보였다. 내가 작성하여 1923년 9월 중에 승인을 얻은 제안서를 회사의 많은 경영자들에게 회람시켰다. 내 생각에 이 일은 전체 사건의 핵심적 이야기이므로 여기서 상세히 인용할 것이다:

> 저는 오랜 시간 동안 우리의 다양한 운영사업부, 특히 자동차사업부 간의 엔지니어링 분야에서 협조할 수 있는 계획을 마련하여 이해관계자들 모두의 지지를 받을 수 있다면 회사를 위해 많은 것을 얻을 수 있지 않을까 생각해왔습니다. 그들은 동일한 일반적 특징을 가지고 있는 많은 문제들을 그들 스스로 처리하고 있습니다. 이러한 유형의 활동은 이미 구매 형태로 시작되어 매우 도움이 되고 있습니다.
>
> 저는 시간이 흐름에 따라 회사에 상당한 이익을 가져오는 것 외에도 많은 측면에서 정당화될 수 있다고 확신합니다. 우리의 기업광고위원회 활동은 유익했습니다. 듀퐁 씨는 며칠 전에 열린 회의가 끝난 후 저에게 "광고의 가치가 GM 환경의 개발과 회사 활동의 여러 면을 대표하는 위원회의 모든 멤버들이 함께 일함으로써 회사에 귀속되는 다른 효익을 무시하는 정도라 할지라도 …… 그 원가는 훌륭하게 정당화된다"고 말했습니다. 저는 우리 모두 이들 원칙에 관해 동의한다고 확신하고 있습니다.
>
> 그러한 사실을 가정할 때 동일한 원칙이 엔지니어링 분야에도 적용될 수 있습니다. 저에게는 원칙을 실제 사업운영에 적용하기 위해 진지

하게 시도할 가치가 있는 것으로 보입니다. 저는 이것을 눈부신 성공으로 이끌 수 있다고 완벽하게 확신합니다. 따라서 저는 이 시점에서 우리가 특정 권한과 기능들을 가진 일반기술위원회General Technical Committee라고 부를 수 있는 것을 설치해야 한다고 생각합니다. 그 위원회는 출발 시점에는 광범위하게 정의되어야 하고, 일의 진전에 따라 정당화될 수 있는 다양한 방법으로 확대되어야 합니다.

저는 출발이 이루어지기 전에 일반적 원칙이 아주 명확하게 피력되어야 한다고 생각합니다. 또한 이 위원회의 기능은 어떤 일이 있어도 어떤 개별 사업부의 특정 엔지니어링 활동을 다루지는 않을 것임을 모두에 의해 분명하게 이해되어야 한다고 생각합니다. 우리 모두 진심으로 합의했다고 생각하는 GM의 조직계획에 따르면 어떤 특정 사업부의 활동들은 본사의 일반경영자와 매우 광범한 접촉이 가능한 그 사업부장의 완전한 통제 하에 있습니다. 저는 완전히 건전한 조직유형이 될 것으로 믿는 그 조직에서 조금이라도 벗어나는 것을 원치 않습니다.

반면에 저는 GM코퍼레이션이 직면하고 있는 큰 과제들 중의 하나가 현재의 조직 계획에 회사 전체의 우위점들을 결집해 주주의 보다 큰 이익 창출에 활용할 수 있는 방법들을 추가하는 것이라고 확신했고, 오랫동안 그렇게 믿어왔습니다. 충분히 시간이 지나면 어떤 특정 사업부의 활동과 우리 회사의 모든 사업들 간에 적절한 균형이 반드시 이루어질 수 있어야 합니다. 최선의 방법은 동일한 기능을 가진 각 조직의 대표자가 모여 대화로 협조의 길을 여는 것입니다. 권한이 건설적으로 이용된다는 전제하에 이러한 그룹에 충분한 권한을 주어 조정이 필요한 곳에 해야 할 일을 그들 스스로 결정해야 한다고 생각합니다. 저는 적절한 플랜만 세우면 각 사업부와 회사 간에 필요한 균형을 맞출 것이고, 조정된 활동의 모든 이점이 광범위한 방법으로 이익을 가져올 것이라고 생각합니다. 또한 이러한 행동은 어떤 의미에서 그룹의 어떤 구성부분 활동의 독립성에 대한 주도권도 해치지 않을 것입니다.

이것이 원칙적으로 옳다고 가정할 때, 저는 일반기술위원회의 경우에 어떤 기능이 되어야 할지 구체적으로 설명할 수 있게 되었습니다. 제 생각에 이런 논의는 모든 제조기업들의 공통적인 모든 기능을 처리하는 다른 위원회에도 동일하게 적용될 것입니다.

1. 위원회는 모든 사업부들에 이해관계를 가져야 하는 문제들을 처리하고, 주로 회사의 일반 엔지니어링 정책을 형성하는 문제들을 처리해야 한다.
2. 위원회는 앞으로 중단되어야 하는 특허위원회Patent Committee의 기능들을 떠맡아야 하고, 이들 기능을 떠맡을 때 이미 특허위원회에 부여된 특허문제들을 처리할 권한을 가져야 한다.
3. 위원회는 원칙에 관하여 어떤 개별 운영의 특정 문제를 처리해서는 안 된다. 운영의 각 기능은 그 사업부장의 절대적 통제 하에 있어야 한다.

특허 부문, 자문스태프의 기능은 어떤 다른 스태프 활동과는 현저하게 다르고, 모든 특허 문제들은 특허 부문의 장의 통제 하에서 직접적으로 나온다는 사실에서 미루어볼 때 이는 GM의 조직에 관한 계획에서 하나의 예외라는 것에 주목해야 합니다. 환언하면 모든 특허업무는 중앙집권화됩니다. 그러나 특허절차는 발명위원회Inventions Committee와 특허 부문의 장의 협력을 위해, 그리고 특정 책임상태 하에 특허 문제들의 구분을 위해 제공됩니다. 발명위원회의 인사들이 필연적으로 일반기술위원회의 인사와 같이 병행해야 한다는 사실을 고려하여 간소화를 위해 둘을 통합하는 것이 바람직하다고 생각되었습니다.

또한 데이턴에서 GM 리서치 코퍼레이션의 기능들이 고려되어야 합니다. 저는 [GM]코퍼레이션이 현재까지 데이턴에 있는 한 조직에서 나오는 우위점을 어떻게 적절한 관리시스템을 가지고 활용하여야 하는지를 포착하는 데 실패했다고 생각합니다.

이러한 실패를 가져온 중요한 원인은 적절한 관리정책의 결여, 자세히 말하자면 이 프로그램이 방금 말한 바와 같이 리서치 코퍼레이션과의 더 나은 협력뿐만 아니라 운영사업부들 그 자체 사이에 더 나은 협력을 제공할 것이라고 기대된 협조정신의 결여가 있었다고 생각합니다. 저는 데이턴에서의 우리의 많은 연구와 엔지니어링 문제들은 운영사업부들에 의한 동일한 수용과 상용화를 통해 활용될 수 있다는 데 여러분 전원이 동의했다고 믿고 있습니다. 저는 리서치 코퍼레이션이 하려고 하는 것에 좀 더 긴밀하게 접촉하는 것이 바람직한 결과를 달성하고, 전체 [GM]코퍼레이션의 엔지니어링 측면을 강화하는 데 필요하다고 생각합니다.

일반기술위원회가 성격상 독립적이어야 한다는 것은 제 생각입니다. 그리고 위원회의 비서를 통하여 위원회의 모든 멤버들에게 도움이나 이익이 되는 프로그램의 성질과 범위에 대한 연구와 조사를 수행해야 합니다. 그러한 판단으로서 바람직한 것으로 지적되고, 그 목적을 달성하기 위해 가장 유익한 결과로 이끈 리서치 코퍼레이션이나 어떤 운영사업부 또는 어떤 외부 원천의 설비를 사용하는 것입니다. 이런 성격의 프로젝트는 위원회 자체의 어떤 멤버, 리서치 코퍼레이션 혹은 GM코퍼레이션의 어떤 멤버에 의해 위원회의 비서를 통하여 제시되어야 합니다. 1924년 1월 1일부터 GM코퍼레이션의 운영비는 예산시스템의 통제 하에 있을 것이고, 자금들은 이 목적을 달성하기 위해 그 예산하에서 제공될 것입니다.

모든 자동차사업부장들이 주로 위의 문제에 관심을 가지고 있으므로 저는 위의 아이디어들을 그룹 부사장 등이 멤버로 구성되어 있는 운영위원회Operations Committee 회의에서 제시했습니다. 그들은 위의 단계가 건설적인 것이고, 모두의 지지를 받을 것이라고 생각하는 것처럼 보였습니다.

따라서 위의 아이디어들을 실현시키는 데 필요한 몇 가지 요점을 확고하게 하기 위해 저는 다음과 같이 제안합니다:

1. 협력은 자동차사업부들과 GM 리서치 코퍼레이션의 엔지니어링, 연구활동을 포함하고 있는 회사 내의 엔지니어링 부문 사이에서 이루어질 것이다. 그 협력은 일반기술위원회라는 명칭으로 설치될 위원회의 형식을 취하게 될 것이다.
2. 위원회는 원칙적으로 각 자동차사업부의 수석엔지니어와 특정한 추가 멤버들로 구성될 것이다.

따라서 설치된 일반기술위원회는 회사의 엔지니어링에 대한 최고의 자문기구가 되었다. 위원회 멤버로는 동랭식 엔진으로 인한 갈등으로 갈라졌던 바로 그 사람들, 특히 케터링 씨를 포함하여 사업부 수석엔지니어들, 그리고 위원회의 위원장으로서 나 자신을 포함하여 본사의 많은 일반임원들을 망라했다. 일반기술위원회는 위에서 언급한 나의 제안처럼 그 자체의 직원과 예산을 가진 독립적인 스태프 조직이었다. 제1차 회의는 1923년 9월 14일에 개최되었다. 나는 연구책임을 맡은 케터링 씨, 쉐보레에서 생산-엔지니어링에 대한 책임을 맡은 헌트 씨, 엔지니어링 문제들에 대한 나의 고문역이었던 헨리 크레인과 같은 멋진 사람들과 함께 일하게 되어 매우 기뻤다. 모두 우호적인 분위기 속에서 만났고, 자동차의 장래 발전을 모색해나갔다.

일반기술위원회는 회사의 엔지니어링 그룹의 명성을 드높였고, 좀 더 적절한 시설과 인재를 얻기 위한 활동들을 지원했다. 위원회의 활동은 장래 사업의 성공을 위한 기본적 요건으로서 제품 무결성product integrity의 중요성을 강조했다. 이는 제품 소구와 제품 개선 문제에서 사람들의 관심과 행동을 자극하는 데 현저한 효과가 있었고, 사업부 엔지니어들 사이에 새롭고 진보적인 아이디어들과 경험들을 자유롭게 교환하도록 했다. 한마디로 곳곳에 있는 정보를 조정하는 역할을 했다.

많은 특정 기능들이 일반기술위원회에게 주어졌다. 얼마 동안 특허문제들을 처리했지만, 이것들은 곧 특별신기기위원회New Devices Committee로 이양됐다. 위원회의 더욱 중요한 기능은 미시간 주 밀포드에 건설한 새로운 성능시험장Proving Ground에 대한 일종의 이사회로서의 역할이었다. 시험은 명백히 우리 제품의 미래에 중요한 문제가 되었다. 통제된 환경을 가진 성능시험장은 업계가 그 당시까지 해왔던 도로상의 시험에서 한 단계 더 나아간 것이었다. 위원회는 성능시험장이 반드시 표준화된 시험절차와 설비측정을 개발하고 사업부 제품과 경쟁 제품의 독립적 비교를 하기 위한 회사의 센터가 되도록 했다. 엔진시험이 성능시험장에 할당되지는 않았지만 위원회는 여러 사업부의 엔진시험 실무에서 통일성을 가져오기 위해 엔진시험규정을 개발할 책임을 부여받았다.

일반기술위원회는 가장 유연한 유형의 조직이었고, 가장 중요한 역할들 중 하나는 스터디그룹으로서의 기능이었다. 이것은 하나의 세미나로 알려지게 되었다. 위원회의 회의는 보통 특정 엔지니어링 문제나 기기에 대한 하나 또는 두 개의 논문을 읽는 것으로 시작되었고, 이것들은 당시 일반적 토론의 중심이 되었다. 종종 위원회의 토론은 새로운 기기나 방법의 승인 또는 엔지니어링의 정책 및 절차에 대한 권고로 결론을 맺었지만, 대개 토론의 결과들은 단순하게 정보를 제공한 사람이 모든 사람에게 전달하는 방식으로 전파되었다. 멤버들은 신개발과 자동차 엔지니어링의 현재 당면한 문제에 대한 이해를 가지고 회사의 다른 분야에서 동료들이 무엇을 하고 있는지를 알고서 그들의 사업부로 돌아갔다.

일반기술위원회는 보고서, 논문 그리고 토론을 통하여 브레이크, 연료소비, 윤활유, 4륜 브레이크와 '저압' 타이어이것은 고무회사와 협의하는 하부위원회를 만들도록 했다 개발의 결과로서 조종 장치에 요구된 변동, 그리고 내부 녹과 오일 슬러지그것은 마침내 적절한 크랭크케이스 벤틸레이션에 의해 제거되었다로 인한 연소 생성물들의 압축 같은 단기적 엔지니어링 문제들을 연구했다. 1924년과 1925년에 위원회는 광고와 현재의 엔지니어링 개발에 대한 매출액에 대해 딜러들과 판매부서들의 교육에 주의를 기울였다. 나는 위원회에 상이한 차종과 모델을 가진 '자동차의 가치'를 객관적으로 결정할 수 있는 일련의 기준을 개발하도록 요구했다. 또한 1924년에 나는 위원회에 여러 GM의 차들을 분명하게 분리된 제품으로 생산하고, 제품 상호간에 적절한 가격과 원가관계를 유지하기 위해 상이한 차들의 광범위한 사양을 설정할 과업을 부여했다.

케터링 씨의 스태프는 장기적 조사를 한 다음 대부분의 보고서를 위원회의 초기 연도에 제출했다. 그들은 실린더 벽의 온도조절, 실린더 헤드, 슬리브-밸류 엔진들, 흡입 매니폴드, 가솔린을 위한 테트라에틸납, 그리고 변속기 같은 문제들을 논의했다. 그 주제들은 근본적으로 두 가지 영역인 연료와 야금학이었는데, 이는 그때 이후로 자동차의 성능에서 중요한 개선을 제공했다.

변속기를 주제로 열린 1924년 9월 7일의 회의는 위원회가 활동하는 좋은 예라고 할 수 있었다. 위원회의 내용들에 대해서는 회의록에 의존하여 기술하겠다. 케터링 씨는 다양한 유형을 가진 변속기의 상대적 장 · 단점을 설명하는 것으로 시작했다. 다음에는 엔지니어링의 관점에서 관성형 변속기의 실현 가능성에 대해 오랜 토론을 했다. 헌트 씨는 '상업적 관점'에서 필요한 여러 가지 다른 유형의 자동차에 대해 논의했다. 그는 증가하는 교통 문제는 "실제 가속과 거기에 부가한 실제 브레이크를 갖추어야 하는" 자동차를 필요로 하고 있다고 말했다. 테이블 주위에서 몇 사람이 의견을 주고받은 후에 나는 이 부분을 다음과 같이 정리하면서 마감하였다: "나는 위원회가 공감하는 것이 이런 것이라고 생각합니다. 첫째로, 우리는 직접적인 연구문제인 궁극적인 것에 대해 고려해야 하고, 이는 관성형변속기이 가장 큰 가능성을 제공한다는 것입니다.[9] 이에 대한 연구문제는 위원회가 케터링 씨에게 그것을 개발하기 위해 가능한 무엇인가를 하도록 전적으로 맡기면 안 될까요? …… 둘째로, 현재로서는 여러 사업부에서 클러치와 변속기 요소들에서 최소의 관성과 최소의 마찰을 가져야 하므로 이 문제는 그들 자신이 해결해야 할 문제입니다."

이런 방식으로 우리는 리서치 코퍼레이션연구부문의 기능을 사업부의 연구부문과 분리했다. 그러나 당시의 사업부들은 장기 프로젝트를 가지고 있었다: 예를 들면 쉐보레는 6기통의 저가 차를 개발하고 있었다.

그해 여름에 나는 케터링 씨에게 캐나다 오타와에서 기술위원회의 회의에 대해 편지를 썼다. 이 구절은 다음과 같은 일반적 아이디어를 제공해준다:

> ……우리는 회의 그 자체를 진행하는 것뿐만 아니라 토요일, 그리고 일부는 일요일에 남아서 참가자들끼리 낚시도 하러 가고, 골프를 치기도 했습니다. 그것은 같은 방향의 생각을 가진 사람들을 좀 더 가깝게 만들어준 멋진 회의였습니다. 저는 우리가 나아갈 방향을 인식하면서 엔지니어링에서 협력이 멋지게 이루어지고 있다는 것을 느낍니다. 우리는 인내해야 합니다. 그러나 저는 시간이 지남에 따라 제가 언제 어디서든 우리 전체를 끌고 다니는 게 낫다고 생각하지 않으며, 군대식 스타일과 비교할 때 우리가 조정한 방법들이 앞으로 완전히 보상받을 수 있으

---

9 관성형 변속기는 기술적으로 큰 가능성을 가진 것으로 보였지만, 실제 성능에서 생산을 보증할만한 충분히 유연하거나 오래간다는 것을 입증하지 못했다.

리라는 것을 확신합니다.

일반판매위원회와 운영위원회의 부활 사업부간위원회interdivisional committee는 구매와 광고에서는 미숙한 방식으로 시도되었지만, 일반기술위원회에서는 좀 더 철저하게 적용되었는데 이는 회사 내부에서의 조정을 위한 최초의 시도였다. 우리는 사업부들의 중요한 기능적 활동의 대부분에 이 개념을 적용하도록 일반기술위원회에 계속 요구했다. 다음에 설치될 사업부간위원회는 판매 영역이었다. 판매 영역은 상대적으로 덜 개발되었다. 왜냐하면 업계는 20세기 중반에야 비로소 상업적인 판매단계로 들어갔기 때문이다. 따라서 나는 승용차와 트럭사업부의 판매관리자, 판매스태프 멤버, 그리고 회사의 일반임원으로 구성된 일반판매위원회General Sales Committee의 설치를 준비했다. 나는 1924년 3월 6일에 그 첫 회의를 개최하고 위원장으로서 다음과 같이 말했다:

> GM이 분권화 계획에 전념해온 것은 사실이지만, 그럼에도 불구하고 때때로 개별 사업부뿐만 아니라 회사 전체와 주주에게도 이익이 되는 일반적 계획과 정책들이 협심하는 노력을 통해 달성될 수 있을 것입니다.
>
> 우리 활동의 광범위한 국면에서 일치된 행동의 필요성은 아마도 가까운 장래에 우리의 경쟁자들 중 일부가 합병할 가능성에 의해 더욱 강조됩니다. 여러분이 아시는 바와 같이 이것은 업계의 추세입니다. 줄어드는 이익은 이러한 경향을 촉진시키고, 가까운 장래에 고도의 경쟁적 환경 하에서 우리는 확실히 다른 상황에 처하게 될 것입니다.
>
> 여러분이 아시는 바와 같이 GM은 상대적으로 보면 제품들을 경쟁하지 않는 다른 가격대에 배치함으로써 아주 많은 진전을 이루었습니다. 설계와 제조의 관점에서도 우리는 사업부장들과 엔지니어들의 협력을 통해 조정의 측면에서 경이적인 진전을 이루었습니다.
>
> 또한 판매활동의 유사한 조정을 통해 많은 것을 얻을 수 있을 것입니

다. 저는 우리 모두 GM의 '가장 힘든 시기'는 판매가 더 이상 이루어지지 않을 때라는 인식을 가져야 한다고 생각합니다. 이것은 어느 산업에서나 아주 자연스러운 것입니다; 언젠가 결국 판매가 끝나는 시점이 올 것입니다. 자동차산업은 아직은 이 시기에 들어가지는 않았지만, 확실히 그 시기로 들어가기 시작하고 있습니다.

저는 이 위원회가 회사 전체에 영향을 주는 모든 중요한 판매문제들을 맡을 것으로 생각합니다. 여러분은 일반적 토론과 단합된 활동을 필요로 하는 어떤 판매문제들을 아주 자유롭게 제기할 수 있습니다. 여러분이 결정하게 될 일반적 정책들이나 활동들은 어떤 것이든 간에 모회사에 의해 완전하게 지원받을 것입니다.

저는 이 회의들에서 우리의 논의는 모든 사업부에 영향을 주는 공통 관심 문제에 한정해야 한다고 생각합니다. 여러분 모두가 극도로 바쁘다는 것은 알고 있지만 우리는 너무 자세한 문제들에서 벗어나 기본적 문제들을 처리하도록 노력해야 할 것입니다. 우리는 효율적이고 간단명료하게 회의를 진행하기 위해 모든 노력을 기울일 것입니다. 어떤 경우에는 우리가 원하지 않는다면 서류 작성 등에 투입되는 시간조차 할애하지 않아도 될 것입니다. 쾨더B. G. Koether(판매부장) 씨가 위원회의 총무로서 봉사할 것입니다. 그는 필요하면 서비스를 완전히 자유자재로 확장할 수 있는 스태프입니다.

우리는 이 회의들을 위한 어떤 구체적인 프로그램들을 개발하지는 않았습니다. 왜냐하면 여러분이 바로 어떤 문제들이 가장 긴급한 주의를 필요로 하는지 알 수 있는 아주 좋은 위치에 있다는 것을 알고 있고, 우리는 이러한 문제들을 여러분에게 완전히 맡겨두고자 하기 때문입니다. 그리고 우리가 종종 많은 일들을 제안할 수 있지만 이러한 제안들에 행동을 취하는 것은 그 적합성 여부를 판단하는 여러분에게 전적으로 달려 있습니다. ……

일반판매위원회의 위원장직은 나중에 생산 및 판매문제들에 대한 통계적 및 재무적 통제와의 관련성 때문에 재무담당부사장 도널드슨 브라운에게 주어졌다. 따라서 판매에서의 조정은 재무스태프들에게까지 확장되었다.

1924년 말에 프랫 씨에 의한 사업부간위원회 유형에 의한 연구는 나중에 모든 사람의 마음속에 그 당시까지 우리가 발견한 최고의 조정 형태였음이 확인되었고, 거의 공식화되었으며, 경영자들과 동력 · 유지보수 스태프들에게까지 확장되었다. 어느 정도 차이는 있지만 유사한 종류의 조정이 거의 최고수준의 경영자들에게까지 확대되었다.

독자들은 듀랜트 씨 주도하의 집행위원회는 대부분 각 사업부의 이익을 위해 움직이는 사업부장들로 구성되었다는 것을 상기할 필요가 있다. 새로운 4명의 임시 집행위원회를 구성했을 때 이전의 멤버들은 주로 사업부장들을 하나의 자문운영위원회에 배치했다. 위급한 상황이 끝나가고 있었기 때문에 이 자문위원회는 정기적으로 활동하지 않았다. 내가 사장이 되고 집행위원회가 또다시 확대되었을 때 자문위원회는 상황에 따라 상이한 시점에서 한 명 또는 두 명의 사업부장들을 포함했는데, 가장 큰 자동차사업부가 이를 대표해야 한다는 생각을 가지고 있었다. 그러나 이것은 규칙이 아니고 예외였다. 왜냐하면 나는 최고운영위원회가 특정 사업부의 이해로부터 분리된 정책그룹이 되어야 한다는 원칙을 믿고 있었기 때문이다. 즉, 그것은 본사의 일반경영자들만 포함해야 한다. 이러한 견해를 가지고서 내가 사장이 되었을 때 나는 사업부장들을 최고운영정책그룹의 멤버들과 정기적으로 접촉시켜야 한다고 생각했다. 따라서 나는 운영위원회Operations Committee를 재가동했고, 거기에 집행위원회의 모든 일반운영임원들과 주요 사업부장들 모두를 배치했다. 그리고 두 유형의 경영자 사이에 정기적 접촉을 강조했다. 운영위원회는 정책기구가 아니고 정책의 논의나 정책의 필요성에 대한 포럼이었다. 운영위원회는 회사의 성과에 대한 완벽한 자료를 받고 그 성과를 검토해야 했다. '포럼'이라는 단어는 무엇인가 쓸모없다는 인상을 주기도 하지만, 나는 이 경우에는 그렇지 않았다고 확신한다. 대기업에서 공통의 이해를 이끌어내기 위해서는 어떤 수단들이 필요하다. 그것은 아마도 최고운영정책그룹의 모든 멤버가 참석한 가운데 정책 및 사업부장에 의해 제안된 합의는 회사의 운영 측에 대한 수용과 같다는 것에 주목해야 한다.

당시 1925년에 조정에 대한 전체 그림은 그 후 수년 동안 다음과 같았다: 사업부 간 관련 위원회는 구매, 엔지니어링, 판매 등의 기능에 조정 수단을 제공하였다. 사업부장을 포함한 운영위원회는 사업부의 성과를 평가했다. 모든 방향에서 의사소통을 하는 집행위원회는 정책을 만들었다. 그것은 이사회에 책임을 가지고 운영의 꼭대기에 있었다. 실제로 그것은 이사회의 위원회였다. 그러나 더 큰 지출승인에 대해서는 재무위원회에게 맡겼다. 운영 측에서는 집행위원회가 최고였다. 집행위원회의 위원장은 회사의 사장과 CEO였다. 그리고 그들은 결정된 정책을 수행하는 데 필요한 모든 권한을 가졌다. 이것이 오늘에 이르기까지 많은 발전을 거치면서 개발되어온 GM의 새로운 경영구조였다.

GENERAL MOTORS CORPORATION

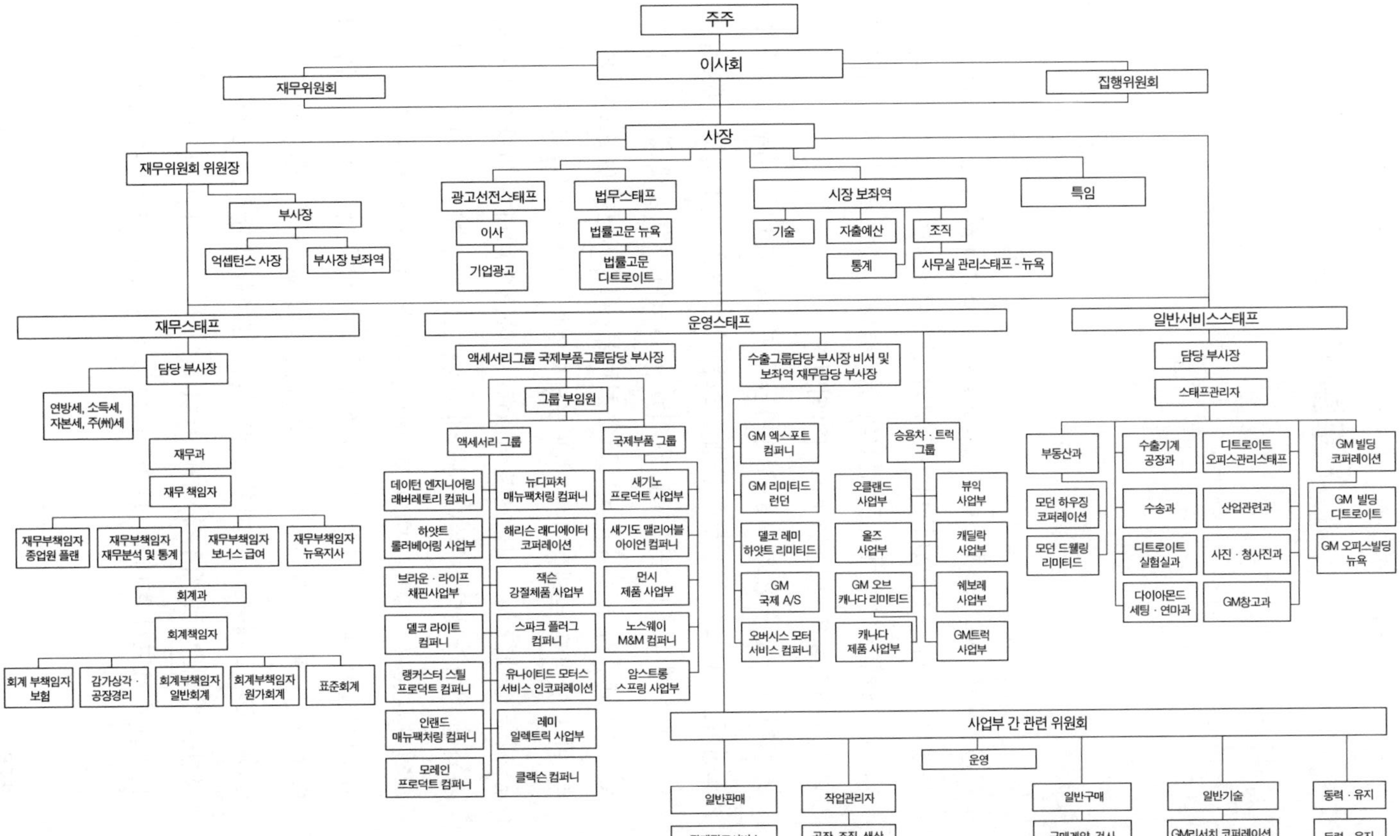

1925년 1월 현재

제8장 재무통제의 개발

GM의 재무 1920년대 초에 위원회에 의한 조정의 발전은 또 다른 재무통제의 조정을 수반했다. 나는 GM의 발전이 조직이나 제품정책과 함께 재무통제 분야에서 만든 진전의 결과였다고 믿고 있다. 우리의 현대적 재무정책들은 1920년부터 시작되었다.

회사를 인수한 새로운 경영자들은 새로운 형태의 재무통제가 반드시 필요하다고 생각했다. 문제는 그들이 무엇을 해야 하고, 그것들을 어떻게 시행해야 하는가 하는 것이었다. GM의 재무통제 형태는 1921년 초에 듀퐁에서 영입한 도널드슨 브라운과 1919년에 GM으로 온 젊은 인재 앨버트 브래들리에 의해 도입되었다. 앨버트 브래들리는 브라운 씨를 승계한 최고재무책임자CFO로서 나중에 이사회 의장으로 나의 자리를 이어받았다. 재무적 사고에 대한 그들의 공헌은 오랫동안 인식되었다. 그들은 1920년대의 고전인 그 주제에 대한 논문을 썼고, 동시에 자신들이 세운 개념을 GM의 실무에 적용했다. 현재의 회장이면서 CEO인 프레더릭 G. 도너Frederic G. Donner, 집행부사장 조지 러셀George Russel, 그리고 재능 있는 재무스태프들은 재무학파 출신으로 회사에 큰 공헌을 했다. 나는 재무적 주제, 특히 사업부 간의 사업 및 지출예산에 관련하여 보고서 형태로 썼지만, 나의 경험은 주로 영업 분야에서 나왔다. 나는 재무적 방법을 회사에 적용하는 일을 했다. 왜냐하면 재무는 진공상태로 존재하는 것이 아니라 영업과 통합되어야 하기 때문이다.

나는 듀랜트 씨가 체계적인 재무적 방법론을 가지지 않았다는 것은 분명하다고 생각한다. 그것은 그가 사업을 하는 방법이 아니었다. 그런데도 그는 현대적 재무방법을 GM으로 가져왔다. 듀랜트 씨는 듀퐁의 경영자가 재무위원회에 오도록 하는 중요한 계기를 만들었고, 회사의 재무 관련 문제에서 책임을 졌다. 나는 GM이 듀퐁과 제휴함으로써 이사회에서 일하는 책임 있는 주주로서의 일반적 입장은 논외로 하더라도 재무 분야에서 현저한 이익을 얻었다고 믿는다. 회계 및 재무에 경험을 가진 많은 듀퐁 출신 사람들이 초기 연도에 GM으로 와서 주요 직책을 맡았다.

브라운 씨는 그들 중의 하나였다. 그는 금세기 초의 몇 년 동안 듀퐁사의 판매부문에서 일했다. 그는 1912년에 무임소 보조자로서 듀퐁 일반경영자의 일원으로 취임했다. 그것은 콜맨 듀퐁Coleman du Pont이 듀퐁사의 사장으로 있을 때였다. 이 부문의 일반경영자는 건강이 매우 나빠 큰 장애가 있었고, 한동안 직무를 떠나 있어야 했다. 당시 듀퐁 집행위원회는 발파용 화약, 다이너마이트 등과 같은 폭발물 제조 부문의 효율성에 대한 사실적인 보고서를 찾고 있었다. 브라운 씨는 이 부문의 일반경영자로서 이들 활동에 관해 바람직한 사실들을 밝히는 직무를 떠맡았다. 그가 선택한 방법은 투자이익률return on investment 계산에서 매출액이익률profit margin뿐만 아니라 자본회전율capital turnover의 중요성을 강조하는 것이었다. 브라운 씨는 자신의 보고서를 최고경영자에게 전달했고, 그것이 콜맨 듀퐁에게 강한 인상을 남겨 브라운 씨는 재무 부문으로 옮기게 되었다. 당시 피에르 S. 듀퐁 씨가 재무책임자였고, 래스콥 씨는 재무 부책임자였다. 래스콥 씨는 브라운 씨를 재무 부책임자보로 임명했다. 래스콥 씨는 결국 듀퐁 씨를 승계하여 재무책임자가 됐고, 브라운 씨는 래스콥 씨가 GM으로 옮겨갔을 때 래스콥 씨를 승계했다. 브라운 씨는 듀퐁에 경제학자와 통계학자를 영입했는데, 그 당시에는 평범하지 않은 행동이었다. 그 후 듀퐁의 집행이사회가 듀퐁의 일반경영자를 만났을 때 브라운 씨는 자신이 만든 하나의 설명기법인 사업부 성과의 효율성에 대한 차트를 보여주었다.

래스콥 씨는 1921년 1월 1일에 브라운 씨를 GM의 재무담당 부사장으로 초빙했다. 그와 나는 사업을 할 때에는 상세하고 규율이 명확한 통제가 필요하다는 것에 유사한 견해를 공유했다. 그가 회사에 들어온 이후부터 우리는 호감을 갖고 오랫동안 좋은 관계를 유지했다.

듀퐁그룹은 1917년 이후 자금 지출 승인 시 투자이익률의 원리를 적용하려고 노력했다. 래스콥 씨는 좋은 아이디어를 가지고 있었지만, 아직 GM에 적용할 준비를 하지는 못했다. 나는 앞 장에서 1919년에 시장이 확장되는 동안 지출예산이 느슨하게 운영되면 어떤 어려움이 발생하는지, 그리고 재고 유출과 현금부족이 1920년의 불황 시에 어떻게 회사를 위기에 빠뜨렸는지를 묘사했다. 세 가지 위기 문제인 지출예산 초과, 재고 유출, 그리고 그에 따른 현금부족은 회사의 통제와 조정이 결여되어 있음을 보여주었다. 이러한 위기 문제들을 해결하기 위한 노력으로 GM은 새로운 재무조정 및 통제 방법들을 개발했다.

오늘날 재무적 방법은 너무 정교해서 당시 GM의 재무통제기법들은 매우 단순한 것으로 보일 것이다. 사업 내부와 주변에서 무엇이 진행되고 있는지에 관한 중요한 사실들을 조직화하고 제시하는 이 방법을 일부에서는 '재무모델financial model'이라고 부르는데, 전략적 사업결정을 위한 중요한 기준들 중 하나다. 그것은 항상 그리고 특히 위기 시 또는 어떤 이유에서든 축소나 확장 시기에 기업을 운영하는 핵심이다. 1920

년의 상황은 이것을 부정적으로 증명했고, 우리는 중요한 후속 연도에서 그것을 긍정적으로 증명했다.

나는 1919년과 1920년에 지출예산의 통제시스템 없이 각 사업부 경영자가 어떻게 그들의 최대 요구를 충족시켰는지를 언급했다. 회사의 입장에서 요구를 평가하거나 가용자금을 가지고 모든 요구총액을 조정하기 위한 진정한 노력은 없었다. 이것은 가용자금에 대한 누수를 가져왔고, 지출예산에 대한 초과 및 재고증가를 가져왔다. 이 문제들은 어떻게 해서든 해결해야 했다. 자금을 확보하기 위해 우리는 보통주식, 무상환 사채, 우선주를 팔았는데 우리가 예상한 대로 자금 조달이 쉽지는 않았다. 그리고 1920년 말에는 결국 은행에서 8,300만 달러를 차입해야 했다. 1920년부터 1922년까지 우리는 회사 총자산의 약 6분의 1에 해당하는 금액인 약 9,000만 달러를 특별상각, 재고조정 그리고 사업청산손실로 회사의 이익에서 공제했다. 이 단계에서 재무통제는 단순히 바람직한 것만이 아니라 필수적이었다. 생존하기 위해, 벼랑 끝에서 물러나기 위해 해법을 찾아야 했다.

생존을 위해 우리가 어떻게 했는가에 대한 이야기는 크게 두 부분으로 나뉜다. 첫 부분은 회사를 생존 위험의 단계까지 몰고 간 사업부들의 과도한 자유를 축소시키는 것이었고, 두 번째는 어떻게 우리가 사업부에 대해 통제를 확립했는가 하는 것이다. 당면한 해결책은 불가피하게 특징에 집중하는 것이었다. 왜냐하면 회사는 사업부가 이 같은 실수들을 계속 하도록 지켜볼 여유가 없었기 때문이다. 약한 사업부는 강한 사업부의 존재를 위협했고, 강한 사업부는 회사의 이익보다는 그들 자신의 이익을 위해 운영되었다. 이들 중앙집권화 된 해결책들, 주로 운영통제들operating controls은 우리의 일반정책에 일시적 왜곡을 가져왔고, 나중에 운용 가능한 분권화로 복귀하기 위하여 수정되어야 했다. 이야기의 둘째 부분은 조화로운 통제하의 분권화의 확립을 가능하게 만든 금융상품의 개발과 관련되어 있다.

회사통제의 확립: 자본지출에 대한 승인

1920년의 경제 붕괴 바로 직전, 즉 그해 6월에 1919년 말에 설치되고 내가 위원장이었던 지출예산요청절차위원회Committee on Appropriation Request Rules는 집행위원회에 보고서를 제출했다. 프랫, 프렌티스 그리고 내가 작성한 이 보고서는 GM의 지출예산절차 개발의 역사적 전환점이 되었다.

우리가 제시한 개념의 핵심은 제안된 프로젝트가 적절한가를 결정하는 데 있었다. 프로젝트의 적절성은 다음에 언급한 네 가지 원칙을 만족시켜야 했다:

a. 해당 프로젝트가 영리기업으로서 타당하고 필요한 것인가?
b. 해당 프로젝트가 기술적으로 적절히 개발되어왔는가?
c. 해당 프로젝트가 회사 전체의 이익을 고려할 때 적절한가?
d. 회사 전체의 입장에서 볼 때, 해당 프로젝트는 필요자본이익률뿐만 아니라 고려 중에 있는 다른 프로젝트와 비교할 때 상대적 가치는 얼마인가?

우리는 이 보고서에서 회사의 주요 약점을 다음과 같이 언급했다:

> ……위원회의 입장에서 그 주제에 대한 신중한 고려는 적어도 더 큰 프로젝트가 관련되는 한 다음과 같은 불가피한 결론에 이르게 됩니다.

> 사업부나 종속회사는 외부에서 제안된 프로젝트의 모든 국면에 대한 독립적이고 공정한 검토와 확인이 필수적이고, 시간이 흐름에 따라 더 많이 알게 될 것입니다. 그리고 회사의 운영은 더욱 뒤얽히고 복잡해집니다.

이 절차는 집행위원회와 재무위원회에 승인요구서를 제출하기 전에 지출예산위원회에 의한 검토와 전자의 위원회들에 의한 정책 검토를 필요로 했다. 우리는 그 검토의 범위를 다음과 같이 정의했다.

> 이러한 위원회[집행 및 재무]의 멤버들은 일반정책의 문제로서 그 프로젝트에 관심을 가져야 한다. 그리고 이러한 프로젝트들에 대한 통과 여부를 결정할 때에는 특별한 형태의 선반이나 밀링 머신의 관점에서 또는 얼마나 많은 그러한 선반이나 밀링 머신이 제안된 프로젝트의 적절한 개발에 필요한 것인지에 대해 고려하기보다는 회사의 재무이익이나 전반적 발전을 위한 프로젝트의 필요성 문제여야 한다는 것으로 보인다.

이러한 논거에 따라 우리는 일개 사업부장의 재량으로 사용할 수 있는 소액 지출을 허용했다. 고액의 지출에 대해서는 근거 자료의 제출과 후속 결과에 대해 상세히 보고할 것을 제안했고, 이런 연유로 우리는 두 개의 주요 부문을 통합할 것을 제안했다. "귀하의 위원회는 지출과 관련하여 재무 및 운영스태프 사이에 적절한 조정을 할 필요가 있다. ……" 그리고 회사를 위해 사업부와 종속회사가 엔지니어링과 경제적 관점 양면에서 제안된 지출의 정당성을 보여주기 위해 제시해야 하는 정보를 상세히 언급하고 있는 지출예산 매뉴얼을 개발할 것을 권고했다.

집행위원회는 1920년 9월에 우리의 제안을 승인했고 매뉴얼을 작성하도록 요청했다. 1922년 4월에 집행 및 재무위원회에 의해 승인된 이 매뉴얼은 GM에서 최초로 명확한 자본-지출예산절차를 만들었다. 그것은 모든 지출예산문제에 대해 전반적 책임을 갖고, 하나의 사업부 이상이 관여하고 있는 프로그램들이 있다면 이들 사이를 조정하기 위해 집행 및 재무위원회 양자의 하부조직으로 활동하는 지출예산위원회를 필요로 한다고 규정했다. 사업부들은 지출예산위원회에게 진행 중인 건설에 대한 월간보고서를 만들어서 매달 재무위원회에 결합보고서를 제출해야 했다. 각 지출예산요구서는 그에 대한 집행이 이루어지기 전에 사업부의 관점뿐만 아니라 회사 전체의 관점에서 검토와 분석을 받기 위한 것이었다. 지출과 지출승인에 대해서는 적절한 기록들이 유지되었고, 지출예산요구서는 전사에 통일된 방식으로 처리되었다. 요컨대 우리는 처음으로 정확하고 정리된 정보를 얻었다. 그 후 요구서의 승인 여부는 사업판단의 문제가 되어야만 했다. 이 절차는 시간이 지나면서 때때로 변화했으며, 엄밀한 의미의 지출예산위원회는 오래전에 중단되었다. 그러나 본질적으로 이것은 아직도 GM에서 자본지출예산을 승인하는 방법이다.

현금통제

우리는 미래를 위해 많은 자금을 소비했기 때문에 1920년에는 현금이 부족했다. 이런 이유로 그해 10월 말에 은행차입금은 8,300만 달러로 최고에 이르렀다. 그 후 얼마 동안은 현금을 절약하는 것이 문제였다.

그 당시 현금을 관리하는 방법은 거의 믿기 어려울 정도였다. 각 사업부는 자체의 계정에 모든 수입을 예치하고, 모든 청구서를 동일한 계정에서 지급하도록 하여 현금을 통제했다. 사업부가 제품을 판매하여 얻은 현금은 회사에 직접적으로는 한 푼도 들어오지 않았다. 우리는 수익이 발생한 시점에서 비용이 발생한 시점까지 현금을 확보하기 위한 효과적인 절차들을 가지고 있지 않았다. 일상적인 절차는 하나의 운영회사로서 회사가 배당금과 세금 그리고 임차료, 봉급, 일반스태프의 기타 비용을 지급해야 할 때 재무책임자가 사업부에 현금을 요구하는 것이었다. 그러나 그것은 그렇게 단순하지 않았다. 그것은 독립적으로 운영하는 사업부가 그들의 현금잔액을 자체의 최고 소요액에 대처하기 위해 충분히 높게 유지하려고 했기 때문이다. 따라서 그들은 그때그때 필요한 현금보다 더 많은 현금을 가지고 있었음에도 여유 현금을 회사에 넘겨주려 하지 않았다.

예를 들어 나는 그 당시 뷰익이 현금을 넘겨주는 것을 매우 꺼려하고 있었다고 기억한다. 물론 뷰익과 같이 수익성 있는 사업부는 회사에서 가장 풍부한 현금 원천이었는데, 뷰익의 재무스태프는 오랜 경험으로 자신들이 보유하고 있는 현금에 대한 보고서를 매우 능숙하게 지연시키곤 했다. 뷰익은 공장 판매부서에서 대규모 현금잔고를 유지하고 있었다. 이러한 잔고 액수는 뷰익이 사업부 전체에 대한 월간 재무제표를 제출할 때까지 본사에서는 확인할 수 없었다. 본사가 확인하기까지는 보통 한두 달이 걸렸다. 회사가 현금이 필요했을 때 재무책임자인 마이어 프렌티스는 뷰익이 실제로 현금을 얼마나 가지고 있고, 그중에서 얼마만큼을 그들로부터 얻을 수 있는지를 알아내려고 노력했다. 당시 그는 플린트로 가서 뷰익과 본사 사이에 어떤 다른 문제들이 해결되지 않았는지를 논의했고, 결국 가볍게 현금에 대한 주제를 꺼냈다. 뷰익의 재무담당자들은 프렌티스 씨의 요청액 크기에 언제나 매우 놀라워했고, 종종 이러한 큰 금액을 이전하는 것을 꺼려했다. 자연히 이런 쫓고 쫓기는 게임은 특히 일부 사업부가 그들이 필요했던 것보다 더 많은 운영 현금을 갖고 있기 때문에 발생했으며, 이는 다른 사업부가 운영 현금이 부족할 때 자금을 효율적으로 활용하지 못하도록 했다.

1922년에 우리는 연결현금통제시스템을 설정함으로써 이러한 시스템을 모두 바꾸었다. 이것은 대기업을 운영하기 위한 새로운 개념이었다. 미국의 약 100개 은행들에 예금계좌를 개설하였고, 모든 새로운 수입은 이들 계좌에 GM코퍼레이션의 이름으로 예치되었다. 자금 인출은 본사 재무스태프에 의해 관리되었다. 사업부들은 이들 예금계좌를 현금으로 이전하는 데 아무런 통제권을 갖고 있지 않았다.

이 시스템을 적용한 후 은행들 간의 이전은 신속하고 자동적으로 이루어졌다. 회사의 재무스태프는 은행의 규모와 계정활동을 바탕으로 현지 예금계좌의 최소 및 최대 고정 잔액을 설정했다. 어느 한 계좌에서 현금이 최대 금액 이상으로 발생했을 때, 고정된 최소 금액을 넘는 초과분은 자동적으로 연방준비제도이사회 전산시스템에 의하여 본사 저축은행들 중의 하나로 이전되었다. 저축은행들의 계좌들 또한 재무스태프들에 의해 관리되었다. 사업부에 현금이 필요한 경우에는 전산시스템을 통해 본사에 자금의 이전을 신청할 수 있었다. 2~3시간 내에 한 도시의 초과자금들은 자금을 필요로 하는 반대쪽 끝에 있는 도시에서 이용 가능하게 되었다.

사업부들 간에 현금을 주고받은 후 결과를 맞추게 함으로써 전송 중인 현금 계좌 역시 감소했다. 우리는 본사의 재무스태프로 하여금 사업부 간 결제를 정산하는 정산소의 역할을 하도록 하는 결제 절차를 구축했다. 그로 인해 회사 간의 결제 증서들이 현금 대신 교환되었다.

그 당시에 우리는 판매일정, 급여 지급일, 원재료 대금 지급 등을 고려할 때 매달 현금이 얼마나 필요한지에 대해 한 달 앞서 계산하기 시작했다. 우리가 계산한 추정치와 실제 현금 잔액을 비교했다. 추정치와 실제 현금에 차이가 발생하면 차이가 발생한 이유들을 발견하고, 적절한 수준에서 교정하기 위한 신호로 받아들였다.

새로운 현금시스템의 부수적인 효과는 GM이 이용 가능한 대출제공처를 확대했다는 것이다. 많은 은행들과 좋은 업무관계를 가짐으로써 우리는 필요한 경우 돈을 빌릴 수 있는 광범위한 신용 라인들을 개발할 수 있었다. 은행에서는 우리가 가지고 있는 여유 현금으로 정부의 유가증권에 투자할 수 있도록 해주었다. 따라서 우리는 이전에 현금으로만 가지고 있던 자금에서 이익을 얻었으며 자본 사용의 효율성이 증가했다.

많은 사람들이 현금계획의 창안에 공헌했다. 그것에 대한 필요성은 래스콥 씨가 제안하였다. 그는 프렌티스 씨에게 계획 작성을 의뢰했고, 많은 다른 사람의 도움으로 광범위한 구상을 시작했다. 대체적으로 GM은 현금을 통제하기 위해 그들이 개발한 기법을 아직 사용하고 있다.

재고통제

재고가 제대로 통제되지 않고 있는 것이 최악의 긴급한 문제였다. 나는 1920년 10월경에 사업부장들에 의해 통제받지 않은 원료 및 반제품의 구매 액수가 어떻게 하여 총 2억 900만 달러에나 이르렀는지에 대하여 관심을 가졌다. 이 금액은 집행 및 재무위원회가 할당한 최고 금액을 무려 5,900만 달러나 초과하는 금액이었으며, 공장에서 즉각 사용될 수 있는 금액을 훨씬 초과하는 액수였다. 재무위원회는 임시방편으로 운영사업부를 떠나 재고통제를 했다. 1920년 10월 8일에 재고를 통제하기 위해 듀랜트 씨의 참모였던 프랫 씨를 재고위원회 위원장으로 임명했다.

존 L. 프랫은 내가 만난 최고의 기업경영자 중 한 명이었다. 그는 원래 토목기사였다. 그는 1905년 당시에 GM을 돕던 듀퐁 개발부서로 갔다. 그는 듀랜트 씨와 긴밀한 관련을 가졌고, 1919년에 듀랜트 씨의 요청에 따라 듀랜트 씨의 보좌역으로 GM에 영입되었다. 프랫 씨는 GM을 위해 수준 높은 많은 직무를 수행했고, 프리지데어를 성공시켜 나중에 그것들을 일구어내는 데 큰 역할을 했다. 그는 또한 액세서리사업부장으로서 나를 승계했다. 운영 측에서 프랫 씨, 브라운 씨와 나는 수년 동안 같은 층에서 일하면서 당시에 발생한 모든 문제들에 대해 서로 연락하고 지냈다. 프랫 씨는 내가 사장이었을 때 나의 대역이라고도 할 수 있었다. 그는 분명함과 단순함으로 큰 문제들을 처리하는 데 커다란 역량을 갖고 있었다. 그는 언제든 핵심에 이를 수 있었다.

1920년의 위기에서 프랫 씨는 나중에 "재고위원회의 첫 번째 단계는 GM코퍼레이션 사장의 서명 하에 모든 사업부장들에게 아무것도 사지 말라고 지시하는 서신을 보내는 것이었다. 모든 구입 물품의 출고를 중단하고, 재고위원회가 각 개별 사업부장이 처한 상황을 검토하고 어떤 재료를 받아야 하고 어떤 재료를 받지 말아야 할지를 결정할 때까지…… 대부분의 업무는 그들 자신의 사무실에서 사업부장들과 함께 앉아서 그들과 함께 상세하게 재고상황을 점검함으로써 이루어졌다"고 래스콥 씨에게 편지를 썼다.

사업부장들은 공급자들과 협상했다. 나는 거기에서 유일하게 자동차사업이 아닌 트랙터사업에서 한 건의 소송이 있었다고 알고 있다. 당시 사업부들은 통제시스템 하에 들어가 있었다. 프랫 씨가 작성한 비망록에는 다음과 같이 절차를 기술하고 있다: "유입되는 재료의 흐름이 중단된 후에 각 사업부장은 재고위원회에게 추후 넉 달간의 추정매출액과 그 추정매출액을 달성하기 위해 생산에 필요한 추정 재료와 급여를 보여주는 월간 예산을 제출했다. 재무위원회는 이 예산을 상세히 검토했고, 사업부장들과 함께 논의했다. 그리고 재무위원회와 사업부장이 합의하면 한 번에 1개월분의 생산을 위한 재료가 재고위원회에 의해 출고되었다." 이런 방식으로 그들은 고삐 풀린 재고를 통제하여 유보 재고를 감소시키고 현금을 절약했다. 예를 들어, 재고 수준은 1920년 9월 말에 최고 2억 1,500만 달러에서 1922년 6월 말에는 최저 9,400만 달러로 감소했고, 재고회전율은 1920년 9월에 연 2회에서 1922년 6월에는 4배 이상으로 증가했다.

브래들리 씨는 재고를 감소시키는 유일한 방법, 특히 사업이 악화되는 시기에 재료와 소모품에 대한 구매와 계약을 감소시키는 것이 이러한 경험으로부터 우리가 배운 요체라고 말했다. 이것은 언제나 그런 것일까? 전적으로 그런 것은 아니다. 여하튼 우리가 이것을 경험을 통해 배우는 데는 오랜 시간이 걸렸다. 그 당시에 자동차 판매의 끄트머리에서 대부분의 경영자가 그랬고, 아마도 아직도 그런 것처럼 사업부장들은 낙관적인 경향이 있다. 그들은 항상 자동차 판매는 증가할 것이고, 일렬로 늘어선 재고는 모두 팔릴 것이라고 기대했다. 그러나 그런 예상판매가 실현되지 않았을 때 완전히 유쾌한 해법이 존재할 수 없는 문제가 발생했다. 따라서 우리는 증가하는 재고 문제에 대한 해법으로 미래에 매출이 증가하더라도 이것을 회의적으로 바라보아야 한다는 것을 배웠다. 우리는 실제 매출에 의해 보증된 경우에만 나중에 그것들을 증가시킬 수 있는 것을 전제로 실제 재고, 그리고 발주가 감소되어야 한다는 입장을 취했다.

내가 기술한 비상대책들은 말하자면 본사가 전체를 책임지는 식으로 수립됐다. 그러나 이런 종류의 집권화는 GM의 영속적인 사업방법과 일치하는 것이 아니었다. 우리는 곧 다시 분권화로 돌아섰다.

도널드슨 브라운은 1921년 4월 21일에 재무위원회에 대한 한 보고서에서 장기적 재고통제정책에 대해 다음과 같이 제안했다.

- 재고위원회가 설치된 시점에 존재한 위기는 이제는 이 위원회를 없앨 만큼 충분히 해결되었습니다. 재고통제는 운영 책임을 맡고 있는 부사장 주도 하에 다른 운영문제에 속하는 곳으로 배치됐다고 믿어집니다.
- 재고위원회의 기능은 재료의 인도가 요구한 대로 운영단위에 의해 준비될 수 있는지를 바탕으로 생산일정에 대한 판단을 내리는 것이고, 특별한 경우 현재 운영할 필요성을 넘어 재료의 흡수 여부를 승인하는 것이었습니다.
- 운영단위 그 자체는 반드시 재고통제가 이뤄지는 주요 장소로 간주해야 합니다. 재고통제의 방향에서 권한의 위임과 함께 재무위원회의 관할 하에 재고위원회를 넣은 것은 정상적인 조건에서 불건전하고 불쾌한 이중적 책임의 상태를 제공합니다. ……

환언하면 이 분야에서는 이제 비상 대책을 포기하고 보다 광범위한 정책들과 관행들을 개발할 때였다. 중요한 것은 새로 실시한 재고정책은 1920년에 발생한 위기의 재발을 피할 수 있는 것이어야 한다는 점이다. 이것을 위하여 브라운 씨는 재무정책과 운영조직 간의 새로운 관계정립을 다음과 같이 제안했다.

- 전체[재고 및 계약]가 운영자본 필요 액수에 관련되는 한 재무위원

회의 목소리는 통제에 반영되어야 합니다. 그러나 이것은 직접적 행동으로 어떤 시도를 하기보다는 일반정책의 주요 포인트들을 규정한 규칙을 통하여 하는 것이 더 좋습니다. 더구나 그것은 조직 원리에서 논리적이고 건전한 것으로 보입니다. 왜냐하면 운영에 책임을 맡고 있는 부사장이나 최고경영자가 사업부들이 재무위원회 정책들이나 사업관행에 따라 효과적으로 재고를 통제한다는 것을 알도록 해주기 때문입니다.

- 회사의 재무부서는 정규적인 재무예측을 통하여 또는 다른 보고서에 의해 재무위원회가 가능한 한 완전하게 회사의 상태와 미래 자본 필요 액수를 알 수 있도록 그 문제에 긴밀한 관심을 갖고 상황을 항상 면밀하게 추적할 것을 기대해야 합니다.

이러한 의견들은 GM의 새로운 재무통제시스템을 위한 최초의 구체적 단계들이었다. 그것들은 1921년 5월에 재무위원회에 의해 승인되었고, 회사의 정책으로 자리 잡았다. 재고위원회는 폐지되었고, 재고관리는 각 사업부들로 돌아갔다. 그다음 통제 수단은 사업부가 추후 4개월 동안의 사업에 대한 예측치가 되었고, 그것은 1921년 중반에 운영 책임을 가진 부사장인 나에게로 왔다. 이런 예측은 재고통제의 핵심이었고, 그것을 검토하고 승인하는 것은 나의 책임이었다. 사업부 경영자들은 아직도 재료를 직접 구매하지만, 구매량은 승인된 생산일정에서 정해진 승용차와 트럭 수를 만드는 데 필요한 만큼만 구매하도록 허용되었다.

생산통제

개념적으로 그리고 실무적으로 비상상황이었던 1920년에서 1921

년에 나온 대책들은 주로 미완성품과 계약의 통제에 관련을 가지고 있었다. 거기에 완성품 재고를 통제할 좀 더 만만찮은 문제들이 해결되지 않고 남아 있었다. 이것은 보유 중인 차를 판매하는 문제뿐만 아니라 차 생산의 수준을 통제하는 것을 내포하였다. 이런 목표를 달성하기 위해 우리는 위에서 언급한 4개월치 예측 범위를 추정 판매량, 생산량 그리고 이익뿐만 아니라 공장 투자, 운전자본 그리고 미해결 재고 계약을 포함하도록 확대했다. 이런 확장된 예측들을 사업부에서 작성하였고, 매월 25일에 내 손에 들어왔다. 그것들은 당월과 다음 3개월 예측치를 포함하고 있었다. 나는 각 사업부의 예측치를 기준으로 재무담당 부사장과 협의한 후, 각 사업부의 생산일정을 승인하거나 수정했다. 내가 사장에 취임하기 전후 몇 년 동안 이런 방식이 브라운 씨와 나를 계속적으로 관련시켰다. 생산일정에 대한 나의 승인은 생산을 진행하고 재료의 인도를 위한 구매나 계약을 하도록 사업부장에게 권한을 부여했다.

이 절차는 GM의 예측에 도입된 최초의 중요한 활동이었다. 1921년의 위기 전에는 재무책임자가 재무위원회를 위해 단지 일부 유형의 예측들만 마련하였다. 회사 전체의 매출, 순이익, 운전자본 그리고 현금 예측을 포함하는 재무책임자의 예측들은 본사의 재무기획에 유용하였다. 그러나 그것들은 운영결과의 예상에 대한 사업부 자체의 추정이 나타나 있지 않았을 뿐만 아니라 사업부의 자세한 명세까지는 포함하지 않고 있었다. 따라서 사업부장들은 자신들의 권한과 동떨어져서 만들어진 예측을 달성하기 위해 책임을 질 수 없었다. 그래서 이 예측들은 사업부의 운영계획들을 평가하고 통제하는 데 있어서 거의 가치가 없었다. 그리고 재무책임자의 매출에 대한 예측은 정확성이 높지 않았는데, 그것은 고객과 괴리되어 만들어진 하나의 추측에 불과했기 때문이다.

또한 1921년에 신 경영은 생산일정의 기초가 되는 자료를 거의 갖고 있지 않았으나, 여하 간에 우리는 사업을 계속 진행해야 했다. 사업의 성격상 봄철 수요에 대비한 재고를 가지고 있어야 했다. 당시 모델연도 말 3, 4개월 전인 6월과 7월에 우리는 모델연도의 잔액에 대한 매출을 추정해야 했는데, 이는 신 모델이 출시될 때 현재 모델 차의 재고를 처리하기 위한 것이었다. 이런 추정은 변동될 수 없었다. 왜냐하면 우리는 계산에 근거하여 재료의 적정금액을 산출해야 하기 때문이었다. 우리의 추정절차는 몇 년에 걸쳐 발전되었지만 원칙적으로 우리는 아직도 똑같이 하고 있다.

물론 예측에서 주요 요소는 예상 매출을 근거로 승용차와 트럭을 몇 대 생산할지가 결정된다는 것이다. 특정일에 판매할 준비가 되어 있는 특정한 차의 대수를 산출하는 데 소요되는 생산의 수준과 생산을 지원하기 위해 필요한 재료의 양은 전적으로 상대적으로 하기 쉬운 기술적 계산에 의해 결정될 수 있다. 정말로 중요한 문제는 우리가 얼마나 많은 차들을 판매할 수 있는지를 예측하는 것이었다.

우리는 사업부장들이 직접적으로 자동차 판매 예측에 대해 책임을 갖도록 하여 가능한 한 정확하게 판매 예측을 하도록 유도했다. 사업부장들에게 이러한 책임을 준 이유는 그들이 소비자와 더 가까이 있으므로 판매 추세에 대해 정통할 가능성이 높기 때문이다. 1921년 초에 나는 사업부장들에게 매월 10일, 20일 그리고 마지막 날에 10일 동안 공장에서 실제 생산한 양과 판매한 양에 대한 보고서를 제출하도록 요청했다. 나는 그들에게 월말에 수주를 채우지 못한 차의 대수, 공장에 보유 중인 완성차의 대수, 그리고 딜러가 보유 중인 차의 추정대수를 파악하여 보고하도록 요청했다. 그 당시 이러한 보고서들은 — 그것들은 딜러의 재고에 대한 설익은 추정이었지만 — 참신했고, 수년 동안 그것들은 GM에서 차 생산 소요량을 결정하기 위해 유일한 사실적인 자료였다.

우리의 정보시스템에서 본사와 사업부가 파악하고 있는 소매 수준에는 큰 격차가 있었다. 우리는 사업부에서 딜러들이 판매하고 있는 승용차와 트럭의 대수는 알고 있었지만 그러한 차량이 대중에게 재판매되고 있는 비율을 알지 못했다. 즉, 우리는 실제 소매시장과 접촉이 없었다. 사업부장들은 나에게 딜러가 보유 중인 차의 대수에 대해 월간 보고서를 제출했다. 그러나 그들 중 대부분은 딜러들에게 자료를 직접 제출하도록 요청한 것이 아니라 딜러의 재고를 추정한 것이었다. 이 방법은 — 또는 그것의 결여는 — 시장의 변화에 대한 우리의 민감도를 제한했다. 이는 본사 스태프의 판매 예측을 취약하게 만들었을 뿐만 아니라 여러 주가 지난 수치를 기준으로 예측하도록 만들었다. 이러한 시차는 위험할 수 있었다. 그것은 사실상 새로운 위기의 원천이 되었다.

1922년 초 나는 사업부장들에게 연도 말에 익년도에 대한 그들의 예상운영결과에 대한 추정치를 정기적으로 4개월분의 추정치와 함께 제출할 것을 요청했다. 이들 연간 추정치들은 세 가지 다른 추정치를 포함하고 있었다. 나는 그들에게 익년도에 대해 예측할 때에는 매출액, 순이익 그리고 자금소요액이 어떻게 될 것인지에 대해 비관적, 보수적 즉, 가장 가능성이 높은 그리고 낙관적인 예상 기준을 각각 적용하도록 요구했다. 운이 좋게도 이런 자료들은 의무적인 약속으로 생각되지 않았는데, 그 이유는 이 자료들이 매우 정확하지는 않았기 때문이다. 단기예측은 보통 꽤 정확했고, 1922년과 1923년에는 장기예측도 정확도가 높았지만 1924년의 장기예측은 너무 높게 예측되었다. 그해에는 비관적 예측에서조차 그 예측치가 너무 높았다.

이러한 예측오차가 발생한 데는 이유가 있었다. 1923년은 경기가 아주 좋았으나 사업부들 중 일부, 특히 쉐보레는 잠재적으로 판매할 수 있었던 부분을 판매하지 못했다. 그 이유는 필요한 시점에 최종소비자에게 차를 공급할 수 없었기 때문이다. 대부분의 사업부장들은 이러한 경험들을 1924년의 전망에 반영했고, 생산 부족 때문에 판매하지 못하는 일이 발생하지 않도록 대처했다. 그들은 1924년 전반부에 생산 속도를 높게 설정했다. 1923년 말경에 가서 사업부장들 중 일부는 예상된 봄철 수요에 대처하기 위해 겨울 동안 승인된 생산소요량을 초과해서 생산할 것을 허용해 달라고 요청했다. 나는 재무위원회에 이런 요청을 승인할 것을 권고했고, 위원회는 그렇게 하였다.

나는 판매 증가가 예상된다는 것에는 동의했지만, 일부 사업부들은 정당화될 수 있는 매출 증가 수준 이상으로 차를 생산할 계획들을 가지고 있다는 생각을 하고 있었다. 나는 여러 사업부장들에게 그들의 생산일정을 재고할 것을 요청했다. 그러나 각 사업부장들은 자신들이 생각하기에 초안에서 제시한 일정이 정당하다고 응답했다.

1924년 초에 위험 징후가 나타나기 시작했다. 1924년 3월 14일자 재무 및 집행위원회에 대한 보고서에서 나는 회사와 업계 전체가 아마도 이전의 어떤 시점보다도 많은 숫자의 재고들을 딜러들, 유통업체들 그리고 지점에 보유하고 있다는 것을 지적했다. 1923년 10월 1일에서 1924년 1월 31일까지 4개월간의 판매량과 생산량 수치들을 전년 동기의 수치와 비교한 결과, 최종소비자에 대한 우리의 판매가 약 4% 하락하는 동안 우리의 생산은 약 50% 증가했다는 것을 보여주었다. 여기에 시간차이가 나타났다. 나는 1924년 3월의 첫째 주까지 이들 수치들을 받아보지 못했다.

나는 사업부장들에게 위험이 증가하고 있다고 경고했고, 쉐보레와 오클랜드의 생산일정을 즉시 대폭 축소하라고 지시했다. 사업부장들은 마지못해 따랐다. 바로 3월 말에도 그들 중 몇 사람은 아직도 자신들의 실망스런 판매수치들은 완전히 악천후의 결과였으며, 날씨가 좋아지면 곧 활발한 판매가 당초 생산율을 정당화할 것이라고 생각하고 있었다.

그 당시 나는 현재의 재고 수준이 아니라 7월 1일경에 재고가 남아도는 상황이 의심되었다. 브라운 씨의 수치들은 모든 것이 좋지 않다는 것을 보여주었고, 나는 그것들을 제대로 인식하고 있었지만, 판매에 책임을 가진 사업부 사람들을 무시하는 것 같아 망설여졌다. 항상 수치를 다루는 사람과 판매원 간에는 약간의 충돌이 있을 수 있다. 왜냐하면 판매원은 그들이 자주 그렇게 하는 것처럼 통계적 상황에 관해 무엇인가를 할 수 있다고 생각하기 때문이다. 나는 상충하는 상황에서 해왔던 것과 같이 브라운 씨와 사업부들의 중간에 개입했다. 그러나 1924년 5월, 당시 브라운 씨와 나는 유통 문제들을 논의하기 위해 딜러와 그들의 사업장소인 현장을 방문했고, 그때 의심의 여지없이 3월의 감축이 적절하지 못했고, 7월 중에 과잉생산은 가능한 것이 아니라 이미 확실하다는 것을 알게 되었다. 대기업의 최고경영자가 스스로 재고를 실사하여 가시적인 과잉 생산을 발견한다는 것은 흔한 일이 아니었다. 그러나 자동차는 계산하기 쉬운 큰 단위들이다. 나는 첫 번째 방문지인 세인트루이스, 캔자스시티, 그리고 로스앤젤레스의 주차장에 줄지어 세워져 있는 재고들을 보았다. 이 경우에 수치를 다루는 사람이 옳았고, 판매원들은 틀렸다. 모든 곳에서 재고는 과도했다.

당시 나는 GM의 CEO로 재임하고 있는 동안 사업부장들에게 내린 몇 가지 엄명들 중의 하나를 발령했다. 이 명령서는 모든 사업부장들에게 생산일정을 즉각 단축하도록 지시했다. 회사 전체로 볼 때 감산 규모는 월 약 3만 대에 달했다. 생산일정을 급격하게 단축함으로써 딜러가 보유하는 재고수준을 몇 개월 동안 허용 가능한 수준으로 감소시킬 수 있었으나, 해고당한 종업원들에게 상당한 경제적 고통을 안겨주었다.

1924년 6월 13일에 나는 재무위원회에 의해 과업을 부여받았는데, 그것은 예상을 제대로 하여 과잉 생산을 방지하는 것이었다. 위원회는 나에게 우리의 생산일정이 어떻게 개발되었는지, 그리고 봄과 여름 동안 딜러의 수중에 과도한 숫자의 재고가 있는 것에 대한 책임이 어디에 있는지, 그리고 재발을 피하기 위해 우리가 어떤 제안을 했는지에 대해 설명할 것을 요청했다. 위원회의 질문은 다음과 같다:

> 첫째, 지금까지 생산일정 개발 시에 어떤 절차계획을 따르고 있었는가?
> 둘째, 현장의 자동차 재고가 2월 말에 약 23만 6,000대인 것을 알면서도 2월 25일의 예측에는 4월에 10만 1,209대를 생산한다고 했는데, 이는 어떤 근거에 의한 것인가?
> 셋째, 운영사업부들이 조기에 현장의 미판매된 차의 재고와 소비자 수요에 맞추어 그들의 생산을 좀 더 과감하게 축소하기 위해 왜 조치를 취하지 않았는가?
> 넷째, 장래에 과잉 생산 문제가 발생했을 때 생산일정을 효과적으로 통제하기 위해 어떤 조치를 취할 것인가?
> 다섯째, 월별 예측이 일반사업 상황에 대한 위원회의 판단과 조화를 이룬 소비자에 대한 판매량을 예측했는지의 여부를 결정하기 위해 그것을 가능하게 한 일반적 상황 측면에 관해 재무위원회는 어떤 방식으로 정보를 얻게 될 것인가?

9월 29일에 열린 위원회에서 나는 사업부들 중 일부, 특히 쉐보레와 오클랜드를 질책했다. 한편, 캐딜락은 어떤 식으로든 최종 소비자에게 자동차를 판매한다는 사고를 가지고 생산 관리를 해온 유일한 사업부였다고 칭찬했다. 다른 사업부들은 일반적으로 판매 관점에서의 책임은 딜러나 유통회사에 인도하는 것으로 종료되고, 회사는 더 이상 그 상황에 관심을 가지고 있지 않는다는 생각을 바탕으로 그들의 생산일정을 개발했다. 1924년의 사건에 대한 우리의 대응은 생산일정의 통제 절차 개발에서 하나의 전환점을 만들었다. 나는 그 당시의 상황을 재무위원회에 보고서로 제출하면서 다음과 같이 서술했다:

> 첫째, 1924년 7월 1일 전후의 생산일정은 판매 관점에서 책임이 딜러나 유통회사에 제품을 인도함으로써 종료되고 회사는 더 이상 거래에 관심을 갖지 않는다는 이론에 근거해서 다양한 방법으로 개발되었습니다. 딜러와 유통회사가 강제로 차를 떠맡을 수 있는 한 상황은 완전히 건전하고 건설적인 것으로 간주되었습니다.
>
> 둘째, 근본적인 것에 대한 진정한 연구를 해온 적이 없습니다. 이것은 소비자에 대한 차의 판매 정보 — 명백하게 진실한 지수 — 가 지난 2년 동안 다소간 만족스럽게 이용되어왔지만, 이런 근본적 자료는 결코 생산일정의 작성에서 지침으로 개발되어 활용된 적이 없다는 것을 의미합니다.
>
> 셋째, 1924년 7월 1일 실제의 기본적 수치를 근거로 하고 완전히 과학적 기준에서 생산일정을 잡는 절차가 개발되었습니다. 이러한 일정 개발에 대한 책임은 현재 운영사업부들과 회사 그 자체 간에 명확히 설정되지 않았습니다. 회사로서는 건설적인 분담방법이라고 확신하고 있습니다. 「소비자에 대한 인도, 생산, 재고 및 판매에 대한 예측」이라는 이름을 가진 이러한 절차에 대한 문서 하나가 이미 귀 위원회에 제출되었지만, 이 보고서를 완전하게 만들기 위해 소비자에 대한 인도 예측에 근거한 필요 생산량의 분석을 처리하고 있는 부문은 「예시 A」에 첨부되었습니다.
>
> 넷째, 생산일정에 대한 적절하고 근본적인 개발이 결여되었다는 것은 GM 사업부만의 문제는 아니었습니다. 사실상 전체 업계에서 동

일한 방법을 따르고 있기 때문입니다. 이런 상황은 평균적인 자동차 딜러가 현재 겪고 있는 경제적 상황을 불러일으킨 이유들 중의 하나입니다. 그 상황은 5월 중에 이루어진 현장 시찰의 결과로 귀 위원회에 보고되었습니다.

다섯째, 회사를 대표하여 서명인은 충분히 고려한 후에 귀중한 서비스를 수행하고, 다른 자동차 제조업체들이 장래에 따를 하나의 선례를 세운 것으로 인정받은 한 보고서를 발행했습니다. 그것은 딜러와 유통회사로부터 받은 코멘트와 자동차신문의 사설에 의해 입증되었습니다.

당시 재무위원회에 대한 나의 보고서에 나는 다음과 같이 사견을 요약했다:

(a) 그것은 GM코퍼레이션의 상황만 반영한 것이라기보다는 업계 전체를 반영한 것입니다. 논리적으로 그래야 하는 것보다 아직 개발되지 않은 다른 많은 중요한 고려사항들처럼 이러한 종류의 것은 아무것도 성취된 것이 없습니다. 이것은 아직 완전히 안정되지 않은 업계에서는 자연스럽게 발생하는 현상으로 보아야 합니다.

(b) 의심할 바 없이 GM은 현재 생산일정에 대한 완벽한 통제를 하고 있습니다. 본인은 더 나아가 GM에 의해 선언된 정책은 회사의 딜러정책에 의해 입증된 대로, 그리고 타 제조업체들의 입장에서 유사한 보고서에 의해 딜러들의 경제적 상태를 도울 수밖에 없고, 그에 따라 GM은 이런 중요한 부분에서 업계에 큰 도움이 될 것입니다.

나는 사안의 중요성 때문에 1924년의 에피소드를 자세히 말했다. 왜냐하면 그것은 GM에서 합리적이면서 효과적인 생산 통제가 시작되었음을 보여주기 때문이다. 이것은 소비자들이 전국에 분포하고 있는 어떤 회사에게나 적용 가능한 기본적인 것이며, 특히 GM에서는 두 가지 유형을 가진 사람들의 업무 조정을 내포한다는 측면에서 매우 중요한 의미를 갖는다. 한 유형은 그의 타고난 열정, 낙관주의 그리고 자신의 노력으로 총매출에 영향을 줄 수 있다는 믿음을 가진 판매관리자sales manger다. 다른 유형은 일반적 수요의 증가에 대해 객관적으로 분석하는 통계인statistical person이다. 이들 두 견해 간의 다툼을 해결하는 것은 예를 들어, 얼마나 많은 차들을 딜러가 재고로 가질 것인지를 예측하는 데 아이디어를 줄 것이다. 이런 다툼은 우리가 판매에서 계절적 정점을 가진 생산수준을 조정하는 문제와 관련하여 특별히 극심했다. 그리고 물론 이것의 뒤에는 생산 통제라는 근본적인 문제가 있었다.

두 가지가 관여되어 있는데, 첫째는 예측의 기술이고, 둘째는 예측이 틀린 것으로 입증되었을 때 대응시간을 단축하는 것이다. 그것은 복잡한 수학적 예측기법들이 개발된 오늘날에도 발생하는 문제다.

본사에서 사실의 발견과 분석기법들을 개발하기 시작한 이래 우리는 업계의 총수요와 전체 모델 연도에 대한 우리의 제품의 총판매를 예측하는 데 있어서 사업부보다 유리한 입장에 있었다. 그리고 생산, 딜러의 재고수준, 그리고 일반재무계획은 모두 전체 모델 운영에 대한 전망에 의존하기 때문에 우리는 1924년에 소비자수요에 대한 하나의 공식적인 회사 전체 추정 — 즉, 다가오는 해에 전체 자동차산업에서 일반대중에게 팔릴 가능성이 있는 각 가격그룹에서의 자동차 판매대수에 대한 추정 — 을 설정하고, GM이 합리적으로 획득할 것으로 기대되는 비율을 가격그룹별로 염두에 두면서 이것을 사업부장들의 예측과 관련시키기로 결정했다. 회사 전체의 추정은 과거 3개 매출연도 동안 실제 판매 경험과 다가오는 연도에 대한 일반 사업전망에 대한 평가에 기준한 것이었다.

우리는 1924년 봄에 사업부들에 대해 제한을 두는 첫 번째 실제 조치를 단행했다. 브라운 씨와 나는 위의 라인에 따라 회사 전체와 각 사업부에 대한 하반기의 추정 사업량을 계산했다. 우리는 이 기대판매량을 '지수량index volume'이라고 불렀는데 이는 12개월 동안의 신호로 간주되었다. 지수량이 운영위원회에 의해 승인된 이후, 나는 1924년 5월에 사업부장들에게 지난 6개월에 대한 예측을 그 지수에 기준하도록 요청하는 문서를 보냈다. 이 문서의 일부분을 인용하면 다음과 같다:

> 지금까지는 이들 추정치들[사업부의 판매추정치들]을 요청하는 데 있어서 그들이 고려하는 기준, 즉 거래량은 각 운영사업부의 개별적 판단에 맡겨져 왔습니다. 이때와 [그 연도의] 하반기를 다루는 데 있어서 본인은 우리가 앞으로 건설적인 단계를 취하고 있다고 믿습니다. 본인이 하고자 하는 말은 운영위원회는 하나의 집단으로서 7월 1일에 시작되는 제조 연도에 대한 사업 추세를 결정했습니다. ……사정이 그렇다면, 우리는 사업부들이 그들의 운영결과를 좀 더 정확하게 예측하는 데 있어서 도움이 될 특정 정보를 제공할 수 있습니다.
>
> ……본인은 우리가 GM에서 처음으로 현재 회사 전체로 볼 때 1년 후에 어떤 가능성이 있는지에 관해 명확하고 논리적으로 표현된 관점에서 다루는 것이라 믿습니다. 물론 추세는 변할 것입니다. 그것은 개선될 것이고, 개인적으로 그렇게 될 것이라고 믿습니다. 축소될 수도 있지만 그 가능성은 낮다고 생각합니다. 어느 쪽이건 조정은 지금까지 GM과 이 업계의 특징이었던 극단적 정점과 바닥을 제거하는 방식으로 매월 이루어질 것입니다.

통계에 대한 내부적 대립에 관한 이런 이야기는 어떻게 풀어나가야 할 것인가? 그것은 기본적으로 통계적 통제 대 판매기술의 문제였다. 그것은 1923년의 호황연도에 곧바로 따라온 일반경제의 불황으로 1924년에는 결정적인 국면에 이르렀다. 그 당시 판매원들과 사업부 경영자들은 파도를 타고 있다는 환상에 사로잡혔다. 당시 우리 조직은 과도하게 분권화되어 있었는데, 나는 이 구조 속에서 그들이 파도를 타고 있는 환상에 빠져 있는 것을 허용했다. 그러나 실제로 이것은 판매원들을 지지하는 단순한 편향이 아니었다. 왜냐하면 나는 그들의 관습에 반대할만한 확실한 정보를 가지고 있지 않았기 때문이다. 전술한 바와 같이 그 정보는 정확하지도 않았고 충분히 포괄적이지도 않았기 때문에 취약했고 때늦었다. 그것은 딜러가 가진 재고와 공급되지 않은 주문들로 추론하여 계산한 것이었다. 일정 기간 동안 이만하면 된 것 같았지만 중요한 것은 '기간'이었다. 우리는 차 판매에 대해 가장 최근의 5~6주에 관해 아무것도 알지 못했고, 따라서 이때 발생한 차이는 한편에서는 통계전문가들이 추측한 추세선에, 다른 한편에서는 낙관적 관습을 가진 판매원들의 (어림)짐작으로 메웠다. 전술한 바와 같이 나는 주장에 대한 논쟁을 판단할 어떤 수단도 없이 중간에 있었는데, CEO로서는 불편한 입장이었다.

이런 이유로 먼저 그 모델 연도에 대한 판매예측을 가지고 사업부를 제한할 필요성이 있었다. 그러나 이런 기대는 시장에서의 실제 상황에 따라 쉽게 틀어질 수 있으며, 더 나아가 기대치보다 모자라기도 또는 기대치보다 뛰어나기도 할 수도 있기 때문에 그 기대를 다시 조정하도록 하는 교정기구가 필요했다. 그리고 자동차산업에서 프로그래밍이나 계획 없이 운영할 수 없다는 것도 생각해야 했다. 그것은 수치들을 미래에 대한 지침으로 존중하는 문제이다. 근본적인 요소인 예측과 교정은 둘 다 똑같이 중요하다. 모델 연도에 대한 예측은 실제 생산 수준에 대한 계획, 지출 및 다른 준비들에 의존하여 연도가 시작하기 몇 달

전에 이루어졌다. 모델 연도가 시작된 후에 이러한 예측지수량은 자주 수정되었지만, 6개월에서 8개월치에 대한 도표이고, 그 후 최종 변경을 한 다음 모델 연도는 마감된다. 물론 다듬기는 그보다 빨리 고정된다. 그러나 모델 연도가 시작된 후 다른 기본적 궤도를 수정하기 위한 통제수단은 우리가 받은 현재의 정보의 정확성과 신속성에 의존한다. 이는 1923~24년에 얻은 교훈이었고, 다음의 행동으로 이어졌다.

우리는 1924년과 1925년에 10일마다 딜러가 사업부로 통계보고서를 보내는 시스템을 구상했다. 이 보고서의 핵심은 딜러들이 보유 중인 신차와 중고차 대수와 함께 딜러가 10일 동안 소비자에게 판매한 중고 및 새 승용차, 트럭에 대한 정보를 제공하는 것이다. 딜러들이 수중에 중고차 재고를 가지고 있다면, 그것이 신차 판매를 방해할 것이기 때문에 중고차 재고를 파악하는 것은 매우 중요했다. 10일마다 보고하는 이 정보를 통해 사업부들은 현장에 대한 최신의 상황을 알 수 있었다. 당시 사업부들과 본사 스태프들은 이 보고서를 바탕으로 개선 조치를 취할 수 있었고, 새로운 예측을 더욱 정확하게 했다.

우리는 판매 예측을 더 정확하게 하기 위해 딜러들로부터 10일마다 보고하는 보고서와 함께 소매 판매에 대한 독립적인 자료들을 사용했다. 우리는 1922년 말 이래로 신차등록에 대한 정기적 보고서들을 R. L. 폴크 컴퍼니R. L. Polk Company로부터 얻었다이 보고서는 동종업계의 다른 업체들도 이용 가능했다. 따라서 전체 생산 일정은 좀 더 엄격하게 잡았고, 생산 일정의 개발에 대한 운영사업부들과 회사경영진의 책무를 명확하게 정의했다.

우리는 항상 소매수요를 추정할 때 우리의 기법들을 정교하게 개선하기 위해 노력했다. 유통 및 재무스태프들은 시장을 어느 정도 성공적으로 분석했다. 1923년에 판매 부문은 1921년에 브래들리 씨에 의해 공식화된 '수요의 피라미드'가 있다는 당시의 지배적인 개념을 기준으로 자동차시장 전체에 대한 포괄적인 연구를 시행했다. 그 연구는 다음 몇 년 동안 시장 전체의 규모, 다양한 가격대들의 시장 잠재력, 시장 규모에 따른 가격인하의 효과, 신차와 중고차의 경쟁적 관계, 그리고 소위 시장이 언제 '포화점saturation point'에 도달하게 될지에 대한 정보를 제공하려고 시도했다. 이 연구 결과들은 시장에서 미래의 성장을 너무 적게 추산하였음에도 불구하고 그 문제에 대한 포괄적 접근법은 자동차산업의 시장분석기법에서 큰 진전을 가져왔다. 특히 가격대에 의한 시장잠재력의 분석은 중요한 개념임에도 불구하고 이전까지는 만족할 수준까지 충분히 개발되지 않았다. 또한 1923년 연구는 미국에서 잠재적 자동차 수요와 소득분배 간의 관계를 명확하게 보여주었다. 이 지식을 바탕으로 우리는 우리의 판매 전략과 생산능력을 기획하는 데 있어서 수요 피라미드에 대한 좀 더 의미 있는 분석을 할 수 있었다.

1923년의 연구는 시장의 미래 성장을 정확하게 측정하는 데 실패했다. 그 이유는 신차 판매에 대한 두 가지 중요한 요소를 과소평가했기 때문이다. 이들 중 하나는 제품이 지속적으로 개발되면 소비자들이 느끼는 가치가 증가하며 더 많은 수요를 유발할 것이라는 점을 간과한 것이다. 다른 하나는 경제의 계속적 성장과 어느 특정 연도의 경제상황이 업계의 판매에 미치는 효과에 대한 것이었다. 후자와 관련해 브래들리 씨는 후에 시장잠재력에 대한 고려에 차 판매와 전반적인 경제활동 간에 명백한 관계가 있다는 점을 고려했다. 그와 그의 스태프는 경기순환과정과 자동차산업이 밀접한 관계가 있다는 점에 지속적인 관심을 가졌다. 그리고 경기가 호황일 때, 즉 국민소득이 상승추세에 있을 때 자동차 판매는 소득보다 훨씬 빠르게 증가했고, 사업이 하락추세에 있을 때 자동차 판매는 소득보다 훨씬 빠르게 감소했음을 알아냈다. 경제 전반에 대한 추가적인 통계 자료를 이용함으로써 우리는 분석 기법들을 정교하게 할 수 있었고, 차 판매와 개인소득 간의 밀접한 상관관계를 보여줄 수 있었다. 오늘날까지도 자동차 판매와 세후가처분소득 간의 밀접한 상관관계가 존재한다.

당시의 생산통제문제로 되돌아가 보면, 한 사업부의 연간 총생산을 한 번 예측하면 자동차 판매에는 계절적 변동이 있음에도 불구하고 사업부장들은 그 예측된 산출수준을 유지하기 위해 연중 일정한 비율로 생산한다는 문제가 있었다. 이것은 간단한 문제가 아니었다. 자동차 사업은 어느 정도 계절성이 있고, 개선된 도로들, 덮개 차, 한가한 기간에 보상판매를 증가시키기 위해 딜러에게 재무적 인센티브들을 지급하기 전인 1920년대에는 더욱 그랬다.

딜러의 편의와 완제품 재고의 경제적 통제의 관점에서 공장은 계절적 수요를 따를 수밖에 없었고, 그러기 위해서는 계절에 따라 생산량을 다르게 해야 했다. 이와 같은 관행은 진부화의 위험과 딜러, 제조업체 모두에게 완제품의 보관비용을 감소시켰다. 한편 절대적 수준의 생산 또는 달성 가능성에 가장 근접한 수준의 생산은 공장과 노동의 효율적 활용이라는 관점에서, 그리고 종업원의 복지 관점에서도 이상적이었다. 그러나 경제적 유통과 경제적 생산에 대한 고려사항은 정반대였기 때문에 기획과 판단은 그것들 간에 합리적 균형을 찾을 필요가 있었다.

본사 스태프는 각 사업부의 연도별 판매예측에 대한 계절적 분석, 유지되어야 할 절대적 최소 운용 재고, 그리고 각 4개월의 예측기간 말에 허용 가능한 최소 재고수준을 넘는 최대 계절적 초과량을 계산하는 과정에서 사업부장들을 도왔다. 그리고 10일마다 딜러에게서 보고서가 들어오면 각 사업부장들은 그달의 예측과 실제 결과를 비교했고, 이를 바탕으로 생산 및 구매일정을 검토했다. 이것이 문제의 핵심이었다.

판매가 예측보다 작은 경우에는 생산을 축소했다. 반대로 판매가 증가하고 있다면 공장의 생산 능력 내에서 산출량을 증가시킬 수 있었다. 사업부장들은 매달 현재 판매추세를 바탕으로 다음 4개월간에 대한 예측을 조정했다. 따라서 우리는 소매 수요의 실제 추세를 무시하고 4개월 앞서 책정된 생산일정을 지키고 그것에 묶이는 대신 실제 판매가 변동하는 것을 보고 생산일정을 변경할 수 있게 되었다. 우리는 각 사업부와 딜러들이 보유하고 있는 재고가 바람직한 최소 재고수준 이하로 떨어지지 않도록 하면서 소매 수요에 맞추어 생산을 유지할 수 있었다.

따라서 결국 가장 중요한 것은 모델 연도의 지수의 정확성이 아니라 신속한 보고서들과 실제 시장변동에 빠르게 대응하는 것이었다. 정보의 객관성과 체계적 이용은 회사의 본사 스태프와 사업부를 조정했다. 그것은 1924년과 같은 비합리적 대립을 감소시켰다. 그것은 또한 비용, 고용, 투자 등에 대한 기본적 통제로 작동했다.

새로운 예측과 일정에 대한 효과는 운영 결과에서 명백하게 드러났다. 재료 재고는 최소로 유지됐다. 1921년에 재료, 재공품, 완성품의 총 재고회전율은 약 2회였다. 1922년의 회전율은 4회, 1926년에는 거의 7.5회로 증가했다. 생산적 재고총 재고에서 완성품 차감회전율에서도 매우 큰 개선을 보였다. 그것은 1925년에는 연간 10.5회에 이르렀다.

또한 이러한 발전은 고용 안정을 이루었다. 그러나 생산을 안정적인 수준으로 유지하는 것은 여전히 어려웠다. 이는 미래가 불확실하고, 미래 매출을 예측하는 것이 완전하지 않는 한 앞으로도 계속 그렇게 남아 있을 것이다. 다른 문제들, 예를 들어 경기순환적이고 계절적인 수요의 변동, 자동차 모델의 변화와 일반대중의 구매습관 변화 같은 것도 생산을 안정적으로 유지하는 데 걸림돌이었다. 사실상 우리는 완전한 예측을 달성할 수 있었으나 아직도 우리는 오늘날 할 수 있는 것보다 생산을 더 안정시킬 수 없음을 알고 있다.

완제품을 소비자에게 전달하는 현재의 생산일정에 대한 면밀한 조정은 딜러의 재고회전율을 개선했고, 그에 따라 그들의 이익상태도 개선됐다. 1925년, 미국 전역의 GM 딜러들의 수중에 있는 신차의 재고회전율은 12회로 이전 연도에 대비하여 약 25% 향상됐다.

우리의 생산통제시스템은 기본적으로 1925년에 완성되었다. 그 이후 이 분야에서의 개선은 시스템을 얼마나 더 정교하게 만드느냐의 문제였다.

분권화된 운영의 조화로운 통제를 위한 열쇠

지금까지 지출예산, 현금, 재고 그리고 생산의 각 분야에서의 통제 기법들은 설립했으나, "분권화된 조직 구조와 일치하는 방법으로 회사 전체에 대한 영속적인 통제를 어떻게 행사할 것인가?"에 대한 문제가 남아 있었다. 우리는 이러한 모순에 단호하게 대처하지 않을 수 없었는데, 그것은 실제로 우리 사업의 분권화된 구조와 그것에 접근하는 철학 모두를 양보하지 않고서는 문제를 해결할 수 없었기 때문이다. 나는 앞장에서 1920년대 초에 GM에서의 이론과 사례로 개발된 것과 같은 조직 측면의 문제를 다루었다. 그러나 그것만으로는 충분하지 않았다. 조화로운 통제하의 분권화에 대한 마지막 열쇠는 재무 측면에서 발견되었다. 원칙적으로 그 열쇠는 사업운영의 효과를 검토하고 판단할 수단들을 가지고 있다면 안전하게 그것들에 책임을 가진 사람들에게 사업운영을 중단시킬 수 있다는 개념이었다. 이미 알려진 바와 같이 재무통제의 방법인 일반적 투자이익률ROI의 원리를 사업부의 운영을 측정하기 위한 중요한 수단 중 하나로 전환시켰다. GM에서 재무통제의 기본 요소들은 원가, 가격, 판매량 그리고 ROI였다.

전략적 사업원칙으로서 ROI에 대해 살펴보자. 나는 ROI가 모든 사업에 적용할 수 있는 마술 지팡이라고는 말하지 않을 것이다. 가시적 투자이익이 없더라도 사업을 계속 유지시키기 위해 금전을 지출해야 할 때가 있다. 최종 가격 결정변수는 경쟁이고, 경쟁가격은 기대 이하의 낮은 ROI를 허용할 수밖에 없는 이익을 가져오거나, 때로는 일시적인 손실을 허용할 수밖에 없도록 만든다. 그리고 물가상승 기간에 저평가된 자산이 있을 경우 ROI의 개념에 문제가 발생한다. 그럼에도 사업 판단에 대한 객관적 보조기구로서 ROI보다 더 나은 재무적 원칙이 있는 것 같지는 않다.

이 원칙은 1917년 이래 GM 재무위원회의 판단을 지배해왔는데, 그 시대 이전에 미국에서 듀퐁 사람들과 일부 다른 사업가들의 판단도 지배했다. 나는 그 원칙 자체의 유래는 모른다. 최소한의 분석을 하는 투자자조차 주식, 사채 또는 저축예금에서 발생하는 이익을 생각할 때 투자원금을 고려한다. 또한 나는 모든 사업가는 자신의 총투자를 기준해서 그 이익을 측정한다고 생각한다. 말하자면 그것은 일종의 경기 규칙과도 같다. 사업운영을 위한 다른 측정치들, 예를 들어 매출이익률, 시장침투율이 있으나 그것들이 ROI를 대체하지는 못한다.

그러나 문제는 단순히 특정한 단기간 동안의 ROI를 극대화하는 것이 아니다. 브라운은 기본적으로 장기간 동안의 평균 ROI를 고려해야 한다고 생각했다. 이런 개념 하에 GM의 경제적 목표는 필연적으로 최고의 달성 가능한 사용자본 ROI가 아니라 시장에서 달성 가능한 수량과 일치하는 최고의 이익을 산출하는 것이었다. 장기적 ROI는 사업의 건전한 성장과 일치하는 범위에서 최고로 기대되는 것 또는 우리가

'달성 가능한 경제적 이익economic return attainable'[10]이라고 부르는 것이다.

도널드슨 브라운이 GM에 왔을 때 그는 재무적 지표도 가져왔다. 그것은 재고통제, 생산의 기대 수요와 관련한 자본투자계획, 원가통제 등과 같은 사업의 다양한 국면에서 경영의 효율성과 관계 있는 사실들을 구체화하는 방법이었다. 환언하면 브라운 씨는 광범위한 투자결정을 평가할 뿐만 아니라 각 사업부 운영의 효과를 측정하는 데 사용할 수 있는 방법으로 ROI의 개념을 개발했다. 그 개념은 ROI를 계산하기 위한 등식의 형태로 나타낼 수 있는데, 그것은 아직도 사업부의 성과를 평가하기 위해 듀퐁과 GM에 의해 사용되고 있는 측정치의 하나다. 그러나 이 책은 재무통제의 일반적 개념을 다루는 것이 목적이기 때문에 이러한 공식들은 다루지 않을 것이다.

물론 ROI는 사업상 모든 요인들에 의해 영향을 받기 때문에 누군가 이들 요소들이 개별적으로 이익률과 어떻게 관련되었는지를 알 수 있다면 이는 곧 사업을 꿰뚫어보는 눈을 가지는 것을 의미한다. 이런 통찰을 얻기 위해 브라운 씨는 ROI를 매출이익률profit margin과 자본회전율the rate of turnover of invested capital의 함수로 정의했다(매출이익률×자본회전율=ROI). 이것은 ROI가 증가하는 경우 매출이익률의 증가에 의

---

10 브라운 씨는 그것을 이런 식으로 설명했다:

"독점산업 또는 독특한 상황 하의 개별 사업은 특정 기간 동안 건전한 성장을 희생하는 한편, 가격을 아주 높게 유지하여 한정된 수량만을 판매한다. 가격의 인하는 자본이익률을 저하시킨다는 문제는 있지만, 수요의 범위를 확장시킬 수 있고 수량의 확대는 결과적으로 아주 높은 이익을 제공할 수 있다. 이러한 고려사항들을 제약하는 것은 경제적 자본비용, 공급확장능력, 그리고 가격인하에 의해 수요가 자극받게 되는 정도다.

"따라서 그것은 명백하다. 경영의 목표는 최고의 달성 가능한 자본이익률이 아니라 오히려 요구되는 경제적 추가 자본비용과 일치하는 만큼의 이익을 보증하기 위해 주의를 해야 하는 달성 가능한 수량과 일치하는 최고의 이익률이다. 따라서 기본적 고려는 개별사업에 대한 경제적 자본비용이다."("Pricing Policy in Relations to Financial Control," *Management and Administration*, February 1924.)

해서뿐만 아니라 매출과 관련하여 자본회전율의 증가에 의해서도 가능하다는 것을 의미한다. 브라운 씨가 분리한 이 두 가지 요소 각각은 운영에서 손익의 구조를 알기 위해 수치들을 합하거나 분해하는 하나의 사례라고 해도 될 것이다. 기본적으로 이 과정은 사물들을 보다 가시적으로 만들었다. 독특한 것은 그것이 운전자본과 고정자본의 필요에 대해 그리고 다양한 원가요소에 대해 경험에 근거한 상세한 표준이나 척도의 창안을 가능하게 만들었다는 것이다. 브라운 씨는 영업비용과 제조비용의 표준을 얻기 위해 미래 계획을 반영하여 일부를 수정한 과거 성과를 사용했다. 따라서 설정된 척도가 실제 성과와 비교되었다. 재무통제원리의 핵심은 이러한 비교에 있다. 예를 들어 브라운 씨는 재고와 운전자본의 크기가 상이한 사업부의 자본회전율에 어떻게 영향을 주는지 또는 어느 정도의 판매비가 얼마만큼의 이익을 가져오는지를 보여주는 표들을 만들 수 있었다.

이런 개념들을 이용하기 위해 각 사업부장들은 총 운영결과에 대한 월간 보고서를 제출했다. 이 보고서에 포함되는 자료는 ROI에 의해 사업부의 성과를 측정하기 위한 표준을 제공하는 방식으로 본사 재무부서의 표준 양식에 따라 작성되었다. 각 사업부장들은 자신의 사업부에 대한 정보가 자세히 열거되어 있는 이 양식을 받았다. 이것은 이익률 척도로, 수년간 회사 내에서 각 사업부의 서열을 결정하는 데 사용되었다.

최고경영자는 사업부의 ROI 보고서들을 계속 연구했다. 연구 결과가 만족스럽지 않았다면 나 또는 다른 어떤 일반경영자가 사업부 경영자들과 어떻게 시정조치를 취해야 할지에 대해 협의했다. 내가 최고운영책임자COO로서 사업부들을 방문할 때, 나는 자동차사업부들의 경쟁적 지위를 포함하는 회사의 각 사업부에 관한 역사적이고 예측적인 정보 모두를 체계적 방법으로 담고 있는 책을 휴대했다. 수치들은 문제들에 대해 자동적으로 답을 주지는 않았다. 그것들은 단지 사업부들이 이전의 성과가 어떤지, 각 사업부들은 그들의 예산에 반영된 대로 운영되고 있는지의 여부를 판단할 사실들만 보여줄 뿐이었다.

초기 ROI 양식에 약간의 수정을 가하긴 했지만, ROI는 아직도 GM에서 영업사원에게 성과의 표준으로서 이익률의 의미와 중요성을 교육하는 첫 단계로 사용되고 있다. 그것은 경영자들에게 건전한 의사결정을 위한 정량적 척도를 제공함으로써 열린 마음으로의 소통을 하는 것과 사실에 기반을 두어 객관적으로 검토하는 것과 같이 GM에서 가장 중요한 특징들의 기초를 다졌다.

처음에 우리의 방법에는 명백한 한계점들이 많이 있었다. 예를 들어, 보고서들은 평가와 비교를 위해 통일되고 일관된 기준을 설정해야 한다. 통일성uniformity은 재무통제의 기본이다. 불가능한 것은 아니지만, 통일성이 없으면 비교하기 어렵기 때문이다. 따라서 당면한 과업들 중 하나는 본사와 사업부들 내의 모든 회계조직을 강화하고, 조직 전체에 표준회계실무를 제도화하는 것이었다. 1921년 1월 1일에 회사 전체의 계정분류를 표준화하였다. 1923년 1월 1일에 통일된 일련의 절차를 규정하고 있는 표준회계 매뉴얼을 회사 전체에 배포했다. 1921년에는 사업부들의 재무조직들과 본사의 재무스태프를 조정하기 위해 사업부 회계책임자들에 대한 이중 책임의 원칙을 재확인했다. 그것은 1919년에 도입되었는데, 그러한 회계책임자들이 그들의 사업부장들뿐만 아니라 회계책임자까지 책임을 갖도록 한 것이다.

통일된 회계시스템의 개발은 우리가 각 사업부의 내부통제를 분석하고, 한 사업부의 운영성과를 다른 사업부의 그것과 비교 가능하게 했다. 그러나 마찬가지로 중요한 것은 통일된 회계시스템이 실제 생산원가와 운영효율의 평가를 위한 척도 개발 모두에 대한 약간의 예외를 가진 간접비회계 지침들을 만들었다는 것이다.

표준생산량의 개념

ROI 개념을 개발하여 적용하고, 절차를 표준화하는 데 있어서는 진전을 이루었지만, 1925년까지 우리의 성과들을 어떻게 측정하는지에 대해 잘 정의된 통제 목표는 없었다. 실제적인 문제로서 생산량이 해마다 많이 변했기 때문에 성과의 변동성도 컸고, 이것은 평가를 특별히 어렵게 만들었다. 1925년 초에 우리는 브라운 씨가 개발한 한 가지 개념을 채택했는데, 그 개념은 수년 동안 평균 또는 '표준생산량standard-volume' 기대치를 장기적인 ROI 목표와 연결시키는 것이었다. 장기적인 ROI 목표는 사업운영효율과 판매가에 대한 경쟁적 압력의 영향을 평가하는 데 유용한 척도를 제공한다고 생각하고 있었다. 이런 접근법을 가지고 있으면 장기적 이익 목표를 망각할 가능성이 없고, 우리의 가격들을 평가하는 데 있어서 경쟁이 어느 정도 목표 달성을 막고 있는지를 알게 된다. 물론 브라운 씨가 개발한 개념은 단지 이론적인 것이다. 왜냐하면 운영결과들은 실제 가격의 상호작용에 의해 결정되고, 경쟁적으로 결정되며, 총원가는 생산량에 관계없이 특정연도에 발생하기 때문이다. 그러나 우리는 단기 생산량 변동에 의해 영향을 받지 않는 척도를 적용함으로써 장기적 이익 목표에서 벗어나고 있는 부분을 분리할 수 있고, 그것과 관련한 근본적인 원인들을 완전히 평가할 수 있었다. 그 개념은 실제 경영문제들에서 탄탄한 이론을 바탕으로 우리를 이끌 경영철학의 좋은 예다.

표준생산량 개념은 수년 동안 평균생산량에 기준하여 사업과 사업부들의 장기적 성과와 가능성을 보기 위한 하나의 방법이다. 나는 1923년 5월에 절차의 형태로 이 정책을 수립함에 있어서 이렇게 기록했다:

> ……우리의 주주가 관심을 갖는 것은 우리가 관여하고 있는 사업의 가능성에 대한 평균적이고 공정한 측정치인 매년의 이익이다. 그것은 이 절차에서 요약된 원칙의 설정이 이런 결과를 가져올 것이라고 믿어진다.
>
> 가격을 책정하기 위한 명확한 규칙은 결코 엄격하게 고수할 수 없다. 그것은 결코 의도한 것이 아니다. 그러나 원가, 조업도 그리고 사용자본 이익률과의 적절한 관계를 반영하는 표준가격의 개발은 회사가 각 개별 사례에서 무엇을 해야 하는지의 결정을 하도록 하는 데 가장 유용해질 것이라고 생각된다.

표준-생산량 접근법에는 생산량, 원가, 가격 그리고 자본이익률이라는 요소들이 있다. 주어진 생산량, 원가, 가격 — 이론적이지만 경험에서 발견된 — 이 주어졌을 때 기대이익률을 계산할 수 있다. 실제 이익이 기대이익과 다르다면 경쟁으로 인해 가격이 달라졌거나 어디에선가 원가가 크게 달라 원가를 검토하라고 암시하는 것이다. 이 경우 생산 공장이 뒤죽박죽되어 50명의 남자가 아무것도 하지 않고 있는 것을 발견할 수도 있다. 이것은 전형적인 것은 아니지만 실제로 발생한 적이 있다. ROI를 계산하면 생산량이 채택된 표준단위 생산량보다 높거나 낮은 경우 그 결과를 예측할 수 있다.

이 분야에서 브라운 씨와 브래들리 씨는 생산 속도에 따라 단위당 원가의 변동성이 달라진다는 것을 반영했다는 점에서 이론적으로 기여한 바가 크다. 재료비와 임률이 매우 안정되어 있는 한 제조직접비는 생산량과 관계없이 일정하게 남아 있는 경향이 있다. 생산되는 모든 차는 일정한 양의 강철을 포함하고 있다. 그것은 또한 엔진, 휠, 타이어, 배터리 등을 포함한다. 제조 및 조립을 위해서는 특정한 노동시간이 필요하다. 우리의 생산엔지니어와 원가 추정자들은 제조 및 조립활동을 위해 소요된 각 구입부품, 사용된 다양한 종류의 재료량, 그리고 노동시간을 위해 지급한 금액을 결정할 수 있다.

물론 고정제조간접비는 매우 다른 형태를 갖는다. 고정비에는 감독비, 유지비, 감가상각비 그리고 툴링비, 스타일링비, 엔지니어링비, 관리비와 보험료, 지방세가 있다. 어떤 주어진 생산용량에서 설정된 공장설비와 함께 이러한 고정비는 상대적으로 운영수준과 관계없이 일정하게 발생한다. 따라서 단위당 고정제조간접비는 생산량과 역으로 변동한다. 생산량이 떨어질 때 단위당 고정제조간접비는 증가하고, 생산량이 상승할 때는 감소한다. 완벽하게 정확성을 기하기 위해서는 준고정비의 개념을 인식할 필요가 있는데, 이는 생산량의 증가에 따라 자동적으로 감소하지 않는 고정비를 의미한다. 그러나 일반적으로 단위원가는 생산량이 낮은 연도에는 상승하고, 역으로 생산량이 높은 연도들에서 하락할 것이다.

척도로 사용될 단위원가에 생산량 변동의 영향을 받지 않도록 하기 위해 단위원가는 표준생산량 기준에서 개발되었다. 표준생산량은 생산용량의 정상이용량 또는 연간 평균 이용량에서 추정된 운영률로 정의할 수 있다. 이 생산용량은 자동차산업의 특징인 주기적 및 계절적 정점을 충족하기에 충분하게 커야 한다. 표준생산량은 다양한 수준의 생산량에서 그리고 많은 연도 동안에 사업을 운영하는 것을 고려하고 있다. 실제 실무에서 GM의 표준생산량은 개별 연도들이 다름에도 수년 동안에 실제 평균 이용에 근접하는 것으로 입증되었다.

표준생산량 원가계산 개념은 주어진 공장의 생산용량에서 조업도의 변동에 의해 영향을 받지 않는 기준에서 해마다 원가를 평가하고 분석하도록 허용했다. 이들 단위원가의 변동은 단지 임률, 재료비 그리고 운영효율에서의 변동만을 반영하고, 생산량은 연도별 변동에 영향을 받지 않았다. 더욱 중요한 것은 표준생산량에서 단위원가는 우리에게 원가-가격관계의 평가에 대한 기준을 제공해주었다. 그것들은 또한 실제 단위원가와의 비교를 위한 단위원가 자료를 제공했고, 따라서 연도별뿐만 아니라 월별로 우리의 성과에 대한 효율성의 측정치로서 기여했다.

표준생산량 원가계산 개념에서는 제조비용에 대한 상세한 운영표준을 설정할 수 있도록 해준다는 것을 인식하는 것이 중요하다. 우리의 통일회계실무는 공장에서 발생한 제조간접비indirect manufacturing expenses or burden를 각 부문에 배분하도록 했다. 부담액은 보통 다음과 같은 세 가지 유형의 원가를 포함한다.

첫째, 임차료, 보험료, 감가상각비 및 상각비와 같은 고정제조간접비는 일반적으로 활동수준에 관계없이 불변이다.

둘째, 감독자 봉급과 같은 준고정비는 합리적인 생산 범위 내에서 고정된다.

셋째, 변동제조간접비는 제조와 직접적으로 관련된 노무비, 절삭공구비, 소모품의 포장비와 선적비, 윤활유비 그리고 유지비와 같이 생산 수준과 함께 직접적으로 변동하는 경향이 있다.

또한 이들 비용은 발생하는 부서가 모두 다르기 때문에 어떤 원가시스템을 사용하더라도 그것들을 제품제조원가에 적절히 배분하는 것은 어려운 일이었다. 제조간접비를 적절히 분배하기 위해서는 간접비를 직접생산노동과 관련시켜야 한다. 직접생산노동은 노동에 투입한 시간과 시간당 임률에 따라 결정된다. 고정비와 준고정비 부분은 표준생산량 접근법을 통하여 단위당 고정비를 계산할 수 있다. 단위당변동비직접

노무비, 직접재료비, 직접제조경비는 과거의 운영 경험, 현행재료비 그리고 임률에 따라 결정한다. 따라서 이런 제조원가의 분류는 사업부장들에게 비용을 통제할 수 있도록 했다. 이들 항목들에 대해 설정된 척도를 가지고 실제 결과들을 비교함으로써 사업부장들은 원가목표 달성을 위해 필요한 효율 수준을 유지하도록 압력을 행사할 수 있다. 이러한 지침이 우리의 표준을 달성하기 어렵게 만드는 것이었지만, 달성 가능하다. 내 생각에 운영직원들의 독창성, 지혜, 역량을 활용하는 것이 가장 효과적인 방법이다.

안정된 재료비와 임률을 가졌는데도 가격 대비 단위원가가 높았다면 우리의 생산시스템의 효율이 떨어졌음을 의미한다. 경쟁으로 인해 가격을 인상하기는 어렵기 때문에 이익을 내기 위해서는 단위당 원가가 감소되어야 한다. 단, 업계 전반적으로 재료비와 노무비가 상승했다면 경쟁의 힘은 가격이 상승하는 방향으로 움직일 수도 있다. 이것은 자동차에 대한 소비자의 수요가 강한 경우 발생할 수 있다. 그 상황 하에서 높은 가격 없이는 자동차업계가 시장이 원하는 차의 공급을 오래 지속할 수 없었다. 그러나 이 경우에서조차 자동차시장의 경쟁이 생산에 들어간 원가의 증가분 모두를 회수할 정도로 충분한 가격 인상을 허용하지 않을 것이기 때문에 개별 제조업자들은 여전히 단위원가를 감소시켜야 할 압박을 받고 있었다.

우리의 표준-생산량 정책에 대한 대안적 접근법은 실제 또는 기대생산수준을 바탕으로 계산한 단위원가에 의해 엄격히 가격을 평가하는 것이다. 자동차산업은 고정비가 매우 크기 때문에 단위원가는 생산량이 높은 시기에 떨어지고, 생산량이 낮은 기간에는 증가한다. 높은 단위원가를 회복하기 위해 낮은 생산량의 기간 중에 가격을 인상하려는 시도는 아주 낮은 이익, 고용 감소, 일반적으로 경제에 대한 불경기 효과와 함께 판매를 더욱 위축시켰을 것이다. 자동차산업과 같이 주기성이 있는 산업에서 실제 단위원가를 평가에 사용하는 것은 사회적으로 그리고 경제적으로 건전하지 못했을 것이다. 그러나 나는 어떤 주어진 연도에 모든 실제 원가를 반영해야 했던 우리의 이익은 달성된 조업도에 중요하게 영향을 받았다는 것을 명확하게 하길 원했다. 고정비는 사업이 좋건 나쁘건 간에 비용으로 처리된다. 우리의 생산량이 표준 이하로 떨어졌다면 단지 총고정비의 일부분만 단위원가에 할당될 수 있었으나, 배분되지 않은 나머지는 보고 이익의 계산 시에 차감되어야 했다. 반대로, 생산량이 표준 이상이었다면 고정비가 더 큰 생산량에 배분되기 때문에 총이익은 증가해야 한다.

이것으로 미루어볼 때 이익은 잔여분이고, 원가를 경쟁시장에서 설정된 판매가 이하로 유지하는 것은 제조업자의 능력에 달려 있다는 것은 명백하다. 즉, 이익은 경쟁시장에서 얻을 수 있는 가격과 총원가의 차이로 표시된다. 그리고 실질적으로 생산량에 의해 영향을 받는다. 우리는 단위당 이익이 표준생산량에서 어떻게 되어야 하는지에 매우 근접하게 추정할 수 있다. 그러나 이것은 실제 생산량이 실현되었을 때 실제 이익이 얼마가 될 것인지를 아는 것과 같지 않다.

재무통제의 필요는 위기에서 나타났다. 통제는 위기가 재발하지 않도록 보증해준다. 그것들의 효과는 특히 1932년 불황에서 증명되었다. 그해에 미국과 캐나다의 단위생산량은 1931년보다 50% 적었고, 단위조업도가 최고로 높았던 1929년과 비교했을 때 72%나 더 적었다. 그러나 회사는 1920년에 그랬던 것처럼 사기를 잃지 않았고, 흑자를 기록했다. 하지만 다른 많은 회사들은 그렇지 못했다.

GM이 만든 재무통제는 회사가 위로부터의 사업운영을 관리할 필요를 감소시킨 운영부문에 대해 검토하도록 만들었다. 본사 경영진은 분권화된 경영이 만족스럽게 또는 취약하게 운영되고 있는지를 알 수 있었고, 사업의 어떤 특별한 부문의 장래에 대해 판단을 하기 위한 사실적 근거를 확보했다. 우리는 적시에 이러한 시스템을 만들어 자동차시장에 발생한 최대의 변화에 대처했다.

제9장 자동차시장의 변천

자동차산업의 전환기 1920년대 중반 무렵에 GM은 무엇인가를 달성하기는 했지만 생존과 조직 개편에서는 멀리 떨어져 있었다. 그러한 괴리는 현실보다 정신 세계에서 더했다. 전술한 바와 같이 우리는 자동차사업에 접근하기 위해 제안한 전략에 대해 잘 알고 있었다. 그 전략은 우리가 기업을 재무적으로 어떻게 다룰지, 그리고 다양한 업무를 하는 사람들을 어떻게 연결할지를 제안한 것이었다. 그러나 이것들은 1924년 말경 자동차시장에서 우리의 실제 활동에 거의 반영되지 않았다. 1921년의 불황 후 — 그리고 특히 1923년에 — 우리 사업이 성장한 것은 우리가 가진 재능보다는 경제가 일반적으로 개선된 것과 자동차의 수요가 증가한 것에 기인했다고 할 수 있었다. 내부적으로 많은 진전을 이루었음에도 외부적으로는 힘든 시기였다. 그러나 행동할 때가 되었다.

당시에 나타난 상황은 우리에게는 행운이었다. 1920년대 초반, 특히 1924년에서 1926년 중에 자동차시장의 성격이 변화했는데, 그것은 그때까지 있어온 변화와는 다른 무엇인가로 변모한 것이었다. (아마도 업계의 역사에서 단 한 번, 즉 1908년 이후 모델 T가 부상한 때를 제외하고는 20세기 중반까지 업계가 그렇게 급격하게 변화한 적은 없다.) 우리로서는 다행스러운 일이었다고 말하는 이유는 당시 포드가 구축한 아성에 대한 도전자로서 변화를 선택했기 때문이다. 우리에게 변화는 기회를 의미했기 때문에 옛날 방식으로 승부를 걸지 않았다. 우리는 기꺼이 시류에 따라 노력을 기울였고, 최대한 이용했다. 우리는 또한 전술한 바와 같은 다양한 사업개념들을 준비했다. 그러나 우리는 그것들을 단지 우리의 사업방식으로만 보았고, 업계의 미래에 일반적으로 적용하거나 타당한 관련성을 가진 것으로서 보지는 않았다.

배경지식을 제공하기 위해 자동차의 역사를 상업적 관점에서 다음과 같이 3기로 구분하고자 한다.

제1기 1908년 이전

이 기간은 값비싼 차를 가진 완전히 상류층을 위한 시장이었다.

제2기 1908년~20세기 중반

이 기간은 포드에 의해 저렴한 가격으로 기본적인 수송수단인 자동차를 제공한다는, 주로 대량생산시장으로 대표되는 기간이다.

제3기 20세기 중반 이후

보다 좋은 자동차가 제공된 대량생산시장 기간 또는 증가하는 다양성을 가진 대량-고급시장으로 생각될 수 있다. 나는 이 마지막 기간이 GM의 개념을 정확하게 대변한다고 생각한다.

세 기간 모두 장기적으로 성장하고 있는 미국 경제라는 공통점을 가지고 있다. 각 기간의 지평은 각각의 인구 증가와 그 확산 정도에 따라 형성되어왔다. 오늘날의 기준에 의하면 값은 비싸지만 신뢰할 수 없는 차를 구입할 여유가 있는 상대적으로 소수의 수요가 업계를 출발할 수 있도록 해주었다. 당시 다수의 개인들이 수백 달러를 지출할 여유가 있었을 때 그들은 저가의 모델 T 개발을 가능하도록 만들었다. 그것은 이러한 시장이 모델 T와 같은 차의 제공을 오래 기다리고 있었기 때문에 가능했다. 자동차산업이 주도했던 경제가 20세기에 새롭게 높은 수준으로 상승함으로써 새로운 요소들의 집합체가 시장을 다시 한 번 변모시키기 위해 나타났고, 현재와 과거를 구분하는 분수령을 만들었다.

나는 이들 새로운 요소들은 대체로 네 가지로 압축할 수 있다고 생각하는데 그것은 할부판매installment selling, 중고차 보상 판매the used-car trade-in, 덮개 차체 또는 유개 차체closed body, 연차모델 또는 매년의 신모델annual model이다. (자동차산업의 환경적 측면을 고려했다면 개선된 도로를 추가했을 것이다.) 오늘날의 업계의 성격으로는 이 네 가지 요소가 매우 당연한 것으로 받아들여지고 있어서 그것들 없는 시장을 상상하는 것은 불가능하다. 1920년을 전후로 하여 한동안 전형적인 자동차 구매자는 최초의 차를 구매하는 상황이 대부분이었다. 구매자는 현금이나 어떤 특별 대출 방식으로 구입해야 했으며, 차는 주로 로드스터나 투어링 카로 아마도 전년 모델과 같을 가능성이 컸고 다음 해에도 같을 것으로 예상할 수 있었다. 이런 상황은 몇 년간 변하지 않았는데, 변화는 갑작스럽게 오지 않고 무르익었을 때 온다. 왜냐하면 변화의 새로운 요소들은 각각 완전한 전환을 가져오기 위해 상호작용하기 전에 독립적인 출발과 개발 속도를 가지고 있었기 때문이다.

본격적인 형태의 자동차 할부판매는 제1차 세계대전 직전에 소규모로 처음 나타났다. 이러한 차입이나 역저축 형식이 일상으로 들어오면 다수의 소비자들에게 자동차와 같은 고가의 물건을 구매할 수 있도록 해준다. 그 당시의 할부판매 통계는 매우 취약했다. 그러나 1915년의 일부 매우 낮은 수준에서 1925년에는 신차의 65%에 달할 정도로 확실하게 성장했다. 우리는 소득의 증가가 계속되리라는 예상과 함께 소비자들이 더 높은 품질 수준으로 자신들의 안목을 높일 것으로 가정하는 것이 합리적이라고 믿었다. 우리는 할부판매가 이러한 경향을 자극할 것이라고 생각했다.

최초의 차 구매자들이 다시 자동차를 구입할 때는 중고차를 계약금으로 가져오는 거래 관행이 정착되었다. 업계가 거래사업에 관여하게 된 것은 딜러방식뿐만 아니라 제조와 생산이라는 전체적 성격에 혁명적 의미를 가지고 있다. 왜냐하면 딜러들은 평상시 아직 주행거리가 남아 있는 차를 가진 사람에게 판매해야 했기 때문이다.

1925년 이전의 중고차 보상판매 통계는 할부판매만큼이나 취약하다. 그러나 그 시대 이전에 존재하는 차가 상대적으로 적었다면 제1차 세계대전 때부터 거래된 중고차에 상향곡선 같은 것이 있었다는 것은 당연하다. 1920년대 초반의 언젠가부터 차 구매자 중 다수가 자신의 최초의 차를 구매하고 있었다. 1919년에서 1929년까지 미국에서 사용 중인 승용차의 총계는 수년간 연도별로 대략 다음과 같이 순차적으로 증가하였다: 600만 대, 730만 대, 830만 대, 960만 대, 1,190만 대, 1,370만 대, 1,570만 대, 1,680만 대, 1,750만 대, 1,870만 대, 1,970만 대. 반면에 그 시절에 업계는 내수시장과 수출시장용 승용차를 다음과 같이 생산했다: 170만 대, 190만 대, 150만 대, 230만 대, 360만 대, 320만 대, 370만 대, 370만 대, 290만 대, 380만 대, 450만 대.[11] 이 생산량은 차량대수의 증가와 폐차 지원 모두를 나타내기에 충분했다. 중고차는 아마도 폐차장으로 가는 도중에 두세 번은 판매되었다. 그래서 나는 중고차 보상판매에 분명히 상승곡선이 있을 것으로 상

---

11 위의 수치는 승용차만 대상으로 한 것이다. 1919년에서 1929년까지의 모든 차, 승용차와 트럭의 전체 생산량은 다음과 같다: 190만 대, 220만 대, 160만 대, 250만 대, 400만 대, 360만 대, 430만 대, 430만 대, 340만 대, 440만 대, 530만 대.

정했다.

덮개 차체는 제1차 세계대전 이전에는 특제품으로, 주로 주문생산의 대상이었다. 자동차업계는 1919년에서 1927년까지 연도별로 꾸준히 증가하는 비율로 대략 다음과 같이 덮개 차들을 팔았다: 10%, 17%, 22%, 30%, 34%, 43%, 56%, 72%, 85%.

연차모델에 대해서는 나중에 좀 더 자세하게 기술할 것이다. 따라서 여기서는 20세기 초에 포드의 정태모델 개념에서 부정적으로 표현되었던 것을 제외하면 오늘날 우리가 알고 있는 것과 같은 공식적 개념은 아니었다고 밝히는 것만으로 충분하다.

1921년에 GM 경영진의 교체가 있었을 때 우리는 이들 네 가지 요소가 전개되는 것을 의식하지 못했다. 우리는 1919년에 할부금융 분야에서 GMAC를 출범시켰다. 우리는 덮개 차체를 만든 피셔 바디에 관심을 가졌다. 우리는 중간과 높은 가격대 차의 대형 판매자로서 중고차 보상판매를 일찍이 해결했다. 그리고 우리는 매년 더 매력적인 모델을 만들려고 시도했다. 오늘날에 와서 그러한 노력들을 되돌아보면 우리는 전체 자동차시장에서 이들 요소의 움직임 — 특히 상호작용 — 을 알지 못했다. 당시에 우리는 그것들을 불확실성, 미지수 현상들로 보았고, 책상머리에서 숫자로만 연구했다. 그러나 1921년의 제품 프로그램에서 마련한 캠페인 계획은 변화되는 상황에 아주 적절하게 맞아떨어졌다.

나는 1921년의 계획, 정책 또는 전략은 — 그것을 어떻게 불러야 하건 간에 — 우리가 상업적으로 무엇을 하고 있는지를 알고 있으며, 단순히 행운을 찾아 쫓아다니는 것이 아니었다는 믿음을 가지고 어떤 다른 요소들보다 20세기의 급격히 변동하는 시장으로 나아갈 수 있게 했다고 생각한다. 그런 전략적 원칙을 따른 캠페인 계획의 가장 중요한 목표는 앞서 말한 것처럼 틈새시장을 확대하기 위해 포드 차보다는 낮지만, 중간가격대의 차보다는 높게 쉐보레를 위한 더 큰 시장을 개발하기 위한 것이었다. 초기에 전체 시장에 관한 완벽한 계획이 있어야 함에도 불구하고 그것이 전부였다.

우리가 동랭식 엔진 문제에 매진하고 있는 동안 시장은 일시적으로 답보 상태에 있었다. 우리는 엔지니어링의 꿈을 추구하기 위해 당초 전략계획의 상업적 정신을 포기했다. 우리는 1923년에 연간 400만 대의 승용차 및 트럭을 판매했기 때문에 판단력 부족으로 인한 실수에서 구원받을 수 있었다. 그러한 상태로 약 45만 대 정도의 쉐보레 자동차를 판매할 수 있었고, 1924년의 불황에서도 상향 선회의 가능성을 보았다. 따라서 분명한 것은 1921년에 수립한 계획의 의미가 제품 설계 자체가 주어졌을 때에만 의미를 가지고 있었다는 것이다.

특히 실패로 인한 어떤 사실들은 우리에게 깊은 인상을 남겼다. 1924년 중에 미국에서 업계의 승용차 판매가 12%로 감소한 반면에 GM은 28%가 감소했다. 자동차 업계의 판매 감소 약 43만 9,000대 중에서 거의 절반이 GM자동차의 판매 감소로 나타났다. 판매량에서 승용차시장에 대한 점유율은 20%에서 17%로 감소했다. 반면, 포드의 점유율은 50%에서 55%로 증가했다. GM의 감소량 중 일부는 경제 불황기에 고가차를 기대했던 뷰익과 캐딜락에서 발생했다. 올즈는 증가했고, 오클랜드는 불변이었다. 그러나 그중 대부분은 쉐보레의 판매에서였는데, 경쟁자인 포드의 판매가 단지 4% 감소한 데 비해 37%나 감소했다. 물론 그런 일이 발생한 것은 전적으로 일부 능력이 부족한 경영진 때문이나, 1924년의 사건에 기인한 것은 아니고 그해의 불황과 앞서 일어난 사건들이 결합된 것이다. 자동차 설계와 생산 간의 시차가 발생하는 것은 자동차산업의 독특한 특성이었다. 당해 연도에 발생한 사건들은 항상 부분적으로 1년에서 3년 앞서 취해진 결정에 기인한 것들이다. 이런 이유로 1924년의 쉐보레의 침체에 대해서는 이전의 3년 동안 쉐보레 설계개발이 지연된 것에 책임을 묻는 것이 적절했다. 무엇보다 악명 높은 후미가 문제였으나, 그런 결점들을 구체적으로 명시하는 것은 아무런 소용이 없다. 이상한 것은 우리가 기본적인 수송수단 개념을 넘어 더 많은 액세서리 패키지와 여러모로 개선한 보다 좋은 차의 개념과 눈을 못 떼게 할 정도로 매력적이어서 구매자들이 모델 T에 대한 관심을 접게 하는 고가의 쉐보레 개념에 의존한 계획을 가지고 있었다는 것이다. 1921년의 계획과 1924년의 쉐보레에 의해 표현된 것만큼 구매자들이 원했던 것과 실현된 것 사이의 간극을 찾기는 어려울 것이다. 그럼에도 우리는 감소한 원인에 대해 아마도 어느 누구보다 더 잘 알고 있었기 때문에 당초의 계획을 변경하지 않았다.

1923년 여름에 동랭식 엔진 프로그램을 포기한 시점부터 헌트 씨가 이끄는 쉐보레의 엔지니어들은 1925년 모델연도에 구 모델을 K모델로 알려진 신 모델로 재설계하기 위해 전력을 다해 일했다. K모델은 많은 문제를 일으킨 구 모델을 대신하여 새로운 모습의 긴 차체, 다리를 뻗을 수 있도록 확대된 공간, 듀코 마감재, 덮개 차 전체에 작동하는 자동 와이퍼를 가진 바람막이 창, 대형버스와 세단형 자동차의 차내 등, 클랙슨, 개선된 클러치, 그리고 안전한 뒤 차축 하우징 같은 새로운 특징들을 가지고 있었다. 그것은 결코 혁신적인 신차는 아니었으나 전보다 훨씬 나았고, 위에 언급한 특징에서 최초로 우리가 염두에 두려고 하는 것에 대해 진정한 표현을 한 것이었다. K모델은 1925년에 성장 가도를 달리던 자동차시장에 등장하여 승용차와 트럭의 공장 판매대수는 48만 1,000대로 1924년보다 64% 높은 이익을 기록하였고, 1923년의 최고치보다 판매량이 6% 증가함으로써 쉐보레의 지위를 아주 빠르게 되찾았다.

포드는 1925년에 약 200만 대의 승용차와 트럭을 판매함으로써 균일하게 매출을 유지했다. 그러나 그해 시장 전체가 1924년보다 상당히 커졌기 때문에 사실상 포드의 점유율은 상대적으로 위험 신호인 54%에서 45%로 감소한 것이다. 그는 아직 저가 분야의 70% 정도를 점유하고 있었고, 290달러로 정해진 스타터와 탈착 가능한 림이 없는 그의 투어링 카는 그 분야에서 무적으로 보였다. 1925년에 쉐보레 투어링 카는 510달러에 팔리고 있었으나 추가되는 것이 있어서 포드와 정확히 비교 가능하지는 않다. 당시 스타터와 탈착 가능한 림을 가진 포드세단은 660달러에 팔렸으며, 쉐보레 K모델은 825달러에 팔렸다. 쉐보레의 딜러 할인은 포드보다 컸고, 그것이 거래에서 차이를 만들었다.

당시 쉐보레의 내부 정책보고서를 보면 가격 대비 고성능을 실현하여 평판을 얻는 것이었다. 사실상 포드와 쉐보레를 비교 가능한 설비 기준에서 고려했을 때 포드의 가격이 쉐보레의 가격보다 아주 낮은 것은 아니었다. 우리는 품질 면에서 차의 원가가 X달러만큼 비싸더라도 품질은 X달러에 Y달러를 더한 것만큼 좋다는 것을 보여주기로 했다. 또한 우리는 제품을 정기적으로 개선하기로 했다. 우리는 포드가 가만히 있기를 기대했다. 우리는 이 계획에 시동을 걸었고 그것은 예측한 대로 움직였다.

말할 것도 없이 K모델 쉐보레의 성공에도 불구하고 아직도 포드의 시장 영역에서 영향력을 행사할 수 있는 가격에서 포드의 모델 T에 훨씬 못 미쳤다. 우리의 의도는 개선에 추가적인 개선들을 계속하고, 일정 기간 동안에 가격을 모델 T 수준으로 끌어내려 우리의 지위를 정당화시키는 것이었다.

1921년의 제품정책에 대해 언급한 바와 같이 어떤 특정한 차는 가격과 엔지니어링설계에서 그것에 상하로 영향을 주는 다른 차들과 관련되어 있다. 이에 따라 쉐보레를 저가격대의 포드와의 관계에서 살펴볼 때 그것은 고가격대의 경쟁자들에 의한 유사한 행동의 결과로 쉐보레에서 발생할 수 있는 것을 똑같이 고려하는 것이 타당했다. 이러한 의문이 많았지만, 1924년 중에 합당한 이유를 가지고 쉐보레 1925년 K모델 세단을 준비하고 있었다.

그해에 GM 가격 목록을 살펴보면 아직도 1921년 계획에서 설정한 이상적 또는 이론적 목록을 실현하려고 했다는 것을 보여준다. 1924년 주요 투어링 카 목록은 다음과 같다.

쉐보레	510달러
올즈	750달러
오클랜드	945달러
뷰익 '4'	965달러
뷰익 '6'	1,295달러
캐딜락	2,985달러

이 라인에서 가장 명백한 격차는 고가격대에서 캐딜락과 뷰익 '6' 사이에, 그리고 저가격대에서 쉐보레와 올즈 사이에 있었다. 표준적 캐딜락과 뷰익 '6' 사이의 격차를 메우기 위해 나는 캐딜락을 약 2,000달러에 판매할 수 있는 패밀리형 차로 만들 수 있는지에 대한 연구를 제안했다. 그 결과 1927년에 유명한 '라살La Salle'이 탄생했다. 그러나 당시의 전략적 관점에서 이 목록에서 가장 위험한 격차는 쉐보레와 올즈의 중간에 있었다. 그것은 대량 수요를 구성할 만큼 충분히 커서 쉐보레 위의 가격대에 경쟁자가 들어오면 전혀 대항할 수 없었다.

신차의 구상 따라서 공격적으로나 방어적으로 둘 다 채워야 할 중요한 격차가 있었는데, 공격적으로는 그곳에 만족할만한 시장수요가 있었기 때문이고, 방어적으로는 쉐보레로 포드를 무너뜨리려고 계획을 세운 것처럼 경쟁 차가 그곳에 들어와 쉐보레를 무너뜨릴 수 있기 때문이었다. 이러한 이유로 우리는 GM의 역사에서 가장 중요한 결정을 했다. 말하자면 새로운 6기통 엔진을 가진 신형차로 쉐보레 위의 가격대의 격차를 메우려는 계획을 세웠다. 우리는 엔지니어링 관점에서 장래에는 6기통 엔진과 8기통 엔진이 선호될 것으로 믿었다. 그러나 효율적으로 만들 수 있는 전략으로 약간 규모의 경제성을 가진 차로 격차를 메울 필요가 있었다. 한편 신차는 쉐보레에서 일부 수량을 끌어와야 하기 때문에 경제성을 떨어뜨려 두 종류의 차 모두 손실이 발생할 수 있었다. 따라서 우리는 역으로 신차가 쉐보레의 경제성을 공유하도록 쉐보레와의 물리적 조정 하에 설계되어야 한다는 결론을 내렸다.

나는 사장에 취임하고 나서 몇 달 후에 헌트 씨, 크레인 씨와 처음으로 이러한 차에 대한 아이디어를 협의했다. 우리는 그러한 문제들에 관해 불확실성의 기간 동안 동랭식 및 수랭식 엔진을 위한 이중 목적의 차체와 섀시를 만들려고 시도하는 과정에서 귀중한 교훈을 얻었다. 우리는 가능하면 새로운 차 설계 시 쉐보레 차체와 섀시 부품의 사용에 기반을 둔 6기통 차를 개발하는 것에 관해 협의했다. '6'기통은 쉐보레 '4'기통보다 주행이 더 유연해야 하고, 더 긴 휠 간격, 더 큰 엔진 배기량과 마력, 그리고 차 중량을 증가시켜야 했다. 크레인 씨에 의해 제안된 더 길고 깊은 프레임, 더 무거운 앞바퀴 축, 그리고 쇼트 스트로크 6기통 L-헤드엔진은 설계에서 새로운 주요 단위들이었다.

회사의 엔지니어링위원회가 설계 작업을 하는 동안 나는 어느 사업부에 차를 배치할지에 대해 아직 결정하지 못하고 있었다. 오클랜드

사업부장 핸넘 씨는 자기 사업부가 개발 단계를 맡겠다는 제안을 담은 편지를 보내왔다. 1924년 11월 12일의 답장을 통해 당시 경쟁이라는 관점과 쉐보레와 조정한다는 관점에서 신차에 관해 내가 어떻게 느꼈는지를 알 수 있는데, 인용하면 다음과 같다:

> 귀하의 10월 11일의 서신이 디트로이트에 있는 본인에게 전달됐지만, 귀하는 본인이 소위 폰티악 차와 관련하여 명확한 견해를 가지고 있지 않다는 것을 기억할 것입니다. 본인은 폰티악 차 개발에 대해 아직 결정한 바 없고, 본인이 추구할 최선의 정책이 무엇으로 나타날지에 대한 견해가 구체화될 때까지 그것을 여러 번 주의 깊게 꼼꼼히 읽기는 했지만 귀하의 서신에 답을 하지 않았습니다.
>
> 본인은 처음부터 그러한 차를 위한 잠재적인 시장이 있었고, 만약 GM이 그곳을 장악하지 않는다면 다른 누군가가 조만간 그곳을 장악할 것이라고 확신하고 있습니다. 만약 전체 분야가 GM에게 남겨져 있다면 — 그에 대해 매우 우려하는 바와 같이 본인은 잘 모르겠지만, 다행스럽게도 본인은 그렇지 않다고 추측하고 있습니다 — 우리는 반드시 다른 자동차회사들이 도전하려고 하는 분야에 관심을 가져야 합니다.
>
> 하나의 난제는 이제까지 해왔던 모든 논의들에서 불거져 나온 것인데, 바로 쉐보레로부터 벗어나려는 경향입니다. 매번 누군가가 무엇인가 다르게 만들기를 원한다고 언급했고, 그 결과는 모든 사람이 그들의 방식을 가지고 있었다면 우리는 두 번째 올즈 또는 아마도 오클랜드 차, 좀 더 그럴듯하게는 두 번째 뷰익이나 캐딜락을 갖게 될 것이라는 것입니다. 내 생각을 말하자면, 6기통을 가진 쉐보레 섀시라는 원칙을 고수하지 않으면 우리는 결코 성공할 수 없을 것입니다. 귀하는 이에 분명히 동의할 것입니다.
>
> 사정이 이렇기 때문에 본인은 명확하게 결론을 내립니다. 저항을 최소화시켜 일을 해나가기 위해서는 쉐보레 엔지니어링 조직에 개발을

맡겨야 합니다. 왜냐하면 그렇게 함으로써 다른 방법에 대항해서 우리가 쉐보레에 대해 모든 경향을 시도할 수 있을 것입니다. 아마도 그 경향은 차에는 해로울 수 있겠지만 특정 개발에는 확실히 해롭지 않은 그 자신의 개성과 생각들을 그림으로 주입하기 위해 독립된 엔지니어의 자연적이고 매우 타당한 경향이기 때문에 무엇인가 다른 것을 사용할 것입니다. 그것이 초기이든 미래의 어느 시점이든 조업도가 동일한 것을 정당화할 때, 우리가 쉐보레 부품, 공장 및 조립공장을 활용하려고 한다면 쉐보레 라인을 따라야만 합니다.

따라서 본인은 뉴슨 씨와 문제를 논의하고 나서 우리가 달성할 모든 것을 O. E. 헌트, 그의 엔지니어에게 넘겨야 합니다. 그가 그것을 주의 깊게 따져보고 우리를 위해 건설적 라인을 따라 6기통엔진을 개발하기 위해 자신의 방식대로 어떤 그림이 될지 생각하면서 수행하도록 해야 합니다. 사실상 쉐보레는 자비로 엔진개발 실험을 해야 하고, 이들 두 가지 일들은 동시에 진행해야 합니다. ……

같은 날 나는 소위 「폰티악 차의 상태Status of the Pontiac Car So-Called」라는 제목의 집행위원회에 대한 보고서에서 그 주제에 대한 나의 생각을 구체화했다. 나는 이 보고서로부터 회사의 원가, 경쟁, 조정 그리고 할당과 관련된 구절을 인용한다. 이것들이 의사결정에서 해결되어야 할 최종적인 문제들이었다:

브라운 씨는 아무런 결론에 이르지 않았지만 우리가 느꼈던 것이 합리적이었다는 것을 밝히기 위한 원가를 개발하기 위해 그의 스태프를 꾸렸습니다. 즉, 논리적으로 다른 항목들과의 동일한 배분기준에서 간접비를 원가에 더해도 우리에게 매우 탁월한 사용자본이익률을 주는 약 700달러 정도의 표시가격을 고려하는 것이 남아 있습니다. 우리는 이 자료가 극단적이라는 것을 알고 있고, 그러한 이유로 아마도 사용되지 않을 원가인 올즈 엔진에 대한 수치를 사용하여 정해왔습니다. 경제적 원가나 주주에 대한 진정한 이익의 관점에서 개발을 검토할 때 그 결과는 매우 만족스럽고, 진정으로 우리가 전진하도록 하라는 의미입니다.

거기에 부가하여 아직 확실하진 않지만 우리의 경쟁자들 중 일부가 바로 같은 것을 개발하려 한다고 합니다. 비록 이러한 개발이 올즈와 쉐보레 모두에서 사업을 없애는 것이 되겠지만, 직접 우리가 사업부 안에서 사업을 뺏는 것이 경쟁자가 그렇게 하는 것보다는 낫다고 생각합니다. 현재 이 두 가지 모두가 결국 일어날 것으로 보입니다.

우리는 약 1년 동안 이러한 전제 하에서 일해 왔고, 솔직히 말해 거의 진전을 보지 못했습니다. 집행위원회의 마음속에 항상 이에 대한 실행 가능성에 관한 불확실성이 있다는 것이 우리의 논의 속에 드러났습니다. 저는 독립적인 엔지니어링 부문 또는 원래 시작되어야 했던 오클랜드사업부가 그것을 개발한다면 결코 어떤 성과도 얻을 수 없다는 명확한 결론에 도달했습니다. 저는 또한 성공을 위한 단 한 번의 기회는 쉐보레사업부에서 개발될 때 올 것이라고 명확하게 믿고 있습니다. 이런 기대 하에 차대에 대한 조정은 자연적으로 이루어질 것이고, 단지 엔지니어가 매우 자연스럽고도 적절하게 그 자신의 개성을 그림으로 주입하길 원하기 때문에 차이를 분석하지 않고 단순히 도입하는 일은 없을 것입니다. 다시 말해 우리가 어쨌든 완수하길 원한다면 따라야 할 개발을 논리적으로 따를 것입니다.

이 보고서에서 특별히 주목할 가치가 있는 것은 여러 종류의 자동차를 제조할 때 조정하는 문제에 대한 해답을 제시하고 있다는 점이다. 폰티악은 실체가 있는 제품을 제조하는 과정에서 조정하는 것에 대한 첫 번째 진전을 보여줬다. 물론 어떤 형태로든 실질적인 조정은 대량생산의 첫 번째 원칙이지만, 당시에 모델 T의 실례를 통해 널리 가정된 것은 대량생산이 단일 제품을 필요로 한다는 것이었다. 부분적으로 다른 가격대를 가지고 조정된 폰티악은 자동차의 대량생산이 제품에서 다양성을 가지고 조정될 수 있다는 것을 보여준다. 이것은 우리가 계속적으로 반대해왔던 낡은 포드 개념과 정반대였다. GM은 차종과 여러 하위 등급의 모델에 의해 다섯 개의 기본적인 가격대를 갖고 있었기 때문에 전체 라인에서 폰티악의 의미는 매우 컸다. 고가격대의 차가 저가격대 규모의 경제로부터 혜택을 얻을 수 있다면 대량생산의 이점은 전체 차 라인으로 확대될 수 있다. 이것은 1921년의 제품계획에 새로운 의미를 주었고, 사실상 궁극적으로 모든 GM자동차사업부에 다양하게 적용되었다.

제안된 폰티악은 쉐보레에서 조립되고 주행 테스트를 한 다음 오클랜드에 다시 배정하여 오클랜드에 대한 동반 차로서 그 사업부에서 모든 책임을 지고 최종 개발, 생산 그리고 판매하도록 했다. 우리는 폰티악을 1926년도 모델로 일정을 잡았다.

개발기간 중에 또 다른 거의 독립적인 사건이 발생했는데, 그것은 폰티악, 쉐보레, 그리고 모델 T의 흥망에 큰 영향을 주었다. 1921년에 허드슨 모터 컴퍼니Hudson Motor Company의 로이 채핀Roy Chapin은 1,495달러 또는 에섹스Essex 투어링보다 300달러 높은 가격으로 에섹스 코치를 소개했다. 이것은 타 제조업체 라인의 경우보다 덮개 차체에 대해 상대적으로 낮은 가격 차이였다. 1923년에 에섹스 '4' 코치는 1,145달러로 인하했다. 1924년 초에 에섹스 '6'는 '4'를 대체했고, 975달러의 가격에 판매되었다. 그것은 투어링보다 125달러 비쌌다. 그해 6월에 코치는 1,000달러, 투어링 차 모델은 900달러로 가격이 올라갔다. 다음 해인 1925년 초에 채핀 씨는 코치 모델의 가격을 895달러로 인하하여 투어링 차 모델보다 5달러 낮아졌다. 그 같은 일은 이전 자동차업계에서는 전혀 볼 수 없었던 상황이고, 에섹스 코치는 상당한 인기를 얻었다. 이러한 현상은 수량 기준으로 가격이 매겨진 덮개 차가 장래에 저가 분야도 지배할 수 있다는 것을 보여주었다.

이러한 발전은 의심할 여지없이 불가피했지만 사실상 에섹스와의 경쟁은 첫째, 일반적인 덮개 차체의 개발, 둘째, 다가오는 폰티악 차에 대한 준비라는 두 가지 문제에서 동시에 우리를 자극했다.

GM은 이미 덮개 차체로 바꾸고 있었다. 1924년 9월 18일에 집행위원회는 "추세가 매우 빠르게 덮개 차체로 전환하는 것으로 보이므로 우리의 경영자들은 덮개 차 생산일정에 관해 세심하게 주의를 기울여야 한다는 의사표시를 했다." 10월에 우리는 덮개 차 생산비율을 그해 내내 약 40%를 유지하다가 11월에 75%로 높였다. 1년 후인 1925년 말에 회사 전체의 덮개 차 생산비율은 거의 80%로 증가했다.

에섹스 코치가 폰티악 프로그램에 직접적으로 영향을 주었는지는 기억나지 않지만, 에섹스와 미래의 폰티악은 분명하게 경쟁이 되었다. 그리고 사실상 우리는 최초의 폰티악 차를 덮개 차체, 쿠페와 코치만으로 설계했다.

1925년 9월 30일의 집행위원회 회의에서 나는 다음과 같이 확신을 갖고 보고했다. "……12월에 폰티악 차가 출시되었을 때 그것은 우리에게 모든 것을 줄 것입니다. 왜냐하면 우리는 쉐보레 부품으로 구성된 가능한 최저가로 책정된 6기통 차 작업을 해오고 있었기 때문입니다."

1925년 10월 21일의 집행위원회 회의에서 나는 시장에서 긴장이 증가하고 있는 전반적인 상황에 대해 보고했다. 다음은 회의록에서 발췌한 것이다. "에섹스가 쉐보레 시장에서 위로부터 공세를 취하고 있는 한편, 다른 쪽에서는 포드사 컴퍼니현재의 정책은 가격을 인하하기보다는 차의 품질을 개선하는 것으로 보인다가 강력한 경쟁자라는 사실에 대해 주의를 기울여야 합니다."

폰티악은 1926년 모델연도에 예정대로 825달러로 책정된 코치를 시판했는데, 이는 645달러로 책정된 쉐보레 코치와 950달러로 책정된 올즈 코치 사이에 있었다. 이로써 우리가 생산하는 차 라인의 격차가 좁혀졌다.

캐딜락과 뷰익은 가격 피라미드의 상위 첫 번째와 두 번째다. 쉐보레는 항상 피라미드의 맨 아랫부분에 있었다. 폰티악 차를 생산한 오클랜드 조직은 후에 폰티악 사업부가 되었고, 오클랜드 차들의 제조는 중단됐다. 폰티악은 당초의 경제성을 유지하면서 자체적으로 특색 있는 차가 되었다. 폰티악과 뷰익 사이에 올즈를 집어넣어 대략 오늘날과 같은 쉐보레, 폰티악, 올즈, 뷰익, 캐딜락의 기본적 가격 라인을 만들었다.

나는 여기서 1920년대 라인에 있던 전 차종의 발전을 다루지는 않을 것이다. 나는 올즈와 오클랜드가 매우 활기 넘치는 라인이 아니었다는 것만은 알고 있다. 뷰익은 항상 기본적으로 강하지만 부침이 있었다. 캐딜락은 늘 그렇듯이 고가격대의 강자였지만, 1925년대 초에 한동안 선두 판매자로서의 지위를 잃었다. 나는 그 기간에 발생한 가장 중요한 변화, 즉 우리가 포드에 도전해 지위를 확보하려 했던 저가의 대량생산 분야에 집중하기 위해 이들 사업부들에 대한 흥미 있는 기록은 생략한다.

나는 이 경쟁에서 최후의 결정적 요소는 덮개 차체였다고 믿고 있다. 그 자체가 자동차의 역사에서 단연코 최대의 약진이었는데, 그것은 대중차basic car를 기계적으로 신뢰할 수 있게 만들었다. 덮개 차체는 자동차를 일 년 내내 안락한 차량을 만듦으로써 자동차의 사용을 증대시켰는데, 제품의 가격은 상당히 올라갔다. 1925년 모델 K 쉐보레 코치는 로드스터보다 40%, 세단은 57%가 더 팔렸다.

에섹스는 오픈카와 비교 가능한 가격으로 덮개 차를 대량생산하여 처음에는 매우 인상적이었지만, 에섹스 차의 가격은 모두 아직도 상대적으로 높았다. 에섹스는 처음부터 쉐보레를 위협했지만 사실상 저가 분야에 있지 않았다. 1925년에 쉐보레는 여전히 포드보다 고가로 책정되었지만, 저가의 유개차 영역에서 매우 좋은 위치를 차지했는데, 그것은 부분적으로 피셔 바디와의 관계 때문이었다.

피셔 바디 대부분 GM 차의 차체를 만드는 책임을 가지고 있었던 피셔 바디에 대해 잠깐 언급하고자 한다. 전술한 바와 같이 GM은 1919년에 피셔 바디 코퍼레이션의 지분 60%를 취득하면서 피셔는 가능한 한 GM 승용차 전체의 차체 소요품을 공급한다는 합의를 했다. 1926년에 우리는 피셔 바디의 나머지 40%의 지분도 사들였고, 하나의 사업부로서 GM에 흡수했다. 이렇게 한 데는 여러 가지 이유가 있었다. 일찍이 1925년 2월 3일 집행위원회에서 "쉐보레 판매가 현재 신 모델의 생산능력에 의해 제한되고 있는데, 그것은 주로 덮개 차체를 공급하는 피셔 바디 코퍼레이션의 능력에 의해 결정된다는 사실에 주목했다." 차체와 섀시의 조립을 조정함으로써 운영의 경제성을 얻을 수 있었고, 업계의 주력이 될 덮개 차와 함께 차체 운영을 GM의 산하로 완전히 가져오는 것이 합리적일 것으로 보였다. 그리고 피셔 형제들을 우리의 조직과 긴밀한 관계로 끌어들이는 것 또한 바람직한 것으로 생각됐다.

피셔 형제들의 이야기는 놀랄 만한 가족의 전설로, 나는 가끔 그들이 기록을 남기기를 바랐다. 그들은 차체를 제작했는데, 말하자면 섀시를 통해 자동차업계로 들어왔기 때문에 개인적 유대관계에 따른 과거의 일들은 모른다. 그러나 나는 그들을 운송산업이라는 배경을 가진 숙련된 장인들로 알고 있었다. 피셔 바디 컴퍼니Fisher Body Company는 1908년에, 피셔 클로즈드 바디 컴퍼니Fisher Closed Body Company는 1910

년에, 피셔 바디 컴퍼니 오브 캐나다Fisher Body Company of Canada는 1912년에 설립되었다. 이들 세 회사는 1916년에 피셔 바디 코퍼레이션으로 합쳐졌다. 그들은 뷰익과 캐딜락을 포함하여 여러 자동차회사들을 위해 차체를 만들었다. 내가 프레드 J. 피셔를 처음 알게 된 것은 1922년에 그가 GM 집행위원회에 왔을 때였는데, 그는 초기 팀의 핵심 멤버였다. 1924년에 그는 재무위원회의 멤버가 되었다. 그해에 찰스 T. 피셔 Charles T. Fisher와 로렌스 P. 피셔Lawrence P. Fisher가 집행위원회 멤버가 되었으며, 나는 1925년에 로렌스 P. 피셔를 캐딜락의 책임자로 임명하였다. 또 다른 형제들인 윌리엄 A. 피셔William A. Fisher, 에드워드 F. 피셔 Edward F. Fisher, 그리고 앨프리드 J. 피셔Alferd J. Fisher는 사장인 윌리엄 A. 피셔와 함께 피셔 바디 코퍼레이션에 남았다. 로렌스 P. 피셔는 나중에 언급할 GM의 스타일링 발전에 뛰어난 역할을 수행하였다.

덮개 차는 1924년에 업계의 43%에서 1926년에는 72%로, 그리고 1927년에는 85%로 급격하게 발전함에 따라 쉐보레의 덮개 차 생산 비율은 1924년의 약 40%에서 1926년에는 73%로, 그리고 1927년에는 82%로 증가했다. 모든 면에서 하나의 대변화였다.

덮개 차의 부상은 저가 분야에서 포드 씨의 선두 위치 유지를 불가능하게 만들었다. 왜냐하면 그의 정책은 모델 T에서 멈춰 있었는데, 모델 T는 확실하게 오픈카에 어울리는 디자인이었기 때문이다. 모델 T의 가벼운 섀시는 더 무거운 덮개 차체로는 맞지 않았다. 그래서 2년도 안 되어 이미 진부한 모델 T의 디자인은 엔지니어링 디자인으로서는 경쟁력을 잃었다. 그럼에도 불구하고 포드 씨는 덮개 차체를 모델 T에 장착했고, 이 형태로 1924년 생산량의 37.5%를 팔았다. 덮개 차체 시장은 이후 3년 동안 급격하게 성장했지만, 그는 1926년에는 51.6%, 1927년에는 58%를 팔았다. 반면에 그 기간 동안 쉐보레의 덮개 차체 판매는 83%로 상승했다.

1925년부터 1927년까지 쉐보레는 낮은 판매가격을 정당화할 만큼 원가를 낮추어 우리가 희망했던 대로 포드와 당당히 경쟁할 수 있게 되었다. 그 기간에 쉐보레의 투 도어 코치는 735달러에서 695달러로, 다시 645달러로, 또다시 595달러로 점진적으로 낮아진 반면, 포드 튜더 모델 T는 1925년 580달러에서 1926년 6월에 565달러로, 그리고 1927년에 495달러로 크게 떨어졌다. 따라서 1921년의 구 전략계획은 말하자면 'T'에 대한 세부 사항이 놀라울 정도로 타당한 것으로 입증되었다. 노년기에 접어든 경영의 대가는 변화를 관리하는 데 실패했다. 그 이유에 대해서는 설명하고 싶지 않다. 포드 씨는 '값싼 기본 운송수단'이라는 순수한 개념으로 표현된 위대한 차 뒤에 감상주의자라는 전설로 남았다. 그러나 분명한 사실은 그가 원래의 기본 운송수단에서도 더 이상 최적의 구매를 제공할 수 없는 처지가 되었다는 것이다.

1925년과 1926년에 쉐보레가 포드를 거의 따라잡고 있었다는 것은 어렵지 않게 알 수 있었다. 1925년, 쉐보레 승용차와 트럭의 미국 내 공장 출하대수는 약 48만 1,000대였던 반면 포드의 출하대수는 대략 200만 대였다. 1926년, 쉐보레 승용차와 트럭의 출하대수는 약 69만 2,000대로 증가한 반면 포드는 약 155만 대로 감소했다. 지위의 기반이 되었던 소중한 판매량은 빠르게 사라지고 있었다. 포드는 계속해서 판매량을 상실하여 이익을 유지할 수 없었다. 그리고 모델 T는 엔지니어링과 시장에 대한 대응에서도 실패했다. 그리고 1927년 5월, 포드 씨가 더 이상 쉐보레에 대적하지 않고 크라이슬러 씨의 플리머스에게 시장을 열어두면서 그의 위대한 리버 루지공장을 완전히 폐쇄하고, 기계설비를 교체하기 위해 거의 1년 동안 계속 폐쇄한다는 결정을 했을 때만 해도 많은 관측자들은 포드 씨가 그렇게 허무하고도 엉뚱한 몰락을 하리하고는 예상하지 않았다. 포드 씨는 1929년, 1930년 그리고 1935년에 다시 선두판매자 자리를 탈환했지만, 일반론적으로 말하면 그는 GM에 선두자리를 빼앗겼다. 초창기에 그렇게도 뛰어난 통찰력을 가졌던 포드 씨는 시장이 어떻게 변했는지 결코 이해하지 못한 것으로 보였다.

최초로 승용차와 트럭 판매량이 400만 대를 돌파한 1923년으로 잠시 돌아가 보자. 당시부터 1929년까지 7년간은 신차 판매의 정체기였다. 그럼에도 불구하고 전술한 바와 같이 사용 중인 차의 총 대수는 계속 증가했다. 중고차를 포함한 총 시장은 확대된 반면에 신차시장은 변동이 없었다. 그리고 이미 언급했듯이 신차의 역할은 차 소유에서 폐차와 성장을 의미하는 것이었다. 그동안 중고차는 기본적인 운송수단을 위한 여러 수준에서 수요를 충족시키기 위해 훨씬 낮은 가격으로 하락했다. 포드 씨는 기본적 운송수단으로 신차를 필요로 하지 않는 것을 깨닫지 못했다. 이러한 기준 하나를 보아도 미국시장에 대한 포드 씨의 개념은 1923년 이후의 현실에 맞지 않았다. 그때부터 (유럽과는 달리) 미국에서의 기본적 운송수단 시장은 주로 중고차로 충족되었다.

첫 차의 구입자가 신차에 대한 우선적인 대금지급수단으로 중고차를 가지고 두 번째 차 시장에 돌아왔을 때 그들은 기본적 운송수단을 팔고, 신차에서 보다 더 많은 무엇인가를 요구했다. 보상판매와 할부금융의 도움을 받은 중산층 구매자들의 수요를 창출하는 것은 기본적 교통수단이 아니라 신차의 진보, 안락함, 편의성, 파워 그리고 스타일이다. 이것은 미국인들의 삶의 현실적 경향이었고, 여기에 적응한 회사들은 성공했다.

이처럼 내가 이 장에서 논의를 시작했던 네 가지 요소, 즉 할부판매, 중고차 교환판매, 덮개 차체, 그리고 연차모델은 1920년대에 시장을 변화시키는 데 상호작용을 했다. 아직 설명을 마무리하지 못한 것이 있는데, 그것은 바로 연차모델이다.

새로운 판매정책의 필요성 나는 연차모델매년 발표되는 신 모델은 1920년대에 GM 또는 어느 누구에 의해 제안된 정책은 아니었다고 생각한다. 그러나 그것은 매년 보다 크고 좋은 패키지를 창조하는 정책에 내재되어 있었다. 이런 개념 하에서는 필연적으로 판매기술이 필요했다.

1925년 7월 29일, 일반판매위원회General Sales Committee에서 나는 우리의 상업정책을 다음과 같이 언급했다:

> 우리는 대기업으로서 고품질의 제품을 만들어 공정한 가격으로 판매하는 목표를 가지고 있습니다. 업계에서 이런 정책을 잘 따르지 않는 회사들이 있지만, 저는 이것이 올바른 정책이라는 점을 보편적으로 합의하고 있다고 확신합니다. 하지만 그와 동시에 우리는 이러한 정책이 품질에 대한 이익에 더하여 품질에 대한 비용까지 충당하기 위해 판매부서들에 부담을 더하고 있다는 것을 인정해야 합니다.
>
> 우리의 판매부문들을 공정하게 평가하면, 우리가 생산하는 제품 중 어떤 것은 과거의 평판이 걸림돌이 되고 있다는 사실입니다. 그러나 우리는 새로운 제조의 시대에 진입함으로써 예외 없이 우리 스스로 자랑스러워할 수 있는 차종들을 가지고 있습니다. 저는 우리 모두가 이들 신제품을 완전히 신뢰할 수 있고, 경쟁력이 있고, 원가 기준에서 적절한 수준으로 가격이 책정되었다는 데 모두 동의할 것이라고 믿습니다. 판매가격이 인하된 일부는 피셔의 증가된 조업도의 결과 특히 덮개 차체들에서 원가가 절약되었으나, 다른 것은 품질에 영향을 주지 않은 디자인의 변경을 통한 결과로 나온 것입니다. 그러나 우리는 이익이 감소했다는 것은 인정해야 합니다.
>
> 이것이 무엇을 의미하는지에 대한 몇 가지 아이디어를 제공하기 위해 1925년 과거 6개월간의 이익을 참조해서 새로운 판매가격과 새로

운 원가를 기준으로 — 환언하면 원가와 판매가격 사이의 새로운 차액 — 이익을 다시 계산했는데 조업도를 동일한 것으로 가정하는 경우, 우리의 이익은 약 25% 감소되었다고 할 수 있습니다.

현재의 상황을 볼 때 GM의 거래량은 그렇게 많이 증가하지 않았습니다. 전반기의 성공은 원가와 판매가의 유리한 차이에 기인한 것이었습니다. 올해 들어 현재까지 소비자 판매는 작년과 거의 같습니다. 그리고 가격이 몇 가지 예외를 제외하고 기준에서 벗어나지 않았음에도 불구하고 8월 1일의 가격 조정은 경쟁력 측면에서 매출을 확대시키기 위해 변화를 주어야 했습니다. 제가 알고 있기로는 사실 새로운 가격에 대해 유일하게 정당화할 수 있는 점은 판매량이 증가될 것이라는 전제이고, 늘어난 판매목표는 우리의 판매부서들에 더 큰 책임을 지울 것입니다. 가격과 품질에 관한 현재 목록과 함께 우리는 그것이 판매의 문제, 직접적으로 우리의 판매조직 문제라는 것에 합의해야 합니다.

나는 당시 대기업의 타성에서 벗어날 것을 촉구하는 연설을 했고, 그 당시 업계가 새로운 시대로 들어갔다는 말과 함께 다음과 같이 마무리했다:

마케팅과 관련하여 많은 일이 있는데, 그와 관련하여 우리는 좀 더 진취적이고 공격적이어야 합니다. 제 판단으로 GM은 전체적인 판매활동에서 상대적으로 취약합니다. 사실상 자동차업계 전체는 상업적이기보다는 기계적 및 기술적 특징을 가진 사람을 중심으로 구축되어왔습니다. 그리고 우리는 사업에서 상업적 측면의 중요성을 막 인식하기 시작했다고 생각합니다.

이미 여러 가지 사건들로 판명된 것처럼 나는 우승팀을 혹평하고 있는 풋볼 코치같이 GM의 타성에 관해 우려했으나 그것은 실수였다.

"품질 좋은 제품을 적정가격에 판매한다"는 문구는 보다 크고 더 좋은 차를 판매한다는 기본 정책을 기술한 것으로, 1921년의 제품정책과 일치했다. 이에 따라 각 사업부는 강력한 딜러 조직을 구축하는 정책을 추진해나갔다. 우리는 판매와 교환을 위해서는 번창하고, 활기 있으며, 전략적인 입지를 가진 딜러 조직을 확보하는 것이 핵심이라고 생각했다. 그 주제에 대해서는 뒤에서 언급하기로 한다.

정말로 일이 잘 풀렸다. 예견되지 않는 하나의 정책을 갖고 일을 진행시키더라도 예상치 못할 정도로 앞뒤가 잘 맞아떨어졌다. 제품에 관해서 그 정책은 끊임없는 개선을 계속한다는 것을 의미했다. 앞에서 1925년에 K모델 쉐보레에서 만들어진 변화의 일부를 기술했다. 같은 해에 우리는 새로운 6기통 쉐보레 엔진에 대한 작업을 시작했다. 1926년에 캐딜락사업부에서 우리는 독립된 개념으로서 스타일링역주: 상품의 외관에 주안을 두는 디자인을 도입했는데, 이것은 업계 최초의 전문화였다. 1927년과 1928년에 우리는 쉐보레에 스타일링의 변화를 시도했다. 1928년에 우리는 쉐보레에 사륜 브레이크를 장착했고, 새로운 6기통 엔진을 위해 휠 간격을 4인치 늘렸다. 그러나 새로운 엔진은 포드가 그의 4기통 모델 A를 공개한 이후인 1929년에야 도입되었다.

전술한 1925년 7월 29일의 일반판매위원회 회의에서 우리가 만들어낸 신차들을 '연차모델annual models'이라고 불렀지만, 그 개념에 대한 공식적 약속을 피하기 위해 최선을 다했다. 이러한 논의에 대한 기록은 「연차모델 대 영속적 개선Annual Models Versus Constant Improvement」이라는 제목을 붙였다. 이런 제목 하에 나눈 다음의 대화는 내가 보관하고 있는 1920년대의 단 하나의 기록으로 흥미로울 것이다:

슬론 씨 해마다 신 모델을 출시하는 것은 많은 단점이 있기 때문에 우리 모두 반대했지만, 대처 방안이 안 보입니다.

리처드 H. 그랜트 씨(쉐보레의 판매책임자) 저는 연차모델 아이디어에 대해 반대합니다. 그리고 제 생각에는 연도의 어떤 특정일까지 개선을 유보하는 대신에 우리는 점진적으로 개선해야 하는데, 그것에 대해서는 더 할 말이 없습니다.

슬론 씨 물론 그것은 일부 변동과 관련해서 최선이 될 수 있지만, 다른 차체의 경우는 매우 어려울 것입니다.

그랜트 씨 문제는 "매년 신 모델을 출시해야 하는가?"인데, 저는 아니라고 대답하겠습니다. 우리는 매년 신 모델을 선보여서는 안 됩니다. 우리는 선언 없이 모든 보이지 않는 변화를 시도해야 합니다. 현재 우리는 라인들이나 차체들을 변경할 때 신 모델을 발표해야 한다고 생각하지만, 매년 그래야 한다고는 생각하지 않습니다. 모델들의 도입 간격은 1년 7개월 또는 2년이 될 수도 있습니다. 반면에 우리는 크라이슬러의 닷지Dodge 정책을 따라야 하고, 우리가 어떤 새 모델들을 절대 내놓아서는 안 된다고 주장하지도 않습니다.

슬론 씨 당신이 그들의 정책을 따르기로 했을 때도 다른 자동차업계에서 바로 개발하지 않는다고 말하고 있는 것이죠? 우리는 일부 사소한 개선은 할 수 있겠지만, 확실히 신 모델을 출시해야 할 상황이 옵니다. 당신은 그러지 않을 것이라고 말할 수 있겠지만 조만간 그것을 해야 할 것입니다. 그 정책을 성공적으로 따랐던 두 회사는 바로 닷지와 포드입니다. 현재 포드는 우리가 말하는 바로 그 이유에서 신 모델을 팔려고 내놓았습니다. 그는 신 모델 출시를 지속적으로 추진해왔습니다. 닷지는 1923년 초에 신 모델을 추진했습니다. 신차 등록에 대한 31개 주의 보고서는 그것들이 얼마만큼 하락하고 있는지를 보여주었습니다. 현재 우리 모두는 같은 어려움에 처해 있습니다. 저는 GM이 정책적으로 너무 쉽게 영향을 받아 변화해왔다고 생각하는데, 이러한 영향은 우리의 제품들이 충분히 안정되지 않았기 때문이라고도 생각합니다.

그랜트 씨 이 주제가 논의에 올라온 것이 약간 혼란스럽습니다. 만약 우리가 출시하기로 한 멋진 신 모델을 가지고 있는데도 그것을 활용하지 않았다면 저는 그 의견에 동의하지 못했을 것입니다. 그러나 연차모델에 대한 사고로부터는 벗어나야 합니다. 우리는 그것을 출시해야 할 필요성이 있을 때 그리고 우리의 최상의 이점을 드러내어 광고해야 할 때 출시해야 한다고 굳게 믿습니다. 신 모델을 출시한 경험 없이 이러한 정책을 선전하고 있는 사람들은 신 모델이 많은 걱정을 불러일으키고 있다는 것을 모르고 있다고 생각합니다. 무엇보다 라인들이 바뀌어야 하고, 차체들이 바뀌어야 할 것입니다.

린 맥노튼 씨(캐딜락의 판매책임자) 저희는 그 모델을 지정하는 대신에 모델의 명칭에서 벗어나 '캐딜락'이라는 명칭으로 대중의 주목을 받았다고 생각합니다. 그리고 저희는 신차를 어떤 모델명으로 부르지는 않을 것입니다. 그러나 그것이 바로 캐딜락 차의 새로운 라인입니다. 지난 3~4개월 동안 사람들은 새로운 V-65를 언제 출시하려고 하는지 물었으나 저희는 대중이 관심을 가지고 있는 한 특정한 모델 지정 없이 새로운 라인의 캐딜락 차를 제외하고는 그 밖에 어떤 것도 만들지 않을 것입니다. 저희는 그 모델 대신에 캐딜락을 광고할 것입니다.

슬론 씨 물론 피셔 바디의 관점에서 이에 대해 언급할 것이 있습니다. 한꺼번에 이들 금형들을 출시하는 데는 조직의 부담이 엄청나고 거의 불가능합니다.

그랜트 씨 우리가 해야 할 일은 우리의 정책을 다루는 방법을 변경하는 것이라고 생각합니다. 그리고 우리가 새 모델이 갖는 이점이 있을 때 발표해야 한다고 생각합니다. 그리고 우리가 두 개의 다른 사업부에서 변화를 꾀하고자 한다면 그것들은 필연적으로 8

월 1일에 출시되어야 한다고 생각하지 않습니다. 우리가 작년에 했던 것처럼 1월 1일에 출시되는 것이 사업부에 유익합니다.

슬론 씨 하지만 당신은 반드시 8월 1일자로 변화를 가져와야 합니다. 왜냐하면 다른 날은 귀하의 판매시즌에 해당할 것이기 때문입니다. 그것은 8월 1일부터 11월 1일 사이에 행해져야 합니다.

그랜트 씨 우리의 목표에서 판단해보면 올해는 1월 1일이 좋은 시점이 될 것 같습니다. 그러나 우리가 1월 1일에 많은 재고를 보유할 것이라고 생각하지 않기 때문에 그것이 가장 불리한 시기를 넘기려면 1년은 걸립니다.

댄 S. 에딘스 씨Dan S. Eddins(올즈의 판매책임자) 신 모델을 12월 1일 생산에 포함시킬 수 있다면 봄철 수요를 충족하기 위해 봄까지 재고를 축적할 것이지만, 1월 1일부터 2월 1일까지 귀하의 공장들은 생산을 시작할 수 없습니다. 반면에 8월 1일에 신제품을 라인에 반영한 다른 제조업체들은 우리를 누르고 우리의 사업영역을 뺏을 것입니다.

슬론 씨 8월 1일과 9월 1일 사이가 아주 타당한 시기입니다. 왜냐하면 8월 1일보다 앞당긴다면 봄철 사업에 타격을 줄 것이고, 11월 1일에 변화를 시도한다면 딜러의 수중에 아주 팔기 어려워질 수천 대의 차가 남아 있을 것입니다. 그렇게 되면 비수기에 상품을 팔아야 할 것입니다.

그랜트 씨 지금까지 우리가 고수한 정책을 지켜야 한다고 생각하지만 가능한 한 많은 양의 급격한 모델 변경은 피할 수 있어야 합니다. 다시 말하자면 정책을 다루는 현재 우리의 방법을 변경해야 합니다.

GM은 사실상 1923년 이후 모든 연도에 새로운 모델을 발표했고, 이후로도 줄곧 그랬지만 위의 논의에서 본 바와 같이 1925년 당시에는 우리가 오늘날 알고 있는 방식에 대한 개념이 정립되어 있지 않았다. 우리가 언제 그것을 정립했는지는 말할 수 없다. 그것은 서서히 정립되어 온 사안이다. 결국 우리가 매년 변경한다는 사실 그리고 변화의 필요성에 대한 인식은 우리에게 정기적으로 변화를 추구하도록 했다. 변화가 정기화되었을 때인 1930년대가 되어서야 우리는 덮개 차체와 연차모델에 대해 언급하기 시작했다. 나는 노령의 포드 씨가 그 아이디어에 진정으로 관심을 가졌으리라고 믿지 않는다. 하여간 1928년에 출시한 당시만큼은 세련된 소형차였던 포드 씨의 모델 A는 그의 정태적 모델인 실용 차 개념의 또 다른 표현이었던 것으로 보인다.

포드의 공장들이 신 모델 디자인이 바닥나 문을 닫았을 때, 나는 그와 우리의 정책 모두가 생존할 것이라고 생각했다. 하지만 신차 형태로 선보인 포드의 정책들은 당시 높은 수준의 기술로 표현된 낡은 정책이었다. 나는 1927년에 구 포드정책이 큰 실패로 돌아갔고, GM의 업그레이드된 정책이 쉐보레의 판매량 상승으로 반영되었던 것보다 훨씬 더 큰 의미에서 승리했다는 것을 알지 못했다.

FRB 산업생산지수, 1920~1929년

(계절적으로 조정, 1923~1925=100)

출처: 산업생산 1957~59(연방준비제도이사회 출판물) **자료, 1923~25=100으로 변환함**

제10장 **정책의 창조**

자동차시장의 새로운 변화 자동차시장의 변모는 기본적으로 1929년에 완료되었다. 현대 경제에서 극히 중요한 시기로 꼽히는 그해에 포드 씨는 새로운 모델 A에서 여전히 자신의 낡은 개념을 고집하고 있었는데, 그는 거대한 활기와 함께 GM과 유사한 시장정책을 가지고 혜성처럼 등장한 크라이슬러 씨의 도전을 받았다. 그해에 판매된 약 500만 대의 미국산 승용차와 트럭 중 200만 대를 만든 포드 씨의 판매 실적은 사실 장기적 관점에서 보면 우연에 지나지 않았으며, 일종의 과소비였을 뿐 어떤 추세를 나타낸 것이 아니었다.

그런 상황에서 GM은 1920년의 형체 없는 집합체에서 통합되어 효과적인 기업으로 변모해갔다. 그 시기에 분권화를 내세운 통제력 있는 경영철학이 적절하게 기능하고 있었다. GM의 재무적 수완은 일종의 제2의 천성이 되어 계속적으로 창조적 과정을 통해 진화했다. GM의 차 라인은 듀랜트 씨가 시작한 다양성으로부터 시작되었고, 원칙적으로 가격대는 1921년의 제품계획에서 출발했다. 그리고 반드시 포함시켜야 할 내용은 GM이 자동차 수출에서 사상 최고치에 도달했는데도 영국1925년과 독일1929년에서 우리 소유의 제조사업을 운영함으로써 새로운 코스를 시작했다는 것이다. 회사는 이 모든 것에서 경제사정의 동향을 반영하고 있었다. 그리고 의심할 여지없이 GM도 그러한 동향의 일부에 영향을 미치고 있었다. 자동차업계에서 GM의 발전은 미국의 다른 대기업에게도 영향을 주어 GM의 방법들, 특히 분권화와 재무통제에 관한 활발한 연구가 진행되었다.

나는 역사가가 아니기 때문에 이 기간 동안 일반적 관심을 불러온 많은 일들을 건너뛰어 GM의 발전에 관해서만 이야기를 계속하고자 한다.

1930년대 초에 발생한 대공황은 그것의 보편적 특징의 모순된 효과에도 불구하고 하나의 특별한 사실을 제외하고는 질적으로 그러한 특징을 바꾸지 않았다. 모순은 더 많은 조정을 필요로 했다. 즉, 우리는 이런 가장 어려운 유형의 변화에 신속히 대응하고 절약할 방법을 찾아야 했다. 이러한 방법에 대한 필요성은 최종적으로 GM 조직구조의 근본적인 변화를 가져왔다. 사실상의 변화는 새로운 상황을 기대하며 1929년 10월의 주식시장 붕괴 전에 시작되었지만, 그 시점에 우리는 미래에 대한 명확한 전망을 가지고 있던 것은 아니었다.

한 가지 예를 든다면, 나는 쉐보레 인력들을 전략적 직책에 배치함으로써 회사 전체에 쉐보레 경영진의 혜택이 펼쳐지기를 바랐는데, 그것은 쉐보레의 엄청난 성공에 기인한 것이었다. 쉐보레의 그랜트 씨와 헌트 씨는 1929년 5월 9일에 각각 판매 및 엔지니어링스태프 책임을 가진 회사의 부사장으로 선임되었다. 동시에 델코-레미Delco-Remy의 C. E. 윌슨은 제조담당 부사장에 선임되었다. 몇 년 후 쉐보레사업부장이던 뉴슨 씨는 집행부사장으로 선임되었고, 모든 승용차, 트럭 및 차체 제조 활동에 책임을 맡았다. 따라서 이 기간에 새로운 경영자그룹이 승진하여 일반 회사 영역으로 이동했으며, 그들의 영향력이 회사 전체에 미쳤다.

그 당시 우리는 재무 외에는 유일한 일반 스태프조직인 케터링 씨의 실험실을 가지고 있었고, 그 작업은 사업부 간 위원회와 연관되었다. 고급 엔지니어링 프로젝트에 착수했을 때, 우리는 특별 '제품연구그룹'을 만들어 제조사업부에 배치했다. 따라서 이들의 선발은 스태프 활동의 새로운 시작이었다. 그것은 결국 구 사업부 간 위원회를 없애고 오늘날과 같은 아주 강력하고도 큰 스태프 조직을 개발하는 것이었다. 이들 스태프들에 대한 이야기는 이 책의 뒷장에서 소개한다. 여기서는 그들이 조정 면에서 특정한 발전과 어떻게 관련되는지에 대해서만 다루려고 한다.

국가 경제는 공업생산이 급감한 이후인 1929년 늦은 봄과 이른 여름에 걸쳐 그 정점에 도달했다. 반면 주식시장은 계속 악화일로를 걸어 10월에는 결국 대폭락까지 갔다.[12] 7월 18일에 나는 운영위원회에서 회사가 이런 변화에 대응할 수 있을지에 대해 우려를 표명하고, 새로운 형식의 조정에 대해 다음과 같이 선언했다:

> ……저는 우리가 해보지 않았거나 아마도 지금까지 개발된 프로그램들과 많은 건설적 제안을 통하여 따랐던 정책의 관점이 아닌 것들에 대해서는 취약하다고 생각합니다. 우리 모두의 마음속에서 변화에 대한 일반적인 대응은 그것에 반대하는 것입니다.
>
> 그리고 우리의 관리가 변화를 요구하지 않고, 아이디어를 파는 데 너무 많은 시간을 사용하고 있고, 알려진 취약점을 신속하고도 효과적으로 처리하지 않는다는 비판을 받고 있다고 느낍니다. 그러한 이유로 얼마 전부터 우리는 조정이 좀 더 효과적이고 명확한 형태를 가져야 한다고 느꼈습니다. 달리 표현하면, 변혁에 대한 저항은 변혁에 영향을 주기

12 1920~1929년의 산업생산지수는 제9장 끝에 수록되어 있다.

위한 사람의 힘보다 더 강력하다는 것입니다. 따라서 변혁은 늦어질 수 밖에 없었습니다.

저는 회사가 현재의 지위를 유지하려고 한다면 변화를 받아들여야 하고, 자체적으로 그것을 개선하도록 놔두어야 한다고 생각합니다. 하지만 경쟁은 첨예해지고 있고, 문제는 매일 힘들어지고 있기 때문에 우리는 그렇게 오랫동안 기다릴 수 없습니다. 제가 하는 말은 그러한 원칙들을 수행하기 위해 더 좋은 일반 원칙들과 정책들의 형태 또한 세부조직의 더욱 훌륭하고 효과적인 형태로 새로운 필요에 대한 인식을 위한 것일 뿐 일상적인 사업 틀을 겨냥한 것은 아닙니다.

주식시장의 붕괴 직전인 1929년 10월 4일, 나는 조직에 확장 시기가 끝났음을 알리고 회사의 새로운 경제정책을 널리 알리는 다음과 같은 단체편지를 보냈다:

이 시점에서 제가 매우 중요한 문제가 될 것으로 믿는 것에 대해 관계자 모두의 진지한 관심을 요구하는 것이 가장 적절할 것으로 보입니다. 여기에서 그 개요를 약술할 것입니다.

과거 상당한 연도 동안 우리의 (생산)일정에 대한 수요는 우리의 설비에 많은 부담을 주었습니다. 이것은 실무적으로 국내 그리고 해외에서 모든 사업운영에 적용됩니다. 우리 제품의 성격은 크게 변했고, 이러한 변화는 생산설비의 일부 수정을 필요로 했으며, 실무적으로 그 모두를 수정했습니다. 이것은 일상적 문제에 더하여 '확장을 위해 공장 설비를 제공할 책임과 효과적으로 그것들을 운영하기 위한 조직화'라는 화두를 경영진에게 던졌습니다.

이런 프로그램과 관련하여 거액의 자본이 소모되었습니다. 전에 없었던 일들을 하기 위한 설비 건설에 더욱 많은 자금이 투입되었습니다. 환언하면 우리가 판매하고 있는 다양한 제품의 더 큰 부품들을 제조하기 위한 공장을 개발하는 것은 건설적이었고, 이는 획득한 결과로 충분히 정당화됩니다. 저는 과거와 현재에 이르기까지 우리 조직과 함께했고, 우리가 이런 일반적 방향에서 달성한 것에 의해 미래에도 크게 향상되고 강화될 것이라고 확신합니다.

이런 내용을 언급하는 목적은 적어도 현재를 위해 또는 아주 가까운 장래를 위해 상이한 처리유형이 필수라는 주장을 하기 위해서입니다. 경영은 현재의 개선된 유효성과 절감된 비용을 통해 미래의 수익력을 증가시키는 것에 초점을 맞추어야 한다고 생각합니다. 바꾸어 말하면 과거 수년간의 추진은 영속적으로 증가하는 가치를 가진 더 훌륭한 차를 위한 것이었습니다. 지금부터 우리는 더욱더 좋은 차를 향해 박차를 가해야 합니다. 그러나 우리는 가격에 관한 가치를 좀 더 상세히 고려해야 하고, 이 프로그램의 일부로서 확장과 개발에 소모해온 노력을 현재의 운영에 기울여야 합니다.

이는 수년 동안 생산설비를 필요로 하는 수요가 더욱 증가할 것이라는 우리의 예상 트렌드에 반하는 생각이 아닙니다. 엔지니어링 사고에서 진보에 뒤지지 않는 것과 동시에 적절한 가격에 높은 품질의 제품을 제공하는 것이 우리가 달성하고자 하는 목표라고 믿습니다. 반면에 앞으로 매년 증가하는 비율이 최근 우리가 기록한 수준들과 일치할 것이라는 가정은 불가능합니다.

또한 우리가 전체적으로 산업의 일반적 추세를 근사하게 따를 것이라고 가정하는 것이 합리적입니다. 저는 위에서 말한 비용 요인들을 무시해야 한다는 생각도 가지고 있지 않습니다. 제가 전달하고자 하는 것은 장래에 모든 사업부와 종속회사에서 확장과 개발을 위해 노력하는 것은 더 이상 강력한 드라이브가 되기 힘들다는 것입니다. 환언하면 현재 공장 설비를 확장하는 것보다 운영 면에서 규모의 경제가 기조가 되어야 합니다. 여기서 '비용'이 가진 의미는 제조비용뿐만 아니라 매출원가에 부수하는 모든 비용 항목들을 포함하고 있습니다.

물론 이 프로그램 전반에 대한 책임은 사업부와 종속회사 모두에 있

> 습니다. 저는 일반 추세를 알기 위해 브래들리 씨, 그랜트 씨, 헌트 씨, 윌슨 씨에게 정당하고 다양한 방법으로 여러 사업부와 종속회사에서 상응하는 기능과 관련된 상황을 스태프의 관점에서 조사할 것을 요청하고 있습니다. 그러한 방식으로 우리는 모두 더 나은 일반적 결과를 얻기 위해 노력할 것입니다.
>
> 위의 사고를 기본으로 새로운 프로젝트가 이전보다 더 주의 깊게 조사되어야 하고, 그것들의 타당성에 대한 입증 책임이 좀 더 명백해야 한다는 결론이 나옵니다. 조직의 현재 형태에 따르면 부사장인 C. E. 윌슨이 제시한 대로 새 프로젝트를 미리 검토합니다. 추가 확장을 고려하거나 생각하고 있는 모든 사업부와 종속회사는 필요한 프로젝트의 개발을 진행하기 전에 윌슨 씨와 협의하는 것이 바람직할 것입니다. 위의 언급들은 어떤 의미에서도 추가적인 또는 상이한 생산설비가 적절한 집행에 기본이 되는 변화가 명확하게 승인되었다고 말하는 것은 아닙니다.

물론 주지하다시피 나는 그렇게 비관적이지는 않았으나, 실제로 우리는 예상치 못한 방향으로 전개된 사건들과 부닥쳐야 했다. 불황이 갑자기 발생한 것은 아님에도 불구하고 하강 속도는 엄청났다. 1929년에 15억 달러였던 GM의 매출은 1930년에는 약 3분의 1인 9억 8,300만 달러로 감소했다.

1930년이 종료된 후에 나는 직접 작성하곤 했던 연차보고서에서 다음과 같이 언급했다. "연중에 세계의 모든 주요 소비 국가들의 경제적 상황은 실질적으로 조정이 불가능했습니다. 회사의 개입은 거의 전 세계 모든 국가의 사업 활동에서 하나의 중요한 방법이 되었습니다. 회사의 운영은 이러한 상황에 의해 역으로 영향을 받게 됩니다. 결과적으로 경영 및 정책에 특이한 문제가 발생했는데, 주주의 이익을 수호하려면 효과적이고 공격적으로 대처해야 하게 되었습니다. 영업권을 측정하는 하나의 기준인 일반 대중에 의해 평가된 신뢰의 관점에서뿐만 아니라 장래의 경제발전이라는 관점에서까지 기관의 미래 상태는 모든 문제들에 대한 철저한 분석이 요구됩니다.……"

분석이 본격적으로 시작되었다.

정서상 GM 같은 회사의 경영진이 재난 상황에 직면했을 때 어떻게 그에 대해 말하는지를 살펴보는 것도 어느 정도 흥미로울 수 있다. 1931년 1월 9일에 나는 운영위원회의 멤버들에게 다음과 같은 서신을 보냈다:

> 목요일 운영위원회 회의에 불참한 위원들을 위하여 그리고 회의에 참석한 위원들의 기억을 되살리기 위하여 제가 말하고자 하는 것은 다음과 같습니다. 회의에서 주요 사업 논점들 중의 하나는 마감된 연도의 절차, 정책 또는 사고에서 취약점들은 무엇이고 제거되어야 할 것은 무엇인지 그리고 1931년도에 도움이 될 어떤 새로운 논점들이 개발될 수 있는지에 관해 각 멤버들이 의견을 내는 것입니다.
>
> 한 해의 마감과 새로운 출발은 이런 종류의 문제를 해결하는 심리적 및 실제적 기회를 형성합니다. 자연적으로 우리는 관리의 세세한 문제들보다는 더 광범위한 정책원리와 생각의 유형을 처리해야 합니다.
>
> 제가 염두에 두고 있는 것을 예시하기 위해 그 주제에 대해 이미 작성해놓은 일부 노트에서 다음과 같은 생각을 소개합니다.
>
> 첫째, 우리는 직원들의 취약점을 처리하는 데 있어서 아직도 용기가 부족하다고 생각합니다. 우리는 스스로 약점이 있다는 것을 압니다. 우리는 그것들을 용인하고, 그것들을 비정상적인 기간 동안 견딘 후에 변화를 만들고, 그런 후에야 우리가 그전에 행동하지 않은 것에 대해 후회합니다.
>
> 둘째, 사실확인조직fact-finding organization이라는 명성을 가지고 있음에도 불구하고 지금도 우리가 해야 하는 것만큼 완전하게 얻고 있지는 못

하다고 생각합니다. 우리는 사실에 근거하지 않고 탁상에 둘러앉아 해야 할 일들을 논의합니다. 저는 그러한 관행을 과감히 타파하고, 위원회의 모든 멤버들이 사실을 근거로 일하고 있지 않다면 그리고 그들 자신의 판단을 행사하기 위한 위치에 있지 않다면 위원회의 어떤 멤버들에게도 중요한 문제들을 결정하는 것을 허용해서는 안 된다고 생각합니다. 그렇지 않으면 위원회는 그 자체와 회사에 공정하지 못합니다. 왜냐하면 모두가 같은 책임을 지지 못하고 있기 때문입니다.

셋째, 우리는 너무 깊이가 없어졌는데, 이러한 성향을 고쳐야 한다고 생각합니다. 많은 문제들이 우리 앞에 산적해 있는데, 시간은 한정되어 있고, 때때로 회의가 길어져 우리는 피곤해집니다. 이런 상황들과 많은 다른 것들이 우리로 하여금 충분히 고려하지 않아 실수를 저지르게 하고, 그러한 실수들은 반드시 발생합니다. 위험한 일을 하거나 논리적인 고려 없이 그것을 하는 것보다 아예 그것을 하지 않는 것이 더 도움이 됩니다. 우리가 기회를 잃을지라도 그것은 조만간 다시 생길 것이고, 장기적으로 우리는 문제를 좀 더 완전하게 처리함으로써 이익을 얻을 것입니다.

이상은 문득 생각난 제 생각의 일부로 여러분에게 문제의 유형을 주기 위한 것으로 숙고해주시면 감사하겠습니다. 위원회의 각 멤버들이 회사를 위해 진정으로 공헌할 수 있기를 기대합니다.

그 상황에서는 아주 온건한 언급이었다. 그러나 모든 사업, 업무 그리고 여러 집단은 그 자신의 방식과 그 자신의 용어를 가지고 있었다. 위의 서신에 대해 최고경영진은 모든 것을 숙고하라는 요구로 이해했다. 6개월간 제안서가 가장 광범한 종류의 문제들을 다루고 있는 내 책상에 쇄도했으나 견해의 차이가 있었다. 프랫 씨, 무니 씨, 그리고 뉴슨 씨는 우리 조직이 지나치게 중앙집권화되고 있다는 것을 느끼고 있었다.

프랫 씨는 1931년 1월 12일에 다음과 같이 썼다:

제 판단으로 GM코퍼레이션의 절차와 정책에서 가장 큰 취약점은 사업부들이 그들의 개별적 정책과 문제들을 발의하고, 확인과 승인을 위해 그들의 해법을 운영위원회에 회부해야 한다고 주장하는 대신에 운영위원회가 사업부의 상세한 문제들을 발의하고 논의하려는 성향입니다.

의식적으로나 무의식적으로 과거에 우리가 GM을 운영했던 방법은 운영위원회에서의 모든 주도권을 가지고 행동의 중앙집권화를 향한 성향이 있어왔습니다. 저는 반대가 되어야 한다고 생각합니다. 주도권은 사업부들에 있어야 하고, 우리의 직무는 중앙조직으로부터 발의를 받기보다 사업부장들이 발의하도록 하는 것입니다.

저는 또한 약점으로 생각되는 것을 내놓고, 누구를 막론하고 솔직하게 토론할 것을 제안하고 싶습니다.

자문위원회의 설치 심각한 불황의 여파로 일부 과도한 중앙집권화가 발생했는데, 그것이 틀렸다는 것은 의심의 여지가 없었다.

그러나 한편에서 윌슨 씨, 그랜트 씨, 헌트 씨, 브래들리 씨와 모든 스태프들은 정반대로 생각했다. 그들 각각은 몇 가지 특정 형태의 증가된 조정을 권고했다. 윌슨 씨는 제조, 조직, 설비, 공정방식에서 모든 사업부들을 가장 진전된 사업부들의 수준에 도달할 수 있기를 원했다. 그랜트 씨는 판매와 일반 관리를 위해 유사한 제안을 했다. 그러나 그는 자신이 분권화와 일치하는 방법으로 어떻게 해야 하는지 확신할 수 없었다고 고백했다. 그는 말했다. "적어도 당분간은 전 이 문제에 단 하나의 해결책만 알고 있고, 그것은 사업부와 접촉하는 데 있어서 많은 의지력, 인내 및 판매능력을 갖는 것입니다. ……" 엔지니어의 강인함을 가지고 있는 헌트 씨는 호환 가능한 차체 프로그램을 자동차 라인들 전체에 가능한 한 빨리 적용시키고, 즉각적으로 적용 가능성이 있는 자동차의 부분에 새로운 엔지니어링 기술을 적용할 것을 제안했다. 브래들리는 운영위원회에서 논의를 위한 준비가 부적절함을 지적하면서 최고위원회의 일상적 업무를 좀 더 신속히 처리하기 위해 소위원회의 임명을 제안했다.

나는 사실 양측의 주장이 모두 옳았다고 생각한다. 오래된 딜레마가 다시 나타나 진퇴양난에 빠졌다. 우리는 새로운 조건들을 충족시키기 위해 더욱 조정해야 했고, 동시에 우리는 최고경영진이 분권화된 사업부의 문제들을 처리하기 위해 노력하는, 암담한 지위로 추락하는 것을 막아야 했다.

1931년 6월 19일, 나는 많은 자문그룹의 임명과 함께 새로운 구조를 향해 첫발을 내디뎠다. 나는 이 제안서에 다음과 같이 언급했다. "자문그룹은 운영위원회에 제출할 권고를 하기 위해 또는 위원회에 제출하지 않을지라도 회사에 최선의 사고를 가져올 만큼 건설적인 것으로, 운영정책결정을 위해 사실 및 의견의 가장 가능성 있는 근거를 설정할 목적으로 그룹경영자에게 대한 자문을 하기 위해 구성됩니다."

이 제안의 중요성은 스태프에게 사업부에 대한 어떠한 권한도 부여하지 않고 일반임원들, 스태프 그리고 사업부들 사이에 폭넓고, 능동적이며, 좀 더 정기적 접촉을 해나가기 위한 활동에 있었다. 일부 사람들은 이러한 움직임이 스태프 경영자가 사업부장에게 명령하도록 조장할 것이라고 우려했으나 그것은 내가 현재 지적하려고 하는 것과 같이 필연적 결과는 아니었다.

자문그룹은 1931년에 채택되었으나, 그해 말경에 조직의 광범위한 문제들에 대한 진전된 논의는 국가로서 순전히 생존을 목표로 한 과감한 비상조치로 중단되었다. 전 세계는 대공황의 나락으로 떨어졌다. 미국과 캐나다에서 자동차산업은 1929년에 승용차와 트럭을 합쳐 약 56만 대를 생산하여 소매가로 약 51억 달러에서 1932년에 약 140만 대, 약 11억 달러로 감소했다. 그것은 전시였던 1918년 이래 그 어느 연도보다 낮았다.

앞의 장들에서 기술했던 재무 및 운영통제, 개발 덕분에 GM은 1920년부터 1921년까지의 불황기와 같은 재난상황으로 가지는 않았다. 우리는 임금 및 봉급을 포함한 모든 문제들에서 질서 있게 단계적인 후퇴를 했다. 미국과 캐나다 공장들에 의한 승용차와 트럭의 매출은 1929년의 약 190만 대와 비교할 때 1932년에는 52만 6,000대로 많은 고정비를 고려하면 엄청난 하락72%이었다. 하지만 우리가 업계보다 더 잘한 것은 우리의 시장점유율이 1929년의 34%에서 1932년에 38%로 공황 연도 내내 증가했다는 사실로 나타난다. 우리의 이익은 1929년 약 2억 4,800만 달러에서 1932년에는 1억 6,500만 달러로 감소했으나 주로 우리의 재무통제 절차 덕분에 여전히 흑자였다. 1932년에 우리는 생산능력의 30% 이하로 운영했다.

우리는 절약하기 위해 구매, 디자인, 생산, 판매에서 작업을 상당한 정도로 조정했고, 이들 변화의 일부는 지속적인 가치가 있었다. 예를 들어 구매와 생산에서 우리는 부품들에 대한 더욱 세련된 분류와 가장 중요한 단일의 호환성 있는 차체를 3개의 기본적 표준 유형으로 감소시켜 사업부들 간에 호환성을 증가시켰다. 가장 경제성을 얻기 어려운 것은 영업비 또는 판매비에 있었고, 여기서 우리는 재편성을 위해 아주 과감한 조치를 취했다. 운영위원회는 1932년 3월에 3일간의 회의 끝에 1921년의 제품정책에 대한 과감한 수정안을 채택했다. 그 결정은 쉐보레와 폰티악의 제조를 결합하도록 했으며, 그렇게 함으로써 뉴슨씨의 관할 아래로 들어가게 되었다. 유사한 결합이 뷰익과 올즈모빌 사이에서도 이루어졌다. 뷰익, 올즈모빌, 폰티악의 판매 활동을 종료하고 새 판매회사인 B.O.P 하나로 통합되었으며, 딜러들은 한 종류 이상의 차를 판매하도록 하였다. 사실상 경영의 관점에서 1년 반 동안 GM은 5개의 자동차사업부에서 3개의 자동차사업부로 축소됐다.

회사의 급격한 축소와 주변을 둘러싼 사건들이 준 압력은 나에게 우리의 경영구조가 이러한 시대에 적절히 대응할 수 있는지를 심사숙고하도록 했다. 우리는 자유롭게 계약을 체결하고 확대했는가? 조정하기 위해 아직도 정책과 관리 사이에 구분이 명확히 유지되고 있는가? 전통적인 5개 자동차사업부로 복귀한다면 우리는 자동차를 새로운 상황과 어떻게 연관시켜야 하는가? 불가피하게 공업기업인 우리는 대공황의 발발 시에 겪은 대로 이런 외부환경이 요동칠 때 그 영향으로 혼란을 피할 수 없었다. 1933년 11월에 나는 또다시 새로운 정책에 대한 주제에 대해 정리하기 시작했는데, 정책이라는 주제에 대해 처음부터 다시 시작해야 했다. 나는 다음과 같이 기술했다:

> 나는 일반 조직 문제와 관련된 이런 국면은 GM에서 특히 중요하다고 생각하는데, 그것은 특별히 규모 때문이 아니라 사업의 성격 때문이다. 이는 현 상황에서 내가 '급격한 변화rapid changes'라고 부르는 주제다. 환언하면, 나는 자동차산업의 한 단위는 대부분의 어느 다른 비교 산업 단위보다 내가 명명했던 '타행능력coasting ability'을 훨씬 덜 가졌다고 생각한다. 미래의 우리의 성공 또는 위상의 유지는 그러한 활동 내에 모든 기능적 사업부들을 포함하고 있는 다양한 활동에서 발생했고, 계속적으로 발생할 급격한 변화를 예측할 만큼 충분히 신속하게 그러한 변화에 대처하기 위한 전략을 수립하는 조직의 능력에 절대적으로 의존한다.
>
> 나는 어떤 의미에서 채택된 이러한 정책들을 효과적으로 그리고 경제적으로 수행하는 것의 중요성을 경시하는 것이 아니라 단순히 정책적인 면이 중요한 관심사라는 점을 강조하고 있는 것이다. 왜냐하면 합

리적인 지능을 가진 우리가 이러한 이슈를 해결할 수 없다면 우리의 관리자 구성원들이 얼마나 유능하건 간에 그 기회가 기능의 제한을 받기 때문이다. 내가 부언하고 싶은 것은 우리가 과거에 경험했던 문제들에 대해 앞으로 더욱 적극적으로 노력해야 한다고 생각한다. 앞으로 우리의 경쟁상의 지위와 이익상의 지위 모두를 유지하기가 더욱 어려워질 것이다. 우리는 우리의 지위에 영향을 주는 추세들의 변화에 관해 우리가 무엇을 해야 하는지 결정하기 위해 과거처럼 미래에 시간을 투자할 만큼의 여유가 없다. ……

위와 같은 구절로 작성된 비망록에서 나의 목적은 순전히 집행위원회의 정책결정 역할을 재천명하기 위한 것이었다. 나는 또한 위원회는 "어떤 사업부 또는 한 사업부와 다른 사업부와의 관계를 솔직하게 그리고 아주 적극적으로 처리하는 위치에 있어야 한다"고 썼다. 나는 이것을 가장 잘 해결하기 위해 위원회는 사업부장이 아닌 일반경영자만 포함해야 한다고 생각했다. 그렇다면 정책결정 경영자가 어떻게 그들의 정보를 얻고 사용해야 할 것인가? 나는 "……우리는 집행위원회의 멤버들이 문제에 대한 현명한 판단뿐만 아니라 독립적인 판단까지 실행할 수 있도록 문제에 계속 접근할 수 있는 방법들과 수단들을 개발해야 한다. ……"고 썼다.

물론 집행위원회는 항상 법적으로 그리고 사실상 최고운영위원회였지만, 운영위원회와 통합되었기 때문에, 결정이 정책과 운영의 양측 인사들의 참여로 이루어지기 때문에 정책과 관리 사이의 경계선이 충분히 명확하게 그어지지 않았다. 우선은 집행위원회가 관리와 운영 측 인사들과 독립적으로 정책결정을 하도록 제한하는 것이 필요했다.

독립적인 정책결정이 재설정되는 것이 특히 중요했는데, 그 이유는 자동차시장의 새로운 상황과 내가 제안한 움직임으로 인해 전통적인

5개의 사업부로 복귀할 경우 발생하게 될 경영상의 문제 때문이었다.

당시의 상황은 다음과 같았다. 1933년의 자동차시장에서 저가 그룹은 1926년의 53%와 비교했을 때 업계의 자동차 판매량의 73%를 포함하는 것으로 성장했다. 이것은 구 자동차 라인에서 우리가 시장의 27%에서 4개의 라인을, 그리고 시장의 73%에서 1개의 라인을 가져야 한다는 것을 의미했다. 브라운 씨는 경제적인 이유로 3개의 사업부를 선호했다. 나는 추가적 비용에도 불구하고 5개를 선호했는데, 그것은 판매량의 증가를 통해 회수할 수 있다고 생각했기 때문이다. 나는 1934년 1월 4일의 재무위원회에 대한 보고서에서 판매정책에 대한 나의 오랜 견해들을 천명했고, 부분적으로 재천명했다. 그것들은 회사의 정책으로 채택되었기 때문에 여기에 인용한다:

> GM차 생산 프로그램의 기본적 개념
>
> 그 위원회의 특정 멤버들은 P. S. 듀퐁 씨가 회사의 사장에 취임한 직후 그가 최초로 취한 행동의 하나가 자동차제품에 대한 매우 중요한 문제를 연구하기 위한 그룹을 지명하는 것이었다는 것을 기억할 것이다. 그때까지 기초적 개념이나 계획이 없어서 사업부들 간에 명확한 관계 또는 조정이 없었기 때문이다. 일반적으로 명확한 관계와 어느 정도의 조정이 있어야 한다는 것이 인식되었고, 연구의 목적은 그것이 어떻게 되어야 하는지를 규명하는 것이다. 이 연구는 1921년 4월 6일자로 집행위원회의 결의에 의해 승인되어 현재 13여 년이 경과하고 있다. ……여기서 지칭하는 연구는 [앞서] 논의된 제품정책에 관한 것이다.

나는 치열해진 경쟁의 압력 하에 13년간 자동차의 일반적 발전에 주목했고, 자동차의 가치는 외관이나 스타일, 기술적 품질, 가격, 평판 같은 특정 고려요인에 집중되고 있다는 것을 알았다. 그때 나의 생각은 이들 문제들에서의 차이가 초기보다 더 좁혀졌고, 모두 최첨단기술을 이용할 수 있기 때문에 자동차 기술은 판매 관점에서 보면 효과적인 차이를 가져오지 않는다는 것이었다. 나는 그것에 관해 실수를 했다고 생각한다. 그러나 판매는 소비자의 개인적 선호, 특히 스타일 문제에 집중하기 시작했다는 나의 일반적 주장은 타당했다. 나는 다음과 같이 정리했다.

> 사람들은 취향이 다르다. 많은 사람들은 이웃이 가지고 있는 것과 똑같은 것을 갖기를 원하지 않는다. 어떤 자동차의 디자인은 기술과 엔지니어링의 타협이다. 자동차는 모든 바람직한 특징들을 다 가지고 있지는 않다. 상대적으로 중요하지 않은 특징들도 자주 판매에 영향을 줄 것이고, 반대로 소비자는 다른 훨씬 중요한 특징에 관해서도 관심을 가진다. 어떤 특정 차에 들어가는 모든 요소들에 대한 가중치를 명확하게 결정하는 데 충분할 만큼 명확한 전망은 없다.
>
> 소비자들 또한 딜러와의 개인적 관계에 크게 영향을 받고, 어떤 때는 옳게, 다른 때는 그르게 어떤 특정 딜러에게 적대적이 된다. GM은 업계 총 판매량의 45%로 실제로 2대당 1대 정도를 차지하고 있어서 이 모든 문제들에 관한 굉장한 책임을 떠맡고 있다. 그러한 상황에서 새로운 고객들을 얻기 어렵고, 기존 고객을 상실하면 그 자리를 메우기가 어렵다. 그것은 판매량 5%와는 의미가 아주 다른 판매량 45%다.
>
> 그것은 엔지니어링과 제조 관점에서 가격이나 무게에서는 큰 차이가 없으나 외관이 상당히 다르고, 기술적 특징에서도 어느 정도 다른 두 개의 차종을 동일한 기본적 기기장비를 가지고 만드는 것은 완벽하게 가능하다.
>
> 좁은 가격대 내에서 판매량이 집중된다는 관점에서 보면, 상기한 요인과 많은 다른 요인들을 고려할 때 한 바구니에 모든 달걀을 넣는 것이 바람직한 것인지 아니면 상이한 것들을 상이한 사람들에게 어필하는 것, 모든 건전한 엔지니어링 아이디어들이 한 단위에 포함될 수 없다

는 것, 딜러의 영향력이 중요한 고려사항이라는 것과 같이 알려진 사실들을 활용하는 것이 더 나은 것인가? ……

나는 이러한 의문들과 판매 정책에 대해 다음과 같이 대응했다.

……우리는 판매량의 80~90% 이상 집중된 저가 분야에서 다양한 매력을 가져야 한다고 생각한다. 그것이 어떤 것이든 우리를 대표하는 것은 많은 사람들에게 가장 광범위한 매력을 전달하게 할 수 있도록 디자인의 핵심적 요소들에서 충분한 차이를 포함하도록 해야 한다고 생각한다. 나는 이러한 원칙의 필연적인 결과로서 제조와 유통이 복잡하다는 사실을 인정한다. 유감스럽게도 나는 현재의 상황 하에서 모든 사람들에게 단일 차종을 구매하도록 하는 것이 가능하다고 생각하지 않는다.

나는 많은 딜러들이 동일 시장에서 동일 제품을 가지고 필연적으로 서로 간에 경쟁을 할 수밖에 없는 높은 잠재력을 가진 지역사회에서 한 차종을 위해 많은 수의 딜러가 경쟁하는 것을 제한하고, 다른 경로로 이동하는 것보다 다른 매력을 통해 증가된 수의 계약을 체결하는 것이 더 좋다고 생각한다.

예를 들어, 우리가 'x' 딜러들을 가지고 있는 지역사회를 가정해보자. 'x' 딜러들이 정확하게 동일 차종을 기반으로 서로 경쟁한다면 그 경쟁은 매우 사기를 꺾는 일이 될 것이다. 나는 딜러들이 쉐보레 라인을 가지고 일부 차종은 공유하되, 주축으로 하는 차종을 가지고 서로 간에 경쟁하도록 하고, 추가적으로 쉐보레의 다양한 차종을 가지고 경쟁하는 것이 더 좋다고 생각한다.

상기한 모든 것은 나 개인적으로는 집행위원회에 의해 수년 전1921년에 윤곽이 짜인 정책은 다음과 같이 대폭 수정되어야 한다고 생각한다:

저가격대에 판매량이 집중되어 있는 것을 인정하면서 그 가격대 내에 대표를 증가시키는 것이 회사의 정책이 될 것이다. 그러나 궁극적으로 고려해야 할 것은 모든 요소들 내에서 소비자의 요구를 받아들일 수 있는 가장 큰 다양성을 중시하는 것이고, 이를 통하여 아주 강력한 기반을 구축해야 한다.

정책과 관리의 분리 자동차들에서 다양성을 유지하고 집중된 가격대에서 분리된 사업부의 판매노력에 대한 제안은 새로운 형태의 조정을 필요로 했다. 그리고 조정하면 할수록 더욱더 정책분야에서 새로운 문제들이 나타났으며, 이로써 정책policy과 관리administration 사이에 명확한 구분이 있어야 했다. 예를 들어 둘 이상의 사업부가 공통요소들을 사용할 때 각 사업부의 독립성은 그들 사이에 공통프로그램이 있어야 하는 정도까지만 유지된다. 따라서 누군가가 만든 프로그램을 조정해야 한다. 이 과정이 정교해짐으로써 전에 관리 분야에 있었던 더 많은 의문들이 정책 분야로 넘어온다. 나는 항상 정책과 관리 사이의 구분을 반드시 유지해야 한다고 생각했다. 그 구분이 없다면 분권조직은 무엇을 분권화했는지 그리고 무엇을 분권화하지 않았는지에 대해 끊임없는 혼란이 존재한다. 그래서 가장 큰 문제는 정책적인 것이다. 그리고 그것은 일반적인 해결책을 필요로 했다. 그때 만든 해답은 오늘날에도 GM에 기본적 의사결정 과정으로 남아 있다. 그것은 내가 1934년 10월에 집행위원회를 위해 만든, 다음의 권고에 포함되었다:

> 이미 정책의 수립은 본사나 운영사업부 또는 종속회사 내에서 나온 것으로 개발되어왔다. 정책의 최종 승인은 지배위원회가 제시한 대로 본사에 의해 독점되어 있다. 정책이 어떤 원천에서 발의되었든 간에 승인에 관여한 사람들은 기업의 현재 및 미래에 영향을 주기 때문에 그 영향에 대한 완전한 지식을 가지고 통과시키기 위한 자격을 가지고 있어야 한다. GM코퍼레이션의 운영에서와 같이 정책이 중요한 여파를 가져오는 곳에서는 가능한 한 여러 다른 각도에서 제안에 대한 발상과 사

실 그리고 접근법에 대한 가장 광범위한 근거가 설정되어야 하는 것이 핵심이다. 승인이 진지하지 않게 이루어졌다면 그 정도에 따라 기업의 지위가 위험해지거나 발전에 역행하는 영향을 준다.

위와 같은 다소간 철학적 논의는 지금까지 GM 체제상 존재했던 것보다 관리의 정책수립 국면에서 더 광범위한 개념을 형성하는 것이 바람직하다는 의견의 근거를 위한 것이다.

이 절차는 우선 다음 원칙을 설정한다:

1. 정의한 바와 같이 건설적이고 진전된 정책의 개발이나 수립은 사업의 진전과 안정성에 필수적인 영향을 갖고 있다.
2. GM코퍼레이션의 조직에서 방금 나열된 사실은 상당히 실제적인 범위 안에서는 정책의 집행과 독립적으로 정책수립의 전문화를 통해 인식되어야 한다.

전술한 정책 수립의 개념은 '정책그룹policy group'이라고 불리는 GM의 새로운 기관들에서 구체화되었다. 이들 그룹은 일반적으로 말하면 엔지니어링 정책그룹Engineering Policy Group, 유통 정책그룹Distribution Policy Group 등과 같은 기능적 명칭을 가졌는데, 후에 해외 정책그룹Overseas Policy Group과 같은 일부 라인 그룹이 추가되었다. 그들은 기능적 스태프들과 함께 사장을 포함하여 최고경영자들을 결합했고, 각 그룹은 회사의 최고운영정책위원회에게 그의 기능적 분야에서 정책 권고를 만드는 책임을 부여받았다. 관리에 책임을 맡고 있는 사업부장들은 이들 그룹들로부터 확실하게 제외되었다. 그룹 스스로 사업부에 대한 권한 또는 정책을 종료할 수 있는 어떤 권한도 부여받지 않았으나, 그룹은 회사의 주요 경영자를 포함하고 있었기 때문에 정책그룹의 권고는 사업운영 분야에서 지배위원회에 의해 정상적으로 채택되었다. 우리는 1934년과 1937년 사이에 엔지니어링과 유통 분야에서 정책그룹을 시험해보았다. 그리고 1937년에 그것들의 용도를 다른 기능들 및 일부 사업운영 분야로 확대했고, 회사는 그것들을 공식적으로 채택했다.[13] 그것들은 1919년부터 1920년에 내가 『조직 연구』에서 처음 구상한 경영 정책, 즉 조화로운 통제하의 분권화조직decentralized operation with co-ordinated control의 좀 더 세련된 형태의 표현이다.

현재 회사에는 2개의 범주로 구분된 9개의 정책그룹이 있다. 먼저 독립적인 것은 아니나 대부분 자동차사업 운영과 관련된 기능들을 다루는 것들로 엔지니어링, 유통, 연구, 인사, 공중관계가 있다. 그다음에 특정 그룹의 운영들인 해외, 캐나다, 범용엔진, 가전제품이 있다. 이들 정책그룹은 각 기능 활동의 경우와 관련된 일반스태프 부문의 지원하에 활동하는데, 예를 들면 엔지니어링 정책그룹은 엔지니어링스태프 부사장을 통해 엔지니어링스태프와 관련된다. 각 그룹은 운영의 경우 그 운영집단을 위한 그룹경영자의 지원 아래 있다.

이들 다양한 그룹의 멤버들은 회사의 최고수준에서 큰 영향력을 갖는다. 예를 들어, 이사회 의장과 CEO는 정책그룹 중 3개를 제외한 모든 그룹의 멤버이고, 사장은 2개를 제외한 모든 그룹의 멤버다. 유통, 엔지니어링, 연구, 인사, 공중관계 정책그룹의 경우에 운영경영진의 다른 사람들뿐만 아니라 집행위원회의 멤버들도 포함된다. 전체 구성은 회사 경영자 기능의 전체적인 면을 포함하고 있다. 이런 이유로 다양한 그룹 멤버들은 스태프와 라인을 결합하는 데 있어서 그리고 정책 권고를 준비하는 데 있어서, 또 경영자의 결정을 위한 기준을 개발하는 데 있어서 큰 역할을 했다. 정책그룹의 활동은 정책결정을 위한 변화의 필요성에 따라 달라진다. 예를 들어 엔지니어링 정책그룹은 신제품 프로

---

13 1937년과 1963년의 GM코퍼레이션 조직도가 이 장의 말미에 있다.

그램을 수행하기 위해 정기적으로 만난다.[14] 이 활동에서 사업부장들은 개별적으로 그리고 집합적으로, 직접 또는 그들의 기능적 부문을 통해 정책그룹의 업무와 긴밀하게 연결되어 있다. 그들은 전술한 바와 같이 정책그룹의 멤버가 아닌데, 그 이유는 그들 그룹은 정책개발에 책임을 지고 사업부장들은 관리에 책임을 지고 있기 때문이다.

GM의 신 모델 개발에 있어서 엔지니어링 정책그룹의 기능은 정책그룹 업무의 좋은 예다. 엔지니어링 부문들과 협력하여 해당 사업부장의 책임 하에 있는 어떤 사업부에서 제품프로그램의 발의는 판매부문에 의해 시장의 영향을 받고, 다른 운영사업부들의 필요성과 함께 중요한 조정을 한다. 25년 전이나 35년 전으로 돌아가보면 우리는 한 사업부에서 제안한 프로그램과 어떤 다른 자동차사업부에 의해 추진되어온 프로그램 사이에 조정이 거의 없음을 발견할 수 있다. 그러나 점차 업무수행과정에 매우 많은 조정이 필요하게 되었다. 즉, 사업부의 제품프로그램은 그 자체에 통합되기보다는 많은 다른 사업부들의 제품프로그램에 깊게 관련되기 때문에 전사적 관점에서 개발되어야 한다. 어떤 새로운 프로그램의 구상과 그것의 최종 집행 사이에 걸리는 시간은 현재 약 2년이다. 선진적인 엔지니어링 개념일 경우 그 기간이 2년 이상이 될 가능성이 크다. 그리고 그 기간 동안에 그것은 실로 엄청난 변화를 겪는다. 따라서 개발기간 동안에 모든 자동차사업부들의 엔지니어

---

14 엔지니어링 정책그룹은 엔지니어링담당 부사장(그룹의 의장), 회사의 회장과 CEO, 회사의 사장, 운영스태프담당 경영부사장, 재무스태프담당 경영부사장, 자동차와 부품사업부담당 경영부사장, 타 운영사업부담당 경영부사장, 스타일링, 유통, 연구, 제조담당 경영부사장, 그리고 자동차와 트럭그룹, 차체 및 조립사업부그룹, 액세서리그룹, 그리고 데이턴, 가전제품 그리고 엔진그룹을 위한 그룹경영자인 부사장으로 구성된다. 엔지니어링 정책그룹의 15인 멤버 중에서 8인은 집행위원회의 멤버들로서 전체 위원회를 구성하며, 4인은 집행위원회의 멤버들이다.

링 부문들, 스타일링스태프, 피셔바디사업부 그리고 액세서리사업부들 간에 다소간 긴밀한 접촉이 계속적으로 유지되어야 하는데 그들은 모두 공통적으로 단일한 문제에 관심을 갖고 함께 일하고 있기 때문이다. 여기서 회사의 엔지니어링스태프가 등장해서 필요한 조정에 영향을 주기 위해 타 사업부들과 협력한다. 이 과정에서 문제들을 넘겨주는 조정기관 — 그것을 부를 수 있다면 — 은 엔지니어링 정책그룹이다. 그들의 결정은 전체 과정에 참여해온 집행위원회에 의해 채택된다.

공황이 발생했고, 경제는 내가 보여준 바와 같이 제품의 조정을 하도록 했으며, 경영에서 이런 새로운 유형의 조정으로 인도했다. 1937년에는 정책그룹을 설정함으로써 1919년부터 1920년까지 작성한 『조직 연구』에서 유래한 경영구조가 완성되었다.

1937년에 나는 정책과 관리 사이에 만들어질 구분에 대해 오랫동안 심사숙고한 끝에 회사의 지배위원회 조직에 이 개념의 적용을 좀 더 엄밀하게 고려하도록 했다. 그해 초에 나는 재무집행위원회와 집행위원회를 대신하여 회사에 대한 전반적인 정책을 만드는 데 집중하기 위해 단일의 정책위원회Policy Committee와 정책 외의 수행에 집중하기 위해 하나의 관리위원회Administration Committee를 설치할 것을 제안했다. 상당한 논의 후에 우리는 그해 5월에 이러한 변화를 채택했다. 재무위원회와 집행위원회는 폐지되고 새로운 정책위원회가 설치되었다. 물론 이사회 멤버 전체로 위원회가 구성되었고, 운영임원, 재무임원 그리고 사외이사들을 하나의 원로그룹에 포함시켰다. 새로운 관리위원회는 운영임원 전체로 구성되었다.

정책위원회는 이전 재무위원회의 책임과 운영정책에 대한 추가적 책임을 넘겨받았다. 1937년부터 1941년까지 정책위원회는 중요한 많은 분야에서 운영에 대한 정책을 입안했다. 예를 들어, 노무정책 및 프로그램에 대한 대체적인 윤곽을 설정했고, 많은 유통정책, 특히 딜러 관계에 관한 것을 결정했다. 또한 국제정세가 갈수록 불안정해짐에 따라 많은 시간을 해외종속회사의 정책결정에 할애했다. 전쟁이 임박해짐에 따라 정책위원회는 증가하는 원재료의 부족, 정부관계 그리고 정부의 항공기엔진, 탱크, 기타 군사항목들의 생산 요구로 인한 영향을 검토해야 했다.

제2차 세계대전으로 인한 변경 1941년 12월에 미국의 참전으로 우리의 위원회 조직에 특별한 변화가 필요했다. 전면적인 전시 생산으로 급격히 전환하기 위해 우리는 1942년 1월 5일에 대부분 정책위원회에서 온 6인의 최고경영자로 전시비상위원회War Emergency Committee를 구성했다. 이 위원회는 일주일에 한 번, 때로는 더 자주 만났으며 1942년 1월부터 4월까지 GM을 운영했다. 한시적으로 정책위원회와 관리위원회는 전쟁비상위원회의 업무를 추인하는 데 지나지 않았다. 그러나 1942년 5월에 전시생산이 자리를 잡음으로써 우리는 전쟁비상위원회를 폐지했다. 당시 우리는 모든 사업부장과 그룹부사장으로 구성되어 있는 관리위원회를 전시관리위원회War Administration Committee로 바꾸었다. 이후 2~3년간 전시관리위원회가 조직을 실질적으로 운영했는데, 이는 우리의 전시정책이 수립되었고 거의 모든 회사업무가 전시생산이었기 때문이다. 생산의 기술적 문제를 제외하고, 우리의 정책결정은 주로 여러 정부부처들과 관련되었다.

정책위원회는 1945년에 광범위한 전후 계획을 입안함으로써 다시금 진가를 발휘했다. 복구와 전후 사업 문제가 매우 중요했기 때문에 사업을 운영하는 데 관련된 어떤 것일지라도 중요한 문제들은 거의 모두 정책위원회에 회부되었다. 정책위원회가 이런 과부담을 떠안게 됨으로써 우리는 위원회의 구조와 기능을 다시 고려하기 시작했다.

단일 정책위원회는 관리에서 정책을 분리하는 문제에 대한 이상적인 해법이었다. 그러나 새로운 상황이 전개되고 있어 다음의 두 가지 요인은 그러한 해법을 비현실적인 것으로 만들 것이 확실했다.

첫째, 조업도의 성장과 회사활동의 복잡성은 이사회 수준에서 재무와 운영 양면에서 크게 확대된 책임을 요구할 것이 분명했다.

둘째, 경험 있는 사외이사들이 재무정책뿐만 아니라 운영을 다루고 있는 위원회의 업무를 처리하기 위한 적절한 시간을 내기가 어려웠다.

따라서 1946년에 우리는 정책위원회를 해체하고, 재무와 운영의 주요 기능을 대표하는 두 개의 전통적 위원회로 대체했다. 차제에 재무정책위원회Financial Policy Committee와 운영정책위원회Operations Policy Committee로 명칭을 바꾸었다. 1958년에 우리는 그것들의 옛 이름인 재무위원회와 운영위원회로 부활시켰고, 추가적인 개선책으로 두 위원회 주요 멤버들의 더 많은 중복을 허용하기 위해 각 위원회의 정원을 확대했다.

GM에서 정책결정 형태의 발전에 대해서는 이쯤 설명하기로 하고, 현재 회사의 최고기구인 이사회의 역할에 대한 나의 철학이 무엇인지를 말하고자 한다. 이사회는 대부분 자신의 위원회committee를 통하여 대기업의 이사회가 하는 기능을 수행한다. GM에는 이런 위원회가 네 개 있다. 그것은 각각 사업의 관리와 회사의 문제들에서 이사회의 권한을 행사하기 위해 권한을 부여받은 이사들로만 구성된다. 이것들은 재무위원회, 집행위원회, 보너스와 봉급위원회, 감사위원회다. 나는 정책결정에서 중심적 권한을 가진 두 개의 위원회인 재무위원회와 집행위원회에 대해서만 논할 것이다. 재무위원회 멤버의 다수는 '사외' 이사들, 즉 경영에서 활동하지 않는 이사들이다. 그들은 나와 같은 전직 운영임원들과 이사회 외에는 회사와 관련을 가져본 적이 없는 이사들이다. 집행위원회의 멤버는 모두 경영 활동을 하고 있는 이사들이다. 두 위원회는 관리문제를 떠나 정책문제들을 다룬다. 두 위원회의 활동은 이사회에 의한 검토대상이다.

재무위원회의 중심적 책임은 회사의 금고purse다. 이 위원회는 정관에 따라 회사의 재무정책을 결정하고, 재무문제들에 대해 명령할 권한을 가지고 있다. 또한 모든 자본지출예산과 신규사업진출에 대한 권한을 가지고 있으며, 집행위원회에 의해 만들어진 대로 매가정책과 절차를 검토하고 승인한다. 나아가 회사가 필요한 적절한 자본을 가지고 있는지, 만족할만한 ROI를 획득하고 있는지를 검토할 책임을 가지고 있다. 그리고 이 위원회는 이사회에 배당에 대한 권고를 한다.

집행위원회는 운영정책에 대해 책임을 가지고 있다. 앞에서 정책이 정책그룹에서 어떻게 개발되어왔는가를 기술했다. 그의 기능은 회사에서 운영스태프들과 다른 기관의 업무를 연결시키는 것이다. 그러나 운영정책의 실제 적용은 집행위원회의 책임이다. 자본지출에 대한 지출예산은 이 위원회의 감독 하에 재무위원회에 제출하기 위해 준비된다. 실제로 재무위원회는 100만 달러까지의 자본예산의 승인권한을 집행위원회에 위임했다.

전체적으로 GM 이사회는 한 달에 한 번 정기적으로, 그리고 특별한 사유가 있을 때 만난다. 때때로 그 멤버 중에서 내가 기술한 위원회에서 일할 사람들을 선임한다. 또한 기업을 관리할 사람들, 즉 회사의 임원을 선출하고 배당의 선언이나 추가적인 증권의 발행과 같은 이사회 의결을 요구하는 법률적 및 일반적 회사문제들에 대해 조치를 취한다.

나의 경험에 비추어볼 때 GM 이사회는 아직도 매우 중요하고 독특한 기능을 가지고 있다. 그것은 내가 '감사 기능audit function'이라고 부르는 것이다. 여기에서 감사는 일반적인 재무적 의미에서가 아니라 기업을 통하여 무엇을 하고 있는지에 관해 계속적으로 검토하고 평가하는 것을 의미한다. 물론 GM은 모든 분야에서 고도의 기술을 많이 가지고 있다. 따라서 회사의 모든 이사회 멤버들이 최고수준의 판단이나 결정을 요하는 기술적 문제들에 있어서 필요한 모든 지식과 사업 경험을 가지고 있다고 가정하는 것은 무리다. 또한 사외이사들은 이러한 모든 문제들을 조사하고 결정할 시간이 없다. 문제들 또한 너무 많고 다양하고 복잡하다. 하지만 이사회가 기술적 운영문제들을 다루기 위한 모든 준비가 되어 있을 수는 없을지라도 그들은 최종결과에 대해 책임질 수 있고 책임져야 한다. GM 이사회는 달성목표에 대한 예측을 통해 사전적으로, 보고서의 평가와 다른 자료를 통해 사후적으로 회사의 문제들을 처리함으로써 필요한 곳에 적절한 조치를 취하도록 한다.

이런 목적을 위해 GM 이사회는 기업과 그의 운영에 대한 포괄적 자료를 입수한다. 집행위원회 및 재무위원회로부터의 보고서는 월별로 제시되고, 그들의 활동을 다루고 있는 다른 상설위원회의 보고서를 정기적으로 제시한다. 스크린상의 비주얼 프레젠테이션은 회사의 상태, 재무, 통계, 경쟁 그리고 가까운 장래에 대한 예측의 모든 중요한 측면을 조사하기 위해 제시된다. 이것은 추가설명과 일반 사업 전망의 요약에 의해 지원된다. 또한 운영임원은 다양한 분야에서 회사의 사업에 대한 구두 보고를 한다. 다양한 스태프부사장과 최고운영관리자들은 정기적으로 이사회에서 공식 프레젠테이션을 한다. 그러면 이사회 멤버들은 질문을 하고 설명을 요구한다. 이런 감사 기능에 의해 GM 이사회는 기업과 그 주주에게 최고의 가치를 제공한다. 나는 GM 이사회보다 정보를 잘 입수하고, 그에 따라 모든 변화하고 있는 사실들과 상황들 속에서 기민하게 조치를 취할 수 있는 이사회는 없다고 생각한다.

제너럴 모터스 코퍼레이션
GENERAL MOTORS CORPORATION

1937년 6월 현재

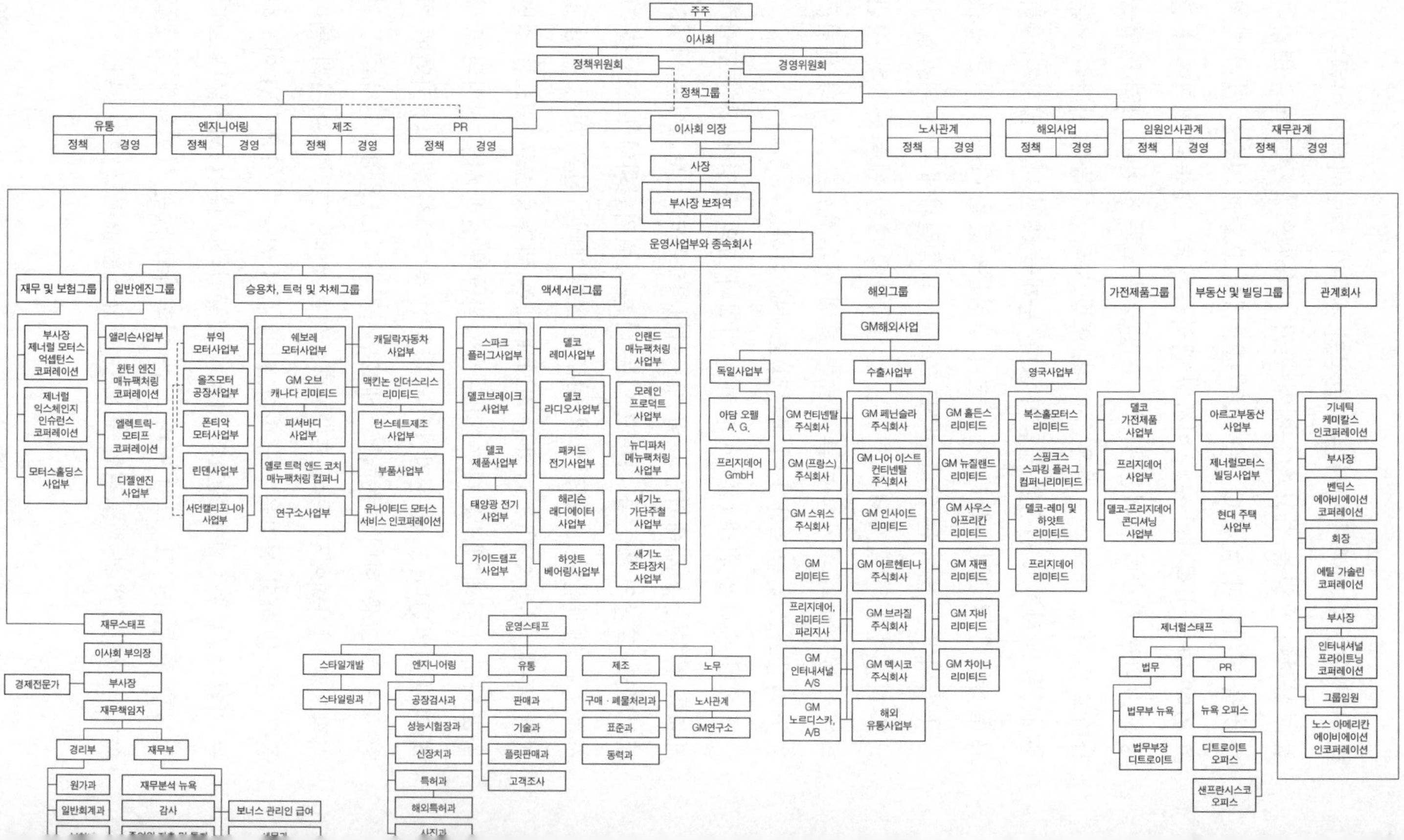

GENERAL MOTORS CORPORATION

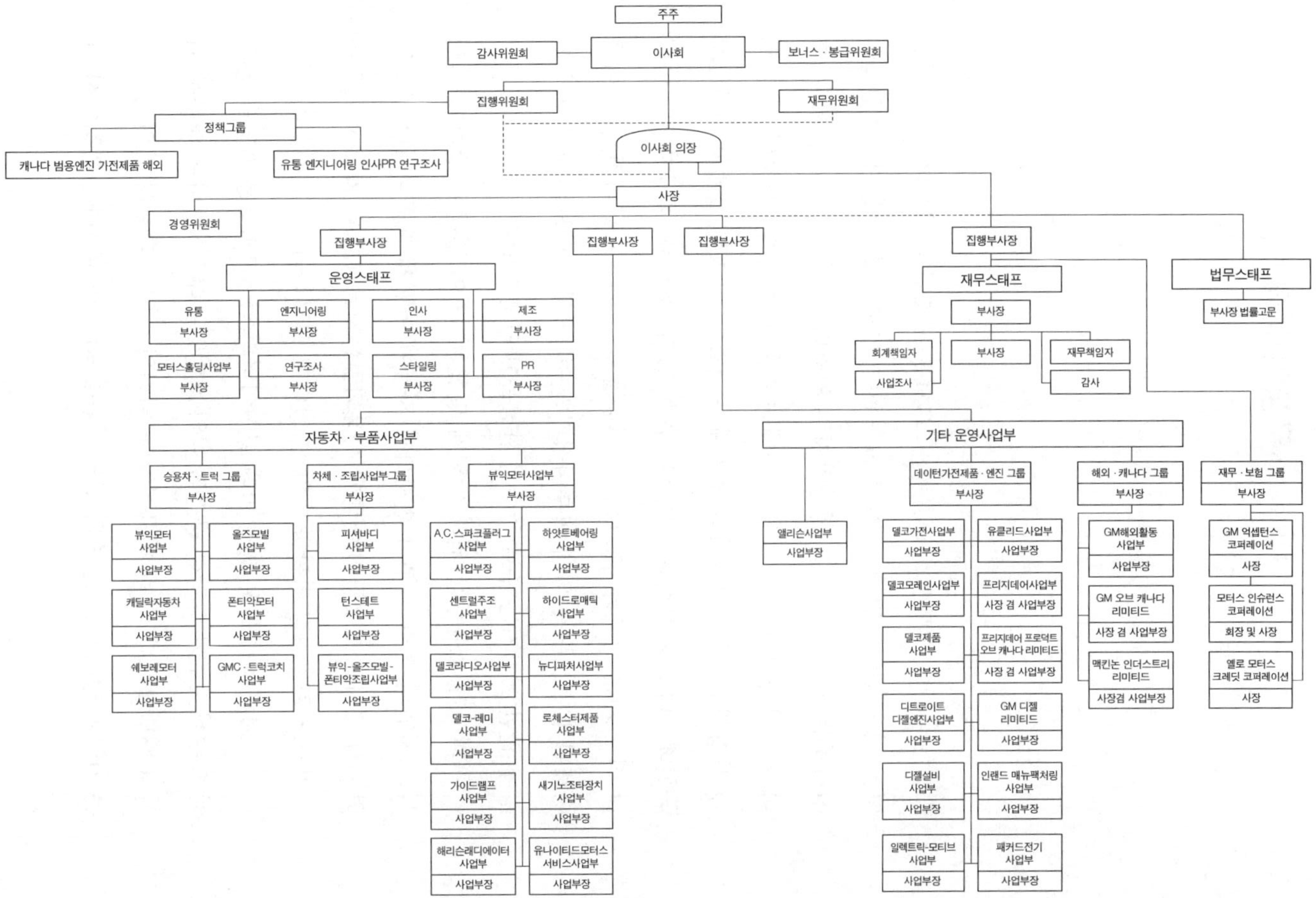

제11장 재무상의 성장

성장은 무엇에 의해 달성되었는가? GM은 고도성장 회사다. 내가 말한 모든 것을 집약하면 이 사실로 표현된다. GM은 초기에 자동차산업이 성장하는 것만큼 빠르게 성장하지는 않았다. 그러나 1918년 이후, 특히 현대적 관리방법을 적용한 후에는 다른 자동차회사들보다 더 빠르게 성장했고, 결국 최고의 제조업체가 되었다. 우리는 업계의 리더로서 공헌해왔다고 자부한다. 종업원, 주주, 딜러, 소비자, 공급자뿐만 아니라 더 크게는 정부까지도 GM의 성공을 공유했다. GM의 발전은 이들 이해관계자 모두를 위해 이루어졌지만, 이 장에서 말하는 재무상의 성장에 관한 이야기는 주로 주주의 관점을 반영하고 있다.

회사가 소유주를 위해 어떻게 일했는가? 이 질문에 답하기 위해서는 사업의 설립 시부터 현재까지 자금이 어떻게 제공되거나 조달되었는지 그리고 그것들이 어떻게 사용되었는지를 기록한 재무적 기록을 살펴봄으로써 가장 명확하게 알 수 있다고 생각한다.

GM의 주주들은 창업 이래 실현이익의 약 3분의 2를 배당을 통하여 회수함으로써 상당한 금전적 이익을 얻었는데, 이는 다른 대부분 회사의 배당률보다 더 큰 비율이었다. 이러한 이익을 확보하기 위해 주주는 기업이 벌어들인 돈 중의 상당 부분을 회사가 성장하는 과정에서 사업상 필요한 곳에 재투자하는 데 동의했다. 이것은 설비의 확장과 운전 자본의 필요성이 높았던 기간 중에는 필연적으로 배당금이 평균 이하가 되는 것을 의미했다. 따라서 주주들은 이익에 대한 어떤 확신도 없이 더 나은 미래를 위해 위험을 감수했다. 그리고 초기에 이익의 발생 속도는 느렸다. 그 당시 금융계는 일반적으로 GM을 포함한 자동차산업의 전망에 대해 비관적이었다. 당시 자동차업계 내에는 많은 회사들이 성공에 대한 열망을 가지고 있었으나 주주에게 투자손실만 남긴 채 시장에서 사라진 경우가 많았다. 따라서 불확실한 미래를 가진 기업에 투자할 때 주주들이 감수할 위험을 고려하여 GM 주주들의 금전적 보상을 측정하는 것이 온당한 것으로 보인다.

회사의 존재를 재무적 관점에서 그 특징에 따라 구분해보면 대체로 3기로 구분해볼 수 있다.

제1기(1908~1929년)	장기적 확장기
제2기(1930~1945년)	대공황과 제2차 세계대전 시기
제3기(1945년 이후)	제2차 세계대전 이후 재확장기

이들 기간 내에서는 확장, 축소, 안정의 세부기간으로 구분된다. 나는 듀랜트 씨가 1908년과 1909년에 많은 기업들, 가장 중요하게는 뷰익과 캐딜락 그리고 몇 개의 자동차 부품제조업체를 결합함으로써 어떻게 회사를 창립했는지, 그리고 1910년에 듀랜트 씨가 이러한 노력에 들어가는 엄청난 비용을 조달하는 문제를 어떻게 처리했는지를 서술했다. 초기의 급격한 확장 이후 1910년과 1915년 사이에는 은행가들이 기업을 정리하고 바로잡았던 축소와 안정의 시기였다. 회사는 조금씩 성장하긴 했지만 그 속도는 업계 평균 이하였다. 또한 1916년과

1920년 사이, 특히 1918년부터 1920년도 사이에 당시 래스콥 씨와 듀퐁 씨의 합작회사에서 일하고 있던 듀랜트 씨는 차입과 주식발행을 포함한 다양한 재무적 수단을 이용하여 회사를 확장했다.

초기 확장기(1918~1920년)

1918년부터 1920년까지의 3년간 회사의 공장과 설비를 위한 지출은 총 2억 1,500만 달러였다. 1918년 1월 1일과 1920년 12월 31일 사이에 추가로 6,500만 달러 이상이 연결대상이 아닌 종속회사에 투자되었고, 그에 따라 총지출은 2억 8,000만 달러가 발생했다. 1918년 1월 1일에 이 프로그램을 시작할 때 GM의 총자산은 약 1억 3,500만 달러였다. GM 전체 공장이 4,000만 달러임을 고려할 때, 이는 정말로 믿기지 않는 금액이다. 1920년 말경에 총자산은 1917년 말 금액의 4배 이상인 5억 7,500만 달러에 이르렀고, 공장의 가치는 거의 2억 5,000만 달러로 1917년 12월 31일의 6배 이상이었다.

샘슨 트랙터는 다소 불운한 투자였음에도 불구하고 이 확장 프로그램은 듀랜트 씨가 경영권을 상실한 후의 기간 동안에 회사의 투자 지침이 되는 원칙을 설정했다. 1920년 연차보고서에 그것은 다음과 같이 언급되어 있다:

> 회사의 임원들과 이사들은 자동차와 크게 관련되지 않는 자재즉, 자동차 생산으로 투입되지 않는 생산의 대부분의 생산을 수행하는 것은 현명치 않다고 생각했다. 따라서 생산된 전체 타이어의 상대적으로 적은 부분만 자동차 제조업자에 의해 소비되었고, 더 큰 비율이 교체 목적으로 자동차 사용자들에게 직접 팔리고 있었다. 시트와 다른 형태의 강철 생산의 대부

> 분은 자동차산업 이외의 거래에 의해 소비됨에 따라 이 분야에 투자하지 않았다. 이런 정책의 추구는 GM코퍼레이션으로 하여금 승용차, 트럭이나 트랙터의 제조와 직접적으로 관련된 라인들에서 확고하게 자리 잡게 했다. 그러나 자동차 제조 시 상대적으로 적은 부분이 투자되는 일반 산업들에는 투자하지 않았다.

1920년대에 GM은 다른 유형으로 위대한 성장을 거두었는데, 이는 1918년에서 1920년 사이의 자본적 지출에 기인했다. 1918년 초에 GM은 4인승 승용차 제조사업부인 뷰익, 캐딜락, 오클랜드, 올즈와 1개의 트럭사업부를 가졌다. GM은 저가시장을 목표로 하는 소형차 제조 능력은 없었다. 조명, 시동과 점화장치, 롤러와 볼베어링 같은 여러 가지 부품과 액세서리를 공급할 원천도 없었고, 연구시설들도 없었다. 1920년의 GM자동차 판매량39만 3,000대은 1918년20만 5,000대의 거의 2배였다. 생산 능력은 1918년 초에 승용차와 트럭을 연간 22만 3,000대 생산하는 것에서 1922년에는 75만 대로 늘렸다. 증가의 대부분은 보급가격의 쉐보레를 만들기 위한 설비로 대표된다. 또한 회사는 자체의 전기기구, 냉각 장치, 감마베어링, 휠 림스, 조타장치, 변속기, 엔진, 차축, 오픈카 차체를 제조할 충분한 생산능력을 가지고 있었다. 또한 피셔 바디 코퍼레이션에서의 지분을 통하여 막 인기를 끌고 있었던 덮개 차체 공급의 원천을 가지고 있었다. 그리고 GM은 그 자체의 연구 설비도 가지고 있었다.

당연히 그렇게 급격한 성장에 소요되는 자금 전부를 이익에서만 조달할 수는 없었다. 업계는 아직도 시동을 거는 단계에 있었고, GM은 생산량의 확대를 위한 토대를 구축하고 있었다. 쉐보레와 유나이티드 모터스 자산의 취득 및 피셔 바디 코퍼레이션의 지분 60%를 취득하기 위해 GM은 자사의 유가증권을 지급했다. 그러나 대부분의 지출은 현금으로 이루어졌기 때문에 회사는 자본시장에서 추가로 자금을 조달하는 것이 필요했다. 1918년 12월 31일에 이사회는 확장프로그램을 위한 추가적 자본을 조달하기 위해 듀퐁에게 보통주 24만 주를 매각하는 것을 승인했다. 이로써 회사는 2,900만 달러에 가까운 금액을 손에 넣었다. 1919년 5월에 회사는 공개적으로 6%의 무상환우선사채를 팔기 위하여 뉴욕의 도미닉 앤드 도미닉Dominick and Dominick과 윌밍턴의 레어드 앤드 컴퍼니Laird and Company와 신디케이트를 구성할 것을 승인했다. 듀랜트 씨는 채권인수회사들에게 다음과 같은 편지를 썼다:

> 당사는 기회[그 자체]를 이용하기 위해 거액의 추가적 자금을 필요로 합니다. ……그 사업에서 수익을 내며 확장하기 위해, 그리고 자금을 얻기 위한 가장 신중한 방법은 무상환사채를 추가로 발행하는 것이라고 결정했습니다. ……또한 가능한 한 많은 사람들이 회사의 번영에 관심을 갖는 것이 이러한 사업을 수행하는 회사에게는 크게 도움이 됩니다. 따라서 그것은 현재의 리버티 론 캠페인Liberty Loan Campaign을 끝낸 후 3개월 이내에 5,000만 달러의 무상환사채를 액면금액으로 발행해서 가능한 한 많은 사람들에게 배포하는 것이 바람직합니다. ……
>
> 귀사가 제안된 무상환사채의 발행을 목적으로 즉각 신디케이트를 구성한다면, 그리고 ……액면금액으로 3,000만 달러를 그 신디케이트를 통해 조달할 것을 명확히 한다면, …… 우리는 추가적 2,000만 달러의 전체 또는 일부와 함께 이러한 무상환사채의 액면금액 3,000만 달러를 귀사에게 이용 가능하도록 할 것이라는 데 동의합니다. ……

1919년 7월 2일에 신디케이트가 해산되었을 때 겨우 액면가로 3,000만 달러의 주식이 발행되어 회사에는 2,500만 달러의 원금이 들어왔으며, 추가적인 2,000만 달러는 팔리지 않았다.

이 발행만으로는 설비투자와 운전자본의 수요 모두를 해결하는 데는 충분하지 않았다. 특히 재고가 증가하여 신규 설비투자액을 상회했다. 따라서 1920년 초에 또 다른 주요 자금 조달 방법으로 6%의 우선주와 무상환사채를 소유한 사람에게 새로운 7%의 무상환사채 2주를 청약할 권리를 주었다. 자금은 전액 현금으로 지급하거나 절반은 현금으로, 나머지 절반은 6%의 무상환사채의 1주를 지급하도록 했다. 듀랜트 씨는 주주들에게 이렇게 말했다.

> 장래를 신중하게 예측한 결과 여러분의 회사가 자동차업계에서 선두 지위를 계속 점유하기 위해서는 대규모 자본투자가 필요합니다. 그 요건은 6%보다는 7%의 우선주 판매를 통하여 이익에서 조달되지 않는 우리의 성장에 필요한 자금을 조달함으로써 더 잘 충족될 수 있습니다. 이것은 동시에 우리에게 기회와 특권을 줍니다. 기회는 우선주를 현재의 주식 가격에서 할인해서 판매하는 대신 액면이나 액면 이상으로 발행하는 것이고, 특권은 가장 좋은 조건으로 이 새로운 7%의 무상환사채로 청약할 권리를 우선주 소유자에게 확대하는 것입니다.

그러나 신규 발행은 실패였다. 그것은 금융계가 GM이 내부문제들을 통제하는 데 무능력하다고 평가하고 있다는 우려의 표시였다. 듀랜트 씨와 래스콥 씨는 새로운 채무 증서의 발행을 통해 약 8,500만 달러를 조달하기 희망했으나, 약 1,100만 달러만 조달할 수 있었다. 이런 이유로 듀퐁이 개입했고, 그들의 도움으로 GM은 1920년 여름에 6,000만 달러 이상의 가치가 있는 신규 보통주식을 추가로 팔았고, 얼마 안 있어 은행그룹으로부터 8,000만 달러 이상을 차입했다.

GM은 1918년 1월 1일부터 1920년 12월 31일까지의 확장기간 동안에 약 3억 1,600만 달러의 사용 자본액[15]을 증가시켰다. 이 증가액 중에 5,400만 달러는 총 5,800만 달러에 달하는 배당금 지급 후 사업에 재투자된 이익에서 나왔다. 나머지 증가액은 대부분 신규 유가증권을 판매해서 얻은 현금이거나 취득한 자산의 대금을 지급하기 위해 추가로 주식을 발행하여 조달되었다.

1918년 초부터 1920년 말까지 회사의 사용자본액이 3억 1,600만 달러 증가한 것은 설비투자와 연결되지 않은 종속회사에 대한 투자를 위해 약 2억 8,000만 달러를 지출한 것과 대비된다. 또한 재고와 같은 운전자본[16] 항목들이 4,700만 달러에서 1억 6,500만 달러로 약 1억 1,800만 달러 증가한 것과도 대비된다.

단기 축소기(1921~1922년)

1918년, 1919년, 1920년의 확장기가 지나고 1921년과 1922년의 정리 과정에서 결정되어 축소기가 따라왔다. 1922년 말에 은행부채는 모두 상환되었는데, 재고와 공장은 저가 평가되었다. 그리고 사태가 수습된 1922년에 GM은 겨우 45만 7,000대를 판매했음에도 불구하고 1년에 75만 대의 승용차와 트럭을 생산할 능력을 갖추었다.

---

15 사용자본액은 유가증권 보유자에 의해 사업에 투자된 자금으로 구성된다. 이것들은 지분증권(보통주와 우선주), 채무증권, 추가납입자본(자본잉여금), 그리고 사업에서 사용하기 위해 유보된 순이익(이익잉여금)이다. 사용자본액은 두 가지 범주, 즉 운전자본과 고정자본에 투자된다.

16 순운전자본은 유동자산(현금, 단기유가증권, 수취채권, 재고자산)이 유동부채(지급채무, 세금, 봉급, 기타 발생항목 부채)를 초과한 것이다.

안정기 (1923~1925년)

1923년은 자동차산업에서 엄청난 붐이 일었던 해이지만, 1923년부터 1925년까지 3년 동안 GM 생산설비에서 큰 확장은 없었다. 왜냐하면 듀랜트-래스콥 프로그램이 자동차시장의 상당한 성장에 걸맞은 충분한 기반을 제공했기 때문이다. 1925년에 승용차와 트럭에 대한 GM의 판매량은 83만 6,000대로, 1922년에 판매된 45만 7,000대보다 83%가 늘어났다. 그러나 1923년부터 1925년까지 3년 동안 회사는 설비투자를 위해 6,000만 달러 미만을 소비했다. 반면에 감가상각비는 거의 5,000만 달러에 달했다. 새로운 통제시스템은 매우 잘 운영되어 이런 판매량의 증가는 1923년 초에 1억 1,700만 달러에서 1925년 말에 1억 1,200만 달러로 500만 달러의 재고 감소를 가져오도록 했다. 동기간에서 순운전자본은 5,500만 달러로 44% 증가했다. 한편 매출액은 1923년에 6억 9,800만 달러에서 1925년에 7억 3,500만 달러로 증가했고, 순이익은 1923년에 7,200만 달러에서 1925년에 1억 1,600만 달러로 증가했다. 더 많은 차를 더 경제적으로 생산한 결과 GM의 순이익은 1923년부터 1925년까지 3년을 모두 합쳐서 2억 4,000만 달러에 달했다. 순이익 중에서 우리는 보통주 보유자에게는 1억 1,200만 달러, 그리고 우선주 보유자에게는 2,200만 달러를 지급함으로써 그 기간의 순이익의 56%에 달하는 총 1억 3,400만 달러를 배당했다.

새로운 확장기(1926~1929년)

1925년에 GM의 자동차 판매가 급격하게 증가하면서 추가적으로 설비투자를 해야 했다. 이에 따라 1926년에 새로운 확장기가 시작되어 1929년까지 계속되었다. 이러한 움직임은 1926년에 승용차와 트럭을 합쳐 총 123만 5,000대 판매함으로써 그 정당성이 입증되었다. 이는 과거 1925년의 최고 판매량보다 거의 50%나 증가한 수준이었다. 그러나 이 시기에는 초기와는 달리 필요한 자금을 이익, 감가상각누계액 그리고 신주 발행으로 조달했다. 이 4년 동안 연결되지 않은 종속회사들과 자동차 이외의 사업부들에 대한 투자는 모두 합쳐 1억 2,100만 달러가 증가했다. 또한 1926년에 피셔 바디 코퍼레이션 구입 시 공장 설비를 포함한 설비를 취득했는데, 여기에 약 3억 2,500만 달러를 추가로 투자했다.

이 확장 프로그램은 여러 방면에서 우리의 설비를 확장했다. 이 4년 동안 자동차 판매량이 거의 2배가 된 쉐보레사업부와 새로운 폰티악사업부의 자동차 생산능력이 상승하였다. 자동차 조립 생산능력이 성장했으므로 액세서리-제조사업부들의 생산능력도 확대되었다. 우리는 더 많은 부품을 만들었다. GM은 해외 조립 공장에서 만든 상품을 판매하는 사업을 확대해서 우리의 제품들이 최종소비자에게 더 가까이 가도록 만들었다. 1925년에 영국에서 소형 제조기지로 복스홀Vauxhall을 취득했고, 1929년에 독일에서 대형 제로기지로 아담 오펠Adam Opel의 지분 80%를 취득했다. 그리고 프리지데어사업부와 같이 활동 영역을 더욱 확장시켰고, 항공 분야와 디젤 분야에도 투자했다.

요약하면 1926년 1월 1일부터 1929년 12월 31일까지 GM 공장의 총액은 2억 8,700만 달러에서 6억 1,000만 달러로 2배 이상이 되었고, 연결되지 않은 종속회사들과 자동차 이외의 사업부들에 대한 투자는 8,600만 달러에서 2억 700만 달러로 거의 2.5배 증가했다. 자산총액은 7억 400만 달러에서 13억 달러로 증가했다. 승용차와 트럭 판매량은 1926년에 120만 대에서 1929년에 190만 대로 증가했다. 한편 매출총액은 11억 달러에서 15억 달러로 증가했다.

재무통제와 운영통제 덕분에 GM은 사실상 이 확장 프로그램에 필요한 자금 전체를 이익과 감가상각에서 조달할 수 있었고, 거기에다 순이익의 거의 3분의 2를 주주에게 배당할 수 있었다. 이 기간에 유일한 외부자금 조달은 1927년에 7%의 우선주 2,500만 달러의 발행이었다. 나머지는 유보이익으로부터 조달했다. 그러나 1926년에 피셔 바디 코퍼레이션의 자산 잔액은 보통주식 66만 4,720주로 취득했는데, 그중 63만 8,401주는 신주를 발행하여 취득했다. 순이익은 1926년에 1억 8,600만 달러에서 1928년에 최고 기록인 2억 7,600만 달러로 증가했고, 1929년에는 2억 4,800만 달러로 증가했다. 우리는 1926년에서 1929년까지 4년 동안 모두 합해 9억 4,600만 달러의 이익을 얻었는데, 그중에서 5억 9,600만 달러63%가 주주에게 배당으로 지급됐고, 3억 5,000만 달러의 잔액은 회사에 재투자됐다. 이 기간에 감가상각누계액은 1억 1,500만 달러에 달했다.

1922년의 기준을 사용하여 이 두 단계, 즉 1923년에서 1925년까지 그리고 1926년에서 1929년까지를 총괄하여 비교한 기록은 다음과 같다.

미국과 캐나다에서 GM승용차와 트럭의 판매는 1922년 45만 7,000대에서 1929년 189만 9,000대로 4배가 되었고, 매출액은 4억 6,400만 달러에서 15억 400만 달러로 3배 이상이 되었다. 우리는 이전 기간의 팽창하는 재고 대신에 판매 및 생산량에서 이런 경이로운 성장을 달성했고, 재고는 단지 60%만 증가했다. (순운전자본은 2,800만 달러에서 1억 2,700만 달러로 증가했고, 현금과 단기유가증권을 포함한 순운전자본은 1922년 12월 31일에 1억 2,500만 달러에서 1929년 말에 2억 4,800만 달러로 증가했다.) 공장의 총액은 2억 5,500만 달러에서 6억 1,000만 달러로, 사용자본은 4억 5,000만 달러에서 9억 5,400만 달러로 2배 이상 증가했다. 7년 동안 우리는 총 11억 8,600만 달러를 벌었고, 그중 7억 3,000만 달러62%는 주주에게 배당으로 지급되었고, 4억 5,600만 달러는 회사에 유보되었다.

공황기와 회복기(1930년대)

대공황과 함께 1930년대가 시작되었다. 이후 10년 사이에 안정기와 확장기가 따라왔다. 그것은 업계가 제2차 세계대전을 대비하는 영향 하에 들어감에 따라 끝났다.

대공황의 영향으로 1930년부터 1934년까지 GM의 실적은 부진했다. 그러나 1920년부터 1921년까지와는 달리 이때는 경기가 매우 좋지 않았음에도 불구하고 실적 부진으로 인한 혼란은 없었다. 대공황 기간 동안 배당금지급은 당연히 다른 연도들보다 감소되었지만, 회사가 이익을 실현하지 못하거나 배당금을 지급하지 못한 적은 없었다. 1931년과 1932년에 회사는 주주에게 이익보다 배당금을 더 많이 지급했다. 그것은 실적이 양호했던 기간에 누적된 자본의 일부를 배당으로 지급한 것이다.

1930년대에 전체적으로 배당금의 지급은 순이익의 91%에 달했다. 왜냐하면 이 기간에는 일반적으로 경제가 침체되어 있었기 때문에 회사가 직접 수익성 있는 사업에 투자할 수 있는 것보다 더 많은 자금을 보유하고 있다는 것을 알았기 때문이다.

가장 어려운 시기는 주식시장 붕괴 후의 3년이었다. 전술한 바와 같이 1929년과 1932년 사이에 미국과 캐나다의 승용차와 트럭 생산은 560만 대에서 140만 대로 75% 하락했고, 소매 매출액은 51억 달러에서 11억 달러로 78% 급락했다. 그럼에도 불구하고 GM은 이 3년 동안에 2억 4,800만 달러의 이익을 얻었으며, 주주에게 총 3억 4,300만 달러를 배당금으로 지급할 수 있었는데, 이는 회사의 이익보다 9,500만 달러가 더 많은 것이다. 배당금이 이익을 초과했음에도 불구하고 순운전자본은 단지 2,600만 달러 감소했을 뿐이며, 회사가 보유한 현금 및 단기유가증권은 4,500만 달러 또는 36%가 증가함으로써 자산의 유동성은 더욱 높아졌다.

많은 내구재 생산자들이 실패하거나 파산으로 문을 닫았던 기간에 GM의 이러한 예외적인 기록은 어떻게 설명할 것인가? GM이 대공황이 일어날 것을 미리 알았다는 주장은 공정하지 않다. 이는 GM이 공황의 도래를 다른 누구보다 미리 예측하지 못했기 때문이다. 대공황 속에서도 좋은 성과를 낸 이유에 대해 나는 GM이 위기 상황에서 어떻게 신속하게 대응하는지를 잘 알고 있었기 때문이라고 생각한다. 이것은 아마도 재무 및 운영통제시스템의 최대 성과였을 것이다.

매출이 감소하기 시작했을 때 재빠르게 조치를 취했기 때문에 GM은 매출 감소에 맞추어 재고를 감소시킬 수 있었다. 또한 사업운영의 수익성을 유지할 수 있도록 원가를 통제할 수 있었다. GM의 매출액은 1929년 15억 400만 달러에서 1932년에 4억 3,200만 달러로 71% 감소했지만, 재고는 60% 또는 1억 1,300만 달러로 감소했다. 매출액이 10억 달러 이상 감소함에 따라 순이익도 2억 4,800만 달러로 감소했지만, GM은 1932년에 16만 5,000달러를 유보하도록 하는 한편 배당금으로 6,300만 달러를 지급했다.

전술한 바와 같이 1930년대 초에는 그렇게 많은 설비투자가 필요하다고 생각하지 않았다. 1930년에서 1934년까지의 5년 동안 설비투자 지출은 8,100만 달러에 달했는데, 1932년도에는 단지 500만 달러만 사용했을 뿐이다. 또한 이 기간 동안 GM은 과잉 공장설비의 일부에 대해 조업을 중단했다. 이후에 공장 설비가 필요할 때 우리는 그중 일부만 조업을 재개했다.

1935년에 미국과 캐나다 공장에서 판매한 승용차와 트럭은 150만 대 이상으로 회복되었는데, 1929년 최고 판매량의 약 80% 수준이었다. 이는 과거 3년에 비해 거의 3배 증가한 수치다. 다음 해에 미국과 캐나다 승용차와 트럭 판매량은 1929년 수준에 근접했고, 1937년에는 192만 8,000대로 신기록을 세웠다. 그러나 순이익은 1937년에 1억 9,600만 달러로, 1929년의 2억 4,800만 달러 또는 1936년의 2억 3,800만 달러에는 미치지 못했다. 1937년에 이익이 부진했던 것은 그해 초에 6주간 파업이 있었고, 원가 상승의 영향을 받았기 때문이다. 예를 들어, 1937년에 미국의 시간급 종업원들에 대한 평균 규정 노동시간의 임률은 1936년보다 20% 높았고, 1929년 임률보다 28% 높았다. 그러나 우리는 상대적으로 투자의 필요성이 적었기 때문에 배당금은 1936년에 최고 기록인 총 2억 200만 달러를, 그리고 1937년에는 1억 7,000만 달러를 지급할 수 있었다. 이 2년 동안의 배당금은 순이익의 85%였다.

판매와 생산이 이렇게 급격하게 회복된 것은 또다시 생산설비의 부족으로 압박을 받고 있었다는 것을 의미했다. 전술한 바와 같이 우리는 제품이나 기술변동에 의해 진부화되지 않은 유휴공장의 일부 재가동을 시작했다. 그러자 신규 설비가 필요해지기 시작했다. 1935년에 생산량이 급격하게 증가하는 것을 보고 우리는 미래의 판매 가능성에 비추어보아 우리의 생산 용량이 적절한지를 평가하기 위해 국내와 해외에서 회사의 제조 상태에 대한 포괄적인 실태조사를 했다. 1935년 연차보고서에 나는 다음과 같이 썼다:

> 연차적인 모델의 회전율에 기인하여 자동차업계에서 끊임없이 계속되는 공정의 급격한 발전은 생산 설비의 매우 급격한 진부화를 가져왔습니다. 변화가 있을 때 조업도가 관련되는 한 특정 용구들과 기계 설비들은 다음 연도의 판매전망과 조화를 이루어 자연스럽게 제공됩니다. 이러한 이유로 대공황 시기에 현재와 같은 제품 생산을 위한 공장의 실제 생산능력은 감소되었습니다. 또한 회사가 경쟁하고 있는 다양한 시장에서 필수적 커버리지를 제공하기 위해 자동차 모델의 수를 증가시키는 것은 생산능력에 추가적 한계들을 가져왔습니다. 변화된 스타일과 추가된 기술적 특징에 따르기 마련인 제조과정도 이러한 영향으로 복잡성이 상당히 증가했습니다.
>
> 기술 발전 덕분에 업계의 생산직 근로자들의 주당 작업시간이 감소한 것도 있지만, 공황 때문에 근로자들의 주당 작업시간을 감소시키는 것도 필요했습니다. …… 근로시간의 감소를 정당화하는 상황과 관계없이, 근로시간이 감소함에 따라 전년도 평균 생산 수준을 유지할 수 없다는 사실은 공장과 설비의 생산능력을 감소시키는 경향으로 이어졌습니다.

따라서 회사는 1935년에 제조시설들의 재편, 정비 및 확장을 위한 지출을 승인했다. 그 지출은 마침내 5,000만 달러를 초과했다.

생산과 판매가 급격하게 확대되었기 때문에 우리는 그 제품들에 대한 현재와 예상된 수요와 관련하여 GM의 운영설비에 대한 또 다른 실태조사를 했다. 우리는 생산능력에 영향을 주는 세 가지 특별한 요인들로 주당 근무시간 단축 경향, 업무효율의 저하 가능성, 노사분규로 인한 일부 생산 중단 가능성을 고려했다. 후자의 두 가지 예상은 1937년 중에 적절한 것으로 증명됐다.

이 요인들 때문에 쉐보레사업부의 생산능력은 충분하지 못했다. 그 사업부는 이전의 3년간 매년 그 제품에 대한 수요를 충족할 수 없었다. 1935년과 1936년 2개 연도에 쉐보레 승용차와 트럭 생산량은 100만 대를 능가했다. 다른 여러 사업부들도 더 적은 수준이긴 했지만, 생산 능력이 충분하지 못해 어려움을 겪었다. 범용엔진그룹General Engine Group과 가전제품그룹Household Appliance Group에서 신제품을 개발하고 있었는데, 이들이 신제품을 제대로 개발하기 위해서는 사업운영을 확장해야 했다. 더구나 생산능력 부족은 특정 지역에서의 병목현상에 기인한 것은 아니었으며, 그런 면에서 회사의 생산시설들은 균형이 매우 잘 잡혀 있었다. 그러나 생산능력에서 어떤 기본적 증가는 광범위한 영역에서 지출이 필요하다는 것을 의미했다. 따라서 우리는 현대화와 교체를 위한 실질적 지출에 추가하여 새로운 생산설비를 위해 6,000만 달러 이상의 지출을 요구하는 프로그램을 승인했다. 이 확장 프로그램은 1938년에 완성되었다.

경제는 1937년 후반부와 1938년 전반부 동안 급격하게 하강한 다음 급속도의 상승으로 전환됐다. 미국에서 자동차의 소비자 판매는 일반적으로 경제적 추세를 따라갔다. 1939년 전반기에 일시 답보한 다음 그 연도 하반기에 상승한 경제는 유럽에서의 전쟁 발발의 영향으로 가속화됐다.

1930년대의 전체 10년 동안 회사는 새로운 공장설비에 3억 4,600만 달러를 투자했다. 1930년대의 청산자적 성격을 고려할 때 이것은 큰 자본적 지출이었으나, 이전 10년 동안 우리의 지출과 비교할 때는 아주 작았다. 그러나 총지출은 우리의 감가상각누계액보다 적은 4,600만 달러였다. 1920년대의 7억 9,700만 달러와 비교할 때 1930년과 1939년 사이에 GM 이익의 91%인 11억 9,100만 달러를 주주에게 배당으로 지급할 수 있었다. 하지만 이것이 회사의 유동성을 감소시키지는 않았다.

반면에 순운전자본은 1930년 1월 1일에 2억 4,800만 달러에서 1939년 12월 31일에 4억 3,400만 달러로 증가했다. 현금과 유가증권은 1억 2,700만 달러에서 2억 9,000만 달러로 증가했다. 그리고 사용자본은 9억 5,400만 달러에서 10억 6,600만 달러로 근소하게 증가했다.

제2차 세계대전(1940~1945년)

다음 6년 동안 GM은 엄청나게 큰 수요에 직면했는데, 회사는 대부분의 다른 미국 산업과 마찬가지로 탁월하게 대응했다고 말할 수 있다. 제2차 세계대전이 시작됐을 때 GM은 국가 최대의 자동차 제조업체에서 국가 최대의 전시물자 생산업체로 전환했다. 그리고 전쟁이 끝났을 때 GM은 신속하게 평시의 생산체제로 돌아왔는데, 이는 GM의 경영체계와 방대한 기획능력이 모두 잘 갖추어졌기 때문에 가능했다.

그러나 실제로 1940년 중에 승용차와 트럭 생산이 32% 상승했는데, 이것은 국방프로그램이 경제에서 전반적으로 자동차의 구매력을 자극했기 때문이었다. 그 연도 중에 GM의 군수생산은 7,500만 달러에 불과했으나민간 판매 17억 달러와 비교된다, 주문은 연말부터 1941년 1월 말까지 급증했고, 미국 정부와 연합국 정부들의 군수계약 금액은 6억 8,300만 달러에 달했다. 1941년에 군수생산은 4억 달러를 상회하게 되었고, 진주만공습 무렵까지 군수생산은 1일 200만 달러에 달했다.

물론 미국이 교전국이 되었을 때 우리는 전면적인 전시체제에 대비해 대량생산으로 전환하는 것에 초점을 맞추고 있었다. 1942년의 군수생산은 19억 달러가 되었고, 민수생산은 3억 5,200만 달러였다. 1943년에 GM은 엔지니어링과 생산능력을 전면 가동했으며, 군수생산은 37억 달러로 증가했다. 1944년에는 38억 달러로 경미하게 상승하여 전시 중 최고점을 찍었다. 군수생산 금액은 3% 증가했지만, 물리적 생산량은 15% 정도 더 증가했는데, 이는 생산량이 증가함에 따라 단위당 가격이 하락했기 때문이다. 물론 1945년 5월 8일 유럽 전승기념일V-E Day 이후에 전시계약이 취소됨으로써 부분적인 평시체제로의 복귀가 시작되었고, 1945년 9월 2일 대일 전승기념일V-J Day 이후에는 전면적인 복귀가 시작되었다. 따라서 1945년 중에 전시생산은 25억 달러로 감소했고, 민간생산은 5억 7,900만 달러로 경미하게 증가했다. 전시기간 동안 GM은 모두 합해 거의 125억 달러의 군수제품을 생산했다. 이 엄청난 양의 군수물자를 생산하기 위해 우리의 기존 시설을 모두 사용 가능하도록 만들었다. 1940년에서 1944년 중에 시설의 개조와 확장에 1억 3,000만 달러 이상의 비용이 들어갔다. 우리는 또한 정부기관이 소유한 약 6억 5,000만 달러 상당의 공장들을 운영했다.

전시 연도 중에는 이익과 배당금이 높지 않았다. 우리의 판매량은 1939년에 13억 7,700만 달러에서 1939년에 42억 6,200만 달러로 늘어났지만, 이익은 증가하지 않았다. 전쟁 초, 그리고 이익-재협상법profit-renegotiation law이 통과되기 훨씬 전인 1941년에 자동차시장은 경쟁체제가 지배하고 있었다. 그 당시 우리는 군수사업의 세전매출총이익률은 민수사업에서 실현된 것의 2분의 1로 제한하는 정책을 택했다. 가능하다면 우리는 고정가격기준으로 전시생산계약을 했고, 원가를 절감함으로써 가격을 인하하는 관행을 만들었다. 따라서 우리는 1940년에서 1945년 사이에 176억 6,900만 달러를 판매하여 총 10억 7,000만 달러의 이익을 창출했다. 우리는 이들 이익 중에서 주주에게 총 8억 1,800만 달러를 배당으로 지급했다. 1940년과 1941년에는 액면금액 10달러인 보통주식의 1주당 배당금 지급액은 3.75달러였다. 1942년과 1943년에는 1주당 2달러로 감소했으며, 1944년과 1945년에는 1주당 3달러를 배당으로 지급하였다.

주주들이 1940년에서 1944년에 순이익의 77%를 배당받았는데도 불구하고 GM의 유동성은 상당히 크게 증가했는데, 그것은 전시 상황에서 물자 부족 문제가 최우선순위로 등장함에 따라 통상적인 시설 교체를 할 수 없게 되었기 때문이다. 이 5년 동안의 자본적 지출은 2억 2,200만 달러로 감가상각누계액보다 적었다. 1940년 1월 1일부터 1944년 12월 31일까지 순운전자본은 4억 3,400만 달러에서 9억 300만 달러로 증가했고, 현금과 단기유가증권은 2억 9천만 달러에서 5억 9,700만 달러로 증가했다. 1945년에 우리의 자본적 지출은 1억 1,400만 달러로 기록적인 수준으로 증가했다. 그에 따라 우리의 순운전자본은 7억 7,500만 달러로 감소했고, 현금과 단기유가증권은 3억 7,800만 달러로 감소했다.

우리의 재무 역사에서 구 시대는 끝났다. 그 시대는 경기 순환과 우리의 투자결정들이 때로는 독립적으로, 많은 경우에는 서로 관련을 갖고 재무에 반영되었다. 그리고 제2차 세계대전 이래 우리가 알고 있는 경기 팽창의 시대로 돌입했다. 이야기를 진행하기 전에 몇 가지를 언급할 필요가 있다.

사업을 수행할 때 재무에서의 전략적 문제는 그 요소들을 최적화하는 방법이다. 여기서는 의견이나 주관적 판단의 여지가 크다. 그러나 원칙적으로 부채는 주주의 투자이익을 증가시키는 동시에 위험 또한 증가시킨다는 것에 일반적으로 동의하리라고 생각한다. 듀랜트 씨와 래스콥 씨는 모두 왕성한 지출 의욕을 가졌고, 부채에 대한 저항감이 거의 없었다는 데도 동의하리라고 생각한다. 듀랜트 씨의 이런 태도는 1918년과 1920년 사이에 GM에서 충분하게 실행에 옮겨졌으며,

그 결과 그 후 6년간은 더 이상 확장이 필요하지 않았다. 그렇다 하더라도 1918년에서 1920년까지의 확장은 경영통제와 재무통제의 도움을 받았다면 위기 없이 수행할 수 있었을 것이다. 듀랜트 씨의 개인사에서 1920년의 경제침체 시에 그에게 재난을 가져온 것은 분명히 부채였다. 그에 대해서는 이쯤 하기로 한다.

1921년부터 1946년까지 회사는 분명히 장기부채를 꺼려했다. 나는 부채와 관련한 경험 때문에 부채에 대한 저항감을 가지고 있었다. 그럼에도 불구하고 우리가 이 기간에 반부채정책을 고수했다고 말할 수는 없다. 그 사실들은 우리가 일반적으로 부채가 없어도 된다는 것을 보여주고 있다. 우리는 1926년까지는 지출이 거의 필요하지 않았다. 1926년부터 1929년까지는 벌어들인 이익 범위 내에서 합리적인 배당률로 배당금을 지급하면서 동시에 사업을 확장할 수도 있었다. 환언하면 우리는 1920년대에 단기간의 은행 차입을 제외하고는 부채 없이 결제했고 성장도 했다. 경기 침체기였던 1930년대에도 채무 문제는 발생하지 않았다. 전시 중에 우리는 자금을 조달하기 위해 수취채권과 재고를 담보로 정부를 통해 10억 달러의 은행융자에 합의한 적은 있으나, 이 합의 하에서도 차입은 한계가 있었다. 실제 차입액은 최고 1억 달러였고, 1년 내에 상환되었다.

그러나 전후기간에는 재무적 유동성이 매우 높았음에도 불구하고 또다시 여러 가지 재무적 문제들에 직면했다. 대규모 시설투자에 필요한 자금을 조달하기 위해 주식발행뿐만 아니라 채무를 통한 추가적 자금을 확보할 필요성이 생겼다.

전후(1946~1963년)

1946년부터 1963년까지 17년 동안 우리의 설비투자액은 70억 달러를 돌파했다. 이 액수는 기초 공장가치의 거의 7배였다. 이 비율은 물리적 양의 증가를 나타내는 것은 아니었는데, 인플레이션으로 인해 시설비와 건설비의 증가가 전후 지출의 꽤 큰 부분을 차지했기 때문이다. 17년 동안 순운전자본은 7억 7,500만 달러에서 35억 2,800만 달러로 25억 7,300만 달러가 증가했다. 설비투자총액 중에서 43억 달러 또는 61%는 감가상각누계액으로 충당되었다. 나머지는 필연적으로 이익의 재투자나 신규자본 또는 양자의 어떤 조합으로 충당해야 했다. 이 17년 동안 GM의 총이익은 약 125억 달러에 달했고, 45억 달러 또는 약 36%가 유보되었다. 이 비율은 과거의 관행보다는 높은 비율인데, 미래 사업의 필요성 때문에 유보 비율을 높였기 때문이다. 그럼에도 불구하고 우리는 사업 확장에 필요한 자금 조달을 위해 전술한 소규모의 사례를 제외하고는 1920년대 초 이래 처음으로 자본시장에서 자금을 조달해야 했다. 17년 동안 자본시장에서 조달한 자금의 총액은 8억 4,650만 달러에 달했다. 1962년 말경에 우리는 2억 2,500만 달러를 상환했다. 또한 1955년에서 1962년까지 약 3억 5,000만 달러의 보통주식을 발행했는데, 이는 주로 종업원 프로그램에 충당할 목적으로 이루어졌다. 이익의 재투자와 신유가증권의 판매 기간 사이에 사업에서 사용된 자본은 13억 5,100만 달러에서 68억 5,100만 달러로 증가했다.

전쟁이 끝나기 오래전에 우리는 전후 성장을 위해 광범위한 기획을 시작했다. 1943년에 나는 전미제조업협회National Association of Manufacturers에서 '도전The Challenge'이라는 주제를 가지고 강연하면서 전후 프로그램의 개념을 제시했다. 나는 이 강연에서 전후기간의 산업은 제품에 대해 분출하는 수요를 충족해야 하고, 이런 전제 하에 대담하게 계획해야 한다고 주장했다. 나는 전후의 불황을 예측했던 많은 경제학자들의 의견에 반론을 폈다. 이것은 나에게 논쟁의 대상이 아니라 투자결정을 내리는 문제였다. 환언하면 우리는 전쟁이 끝났을 때 소비자 수요를 만족시키기 위해 가능한 한 빨리 전시생산에서 평시생산으로 복귀하여 고용을 창출하고, 주주에 대한 우리의 의무를 긴급하게 달성해야 할 필요성이 존재한다는 것과 이 모든 것이 기회로 나타난다는 것을 알고 있었다. 따라서 우리는 스태프로 하여금 수요에 대한 장기적 연구를 시작하도록 했는데, 그것은 전반적 경제 전망, 예상되는 소비자 수요 그리고 수요 충족을 위한 우리의 생산적 및 재무적 능력을 기준으로 향후 5년에서 10년 후의 우리의 상황을 예측하는 것이었다.

이 연구들을 근거로 나는 5억 달러의 지출을 필요로 하는 전후 프로그램을 발표했다. 이것은 엄청난 금액으로 간주되어 상당한 비판을 야기했다. 이 금액은 1920년대 또는 1930년대에 회사가 시설비에 투자한 것보다 많았다. 1944년 말에 우리의 순공장시설의 가치보다 4분의 3이 더 컸다.

1944년의 연차보고서에 언급된 이 프로그램의 개요를 인용하면 다음과 같다:

> …… 평시 체제 하에서 GM의 승용차, 트럭, 기타 항목을 생산하는데 사용될 공장, 기계, 기타 시설의 재배열과 재편성은 전시 중에 타사에 매각된 시설의 재배치를 필요로 합니다. 또한 시설의 현대화와 전쟁 기간 동안 혹사당해서 마모된 모든 종류의 도구들도 교체해야 합니다. 이는 전후의 필요성을 충족하기 위한 시설의 확장, 단기와 장기 전망 사이에 적절한 균형에서 모든 것을 포함합니다. ……

전쟁이 끝나기 2년 전에 GM은 승용차 및 트럭이 대량생산 체제로 복귀할 수 있을 그날을 준비했다. 각 사업부에 대해 상세한 확장 계획들이 개발되었고, 전쟁이 발발하기 전에 GM과 사업을 했던 수천 명의 공급자 및 하청업체들과 일상적 관계를 재개하기 위한 계획을 세웠다. 그들 중 많은 사람들은 전시 생산에서 우리와 여전히 거래하고 있었다. 예를 들어, 우리는 전쟁 전 공급자들에게 실행 가능하기만 하다면 전시상황이 허용하는 한 가능한 한 빨리 특정 민수품 발주를 위한 계획을 세우도록 조언했다. 그렇게 함으로써 거래처 사람들이 전후 계획을 수립하는 데 걸리는 시간과 복귀에 소요되는 시간을 감소시켰다.

전후 계획이 수립되었던 시점에 우리는 GM이 필요한 자금을 이익과 감가상각비 그리고 기타 잉여금에서 조달할 수 있을 것으로 기대했다. 예를 들어, GM이 1941년, 1942년, 1943년에 전시생산체제로 전환했을 때, 시설을 민수생산체제로 복귀하는 데 필요한 비용을 충당하기 위해 7,600만 달러의 준비금을 적립해두었다. 그리고 또다시 새로운 시설투자가 필요한 시기에 상당한 유동자산을 누적해왔다. 따라서 1944년 말에 우리는 총 5억 9,700만 달러의 현금 및 단기유가증권을 포함하여 9억 300만 달러의 순운전자본을 갖고 있었다.

전후 확장 프로그램에 필요한 비용에 대한 우리의 전시 추정은 공사비와 신규 자본재에서 발생한 인플레이션을 고려했을 때 매우 정확했다. 복귀비용은 8,300만 달러였는데, 이 중에서 7,600만 달러를 준비금으로 보유하고 있었다. 그리고 최초의 대규모 확장 프로그램이 실질적으로 완료되었을 때인 1945년에서 1947년까지 설비투자총액은 5억 8,800만 달러였고, 이에 대비한 우리의 추정액은 5억 달러였다.

그러나 전후 운전자본 소요액에 대한 우리의 추정은 낮은 편이었다. 전후 기간에 사업 규모를 확장하기 위해 조업도를 확장시켜놓았을 뿐만 아니라 엄청난 인플레이션이 발생했기 때문에 운전자본의 필요성은 크게 증가했다. 전쟁 전인 1935년에서 1939년까지 연말 순운전자본은 평균 3억 6,600만 달러였고, 재고는 2억 2,700만 달러였다. 전후 1946년에서 1950년까지 5년 동안 순운전자본은 10억 9,900만 달러, 재고는 7억 2,800만 달러로 증가했다.

1945년 말에 전미자동차노동조합United Automobile Workers의 파업으로 대부분의 공장이 문을 닫았고, 현금 및 단기유가증권투자는 3억 7,800만 달러로 2억 1,900만 달러가 감소했다. 파업이 끝날 때쯤인 1946년 3월 13일에 유동성은 더욱 낮아졌다. 노사문제는 또 다른 60일 동안 일부 공장에서 지속되었고, 파업의 여파로 다른 산업에 물자부족이 야기되어 노사문제가 해결된 후에도 생산 수준은 크게 증가하지 못했다. 결과적으로 이상적인 높은 수준의 수요가 있었음에도 불구하고 복귀기간 초기에는 만족할만한 이익을 얻을 수 없었다. 1946년에 우리는 이익은 8,750만 달러에 불과했다. 이것은 우리의 배당금 지급액보다 2,140만 달러가 낮았다.

파업이 해결되기 전부터 회사는 추가자본이 필요할 것이라고 판단했고, 가능한 자금 조달 방법에 대한 연구를 했다. 1946년 중반 무렵에 8개의 보험회사들로부터 연리 2.5%의 20년채와 30년채 1억 2,500만 달러를 차입했다. 다른 대안들도 검토했지만 사모채를 발행해 잉여의 장기자금을 보유한 기관투자자로부터 자금을 조달하는 것이 가장 신속하고 저렴한 자금 조달 방법이라고 판단했다. 사모발행 교섭 협상들은 신속하게 해결되었다. 수속기간과 공모 시 필요한 서류의 제출은 필요하지 않았다.

1946년 8월 1일에 받은 이 차입금은 회사가 증가된 자본소요액을 해결하는 데 있어서 융통성을 크게 발휘할 수 있도록 해주었다. 그러나 재무정책위원회는 회사가 아직도 영구적 성격의 자본을 더 많이 필요로 한다고 생각했고, 1946년 8월 5일에 "1억 2,500만 달러의 신규 우선주 발행이 가능하다는 판단을 가지고" 브래들리 씨가 증권인수업자들과 교섭할 것을 승인했다. 위원회는 영구자본을 조달하는 다른 방법들을 고려했다. 우선주 발행 시 우리는 특정 조건이 만족되면 자유롭게 상환할 수 있는 상환우선주의 발행을 고려했다. 이때 특정 조건은 특정일까지 반드시 상환해야 한다는 의무 조항은 가지고 있지 않았다. 그러나 조건이 상당히 좋은 몇몇을 제외하면 자본시장은 우리가 기대했던 만큼 우선주를 흡수하지 않았다. 따라서 우리는 우선주를 1억 달러로 축소 발행했다. 즉, 액면 3.75달러의 우선주 100만 주를 발행했다. 우선주는 1946년 11월 27일에 발행했고, 할인료와 수수료를 공제한 후에 9,800만 달러가 회사로 들어왔다. 이것은 거의 20년 동안 회사가 최초로 공모한 것으로 매우 성공적이었다.

산업의 복귀 기간 중에 우리의 자원은 어느 정도 고갈되었다. 전후 회복 기간에 2억 2,300만 달러의 신규자본을 조달했음에도 불구하고 우리의 순운전자본은 1946년 중에 700만 달러가 감소했고, 현금 및 단기유가증권도 4,200만 달러 감소했다. 자본시장에서 신규로 자금을 조달하지 않았다면 순운전자본은 1946년 중에 2억 3,000만 달러로 감소했을 것이다.

회사는 이 신규 자금과 이미 준비된 확장 프로그램을 가지고 전진할 준비를 했다. 1948년에 미국 및 캐나다 공장의 승용차 및 트럭의 판매량은 214만 6,000대로 증가하여 전쟁 전의 정점인 1941년과 거의 동일한 수준이 되었다. 1947년에는 8,800만 달러, 그리고 1947년에는 2억 8,800만 달러에 불과했던 순이익은 1948년에는 4억 4,000만 달러로 증가했다. 1949년에는 경기 침체에도 불구하고 사상 최고의 판매량을 달성했으며, 매출총이익 또한 개선되었고, 그 결과 순이익이 6억 5,600만 달러로 증가했다. 또한 매출액이 10억 달러로 증가하고 재고가 6,500만 달러로 감소되었기 때문에 재고회전율도 매우 크게 증가시킬 수 있었다. 그리고 확장 프로그램이 완성되었기 때문에 설비투자 규모는 상대적으로 크지 않았다. 1948년과 1949년에 설비투자규모는 2억 7,300만 달러로 감가상각누계액보다 단지 6,400만 달러가 많은 수준이었다. 사실상 우리의 자본 상태는 아주 빠르게 개선되어 1949년 12월에 1억 2,500만 달러의 우선주를 상환하여 부채를 상환하기로 결정했다. 또한 우리는 유동성을 증가시키고, 거액의 배당금을 지급할 수 있었다.

다음으로 GM의 중요한 확장을 가져온 것은 한국전쟁의 발발이었다. 우리는 경험상 전쟁이 채워지지 않은 밀린 수요를 창조한다는 것을 배웠다. 상당한 고심 끝에 우리는 자동차시장의 장기적 잠재력이 생산시설의 큰 확장을 필요로 하고, 회사가 궁극적으로 민수사업 운영을 위해 사용될 수 있는 군수생산을 위한 신규 공장시설에 자금을 사용하는 것이 타당하다는 결론에 이르렀다. 나는 재무정책위원회의 멤버들에게 보낸 1950년 11월 17일자 서한에서 나의 견해를 밝혔는데, 그 권고내용은 다음과 같다:

1. 현재 진행 중에 있지만, 우리는 향후 10년간 수요 동향을 정량적으로 예측하기 위해 설문조사를 해야 합니다. 이 수요 예측은 10년간의 예측뿐만 아니라 뒤따라오는 5년 치의 수요와도 특별히 관련이 있어야 합니다. 재무장 프로그램에 따라 생산이 삭감되면서 수요가 이연되었는데, 수요 예측 시에는 이연 수요에 따라오는 수요 피크를 특별히 고려해야 합니다.

2. 우리가 그렇게 판단했다면 결정한 대로 미래의 생산증가를 충족하기 위한 마스터플랜에 대한 대체적인 윤곽을 개발해야 합니다. 이것은 생산 확장을 가장 잘 수행할 수 있는 방법들과 수단들을 포함해야 합니다. 그것은 회사의 현재 체제상 당연히 포함되었던 관련된 다양한 범주의 생산을 포괄해야 하며, 각각의 범주는 그 자체의 잠재력을 따라야 합니다. 이런 광범위한 윤곽은 더 많은 사실들이 이용 가능하게 됨으로써 채워져야 합니다. ……
3. 우리는 재무장을 위한 시설을 제공하도록 요청받을 것입니다. 이러한 시설 제공 요청은 이미 상정되어 광범위한 윤곽을 가지고 있는 마스터플랜과 통합되어 운영함으로써 전시 상황이 왔을 때 신속하게 그리고 효율적으로 움직일 수 있도록 해야 합니다. 장기적 관점에서 시설 요청이 마스터플랜을 더 잘 통제할 수 있게 해준다면 우리는 새로운 공장을 짓기 위해 회사자금을 사용해야 합니다. 가속상각과 고율의 세금은 회사 자금을 더욱더 적절하게 사용토록 만듭니다. 우리는 시설의 전용은 피해야 합니다. 정책은 확장되어야 합니다.

그 정책은 정말로 확장이었다. 1950년에서 1953년까지 4년 동안 우리는 새로운 공장 설립과 시설에 12억 7,900만 달러를 투자했는데, 그것의 약 3분의 1은 군수시설을 위한 것이었다. 그러나 이 기간 중에 초과이익세가 부과되고, 우리의 정책상 방위사업에 대한 이익이 민간 매출보다 더 낮았기 때문에 이익은 크게 증가하지 못했다. 우리는 모두 합해 순이익의 65%인 16억 달러를 배당금으로 지급한 후에 8억 7,100만 달러를 사업에 재투자할 수 있었다. 감가상각비 5억 6,300만 달러를 합쳐 이들 유보이익은 공장지출액 12억 7,900만 달러보다 겨우 1억 5,500만 달러가 더 많았다. 따라서 1억 5,500만 달러만 다른 요구들, 예를 들면 강철공급자에 대한 선급금과 군수생산을 위한 장비를 갖추는 비용을 충당하기 위해 이용 가능했다. 물가상승비는 회사의 자본구조에 강한 영향을 미쳤다. 매출액의 76% 증가로 인한 추가적 자본 소요에도 불구하고 순운전자본은 1949년 12월 31일과 1953년 12월 31일 사이에 근소하게 감소했다.

1954년 초에 이미 재무자원의 압박을 받고 있는 상태에서 2년 동안 10억 달러의 지출을 요구하는 시설투자에 대한 미래 프로그램을 발표했다. 이 프로그램은 자동차사업부의 추가적 생산 설비를 위한 것으로 확장하고 있는 시장의 필요를 충족하고 기존시설을 현대화하기 위한 것이었다. 우리는 또한 자동변속기, 파워핸들, 파워브레이크, V-8엔진의 생산을 위해 대규모 시설투자를 해야 했다.

이런 대규모 시설투자계획을 진행하고, 인플레이션으로 원가에 대한 압력을 받는 상황에서 우리가 매년 벌어들이는 이익의 상당한 부분을 배당금 형태로 계속 지급하기 위해서는 신규 자본조달이 필수적이었다. 1953년 말 무렵에 재무정책위원회는 이 문제들을 검토했고, 사채 발행이 판매에 유리하다고 판단했다. 그러나 1946년의 상황과는 달리 보험회사와 기타 기관투자자들은 이용 가능한 잉여자금을 갖고 있지 않았을 뿐만 아니라 이미 차후 얼마 동안 자금공급이 예정되어 있었다. 이런 이유로 우리는 공개시장으로 진출해서 1953년 12월에 연리 3.5% 25년의 사채 3억 달러를 발행했다. 증권인수업체들의 보수와 수수료를 차감 후 순액으로 2억 9,850만 달러를 받았는데, 이 또한 괄목할만한 성공이었다.

그러나 자금 조달은 여전히 충분하지 않았다. 1955년에 시설투자계획은 10억 달러에서 15억 달러그리고 나중에 20억 달러로 확대되었다. 따라서 미래 자본소요액을 분석한 결과 더 많은 외부자금을 조달할 필요가 있는 것으로 판단했다. 그해 3월에 커티스 씨는 당시 회사의 사장으로서 미국 상원 은행 및 통화위원회 앞에서 다음과 같이 진술했다:

> 외부자본을 더 조달하기로 한 우리의 최근 결정은 우리의 미래 자본 소요의 분석에서 나온 것입니다. 이 분석은 경쟁이 치열한 자동차시장에 대한 경제적 추세와 전망에 대한 우리의 예측에 기준했습니다. 그 결과 우리는 3억 달러에서 3억 5,000만 달러 범위에서 추가적인 영구적 지분자본이 필요하다는 결론을 얻었습니다. 그것은 우리가 국가와 함께 발전해나가고, 우리가 만든 재화에 대한 증대된 수요를 충족함과 동시에 합리적 배당 정책을 유지하기 위한 것입니다.

그리하여 1955년 2월에 우리는 보통주식 보유자에게 보유한 주식 각 20주당 1주의 비율로 액면가 5달러의 신주 438만 683주를 청약할 권리를 부여했다. 각 신주에 대한 청약가격은 75달러였는데 공모 마감일에 주식은 96.875달러에 팔리고 있었다. 주식모집은 330명의 증권인수단에 의해 인수되었으나 증권인수인들은 발행주식의 12.8%만 청약해야 했다. 인수 보수 및 수수료를 지급한 후에 회사의 순수익금은 대략 3억 2,500만 달러였다. 이것은 당시까지 미국 최대의 대규모 보통주 발행이었다. 당시 많은 전문가들이 이런 대규모의 주식 발행은 큰 위험이 될 것으로 생각하고 있었는데, GM의 성공은 오히려 시장의 정확한 평가를 증명하는 것이었다.

주식과 사채의 발행은 확장 프로그램의 실행을 가능하게 함과 동시에 후한 배당지급 정책을 계속하도록 만들었다. 1954년부터 1956년까지 3년간 확장에서 우리는 신규 공장시설에 22억 5,300만 달러를 투자함으로써 공장가치 총액은 29억 1,200만 달러에서 50억 7,300만 달러로 74% 증가했다. 감가상각누계액은 8억 7,400만 달러에 달했고, 배당금으로 이익의 57%인 16억 2,000만 달러를 지급한 후에 12억 2,200만 달러를 재투자했다. 결과적으로 순운전자본은 설비투자 기간 중에 전례 없이 5억 1,000만 달러만큼 증가했고, 현금 및 단기유가증권 보유액은 거의 3억 6,700만 달러에서 6억 7,200만 달러로 2배가 되었다. 1957년에 유동성은 더욱더 증가했는데, 대규모 확장 프로그램의 종결과 함께 시설투자가 급감했기 때문이다. 반면에 감가상각비는 계속 증가했다.

우리는 중요한 확장을 완수했고, 재무 상태는 어느 때보다 탄탄해졌다. 1957년에서 1962년의 기간은 두 번의 불황의 해1958년과 1961년를 포함하고 있었음에도 불구하고 회사 역사에서 매출액과 이익에서 최고의 해1962년를 포함하고 있었다. 이 기간의 사건들을 검토해볼 때, 나는 GM이 재무적으로 성숙한 상태가 되었다는 데 반론의 여지가 없는 증거를 제공하고 있다고 생각한다. 불황연도인 1958년에 GM의 미국산 승용차 및 트럭의 판매가 전년보다 22% 감소했으나, 판매량의 감소가 이익의 감소에 미치는 영향은 효과적으로 완화되었다. 1958년의 주당 이익 2.22달러로 1957년의 주당이익 2.99달러보다 단지 25%만 감소했다. 이 결과들은 적지 않게 효과적이고 시의적절한 재무통제에 기인한 것이다. 그것은 우리가 수년 동안에 걸쳐 우리의 조직에서 구축해놓았기 때문에 가능했다.

해외의 확장 프로젝트를 포함하며 1958년부터 1962년까지 시설투자액은 23억 달러에 달했는데, 이는 1954년부터 1956년까지의 주요 확장연도의 시설투자금액과 비슷하다. 그럼에도 불구하고 감가상각비는 미국에서 이들 지출을 조달하기에 충분했다. 한편 독일에서 확장 부분을 조달하기 위해 현지차입이 활용되었다. 결과적으로 회사는 그 기간 중에 배당으로 33억 달러 또는 이익의 69%를 지급할 수 있었다. 또한 순운전자본은 17억 달러가 증가했다.

따라서 전체적으로 보면 전후기간에 주주는 오히려 더 많은 이익을 얻었다. 공장의 명시된 총 화폐가치는 1946년 1월 1일에 10억

1,200만 달러에서 1962년 12월 31일에 71억 8,700만 달러로 6배 이상 증가했는데, 이는 이익과 감가상각누계액에서 조달되었다. 그럼에도 불구하고 우리는 주주에게 총 79억 5,100만 달러 또는 순이익의 64%를 배당금으로 지급했다. 그 기간 중에 주식분할에 대해 조정한 후 1주당 배당금은 1945년에 주당 50센트에서 1962년에 주당 3달러로 상승했고, 1주당 시가는 12.58달러에서 58.13달러로 상승했다.

GM의 재무에 관한 이야기는 재화나 서비스에서, 많은 관련된 사람들에서, 물적 시설에서, 그리고 재무 자원의 성장에 관한 이야기다. GM컴퍼니에서 GM코퍼레이션으로 전환했던 1917년 8월 1일과 1962년 12월 31일 사이에 종업원의 수는 2만 5,000명에서 60만 명 이상으로 증가했고, 주주의 수는 3,000명 미만에서 100만 명 이상으로 증가했다. 미국과 캐나다에서 생산된 승용차와 트럭의 판매대수는 1918년에 20만 5,000대에서 1962년에 449만 1,000대로 확대했고, 해외의 GM공장에서 제조된 승용차와 트럭의 판매량은 74만 7,000대에 달했다. 매출액은 1918년에 2억 7,000만 달러에서 1962년에 146억 달러로 초고속 성장했고, 총자산은 1억 3,400만 달러에서 92억 달러로 증가했다. 이것은 미국의 경제에서 하나의 기관institution으로서 GM의 중요성에 대한 척도다.

그러나 사업business으로서의 사기업의 가치에 대한 척도는 매출액이나 자산의 증가가 아니라 주주의 투자이익이다. 왜냐하면 회사가 사기업체제로 운영된다고 전제할 때, 주주들은 자신의 자본이 위험에 노출되어 있는가가 최대의 관심사이기 때문이다. 나는 이 기록이 우리의 종업원들, 고객들, 딜러들, 공급자들 그리고 지역사회에 대한 우리의 책임을 소홀히 하지 않으면서 주주를 위해 매우 신뢰성 있게 직무를 수행했다는 것을 보여주고 있다고 생각한다.

1938년의 연차보고서에서 재무적 성장에 대한 나의 철학을 다음과 같이 기술했다:

> 경제적으로 필요하다는 압력 하에, 그리고 산업의 발전과정을 통해 업계의 규모는 점점 커졌습니다. 이것은 더 유용한 물건들을 더 저렴해진 가격으로 지속적으로 생산함으로써 업계의 제품과 서비스에 대한 시장이 계속적으로 확대되고 있기 때문입니다. 이런 발전과정에 대량생산을 수반하는 제조과정에서의 통합의 증가가 추가적으로 영향을 미치고 있습니다. 자본구조에 대한 이러한 발전의 영향은 자본의 끊임없는 증액을 필요로 합니다.

제너럴 모터스 코퍼레이션
매출액, 법인세 차감 전후 순이익 및 배당금에 대한 연도별 추이

연도	승용차와 트럭의 판매량-미국과 캐나다	순매출액($)	법인세 차감 전 순이익		미국과 외국 법인세*($)	법인세 차감 후 순이익	
			금액($)	매출액 대비($)		금액($)	매출액 대비($)
1917# ·········	86,921	96,295,741	17,143,056	17.80	2,848,574	14,294,482	14.84
1918 ·········	205,326	269,796,829	34,939,078	12.95	20,113,548	14,825,530	5.50
1919 ·········	391,738	509,676,694	90,005,484	17.66	30,000,000	60,005,484	11.77
1920 ·········	393,075	567,320,603	41,644,375	7.34	3,894,000	37,750,375	6.65
1921 ·········	214,799	304,487,243	(38,680,770)	(12.70)	-	(38,680,770)	(12.70)
1922 ·········	463,763	463,706,733	60,724,493	13.10	6,250,000	54,474,493	11.75
1923 ·········	798,555	698,038,947	80,143,955	11.48	8,135,000	72,008,955	10.32
1924 ·········	587,341	568,007,459	57,350,490	10.10	5,727,000	51,623,490	9.09
1925 ·········	835,902	734,592,592	129,928,277	17.69	13,912,000	116,016,277	15.79
1926 ·········	1,234,850	1,058,153,338	212,066,121	20.04	25,834,939	186,231,182	17.60
1927 ·········	1,562,748	1,269,519,673	269,573,585	21.23	34,468,759	235,104,826	18.52
1928 ·········	1,810,806	1,459,762,906	309,817,468	21.22	33,349,360	276,468,108	18.94
1929 ·········	1,899,267	1,504,404,472	276,403,176	18.37	28,120,908	248,282,268	16.50
1930 ·········	1,158,293	983,375,137	167,227,693	17.01	16,128,701	151,098,992	15.37
1931 ·········	1,033,518	808,840,728	111,219,791	13.75	14,342,684	96,877,107	11.98
1932 ·········	525,727	432,311,868	449,690	0.10	284,711	164,979	0.04
1933 ·········	802,104	569,010,542	95,431,456	16.77	12,217,780	83,213,676	14.62
1934 ·········	1,128,326	862,672,670	110,181,088	12.77	15,411,957	94,769,131	10.99
1935 ·········	1,564,252	1,155,641,511	196,692,407	17.02	29,465,897	167,226,510	14.47
1936 ·········	1,866,589	1,439,289,940	282,090,052	19.60	43,607,627	238,482,425	16.57
1937 ·········	1,927,833	1,606,789,841	245,543,733	15.28	49,107,135	196,436,598	12.23
1938 ·········	1,108,901	1,066,973,000	130,190,341	12.20	28,000,334	102,190,007	9.58
1939 ·········	1,542,545	1,376,828,337	228,142,412	16.57	44,852,190	183,290,222	13.31
1940 ·········	2,025,213	1,794,936,642	320,649,462	17.86	125,027,741	195,621,721	10.90
1941 ·········	2,257,018	2,436,800,977	489,644,851	20.09	287,992,343	201,652,508	8.28
1942 ·········	301,490	2,250,548,859	260,727,633	11.59	97,076,045	163,651,588	7.27
1943 ·········	152,546	3,796,115,800	398,700,782	10.50	248,920,694	149,780,088	3.95
1944 ·········	278,539	4,262,249,472	435,409,021	10.22	264,413,156	170,995,865	4.01
1945 ·········	275,573	3,127,934,888	212,535,893	6.79	24,267,778	188,268,115	6.02
1946 ·········	1,175,448	1,962,502,289	43,300,083	2.21	(44,226,228)	87,526,311	4.46
1947 ·········	1,930,918	3,815,159,163	554,005,405	14.52	266,014,032	287,991,373	7.55
1948 ·········	2,146,305	4,701,770,340	801,417,975	17.05	360,970,251	440,447,724	9.37
1949 ·········	2,764,397	5,700,835,141	1,124,834,936	19.73	468,400,704	656,434,232	11.51
1950 ·········	3,812,163	7,531,086,846	1,811,660,763	24.06	977,616,724	834,044,039	11.07
1951 ·········	3,016,486	7,465,554,851	1,488,717,641	19.94	982,518,081	506,199,560	6.78
1952 ·········	2,434,160	7,549,154,419	1,502,178,604	19.90	943,457,425	558,721,179	7.40
1953 ·········	3,495,999	10,027,985,482	1,652,647,924	16.48	1,054,528,446	598,119,478	5.96
1954 ·········	3,449,764	9,823,526,291	1,644,959,366	16.75	838,985,469	805,973,897	8.20
1955 ·········	4,638,046	12,443,277,420	2,542,827,439	20.44	1,353,350,357	1,189,477,082	9.56
1956 ·········	3,692,722	10,796,442,575	1,741,414,610	16.13	894,018,508	847,396,102	7.85
1957 ·········	3,418,500	10,989,813,178	1,648,712,588	15.00	805,120,153	843,592,435	7.68
1958 ·········	2,712,870	9,521,965,629	1,115,428,076	11.71	481,800,000	633,628,076	6.65
1959 ·········	3,140,233	11,233,057,200	1,792,100,149	15.95	919,100,000	873,100,149	7.77
1960 ·········	3,889,734	12,735,999,681	2,037,542,489	16.00	1,078,500,000	959,042,489	7.53
1961 ·········	3,346,719	11,395,916,826	1,768,021,444	15.51	875,200,000	892,821,444	7.83
1962 ·········	4,491,447	14,640,240,799	2,934,477,450	20.04	1,475,400,000	1,459,077,450	9.97

1917년 12월 31일에 종료되는 5개월
* 1917년에서 1920년까지의 특별지출항목 포함
( ) 적자 표시

제너럴 모터스 코퍼레이션

매출액, 법인세 차감 전후 순이익 및 배당금에 대한 연도별 추이(계속)

			보통주배당금			주당액면 $1⅔ 보통주	
연도	우선주배당금($)	보통주 가용 순이익($)	금액($)	가용순이익 대비(%)	사업용 유보이익($)	이익($)	배당금($)
1917# ………	491,890	13,802,592	2,294,199	16.6	11,508,393	.15	.02
1918 ………	1,920,467	12,905,063	11,237,310	87.1	1,667,753	.07	.10
1919 ………	4,212,513	55,792,971	17,324,541	31.1	38,468,430	.30	.10
1920 ………	5,620,426	32,129,949	17,893,289	55.7	14,236,660	.14	.09
1921 ………	6,310,010	(44,990,780)	20,468,276	-	(65,459,056)	(.19)	.09
1922 ………	6,429,228	48,045,265	10,177,117	21.2	37,868,148	.21	.04
1923 ………	6,887,371	65,121,584	24,772,026	38.0	40,349,558	.28	.11
1924 ………	7,272,637	44,350,853	25,030,632	56.4	19,320,221	.19	.11
1925 ………	7,639,991	108,376,286	61,935,221	57.1	46,441,065	.47	.27
1926 ………	7,645,287	178,585,895	103,930,993	58.2	74,654,902	.73	.42
1927 ………	9,107,330	225,995,496	134,836,081	59.7	91,159,415	.87	.52
1928 ………	9,404,756	267,063,352	165,300,002	61.9	101,763,350	1.02	.63
1929 ………	9,478,681	238,803,587	156,600,007	65.6	82,203,580	.91	.60
1930 ………	9,538,660	141,560,332	130,500,002	92.2	11,060,330	.54	.50
1931 ………	9,375,899	87,501,208	130,500,001	149.1	(42,998,793)	.34	.50
1932 ………	9,206,387	(9,041,408)	53,993,330	-	(63,034,738)	(.03)	.21
1933 ………	9,178,845	74,034,831	53,826,355	72.7	20,208,476	.29	.21
1934 ………	9,178,220	85,590,911	64,443,490	75.3	21,147,421	.33	.25
1935 ………	9,178,220	158,048,290	96,476,748	61.0	61,571,542	.61	.38
1936 ………	9,178,220	229,304,205	192,903,299	84.1	36,400,906	.89	.75
1937 ………	9,178,220	187,258,378	160,549,861	85.7	26,708,517	.73	.63
1938 ………	9,178,220	93,011,787	64,386,421	69.2	28,625,366	.36	.25
1939 ………	9,943,072	173,347,150	150,319,682	86.7	23,027,468	.67	.58
1940 ………	9,178,220	186,443,501	161,864,924	86.8	24,578,577	.72	.63
1941 ………	9,178,220	192,474,288	162,608,296	84.5	29,865,992	.74	.63
1942 ………	9,178,220	154,473,368	86,992,295	56.3	67,481,073	.59	.33
1943 ………	9,178,220	140,601,868	87,106,758	62.0	53,495,110	.54	.33
1944 ………	9,178,220	161,817,645	132,063,371	81.6	29,754,274	.61	.50
1945 ………	9,178,220	179,089,895	132,066,520	73.7	47,023,375	.68	.50
1946 ………	9,782,407	77,743,904	99,158,674	127.5	(21,414,770)	.29	.38
1947 ………	12,928,310	275,063,063	132,167,487	48.0	142,895,576	1.04	.50
1948 ………	12,928,315	427,519,409	197,845,688	46.3	229,673,721	1.62	.75
1949 ………	12,928,316	643,505,916	351,380,264	54.6	292,125,652	2.44	1.33
1950 ………	12,928,315	821,115,724	526,111,783	64.1	295,003,941	3.12	2.00
1951 ………	12,928,313	493,271,247	350,249,851	71.0	143,021,396	1.88	1.33
1952 ………	12,928,313	545,792,866	349,041,039	64.0	196,751,827	2.08	1.33
1953 ………	12,928,312	585,171,166	348,760,514	59.6	236,430,652	2.24	1.33
1954 ………	12,928,309	793,045,588	436,507,196	55.0	356,538,392	3.03	1.67
1955 ………	12,928,305	1,176,548,777	592,245,497	50.3	584,303,280	4.30	2.17
1956 ………	12,928,302	834,467,800	552,853,282	66.3	281,614,518	3.02	2.00
1957 ………	12,928,300	830,664,135	555,453,812	66.9	275,210,323	2.99	2.00
1958 ………	12,928,298	620,699,778	558,940,800	90.1	61,758,978	2.22	2.00
1959 ………	12,928,296	860,171,853	561,838,126	65.3	298,333,727	3.06	2.00
1960 ………	12,928,293	946,114,196	564,190,599	59.6	381,923,597	3.35	2.00
1961 ………	12,928,292	879,893,152	707,383,013	80.4	172,510,139	3.11	2.50
1962 ………	12,928,290	1,446,149,160	850,465,125	58.8	595,684,035	5.10	3.00

1917년 12월 31일에 종료되는 5개월

( ) 적자 표시

GM의 재무적 성장은 이런 과정을 거쳤다. 사업에 사용된 총자본은 1917년에 약 1억 달러에서 오늘날 69억 달러로 증가했는데, 이러한 증가는 부채를 통해서가 아니라 주로 벌어들인 이익을 재투자한 것에서 나온 것으로 주주들에게 지나친 부담을 주지 않았다. 자본의 68억 달러의 성장 중에서 연이은 상환 후에 약 8억 달러를 자본시장에서 조달했다. 추가적 6억 달러는 신주식의 발행을 통하여 조달되었는데, 그중 2억 5,000만 달러는 기존 회사를 취득하기 위한 것이었고, 3억 5,000만 달러는 종업원 프로그램을 위한 것이었다. 자본 증가분의 대부분을 차지하는 나머지 54억 달러는 이익의 재투자에서 나왔다. 그럼에도 불구하고 일부 급성장한 회사들의 상황과는 달리 이익에 대한 재투자는 주주에 대한 배당금을 희생한 것이 아니었다. 이 45년의 기간 중에 배당금 지급은 거의 118억 달러 또는 총이익의 67%에 달했다.

GM의 자본이 이만큼 증가했다는 것은 GM의 발전을 반영하는 것이다. 경쟁에 기반을 둔 경제에서 우리는 합리적인 사업가로서 사업을 운영해왔는데, 우리의 경영에 대한 접근방식 개발에 대해 상세하게 기술하여 보여주고자 했던 사실과 같다. 그 결과 효율적 기업이 된 것이다. 그것은 미국이 경험해온 것 같이 떠오르는 성공적인 경제는 기회만을 주는 것이 아니라 야망을 가진 사람들에게는 그 안에서 탁월해야 할 것을 요구하고 있다는 것에 유의할 필요가 있다. 우리의 성과는 지역사회에 유용한 재화를 생산하고 유통하고 있는 것에서 매일 입증되고 있다. 나는 GM이 이런 성과에 의해 판단되었으면 한다.

제 2부

제12장 자동차의 진화

자동차의 진보 자동차산업의 초기에 엔지니어와 발명가들의 당면한 목표는 단순히 신뢰성을 얻는 것으로, 자체의 동력으로 목적지에 갔다가 다시 돌아오는 자동차를 만드는 것이었다. 자동차와 관련된 수많은 빛나는 아이디어들은 말, 끄는 줄 그리고 웃음 등으로 끝났다. 진보의 대가는 비쌌지만, 미국의 운전자들은 기꺼이 지불했다. 그들은 자동차에 대한 신뢰성 여부와 관계없이 개인적 운송수단에 대한 열정으로 자동차를 구입함에 따라 실험과 생산을 위한 위험자본 재원의 상당한 부분을 제공했다. 고객의 호의에 의해 기댈 수 있는 산업은 흔치 않았다. 20년 동안 그 시대의 거리와 도로의 상황과 관련된 자동차에 대한 신뢰성은 매우 적절히 확립되었다. 인류의 발전 중에서 위대한 업적의 하나인 개인의 기계화된 운송은 평범한 생활의 일부가 되었고, 모든 사람들이 그것을 향유할 수 있었다.

1920년 이래 기술의 발전은 엄청났으나 우리는 오늘날 산업의 첫 20년 동안에 창조되었던 것과 기본적으로 같은 형태의 자동차를 가지고 있다. 우리는 아직도 가솔린 엔진으로 작동하는 운송수단을 이용하고 있다. 엔진의 심장부는 실린더 내의 피스톤이며, 그것은 아직도 가솔린과 공기 혼합체의 점화로 작동한다. 그것은 스파크 플러그로부터 전기 스파크에 의해 일정 간격으로 점화된다. 피스톤의 추진력에 의해 발생한 동력은 크랭크축을 회전시키고, 변속기 메커니즘을 거쳐 후륜을 구동시킨다. 스프링과 고무타이어들은 범프의 영향으로부터 운전자와 승객들을 보호하고, 브레이크는 휠에 저항력을 가함으로써 차를 정지시킨다.

그러나 1920년 이래 모든 면에서 엄청난 개선이 이루어졌다. 엔진은 효율이 개선되어 동일한 양의 연료로 좀 더 유연하게 더 많은 동력을 전달했고, 연료 또한 크게 개선되었다. 변속기는 그것이 현재의 것처럼 완전히 자동화될 때까지 복잡한 발전과정을 거쳤다. 현가장치는 타이어가 발전했던 것과 같은 발전을 거쳤다. 이러한 발전으로 40년 전에는 상상할 수 없던 승차감을 제공했다. 운전자는 제동과 조향장치를 위한 보조전원을 이용해 유리창, 좌석, 라디오 안테나를 조작할 수 있다. 다양한 색상으로 빛나는 차체는 보통 완전히 강철로 만들어졌고 안전유리를 장착했다. 자동차의 발전과 함께 일상생활에서 자동차의 중요성은 엄청나게 증가했고, 더 좋은 도로와 고속도로에 대한 수요를 발생시켰다. 1920년대 초의 자동차 발전기에 오늘날과 같은 도로가 있었다면 어떤 결과를 가져왔을지 상상하기는 어렵다.

물론 오늘날의 운전자는 1920년의 전형적인 자동차를 완전히 불만족스러워할 것이다. 그것은 크랭크축을 가진 4기통 엔진을 장착했고, 관련된 연접봉들과 피스톤들은 본질적으로 불균형이었다. 이 차는 보통 후륜에 국한하여 제동력을 가진 2륜 브레이크가 달려 있었는데, 그것은 전륜의 독립적 스프링을 가지고 있지 않았으며, 슬라이딩 기어 변속기와 저출력엔진을 장착했다. 그래서 주행 중에 떨렸으며, 자주 요동쳤다. 브레이크를 밟으면 차체가 선회하고, 종종 미끄러졌다. 주행은 어렵고 거칠었다. 클러치도 삐걱거렸다. 기어 변속 시 자주 충돌했고, 저출력을 이용하기 때문에 경사가 큰 언덕에서는 변속을 해야 했다. 그러나 차는 어김없이 목적지에 갔다가 돌아왔다. 또한 불행하게도 많은 결함으로 인해 빠르게 또는 충분히 갈 수 없는 중대한 단점이 있었다. 당시의 자동차는 대체로 환경에 적응했으며, 자동차의 주요 부분들도 서로 간에 상당히 적응되었다. 다만 통합과 효율의 수준이 낮았을 뿐이다.

자동차 개발의 과제는 효율성의 수준을 향상시키는 것이었고, 그것은 통합 수준을 향상시키는 것을 의미했다. 오늘날 자동차는 50여 년 전의 부품들과 메커니즘의 느슨한 조합 대신에 매우 복잡하고 엄밀하게 통합된 하나의 기계다. 근래에 와서 기계기술이 진보하여 현대적 자동차의 특징인 고성능, 운영의 편의성 그리고 안락성의 결합효과를 가능하게 만들었다.

지난 50년 동안 GM의 연구소와 엔지니어링스태프들은 자동차의 발전에 중요한 역할을 했고, 엔지니어링 발전의 최전선에서 일하고 있다. GM과 업계가 했던 중요한 모든 것을 기술하는 것은 불가능하며, 그것을 위해서는 별도의 책을 필요로 한다. 여기에서는 이 발전에서 단지 몇 개의 상호 관련된 주요 발전들만 기술한다.

에틸 가솔린과 고압축엔진

자동차 엔지니어링의 중심적 문제는 연료와 엔진 사이에 더 만족스런 관계를 개발하는 것이었다. 피스톤엔진의 효율성, 즉 연료를 효과적으로 사용할 수 있도록 하는 능력이나 일정 연료량으로부터 최대의 동력을 얻을 수 있는 능력은 압축에 달려 있다. 압축의 개념은 단순한 것이나 일반 독자들에게는 이에 대해 약간의 설명이 필요할 것이다. 하나의 피스톤은 엔진의 실린더 아래에 있고, 또 다른 피스톤은 엔진의 실린더 위에 있다. 그것이 스트로크의 바닥에 있을 때 실린더는 연료로 채워지는데, 가솔린과 공기의 혼합체다. 그것이 스트로크의 꼭대기에 있을 때 혼합체가 압축된다. 연료는 스파크의 결과로 점화되고, 생산된 뜨거운 가스는 팽창하여 피스톤을 꽉 누른다. 그러면 아래로의 움직임이 크랭크축을 돌리고, 바퀴에 동력을 전달한다. 압착률은 피스톤이 최대한 아래에 있을 때 실린더와 용량 사이의 비율이다. 이 비율은 단지 압축된 상태에서의 연료의 용적비를 미압축된 상태에서 연료의 용적비와 비교한다. 20세기 초에 평균 압축률은 약 4 대 1이었다.

전술한 바와 같이 주어진 크기에서 더 효율적이고 강력한 엔진을 설계하는 것은 압축률을 증가시키는 것을 의미한다. 그러나 여기서 중요한 문제는 '엔진노크'라는 장애가 있다는 것이다. 가솔린과 공기의 혼합은 피스톤을 꽉 누르기 위해 상대적으로 천천히 연소한다. 만약 그것이 폭발한다면, 즉 너무 빨리 연소한다면 피스톤은 산출된 힘을 이용하는 데 충분할 만큼 신속히 이동할 수 없다. 실제로 엔진노크에서 에너지를 상실했을 뿐만 아니라 갑작스런 힘이 엔진 부분에 심한 압력을 가져오면 엔진을 손상시킬 수 있다.

고압축의 핵심은 엔진노크를 감소시키는 어떤 방법을 찾아내는 것이다. 그러나 무엇이 엔진노크의 원인이었을까? 우리는 자동차 사용의 초기에 스파크점프의 시점을 조정함으로써 엔진노크를 감소시킬 수 있다는 것을 발견했다. 수년 동안 자동차들은 상이한 주행조건에서 세팅된 최고의 스파크 선택을 위해 운전자에게 편리한 스파크 조정 레버를 제공했다. 사람들은 언덕 위로 올라가는 운전을 할 때 엔진에 큰 부담을 줌으로써 엔진노크가 발생하는 것을 방지하기 위하여 수동으로 스파크 세팅을 지연시키면 된다는 것을 알았다.

GM에서 엔진노크에 대한 중요한 연구를 시작하고, 문제 해결을 위한 돌파구를 여는 책임을 가진 사람은 찰스 F. 케터링이었다. 그는 점화, 연료 등 모든 문제에 오랫동안 관심을 가져왔다. 오늘날 피스톤식 엔진을 탑재한 자동차나 비행기는 모두 케터링 씨에 의해 개척된 반노크 연료 개발의 혜택을 입고 있다. 그는 이 문제에 대한 출발 단계의 지식을 GM에 도입했고, GM의 연구책임자로서 해법을 찾았다. 그 해법은 대체로 부가적인 테트라에틸납으로 만든 에틸 가솔린이었다.

제1차 세계대전까지만 해도 엔진노크는 스파크가 너무 멀리 나갔을 때 이른 점화에 의해 유발된다고 생각했다. 제1차 세계대전 후에 '연료 노크fuel knock'라 불린 또 다른 종류의 노크였다는 것이 발견됐는데, 스파크의 조정 없이 연료와 연료 세팅만 변경함으로써 이런 노크는 감소하거나 제거되었다. 이 문제에 대해 연구하던 사람들 중에 고故 토머스 미즐리 2세Thomas Midgley, Jr.가 있었다. 그는 데이턴 엔지니어링 래보레토리를 통해 GM에 들어왔다. 거기서 그는 GM리서치 코퍼레이션의 연료 부문 책임자가 되기 위해 케터링 씨의 보좌역을 맡았다. 스탠더드 오일 오브 인디애나Standard Oil of Indiana의 전 회장이자 미즐리 씨의 친한 친구인 로버트 E. 윌슨Robert E. Wilson 박사는 다음과 같이 말했다:

> …… [미즐리 씨는] 일반적인 상식과 달리 노킹과 사전 점화는 다른 것이고, 노킹은 연료의 화학적 특징이었다는 것을 명백히 입증했다. 나중에 그는 데이턴 래버레토리에서 만들었던 벤졸과 시클로헥산은 가솔린보다 노크 현상이 덜했고, 가솔린은 등유보다 노크 현상이 약했다는 것을 지적했다.
>
> 틈을 만날 때마다 그는 폭발이나 반노크 활동의 메커니즘에 관한 새로운 이론을 몇 가지 갖고 있었다. 거기에 대해 나는 전문가적 의구심

을 가졌다. 연이은 이론들이 보통 그 이상의 실험적 작업에 신빙성을 없애기는 하지만 그것들은 항상 자극받고, 빈번하게 중대한 발견으로 이끌었다. 이것의 가장 두드러진 예는 그가 왜 등유가 가솔린보다 노크를 악화시키는지를 이론화하려고 노력하던 초기 작업에서였다. 그는 휘발성에서 명백한 차이를 포착했고, 거의 대부분의 등유가 연소가 시작되고 그다음에 매우 갑작스러운 급격한 폭발과 함께 증발할 때까지 작은 (물)방울에 남아 있다고 가정했다. 이러한 설명이 맞는다면 등유를 염색함으로써 작은 (물)방울이 연소방으로부터 방사열을 흡수하고, 그에 따라 곧 증발하게 만들 수 있을 것으로 추론했다.

톰은 훌륭한 물리학자였기 때문에 이 이론이 지지될 수 없었다는 것을 계산에 의해 거의 틀림없이 알 수 있었다. 그러나 그는 기계엔지니어로서는 다행하게도 계산을 하는 것보다 그것을 실험해보는 것이 훨씬 쉽다고 생각했다. 그래서 그는 약간의 유용성 염료를 찾으려고 창고에 갔다. 그리고 늘 그랬듯이 창고에는 원하는 제품이 바닥나 있었다. 그러자 프레드 체이스Fred Chase가 요오드는 기름을 용해하고, 등유를 염색할 것이니 그것을 써보라고 제안했다. 그래서 톰은 신속하게 등유에 상당한 양의 요오드를 넣어 용해했고, 그것을 적당한 고압축엔진에서 실험했는데, 그 결과 노킹이 제거되었다는 것을 발견하고 너무도 기뻤다.

톰은 즉각 데이턴에 사람들을 보내 유용성 염료의 모든 이용 가능한 표본을 수집했고, 그날 오후에 연거푸 여러 가지 상이한 것들을 테스트했으나, 그것들 중 어느 것에서도 아무런 결과도 얻지 못했다. 문제를 매듭짓기 위해 그는 무색의 요오드를 가솔린에 합성하도록 첨가했고, 이것이 노크를 중단시킨다는 것을 발견했다. 따라서 폭발에 대한 첫 번째 이론은 폐기되었고, 그것은 현재 매우 잘 정리되어 있다. 그것의 종말과 함께 톰은 화학자로서 진정으로 새롭게 탄생할 수 있었다. 그리고 그 이후 수년 동안 톰은 관찰 결과를 설명하고, 앤티녹제로 새로운 혼합물을 만들기 위한 노력을 했다. ……

톰은 당시 새로운 앤티녹제를 발견했을 때 제조방법을 개선하기 위해 그리고 대리인이 경제적으로 타당하게 여길 만큼 원가를 낮추기 위해 작업을 반복해야 했지만, 아닐린의 가능성에 대해 특별히 열광했다. 또한 요오드를 풍부하게 입수할 수 있기만 하면 그의 첫 번째 에틸화합물이 될 요오드화에틸에 대해 몇 가지 가능성이 있었다. ……

1922년 1월, 뉴욕에서 열린 자동차엔지니어협회의 연차총회에서 톰은 크게 흥분하여 나에게 테스트 튜브에서 테트라에틸납을 보여주면서 그것이 모든 문제에 대한 진정한 답이었다고 말했다. 그는 그 물질의 효율성이 이전에 발견했던 그 어떤 것보다 매우 높았다고 말했고, 문제를 해결하기 위한 초기의 시도에서 그를 괴롭혔던 모든 어려움들로부터 벗어난 것으로 보였다. 물론 그는 아직 유독성의 문제나 폐기상의 문제들은 인식하지 못하고 있었다.

케터링 씨, 미즐리 씨, GM리서치 코퍼레이션이 몇 년에 걸쳐 실험을 한 결과 우리는 결국 발명을 해냈다. 그러나 발명을 했다는 것과 그와 관련된 시장을 확보한다는 것은 별개의 문제다. 단적으로 설명하면 1924년 8월에 회사는 하나의 앤티녹제 혼합물로서 테트라에틸납을 판매할 목적으로 에틸 가솔린 코퍼레이션Ethyl Gasolin Coporation이라는 회사를 설립했다. 이 회사는 GM과 스탠더드 오일 오브 뉴저지Standard Oil of New Jersey 간의 50 대 50의 동업 형태였다. 당초에 에틸액체는 듀퐁사에 제조를 위탁하고 있었는데, 1948년이 되어서야 에틸사가 필요한 모든 제품을 자체 생산하기 시작했다.

테트라에틸납은 고압축엔진 개발에서 하나의 필요한 단계였을 뿐이다. 연료의 품질개선 효과에도 불구하고 20세기 초에 연료 그 자체는 품질 면에서 크게 달랐다. 그뿐만 아니라 사실상 가솔린엔진에서 사용하기 위한 상대적 가치를 결정하기 위해 하나의 연료를 다른 것과 비교하여 측정하는 방법이 알려지지 않았다.

GM은 그 상황에 대한 연구를 했고, 연료의 앤티녹 품질 및 엔진의 고압축에 의한 일정한 연료를 받아들이기 위한 엔진의 능력 측정방법을 개발했는데, 측정방법은 연료를 '옥탄가'에 따라 등급을 매겼다. 옥탄은 거의 노크가 없는 연료여서 당시의 엔지니어링에서 옥탄가 100 등급은 사실상 완벽한 연료로 여겨졌다. 에틸 분야의 전문가 그레이엄 에드거Graham Edgar 박사는 1926년에 옥탄 등급을 고안했고, 케터링 씨와 그의 연구엔지니어들은 가변 압착 시험엔진으로 최초의 단기통을 개발했는데, 그에 따라 옥탄 수치들로 연료 품질을 측정할 수 있었다. 가변 압착 원리를 활용한 시험엔진은 나중에 자동차와 석유산업에서 표준으로 채택되었다.

물론 옥탄 등급을 증가시키는 한 가지 방법은 테트라에틸납을 가산하는 것이지만, 또 다른 것은 원유를 정제하기 위해 더 좋은 과정들을 거쳤다. 원유에서 발견된 탄화수소를 크래킹하고 '개량'하는 데서 엄청난 진보가 이루어졌는데 1배럴의 원유에서 가솔린의 산출량을 증가시키고, 테트라에틸납을 첨가하기 전의 옥탄 비율을 개선시켰다. 이것은 그 자체가 드라마틱한 연구 스토리였는데, 케터링 씨와 그의 동료들이 이 분야의 개척에 매우 중요한 역할을 했다는 것을 언급하고 싶다. 주유소에서 이용 가능한 상용 가솔린의 옥탄 비율은 20세기 초에 50에서 55로, 현재는 95에서 100 이상으로 증가했다항공에서 가솔린, 옥탄 비율은 더 높다. 이것은 연비에서 일정한 성능 표준을 위해 자동차의 갤런당 마일을 측정함으로써 연비에 극적인 효과를 가져왔고, 그에 따라 오늘날 우리의 석유자원 사용에서 효율성을 높였다.[17]

17 에틸 코퍼레이션에서 GM의 역할은 1962년에 GM과 스탠더드 오일 양측이 에틸사에서의 그들의 지분을 버지니아 주 리치몬드의 앨버말 페이퍼 매뉴팩처링 컴퍼니(Albemarle Paper Manufactuaring Company)에 매각했을 때 끝났다. 이 매각과 함께

노크 감소의 또 다른 요인은 엔진의 설계였다. 오늘날 우리는 엔진 연소실에서 매우 복잡한 충격파 상태가 연료의 폭발에 의해 생성된다는 것을 알고 있다. 이들 충격파는 연료의 온도를 급격하게 상승시킬 수 있고, 폭발과 노크의 원인이 된다. 다양한 연소-헤드 형상과 윤곽에 대한 연구는 최대의 압축 비율을 가진 최소의 노크 효과를 위한 특별한 형상을 제안했다.

덧붙여서 연료와 아주 독립적인 엔진설계의 문제에 관해 언급하고자 한다. 그것은 더 강력한 엔진의 개발에 심각한 제약요인이었다. GM 엔지니어들은 그 해법을 알아내는 데 크게 공헌했다. 항상 불쾌감을 주었던 떨림 현상은 속도와 동력이 상승하기 시작함으로써 보다 중요한 엔지니어링 문제가 되었다. 당시 엔진에서 불균형한 회전 및 왕복운동을 하는 부분들은 파괴적인 위력을 가진 진동의 원천이었으며, 전반적으로 자동차 발전의 제한요인이 되었다.

진동의 주요 원천 중 하나는 '엔진의 등뼈'인 크랭크축이었는데, 거기에서 어떤 불균형이 엔진과 차를 통하여 느껴졌다. GM리서치 코퍼레이션은 20세기 초에 엔진의 균형문제에 대해 연구하기 시작해서 크랭크축 균형을 맞추는 기계를 개발했으며, 최초로 1924년에 캐딜락 엔진의 생산에 사용했다. 이 엔진 중에서 수백 대는 현재 전 세계에서 사용되고 있는데, GM이 독점적으로 개발하여 엔진의 균형에서 업계의 선두주자가 되었다. 통상적으로 하는 것처럼 우리는 이 장비를 다른 엔진 생산자들에게 판매했다. 엔진 균형의 개선은 자동차의 차체 전체에 대한 손상을 감소시키고, 우리가 만든 모든 엔진에서 실제로 더 큰 동력

GM은 그 정책에 따라 부분 소유한 회사들에 대한 마지막 남은 투자를 처분했고, 현재 모든 운영은 사업부나 완전소유 종속회사들을 통해 수행되고 있다.

과 속도의 만족스런 이용을 향한 신속한 진전을 가능하게 했다.

노크에 대해 점점 더 많이 알게 됨으로써 고압축엔진을 향한 진전이 가능하게 되었다. 20세기 초 4 대 1이었던 압축 비율은 현재 10 대 1이라는 고압축 비율로 개선되었다. 연료와 엔진의 개발은 비약적으로 발전했는데, 고압축엔진은 더 좋은 품질의 연료를 필요로 했고, 좋은 품질의 연료 이용은 더 효율적인 엔진을 생산하도록 자극했다. 자동차 엔지니어들의 강력한 권고에 따라 석유업계는 범용의 고옥탄 비율의 연료를 개발했다. GM은 고옥탄 연료들의 개발을 돕기 위해 석유업계에 많은 고압축 테스트엔진을 공급했다.

이렇게 하여 테트라에틸납과 고옥탄 연료의 개발은 내연기관의 장기적인 개선을 가능하게 만들었다.

변속기의 발전

대부분의 사람들은 변속기의 목적이 엔진으로부터 자동차의 차륜으로 동력을 전달하는 것이고, 이것은 자동차엔진과 차륜 간에 속도의 변화를 수반하는 것으로 알고 있는 듯하다. 엔진에 의해 발생한 동력은 다양한 요인으로 정해지지만, 주로 엔진의 크랭크샤프트 회전속도와 밀접하게 관련된다. 저출력의 구형 자동차를 타본 사람들은 언덕을 오를 때 이것을 알게 되었다. 이때는 항상 엔진의 강력한 가속을 요구하고, 동력을 얻기 위해 저속 기어로 변속해야 했다. 1920년대 당시 주류였던 3단 기어를 수동으로 변속시킬 때 운전자가 고도의 기술을 갖고 있지 않은 경우는 항상 상당한 소음이 발생했다.

변속기는 1920년에 GM리서치 코퍼레이션이 설립되었을 때부터 연구와 논의의 대상이 되어온 주요 과제였다. 처음에 우리는 다양한 유형의 전기 변속기에 집중했는데, 당초의 스태프 엔지니어들은 대부분 전기 분야의 배경을 가지고 있었기 때문이다. 전기식 구동장치가 개발되었는데, 이 종류 중 하나가 한동안 GM의 버스에 사용되었다. 자동차의 역사에서 아주 초기에 테스트해보았던 '컬럼비아와 오웬-마그네틱 승용차들Columbia and Owen-Magnetic Passenger cars'에서 전기 변속기는 결국 대형 차량 분야에서 상용으로 채택되었다. 이 특수한 형태의 변속기는 오늘날 GM의 디젤 기관차에 사용된다.

1923년 이래로 승용차 전기 변속기에 대한 우리 연구조직의 관심은 줄어들었다. 우리는 '무단계식infinitely-variable type'을 포함하여 폭넓고 다양한 자동변속기를 연구하기 시작했는데, 무단계변속식은 단계수가 한정된 표준적인 변속기와는 달리 자동적으로 하나를 선택하는 구조다. 그리고 1920년대 중반에는 이미 날이 있는 터빈 차륜을 가진 유압식 변속기가 검토되었다. 따라서 완전자동변속기 제작으로 들어가는 대부분의 일반적 원리들이 알려졌고, 자동변속기는 적어도 15년 전에 이미 신중하게 검토되어 차 생산에 이용 가능하게 되었다.

1920년대 말에 GM은 싱크로메시 변속기어를 개발했고, 그것으로 어떤 운전자도 기어에 소음을 일으키지 않고 속도를 변속할 수 있었다.

이 획기적인 개발성과는 1928년에 캐딜락의 생산에 응용되었다. 이 원리는 다른 GM 자동차사업부 엔지니어들에게 받아들여졌고, 먼시 프로덕트사업부Muncie Product Division에 의해 대량생산용으로 한층 더 개량되었다. 이렇게 해서 1932년에는 싱크로메시를 쉐보레 승용차를 포함하여 GM 라인 전체에 확대할 수 있었다.

1928년, 연구소는 이상적인 자동변속기의 형태에 대한 합의에 도달했다. 이것은 볼베어링과 같은 기계적 원리를 사용하는 강철 대 강철

마찰 구동방식을 사용하는 무단계식이었다. 당시에는 일반 엔지니어링스태프들이 없었기 때문에 변속기의 개발 업무는 뷰익사업부에 할당되었다. 많은 수량을 만들어 테스트를 한 결과 마침내 1932년에 이런 유형의 변속기 생산이 최종 결정되었다. 그러나 최선의 노력에도 불구하고 관련된 모든 문제들을 해결할 수는 없었다. 많은 실험용 변속기들을 GM의 테스트 차들에 사용해보았지만, 이 변속기는 끝내 일반대중에게 팔린 GM 자동차에 장착되지 못했다. 물론 무단계식변속기에 대해 많은 것을 알았지만, 이런 특정 강철 대 강철 유형은 그 문제에 대한 해답이 아니었다는 것이 판명되었다. 나는 그것이 원가 면에서 부담이 너무 크다고 확신했고, GM 차에 이 방식의 채택을 유보했다.

GM의 연구 및 엔지니어링스태프는 다양한 유형의 자동변속기에 대해 연구를 계속했다. 1934년에 캐딜락사업부의 엔지니어그룹은 마침내 노상테스트를 시도했다. 이로써 승용차를 위한 최초의 대량생산 자동변속기가 탄생하게 되었는데, 이것이 변속기의 현대적 형태인 '하이드라매틱Hydra-Matic'이다. 이 특별한 디자인그룹은 1934년 말에 변속기개발그룹Transmission Development Group을 만들기 위해 회사의 엔지니어링스태프에게 이관되었다. 그들이 연구하고 있었던 변속기는 무단계식이 아니라 단계식이었으나 오늘날의 모든 자동 주행에서와 같이 토크torque에 따라 자동 변속하는 구조를 취하고 있었다. (토크는 엔진에 의해 구동축으로 이전되는 회전효과다.) 이 그룹은 또한 다양한 GM 차들에 대한 상이한 동력범위와 적재량 수요를 충족하기 위해 여러 종류의 생산계획을 마련했다.

연구 팀은 실험적 모델들을 만들어 실험했고, 올즈모빌 엔지니어들에게 이양됐다. 1935년과 1936년 중에 다양한 실험단위에 대해 미국의 한쪽 끝에서 다른 쪽 끝까지 수천 마일의 테스트가 계속되었다.

1937년에 올즈모빌과 뷰익1938년 모델의 두 사업부는 반자동변속기를 내놓았다. (반자동변속기는 수동조작과 자동조작을 조합한 다양한 단계식 변속을 제공하는 것이다.) 이것들은 뷰익사업부에서 제조되었고, 출발과 정지를 위해서는 여전히 메인 클러치 페달을 사용해야 했다. GM의 엔지니어들은 당시 메인 클러치와 페달이 변속기 조립 시에 장착된 유체 커플링을 사용함으로써 제거될 수 있다는 것을 발견했다. 이들 기능은 전면적 자동통제의 개발과 함께 하이드라매틱 변속기를 실현하도록 만들었는데, 이는 신설된 디트로이트 변속기 사업부에서 생산하였다. 그것은 1939년에 발표되었고, 1940년에 올즈모빌에 처음 장착됐다. 그다음에 캐딜락사업부가 1941년 모델에서 새로운 변속기를 받아들였다.

그동안 GMC트럭&코치GMC Truck & Coach의 엔지니어링스태프는 다양한 종류의 변속기를 개발하고 있었다. 이것은 폐회로, 유체터빈 형의 토크 컨버터로 알려진 것이다. 이러한 장치들은 일단의 블레이디드 휠날개깃 차륜을 가지고 있는데, 블레이디드는 엔진의 회전에 의해 직접 구동하는 하나의 블레이디드가 구동축과 연결된 두 번째 블레이디드 휠에 함유된 액체의 차체로 펌프를 할 수 있도록 각도를 맞춘 것이다. 그 결과 샤프트에 회전력을 발생시킨다. 그러면 유체 흐름 특성을 변화하기 위한 추가적 블레이디드 휠이 있게 되는데, 이런 방식으로 엔진과 구동축 사이의 속도 차이, 다시 말하면 그것들의 속도비speed ratio에 영향을 준다. 유체토크컨버터에서 이 비율은 일련의 단계에서보다는 미세하고 점진적으로 변화한다. 따라서 최종적인 주행 성능은 매우 유연하다.

GM의 엔지니어들이 처음으로 개발한 유체토크컨버터는 유럽에서 개발되어 넘어온 것이다. 그들은 결국 미국의 버스 운영표준에 더 적합한 것을 설계했다. 우리는 1937년에 GM의 버스에 이러한 변속기를 최초로 사용했고, 그것은 곧 광범위하게 받아들여졌다. 1941년 10월 제2차 세계대전 전야에 우리의 엔지니어링스태프 변속기개발그룹은 유체토크컨버터를 승용차에 적용하는 문제에 대해 연구하고 있었다.

미국의 참전으로 승용차의 자동변속기에 대한 선진적인 연구는 중단되었으나 자동변속기에 대한 아주 많은 새로운 분야가 열렸다. 승용차 운전자에게 자동변속기는 편의성과 단순한 조작성 때문에 가치가 있었는데, 그것은 운전에 관해 생각해야 할 거리를 하나 줄여주었기 때문이다. 자동변속기는 버스, 트럭, 탱크, 트랙터, 현대전의 대형차량과 관련되었을 때 유연한 조작을 필요로 했다. 우리는 일찍이 1938년에 군사기술자들에게 M-3와 M-4 탱크 같은 대형차량에 대한 변속기의 설계문제를 연구하도록 촉구했다. 그 당시 대형차량들은 레버로 조종되었으며, 일부의 경우 조작자들은 기어를 이동하기 위해 조타 레버들 중의 하나에서 손을 놓아야 했다. 그렇게 함으로써 일시적으로 조종의 제어를 포기할 수밖에 없었다. 더 나아가 기어변속 간격 동안 차량의 속도가 급격히 떨어져 엔진이 정지되는 사태가 발생함에 따라 적에게 고정된 표적을 제공했다.

엔지니어링스태프 변속기개발그룹은 이들 탱크에 대해 튼튼한 하이드라매틱을 설계했다. 그러나 중포와 대량 무기들을 탑재할 계획인 한층 더 중량이 커진 탱크가 있었고, 우리는 이들에 대해 유체변속기의 적용 가능성을 탐구했다. 참전 직후 엔지니어링스태프는 유체토크컨버터의 실험적 모델을 만들었는데, 그것은 엔진 속도와 차량 속도 간의 비율이 변화하고 있는 동안 차량 주행을 유지하는 문제들을 해결했다. GM사업부들은 제2차 세계대전 중에 이들 변속기를 대량생산했다.

우리의 변속기 개발그룹은 또한 '크로스 드라이브'로 알려진 특별한 탱크 변속기 및 조종시스템을 설계했다. 이것은 운전자가 상대적으로 조금만 노력하면 50톤 이상 되는 대형 탱크의 조종, 정지, 자동주행을 정확하게 통제 가능하도록 만들었다. 이들 크로스 드라이브는 총포수송차량, 수륙양용과 일반 군용화물수송차량, 그리고 기타 엄청난 중량의 다른 차량들에도 사용되기 시작했고, 이 분야에서 우리의 개발작업은 전후에도 계속됐다.

전쟁이 종식됨에 따라 엔지니어링스태프는 유체토크컨버터를 승용차에 적용하기 위해 설계된 강도 높은 연구프로그램을 시작했다. 이 프로그램은 성공적이었고, 뷰익의 1948년식 다이나플로Dynaflow와 쉐보레의 1950년식 파워글라이드Powerglide 라인으로 결실을 맺었다. 다이나플로는 유체토크컨버터를 장착하여 대량생산한 최초의 승용차였다.

이와 같이 오랜 기간의 연구와 엔지니어링스태프의 연구개발로 GM은 1948년경에 저가차에까지도 경제적이고 효율적으로 생산될 수 있는 두 가지 상이한 종류의 완전 자동변속기인 하이드라매틱과 유체토크컨버터를 일반 대중에게 제공했다. 시작할 때부터 차 구매 대중은 그것에 대해 추가적인 대금을 기꺼이 지불함으로써 자동변속기에 대해 환영하고 있다는 것을 보여주었고, 우리가 생산하는 자동차 모두에 이용 가능하게 되었다. 다른 자동차 제조업체들도 그들의 차에 최대한 신속하게 그것들을 장착했는데, GM이 만든 자동변속기를 장착한 경우도 있었다. 1962년식 모델에서 GM 차를 포함하여 미국에서 팔린 승용차 전체 중 약 74%가 자동변속기를 장착하고 있었다. GM 승용차 중에서는 쉐보레 67%, 폰티악 91%, 뷰익 95%, 올즈모빌 97%, 캐딜락 100%가 자동변속기를 장착했다. 업계는 1962년식 모델연도 중에 약 500만 대의 자동변속기를 판매하였는데, 그중 약 270만 대가 GM 차였다. 따라서 이 옵션 장치는 미국 자동차의 특징으로 확실하게 자리 잡았다.

저압타이어와 전륜 서스펜션

자동차산업이 시작된 이래로 유연하고 부드러운 주행을 제공하는 문제는 자동차 엔지니어링에서 가장 복잡한 것 중 하나였다. 자동차가 마차보다 더 빨리 달리게 된 이후부터 승객들에게 울퉁불퉁한 도로는 더 큰 강도로 받아들여졌다. 거기에 추가하여 내연기관은 진동의 형태로 불편함을 유발했다. 따라서 운전자와 승객의 완충 작용에 대한 개선이 필요했고, 이런 필요성은 자동차의 속도가 빨라짐에 따라 더욱 증가했다.

이 문제에 대한 하나의 기본적 접근법은 타이어를 통한 것이다. 초기의 자동차들은 단단한 고무타이어 또는 통풍구가 있는 단단한 고무타이어를 사용했다. 이것들은 곧 공기로 부풀린 타이어들로 대체되었지만, 초기단계에서 고무의 구조가 충분히 좋지 않았고, 끝없이 타이어를 교환해야 했기 때문에 장기 여행에서는 통탄스러운 필수품이었다.

1920년대 초에 고무회사들은 시공방법, 화학, 고무 양생 그리고 재료의 선택에 관해 많은 것을 알아냈다. 타이어는 많이 개선되었고, 엔지니어들은 저압타이어의 가능성을 고려하기 시작했는데, 그것은 차륜 아래 더 부드럽고 탄력 있는 에어쿠션을 만드는 것이었다. 많은 문제들, 특히 조종이나 주행과 관련한 문제들이 해결되어야 했다. 엔지니어들은 전후의 안정성, 접촉면의 흠집, 회전 시의 소음, 급제동 상황에서의 운전 그리고 타이어와 차륜의 회전질량에서 오는 경미한 불균형으로 유발된 차륜의 발자국 소리로 알려진 독특한 현상을 처리해야 했다. 이 현상들은 차 소유주가 고속으로 긴 도로여행을 하게 되면서 중요한 문제로 드러났다.

이런 현대의 저압타이어 개발에서 GM 엔지니어들은 중요한 공헌을 했는데, 그것은 다양한 조건하에 많은 거리의 노상테스트작업을 거듭했기 때문이다. 기술위원회는 처음부터 타이어산업과 긴밀한 접촉을 유지했고, 규모의 표준화에서 그리고 최고의 유형, 트레드, 부분의 설정 면에서 협력했다. 연구에 근거한 우리의 제안들이 받아들여져 해마다 더 좋고 더 안전한 타이어가 만들어졌다.

주행을 개선하는 부분에서 두 번째로 접근한 기본적인 방법은 엔지니어링 관점에서 크게 복잡했는데, 이는 서스펜션 방법에 의한 것으로 차륜을 섀시에 부착하는 것이다.

초창기 해외여행 중에 나의 관심은 유럽에서 자동차 생산에 사용된 엔지니어링 개발에 끌렸는데, 전륜의 독립적인 스프링장치였다. 그때까지 미국의 자동차생산에서는 스프링장치가 사용되지 않았다. 스프링장치를 사용함으로써 승차감의 안락성을 대폭 향상시킬 수 있을 것이었다.

프랑스에서 앙드레 뒤보네Andre Dubonnet라는 엔지니어를 만났는데, 그는 스프링장치에 대해 상당한 연구를 해왔고, 독립적 스프링장치에 대해 특허를 가지고 있었다. 나는 그를 미국으로 데려와 엔지니어들과 만나게 했다.

당시 우리의 캐딜락사업부장인 로렌스 P. 피셔는 완전히 독립적으로 롤스로이스Rolls-Royce 엔지니어인 모리스 올리Maurice Olley를 고용했다. 그 또한 주행 문제에 관심을 가졌다. 올리 씨는 독립적 서스펜션의 개발에 대해 자신이 기억하는 바를 서신으로 남겼다. 나는 그의 말을 빌려 다음과 같은 이야기를 계속할 것이다:

> 귀하는 GM 자동차에 독립적 서스펜션 개발에 대한 제 기억을 요구했습니다. …… 다음에 언급할 내용들이 매우 개인적인 분위기를 띠고 있다는 점을 양해해주셨으면 합니다. 그것은 독립적 서스펜션의 성공이 원맨쇼라는 인상을 줄 수 있기 때문입니다. 하지만 전혀 그렇지 않았고

헨리 크레인, 어니스트 시홀름Ernest Seaholm(캐딜락의 수석엔지니어), 찰스 케터링과 캐딜락 및 뷰익의 엔지니어들 덕택입니다. 또한 그 시대에 GM에서 두 개의 실험적 차에 25만 달러를 소비한 최초의 사람인 L. P. 피셔의 인내와 계속적인 지원도 있었습니다.

귀하는 1930년 11월에 제가 롤스로이스에서 캐딜락으로 왔다는 것을 기억할 것입니다. 솔직히 저는 롤스로이스가 그렇게 많은 인기가 있는 것을 알고 놀랐습니다. 롤스로이스 차는 새로운 GM 성능시험장에서 경이적인 시험을 마친 후 바로 검사를 위해 해체했습니다. ……

롤스로이스에서 우리는 과거 수년간 주행의 질에 대해 집중적으로 추진해왔습니다. 영국 공장은 수출할 때 영국 도로에 적합한 것으로 고려된 차들이 미국의 개선된 도로에서는 수용 가능하지 않았다는 사실 때문에 이 일에 많은 관심을 가지게 되었습니다. 그리고 우리는 미국 도로가 나빴기 때문이 아니라 굴곡이 다른 형태였기 때문이라는 것을 깨닫기 시작했습니다.

롤스로이스에서는 아주 많은 일들이 지상에 높이 세운 중심축으로부터 진동하는 자동차의 라인을 따라 이루어지고 있었는데, 그것들은 관성의 순간을 측정하고, …… 섀시 축과 차체의 견고성을 측정하고, …… 그리고 실제 차에 설치된 스프링의 서스펜션 비율을 측정하기 위한 것이었습니다. 영국 공장은 또한 최초의 실용적인 주행성 측정기 하나를 개발했는데, 그것은 단순하게 다양한 속도에서 지붕 없는 컨테이너로부터 얼마나 많은 물이 쏟아졌는지를 측정하는 것이었습니다.

이러한 관행의 일부는 1930년에 캐딜락사업부로 넘겨졌고, 우리는 곧 차동차를 진동시켜 장착된 탄성률spring rate을 측정했습니다. 또한 우리 스스로 롤스로이스 라인을 따라 '범프 릭bump rig'을 만들었고디트로이트에서 최초, 그것을 정지된 차의 가상주행에 적용해보았습니다.

1932년 초에 우리는 'K^2 릭'을 만들었습니다. …… 그것은 완전한 7인승 리무진으로 구성되어 있었습니다. 거기에서 중량을 이동시킴으로써 전후 스프링들의 상대적 굴절에서, 그리고 차량이 관성의 영향을 받는 순간 바람직하게 움직일 수 있도록 했습니다. 주행성을 측정하기 위해 기기 장치가 사용되지는 않았습니다. 우리의 시도에 대해 확인하기 위해 헨리 크레인의 협조 하에 그에게 어떤 조건에서 최고의 주행성을 얻을 수 있는지 자문했습니다.

이것은 최상의 방법이었는데, 그 이유는 당시 우리는 어떤 것이 좋은 주행인지 알지 못했고 오늘날까지도 알지 못하고 있기 때문입니다. 그러나 우리는 하루 동안 주행시키는 것만으로 이 차량에 대해 아주 많은 기본적 변동을 만들 수 있었습니다. 이것은 우리에게 신선한 방법이었고, 직접적인 비교를 해볼 수 있었습니다.

1932년 초에 이 단계에서 우리는 독립적 서스펜션의 강력한 필요성을 느끼기 시작했습니다. K^2 릭이 우리에게 확실하게 가르쳐준 것은 완전하게 새로운 경험이었던 평탄한 주행이 후륜보다 부드러운 전륜 스프링을 사용했다면 가능했다는 것이었습니다. 그러나 귀하는 종래의 앞 차축에 극도로 부드러운 전륜 스프링을 사용하기 위한 모든 시도가 크게 실패했다는 것을 기억할 것입니다. 그것은 진동을 느끼기 때문에 …… 그리고 핸들링에서 일반적 안정성의 결여 때문이었습니다. ……

따라서 K^2 릭 후에 다음 단계는 2대의 실험적 캐딜락 차를 만드는 것이었습니다. …… 이것들은 두 개의 다른 독립적 전륜 서스펜션을 가졌습니다. …… [이것들 중의 하나는 뒤보네Dubonnet 씨에 의해 개발되었고, 다른 하나는 우리가 '위시본' 타입으로 개발했습니다.] 독립적인 뒤 서스펜션이 사용되었지만, 가능한 한 빨리 전통적인 후륜 차축을 제거해야 한다는 생각을 가졌습니다벌써 몇 년이나 지연된 것으로 생각합니다.

이들 차를 회사의 여러 엔지니어들이 승차한 결과 주행성과 조작성에서 현격한 개선이 있었음이 판명되었습니다. GM은 또한 일상적으로 공유하는 문제들에 봉착했습니다. 그중 가장 큰 문제는 조종 장치였는데, 특히 위시본 서스펜션에서 진동을 피할 수 없는 것이었습니다.

우리는 조종 장치 메커니즘을 수차례 재설계해야 했습니다. ……

마지막으로 1933년에 GM은 본격적인 설명회를 준비했습니다. 3월

초, 일반기술위원회는 캐딜락 엔지니어링 빌딩에서 만나 2대의 실험용 자동차와 독립적 전륜 서스펜션이 없지만 하나의 I. V.무단계식 변속기를 가진 뷰익차를 시승했습니다. ……

어니스트 시홀름과 제가 동승한 차 중의 하나에서 리버 루지 신호등이 (귀하) 곁에서 멈췄을 때 귀하와 딕 그랜트판매담당부사장가 (위시본 타입의) 차 중 하나에 타고 있었다는 것을 기억합니다. 우리는 뒷좌석에서 딕 그랜트를 보고 활짝 웃으며 (귀하가) 손바닥을 위아래로 수평으로 흔드는 것을 볼 수 있었습니다. 귀하는 캐딜락공장으로부터 2마일 내에서 안정된 승차감에 만족스러워하셨습니다!

3대의 차에 분승하여 먼로에 도착한 후 위원회는 캐딜락공장에서 회의를 진행했습니다. 시홀름과 저는 뒤에서 캐딜락이 다른 사업부들에 앞서서 새로운 서스펜션을 장착할 연도가 명확하게 승인되기를 기대하면서 결정을 기다렸습니다.

제 기억에는 O. E. 헌트엔지니어링담당부사장가 그랜트 씨에게 새로운 자동변속기에 대해 어떻게 생각하는지에 대해 질문함으로써 회의가 시작되었습니다.

귀하는 1933년 3월에 미국에서 은행이 정상적으로 기능하고 있지 않았고, 농장을 소유한 사람들은 적어도 먹고살 수 있다는 것에 감사했다는 것을 기억할 것입니다. 이런 상황 아래여서 딕 그랜트의 반응은 놀랍지 않았습니다. 그는 (자동)변속기를 반대했는데, 그것은 뷰익의 구매자에게는 필수기능이 아닐 뿐만 아니라 100달러의 원가가 더 들어가기 때문이라고 했습니다. 하지만 그는 이렇게 말했습니다. "그러나 15달러를 더 지급하고 귀하가 우리에게 보여준 것과 같은 것을 탈 수 있다면 어떻게든 그 돈을 마련하려고 하겠지요."

뷰익의 더치 바우어Dutch Bower(수석엔지니어)는 이미 신형 전륜 서스펜션에 대한 개발을 지시했고, 올즈모빌과 폰티악의 엔지니어들 또한 11월에 뉴욕에서 그것을 보여주기로 결정한 것으로 보였습니다.

마침내 빌 뉴슨쉐보레사업부장은 단도직입적으로 쉐보레만 뒤질 수는 없다고 말했습니다. O. E. 헌트는 쉐보레용으로 코일스프링의 철사를 연삭하기 위한 심 없는 연삭반을 미국에서 입수하기 어렵다고 설득을 시도했습니다. 그러나 뉴슨 씨는 단호했고, 기계공구산업은 수년 동안 상황이 좋지 않았지만 적어도 내년에는 회복될 것이라고 말했습니다. 그리고 쉐보레는 실제로 1934년 모델에 뒤보네 서스펜션을 장착하여 11월의 뉴욕 쇼에서 발표했습니다. 폰티악은 또한 쉐보레로부터 그 서스펜션을 물려받았습니다. 한편 3개의 다른 사업부들은 위시본 서스펜션을 채택했습니다.

이 회의는 제 마음속에 선명하게 각인되어 있습니다. 왜냐하면 미국 기업이 기민하게 움직이는 엄청난 현장을 보았기 때문입니다. 당시의 상황에서 회사가 몇 백만 달러를 투자하는 것은 엄청난 용기가 필요했는데, 저에게는 색다른 경험이었습니다.

저는 아직도 케트의 다음과 같은 말이 기억납니다. "저에게는 선택의 여지가 없어 보입니다."

따라서 우리는 두 가지 다른 유형의 독립적인 전륜 서스펜션을 동시에 도입했다. 그러나 위시본 타입에 대한 몇 가지 진전된 개량이 있은 후에 가격은 저렴해졌고, 제조는 더욱 용이해졌으며, 운영 시 고장이 별로 없다는 것이 명백해져 머지않아 우리의 모든 차 라인이 그것을 채택했다.

듀코

오늘날 대낮에 공중에서 내려다보는 미국의 인상적인 장면 중 하나는 대부분 주차장에서 볼 수 있는 보석 같은 색깔의 화사함이다. 그 색상들은 매우 다양하고, 마감재는 거의 손상되지 않는다.

이는 1920년대 초의 자동차의 외관과 비교되는데 당시 포드, 닷지, 오버랜드, GM은 양산 차량에 대해 검은색 에나멜 도료만 사용하고 있었다. 당시의 외부마감재는 일반적으로 불만의 대상이었다. 마차업계의 관행이 별다른 변화 없이 그대로 자동차 제조에 이어졌는데, 자동차들은 25년 동안 마차용 페인트와 니스를 사용해 칠했다. 고객은 마차의 마감재는 그렇게 오랫동안 유지되는데 왜 자동차의 페인트는 그렇게 잘 벗겨지는지 이해할 수 없었다. 마차와 자동차가 매우 다른 메커니즘이라는 것은 당연한 사실이다. 자동차는 마차보다 훨씬 가혹한 조건 아래에서 역할을 완수하지 않으면 안 되었는데, 다양한 형태의 날씨 속에서 운행되었고, 엔진의 열은 차의 여러 부분에서 온도 변화를 야기했기 때문에 마감재에 심각한 영향을 주었다.

우리는 자동차가 어떤 형태의 날씨에서도 굳건히 견딜 수 있는 마감재를 개발하는 아주 멋진 꿈을 꾸었다. 또한 질 좋고, 빨리 마르는 마감재가 우리의 생산일정을 단축하고, 그에 따라 생산원가의 절감에 혁신을 가져올 수 있다는 것을 깨닫기 시작했다.

그 당시 페인트와 니스를 사용하는 마감과정은 시간이 많이 소요되고 다루기가 힘들었다. 작업이 완성되기까지 걸린 시간은 다른 이유도 있었지만 온도와 습도에 따라 약 2~4주였다. 이것이 심각한 재고문제를 야기했다는 것은 쉽게 알 수 있었다.

한동안 많은 자동차 제조업체들은 이러한 문제에 대처하기 위한 일환으로 페인트와 니스에서 오븐에 건조한 에나멜로 바꾸었다. 예를 들어 닷지브라더스Dodge Brothers의 오픈카는 페인트나 니스 없이 전적으로 오븐 마감을 했다. 이것은 내구성이 큰 검은색 길소나이트 에나멜이었다. 그러나 오븐 마감은 단지 하나의 과도기에 불과했고, 더 편리하고 값싼 해결책이 있었다.

1920년 7월 4일, 자동차업계는 듀퐁연구소의 한 곳에서 일어난 화학 반응에 주목하였는데, 마침내 '듀코Duco'라 불린 니트로셀룰로오스 래커가 개발되었다. 주목을 끈 것은 래커를 기초로 하면 다양한 종류의 색들을 혼합할 수 있고, 더 찬란한 색들을 만들 수 있다는 것이었다. 신제품에서의 문제점을 찾기 위해 실험과 개발에 3년이 소요되었다. 이것은 케터링과 듀퐁연구소의 관리하에 GM리서치 코퍼레이션의 협동 프로젝트였다. 1921년, GM에서는 페인트와 에나멜위원회Paint and Enamel Committee가 설치되었고아이러니컬하게 페인트와 에나멜은 곧 대체될 것이었다, 1923년에 생산라인에서 새로운 래커로 마감된 최초의 차체가 만들어졌다. 그것이 1924년식 '트루 블루' 오클랜드True Blue Oakland였다.

1925년에 듀코라는 상표명을 가진 새로운 래커제품이 출시되어 자동차업계 전체에서 이용 가능하게 되었다. 그러나 아직도 해결해야 할 문제들이 많이 있었고, 듀퐁사와 GM연구소에서 연구가 계속되었다. 이 연구에서 아주 중요한 부분은 밑칠용 페인트의 개발이었다. 왜냐하면 최초 개발 시에 듀코는 접착이 잘 안 되었고, 종종 금속면에서 떨어져나갔기 때문이다. 듀코는 또한 천연수지를 사용해야 했다. 그러나 그것은 수량이 한정되어 있었고 품질이 일정하지 않았다. 때마침 합성수지가 개발되어 이들 변하기 쉬운 천연자원에서 벗어날 수 있었다.

착색은 자동차 마감에서 페인트와 니스 시대, 그리고 그다음 에나멜의 시대에서 모두 이용 가능했으나, 값이 비쌌고 범위가 제한되었다. 듀코는 색상 마감 원가를 감소시키고 차에 경제적으로 적용될 수 있는 색상범위를 엄청나게 증가시킴으로써 색상과 스타일의 신시대를 열었다. 오늘날 차는 8시간 근무 중에 완성될 수 있어 페인트와 니스 시대의 2~4주가 소요되는 것과 비교된다.

오로지 공간의 효율적인 사용 면만 고려해볼 때 평균적으로 한번

작업을 마치는 데 3주가 필요했기 때문에 하루에 1,000대의 차를 생산하기 위해서는 1만 8,000대가 공정 중에 있는 공간을 필요로 했다. 이것은 20에이커의 실내 공간이 필요했다는 의미다. 따라서 오늘날처럼 하루에 1만 5,000대 이상을 생산할 때 얼마나 많은 공간이 필요했을지 예상해볼 수 있다.

1920년대에 니트로셀룰로오스 래커의 도입 이래 그것들을 개선하고 이용에 소요되는 원가를 감소시키기 위해 연구가 계속되었다. 1958년 GM은 아크릴수지에 기준한 새로운 마감재 라인을 도입했다. 이 또한 우리의 실험실에서 수지제조업체와 협동하여 8년 이상 연구하여 나온 제품이었다. 아크릴화는 니트로셀룰로오스 래커보다 더 내구성이 있고 더 만족스런 색상을 만들 수 있게 했다.

GM은 다른 많은 중요한 개선들에서도 중요한 역할을 했다. 1920년대에 크랭크케이스 환기장치의 개발로 엔진 부식의 주원인의 하나를 제거했다. GM은 또한 1959년에 공기오염을 감소시켰던 '내부' 크랭크케이스 환기장치를 개척했고, 1962년에는 업계 전체가 이용 가능하게 만들었다. 4륜 브레이크와 유압 브레이크의 개발은 자동차를 더 안전하고 더 효과적으로 사용하는 데 큰 공헌을 했다. 4륜 브레이크는 GM이 독자적으로 개발한 것은 아니었지만 그것들을 개선하는 데 참여했고, 양산화를 발전시키는 데 공헌했으며, GM은 그것들을 제조하기 위한 특별한 사업부를 설립했다. 회사는 또한 파워브레이크, 파워스티어링, 자동차 에어컨, 그리고 자동차의 무수한 다른 개량품의 개발에 선도적인 역할을 했다. 이러한 개선들은 효율적이고 쾌적한 개인 운송수단을 개발하는 데 전문적인 역할을 한 수천 명의 연구원들, 엔지니어들 그리고 다른 많은 사람들의 천재적이고 지칠 줄 모르는 노고의 결과에서 몇 가지 중요한 것들만 취사선택한 것이다.

제13장 연차모델 변경

연차모델 변경 과정 자동차 연차모델은 현재 미국인의 생활 일부로 아주 자연스럽게 받아들여지고 있는데, 그 뒤에 놓여 있는 엄청난 경영상의 노력을 생각하는 사람은 거의 없는 것 같다. 미국인들이 타고 다니는 전형적인 승용차를 설계하는 데 있어 외국 차와 특별히 설계된 국내 차에 적용하는 절차는 아주 다르다.

우리는 매년 향상된 엔지니어링과 스타일링의 특징을 갖추고 있는 자동차 라인을 만들어야 했는데, 그것은 가격경쟁력이 있어야 했고, 구매 고객의 요구를 만족시켜야 했다. 이 라인에서의 자동차들은 모두 'GM 룩GM look'을 보여주는 몇 가지 공통적인 스타일링을 갖고 있어야 하는 동시에 서로 간에 분명하게 구분되어야 했다. 또한 가격 면에서는 서로 보완적이어야 했는데, 그것이 갖는 의미는 생산에 앞서 경쟁가격의 동향뿐만 아니라 그들 자체의 원가 요소들을 잘 추정해야 한다는 것이다.

GM에서 신 모델의 창조에는 생산담당자들은 물론이고 그 밖에 수많은 사람들이 관련되어 있다. 스타일 아티스트들과 엔지니어들, 과학자들, 재무전문가들과 마케팅 전문가들, 여러 사업부의 기술스태프 멤버들, 회사의 일반경영자들과 스태프들 그리고 외부공급자들이 포함되어 있다. 그들의 다양한 활동들을 조정하는 문제는 극도로 복잡했다.

우리가 신 모델의 개발에 대해 최초의 결정을 한 시점과 그 차가 딜러의 쇼룸에 전시되는 시점 사이에는 대체로 2년이 소요되었다. 통상 이 2년 사이의 작업 순서는 주로 차체 생산의 요건에 의해 결정되었다. 물론 차체의 변경은 매년 대폭적으로 이루어졌고, 대부분의 시간이 차체 작업에 소요되었다. 또한 섀시의 부품에서 계속적인 변화가 있었다. 그러나 어떤 한 연도에 모든 차대의 구성단위인 프레임, 엔진, 변속기, 전륜과 후륜 서스펜션 모두에서의 변경을 가져오는 일은 매우 드물었다.

대략적으로 일반화하면 모델 개발의 1차 연도는 신 모델의 기본적 엔지니어링과 스타일링 특징을 설계하는 데 할애되고, 2차 연도는 주로 자동차들을 본격적으로 생산하는 데 수반되는 엔지니어링 작업에 할애됐다. 이들 작업 중에서 어느 것도 1년의 기간 이내로 대폭 단축하여 완수하기는 매우 어렵다. 우리가 기본적 스타일 개념을 설정하는 데 주어진 시간을 단축하면 반대로 구매 고객들에게 받아들여지지 않는 제품을 가지고 '곤경에 빠질' 위험성이 커진다. 그리고 우리가 엔지니어링-생산시간을 단축하면 막대한 초과수당을 지급하고, 재고문제가 발생하며, 생산을 개시할 시기가 지연된다. 그것은 결국 차의 발표일을 지연시키고 매출 손실을 가져오는 것을 의미한다.

다른 한편으로 신 모델의 생산에 소요되는 기간을 연장하는 것도 현명한 방법은 아니다. 물론 우리가 모델 변경에 대한 계획을 왜 3년이나 5년 앞서서 시작할 수 없는지에 대한 이론적인 근거는 없다. 사실상 우리는 훨씬 앞서 어떤 구상을 한다. 그러나 실질적인 어려움은 당시의 기획자들이 작업이 시험될 시장의 현실과 동떨어져 있다는 데 있다. 더구나 보통 소요되는 2년이라는 기간은 회사의 능력으로 시장을 정확하게 평가하는 것을 상당히 어렵게 만든다. 문제점을 다음과 같은 방식으로 생각할 수 있을 것이다. GM은 다른 자동차회사와 마찬가지로 신제품을 개발하기 위해 수백만 달러를 투자해야 한다. 그러나 그것은 상당한 기간이 지나서야 출시할 수 있다. 그동안 소비자의 기호, 소득수준, 소비습관 등 모든 것이 급속히 변할 수 있다. 그 점에 대해서는 우리가 신 모델을 최초로 구상한 시점에 '적합한' 것이었는지 확신할 수 없다. 흔히 모델에 대한 스케치와 설문조사에 대한 반응은 신뢰하기가 어렵다. 그것은 자동차 고객이 실물을 실제로 접하기 전까지는 그 제품을 구매할 만큼 충분히 마음에 들어 할지 결코 알 수 없다는 것이 마케팅 조사의 공리다. 그러나 우리가 고객에게 보여줄 제품을 완성할 때까지 거액을 투자했기 때문에 필연적으로 우리는 그 제품의 판매에 얽매일 수밖에 없다. 모든 자동차 제조업체들은 가끔 소비자에 의해 허를 찔려 당황한 경험을 가지고 있다. 그럼에도 불구하고 세상일이 돌아가는 게 보통 그렇듯 신 모델로 시장에 접근하기 위해서는 우리의 노력을 계획하고 조정해야 한다.

이러한 매우 특별한 유형의 조정은 수년간의 기획 경험에서 발전되었다. 앞에서 GM이 1921~1922년에 경험한 거의 재난에 가까운 사건을 기술했다. 그 이유는 신 모델 프로그램에 대해 여러 독립된 경영그룹이 협동할 수 있는 조정절차가 존재하지 않았기 때문이다. 그 경험 후에 우리는 회사 모델의 도입에 점차 시스템과 방식을 마련해나갔다. 나는 우리가 1935년에 신 모델의 생산을 지배하는 절차를 최초로 성문화했다고 생각한다. 이 매뉴얼은 두 가지 목적을 가지고 있다.

> 첫째, 필요한 기본적 자료를 제출하기 위한 명확하고 질서 있는 방법을 제공함으로써 제안된 신제품에 대한 경제적 · 재무적 · 기술적 · 상업적 상태를 평가할 수 있도록 한다.

둘째, 생산 승인시점으로부터 생산의 진척에 대한 정보를 모든 관계부서가 알 수 있도록 한다.

제품승인절차는 1946년에 대폭 개정되었고, 계속해서 소폭 변경되고 있다. 중요한 것은 이들 성문화된 절차들은 우리의 모델 운영이 준수해야 할 정확한 '시간표'가 아니라는 점이다.

모델의 개발기간이 평균적으로 2년이라고 말했는데, 이것은 우리가 각 모델을 이 기간의 시작시점에 아무런 사전 준비 없이 시작했다는 것을 의미하는 것은 아니다. 예를 들어 스타일링스태프는 먼 장래의 모델을 위한 새 디자인을 계속적으로 실험하고 있었고, 어떤 시점에서나 원하는 대로 쓸 수 있는 새로운 스타일링 아이디어를 상당량 보유하고 있었는데, 그들 중의 일부는 아주 전통적인 것이었고 일부는 혁신적인 것이었다. 각 자동차사업부는 다양한 새로운 부분들을 설계하여 제작하고 있었는데, 주로 섀시에 대한 것이었다. 이들 중 일부는 연구소와 엔지니어링스태프 또는 액세서리사업부에서 자동차사업부로 인계되어 생산모델로의 채택이 실현 가능한 것으로 보일 때까지 개량되었으며, 다른 것들은 완전히 자동차사업부 자체의 엔지니어링 공장과 실험실에서 개발되었다.

통상 신 모델에 대한 최초의 공식적 회의 이전에 많은 비공식적 협의가 선행되었다. 예를 들어 자동차사업부의 경영진과 스타일링스태프는 과거 생산프로그램의 장단점을 검토하고, 고객조사보고서와 시장분석을 검토하며, 설계될 신차의 일반적 패키지 규모와 스타일링 개념을 협의했다. 이들 이슈의 일부는 회사의 최고 간부뿐만 아니라 본사 엔지니어링스태프와 피셔바디사업부와도 협의할 수 있다.

미래 모델의 아주 중요한 작업이 회사에서 계속되고 있을지라도 우리 대부분이 각 신 모델 프로그램의 '시작'으로 인식하는 것은 엔지니어링정책그룹에 의해 회의가 소집된 때였다. 독자는 이 그룹이 회장, 사장 그리고 본사의 주요 임원으로 구성되어 있는 집행위원회에 직접 보고한다는 것을 기억할 것이다. 그룹 회장은 엔지니어링스태프에 대한 책임을 맡고 있는 부사장이다. 그룹은 그 자체로 전반적인 회사정책을 관할하고 있기 때문에 멤버십에 자동차사업부나 피셔바디의 사업부장들을 포함하지 않는다. 그렇긴 하지만 이 사람들과 그 활동의 엔지니어 책임자들은 흔히 그들과 관련되어 있는 프로그램에 대한 검토를 하기 위해 그룹의 미팅에 참석하도록 초대받는다.

이 첫 회의의 주요 안건은 우리의 스타일링과 엔지니어링 프로그램에 대한 개요를 결정하는 것이다. 즉, 자동차의 일반적 외양과 크기의 특징을 결정하고 그 이상의 스타일링과 사업부의 개발에 대한 방향을 지시하기 위한 것이다. 전고, 전폭, 전장뿐만 아니라 원하는 좌석의 넓이, 머리와 다리 룸이 모두 고려됐다. 스타일링스태프는 풀사이즈 스타일링 그림을 보여주는데 그렇게 함으로써 참석자들이 외양, 크기, 차내 공간 특징에 대한 감각을 얻을 수 있도록 한다. 일반적으로 '시팅벅스seating bucks'로 지칭하는 실물 크기의 모형 좌석 배치를 그림으로 보여준다. 그것은 제안된 차의 내부를 시뮬레이트하기 위해 만든 것이다. 이 시팅벅스는 룸 입구의 상황, 전망, 공간의 여유 그리고 좌석의 상태를 확인할 수 있도록 한다. 말하자면 그룹의 멤버들은 스타일리스트들이 무엇을 제공해야 할지에 대해 검토한다.

이 첫 회의에서 개발된 아이디어에 따라 스타일링스태프는 각 차종에 대한 여러 가지 일련의 실물 크기 스타일의 그림, 점토 모형, 시팅벅스를 계속해서 개발한다. 원하는 프로그램의 목표를 달성하고 툴링이나 제조요건들과 보조를 맞추기 위해 스타일링스태프는 이 첫 회의 이후 수개월 동안 자동차사업부와 피셔바디와 함께 긴밀하게 일해야 한다. 일반적으로 각 차종에 대한 기본적 외양을 결정하는 것은 스타일링스태프의 책임이다. 즉, 스태프는 GM 세단, 쿠페, 하드톱, 스테이션왜건, 컨버터블 등 기본적 외양에 대해 작업한다. 그리고 보통 작업은 그 순서대로 이루어진다. 각 사업부는 스타일링스태프 내에 자신의 스튜디오를 가지고 있는데, 이들 스튜디오는 각 차 라인에 그 자체의 고유한 특징을 갖게 할 책임이 있다. 예를 들면 쉐보레와 폰티악 라인을 구분할 수 있는 특징들을 만들어내는 것이다.

이 프로그램의 첫 몇 달 동안에 다양한 점토 모형들은 계속적으로 변경되고 다듬어진다. 그리고 각 단계에서 좌석 배치는 점토 모형에 제시된 스타일링에 따라 수정된다. 이 변경 중 많은 것은 더욱 새롭고 매력 있는 개념들을 가지고 실험하기 위해 스타일링에 의해 개발된 스케치와 소규모 모형들을 가지고 작업한다.

그동안 자동차사업부와 피셔바디의 엔지니어링 부문은 스타일링스태프와 계속적으로 일하는데 이를 통해 섀시의 규모, 즉 엔진과 주행 메커니즘을 위해 필요한 축간거리, 지상 간격, 차륜거리, 공간에 대한 합의에 도달한다. 이들 기본 요건에 대한 합의는 스타일링스태프가 신모델의 개념을 '확고히' 하는 데 필요하다.

첫 회의 후 약 두 달간 스타일링스태프는 엔지니어링정책그룹에게 세단형 자동차에 대해 실물 크기의 점토 모형과 시팅벅스를 제시하는 아주 향상된 스타일링 안을 제공한다. (이 안은 이미 관련 자동차사업부와 피셔바디에 의해 승인된 것이다.) 적어도 한 달에 1회 열리는 엔지니어링정책그룹 회의에서 다른 차체 타입들에 대한 제안들이 제시된다. 그러나 이것이 정해진 승인 순서를 가져오는 것은 아니다. 4~5개월 동안 계속되는 검토와 변경의 기간에 일례를 들면 쿠페스타일이 세단

스타일에 앞서서 일반적 수용을 받게 될 가능성이 크다. 그러나 적어도 생산 개시 18개월 전에 엔지니어링정책그룹은 스타일링스태프가 도면들을 피셔바디로 배포를 시작할 수 있도록 세단 점토 모형을 승인해야 한다.

점토 모형이 승인되었을 때 스타일링스태프는 값싼 플라스틱 외장 모형을 만든다. 플라스틱 모형은 스타일링 개념을 확인하는 데 매우 유용하다. 불가피하게 점토 모형은 실제 완성될 차보다 부피가 더 커 보인다. 그러나 플라스틱 모형은 페인트칠을 할 수 있어서 완성된 차에서와 같은 빛의 반사 상태를 보여준다. 유리와 모조 크롬 트림을 가진 외장은 사실상 완성품과 거의 같다.

생산 개시 약 18개월 전에는 모델의 원가를 계산하는 것이 어느 정도 가능하다. 그때까지는 차의 크기와 추정 중량이 알려져 있다. 피셔바디는 생산-엔지니어링 원가, 즉 다이스dies, 지그jigs, 기구 등의 원가에 대한 정보를 개발하기 시작한다. 일반적으로 점토 모형이 엔지니어링정책그룹에 의해 승인되기 전일지라도 이들 원가의 추정을 시작하는 것은 피셔의 관행이다. 이 단계에서 그것들의 원가에 대비하여 특정 기능에 대한 판매 양상을 가늠할 수 있게 된다. 근년에 툴링비는 약간 낮아졌는데, 이는 일부의 경우에 어떤 구조적 기능들과 여러 다른 차체에 공통적인 내부 패널을 활용하는 GM의 능력에 따른 것이다.

엔지니어링정책그룹, 피셔바디, 자동차사업부들이 점토 모형들과 당초의 플라스틱 모형들 — 흔히 상당한 수정을 한 후 — 을 승인했을 때 스타일링스태프는 새롭고 더욱 정교한 플라스틱 모형들을 만드는 작업을 시작한다. 그것들은 생산라인에서 완성된 제품들과 완전히 같다. 이들 보강된 플라스틱 모형들은 처음에는 신형 자동차 전시회용 차들과 다른 시험 제작 차들을 신속하고 경제적으로 만들기 위해 사용되었으나 나중에는 생산에 들어갈 차들의 최종 확인에만 사용하도록 했다. 보강된 플라스틱이 개발되기 전까지는 이러한 목적을 위해 나무와 금속 스타일링 모형을 만들어야 했는데, 그것을 만들기 위해서는 12~14주가량 걸렸다. 보강된 플라스틱 모형들은 4~5주 내에 만들 수 있었는데, 이로 인해 우리는 용구들과 금형을 만드는 데 더 많은 시간을 활용할 수 있었다.

기본설계에서 세부설계로 그리고 생산으로 이후 6개월 정도는 신 모델에서 작업의 조정문제가 매우 복잡해진다. 최종 플라스틱 모형이 만들어지고 있는 동안, 스타일링스태프는 주요 판금 표면, 도어 핸들, 몰딩 부분 같은 디테일에 대한 도면을 자동차사업부들과 피셔바디에 제출한다. 이러한 정보를 얻음으로써 피셔바디는 가능한 한 신속하게 생산용 툴링의 설계를 진행한다. 크고 복잡한 구성요소들, 예를 들어 엔진 덮개, 도어 패널, 바닥, 루프로 시작해서 더 작고 단순한 부분으로 이동한다.

생산 개시 약 12주 전에 엔지니어링정책그룹은 최종의 보강된 플라스틱 모형들에서 보여진 설계에 대한 최종 승인을 해야 한다. 그러면 피셔바디는 용구들에 대한 설계를 종결하고 그것들의 제조를 위한 준비를 한다.

엔지니어링정책그룹의 승인은 일반적으로 완전한 자동차의 라인이 완료됐다는 것을 인정한 것으로 간주된다. 이 시점에서부터 자동차사업부들은 세부사양, 예를 들어 차체 몰딩, 트림, 계기판 그리고 개별 스타일링 스튜디오에 의해 개발된 전면, 측면, 후면의 처리에 대한 승인에 대해 스타일링스태프와 직접적으로 작업한다. 이 세부사양들은 승인을 위해 엔지니어링정책그룹에게 제시된다. 그와 동시에 자동차사업부들은 수작업으로 시험을 위한 실험적 섀시를 만들고, 섀시에 대한 상세한 설계도면을 피셔바디에게 준다.

환언하면, 큰 문제가 없는 한 딜러의 쇼룸에 자동차를 전시하기 약 1년 전에 주요 정책결정이 만들어진다. 엔지니어링정책그룹과 피셔바디의 대표들, 스타일링스태프, 그리고 자동차사업부들은 완성된 플라스틱 모형을 검토했다. 모델들은 정식으로 승인된 것이나 다름없다. 이제부터 모델들에 있어서 어떤 대폭적 변경은 금형의 값비싼 재작업이 이루어져야 하고, 여러 가지 툴링비가 추가되며, 상당한 시간적 손실을 포함하게 되는데, 그것은 과도한 생산준비와 생산비용을 의미할 수 있다. 그러나 종종 이들의 변경은 불가피한데, 그 이유는 첫 연도 이후에 검토하는 과정에서 제안된 모델의 심각한 문제점들이 드러날 수 있기 때문이다. 사업부 경영진과 회사의 최고임원들은 자동차의 완전한 라인들이 쇼룸에 나타나 있는 모습을 마음에 그리면서 GM의 기존 차 라인과 현재의 경쟁 차 라인들을 비교한다. 도면상에서 좋게 보였고 점토 모형이나 최초의 플라스틱 모형에서 좋게 보였던 일부 차체 유형이 현재는 수정을 필요로 할 수도 있다. 그리고 이 단계에서 변경은 비용이 많이 들지만, 그것들은 매력 없는 모델로 인해 초래되는 매출의 상실보다는 저렴할 수 있다. 우리는 한 번 이상 이렇게 과감한 대안들 중의 하나를 선택해야 했다.

모델의 개발 작업에 착수한 지 1년이 지나 공식 발표일까지 1년을 남긴 이 시점에서의 상황을 요약해보고자 한다. 스타일링스태프는 모델의 기본 틀에 대한 작업을 완료했다. 현재 최종 자동차와 정확히 같아 보이는 많은 보강된 플라스틱 차체들이 존재한다. 스타일링은 아직도 새로운 좌석, 계기판, 내장, 신소재에 대한 작업을 진행하고 있다. 그러나 스타일링스태프는 얼마 동안 그것이 신 모델의 출시 시점의 기호에 맞출 수 있도록 장식의 소재, 색상 등의 선택을 유예할 수 있다. 피셔바디는 엔지니어링 도면에 대해 그리고 금형의 설계와 다른 생산 용구들에 대해 신속하게 진행하고 있다. 새로운 새시에 대한 사업부의 엔지니어링 작업은 완성 국면에 들어갔고, 시험용 새시는 시험을 준비하고 있다. 이 시점에서 앞으로 피셔바디와 자동차사업부들은 차체와 새시 작업에 대한 적절한 조정력을 확인하기 위해 함께 긴밀하게 일해야 한다.

생산 툴링 국면은 현재 시작할 준비가 되어 있다. 자동차사업부장들은 그들의 최종 '제품 프로그램들'을 엔지니어링정책그룹을 경유하여 사장에게 제출한다. 이들 프로그램들은 신 모델의 특징인 성능, 규모, 추정 중량, 공장 재배치, 툴링, 장비에 필요한 지출을 포함하고 있는 추정원가를 기재하고 있다. 엔지니어링정책그룹은 더 나아가 자동차 사양서를 현재의 경쟁 차 모델들과 비교하고, 또다시 생산원가에 대비한 제품의 매력에 대해 따져본다. 회장, 사장 그리고 엔지니어링정책그룹의 다른 멤버들은 신 모델 프로그램들을 전체적으로 검토한다. 그들이 프로그램을 승인했을 때 각 사업부들은 사업부를 맡고 있는 그룹임원들의 승인을 얻기 위해 그리고 제조담당부사장의 검토를 위해, 그런 다음 집행부사장, 사장, 관리위원회, 집행위원회, 재무위원회의 승인을 얻기 위해 지출예산 요청서를 제출한다. 그러면 생산 용구들의 제조가 진행된다.

자동차사업부들의 엔지니어링 부문들은 이제 신차들을 위한 부품들에 대한 많은 도면들을 공개하기 시작한다. 이들 도면들은 부품들의 자가 제조 또는 구입 여부를 결정하기 위해 직공장 부문들로 배포된다. 일부 사업부에서 이것은 구매위원회 또는 제조위원회에 의해 결정된다. 또한 부품제조의 상세한 운영 순서를 열거한 공정표의 작성을 위해 공정 부문으로, 각 운영에 대한 직접노무시간수당을 결정하기 위해 표준화 부문으로, 그리고 노무비와 재료비의 모든 항목들에 대한 원가표를 설정하는 원가 부문으로 배포된다. 제조 부문은 직공장 부문과 공장-엔지니어링 부문과 함께 생산라인을 얼마나 많이 설정할지를 결정한다. 즉, 어떤 신기계설비가 필요하게 되고, 어디에 그것들을 배치해야 하며, 어떤 공장 재배치가 필요할 것인지에 대한 결정을 하게 된다.

이때쯤 실제 생산 엔지니어링은 회사 내부에서뿐만 아니라 외부 공급자 사이에서 진행 중에 있다. 우리는 신 모델들을 최종 승인하자마자 그들의 엔지니어링과 개발작업을 용이하게 하기 위하여 그리고 그들의 생산계획을 지원하기 위하여 차륜, 프레임, 고무제품 등을 구비하고 있는 우리의 많은 공급자들과 협의한다.

신 모델을 판매하기 약 7, 8개월 전에 피셔바디는 많은 수작업부품들을 포함하고 있는 최초의 시험제작 차체들을 완성한다. 그러면 이제 테스트를 위해 완전한 시제품 자동차들을 가질 수 있게 된다. 일반적으로 생산 개시 약 3개월 전에 피셔바디의 시험라인에서 각 모델의 많은 차체들을 만든다. 이들 차체들은 생산용 금형에서 만들어진다. 그러면 시험라인은 차체의 생산용 금형과 용구들에 대한 테스트를 하는데, 이때 생산현장 감독자들의 연수를 겸하게 된다. 많은 시험라인 차체들은 시험제작 차대에 올라가고 성능시험장에서 그리고 사업부의 엔지니어링부에서 추가적인 테스트를 위해 사용된다. 마지막으로 시험라인을 통과한 차들은 판매촉진을 위해, 예를 들어 딜러들에게 사전 전시를 할 목적으로 판매 부문과 광고 부문에 사용될 수 있다.

본격적인 생산이 개시되는 것은 신차의 발매 6주 전이다. 물론 자동차들이 일반대중에게 공개되는 그 날짜에는 신속하게 완전 생산을 달성하고 있고, 수천 대의 차가 벌써 딜러들의 수중에 있다. 이것으로 신차의 프로그램이 완료되고 우리는 1, 2년 후에 딜러에게 도달할 모델들에 대해 보다 완전하게 집중할 준비를 하게 된다.

따라서 신 모델 프로그램은 전체적으로 다음의 3단계로 구성된다.

- 스타일링단계: 프로그램의 1차 연도의 가장 중요한 단계다.
- 엔지니어링 설계단계: 거의 2년이라는 전 기간 중에 계속되며, 대량 생산을 시작하기 바로 직전에 끝나는 작업이다.
- 설비와 툴링단계: 스타일링을 완료하기 전에 시작하여 자동차를 만드는 데 실제로 요구되는 다양하고 정교한 절차들을 거친다.

핵심은 아마도 1차 연도 말 공정의 중간 기간으로, 이때 새로운 설계가 승인되고 생산단계를 시작함으로써 '우리 스스로 신 모델 프로그램에 묶여 있을' 때다.

우리가 밟는 이러한 절차는 신 모델을 생산하기 위해 필요한 통상적인 방법이고, 사실상 대부분 이 방식으로 신차들을 생산했다. 그러나 '청사진'을 완성하자마자 그것의 변경을 시작해야 하는 것이 현실이다. 근래에 들어 가끔 경쟁적 상황이 2년 미만 기간 동안 신 모델을 생산하도록 요구하기도 했다. 동시에 증가하는 경쟁의 속도는 GM과 다른 생산자들이 새로운 설계와 엔지니어링의 개발을 가속화하도록 했다. 당연히 신차의 많은 부분이 '새로운' 것일 때 설계와 생산을 위한 준비 과정에 더 큰 압박이 가해진다.

우리는 계속적으로 새롭고 더 나은 자동차를 만드는 이러한 과정에 개입되었다. 신 모델 프로그램의 구상과 그것의 실행 사이에 장기간의 많은 복잡한 단계에서 많은 비용이 들어가지만 그것들은 그만한 가치가 있었다. 왜냐하면 연차모델 변경은 업계 발전의 핵심이기 때문이다. '연차모델'이라는 말조차 존재하지 않았던 때부터 오늘에 이르기까지 신 모델의 창조과정이 자동차의 진보를 가져왔다.

제14장 기술스태프

2만 명의 엔지니어 GM은 엔지니어링 조직이다. 우리는 금속을 절단하여 부가가치를 창출하는 활동을 한다. GM에는 약 1만 9,000명의 기술자들과 과학자들이 일하는데, 그중 1만 7,000명은 사업부에서 그리고 2,000명은 일반 기술직에서 일한다. 나를 포함한 많은 GM의 최고경영자들은 공학기술에 대한 이력을 가지고 있다. 따라서 우리는 당연히 GM의 발전은 기술의 발전과 연결되어 있고, 그것을 달성하기 위한 노력은 필연적으로 끝이 없다는 것을 항상 염두에 두고 있다. 1923년에 일반기술위원회를 설치했을 때 이러한 점을 고려하여 GM에서 연구와 엔지니어링이 사업운영 측면에서 동일한 조직적 차원에 있다는 정책을 발표했다.

산업계에서의 연구와 엔지니어링에 대한 지속적인 추구는 기술적 발전을 가속화시키고, 과학과 기술에서 만들어진 발전을 제품의 제조과정에 접목시키며, 개발과 생산 사이의 시간을 단축시킨다. 이러한 목적을 달성하기 위해 우리는 오래전에 사업부의 운영 기능과 본사의 기술 기능을 분리했다. 우리는 1920년대 초반에는 연구팀을, 이로부터 약 10년 후에는 기술진을 모두 통합했다. 오늘날 사업부가 아닌 GM의 내부에는 연구실험, 기술, 제조, 스타일링[18]이라는 4개의 기술직이 있다. 그들은 디트로이트 근처의 1억 2,500만 달러의 GM기술센터에서 대학과 같은 환경에서 서로 지리적으로 가깝게 위치하고 있다.

이 스태프들을 지리적으로 인접하게 한 데는 타당한 이유들이 있다. 그들 작업은 광범위한 과학 및 기술적인 측면에서 창조적 본질을 가진다는 유사성이 존재하기 때문이다. 또한 그들 작업 사이에는 관심과 활동의 영역이 겹치는 부분이 있어서 협업이 필요한 경우도 존재한다.

연구

GM에서 연구research에 대한 접근법은 진보의 결과다. GM에서 연구가 시작된 것은 거의 50년 전으로 거슬러 올라간다. 아서 D. 리틀 Arthur D. Little은 1911년에 주로 자재 분석과 실험을 하기 위해 연구소를 설립했다. 그러나 GM 연구의 주류는 1909년에 설립된 데이턴 엔지니어링 래브러터리스 컴퍼니에서 시작한다. 이 회사는 찰스 F. 케터링이 GM의 일원이 되기 전에 E. A. 디드E. A. Deed와 함께 자동차 분야의 개발을 목적으로 독립적으로 설립했다.

케터링 씨는 GM의 연구 발전에 크게 기여한 매우 뛰어난 인물이었다. 그는 GM에서 나와 함께 다년간 기술직의 수장으로 일했다. 그는 GM에 오기 전인 1912년에 최초의 전기 스타트모터를 출시함으로써 자동차의 역사에 큰 업적을 남겼다. 그의 회사들 중의 하나인 데이턴 엔지니어링 래브러토리스는 스타터를 만들기 위해 부품들을 구입해 직접

18 여기와 다른 곳에서 논의되는 스태프 조직도는 책의 말미에 실려 있다.

조립 활동을 했으며, 그 결과 연구소로서뿐만 아니라 제조업체로서도 성공을 거두었다. 3년 후 전기 스타터 장비를 제공하는 18개의 회사가 있었다. 현재 유명한 상표가 된 델코는 케터링 씨가 운영한 회사 이름의 첫 번째 글자들을 따서 만들어진 것이다. 1916년에 유나이티드 모터스 코퍼레이션이 델코와 내가 일하던 회사인 하얏트를 인수했을 때, 케터링 씨와 알게 되어 친하게 지냈다.

전술한 바와 같이 기술자, 세계적으로 유명한 발명가, 사회철학자, 뛰어난 능력을 가진 세일즈맨으로서 케터링 씨는 자신의 관심과 상상력을 사로잡은 다양한 분야에서 연구를 수행하기 위해 아주 많은 시간과 노력을 쏟아 부었다. 1919년에 GM의 일원이 되기 전에 그의 연구소는 엔진 내부의 연소에 대한 엄청난 연구를 시작하고 있었다. GM은 1919년에 그의 조직을 인수했고, 1920년에 다른 연구 활동과 결합해서 오하이오 주의 모레인에 케터링 씨를 사장으로 하는 GM리서치 코퍼레이션을 설립했다. 1925년에는 리서치 코퍼레이션을 디트로이트로 옮겼고, GM의 모든 일반 연구 활동을 합쳐 케터링 씨가 관할했다. 케터링 씨는 1947년에 은퇴했고, 올즈모빌 조직을 통해 들어온 탁월한 기술자인 찰스 L. 맥퀸Charles L. MaCuen이 케터링 씨를 승계했다. 맥퀸 씨는 선진 공학적 접근법을 따랐고, 1950년에 은퇴할 때까지 GM의 여러 중요한 분야에서 높은 성과를 올렸다.

1955년에 GM이 연구부사장 자리에 유명한 핵과학자인 로렌스 R. 하프스타드Lawrence R. Hafstad를 임명함으로써 GM의 연구는 새로운 국면에 접어들게 된다. 물론 하프스타드 박사는 자동차 엔지니어로서 훈련받은 적이 없었으며, 한 번도 자동차회사와 관련된 적이 없었다. 그를 기용한 것은 연구소가 보다 새롭고 광범위한 분야에서의 연구를 강조하는 방향으로 꾸준히 이동하고 있다는 사실을 반영한 것이었다.

오늘날 연구소의 활동은 주로 세 가지 유형의 작업으로 전개되고 있다. 첫째 유형은 회사 주변의 문제를 해결하는 것이다. 전문지식이 필요한 부분, 예를 들어 기어 소음의 제거, 재료의 결함에 대한 주물 테스트, 진동의 감소를 지원하는 것 등이 이 유형에 속한다. 둘째 유형은 문제 해결을 계기로 공학적 측면에서 독창적인 개선을 실시하는 것이다 이들 문제들은 변속기액, 페인트, 베어링, 연료 등의 개선으로부터 연소, 고압엔진, 냉각제, 디젤엔진, 가스터빈, 프리-피스톤엔진, 알루미늄 엔진, 금속, 합금강, 공해 등에 대한 작업 같은 높은 수준의 연구까지 포함한다. 셋째 유형은 기초연구를 고취하여 강화하는 것이다.

근래의 극적인 과학적 성취는 많은 사람들의 상상력을 사로잡았고, 산업계 전체를 '연구 중심의 시대'로 돌입하도록 만들었다. '연구'라는 단어는 산업계에서 다양한 의미를 가지고 있다. 즉, 연구는 과학적 발견, 발전된 공학기술, 전통적이고 일상적인 개선 등을 의미한다. 물론 마지막 의미는 엄밀한 의미에서 용어의 남용이다. 연구라는 단어를 정의할 때 좀 더 기본적이거나 근본적 유형의 연구와 응용 연구를 구별하는 것은 어렵다. '기초연구basic research'라는 것에서 객관적으로 '기초'라는 것이 무엇인지에 관해 엄격하게 합의된 기준은 없다. 다수가 합의할 수 있을 것으로 보이는 기초연구에 대한 정의는 지식 그 자체의 추구다. 그런 의미에서 우리는 기초연구를 충분히 하지 않고 있다.

이 문제는 주로 대학과 정부가 해결책을 마련해야 하지만, 근년에 사기업도 이 문제에 대한 해결책을 마련해야 한다는 지적이 제기됐다. 연구의 주체는 명백하게 대학이 되어야 한다. 대학은 학문적 관점, 목적의식, 전통, 분위기 그리고 그 자체로 지식의 추구를 위한 재능을 가지고 있다. 나는 앨프리드 P. 슬론재단Alfred P. Sloan Foundation에서 내 개인적 의견을 표명한 적이 있는데, 대학이 자연과학의 기초연구 프로그램을 지원해야 한다는 것이다. 연구가 기초적이라는 것은 재단이 프로젝트가 아니라 그의 개인적 관심, 소망, 능력에 따라 연구를 선택한 개인의 재능을 보고 투자를 한다는 사실에서 알 수 있다.

특수한 고가의 설비가 요구되는 기초연구는 대학이 자발적으로 수행하기 어렵기 때문에 표준화국Bureau of Standards, 원자력위원회Atomic Energy Commission, 국가항공우주국National Aeronautics and Space Administration 같은 정부기관들이 맡는 것이 적절하다.

산업계가 기초연구에 참여하는 것에는 두 가지 형태가 있는데, 하나는 산업조직 내부에서 연구하는 것이고, 다른 하나는 조직의 외부에 자금을 제공하여 연구를 대신하도록 하는 것이다. 내 생각에는 기초연구의 성과는 산업계에서 사용하는 지식의 기반이 되기 때문에 산업계가 기초연구를 위해 대학에 보조금을 지원해주는 것은 산업계 입장에서도 적절한 행위이며, 이익 추구라는 이기적인 목적에도 부합한다. 환언하면 기초연구는 장기적으로 산업계의 발전에 도움이 될 것이기 때문에 산업계 입장에서도 기초연구를 해야 한다. 이러한 나의 소견에 주주들과 경영진들이 원칙적으로 동의할 것이라고 생각한다.

그러나 산업계가 자신의 경계선 안에서 어느 정도로 기초연구에 종사해야 하는지를 결정하는 것은 복잡한 문제이며, 아직 해결되지 않은 문제다. 나는 어떤 산업이 자신의 실제 프로젝트에서 이탈해 대규모로 그 관심을 적절하게 다른 곳으로 돌릴 수 있는지 알 수 없다. 기초연구가 그 자체로 지식 추구를 의미한다고 할 때, 기초연구는 중요한 의미에서 산업계에 속하지 않는다는 것은 명백하다.

그러나 산업계가 기초연구에 전혀 관여하지 말아야 한다는 의견에는 동의할 수 없다. 나는 산업계도 어느 정도까지는 기초연구에 관여해야 한다고 생각한다. 다시 말해 적절한 수준에서의 타협이 필요하다.

과학자들은 주로 그 자체의 지식을 탐구하는 반면, 산업계는 그 지식을 궁극적으로 현실에 적용하기 위해 지식을 탐구한다. 그러나 어떤 특정 영역의 기초연구에서 나온 지식이 궁극적으로 산업에 적용될 가능성이 있다면, 산업계가 기초연구에 관여하는 것은 비록 그것이 투기적 목적일지라도 산업계를 위해 합리적이다. 말하자면 일종의 과학적 탐사다. 즉, 산업계는 각각의 동기가 다를지라도 과학자의 관심 분야가 산업계의 그것과 일치하는 한 기초연구를 할 과학자를 합법적으로 고용할 수 있다.

예를 들어 과학자는 "나의 주요 관심은 개별 금속의 속성과 합금의 속성과의 관계다. 나는 이것이 어떻게 사용되는지에 대해서는 개의치 않는다. 그 이유에 대해서만 알고 싶을 뿐이다"라고 말할 수 있다. 합금의 생산자는 이 문제에 대한 답을 얻는 데에는 거의 도움을 줄 수 없지만, 연구 결과에는 관심이 있을 것이다. 과학자와 산업계의 동기가 악영향을 끼치지 않는 한 협업하는 관계를 구축하는 것이 모두에게 합리적이다. 타협은 연구의 동기에 있는 것이 아니라 두 당사자가 함께 관심을 가지는 데 있다. 과학자의 '기초연구'는 산업계의 '탐사적 연구exploratory research'가 될 수 있다. 이것이 내가 생각하는 기초연구의 유형으로, 산업계가 관여하는 것을 정당화하는 이유다. 과학자의 동기에 관계없이 기술의 응용에 대한 합리적인 기대가 있기 때문이다. 연구 과정에서 발생할 수 있는 어떤 제약을 피하기 위해서는 산업계의 접근법과 학문세계의 접근법의 양면을 병행할 필요가 있다.

따라서 나의 소견을 요약하면 다음과 같다. 지식 그 자체에 대한 탐구로 정의된 기초연구는 대학이 주체가 되어 추진한다. 산업계는 대학의 기초연구를 지원해야 한다. 산업계는 산업계 내부에 공통의 광범한 영역의 주제들에 대한 여러 유형의 기초연구에 특별한 관심을 가진다. 이전보다 좀 더 신속하게 기초연구에서 유용한 성과들을 얻음으로써 산업계 내부의 기초그룹은 자연과학에서 귀중한 정보 그룹이 되고 있다. 그리고 기초과학 분야에서 저명한 과학자들의 존재는 산업계 연구소와 기업 그 자체의 사기와 권위를 높여준다.

엔지니어링스태프

엔지니어링스태프는 연구소와 사업부의 엔지니어링 활동 사이에서 중개인의 역할을 한다. 엔지니어링스태프는 주로 새로운 공학기술의 개념과 디자인을 개발하여 그것의 상용화 가능성을 평가하는 역할을 한다.

GM은 1931년까지 '엔지니어링스태프'라는 명칭을 가진 부서가 없었다. 그러나 엔지니어링스태프의 역할을 하는 다양한 인재들은 이미 존재했다. 그들 중 일부는 1920년 초로 거슬러 올라간다. 예를 들어 헌트 씨와 크레인 씨는 1924년과 1925년에 쉐보레사업부에서 폰티악이라는 차를 새로 개발했는데, 그것은 특별한 목적을 가진 일종의 임시적 스태프 운영이었다. 1923년에 설치된 일반기술위원회는 엔지니어링스태프 개념을 향해 한 단계 더 나아갔다. 당시 우리의 사업부들은 엔지니어링 작업의 질에서 큰 차이가 있었다. 우리 제품들 중의 일부는 잘 설계되었으나, 그렇지 못한 것도 많았다. 당시 사업부들 간에는 어떤 광범위한 정보의 교환이나 정보의 교환을 보장하는 어떤 수단도 없었다. 전술한 바와 같이 일반기술위원회는 이를 극복하기 위하여 연구부문, 사업부 엔지니어들, 일반경영자를 통합했다. 우리의 동랭식 엔진의 경험에서 태동한 일반기술위원회는 GM의 모든 엔지니어링 활동에 대한 조정의 시작이었다. 이 위원회로부터 최초의 정규 테스팅 프로그램이 나왔다. 당시 GM에서 만든 자동차는 일반도로에서 테스트했는데, 시험운전자가 도로가에 차를 세워놓고 낮잠을 잔 다음 필요한 마일리지를 채우기 위해 시험 스케줄에서 요구한 것보다 더 빠른 속도로 주행했는지의 여부를 알아낼 방법을 찾기가 쉽지 않았다. 한번은 우리의 기술자 중 한 명이 댄스홀 밖에 잭으로 들어 올려져 있는 시험용 차 한 대를 발견한 적이 있는데, 주행기록계에 요구된 마일리지를 맞추기 위해 엔진이 돌아가고 있었다.

우리가 시험 절차를 표준화하고 개선하기 위해 취해야 할 가장 중요한 단계는 자동차 성능시험장Proving Ground을 건설하는 것이다. GM은 1924년에 업계 최초로 GM 성능시험장을 건설했다. 그것은 개발 중인 제품의 기밀을 지키기 위해 일반 대중에게는 완전히 폐쇄된 넓은 공간을 가져야 한다는 생각에서 나온 것이다. 또한 그것은 자동차에 대한 다양한 수요를 테스트하기 위하여 고속주행용 도로, 다양한 경사를 가진 언덕, 평탄한 도로, 요철이 있는 도로, 물을 헤치며 가는 차를 테스트할 수 있는 도로그것은 흔히 심한 폭풍우 속에서도 필요하다 등 다양한 도로들을 제공해야 했다. 거기서 우리는 생산 전후에 모두 통제된 환경 아래 우리의 자동차들을 시험해야 했고, 경쟁 차들에 대한 종합적 테스트를 할 수 있어야 했다.

그 아이디어는 승인되었고 필요한 자금도 준비되었다. 그다음 과제는 성능시험장의 입지를 선정하는 것이었다. GM은 다양한 지형적 특징을 가지고 있으면서 제조사업부들이 위치한 랜싱, 플린트, 폰티악, 디트로이트의 중앙에 성능시험장을 만들기를 원했다. 미시간 주는 상당히 평탄한 지형이었기 때문에 우리가 필요로 하는 다양한 도로를 충분히 제공할 있는 입지를 선정하는 데 어려움이 있었다. 그러나 미국 내의 거의 모든 토지를 지형적으로 측량한 기록을 워싱턴에서 볼 수 있었다. 따라서 우리는 워싱턴으로 가서 지질조사소Geological Survey에서 제공하는 이용 가능한 지도를 보면서 우리가 필요로 하는 도로의 특성을 충족할 것으로 보이는 입지를 선정했다. 당시 여러 사업부의 일반경영자들과 엔지니어들 그리고 나는 후보지에서 하루를 보냈다. 우리는 사방을 걸어서 돌아다녀 보고, 나무 아래에서 준비해 간 도시락을 먹어가며 마침내 미시간 주 밀퍼드에 있는 1,125에이커현재는 4,010에이커의 특정 지역이 우리가 생각하고 있는 요건들을 충족할 것이라는 결론을 내렸다.

나는 보좌역 중의 한 명인 W. J 데이빗슨W. J. Davidson에게 성능시험장의 건설책임을 맡겼고, 그는 첫 현지 주재 책임자로 F. M 홀덴F. M. Holden을 임명했다. 홀덴 씨는 자원하여 곧바로 오클랜드로 갔고, O. T. '팝' 크루서O. T. 'Pop' Kreusser는 성능시험장을 성공적으로 건설했다. 이 세 사람 모두 이 프로젝트의 성공에 크게 기여했다.

또한 토지의 측량이 실시되었다. 도로를 직선으로 만들어 자동차가 달리는 속도에 따라 바람의 영향이 어떻게 달라지는지를 체크하도록 했다. 또한 트랙을 건설하고 둑을 쌓아 시속 100마일 또는 그 이상의 속도로 고속 주행하는 차의 안전성을 테스트했다. 엔지니어링 빌딩들을 세워 옥내시험과 옥외시험의 관련성도 더욱 높였다. 엔지니어들을 위해 본부를 설립하고 필요한 설비들을 제공했다. 최종적으로 여러 사업부의 기술진들을 위해 독립된 엔지니어링 본부들과 주차장을 제공함으로써 기술진들이 자동차 성능을 시험하는 데 있어 사업부의 자주성을 보존할 수 있었다. 예를 들어 쉐보레는 사업부가 원하면 회사가 시행하고 있는 것에 추가하여 그 자체의 시험을 할 수 있었다. 성능시험장에서 일하는 사람들을 위해 기숙사, 식당 등이 있는 클럽하우스를 세웠다. 성능시험장은 마을에서 상당히 떨어져 있었기 때문에 자체 식당 설비가 필요했다.

그 당시 나는 격주로 성능시험장에서 하루 밤낮, 때로는 그 이상을 보내곤 했다. 나는 GM 차들과 경쟁 차들의 엔지니어링을 검토해야 했다. 또한 장래의 제품들을 시험하기 위해 현재 무엇을 하고 있는지 조사해야 했다. 나와 동료들은 성능시험장에서 일하면서 엔지니어링 관점에서 자동차산업에서 무엇이 진행되고 있는지를 발견할 수 있었다. 그 후에 우리는 이 성능시험장에 추가하여 애리조나 주 메사에 특별한 사막 성능시험장을, 그리고 콜로라도 주 매니토스프링스파이크스 피크에 산악 주행용 차를 시험하기 위한 기지와 시험 차들의 서비스를 위한 차고와 공장 설비들을 만들었다.

기억할지 모르겠지만, 1920년대에 일반기술위원회는 회사 전체의 엔지니어링 절차를 조정하고 표준화하는 작업의 일환으로 성능시험장의 이사회 역할을 담당했다. 또한 특허 부문, 새로운 장치 부문외부인에 의해 회사에 제출된 기술적 기구를 평가하는 부문, 외국 기술진과의 소통 부문 같은 특정 본사 스태프 활동을 관리했다.

그러나 일반기술위원회는 그 자체의 엔지니어링스태프를 가지고 있지 않았다. 1920년대에는 연구소나 개별 운영사업부들의 기술팀이 회사 전체의 이익과 관련된 고등 기술을 연구했다. 수년 후에 우리는 각 운영사업부들이 장기적으로 중요하다고 판단하는 몇 가지 과제를 수행하도록 하는 관행을 만들었다. 1920년대의 이들 사업부들의 엔지니어링팀이 현대적 엔지니어링스태프의 원조다. 그러나 그것들은 최선의 조정 형태를 취하고 있지 못했다. 왜냐하면 사업부의 주요 책임은 사업부가 주관하고 있는 제품에 있었기 때문이다. 각 사업부들의 기술팀은 매년 신 모델을 출시해야 하는 책임을 가지고 있었는데, 그 과정에서 계속해서 새로운 문제들이 발생했다. 이런 상황에서 장기적인 연구개발

업무를 추가하면 이미 큰 부담을 안고 있는 조직에 더 큰 부담을 주어 연구개발 업무에 충분한 관심을 가질 수 없게 된다. 따라서 GM은 본사가 관할하는 엔지니어링스태프를 설치하게 된 것이다.

엔지니어링 영역에서 이런 큰 진전은 1929년에 쉐보레의 O. E. 헌트가 회사의 엔지니어링담당 부사장이 되었을 때 시작되었다. 당시 헌트 씨는 나를 승계하여 일반기술위원회의 위원장이 되었으며, 회사 전체의 고등 기술 업무를 조정하는 과업을 맡았다. 헌트 씨의 지휘 아래 엔지니어링스태프들은 사업부들의 고등 기술을 받아들이는 업무를 맡았다. 이전의 일반기술위원회의 기능들은 점차 회사의 다른 부서들에 흡수되었다. 예를 들어 어떤 특별한 문제를 해결하기 위해서는 어떤 특별한 제품연구그룹을 설치했다. 제품연구그룹은 특정 사명을 할당받은 엔지니어들의 '태스크포스'였다. 이 조직은 대부분의 경우 물리적으로는 특정 사업부 내에 위치해 있기는 하지만, 이 조직의 활동에 필요한 예산은 회사가 충당했다. 최고운영그룹은 자동차가 어떠한 방향으로 발전해나가고 있는지 그 추세를 파악하기 위해 노력해야 했다. 그 후에 우리는 유능한 엔지니어를 배치하고 그의 지휘 아래 팀을 만들어 선정된 과제들을 해결하는 일을 하도록 했다. 우리는 1929년에 최초의 제품연구그룹을 설치했는데, 영국의 복스홀에 사용할 수 있도록 쉐보레를 개조하기 위한 것이었다. 이 그룹은 독일의 오펠차와 기타 소형차들을 설계했다. 그 후에 우리는 캐딜락사업부 내이어서 올즈모빌사업부와 GMC트럭&코치사업부도 포함에 서스펜션제품 연구그룹과 변속기제품 연구그룹, 뷰익사업부 내에 엔진제품 연구그룹을 설치했다. 서스펜션제품 연구그룹은 독립적 전륜 서스펜션을 개발하는 책임을 맡았다. 변속기제품 연구그룹은 승용차와 대형 상용차량을 위한 완전 자동 하이드라매틱변속기를 개발했다. 엔진제품 연구그룹은 자동차엔진의 다양한 개량에 대한 책임을 맡았다. 시간이 지남에 따라 제품연구그룹은 물리적으로 운영사업부 내에 위치했던 태스크포스에서 영구적으로 독립된 조직으로 바뀌었다. 또한 동력개발, 변속기개발, 구조와 서스펜션개발, 신형 차 설계라는 네 가지 중요한 영역에서 지속적인 연구와 실험에 관심을 가졌다. 최종적으로 제품연구그룹을 사업부 밖으로 가져와 엔지니어링스태프와 통합하여 '개발그룹'이라고 불렀다. 그것들이 오늘날 엔지니어링스태프의 골격이 되었다.

엔지니어링스태프는 엔지니어링담당 부사장을 통해 엔지니어링정책그룹과 긴밀하게 연결되어 있다. 엔지니어링담당 부사장은 엔지니어링스태프의 지휘자인 동시에 엔지니어링정책그룹의 의장이었다. 이 그룹은 신 모델 개발의 주요 단계들과 현재 엔지니어링 관행의 쇄신을 검토하기 때문에 운영사업부들의 엔지니어링 업무와 긴밀하게 접촉을 갖는다. 그렇게 함으로써 엔지니어링스태프가 가진 최고의 생각이 사업부들의 작업에 직접적인 영향을 미치게 된다. 나는 현재의 조직형태가 엔지니어링의 신 개념을 가장 빨리 발견하여 그것들을 현재의 자동차 설계에 반영할 수 있도록 해준다고 생각한다.

제조스태프

우리의 전체 엔지니어링 업무는 논리적으로 다음의 두 가지 영역으로 구분해볼 수 있다. 하나는 제품 자체에 초점을 맞추는 것이고, 다른 하나는 제품을 만드는 과정에 초점을 맞추는 것이다. 제조스태프는 구상, 실험, 시험 모델의 개념과 관련된 업무를 한다. 이러한 개념들이 문제해결에 성공적인 것으로 판단되면 그것들은 개선된 제조 용구, 장비, 형식 등을 이용하여 정규 제조 활동에 채택되어 사용된다. 제조스태프는 원칙적으로 재료가 공장으로 들어간 시점에서 완성품이 출하될 때까지 제조의 다양한 측면들을 담당하고 있다. 이것들은 기계와 공구의 설계, 공장 배치, 재료의 처리, 공장시설의 유지, 장비의 유지, 작업표준, 방법 공학method engineering, 재료의 이용, 조립을 위한 공정과 설비의 개발, 최종 조립, 제품의 시험을 포함한다.[19] 이 스태프의 일반적 목표는 제품의 품질을 개선하고, 생산성을 증가시키고, 제조원가를 낮추는 것이다.

단일화된 회사 스태프를 만들어 이들 본연의 활동에 집중하게 하는 아이디어는 우리의 임원들 중의 한 명인 B. D. 컨클B. D. Kunkel로부터 나왔다. 그는 1945년에 제품연구그룹이 제품의 개발에서 좋은 성과를 달성했던 것과 같이 제조 분야에서도 이러한 기능을 가진 조직이 필요하다고 생각했다. 자동차의 제조는 급격하게 신소재, 신기계, 신방식들에 대한 계속적인 연구를 더욱 필요하게 만들었다. 따라서 제조공정에서 활용할 아이디어들을 개발할 전문가들이 필요했다. 논리적으로 볼 때 이것은 스태프 기능이고, 그러한 것은 개별 사업부보다는 전사적으로 관리할 때 그 목표를 더 잘 달성할 수 있다.

제조스태프의 기술적 업무의 중심은 주로 제조개발부문의 공정엔지니어링 활동이었다. 거기에서 자동차의 문제가 발생한다. 공정엔지니어링은 필연적으로 자동운영을 포함한다. 반자동기계와 자동기계 다음에는 반자동공장과 자동공장의 이미지가 부상하는데, 이 모호한 영역 전체를 단순화하여 '자동화'라는 용어를 사용한다. 그 안에서는 제조의 실현 가능성과 공상과학을 구분하기 어렵다. GM에서 제조스태프

19 이 스태프는 또한 부동산, 공업 사진, 생산통제, 구입과 관련된 업무를 책임지고 있다.

는 이 분야에서 큰 역할을 할 것이다. 자동화 정도를 결정하는 것은 어려운 문제이기 때문에 회사의 최고정책수준에서 결정하게 될 것이다. GM과 제조스태프들은 이 분야에서 일부 다른 제조업체들보다 신중한 자세를 취하는 경향이 있었다. "그것이 자동화라면 반드시 좋다"는 폭넓은 믿음은 존재하지만, 우리의 경험에 의하면 항상 그런 것은 아니라는 것을 보여주고 있다.

이 주제에 대해서는 다음과 같이 균형 잡힌 견해를 피력한 좋은 논문이 있다. 이것은 1958년에 개최된 GM의 엔지니어링과 과학교육을 위한 콘퍼런스에서 당시 공정개발에 책임을 맡고 있었던 로버트 M. 크리치필드Robert M. Critchfield가 제출한 논문으로, 다음과 같이 기술되어 있다:

> 근년에 우리 모두는 자동화에 관한 많은 이야기를 들었다. 그러나 자동화에 대한 이야기들은 그 용어의 진정한 의미에 관해 엔지니어링 전문직 종사자를 포함하여 아주 많은 사람들을 혼동시키고 있다. 자동화는 새로운 것이 아니고 반세기 이상 제조과정에서 진행된 것을 단지 상대적으로 최근의 용어로 표현한 것일 뿐이다. 자동화의 역사는 아마도 독립전쟁 당시의 미군을 위해 머스킷 총을 대량생산하기 위한 엘리 휘트니의 성공적인 시도까지 거슬러 올라갈 수 있다. 내 기억에는 GM도 35년 전에 몇 가지 유형의 변환기계와 자동화 생산기구를 보유하고 있었다. 그것은 '자동화'라는 용어가 만들어진 것보다 오래된 일이다. 우리의 오해는 자동화가 특정 부품의 대량생산이나 고도로 반복적인 수작업과 관련된 제품에 대한 명확한 해결책이라고 강조하는 수많은 문헌들에서 기인한 것으로 보인다. 그러나 그것은 전혀 사실이 아니다. 생산 공정이나 운영을 기계화할 것인지 하지 않을 것인지에 대한 결정은 반복적 운영의 횟수 그 이상의 것과 관련된다. 경제학의 기초들과도 아

주 많이 관련된다. ……

경제적 해법에 의하면 문제에 대한 해답은 우리의 자본투자에 대한 최고의 이익을 제공하는 것을 의미한다. 그리고 물론 사양에 따라, 그리고 원하는 품질에 따라 제품을 생산한다. 그리고 수작업과 기계적 요소들의 가장 효과적인 사용이라는 표현은 공정이나 운영이 기계화되었을 때라도 수작업이 완벽하게 없어지지는 않을 것이라는 전달하기 위한 것이다.

완전 자동화된 공장은 흥미 있는 구상이지만, 완전 자동화된 공장에서도 생산비의 감소, 더 나은 기계들의 제작, 공장배치의 개선, 더 나은 공장들의 설계와 같은 현실적인 문제들은 계속 고려해야 한다. 이 모든 분야에서 제조스태프가 중요한 공헌을 하고 있다.

기술센터

1956년에 완성된 GM기술센터The General Motors Technical Center는 의심할 여지없이 엘리엘 사리넨Eliel Saarine과 이에로 사리넨Eero Saarine이 설계한 유일무이한 건축물로서 건축적 우아함과 숨 막히게 아름다운 전경으로 주목을 받았다. GM기술센터는 GM 빌딩에서 약 12마일 떨어진 디트로이트 북동부의 900에이커의 부지에 위치해 있다. 부지의 중앙에는 3면이 빌딩 숲에 둘러싸인 22에이커의 인공호수가 있었다. 북쪽에는 연구소가 있으며, 동쪽에는 제조스태프와 엔지니어링스태프 빌딩들이 있다. 남쪽에는 스타일링스태프의 빌딩이 있는데, 이 빌딩은 꽤 많은 사람들이 함께 모여 작업의 결과물을 전시할 수 있는 매우 특별한 돔 형태의 강당을 포함하고 있다. 기술센터에는 모두 합쳐 약 5,000명의 과학자들, 엔지니어들, 디자이너들, 기타 전문가들에게 거처를 제공하는 27개의 빌딩이 있다. 기술센터의 남부와 서부에는 나무가 우거진 지역이 있는데, 이는 기술센터를 다른 부동산 개발로부터 보호하는 데 도움을 주었을 뿐만 아니라 상당히 독특하면서 캠퍼스 같은 분위기를 유지하게 했다.

그러나 다른 모든 GM의 시설들이 그렇듯 기술센터의 주 기능은 당연히 일할 수 있는 환경을 제공하는 것이다. GM기술센터의 진정한 위대함은 건물의 우아함에서 오는 것이 아니라 아주 기능적이라는 데서 비롯한다. GM기술센터를 설립하는 데 총 1억 2,500만 달러가 들었는데, 이렇게 거액을 투자할 만큼 GM기술센터가 회사에 중요한 가치가 있는지를 이해하려면 독자는 그 유래에 대해 어느 정도 알아야 한다.

GM의 시설들은 제2차 세계대전이 끝나기 전 시기부터 부적절하다는 것이 분명했다. 당시 우리의 다른 스태프 활동들은 디트로이트 전역에 분산되었는데, 정확하게 말하면 다양한 임시막사에서 이루어지고 있었다. 나는 특히 스타일링스태프의 형편없는 작업 환경을 보고 충격을 받았다. 그들의 조립공장은 옛 피셔바디 빌딩에 있었는데, 스태프본부로부터 수마일이나 떨어져 있었다. 이 빌딩은 엔지니어링 작업, 특히 디젤엔진과 관련된 작업을 하고 있던 시설과 인접해 있었는데 얼 씨의 직원들은 엔지니어링 작업 과정에서 나오는 소음으로 고통을 받았다. 어쨌든 그들은 충분한 공간을 갖고 있지 못했다.

다른 스태프들은 전시 중에 전후시대에 대비해 시설계획을 짜기 시작했다. 이 문제를 연구와 엔지니어링과 관련시켜 생각하는 과정에서 모든 기술스태프들을 한 지역에 집결시키자는 아이디어가 나왔다. 이것은 물론 상당한 조직의 변화가 필요하다는 것을 의미했다. 나는 1944년 3월 29일자로 케터링 씨에게 보낸 편지에서 스태프센터 같은

것을 설립하는 것을 제안했다:

친애하는 케트

저는 우리의 사업체들의 장기적 상태에 영향을 주게 될 특정한 문제들에 관해 생각해오고 있습니다. 괜찮으시다면 이들 문제들 중 하나에 대해 제가 생각하고 있는 것과 관련하여 귀하의 고견을 구하고자 합니다.

저는 귀하에게 기술발전의 중요성에 대해서는 설명하지 않으려 합니다. 우리 모두는 기술발전이 장래의 성패를 결정짓는 핵심 요소라고 인지하고 있습니다. 우리는 다년간의 연구활동에서 과학적 측면과 엔지니어링 측면 사이에 놀라운 균형을 유지해왔습니다. …… 저는 우리가 가진 이 놀라운 균형이 앞으로도 계속 유지될 수 있을지 의심스럽습니다. …… 조심스럽기는 합니다만, 앞으로 10~20년 후에 GM의 과학적 연구는 현재보다 더 활발해질 것이라고 믿고 싶습니다. …… '과학적 분야'는 …… [우리의 관심분야에] 직접적으로 또는 간접적으로 관련된 문제들[을 의미합니다], 그러나 어떤 의미에서는 우리가 통상적으로 엔지니어링이라고 부르는 것과는 다릅니다.

우리 제품들이 연구개발 단계를 거친 후 엔지니어링에 포함될 때까지의 기간을 단축하는 과정이 얼마나 중요하며, 이 과정이 얼마나 어려운지는 귀하가 항상 제기해왔던 문제이며, 저 또한 이에 대해 귀하의 의견에 동의했습니다. ……

제품을 엔지니어링 과정에 더 빨리 포함되도록 하기 위해 저는 다년간 여러 가지 다른 접근법을 시도했습니다. 예를 들어, 첫째로 사업부의 엔지니어링부에 동시 기어변속기 같은 어떤 미래 장치를 개발하게 하는 것 …… 아시다시피 우리는 그것에 이어서 엔지니어링스태프 책임자의 지휘 아래 제품[연구]그룹을 설치했습니다. …… 이런 방식으로 우리는 엔지니어링의 발전을 실용화가 가능한 지점까지 가져올 수 있었

> 습니다. 그 후에 그것은 상황에 따라 엔지니어링 방식이나 생산방식으로 처리될 수 있었습니다.
>
> 저는 우리가 회사에서 …… 자동차 전체를 담당할 적절히 인증된 본사 엔지니어링 활동을 …… 엔지니어링 담당 부사장의 스태프로 구성해야 한다고 생각합니다.
>
> 저는 디트로이트 시에 가깝지만 외곽에 조직을 구성하여 이 활동의 물리적 개발을 가시화할 것입니다. 성능시험장[20]은 …… 접근하기에 너무 먼 것으로 보입니다. …… 저는 이러한 조직이 …… 선진적 연구 성과를 우리의 제품으로 응용하는 데 소요되는 시간을 단축시킬 것이라고 …… 생각합니다. ……
>
> …… 현재 연구를 수행하고 있는 분야에서 …… 엔지니어링과 과학적 분야를 결합할 방법을 변경할 필요는 없습니다. …… 만약 미래에 우리의 연구가 과학적 분야에 더 많이 집중되어야 한다면, 그때 우리는 부적합을 극복할 조직을 가져야 할 것입니다. ……

케터링 씨는 이 제안에 대해 연구 설비를 확장하고 기계 용구와 모델을 제외한 나머지 모두를 새로운 장소로 옮길 계획을 가지고 있다고 응답했다. 그는 이 제안을 O. E. 헌트에게 보냈고, 그가 나에게 의견을 전달했다. 1944년 4월 3일에 나는 헌트 씨에게 다음과 같은 점을 강조하는 편지를 보냈다:

> 첫째, 나는 이 제안에 총 비용이 얼마가 들건 간에 그것에서 얻을 혜택과 비교하면 그 비용은 하찮다고 생각합니다. …… 결국 추가시설의 필요성은 내가 궁극적인 필요성이라고 부르는 것입니다. …… 우리가 판매할 수 있는 것은 …… 기술적으로 건전하고, 바람직하며 향상된 제

20 디트로이트 북서부에서 42마일 떨어진 미시간 주 밀퍼드에 위치함.

품입니다.

둘째, 나는 우리에게 연구를 위한 추가시설들이 필요하다고 확신합니다. [그리고] …… 현재의 시설들은 우리가 필요로 하는 성과를 얻는 데 부적절할 뿐만 아니라 입지가 취약합니다. 나는 현재 우리가 있는 곳에서 동일 유형의 일을 위해 자금을 더 많이 소비하는 것에 절대 반대합니다. …… 따라서 기술센터를 완전히 새로운 지역에 설립하여 회사의 운영상황과 잘 조화를 이루어야만 이번 프로젝트가 건전하고 바람직할 수 있다고 생각합니다. ……

나는 케터링 씨의 계획을 일부 수정하는 내용으로 편지를 마무리했다. 내가 제안한 내용은 다음과 같다:

우리가 'GM기술센터'로 부르게 될 것을 설립합시다.

…… 내가 지시한 센터는 케터링 씨가 정의한 대로 확장된 연구 활동을 담당할 것입니다. 그리고 할리 얼Harley Earl의 차체 디자인 같은 엔지니어링 활동은 우리가 디트로이트에서 현재 수행하고 있는 것과 같은 확대된 제품 활동과 상호 관련되어 있습니다. ……

이 제안은 1944년 말에 내가 협의와 승인을 위해 관리위원회로 회부할 수 있다고 판단할 수 있는 수준까지 진전했다. 다음 내용은 1944년 12월 1일 개최된 위원회의 의사록에서 인용한 것이다:

슬론 씨는 회사의 기술 개선 정책에 따라 디트로이트 근교에 기술센터를 설립하겠다는 계획을 입안 중이라고 그룹에 보고했다. 그는 계획이 시안 단계에 있으며, 완전한 자료는 후일에 제출할 것이라고 말했다. 그 제안은 센터가 연구사업부와 예술 · 색상부에 의해 현재 수행되고 있는 활동들을 수용할 것이라고 했다. 또한 제안된 GM기술센터는 현재 본사 엔지니어링스태프에 의해 수행되고 있는 제품 비교 연구와 관련된 시설도 포함할 것이다. 현재 본사 엔지니어링스태프에 의해 수행되고 있는 이 작업은 연구사업부에 의해 수행되는 연구도 아니고, 여러 사업부의 엔지니어링 그룹들이 수행한 개별적 엔지니어링 작업도 아니다.

위원장으로부터의 요청에 따라 참석자들은 제안된 기술센터에 전폭적으로 찬성한다는 의사표시를 했다.

그러나 아직 센터의 입지 결정이라는 큰 문제가 남아 있었다. 상당한 협의를 한 후에 센터는 너무 혼잡한 지역에 있어서는 안 되고, 철도 시설 근처에 있어야 하며, GM 빌딩에서 25~30분 정도 떨어진 지역이어야 하고, 주거 지역에 인접해야 한다는 것에 합의했다. 또한 각 활동들은 그것의 개별적 특성을 유지하여야 한다는 것에도 합의했다. 1944년 12월 중반 무렵에 여러 가지 요건을 충족하는 적절한 지역을 결정했는데, 그곳이 바로 현재의 GM기술센터 부지다. 우리는 디트로이트 북동쪽의 워렌군구 구획 9의 웨스트해프에 있는 지역을 선정했다. 모든 관계부서는 이 지역이 바람직하다는 데 합의했다.

입지 선정 외에도 건축물의 미관적인 기준들에 관한 문제가 남아 있었다. 할리 얼은 당초부터 유명 설계자를 참여시켜 독특한 센터를 만들어야 한다고 주장했다. 다른 사람들은 고도의 미관적 기준을 강조하면 센터의 실용적 이용에 오히려 저해가 된다고 생각했고, 그런 이유로 GM이 자체적으로 프로젝트를 설계하여 건물을 세우기를 원했다. 이 논의가 진전되어가고 있는 중에 나는 디트로이트에 있는 완성한 지 얼마 안 된 에틸코퍼레이션Ethyl Corporation의 연구소를 방문하게 되었다. 나는 이 연구소의 멋진 시설들을 보고 강한 인상을 받았고, 얼 씨의 주장에 더 많은 관심을 갖기 시작했다.

미관을 중시하는 센터의 영향에 관해 상당한 관심을 표명한 사람들 중에 라모 듀퐁Lammot du Pont 씨가 있었다. 그는 자신이 납득할 수 없는 사안이 있으면 스스로 이사로서의 책임을 다하지 못하는 것이라는 아주 합당한 사고를 가지고 있었다. 나는 1945년 5월 8일에 그에게 GM기술센터의 설계를 사외 건축가에게 의뢰하는 것이 좋겠다는 논거를 피력한 서한을 보냈는데, 5월 17일에 그는 그 점을 납득했다고 응답했다. 그의 편지 일부를 인용하면 다음과 같다:

> 저는 건물 전체의 배치와 그것을 준비하는 과정에 대한 설명을 듣고 감동을 받았습니다. 미관 문제 또는 제가 '장소의 치장'이라고 부르는 이 문제는 당초부터 중요한 이슈가 되어왔습니다. 저는 기술적 성과들을 얻는 것이 유일한 목표인 이러한 종류의 프로젝트에서 외관의 문제가 어떤 중요성을 가지고 있다고 믿지 않았습니다. 제가 건축회사에 의해 설계된 배치에 대해 말한 것은 제 마음속에 이러한 생각을 가지고 있었기 때문입니다. 반면 제 사고방식에 따르면 기술센터의 배치에 대한 설계는 엔지니어링 기업이나 GM의 엔지니어들이 하는 것이 더 적절할 것입니다.
>
> 그러나 저는 귀하의 편지를 보고 기술적 가능성에 지장을 초래하거나 그 프로젝트의 비용을 대폭 추가할 의도가 없다는 것을 알았습니다. 그 두 가지에 대해 확신을 가진 후 저는 그 프로젝트에 남아 있는 단 하나의 의문이 해결되었습니다.

우리는 얼 씨에게 센터의 설계자를 찾도록 요청했다. 그는 많은 일류대학 건축학과를 찾아가 그 분야에 식견이 있는 사람들의 의견을 구했다. 거의 모든 사람이 동일한 사람을 추천했는데, 그가 바로 사리넨이었다. 그래서 우리는 쉽사리 사리넨을 설계자로 선정했다.

1945년 7월에 우리는 건축가들의 예비 계획들, 정교한 축소모형 그리고 아티스트들의 여러 개의 빌딩에 대한 투시도를 가졌다. 7월 24일에 우리는 그 프로젝트를 공개적으로 발표했고, 언론의 호의적인 평가를 받았다. 10월경에 토지의 개략적 등급을 매겼고, 둘레에 울타리를 쳤다. 그러나 1945년 가을부터 1946년 3월까지 진행된 전후 최대 파업 때문에 프로젝트는 지연되었다. 또한 전후의 호황에 대응하기 위해 우리는 기술센터 같은 빌딩을 세우는 것보다는 생산시설을 확장하는 것이 더 필요하다는 것을 알게 되었다. 그 결과 GM기술센터의 건설은 1949년에서야 재개되어 1956년에 공식적으로 개관했다. 나는 미학적으로 독특하면서도 기술자들을 위해 기능적인 특성까지 고려한 센터를 설립한 것은 매우 타당하고 바람직하다고 생각하며, 그 결과에 대해 매우 만족한다.

제15장 스타일링

기술 중시에서 스타일 중시로 근년에 자동차시장의 탁월한 스타일링은 연차모델의 발전과 최첨단 자동차 엔지니어링의 소산이다. 스타일링은 1920년대 말에 자동차산업에서는 최초로 GM에 의해 하나의 조직된 스태프 활동으로서 업무를 수행하게 되었다. 1928년 이래로 회사에서 스타일링과 엔지니어링은 계속적으로 상호작용하면서 발전해왔으며 현대적인 GM 스타일을 창조했다.

1920년대 말까지 자동차시장의 첫 30년 동안에는 엔지니어들이 자동차 전체의 설계를 도맡았다. O. E. 헌트가 나에게 보낸 편지에 이러한 초기의 배경이 다음과 같이 요약되어 있다:

> 당초에는 안락함조차 2차적인 문제였고, 외관, 경제성 등은 거의 주목을 받지 못했습니다. …… 엔지니어링이 모든 활동을 지배하고 있었고, 엔지니어들은 흔히 제조의 실현 가능성 또는 시간이나 자금의 관점에서 유지의 용이성과 무관하게 설계가 세세한 사항까지 따라야 한다는 불합리한 주장을 할 수 있을 정도로 강한 개성을 가지고 있었습니다. 광고와 판매활동에서까지 바람직한 자동차 기능과 특징에 대한 엔지니어의 신념이 크게 영향을 끼쳤습니다. ……

1920년대에 제품product 분야와 생산production 분야에서 일하는 두 가지 유형의 엔지니어들 간에 어떤 긴장관계가 나타났다. 그것은 필연적으로 자동차의 설계에 영향을 주었다. 생산엔지니어는 대량생산을 위한 기법들을 만들어가는 데 있어서 발생하는 문제들 때문에 제품의 설계 변경에 난색을 표명했다. 그것들은 제품엔지니어에게 두통거리였다. 그러나 1920년대 중반이 되자 제품엔지니어들은 판매원들의 영향력을 감지하기 시작했다. 당시에는 아직 대부분 순수하게 엔지니어링 설계를 따랐지만, 점차 시장의 동향에 순종하기 시작했다. 그사이 제품엔지니어의 기술 상태는 최고로 성장하여 현재의 가솔린차 종류에 관한 한 최상일 뿐만 아니라 원숙한 경지에까지 도달했다. 현재 제품엔지니어는 기술의 대부분을 스타일리스트에 의해 창조된 문제들의 해결을 위해 사용한다. 소비자들도 이것을 인식하고 있어 오늘날 모든 경쟁력 있는 자동차 제조에서는 다양한 엔지니어링의 탁월함을 인정함으로써 소비자의 선호도는 스타일의 차이에 강력하게 영향을 받는다. 물론 자동차 디자인은 순수한 패션이 아니다. 그러나 파리의 드레스메이커들의 '규범'이 자동차산업에서도 중요한 요소라고 해도 과언이 아니었으며, 그것들을 경시하는 회사에게는 재난이 따른다.

GM은 제조업체로서 업계의 이런 동향과 소비자의 열망이 조화를 이루도록 노력해야 했다. 제2차 세계대전 말에 우리는 제품의 주된 매력이 외관, 자동변속기, 고압축엔진 순서가 될 것이라고 예측했고, 그것은 우리의 예상대로 맞아떨어졌다.

어느 한 모델에서 스타일링에 변화를 주어야 하는 정도는 특히 민감한 문제를 제기한다. 신 모델의 변화는 새로운 가치에 대한 수요를 창조할 만큼 고상하고 매력적이어야 한다. 말하자면 과거의 모델들을 신형 모델과 비교함으로써 과거 모델에 대한 불만을 유발해야 함과 동시에 현재 모델과 이전 모델들은 방대한 중고차시장에서 여전히 만족스러워야 한다. GM 차들의 각 라인은 외관의 독특함을 유지해야 하는 동시에 누구라도 쉐보레, 폰티악, 올즈모빌, 뷰익, 캐딜락을 구분할 수 있어야 한다. 디자인은 시장에서 경쟁력이 있어야 한다. 이러한 복잡한 스타일링 요건들을 달성하기 위해서는 고도의 기술과 예술가적 기교가 필요했다. GM은 1,400명이 넘는 스타일링스태프를 가지고 있다. 그들은 제품의 성공에 대해 막중한 책임을 가지고 있다.

대량생산은 필연적으로 스타일링에 대한 어떤 제약들을 부과한다. 신 모델을 출시하는 데는 막대한 비용이 든다. 어떤 연도에는 6억 달러가 넘게 들어갔다. 따라서 각 변경안의 비용을 추산하는 것은 필수적이다. GM은 신 디자인의 설비 교체비를 어느 정도 감소시키기 위해 기본 차체 개념의 주요 구조적 부분들을 공동으로 사용한다. 또한 툴링비를 절감하기 위해 대폭적인 설계 변경은 2~3년의 주기를 갖도록 제한한다.

설계에 대한 스타일리스트들의 통제는 여러 가지 요인에 의해 제약을 받는다. 그들은 각 자동차사업부, 피셔바디사업부, 스태프엔지니어들과 상호작용을 하는데 그들의 업무는 엔지니어링정책그룹의 전반적인 의사결정과 함께 조정되어야 한다. 과거에 신 설계들은 자동차생산사업부에 의해 설정된 엔지니어링의 제약에 종속되었지만, 오늘날 그것들은 얼마나 소비자의 눈길을 끌 수 있는 매력을 가지고 있는가 하는 관점이 더 중시된다. 엔지니어링과 생산은 스타일링이 대량생산에 맞게 조정됨으로써 스타일링 요건에 맞게 조정되었다.

미국의 초기 자동차시장에서는 다년간 거의 모든 자동차 제조업체에 의해 장착된 여러 부품 사이에 어떤 관련이 있었다. 예를 들어 래디에이터는 앞 차축과 같은 높이가 되어야 했고, 뒷좌석은 뒤 차축의 바로 위에 있어야 했다. 이러한 규칙은 당시 차 높이height에도 영향을 미쳤다. 불가피하게 구형 자동차의 차축과 차체 사이에 있는 이러한 고정된 관계들은 차가 높아야 했다는 것을 의미했다. 그러나 이것은 업계가 주로 오픈카들을 만들고 있을 때, 즉 1920년대 중반까지는 거의 문제가 되지 않았다.

자동차에서 매우 만족스런 디자인이 발전된 시기는 오픈카의 시대였다. 제조된 자동차의 90%가 투어링카 또는 로드스터였던 1919년에 투어링카는 깨끗하고 정돈된 외관을 가지고 있었다. 차체의 표면은 매끄러웠으며 도어들은 평평했다. 그리고 후드는 그것이 가장 눈에 잘 띄는 모습을 갖게 될 때까지 높아지고 길어졌다. 그것은 자동차 역사에서 자동차가 일상적인 이동용과 업무용보다는 대부분 스포츠와 오락용으로 사용되었을 시기의 제품이었다. 물론 문제가 있었는데, 그것은 주로 날씨였다. 우리는 20년 동안 악천후에 대비해 다양한 러버 코트, 모자, 무릎 덮개, 그리고 다른 물건들을 임시변통으로 사용해왔다. 그러나 어떤 이유에선지 자동차에서 건조상태를 유지하는 방법이 자동차를 바깥 날씨로부터 차단하는 것이라는 것을 오랫동안 인식하지 못했다. 마침내 덮개 차가 탄생하고, 오늘날 우리가 알고 있는 것과 같은 스타일링이 확립되었다.

1921년 GM의 제품정책 프로그램은 "판매에서 스타일이 매우 큰 중요성을 가지고 있다"는 것을 강조했다. 그러나 내가 처음으로 스타일링 문제에 대해 발 벗고 나선 것은 덮개 차체가 대세가 되었을 때인 1926년이었다. 그 당시 덮개 차의 외관은 아쉬운 점이 많았다. 자동차의 초창기에는 사실상 수작업으로 만들었고, 마차의 디자인을 반영하여 우아함을 지닌 기간은 이미 먼 과거가 되었고, 거의 잊힌 상태였다. 원숙미를 가진 오픈카는 이미 진부해졌다. 새로 등장한 덮개 차는 높고

볼품없는 기계장치로, 좁은 문과 이미 높을 대로 높아진 후드 위에 높은 벨트라인즉, 유리창과 차체 하부 사이의 라인을 가지고 있었다. 예를 들어 GM의 덮개 차들은 1926년에는 70~75인치였는데, 1963년에는 51~57인치였다. 그리고 차체는 프레임과 겹치지 않아서 매우 좁았다. 1926년에는 65~71인치였는데, 1964년 모델은 전폭이 약 80인치나 되었다. 잘 만들어졌지만 차높이전고는 매력적이지 않았다. 그리고 차들이 성능이 좋아진 모터들을 장착하고 고속으로 주행하게 됨으로써 무게중심이 지상에서 멀리 떨어진 차는 위험하게 되었다.

이들 차의 문제점은 부분적으로 설계과정에 있었다. 당시 일반적으로 완전히 독립된 두 가지 활동이 있었는데, 하나는 자동차 차체의 생산이고, 다른 하나는 섀시의 생산으로 자동차의 외관에 영향을 주는 부품의 일부를 포함하고 있었다. 그 당시 GM의 자동차사업부들은 섀시를 카울, 범퍼, 발판, 후드를 포함한 독립된 단위로서 설계하여 제조했다. 당시 피셔바디는 도어, 윈도, 좌석, 루프와 함께 차체를 설계하여 제조했는데, 그것 또한 독립적으로 조립했다. 그 후에 차체는 섀시에 설치됐다. 완성차의 외관은 이 두 가지 활동이 독립적으로 이루어지고 있음을 여실히 보여주었다.

나는 스타일링 프로그램의 개발이 필요하다고 보고, 1926년 7월 8일에 뷰익사업부장 H. H. 바셋H. H Basset에게 다음과 같은 서한을 보내 나의 전반적인 의견을 전달했다:

해리에게

…… 캐딜락을 처음으로 손에 넣었을 때 …… 전고와 무게중심을 내리려고 소형 와이어 휠을 구입했습니다. 나는 자동차업계에 종사하는

사람으로서 어떤 다른 것보다 매력적인 요소가 될 수 있는 자동차의 외관에 왜 신경을 더 쓰지 않는지 도저히 알 수 없습니다. 크라이슬러는 자신의 최초의 차를 출시하는 데 있어서 확실히 그 아이디어를 최고로 완전하게 가능한 정도로 활용했고, 나는 수많은 큰 성공이 …… 그 단 하나의 요소에 기인했다고 생각합니다. 천천히 그러나 확실하게 우리는 우리가 생산하는 차를 …… 지상에 더 가깝게 근접하도록 하고 있습니다. …… 물론 이것은 어느 정도 기계적 특징이지만, 그럼에도 불구하고 외관까지 포함하고 있습니다.

나는 우리 모두 외관이 판매와 얼마나 많은 관련을 가지고 있는지를 …… 인식하고 있다고 확신합니다. 모든 차가 기계적으로 매우 훌륭해야 하는 것은 당연한 전제이고, 우리의 차와 같은 제품에서는 개별적 매력이 아주 중요합니다. 그것은 장래 우리의 번영에 엄청난 영향을 미친다는 것을 의미합니다. 나는 그것이 우리의 차체 설계에 도입되었을 때 우리 모두가 피셔바디의 모든 관점으로부터 품질, 뛰어난 기량과 건설적임을 인식하고 있다고 확신합니다. 그것들은 이미 실증되고 있습니다. ……

그러나 이 모든 것에 관계없이 의문이 발생합니다. 그것은 우리가 기량과 좀 더 기계적인 성격의 다른 요소들의 타당성을 가지고 있는 만큼 설계의 아름다움, 라인들의 조화, 색채의 배합에서 오는 매력성, 기구 apparatus 전체의 일반적 윤곽이라는 관점에서 발전이 있는가 하는 것입니다. 그것이 내가 제기하고 있는 요점이고, 나는 그것이 매우 근본적인 것이라고 생각합니다. ……

현 시점에서 우리의 매우 중요한 라인들 중의 하나는 외관의 관점에서 개조되고 있습니다.

이 편지의 마지막 부분에서 내가 언급한 조치는 스타일링의 역사를 만들기 위한 것이었다. 당시에 캐딜락사업부장이었던 로렌스 P. 피셔는 나와 함께 외관의 중요성에 대한 믿음을 공유하고 있었다. 그는 전국의 딜러들과 유통업체들, 그중 캘리포니아 주 로스앤젤레스의 돈 리 Don Lee를 방문하고 있었다. 돈 리는 자신의 판매회사와 함께 주문제작 자동차정비소를 소유하고 있었다. 거기에서 그는 다른 나라와 미국 내에서 판매하는 섀시에 사용되는 특별한 차체를 제작했는데, 할리우드의 영화배우들과 캘리포니아의 부유층 사람들을 대상으로 한 것이었다. 피셔는 캘리포니아 차들의 스타일링에 감명 받았고, 주문 제작 차체를 만든 정비소를 방문했다. 거기서 그들의 젊은 수석디자이너 겸 주문제작 자동차정비소 소장인 할리 J. 얼Harley J. Earl을 만났다.

미술 · 색상부의 신설 마차 제작회사의 아들로 태어난 할리 얼은 스탠퍼드 대학에서 공부했는데, 그의 아버지가 경영하는 마차공장에서 실무 훈련을 받았다. 그 공장은 돈 리가 매수하여 계속 운영하였다. 그는 피셔 씨가 처음 보는 방식으로 일했다. 한 가지 예를 들면 그는 점토 모형을 사용하여 다양한 자동차 구성요소의 형태를 개발하고 있었다. 당시에 전통적으로 개발업무에 사용된 것은 나무 모형들과 손망치로 된 금속부품들이었다. 그는 또한 차체, 후드, 범퍼, 헤드라이트, 발판을 만들고, 그것들을 조합하여 전체적으로 멋있게 보이는 완전한 자동차를 설계하고 있었다. 이 또한 매우 독창적인 기법이었다. 피셔 씨는 얼 씨가 프레임을 자르고 여분의 조각을 주입함으로써 축간거리를 연장시키는 것을 보았다. 그 결과로 나타난 것은 긴 전장과 낮은 전고를 가진 주문제작 차체였는데, 수많은 유명 영화배우들을 사로잡았다.

그것은 실로 중요한 만남이었다. 왜냐하면 이 젊은이의 재능에 대한 피셔 씨의 관심은 1920년 말부터 1960년까지 5,000만 대 이상의 자동차 외관의 방향을 결정짓는 결과를 가져왔기 때문이다. 피셔 씨는 얼 씨에게 동부의 디트로이트로 와서 캐딜락사업부에서 일하자고 제안하였다. 당시 피셔 씨가 특별히 염두에 두고 있는 프로젝트가 있었는데, 그것은 캐딜락과 같은 계열이지만 약간 낮은 가격으로 책정된 고급차를 설계하는 것이었다. 우리는 이런 유형의 자동차시장이 성장하는 것을 감지했다. 그 아이디어는 새로운 개념을 가진 설계를 염두에 둔 접근법으로 외관의 관점에서 다양한 부품들을 통합하고, 날카로운 모서리를 깎아 둥글게 하며, 윤곽 전체의 중심을 내리는 것이었다. 우리는 그 시대의 주문제작 차만큼 아름다운 자동차를 대량생산할 수 있기를 원했다.

할리 얼은 1926년 초에 피셔 씨와 캐딜락사업부에 대한 컨설턴트로서의 특별계약을 맺고 디트로이트에 왔다. 그는 신차 설계를 위해 캐딜락 차체 엔지니어들과 함께 일했다. 이것이 바로 바셋 씨에게 보낸 편지에서 언급한 그 차로, 당시 설계단계에 있었다. '라살La Salle'이라고 명명된 차는 1927년에 센세이셔널하게 데뷔했고, 미국 자동차 역사에 뚜렷한 족적을 남겼다. 라살은 대량생산에 성공한 최초의 스타일리스트 차였다. 신차의 효과는 1926년 뷰익의 세단과 비교함으로써 더욱 확실히 알 수 있다. 라살은 길고 낮게 보였는데, '전익비행기Flying Wing'라 불리는 범퍼들은 예전 범퍼들보다 더 깊이 내려가 있었다. 또한 측면 유리들은 비율을 바꾸었고, 벨트라인은 새로운 유형의 몰딩을 가졌다. 날카로운 모서리를 깎아 둥글게 했고, 우리가 찾고 있던 통합된 외관에 다른 디테일한 설계가 추가되었다.

나는 얼 씨의 작업에 너무 감명받아서 다른 GM 자동차사업부들도 그의 재능의 혜택을 받도록 하는 결정을 내렸다. 1927년 6월 23일, 집행위원회에서 나는 GM의 제품들에서 미술과 색상을 결합하는 문제를 연구하기 위해 특별한 부서를 설치하는 계획을 제안했다. 부서의 인원은 50명으로 그중 10명은 디자이너이고, 나머지는 작업담당자와 사무 · 행정보조원이었다. 나는 얼 씨를 우리가 '미술 · 색상부Art and Color Section'라고 불렀던 이 새로운 스태프부서의 책임자로 임명했다. 얼 씨의 책임은 양산 차체의 설계를 감독하고, 특별 차 설계의 연구개발프로그램을 수행하는 것이었다. 이 부서는 회사의 일반스태프조직의 일부를 구성했다. 그럼에도 불구하고 부서의 예산은 피셔바디사업부에서 조달되었다. 나는 사업부들이 이 신설 부서를 어떻게 이용하는지에 관심을 가졌는데, 캐딜락사업부장인 피셔 씨가 얼 씨에게 줄 수 있는 모든 지원과 특권이 필요하다고 생각했다. 더 나아가 CEO로서 나는 얼 씨에게 나의 개인적 지원을 아낌없이 제공했다. 그는 회사 전체를 위한 스태프업무를 시작했을 때, 내가 그에게 한 다음과 같은 말을 기억하고 있었다. "할리, 내 생각에는 회사 내에서 당신을 어떻게 받아들이는지를 내가 파악할 때까지 당분간 나만을 위해 일한다고 생각하는 것이 좋을 것 같아요." 나는 피셔 씨와 나의 지원 하에 신설 부서가 자동차사업부들에 받아들여질 수 있기를 간절히 희망했다.

얼 씨가 처리해야 했던 최초의 과제 중의 하나는 계획에 필요한 디자이너 스태프들을 찾아내는 것이었다. 1927년에 이 일에 종사하던 자동차 스타일리스트들이 있었다. 예를 들어 뉴욕 시의 르 바론 인코퍼레이션Le Baron, Inc.의 레이 디트리히Ray Dietrich와 랠프 로버츠Ralph Roberts는 1920년대 말에 각각 머레이 코퍼레이션 오브 아메리카Murray Corporation of America와 브릭스 매뉴팩처링 컴퍼니Briggs Manufacturing Company에 고용되어 있었다. 또한 코네티컷 주 브리지포드의 로코모바일 컴퍼니Locomobile Company의 R. P. 윌리엄스R. P. Williams와 리처드 버크Richard Burke 등의 인물들이 있었다. 그러나 고급 자동차 디자인에 능숙한 젊은이들을 받아줄 상시적인 직업이 없었다.

미술 · 색상부가 설립된 직후 피셔 씨와 얼 씨는 유럽 차의 디자인을 연구하기 위해 유럽으로 출장을 갔다. 당시 상당수의 유럽 차들은 미국 차들보다 기계적으로나 외관상 더 우수했지만 상대적으로 생산대수는 적었다. 문득 우리의 신설 부서가 외국 디자이너들을 고용함으로써 개선될 수 있을 것이라는 생각이 내 머리를 스쳤다. 나는 1927년 9월 9일에 피셔 씨에게 그가 그런 가능성을 고려하고 있다는 것을 시사하면서 편지를 썼다:

> 귀하와 할리 얼이 해외에 출장 중이라는 사실을 고려할 때 우리의 미술과 색상 업무에 도움이 될 수 있는 아이디어를 제공해줄 수 있는 다른 사람들과 접촉을 시도하는 것은 건설적인 일이 아닐까 합니다. 이것은 얼핏 보면 비현실적으로 보이기도 하는데, 그것은 내가 다른 관점으로 각종 사물을 인식하고 있기 때문입니다. 다른 한편으로 내 생각으로는 미래의 큰 문제는 차종마다 서로 다르고, 매년 서로 다른 우리 차를 만드는 것입니다. 할리 얼이 이 분야에서 탁월한 재능을 가지고 있는 것은 알고 있지만, 우리가 당면하고 있는 사실들은 우리 사업이 엄청난 가능성과 중요성을 갖고 있기 때문에 인재를 추가로 확보하는 것이 필요하다는 것 [또한] 이해하고 있어야 합니다.

때때로 얼 씨는 디트로이트에 있는 자신의 스튜디오에 유럽 자동차 디자이너를 초청하곤 했다. 동시에 그는 수년 동안 다수의 미국 차 디자이너들을 길러냈다. 외국 차와 미국 패밀리카를 디자인하는 문제는 아주 다르다. 유럽 차들은 보통 트렁크 공간이 아주 작거나 없고 2인용이나 4인용 좌석들을 가지고 있다. 경제성 또한 다르다. 유럽 차 디자인에서 마력세와 높은 휘발유세는 소형 엔진과 더 큰 연비를 지향하도록 한다. 미국시장은 대형의 고마력 엔진, 다수의 승객을 위한 룸, 장거리 자동차 여행을 위한 충분한 짐을 적재할 수 있는 차량을 원한다. 유틸리티에서의 이러한 기본적 차이는 유럽 차와 미국 차의 설계 사이에 외관상 차이를 가져온다.

1927년 라살에 대한 시장의 호의적인 반응에도 불구하고 회사 내에 신설한 미술 · 색상부에 대한 반응은 지지부진했다. 어느 자동차 스타일리스트는 처음에 변화의 옹호자로 생산 및 엔지니어링 임원들을 약간 깜짝 놀라게 할 정도였다. 판매부는 그것에 대해 두려움을 가졌다. 차들의 외관이 닮아가기 시작하는 것이 아닌가? 1925년 12월 5일, 판매부장인 B. G. 쾨서는 편지를 썼다. "여러 사람이 두려워하는 것은 우리 사업의 미술과 색상의 목표가 어떤 한 사람의 개성에 좌지우지된다면 미래에 GM의 모든 차들은 다소간에 서로 닮은꼴이 될 가능성 때문입니다. ……" 나는 쾨더 씨에게 다음과 같이 답변했다:

> …… 신설된 조직[미술 · 색상부]은 아직 완전하게는 기능하고 있지 않습니다. 나는 예술적 능력을 가진 조직을 제공하는 프로그램을 지원할 것입니다. 그리고 그것이 한 개인의 운영적 관점에 지배를 받을 수도 있겠지만, 다양한 아이디어를 개발하기 위해 그 조직 내에 충분한 인원들을 배치할 것입니다. 전에는 한 개인이 특출한 뭔가를 가지고 있다는 것의 중요성을 인식하지 못했습니다.
>
> 얼 씨는 그런 면에 대해 매우 잘 알고 있고, 그가 매년 여덟 개 라인이나 아홉 개 라인을 고안하여 그것들을 계속적으로 좀 더 미적이면서 차별화되게 개선해나가는 것은 불가능하다는 것을 알고 있습니다. 적어도 그는 스스로 그렇게 할 수 없습니다. 우리의 구상은 이 부서의 활동에 색상과 실내치장을 포함시키는 것입니다. 과거에 많은 부분이 미해결로 계속 남아 있었습니다. ……
>
> 여기에 추가하여 나의 구상은 아직도 사업부에 다소간 중복되는 조직을 설치하도록 하는 것입니다. 물론 경쟁상황이 항상 유지될 수 있도

록 하기 위하여 ……

이처럼 사업부적인 접근법을 시도해보았으나 현실적인 것으로 증명되지 않았다. 그러나 우리는 각 사업부를 위한 스타일링스태프 내에 다른 스튜디오를 설치함으로써 사업부의 독립성을 유지했다.

그러나 미술 · 색상부를 받아들이는 데 있어 결정적인 요인은 최종적으로 판매였다. 시장의 반응은 차 모양이 자동차 판매를 높인다는 것을 분명히 입증했다. 크라이슬러는 색상 면에서 좋은 성과를 얻고 있었다. 우리도 나름대로 좋은 성과를 거두었다. 게다가 우리가 미술 · 색상부를 설치한 1927년은 포드의 모델 T가 종말을 고한 해다. 들리는 얘기로는 포드 씨가 "그것이 검은색이기만 하면 어떠한 색도 가질 수 있다"고 말했던 그 차였다. 이로써 스타일링이 등장해서 한 시대가 종언을 고하고 다른 새로운 시대가 열렸다.

1927년 9월 26일, 나는 당시 피셔바디 코퍼레이션의 사장인 윌리엄 A. 피셔에게 다음과 같은 편지를 썼다:

> 요컨대 GM의 미래는 지위를 나타내는 사치품의 관점에서 우리가 차체에 부여한 매력, 윤곽과 색채 배합의 양면에서 소비자의 눈을 즐겁게 하는 정도, 그리고 경쟁에서 차별화할 수 있는 정도에 의해 결정될 것이라고 생각합니다.

종종 '미용실'이라고 불린 미술 · 색상부 이용을 꺼려했던 회사 내의 분위기는 점차로 극복됐다. 캐딜락 조직의 최초의 외부 작업은 O. E. 헌트 휘하에서 이루어진 1928년식 쉐보레에 대한 '외장 개조'였다. 헌트 씨는 회사 내에 미술 · 색상부의 권위를 확립해야 한다고 주장했다.

미술 · 색상부가 전면적으로 스타일을 만든 최초의 차는 일반인의 관점에서 보면 엄청난 실패작이었다. 이것은 1929년식 뷰익이었는데, 1928년 7월에 출시된 후 곧 일반인들에 의해 '임신한 뷰익pregnant Buick'이라는 별명이 붙었다. 그 차는 그 당시 어떤 양산 차에서나 볼 수 있는 가장 발전된 엔지니어링이 도입되었다. 1929년의 낮은 판매 수치들은 이 특정한 디자인이 받아들여지지 않았음을 보여주며, 적절한 대체 디자인이 개발되자마자 생산이 중단됐다. 디자인에 대한 논란이 많았던 부분은 벨트라인 바로 아래가 약간 불룩하거나 둥글게 보인다는 것이었는데, 그것은 후드에서 시작하여 차 전체로 파급되었다. 실제 측정한 결과에 의하면 이 만곡은 벨트라인에서 1.25인치가 연장되었다. 매력을 끄는 데 실패한 것은 고객의 취향이 특정 기간에 관련돼 있다는 것을 보여준다. 근래의 자동차에서는 3~5.5인치의 불룩한 것을 용인하고 있다. 1929년의 '임신한 뷰익'은 대중이 일반적으로 급격한 디자인의 변화보다는 점진적인 변화를 훨씬 더 선호하고 있다는 것을 보여주는 고전적인 사례다.

1954년, 이 사건에 대해 얼 씨는 아티스트로서의 견해를 다음과 같이 설명하고 있다:

> …… 저는 1929년식 뷰익을 벨트라인의 강조점으로 양측을 약간 둥글게 설계하여 생산에 들어갔습니다. 불운하게도 공장은 운영상의 이유에서 설계에서 요구한 것보다 측면 패널을 더 아래에 설치했습니다. 거기에다 제가 점선으로 처리한 아크는 양 방향에서 형체를 길게 늘인 결과 전고에 5인치가 추가되었고, 강조점의 라인이 불편하게 위치해 있어 그 영향으로 불룩해졌습니다.

당시 스타일링 부서는 현재처럼 다른 회사의 사업운영과 협력관계가 잘 이루어지지 않았기 때문에 완성된 차를 보고 나서야 어떤 일이 발생했는지 알았습니다. 물론 저는 벤투라 바다사자처럼 으르렁거렸지만, 가련한 '임산부' 뷰익이라는 아주 재미있는 이름을 가진 차로부터 고객을 지켜내기에는 너무 늦었습니다.

미술 · 색상부는 오랫동안 디트로이트의 GM 빌딩 별관의 막사들을 사용하고 있었다. 작업의 중심이 되는 곳은 칠판이 걸려 있는 방이었다. 피셔바디와 각 자동차사업부의 임원들이 자주 이 방에 오곤 했다. 임원들은 디자이너들, 엔지니어들, 목공들, 점토 모형 제작자들과 아이디어를 주고받았다. 그들은 정력적이고 말이 많은 사람들로 항상 검은 벨벳커튼에 둘러싸여 있었고, 칠판에 그려져 있는 디자인들을 비교하거나 손가락으로 가리키곤 했다.

1930년대 초의 이런 고무된 분위기에서 함께 일한 면면들을 보면 쉐보레의 뉴슨 씨, 오클랜드현재 폰티악의 앨프리드 R. 그랜시Alfred R. Glancy, 어빙 J. 로이터Irving J. Reuter, 올즈모빌의 댄 S. 에딘스Dan S. Eddins, 뷰익의 에드워드 T. 스트롱Edward T. Strong, 캐딜락의 피셔 씨, 그리고 피셔바디에서 온 그의 형제들 중 한두 명이 있었다.

스타일의 변화 우리는 미술 · 색상부의 '매장'에서 윈도 쇼핑하는 사람들이었다. 미술 · 색상부는 새 디자인을 제안했고, 새로운 아이디어 스케치를 제시했으며, 진척상태를 체크했다. 그리고 시간이 지남에 따라 이들 아이디어 중 점점 더 많은 것이 실행 가능한 것으로 나타났다. 회사 내부의 많은 사람이 점차 이들의 아이디어를 도입함에 따라 새로운 사업부가 고객이 되었다. 더 나아가 우리는 여성의 관점을 반영하기 위해 여성을 자동차 디자이너로 고용했다. 아마도 GM이 최초로 그렇게 한 것으로 알고 있다. 그리고 오늘날 우리는 업계에서 가장 많은 여성 디자이너를 고용하고 있다.

할리 얼과 그가 이끄는 부서의 주요 과제들 중의 하나는 자동차 스타일링을 위한 특정 개발 분야들을 선정하는 것이었다. 누군가 자동차 스타일링이 어떻게 발전할 것인지에 대한 개념을 가지고 있다면 작은 변화는 계속하여 모델 프로그램이 요구하는 대로 해마다 만들어질 수 있다. 스타일링의 혁신적인 변화에 대해서도 신중하게 단계를 밟아 나감으로써 소비자들은 받아들일 준비를 충분히 할 수 있었다. 그것이 1929년식 뷰익이나 과도하게 유선형이 된 차에어플로 디자인를 출시했을 때 1934년식 크라이슬러와 같은 실패를 피할 수 있도록 했다.

할리 얼은 자동차 스타일링 개발의 주요 분야는 무엇이 되어야 하는지에 관해서는 확실했다. 그는 1954년에 이렇게 말했다: "28년간 저의 1차 목표는 미국 자동차의 전장을 늘리고 차고를 낮추는 것이었는데, 때로는 실현되기도 했고, 외관은 적어도 항상 개선되었습니다. 왜일까요? 비율에 대한 제 감각으로는 직사각형이 정사각형보다 더 매혹적이기 때문입니다. ……"

스타일링 개발의 주요 분야에 대한 기여는 두 번째 분야, 즉 자동차의 돌출부를 흡수하는 것이었다. 얼 씨와 그의 스타일링 부서는 설립된 이래 35년 동안 이런 스타일링의 발전에 기여했다. 1930년대에 나는 미술 · 색상부를 '스타일링부Styling Section'로 명칭을 바꾸었다. 자동차 산업 용어에서 모델의 외관은 현재 일반적으로 '스타일링styling'이라 불리고, 디자이너들은 '스타일리스트stylists'라고 불린다.

쉐보레의 1933년 모델들은 소위 A-차체들A-bodies을 최초로 발표했고, 상당히 큰 개선을 선보였다. 차체들은 전 방향으로 확대되었는데, 일부 보기 싫은 돌출부들과 아직도 두드러져 보이는 섀시의 노출된 부분들을 감추기 위한 시도였다. 가스탱크는 스타일리스트들이 '비버 꼬리beaver tail'라 부르는 것으로 덮였다. 래디에이터는 그릴 뒤에 숨겼다. 전통적 외부 차양은 1932년 모델에서 제거됐고, 구부러진 윈드실드 헤더로 대체되었다. 그리고 1933년 모델에서 프레임을 위한 덮개에 불과했던 에이프런도어 하부와 발판 사이의 패널의 높이를 줄였다. 최종 손질은 펜더 스커트fender skirt를 추가하는 것이었다. 그것은 펜더 아래 외피를 숨기는 것을 도왔다.

차의 전고를 낮추려는 얼 씨의 노력은 엔진 문제에 부딪쳤다. 내가 지적한 바와 같이 1922년대 말의 차체는 오늘날처럼 전륜과 후륜 사이에 드롭다운 되지 않고 축에 달려 있어 너무 높았기 때문에 차에 타기 위해서는 발판이 필요했다. 얼 씨는 축간거리를 길게 하고, 엔진은 그 뒤에서 전륜의 앞으로 이동하기를 원했다. 그렇게 함으로써 프레임과 차체는 낮아질 수 있었고, 승객들은 그 위에 앉는 대신에 후륜 앞에 앉을 수 있었다. 그러나 차체가 이 정도로 낮아지려면 문제가 발생하는데, 변속기를 어느 곳에 장착할 것인가 하는 것이다. 또한 엔지니어들은 차체를 길게 하는 것에 반대했다. 그 이유는 그렇게 하면 중량이 부가되고, 모터의 위치를 옮기는 것은 표준중량배분에 변화를 가져온다는 것이었다. 그것들 모두는 새로운 난제를 만들었다.

이런 문제들을 해결하는 다양한 방법들이 있었다. 하나는 '드롭 프레임'으로 앞 차축과 뒤 차축 사이에 프레임을 가라앉히는 방법이다. 미술 · 색상부는 드롭 프레임이 차의 전고를 어떻게 감소시키는지를 보여주기 위하여 극적인 시위를 했다. 어느 날 우리 앞의 무대에서 캐딜락 새시와 분리된 차체를 전통적 방법으로 조립해 보여주었다. 많은 작업자들은 새시에서 차체를 들어 올려 아세틸렌 토치로 새시 프레임을 절삭하여 분리를 진행했다. 그들은 전고를 3인치쯤 낮추기 위해 이러한 방법으로 매우 빠르게 프레임을 함께 뒤에 용접해 붙였다. 새시를 임시 변통 프레임으로 대체했을 때 그들의 주장이 정당함을 보여주었다. 그 결과는 차체를 낮출 수 있을 뿐만 아니라 그것의 새로운 위치도 100% 더 낮아 보였다.

루프 또한 스타일리스트들의 주목을 받았다. 당시 GM의 차체는 루프를 제외하고는 여전히 목조 프레임으로 외부 표면 전체에 판금을 사용했다. 루프의 중앙부분은 강철 측면 패널로 결합한 합성고무소재로 덮었다. 그러나 이 연결부분에 빗물, 먼지 등이 고이면서 루프가 서서히 부식되었다. 소금기가 있는 환경에서는 부식과정이 가속화되었다. 피셔바디는 보증서비스에 의한 교체작업에 쫓기고 있었다. 더군다나 스타일리스트들은 누더기 같은 루프의 외관을 엄청나게 싫어했다.

철강업계가 현대적인 고속 스트립밀압연장치을 개발하고, 처음으로 18인치 넓이의 박강판을 가지고 나왔을 때 드디어 우리는 원피스 강철 루프를 만들 수 있었다. 회사 내부의 많은 사람들이 이 혁신에 대해 단호하게 반대했다. 선임 직원 중의 일부가 반대한 이유는 전체 강철 루프의 초기 버전이 얼마나 북을 치는 듯한 소음을 만들었는지를 기억하고 있었기 때문이다. 옛 루프는 상자 모양이었지만, 새로운 디자인은 '북 치는 소리'를 줄여주는 넉넉한 왕관 모양과 곡선형 측면을 가졌다. 새로운 검은 실루엣은 자동차 스타일링 개발의 주요 노선을 따르고 있었다.

새 루프는 회사의 관련 임원들 사이에 상당히 열띤 논쟁을 가져왔다. 사업부 수석엔지니어들이 소음을 만드는 특징을 가진 디자인이라고 비판했을 때, 또 다른 임원은 문제는 디자인 때문이 아니라 엔진 내의 진동에 의해 나타나는 것이라고 반론을 폈다. 그러나 선진화된 아이디어들이 승리했고, 1934년에 회사의 1935년 모델들은 전부 강철로 된 지붕인 현재와 같은 '터렛 톱Turret Tops'을 장착해 출시했다. 이것은 건설적인 움직임이었고, 자동차의 디자인과 안전, 제조기법에서의 획기적인 발전의 하나였다. 그것은 루프 전체를 거대한 프레스로 찍어내는 것을 가능하게 만들었다.

1930년대 초에 미술 · 색상부는 트렁크를 차체의 통합된 부분으로 만들자는 제안을 했다. 이것은 당시에 받아들여졌던 관행인 별도로 만든 트렁크를 랙에 묶어 사용하는 방법에서 완전히 벗어난 대담한 아이디어였다. 이 아이디어는 1932년식 캐딜락과 다른 럭셔리 카에 시험되었고, 이후 1933년 양산 차 쉐보레에 채택되었다. 붙박이 트렁크와 그 파트너들, 그 위로 확장된 데크는 큰 의미가 있었다. 왜냐하면 그것은 자동차의 전반적인 형상을 바꾸었기 때문이다. 전장은 더 길어졌고, 전고는 명백하게 더 낮아졌다. 그리고 스페어타이어를 보관하기 위한 공간을 제공함으로써 붙박이 트렁크는 차의 돌출부를 하나 더 제거하는 데 도움을 주었다. 이 시점에서 또 다른 사실은 스타일링 변화가 일부 사람들을 불행하게 만들었다는 것이다. 왜냐하면 이 시기에 액세서리는 매우 수익이 많은 항목들이었는데, 이러한 발전은 트렁크 랙, 타이어 커버 등 액세서리 사업의 명백한 손실을 의미했기 때문이다. 그러나 이러한 것은 진보의 대가로 받아들일 수밖에 없다.

확장된 데크를 사용한 최초의 세단은 1938년식 캐딜락 60-스페셜이었다. 이 차는 스타일링 역사에서 중요한 위치를 갖고 있다. 그것은 새로운 기능들을 도입하여 설계되었고, 고가로 팔리게 될 최초의 '스페셜 카'였으며, 그 후에 포드의 링컨 컨티넨털과 다른 스페셜 카들이 이어졌다. 그것은 발판이 없는 최초의 GM 차이면서 최초의 현대적 양산차였다. 또 다른 돌출부를 버리는 것과 함께 발판의 제거는 휠의 완전한 트레드를 위한 기본 차체 패턴을 넓히는 것을 가능하도록 만들었다. 그렇게 함으로써 표준 차는 6인을 수용할 수 있게 되었다. 세단임에도 불구하고 컨버터블 같은 스타일을 가진 최초의 자동차였다. 성공적인 '하드톱'의 선두주자였고, 1949년에는 뷰익, 올즈모빌, 캐딜락이 도입했다. 그것은 시장에서 환영을 받았으며, 스타일링이 가진 금전적 가치를 보여주었다. 왜냐하면 소비자들은 그것을 취득하기 위해 기존 차들에 대해 더 적은 보상 판매를 받아들일 준비를 하고 있었기 때문이다.

디자이너 부사장에 취임 스타일링의 중요성이 커진 것을 상징적으로 보여준 사건은 1940년 9월 3일에 할리 얼이 회사의 부사장으로 임명된 것이다. 그는 이런 지위가 주어진 최초의 스타일리스트였고, 디자이너가 부사장이 된 것은 어떤 주요 산업을 둘러보아도 정말로 그가 최초라고 생각한다.

제2차 세계대전 중에는 자동차 스타일링이 중지되었다. 왜냐하면 신 모델들이 생산되지 않았기 때문이다. 그리고 스타일링스태프는 한동안 군용 위장 디자인에서 관여했다. 전술한 바와 같이 전쟁 말기쯤 되자 소비자의 선호는 스타일링, 자동변속기, 고압축엔진의 순이라는 결론을 내릴 수 있었다. 그러나 제2차 세계대전 직후 수년 동안 자동차 디자인에 폭넓은 변화는 거의 없었다. 그 이유는 모든 제조업체의 1차적 목표가 단순하게 전시 중에 크게 밀려 있는 충만한 수요에 대응하는 것이었기 때문이다. 그러나 이 기간 중에 GM이 오랫동안 선두 자리에 있을 수 있었던 것은 전쟁 전에 스타일링에서 구축한 것에 대한 결실이었다. GM은 최초로 스타일링스태프를 갖추었고, 오랫동안 유일했다. 전후에 포드와 크라이슬러도 스타일링 시스템을 마련했고, GM이 당초에 개발했던 것과 같이 스타일링을 생산에 통합시켰다. 그리고 그들의 새 부서에 할리 얼 밑에서 일을 배운 사람들을 데려가 부분적으로 충원했다. 스케치, 실물 크기의 도면, 다양한 크기에서의 축소모델, 실물 크기의 점토 모형, 파이버글라스는 플라스틱 모델 등을 보강했다. 그것은 얼 씨와 스타일링 부서가 개척한 것으로 업계 전체의 표준이 되었다.

경쟁상황에 돌입함으로써 업계에서 스타일링의 역할은 더욱 중요해졌다. 1940년 말까지 4~5년 주기로 차체를 바꾸는 것은 관례적인 것이 되었는데, '외부 개조' 정도의 변화가 이루어졌다. 그러나 새로운 차체 스타일에 대한 갈망이 명백해짐으로써 일반적으로 변화의 주기는 더 짧아졌다.

스타일링에서 변화의 템포 증가에 기여한 요인들 중의 하나는 실험차였다. 이것들 중 최초인 'Y-잡Y-job'은 1937년에 스타일링스태프와 뷰익사업부에 의해 만들어졌다. 실험 차에 대한 아이디어는 완전히 새로운 차에서 새로운 스타일링과 엔지니어링 아이디어들을 테스트하기 위한 것이었다. 전후에 우리는 새로운 실험차들을 만들었고 그것들을 일반대중에게 전시함으로써 선진적 아이디어들에 대한 반응을 테스트했다. 이들 소위 '드림카'에 대한 수십만 관람자의 반응은 일반대중이 스타일링과 엔지니어링에서 좀 더 대담한 단계들을 원하고 받아들일 준비가 되었다는 것을 보여주었다.

또한 스타일링스태프는 선진화된 디자인을 가진 실험차를 만들었는데, 가까운 연도에서 양산 차가 되리라고 기대하지는 않았다. 그중에 하나가 XP-21 화이어버드 I 로 1954년에 연구소와 협력하여 만든 미국 최초의 가스터빈 승용차였다.

실제로 40년대 말과 50년대에 들어와 스타일링의 급격한 움직임은 많은 사람들에게 지나치게 극단적인 것처럼 보였다. 전혀 실용적이지 않은 새로운 스타일링 기능들도 도입되었는데, 그것들은 일반대중의 입맛에 맞추는 데 있어 명백히 효과적인 것으로 보였다. 전후 차의 외관 중 가장 충격적인 것 중의 하나는 '꼬리지느러미tail fin'였는데

1948년에 캐딜락에서 최초로 선보였다. 처음에는 팔기가 쉽지 않았지만 그 후 하나의 과장된 형태나 또 다른 형태로 거의 모든 주요 차종에서 나타났다. 꼬리지느러미 이야기는 전시 중에 공군에 있는 할리 얼의 친구가 그에게 새로운 전투기를 보러 오라고 초대했을 때로 거슬러 올라간다. 그것들 중의 하나가 P-38이었는데, 2개의 앨리슨 엔진, 2개의 동체, 그리고 2개의 꼬리지느러미를 가지고 있었다. 얼 씨가 그것을 처음 보았을 때 자신의 디자이너 중 몇몇이 함께 그것을 볼 수 있는지 물었고, 나중에 그들은 비행기를 보는 것이 허락됐다. 그들은 얼 씨만큼 감명을 받았고, 몇 달 후에 그들의 스케치는 지느러미의 표식을 보여주는 것으로 시작됐다.

하나의 중요한 새로운 발전은 특별한 유형의 차들인 스포츠카, 스테이션왜건, 하드톱, 고가의 다른 스페셜 카들을 중시하는 경향이 커진 것이다. 번영의 시대가 계속되어 많은 가정들이 차를 두 대 또는 세 대까지 소유하게 되었다. 사람들은 자연스럽게 두 번째나 세 번째 차는 표준 세단으로 선택하지 않았다. 또한 이것과는 다른 이유로 소형차에 대한 수요가 상승했다. 따라서 상하 양방향에서 시장의 범위가 확대되고 있었다. 여가시간에 대한 관심의 증가는 자동차의 초기 시대처럼 레저용 자동차에 대한 관심을 더욱 높였다. 할리 얼은 이렇게 말했다. "당신은 그것을 탈 때마다 구원을 얻을 수 있도록 차를 디자인할 수 있다. 당신은 그 안에서 잠시 동안 작은 휴가를 갖는다." 오늘날 스타일링스태프는 다양한 '휴가들'을 디자인한다. 그와 동시에 자동차는 미국에서 더욱더 기본적인 육상운송의 주된 형태가 되었다.

제16장 유통과 딜러제도

딜러 조직의 확립 자동차시장이 구매자시장에서 판매자시장으로, 판매자시장에서 구매자시장으로 이동할 때마다 업계에는 격변이 일어난다. 그것은 생산자와 딜러 모두를 불안하게 만든다. 이렇듯 변화하는 상황을 맞추기 위해서는 어떤 조정이 이루어져야 한다. 이들 조정의 일부는 흔히 있는 일이지만, 역사는 결코 그 자체 그대로 반복된 적이 없기 때문에 항상 일부 해결해야 할 새로운 요소가 있다. 그래서 현재에 이르기까지 유통에서 딜러제도의 개발을 통해 변화하는 상황에 대응해왔다.

내가 GM의 CEO였을 때 나는 거의 전문가가 될 수 있을 정도로 딜러 관계에 상당한 관심을 쏟아 부었다. 그렇게 한 이유는 현대의 자동차 유통문제가 그 형태를 갖춘 1920년대의 경험으로 보건대 이 업계에서는 안정된 딜러 조직이 한 기업의 발전과 안정을 위한 필요조건이라는 교훈을 얻었기 때문이다.

이와 비교해 1920년대 초 업계의 통념은 오히려 제조업체가 제품, 가격, 광고, 판매촉진에 참여하고, 유통의 나머지 요소들을 딜러가 해결하도록 남겨두어야 한다는 것이었다. 딜러의 역할을 최소화한 사람들도 일부 있었다. 그들은 대부분의 고객이 딜러의 매장에 들어가기 전에 이미 구매를 결정했다고 전제했다. 따라서 안정된 딜러 조직의 개발에 소홀했다. 개별 딜러의 건전성, 조직과 시장의 복잡한 내부문제 등은 제조업체와는 관계가 없다고 생각했다.

나의 견해로는 미국에 있는 1만 3,700개의 GM 승용차 딜러의 이익은 회사의 중요한 관심사가 되어야 한다. 그들은 20억 달러 정도의 투하자본을 가지고 있다. 프랜차이즈 유통시스템은 사업의 동반자로서 건전하면서 번영하는 딜러 집단을 가지고 있는 경우에만 의미가 있다. 나는 관련된 당사자 모두에게 이익이 되지 않는 사업에 관심을 가져본 적이 없다. 나의 신념은 모든 사람은 관계에 따른 책임을 다하고, 그에 따라 보상을 받아야 한다는 것이다.

자동차 유통에서 딜러는 두 가지 면에서 중요하다. 첫째, 딜러는 다른 많은 산업에서와 마찬가지로 고객과 직접적인 접촉을 한다. 그리고 차를 팔기 위해 협상을 하고 계약을 체결한다. 반면에 생산자는 고객이 아니라 딜러와 접촉하며, 고객과는 광고, 자동차 쇼, 기타 수단을 통해 일반대중에게 호소하는 정도다. 거기에 첨언하면 길거리와 고속도로상의 제품, 그 자체가 고객을 설득하는 메시지다.

둘째, 자동차업계의 딜러는 프랜차이즈에 가맹되어 있다. 프랜차이즈에 가맹된 딜러란 무엇인가? 만약 미국의 다양한 소매유통의 형태를 상상할 경우, 흔히 전형적으로 거리 모퉁이에 있는 식료품 잡화점을 떠올릴 것이다. 이 잡화점은 다양한 제조업체에 의해 만들어진 수많은 경쟁적인 제품을 판매하는데, 어떤 제조업체와의 관계는 단지 전통적 구매자와 제조업체의 관계다. 스펙트럼의 다른 끝에는 단일 제조업체의 대리점, 때로는 제조업체의 지점이나 자회사일 수도 있는 상인이 있다. 예를 들면, 주유소의 오너다. 이런 스펙트럼 내에서 프랜차이즈에 가맹된 자동차 딜러는 제조업체와 그의 관계에서 볼 때 위의 양극단 사이의 어디엔가 놓여 있다. 법적으로 그는 제조업체의 대리인이 아니다.

그런데도 그는 자신의 지역사회에서 제조업체의 제품과 동일시된다. 일반적으로 말하면 그는 특정 지역을 할당받아 시장개척을 위한 판매 책임을 맡고 있는 것이다. 그러나 그는 다른 곳에서 판매를 제한받지 않는다. 역으로 다른 딜러들도 그의 지역에서 판매하는 것이 자유다.

프랜차이즈에 가맹된 개별 딜러들은 보통 자신의 지역사회에서 단단한 뿌리를 내린 사업가로 흔히 이웃으로서 고객을 만나고, 그들과 거래하고, 제품의 판매서비스를 한다. 자동차업계에서 관습이 된 프랜차이즈 유통은 지역 상인으로서 딜러의 인품, 인맥, 평판에 의존한다. 우리의 전체 판매 방식은 개인적으로 자본을 조달한 상인들의 이런 시스템에 뿌리를 두고 있으며, 우리는 그들에게 GM의 프랜차이즈에 근거해서 잠재적 이익을 창출할 수 있는 기회를 제공한다.

그런 관계에서 딜러와 제조업체들 양측은 특별한 권리를 가지고 특별한 의무를 수행한다. 그들은 여러 조건을 포함하고 있는 판매계약에 서명한다. 환언하면 딜러와 생산자의 관계는 프랜차이즈에 의해 지배받는다. 딜러는 자본, 사업장, 적절한 수의 판매원, 서비스를 위한 기법 등을 제공하는 데 동의한다. 그는 자신의 책임 지역을 개척하고, 여분의 부품 등을 보관하고 판매할 것을 요구받는다. 이러한 프랜차이즈에 가맹된 딜러에 대한 보상으로 제조업체는 거의 모든 제품을 프랜차이즈에 가맹된 딜러를 통해 판매한다. 한 그룹으로서 딜러들은 상표로 등록된 제품들을 판매하는 특권을 얻는 동시에, 제조업체의 일반 판매 활동들에 의해 자신들의 판매활동을 지원받는다. 제조업체는 연차모델 변경을 위한 툴링에서, 그리고 그의 제품이 바람직하다는 것을 보장하기 위한 연구와 엔지니어링에 대규모 투자를 한다. 프랜차이즈 시스템의 특징은 제조업체가 자동차 딜러에게 제공하는 지원의 금액과 유형이다. 이것은 기술적 지원과 딜러 운영 등 모든 면에서 지원하기 위해 설계된 것으로, 판매와 서비스, 광고, 사업의 경영, 전문화된 공장연수 프로그램과 같은 사업 전반에 걸친 프로그램을 포함한다.

자동차는 고객이 매일 '규격품'으로 즉시 살 수 있는 일상의 제품과는 다르며, 고도로 복잡한 기계제품이다. 자동차를 구입하는 것은 보통의 구입자들에게 매우 큰 투자에 해당한다. 그는 아마도 매일 운전할 것이 예상되지만, 기계적 지식을 거의 갖고 있지 않은 경우가 많다. 그러므로 고객들은 제품에 대해 서비스를 받고 유지하기 위해서는 딜러에게 의존하는 것이 유리하다.

따라서 딜러는 제품의 전시와 판매를 위한 시설과 조직에 상당한 투자를 해야 할 뿐만 아니라이는 실제적으로 보통 소매점의 유일한 기능이다 판매한 후 제품의 내용연수 동안에 서비스를 제공하기 위한 시설과 조직을 제공해야 한다. 이후에도 그는 판매한 각 신차에 대해 평균적으로 한 대나 두 대의 중고차를 교환하고 정비해서 판매할 준비를 해야 한다. 왜냐하면 그는 거래기준에서 중고차를 재판매할 필요가 있을 것이기 때문이다.

제조업체와 프랜차이즈에 가맹된 딜러 양측은 통상적이고 관련된 사업 위험을 부담한다. 딜러는 판매와 서비스시설에서의 투자에 대해, 제조업체는 엔지니어링 개발과 매년의 높은 툴링비를 포함한 생산시설에서의 투자에 대해 위험을 부담한다. 양측은 제조업체가 매력 있는 제품을 만들어주고 프랜차이즈에 가맹된 딜러가 그 제품을 효과적으로 판매하고 서비스하며 서로의 능력에 의존하고 있다.

안이한 판매에서 강력한 판매로 제품의 경제적 유통과 제품을 유통하는 프랜차이즈에 가맹된 딜러의 안정된 네트워크의 구축이라는 유통에 있어서 우리의 두 가지 목표를 달성하기 위해 다년간 많은 고민과 노력을 했다. 이러한 문제들이 복잡한 이유는 상황이 변함에 따라 얼마간 변화해왔고, 항상 해결책을 즉각적으로 제시하지 못했기 때문이다. 한 시점에서 만족스러웠던 정책들과 관행들이 이후의 상황에서도 최적이 될 수는 없다. 말하자면 딜러관계에도 때때로 '신 모델'이 필요할 수 있다는 것이다.

1920년 이전에 자동차의 유통은 그들의 관할 구역에서 딜러들과 하청계약을 한 도매유통업체에 주로 의존했다. 그러나 상당한 기간이 지나서 제조업체들은 시장개척을 좀 더 강화하기 위해 도매 기능을 자사로 흡수함에 따라 프랜차이즈에 가맹된 딜러들은 소매 기능을 유지하게 되었다.

왜 자동차산업이 이러한 형태의 유통을 채택했는지에 의문이 발생할 수 있다. 내 생각에 그 답은 부분적으로 자동차 제조업체들이 큰 어려움 없이 제품들의 판매를 수행할 수 있었다는 것이다. 중고차가 1920년대에 신차에 대한 보상판매로 대대적으로 등장했을 때 자동차의 판매는 통상적인 판매문제보다는 교환문제가 중시되었다. 그런데 제조업체가 필요한 수천 개의 복잡한 교환기관들을 조직하고 감독하는 것은 어려웠다. 그것은 교환이 관리적으로 통제된 조직구조의 전통적 유형에 맞추기에는 쉽지 않은 기술이기 때문이다. 그래서 소매자동차 사업이 프랜차이즈에 가맹된 딜러 조직 형태로 성장했다.

1923년과 1929년 사이에 신차들에 대한 수요의 횡보현상이 나타남으로써 업계는 생산보다 유통을 중시하는 방향으로 전환되었다. 판매의 지향점에서 볼 때 그것은 안이한 판매에서 적극적 판매로의 변화를 의미했다. 그럼으로써 완전히 새로운 성격의 딜러 문제들이 발생하기 시작했다.

나는 이 상황에 대처하기 위해 1920년과 30년대 초에 딜러에게 개인적으로 방문하는 것을 습관화했다. 나는 개인 열차를 사무실로 개조하여 동료들과 함께 미국의 거의 모든 도시로 갔고, 하루에 5~10명의 딜러들을 만났다. 나는 그들의 사업장에서 직접 만나 그들과 마주 앉아 대화를 나눴고, 그들에게 회사와의 관계에 관한 제안과 비판, 제품의 특징, 회사의 정책, 소비자 수요의 동향, 장래에 대한 그들의 견해 그리고 사업상 관심을 가진 많은 다른 것들에 대해 질문했다. 나는 제기된 모든 점들에 대해 주의 깊게 메모했고, 출장에서 돌아오면 그것들을 진지하게 검토했다. 내가 이렇게 한 이유는 우리의 정상적 조직이 얼마나 효율적으로 운영되고 있는지에 관계없이 개별 접촉이 특별한 가치가 있다고 판단했기 때문이다. 게다가 회사의 CEO로서 나의 관심은 주로 일반 정책들에 있었다. 문제에 대해 시간과 노력을 들이는 방식은 우리가 그 분야에서 유통에 관해 별로 알지 못했을 때 특별히 효과적이었다. 우리가 알게 된 많은 것들은 계속적으로 우리의 딜러 판매계약에 반영되었다. 그리고 특별히 딜러와의 소통의 장은 협의회 또는 부분적으로 동일한 필요를 충족할 수 있는 다른 방식으로 설치되었다.

우리가 수행한 현장조사에서 알 수 있었던 것은 1920년대 중반과 말기 동안 진행 중이었던 역사적 변화였다. 딜러들의 경제적 상태는 전보다 악화되고 있었고, 우리의 프랜차이즈에 대한 수요도 감퇴하고 있었다. 따라서 사업상 위태로운 상태에 빠진 딜러의 이익뿐만 아니라 기업 전체의 이익을 위해 어떤 대책을 강구해야 했다. 우리는 모든 관련 당사자들을 위해 건전하고 경제적 기준에서 차들을 유통해야 했다.

나는 1927년 9월 28일에 미시간 주 밀퍼드에 있는 성능시험장에서 열린 전미신문 자동차담당 편집인회의에서 한 연설을 통하여 변화하는 상황에 직면한 딜러들의 어려움에 대해 언급했다. 업계 전체의 관행을 말하면서 나는 이런 소견을 밝혔다:

> 지금까지 판매에 대한 유일한 발상은 공장이 가능한 한 생산할 수 있는 만큼 많은 차를 만든 다음에 판매부서가 딜러들에게 그 차를 떠넘기고 대금을 치르도록 하는 것이었습니다. 그렇게 하는 것이 경제적으로 타당한지와 관계없이 말입니다. 말하자면 이런 차들을 적절히 판매할 딜러들의 능력은 고려하지 않고 말입니다. 그것은 확실히 잘못된 것이고, 우리 업계에서와 마찬가지로 다른 산업에서도 똑같이 잘못된 것입니다.
>
> 상품은 어떻게 구성되어 있든 간에 원자재로부터 최종소비자까지 신속하게 유통될 수 있어야 하고, 최소량의 상품만이 '부유상태float'에 있어야 합니다. 말하자면 좀 더 효율적이고 좀 더 안정적인 산업이 되어야 합니다. …… GM의 정책에 절대적으로 배치되는 것은 딜러들에게 적절한 수량을 초과하여 떠맡도록 요구하는 것입니다. 모델의 단종과정 중에는 딜러들이 당연하게 반드시 우리를 도와야 합니다. 그들은 자신들의 책임을 인식하고 있고, 결코 그렇게 하는 것에 반대한 적이 없습니다. ……

1927년에 이러한 정책의 표명을 계기로 GM에서 생산자와 딜러 관계에 새로운 접근이 시작되었다. 이것은 회사와 딜러는 이익공동체이며, 우리의 이익은 상호의존관계에 있다는 인식을 토대로 한 것이다.

1920년대와 1930년대에 처음으로 발생한 자동차 유통의 가장 중요하고 계속되는 문제는 사업의 고유한 성질에서 나온 것이다. 이 문제들은 대략 시장 침투, 모델 단종 시에 재고의 청산, 딜러의 경제적 문제, 공통의 비즈니스 문제들에 대한 제조업체와 딜러 간의 쌍방향 소통의 일반적 어려움이었다.

우리의 의도는 자연스럽고 효과적으로 시장에 침투하는 것이었고, 결국 이것은 우리의 딜러에 의해 수행되어야 했기 때문에 적정한 수의 딜러들, 각각의 적정한 규모, 그리고 적정한 입지를 확보해야 할 필요가 있었다. 어려운 점은 각 딜러들의 입지를 선정하는 것이었다. 1920년에 우리는 오늘날 자동차시장에 대해 알고 있는 만큼 많이 알지 못했다. 당시에 우리는 시장, 인구, 소득, 과거의 판매실적, 경기순환 등에 의한 자동차시장의 잠재력에 대한 경제적 조사를 시작했다.

우리는 이러한 종류의 정보를 가지고 시장잠재력을 고려하여 딜러들을 배치하는 문제를 시작할 수 있었다. 예를 들어 수천 명의 주민을 가진 지역사회에서의 문제는 단순했다. 단일의 딜러가 시장침투를 위해 필요한 모든 것을 할 수 있었다. 그리고 우리와 딜러는 조사를 근거로 하여 목표가 무엇이어야 하는지, 나아가 그가 그런 목표들을 얼마나 잘 수행할 수 있는지를 판단할 수 있었다. 그러나 100만 이상을 가진 대규모 도시지역사회에서의 문제는 복잡했다.

이런 이유로 우리는 어떤 특정라인의 자동차에 대한 잠재력을 결정하기 위해 먼저 더 큰 지역사회 전체를 조사했다. 다음에 우리는 지역사회 주민 부분의 잠재력을 결정하기 위해 지역기준으로 정보를 세분화했다. 그 정보를 가지고 우리는 지역 잠재력기준에서 주로 권역을 통해 딜러들을 배치할 수 있었다. 물론 딜러들은 개인자본, 공장, 간접비, 담당하는 지역의 규모에 적합한 조직을 갖고 있어야 했다.

이것이 유통문제에 대한 합리적 접근법이라는 생각이 들었다. 딜러와 제조업체 양측에 기본적 이점을 제공하였다. 전술한 바와 같이 딜러는 자신의 분야에서 전문가이고, 누구보다 지역의 특성과 주민에 대해 잘 알고 있다. 또한 고객의 입장에서는 서비스를 포함한 많은 점을 고려할 때 지역의 상인을 상대하는 것이 더 편리하다. 그리고 딜러들은 제조업체에 유통문제들에 대해 세밀하게 이해할 수 있도록 해준다. 우리는 자연스럽게 딜러가 우선적으로 아주 가까이에 있는 시장에 관심을 기울이고 거기에서 성과를 올리기를 기대했다.

구 모델의 청산 문제 신 모델을 위한 길을 열어주기 위해 구 모델을 청산하는 과정에서 재고손실을 최소한도로 억제하는 것은 판매자시장이 탄탄한 시기를 제외하고는 자동차업계가 영원히 안고 있는 과제다. 이 문제는 1920년대 말에 중요하게 등장했다. 그것은 딜러들의 수요 예측에 기준하여 3개월 앞서 필요량에 대한 추정을 해야 했기 때문에 발생했다. 회사는 이들 추정을 고려하여 구 모델의 최종 생산일정을 확정해야 하는데, 이것들은 몇 개월 앞서 결정되어야 한다. 만약 기대수요가 상황의 변화에 따라 틀어진다면 현재 모델의 처분문제는 비정상적이 될 수 있다. 그러나 정상적이든 비정상적이든 그 문제는 해결되어야 한다.

1920년대 초에 신 모델이 발표되었을 시점에 딜러가 보유하고 있는 차량들은 자비로 처분되어야 했다. 우리는 아주 많은 조사 후에 구 모델의 처분을 위한 책임을 회사가 공유하는 것이 공정하다는 결론에 도달했다. 내 기억으로는 1920년대 후반에 이미 모델연도 말에 재고처분을 위한 장려금을 지급하고 있었다. 1930년에 우리는 정책상의 문제로 모델연도 말에 딜러가 자신의 잉여재고의 처분을 지원하는 것을 확립했다. '종래부터 계약관계에 있는' 딜러에게는 신 모델들이 발표되었을 때 팔리지 않은 신차 재고에 대해 장려금을 지급했다. 장려금은 판매계약에서 제공한 대로 딜러가 관리하는 추정 신차 대수의 3%를 초과한 차들에 한정되었다. 이런 장려금의 액수는 GM이 결정했다. 때때로 금액과 계산기준이 달랐다. 현재 신 모델 발표시점에 딜러들의 재고에서 중단된 모델과 팔리지 않은 모든 미사용 신차에 대해서는 표시가격의 5%로 리베이트가 적용된다.

내 생각에 우리가 시작한 이 정책은 업계에서 새로운 것이었다. 이 정책은 우리의 희망을 반영한 것으로 비합리적인 제품의 감가상각으로 인한 손실로부터 딜러들을 보호하고, 사업부들의 경영진에 대해 모델연도의 후반 몇 개월의 합리적인 생산 일정을 수립할 책임을 부여하기 위한 것이었다. 어떤 이유에서든 모델연도에 차들에 대한 과잉공급이 있었다면 자동 평가 형식으로 공장에 벌점이 부과됐다.

연도별 생산과 판매주기에 대한 이론적인 답은 어떤 사람이 생각하건 간에 신차가 발표되었을 때 딜러의 수중에 재고가 없어야 한다는 것이다. 그러나 그것은 많은 이유에서 제조업체와 딜러의 쌍방 관점에서 가능하지도 바람직하지도 않다. 경쟁상 우리는 연중 매월 가능한 한 많은 사업을 해야 한다. 그리고 모델연도 말에 신차들이 출시될 때 유통경로가 비어 있어야 한다. 더 나아가 신 모델들이 처음 출시되고 있을 때 혹은 신 모델 생산의 초기 기간 중에도 사업을 하기 위해서는 수중에 약간의 구형 차 재고를 가지고 있는 것이 바람직하다. 따라서 이 문제는 영구적인 것이고, 아주 당연한 일이다.

1920년대에 우리는 GM의 경제 상태를 알아내는 데 큰 진전을 이루었지만, 당시 우리 딜러들의 경제 상태에 관한 정보는 가지고 있지 않았다. 그래서 딜러 문제들을 생각하는 데 어려움이 있었다. 딜러의 이익 상태가 나빠지고 있을 때 우리는 이것이 신차문제, 중고차문제, 서비스문제, 부품문제 또는 어떤 다른 문제에 기인한 것인지 알 수 있는 방법이 없었다. 이런 정보 없이는 어떤 건전한 유통정책을 실행하는 것은 불가능했다.

앞서 언급한 성능시험장 연설에서 나는 이 주제에 대해 다음과 같은 소견을 밝혔다:

> …… 저는 여러분에게 오늘날 자동차산업에서 큰 약점이 될 것으로

믿는 것과 GM이 그 약점을 고치기 위해 무엇을 하려고 하는지를 대강 말씀드리고 싶습니다.

저는 미국의 거의 모든 도시에 있는 GM 딜러들, 그들 중 많은 분들이 상당히 효율적인 방법으로 경영하고 있음에도 불구하고 그들이 마땅히 얻어야 하는 자본에 대한 이익을 얻지 못하고 있다는 사실에 깊은 관심을 갖고 있다고 솔직하게 말했습니다. 바로 여기서 GM 딜러에 관한 한 내가 가지고 있는 사실에서 이야기를 시작하겠습니다. 저는 지난 2~3년 동안 GM 딜러들에게 많은 개선이 있었음을 알고 있습니다. 그러나 GM의 경영진으로서 저는 원재료부터 궁극적 소비자에 이르기까지 매 단계에 관심을 가지고 있습니다. 이런 환경의 사슬 중 하나라도 약한 고리가 있으면 전체가 약해진다는 것을 알고 있습니다. 저는 우리의 딜러 조직들의 전체적인 운영 상태에 관해 상당한 불확실성을 느낍니다. 저는 이러한 불확실성이 부당하고, 불필요하고, 우리도 부적절한 것이기를 바랍니다. 우리는 아주 큰 책임을 가지고 불확실성의 모든 요소들을 제거해야 합니다. 우리의 딜러들도 제가 여러분에게 말하는 GM의 상태에 관한 정보들을 알고 있고, 우리도 명확하고 과학적으로 그들의 운영 상태에 관한 정보를 알아야 한다고 확신합니다.

이것은 우리에게 두 단어, 즉 '적절한 회계proper accounting'를 …… 떠올리게 했습니다. 많은 우리의 딜러들 그리고 타사의 딜러들 모두에게 같이 적용되어야 할 좋은 회계시스템 말입니다. 그들 중 많은 딜러들이 별로 좋지 않은 시스템을 가지고 있고, 유감스럽지만 그들 중 너무 많은 비율이 실제적으로 전혀 회계시스템을 가지고 있지 않습니다. 또한 회계시스템을 가지고 있는 분들 중에서도 다수가 그것들을 적절히 개선하지 않았기 때문에 효과적으로 사용할 수 없게 되었습니다.

환언하면 그들은 딜러에게 사업에 관한 사실, 즉 어디에 누수가 있는지, 상태를 개선하기 위해 무엇을 해야 하는지에 대한 것들을 알려줄 수 있는 시스템을 개발하지 않았습니다. 앞서 말씀드린 대로 불확실성은 제거되어야 합니다. 불확실성과 효율은 북극과 남극만큼 떨어져 있습니다. 만약 제가 우리의 딜러 조직에 대해 요술 지팡이를 휘두를 수 있다면 모든 딜러가 적절한 회계시스템을 가질 수 있도록 하고, 그 결과를 토대로 그의 사업에 관해 파악하여 많은 세부적 문제들을 현명하게 처리할 것입니다. 저는 그것을 실현하기 위해 많은 대가를 지불할 용의가 있고, 그렇게 하는 것은 완전히 정당화될 것입니다. 그것은 GM에서 지금까지 이루어진 투자 중 최고로 가치 있는 투자가 될 것입니다.

1927년에 우리는 '모터스 어카운팅 컴퍼니Motors Accounting Company'라는 조직을 만들었다. 우리는 모든 딜러에게 적용할 수 있는 표준화된 회계시스템을 개발했고, 현장으로 스태프를 보내 시스템을 설치하는 것을 지원하고 감사 시스템을 확립했다. 후에 딜러들이 사업의 재무적 목표에 더 많은 경험을 갖게 됨으로써, 그리고 경제 불황의 압력으로 검토 절차를 수정하게 되었다. 우리는 조직 전체에 적용 가능한 횡단분석을 얻을 수 있도록 함으로써 감사를 위한 샘플링시스템을 개발했다. 이를 위하여 대략 1,300개 자동차 딜러들의 한 그룹딜러들의 약 10% 또는 GM 매출액의 약 30%를 표시하는의 회계기록을 여전히 GM 자체의 경비를 들여 정기적으로 검토한다. 또한 GM은 딜러들의 83% 또는 GM 판매대수의 96%에 해당하는 월간 재무제표를 입수한다. 이것은 크고 비용이 많이 드는 작업이었지만 GM의 각 사업부와 본사가 유통시스템 전체를 딜러별 · 그룹별로 살펴보고, 약점이 어디에 있고 그것들에 관해 무엇을 해야 하는지를 바로 결정할 수 있게 만들었다. 딜러들 자신은 복잡한 사업문제들을 총명하게 판단할 수 있을 뿐만 아니라 그룹 평균과 함께 항목별로 운영을 비교할 수 있었다. 그 결과 약점이 적시에 발견되어 손실이 발생하기 전에 수정할 수 있었다.

모터스 홀딩사업부 물론 가끔 약점이 저절로 밝혀진 예도 있다. 1920년대 말에 GM은 두 사람의 전략적 딜러를 파산에서 구하기 위해 상당한 자본을 투입했고 20만 달러의 손실을 감수했다. 그러나 하나의 생각은 또 다른 생각을 유도한다. 이것을 일반화시켰을 때 우리가 깨달은 것은 전반적 목적은 딜러십을 안정시킴으로써 이탈을 감소시킬 뿐만 아니라 자본이 없는 유능한 인재들을 지원하여 더욱 수익성이 있는 GM 딜러십의 소유주가 되도록 해야 한다는 것이었다. 당시 GMAC의 부사장 앨버트 L. 딘Albert L. Deane과 도널드슨 브라운은 이 생각들을 실제 프로그램으로 개발했다. 우리는 1929년 6월에 모터스 홀딩 컴퍼니Motors Holding Company를 설립하고 그 초대 사장으로 딘 씨를 임명하여 아이디어들을 행동에 옮겼다. 1936년에 이 자회사는 모터스 홀딩사업부가 되었다. 이 사업부의 기능은 딜러십에게 자본을 공급하기 위한 것이었다. 이를 통해 GM이 일시적으로 딜러십에서 주주의 권리와 의무를 갖는 것이다. 우리는 당초에 250만 달러를 투입했다. 시험단계를 통과했을 때 우리는 이것이 유통분야에서 가졌던 최고의 아이디어 중의 하나였다는 것을 깨달았다. 우리는 또한 이 프로그램의 실제 가치는 파산 구제라는 당초의 아이디어가 아니라 유능한 사람에게 자금을 공급해주는 두 번째 아이디어에 있다는 것을 깨달았다. 그것은 자본뿐만 아니라 건전한 딜러 활동에서 경영자문과 훈련까지 포함하는 것이다.

모터스 홀딩은 딜러십의 이익을 실현 가능하게 했던 딜러들을 위한 경영기법을 개발했다. 그것은 자격 있는 운영자를 발견하여 그들에게 적정 자본을 지원하며, 모터스 홀딩의 지분을 상환하는 데 충분한 이익을 창출할 수 있도록 했다.

나의 시대에서는 이런 방식으로 운영되었는데, 지금까지도 재무적 디테일에서 몇 가지를 바꾸어 그대로 사용하고 있다. 장래의 딜러는 그의 가용자금을 딜러십에 투자했다. 모터스 홀딩은 필요한 자금잔액을 제공했다. (현재 딜러는 보통 최소한 전체 소요자본의 25%를 제공한다.) 계약이 성립되었을 때 딜러는 봉급에 부가하여 보너스를 받았다. 이것은 모터스 홀딩이 투자해 발생한 이익의 일부에서 제공되었다. 이 보너스는 모터스 홀딩의 투자이익률이 8%를 초과한 경우 그 초과액의 50%와 같다. 모터스 홀딩은 모든 모터스 홀딩 투자가 주식을 다 사들일 때까지 딜러십에 대한 지배적 의결권 통제를 계속 유지했다.

나중에 가서 보너스 방식에서 여러 가지 변경이 이루어졌다. 현재 보너스는 딜러십이 운영자에게 직접 지급한다. 따라서 딜러십 회사의 직접비용이다. 그것은 사채를 포함한 총투자자본에 대해 1년에 15%를 초과한 이익의 33⅓퍼센트에 달한다. 당초에 딜러는 주식자본금의 모터스 홀딩 지분을 매수하기 위하여 그의 전체 보너스를 의무적으로 사용해야 했다. 나중에 딜러의 개인소득세는 이 조항을 딜러가 이행할 수 없도록 만들었다. 현재 딜러는 모터스 홀딩의 주식을 구입하기 위해 물론 전체 금액을 사용할 수도 있지만, 단지 보너스의 50%만 사용할 필요가 있다. 그 결과 딜러는 이익이 누적됨에 따라 딜러십의 모든 주식의 소유자가 되었다. 하지만 모터스 홀딩에 의해 제공된 지원이 너무 높게 평가되어 딜러들은 보통 모터스 홀딩 투자의 마지막 지분은 구입하지 않으려고 했다.

미국과 캐나다의 모터스 홀딩은 1962년 12월 31일 출범 시부터 총 1,850개의 딜러십에 1억 5,000만 달러 이상을 투자했는데, 그것들 중 대부분이 자동차 분야였다. 이들 딜러십 중에 1,393개가 모터스 홀딩의 투자를 상환했고, 1962년 말에 457개의 딜러십의 투자는 거의 3,200만 달러에 달했다. 1962년 중에 아직 운영하고 있는 대략 565명의 독립한 딜러들 중 많은 사람이 미국과 캐나다의 뛰어난 딜러들 중의 하나로 손꼽힌다. 다른 모든 면에서 자격을 가졌지만 기존의 최소 투자가 부족했던 일부 운영자들은 모터스 홀딩 플랜을 통해 사업의 단일 소유주가 될 수 있었다. 보통의 투자로 출발했던 일부는 대부호가 되었다. 그리고 그 플랜은 GM에게도 이익이 되었다.

모터스 홀딩의 딜러들은 비슷한 잠재력을 가진 GM의 다른 딜러들과 매출액과 순이익의 양면에서 거의 동일한 성과들을 달성한다. 따라서 매출액이나 순이익의 관점 모두에서 원래 계획의 목표를 달성하게 되었다.

미국과 캐나다의 모터스 홀딩이 투자한 1,850개의 딜러십 중에 부실운영으로 청산할 필요가 발생한 것은 단지 198개사였다. 1929년에서 1935년의 불황기에는 62개사, 그리고 그 이후에는 136개사였다.

모터스 홀딩의 신차 판매가 GM 총판매의 6%를 달성한 적은 없지만, 그럼에도 불구하고 1929년 이래로 모터스 홀딩의 투자기간 동안 300만 대 이상의 신차를 판매했고, 이들 딜러십의 총이익은 보너스 이전에 1억 5,000만 달러를 초과했다.

회사는 미국과 캐나다의 모터스 홀딩 딜러십에서 이용 가능한 투자자금에서 계속적인 투자 증가를 승인했고, 1957년 5월에 승인된 최대 투자는 4,700만 달러로 증가했다. 그중 700만 달러는 현재 부동산 금융을 위해 이용 가능하다.

GM은 모터스 홀딩 운영에서 딜러들과의 친밀한 관계를 통해 딜러들의 문제에 대한 명확하고 더욱 공감할 수 있는 지식을 얻었다. 또한 모터스 홀딩은 소매시장과 소비자의 선호에 관한 더 나은 지식을 회사에 제공할 수 있었다. 그러나 다른 무엇보다 중요한 것은 경영력과 자본력을 가진 강력한 딜러 기구의 개발과 유지에 유용하였다는 사실이다.

나는 GM이 소기업인들에게 지분 자본에 대해 이러한 '인물융자

character loans'를 제공하고, 경제에서 가장 필요한 자원 중의 하나가 소기업들의 위험 자본이라는 것을 인식하는 데 있어서 미국과 캐나다의 회사들 사이에서 개척자였다고 믿고 있다. GM의 두 경쟁자, 즉 포드는 1950년 이래, 크라이슬러는 1954년 이래로 현재 유사한 플랜을 운영하고 있다. 모터스 홀딩의 전임 사업부장인 허버트 M. 굴드Herbert M. Gould는 다음과 같이 말했다. "당신의 경쟁자들이 당신을 따라했을 때, 그것은 사업에서의 메달감이다."

GM딜러협의회 1920년대 말에 제조업체들과 딜러들이 가장 필요했던 것은 더 나은 소통수단과 건전한 계약관계였다. 물론 우리의 구역과 지역 경영자들은 딜러들과 일상적인 사업문제로 끊임없는 접촉을 하고 있었다. 그러나 긴밀한 접촉과 정보교환을 필요로 하는 광범위한 전사적 정책에 많은 문제들이 있었고, 상당히 명확한 협력 활동이 필요했다. 전술한 바와 같이 나는 다른 일반임원들과 함께 현장의 딜러들을 자주 방문했다. 딜러들이 이런 방문들을 통해 사업부 경영자들뿐만 아니라 회사와 직접적 접촉을 갖는 것을 환영하고 있다는 것은 분명했다. 그러나 이따금 이런 식의 방문들보다 좀 더 실질적인 무엇인가가 필요하다는 것 또한 분명했다. 따라서 이러한 초기 현장 출장에서 관련된 아이디어가 자라나기 시작했는데, GM의 회의실로 딜러들의 대표 그룹을 끌어들이는 것이었다. 이 아이디어는 1934년에 GM의 중요하고도 독특한 기구인 GM딜러협의회General Motors Dealer Council의 창설로 구체화되었다.

딜러협의회는 원래 각 12명으로 된 4개의 패널로 나누어진 48명의 딜러 기구로, 회사의 최고수준의 책임을 가진 경영자 그룹과 만났다. 우리는 협의회의 회의 자체를 유통정책에 대한 일련의 좌담회로 구성했다. 수년 동안 매년 나는 모든 자동차 제조사업부들, 지역의 모든 부문, 모든 유형의 분야와 자본투입을 대표하는 상이한 딜러 패널을 선정했다. 그들은 딜러 문제들에 대한 폭넓고 다양한 의견들을 협의회로 가져왔다.

회사의 사장으로서 나는 협의회 의장이었다. 유통스태프 담당부사장과 GM의 다른 최고 임원들 또한 멤버였다. 협의회의 최초 업무는 딜러 관계의 개선을 위한 일반적 정책들을 마련하는 것이었다. 우리는 회의에서 정책만을 다루고 정책의 관리는 다루지 않았다.

딜러협의회에 의해 이루어진 주요 작업은 딜러와의 공정한 판매계약의 근거가 되는 정책개발을 목표로 협의하는 것이었다. 이 판매계약이 성립되었을 때 GM 프랜차이즈의 가치가 높아지는 것이다. 그것은 근년에 연간 180억 달러만큼의 소매사업을 지원하였다.

1937년 9월 15일 딜러협의회에서의 발언에서 나는 당시까지 협의회 회의에서의 경험을 다음과 같이 회고했다:

> 지난 3년간 여러 협의회 그룹의 회의들은 저의 사업운영에 귀중한 경험이었습니다. 저는 그 결과로 얻은 개인적 관계와 우정을 아주 높이 평가합니다. 저는 그것만으로도 그 계획이 타당함을 보여주고 있다고 생각합니다. 그리고 이러한 관심사들을 협의할 기회를 가지게 되었습니다. 그것은 저의 발상을 자극했고, 우리의 발전을 가속화했다고 확신합니다. 저는 협의회의 모든 멤버들이 이 문제들에 대해 폭넓게 접근하는 것에 감명을 받아왔습니다. 저는 이 문제들을 안일한 편의주의에 의한 방법보다는 근본적인 타당성 관점에서 해결하려는 자세를 모두가 바라고 있다는 데 감동을 받았습니다.
>
> 이것은 편의주의가 우리의 국가적 사고의 기조가 되는 것으로 보이는 기간에 특별하게 마음에 와 닿았습니다. 특별히 첫 회의에서 저에게

감명을 준 것은 바로 근본적 접근법에 대한 의견이었습니다. 우리는 지금 공황에서 막 벗어나고 있습니다. 사업에 종사하는 거의 모든 사람들이 계속 큰 손실을 입었고 거기에는 딜러 조직도 예외가 아니었습니다. 자연적으로 협의회 면전의 주요 주제는 미래에 이익을 얻을 수 있는지에 대한 걱정이었습니다. 많은 제안들이 만들어지고, 분석되었으며, 계속적으로 협의되었습니다. 그리고 만족스러운 것은 인플레이션의 관점에서가 아니라 원점에서 재검토하는 입장으로 높은 소매가 형태로 일반 대중에게 비효율을 전가하는 것이 아니라 비효율적인 비용을 제거하는 수단과 방법을 찾아 이익의 근본적 문제와 맞붙어야 한다는 데 전원이 합의했다는 것입니다. 그 후의 경험은 그런 유형의 결정이 타당했음을 증명하고 있습니다. 이것은 향후에도 변하지 않는 진실일 것입니다.

협의회 의장으로서 저는 우리의 모든 회의에서 좀 더 만족스런 관계를 가져올 가능성 있는 어떤 문제에 적극적으로 그리고 가능한 한 신속하고 일관성 있게 대응하려는 회사 임원들의 진지한 열망을 멤버들에게 이해시키려고 노력했습니다. 협의해야 하는 많은 그룹들이 있고, 조정해야 하는 관점들이 있는 GM 같은 대기업에서 진전은 필연적으로 느릴 수밖에 없습니다.

저는 아마도 협의회 멤버들의 일부 또는 우리가 하고 있는 것에 익숙하지 않은 많은 딜러들이 우리가 좀 더 신속하게 움직여야 한다고 생각했다는 사실을 유념하고 있습니다. 그들이 그런 식으로 생각하는 것은 자연스러운 일입니다. 상대적으로 몇 마디의 단어로 정책을 표시하는 것은 비교적 용이합니다.

그러나 미국처럼 큰 나라에서 우리가 활동하는 것과 같은 활동의 범위를 가지고 관리적인 방법으로 정책을 적용할 때, 근본적인 진화의 문제가 되어야 하지 혁명의 문제가 될 수 없습니다. 따라서 인내가 필요합니다. 저는 그 점이 지나친 강조라고 할 수는 없다고 봅니다. 그리고 이런 실무적인 어려움들에 덧붙여 아직도 어떤 특정한 일을 하는 특정방법에 관해 대규모 조직의 관점을 변화시키는 일이 가장 어려운 문제일 것입니다. 우리 모두는 인간의 마음속의 타성이 얼마나 큰지 잘 알고 있습니다.

달러 판매계약은 협력적 사업관계에서 개척자적 작업이었다. 계약의 기술적 세부사항들은 수년 동안 발전해왔고, 일부는 매우 복잡하다. 일부 중요한 특징들이 자동차업계에 고유한 문제들을 해결하기 위해 추가적으로 설계되었다.

판매계약의 취소는 자연적으로 딜러와 제조업체 모두에게 심각한 문제이다. 어떤 지역에서 사업을 하는 딜러가 그가 해야 하는 직무를 하지 않는다면, 그리고 그 지역에서의 합리적인 양의 잠재적 사업을 산출하지 않는다면, 또는 일부 다른 이유로 비효율적이라면 어떻게 개선하면 좋을까? 잊어서는 안 되는 것은 딜러가 사업에 묶인 상당한 금액의 자본을 가지고 있다는 것이다. 그는 중고차, 부품, 쇼룸, 제품 간판들을 가지고 있다.

업계 초기에 딜러의 프랜차이즈는 취소만 하면 되었고, 새로운 딜러를 임명했다. 그것으로 끝이었다. 딜러십을 청산하는 문제는 딜러에게 남아 있었다. 1930년대 중에 업계에서 일반적으로 사용된 계약은 불명확한 조건들을 제공해서 특별한 사유 없이도 제조업체에 의해서는 90일 전 통고로, 딜러에 의해서는 30일 전 통고로 종료될 수 있었다. 또한 계약 조항은 물론 제조업체에 사유가 있다면 취소할 수 있도록 만들었으나 이러한 사유의 타당성에 대한 것은 항상 법원의 판결에 의존했다.

이 문제를 고려함에 있어서 전술한 바와 같이 딜러는 그 사업의 자산을 팔아야 하지만 그는 자산을 소유하고 있지 않기 때문에 프랜차이즈를 팔 수 없다는 것을 염두에 두어야 한다. 따라서 취소가 그의 사업의 비효율에 기인할지라도 취소의 경우에 자본 손실로부터 딜러를 보호하기 위해 명확하고 진보적인 정책을 갖는 것이 바람직해 보였다. 우리는 다음과 같은 조정안을 포함한 정책을 채택했다.

- 회사는 딜러로부터 그가 보유하고 있던 어떤 신차들에 대해서도 그가 지급한 가격으로 반품을 받는다.
- 회사는 일부 제품 간판들과 특정 도구들을 회수한다.
- 회사는 보유했던 부품들을 회수한다. 그것들은 특정 연령을 넘은 모델들은 아니어야 한다.
- 딜러가 또 다른 딜러에게 양도할 수 없는 리스를 가지고 있어서 청산에 손실이 발생한다면 회사는 손실을 보전할 것이다.

사실상 회사는 딜러에게 그의 저당이 잡혀 있지 않은 자산과 리스에 대한 어떤 부채 금액에 대해 지급했다.

1940년에 우리는 때때로 딜러들의 판매계약들이 판매 성수기가 시작되자마자 취소되었다는 불만이 있다는 것을 알았다. 그 결과 떠나는 딜러가 판매계약이 끝나는 시점 이전의 상당 기간 동안 이익이 적거나 거의 없는 상태로 사업을 운영했다는 것이다. 한편 새로 임명된 딜러는 수익성 있는 판매 성수기 초에 사업을 운영했다. 따라서 우리는 판매계약 3개월 전까지의 통지에 의해 무조건으로 계약을 해제할 수 있는 기간을 4월, 5월 또는 6월에 한정하고 효력 발생은 7월, 8월 또는 9월로 한다는 취지의 조항을 포함시켰다. 1944년에 GM은 특정기간 동안의 판매계약을 도입했다. 그것은 전후 생산의 재개에 따른 2년도 말의 실제로 3년도 이상의 기간 만기를 제공하였다. 그 후에 조건은 1년으로 설정되었다. 현재 각 딜러는 1년, 5년 또는 무한정한 기간 동안 계약의 옵션을 제공받는다. 이들 모든 계약들은 이유가 있을 경우에만 해지가 허용된다. 만기가 도래한 이후에는 갱신할 의무는 없다.

1938년 1월에 설립된 또 다른 특별한 GM의 딜러기관은 딜러관계위원회Dealer Relations Board였다. 그것은 심사기구로서 운영됐다. 그리고 불만을 가지고 있는 딜러가 회사의 최고경영자에게 직접 항의할 수 있도록 했다. 나는 이 위원회의 초대 위원장이었고, 세 명의 다른 최고경영자들로 구성됐다. 종종 우리는 하루 종일 사건을 청취했다. 우리는 딜러와 사업부로부터 완전한 보고서를 입수한 후에 GM으로서 어떻게 대처해야 할 것인지 결정했다. 위원회가 가지고 있는 최고 이점은 예방적인 것이었다. 사업부들은 그것이 매우 타당한 사례라고 확신했고, 어느 딜러에 대해서도 행동을 취하는 데 있어 아주 공정하고 사려 깊게 대응했다. 왜냐하면 딜러뿐만 아니라 사업부 자체도 경영진의 심사에 노출되기 때문이다.

나는 감상과 함께 어느 정도 자긍심에 빠져서 이 이야기를 하고 싶다. 내가 CEO에서 은퇴한 이후인 1948년에 GM 딜러 세 명이 내 사무실로 와서 딜러들 전체가 딜러 조직의 기회들을 향상시키는 데 있어서 내가 했던 일에 감사를 표하고 싶다고 말했다. 그들은 암 연구에 대한 나의 관심을 알고 있다고 말하고, 그 활동에서 나를 돕기 위한 기금을 만들고 싶다고 말했다. 1년 후 그들은 나를 찾아와 앨프리드 P. 슬론 재단을 위해 152만 5,000달러가 적힌 수표를 건네주었고, 그 이후에 딜러들은 기금에 대한 추가적인 기부금을 보내주었다. 이것이 암과 의학연구를 위한 GM 딜러 감사기금GM Dealer Appreciation Fund으로서 알려지게 되었다. 나는 이 기금을 주로 GM 보통주식에 투자했고, 원금은 현재 875만 달러 이상의 가치가 있으며, 1년에 25만 달러 이상의 투자 이익을 얻고 있다.

여기서 나는 몇 가지 생각을 한데 모아 그것들을 현재의 문제로 가져오고 싶다. 1939년과 1941년 사이에 GM과 GM 딜러들은 사업의 번창을 만끽했다. 그때 전쟁이 발발했고, 우리의 모든 생활이 크게 바뀌었다. 전시 중에는 미국에서 자동차가 제조되지 않았고, 보유 중인 신차의 재고는 정부의 통제 하에 팔렸다. 일부 딜러들은 자발적으로 그들의 사업을 청산했고, 많은 이들이 군대의 여러 부서로 옮겨갔다. 일부가 군수생산의 하청계약을 했지만 적극적으로 남아 있는 딜러 중 대부분의 주 사업은 서비스였고 중고차의 일부 교환이었다. 그들의 서비스 면에서의 활동은 상당히 증가했는데, 이는 사람들이 전시 중에 그들의 자동차 상태를 지키는 것의 중요성을 인식했기 때문이다. 정부의 통제 하에 허용된 정도에서 우리는 실용적인 부품들을 제조했고, 딜러들이 그것들을 이용 가능하도록 만들었다. 이로써 딜러가 미국의 자동차 운송시스템을 유지하는 데 있어서 건설적 서비스를 제공하도록 만들었다.

참전 선언은 딜러기구를 무시할 것이라는 불안을 몰고 왔다. 참전 직후 나는 딜러 조직과 딜러들의 사기를 유지하기 위하여 만든 어떤 정책 결정들을 요약한 특별메시지를 딜러들에게 보냈다. 이들 정책들은 다음과 같은 내용을 포함하고 있었다.

- 딜러가 반환을 선택특정 한도 내에서한 신차, 부품, 액세서리를 회사가 구입한다. 이것은 징병을 당하거나 어떤 이유로 자신의 판매계약을 종결하고 싶은 딜러를 보호하기 위한 것이다.
- 딜러와 사업부가 상호 합의한 조건에서 딜러가 그의 사업을 정리했다면 전후 재임명을 위한 우선권을 준다.
- 전시 중에 사업을 계속한 딜러들에게 차 생산의 재개 이후 2년간 신차를 특별 할당한다.

제2차 세계대전 후의 혼란 전시 중 미국에서 GM 딜러의 수는 1941년 6월의 1만 7,360개사에서 1944년 1만 3,791개사로 감소하여 순감소는 3,569개사였다. 대부분의 감소는 소규모 지역사회에 집중되었다. 남아 있던 딜러 중 일부는 전후 인구 재분포를 고려할 때 바람직하게 위치하지 않았다. 도시에서 교외로 이동하거나 동부와 중부의 주들에서 남동, 남서, 태평양 연안 지역으로 이동했다. 우리는 다년간의 유통 정책에 따라 각 지역을 재조사했다. 일부의 경우 우리는 한 지역이 복수의 딜러에 의해 지원되고 있는 것을 발견했다. 새 딜러의 모집은 추가적 임명에 대한 일시중단이 선언된 1956년까지 계속되었다. 이것은 1957년 말까지 시행되었다. 그러나 1962년 말에 미국의 GM 승용차 딜러 기구는 자동차시장의 성장에도 불구하고 1944년과 같은 약 1만 3,700개사였는데, 이것은 대도시 지역의 딜러의 감소와 또 다른 이유 때문이었다.

딜러들의 숫자는 감소했지만, 운행 중인 GM 승용차 대수는 1941년에 약 1,170만 대에서 1958년에는 2,460만 대로 증가함으로써 1,300만 대 또는 111% 증가했다. 운행 중인 GM 승용차 대수는 계속 증가했고, 1962년 현재 총 2,870만 대로 1941년보다 1,700만 대 또는 145% 증가하였다. 이에 따라 평균적인 개별 딜러의 사업은 다음과 같이 증가했다:

전쟁 전년도 피크 시기인 1941년에 GM 차 딜러는 평균적으로 약 107대의 신차를 팔았으나, 1955년에는 107% 증가한 222대의 신차를 팔았다. 1962년에는 1941년보다 151% 증가한 269대의 신차를 팔았다.

1941년에 자동차 딜러당 운행 중인 GM 차량의 평균대수는 710대였다. 이것은 그가 서비스할 수 있는 잠재적인 대상 대수다. 1958년에 이 잠재적인 대상 대수는 2,095대로 증가하여 195%가 증가했다.[21] 1960년 이래로 딜러 사업의 평균량은 안정적이어서 1939~1941년 평균의 2.5배였다. 딜러 사업의 순자산 역시 안정적이어서 20억 달러 이상을 기록하였고, 이는 1941년 수치의 2.7배다. 그것은 개별 GM 딜러가 경제와 함께, 그리고 회사와 함께 어떻게 성장해왔는지를 보여주고 있다.

전쟁 직후 시장 상황은 급격하게 변했다. 우리는 전쟁 중의 생산 중단 그리고 기존 차의 노후화로 인해 자동차에 대한 엄청난 수요를 충당해야 했다. 자재 부족이 생산을 제한하는 요인이었다. GM은 고객, 딜러, 공장에 심각한 문제가 있다는 것을 알았다. 고객의 문제는 어떻게든 운송수단을 얻는 것이었다. 보통 고객들은 그것을 위해 기꺼이 프리미엄을 지불하려고 한다. 그리고 많은 경우에 가장 먼저 인수받을 수 있는 운송수단을 원했다. 제조업체는 딜러에 대한 할당 문제에 직면했다. 딜

21 오늘날 GM의 승용차와 트럭 딜러들은 27만 5,000명의 정비공, 판매원, 기타 직원들을 고용하고 있는데, 이는 1941년의 19만 명과 비교된다. 한 지붕 아래 매장, 사무실, 부품과 서비스 공간을 포함한 그들의 시설은 2억 2,700만 평방피트의 공간으로 역시 전쟁 전 1억 1,700만 평방피트와 비교된다. 많은 딜러들의 시설은 대형화되었을 뿐만 아니라 한편으로 우리의 전후 승용차들과 트럭들의 기계적 복잡성의 증가를 적절하게 처리하기 위해 현대화되고 개선되었다.

전후 자동차 소유의 대폭적인 증가와 우리 제품에서 만들어진 기술적 발전들은 — 자동변속기, 고압엔진, 파워스티어링, 파워브레이크, 그리고 에어컨 같은 — 잘 훈련된 정비공에 대한 필요성을 새삼 강조하게 만들었다. 1953년에 서비스와 판매에서 딜러의 직원을 위해 30개의 서비스훈련센터(Service Training Center)를 설립했을 때 우리는 딜러와 실질적으로 협력하는 중요한 새로운 정책을 실시했다. 완벽한 시설과 특별 훈련받은 강사들로 충원된 훈련센터는 우리의 제품에 대한 수리와 서비스 제공에 대한 최근의 정보를 정비공들에게 제공했다. 정비공들의 수익 창출 능력은 최고로 증가되었고, 서비스의 질은 새로운 상황에 맞추기 위해 개선되었다. 센터는 또한 판매직원들에게 훈련시설들을 제공했고, 그것들은 딜러들과의 회의에 사용했다. 1962년 중에 18만 7,000명 이상의 사람들이 센터에서 다양한 기술적 주제로 거의 250만 인시(man hours)의 훈련을 받았고, 대략 26만 명이 판매 및 다른 비기술적인 주제에 대한 회의에 참석했다.

러는 그가 할당받은 차를 어떻게 분배할 것인가 하는 문제에 직면했다.

GM은 1942년 3월 2일에 딜러에 대한 차의 배분을 위한 계획을 확정했다. 그것은 내가 공포했기 때문에 '슬론 플랜'으로 알려졌다. 그것은 1945년 10월에서 1947년 10월 31일까지 운영됐고, 공평하고 만족스런 것임이 증명됐다. 그것은 1941년 성과기록에 기준하여 차의 공정한 배분을 딜러들에게 보장했고, 배분에서 편파성에 대한 클레임을 최소한으로 감소시켰다. 그것은 우리에게 달리 수습할 수 없게 될 수도 있었던 상황에 대처할 수 있는 지침을 주었다.

제품이 부족한 시기에는 사실상 경쟁 상황은 존재하지 않았다. 우리의 권장 재판매가격은 구매자들이 기꺼이 지불하려고 하는 것 이하로 상당히 낮았고, 우리의 딜러들은 항상 독자적으로 자신의 소매가를 책정했다. 그러나 이러한 긴급한 수요에 직면해서 불가피하게 나타난 결과는 2차 시장 또는 '회색시장gray market'의 출현이었다. 그것은 빈번하게 발생했다. 고객이 신차를 구입해 딜러의 사업장에서 운전해 나갔을 때 그가 첫 번째 정지신호를 넘어가기도 전에 누군가아마도 중고차 딜러가 접근해와서 그 차의 구입가격에 상당한 프리미엄을 붙여 인수하겠다는 제안을 했다. 이것은 전후에 나타난 새로운 유통문제였다.

가장 어려운 문제들 중의 하나는 '밀매' 또는 프랜차이즈에 가맹된 딜러가 신차를 중고차 구역으로 도매하는 것이었다. 이런 현상은 공급과잉 시기뿐만 아니라 제2차 세계대전 후에 존재했던 것과 같은 공급부족 시기에도 존재했다. 당시를 되돌아보면 1953년 후반부가 되어서야 일부 라인들의 차에서 공급이 수요를 따라잡기 시작했다. 나는 '시작했다'는 부분을 강조하고 싶다. 왜냐하면 많은 라인들이 1954년까지 공급이 부족했고, 캐딜락의 경우에는 1957년까지 공급부족이 계속되었다.

1950년 초쯤 프랜차이즈권의 오용과 나쁜 판매 관행이 홍수를 이루기 시작했다. 일부는 전쟁 전에도 존재했지만 1940년대에는 그 활동을 중단했다. 다른 것들은 전후 연도들 초에 발생한 특이한 상황의 결과물이었다. 예를 들어 밀매는 전쟁 전에 인구가 드문 지역에서 존재했다. 그러나 현재는 명백하게 새로운 법적 풍토에 의해 촉진되었으며, 그것은 급속한 확산과 악성의 형태로 되돌아왔다.

나는 이것을 '새로운 법적 풍토'라고 부르는데 1940년대 말에 법원이 결정한 해석으로 확립되었고, 후에 법무부의 의견에 따라 확대되었다. 이러한 법률적 동향들은 밀매나 권역 보호와 관련한 우리의 판매계약 조항들이 딜러의 행동의 자유에 대한 과도한 규제로 간주될 것임을 시사했다. 이들 두 조항은 1949년에 법률고문의 강력한 충고에 의해 마지못해 판매계약에서 삭제했다. 당시 그 효과는 무시할 만한 것이었지만 우리는 딜러십 체계에서 심각한 결과들을 예견했다. 왜냐하면 딜러들이 자신의 단골고객들에게 공급하기 위한 차를 충분하게 확보하지 못하는 어려움이 있었기 때문이다.

1950년대 상반기 중에 '밀매' 상황은 심각해졌다. GM의 신 모델 차들은 충분히 생산되었는데도 딜러들에게 전시용과 판매용으로 필요한 대수를 공급하기 전부터 이러한 밀매시장에 존재했다. 회사는 딜러들에게 차들을 밀매시장으로 넘기지 말라고 촉구했다. 또한 판매계약에 딜러들이 밀매 채널로 차들을 처분하기 전에 차들을 GM으로 반환할 것을 요구한 새로운 조항을 신설하는 안을 법무부에 제출하여 의견을 구했다. 법무부장관의 의견은 "법무부는 이러한 계약조항들에 관해 형사소송 절차를 시작할 의무를 포기할 수 없다. 우리는 그것들이 GM 판매계약에 포함되어 있다면 그것들이 반트러스트법 하에 심각한 의문들을 제기하고 있기 때문에 그것들의 합법성을 조사하기로 결정해야 한다"는 취지였다.

따라서 딜러가 잉여라고 생각했던 차들을 재구입하기 위한 딜러들과의 계약이 완전히 봉쇄됐다. 그다음에 GM은 1955년 모델연도가 종료될 때까지의 기간에 "과도한 공급으로 판단되는 그 어떤 신형 승용차와 중고 승용차도 타 지역의 다른 GM 딜러들에 의해 승인된 유통업체들이나 딜러들이 당초의 구입가격으로 재구입하거나 재구입을 중개할 용의가 있다"고 딜러들에게 통지했다. 이것의 목적은 딜러들에게 잉여라고 생각되는 차들을 승인된 채널을 통해 청산하도록 허용하는 것이었다. 단지 소수의 딜러들이 이 제안을 기회로 활용했는데, 그 이유는 그들이 잉여차를 갖고 있지 않거나 적은 이익으로 인하여 밀매를 통하여 파는 것을 선호했기 때문이다. 이는 크게 보면 그들 자신의 이익에 반하는 것이라고 생각한다. 그들은 밀매를 제공했거나 지원했던 프랜차이즈에 가맹된 딜러들이었다. 왜냐하면 후자는 일부 프랜차이즈에 가맹된 딜러를 통하지 않고는 차를 확보할 수 없었기 때문이다. 생산일정을 시장과 경쟁 상황에 대한 현실적 평가에 맞추어 조정하려는 우리의 노력은 계속 제약을 받았다.

밀매 실무에 재갈을 물리려는 수년 동안의 다양한 노력은 우리의 통제범위를 벗어난 현실적 한계에 의해 방해를 받았다. 그러나 1950년대 하반기에 실제로 뚜렷한 감소가 있었다. 우리는 프랜차이즈 유통시스템을 믿었고, 우수한 딜러들에게 반향을 일으킬만한 이익기회를 제공하려고 시도했다. 그러나 회사뿐만 아니라 프랜차이즈에 가맹된 딜러들도 번영을 계속하려면 이익기회가 뒷받침되어야 한다. 권역의 분석에 근거한 딜러들의 적절한 배치의 기반을 만든 'GM 우수 딜러 프로그램' 개념은 한 세대 전 GM의 위대한 판매관리자인 리처드 H. 그랜트Richard H. Grant와 또 다른 우리의 최고 판매관리자인 윌리엄 홀러William

Holler가 처음으로 그것을 입안했을 때인 1920년대로 거슬러 올라간다. 그러나 이 개념에 기준한 정책들은 현재도 이상적일 수 있다. 건전한 정책들은 흔히 우리가 통제력을 갖고 있지 않는 동안 외부세력의 영향으로 수정된다.

우수 딜러로서 운영할 딜러의 능력에 한동안 역으로 영향을 주었고, 명백하게 고객들에게 불공정하였던 또 다른 관행은 '꾸러미가격price packing'이었다. 꾸러미가격은 제조업체의 제품 권장가격에 무엇인가를 가산하는 것을 의미한다. 이것은 딜러가 중고차 보상판매를 위해 명백하게 과도한 할인을 제공할 수 있게 한다. 딜러는 자신이 판매할 신차에 대해 가격을 책정했기 때문에 보상판매 되는 차에 대해 좋은 조건을 제시할 수 있다. 이런 관행은 타당하지도 바람직하지도 않았고, 나는 자주 딜러들에 대한 연설에서 그렇게 말해왔다. 그러나 관행을 비난한다고 해서 그것이 없어지는 것은 아니었다. 특히 그곳에는 우리의 통제가 존재하지 않았다. 우리는 꾸러미가격을 막으려고 노력했지만 관행을 지지하는 세력이 너무 강했다. 결국 우리는 딜러들의 입장에서 개인적이고 자발적인 행동만이 이 악습을 없앨 수 있다는 결론을 내렸다.

1958년에 의회는 법을 제정하여 딜러에게 출하할 각 신차의 창유리에 라벨을 부착하도록 제조업자에게 요구했다. 이 라벨은 제조업체의 권장소매가를 구성하고 있는 다양한 요소들에 대한 상세한 정보를 포함하고 있다. 내가 기술한 유형의 꾸러미가격의 악폐는 이 법을 통하여 사실상 사라졌다는 것은 거의 틀림없다.

판매자시장에서 구매자시장으로의 전환은 '집중공세blitz' 또는 고압적 판매를 수반했고, 1954년에서 1958년까지 시장을 복잡하게 만들었다. 아마도 이러한 전환은 모든 당사자들에 의해 좀 더 유연하게 진행될 수 있었다. 공적으로 제기된 강력한 항의는 새로운 상황에 대한 조정의 필요성을 불러일으키는 데 도움이 됐을지도 모른다. 그러나 내 생각에 딜러들과 제조업체들 사이의 공정한 협력관계에 대한 책임은 입법기구가 해결할 일이 아니다. 그것은 제조업체들과 딜러들의 책임이다. 우리는 경쟁적 사업을 하고 있고, 한 번 지위를 상실하면 다시 회복하기 어려우며, 때로는 불가능하다.

1955년에 GM은 새로운 발전에 대한 조사를 했고, 새로운 판매계약을 성안하여 1956년 3월 1일에 시행했다. 여기서 그것의 중요한 부분에 대해 언급하겠다.

- 5년, 1년 또는 무기한계약 중에 선택1962년에 딜러의 99.2%가 5년 계약으로 운영하고 있었다
- 딜러의 사망과 업무 불능 상태 시 승계자를 지명할 딜러 권한의 자유화 정책
- 딜러의 판매 성과 평가기준에 대한 상세한 명시
- 현재 상황에 대응하여 딜러의 경제 상태를 개선하는 많은 변화들

불이행의 사유로 90일의 통고에 속하는 취소일지라도 5년 등 장기 판매계약기간인 경우에는 인구 이동, 제품의 잠재력, 딜러의 경영효율, 경제 동향, 경쟁과 같은 많은 중요한 유통 요인들에 대한 영향을 고려해야 한다. 이러한 딜러 조직의 경영효율과 적절성에 대한 정책의 효과는 시간과 경험에 의해서만 평가될 수 있다.

GM의 유통정책에서 다른 중요한 변화들 중의 하나는 사업부의 결정에 대한 딜러의 항의를 청취하고 판정하기 위해 딜러관계위원회를 대신해 외부의 공정한 심판인 은퇴한 연방 지방법원 판사를 임명한 것이었다. 또 다른 하나는 사업부의 딜러협의회의 선출방법이었다. 딜러

들은 먼저 구역수준zone level에서 선출된 다음 이들 딜러들이 지역수준에서 합친 대표들을 선출하는데, 지역region에서 대표 1인을 선출한다. 그렇게 선출된 딜러들이 전국협의회를 구성한다.

현재 사장딜러자문협의회President's Dealer Advisory Council로 알려진 GM협의회General Motors Council를 구성하는 딜러들의 그룹은 선출되기보다는 GM이 선임했다. 우리가 이 방법을 선택한 것은 5개의 자동차사업부와 1개의 트럭사업부로 만들어진 GM의 특정 체계 때문에 딜러협의회가 선출로 정해지는 경우 아주 복잡한 조정을 필요로 한다고 생각했기 때문이다. 이 협의회의 다양한 그룹의 멤버십은 각 사업부에서의 숫자들뿐만 아니라 딜러십의 규모, 지역사회에서 딜러의 규모, 지리적 입지를 반영하고 있다.

많은 것이 이루어졌고, 많은 것이 미해결로 남아 있다. 우리가 알고 있듯이 문제들이 있는데 계속 방치할 경우 프랜차이즈 시스템의 종말이 찾아올 수도 있다. 그렇다면 어떤 대안들이 있는가? 내가 아는 것은 단지 두 가지다. 하나는 제조업체가 소유하고 경영자가 운영하는 딜러십으로 하거나 아니면 담배를 파는 것처럼 누구나 자동차를 판매하도록 하는 것이다. 후자의 경우, 제조업체는 하나의 서비스기관 시스템만 유지한다. 나는 이들 변화 중 어떤 것에도 회의적이다. 나는 자동차업계에서 오랜 세월에 걸쳐 번영해온 프랜차이즈 시스템이 제조업체들, 딜러들 그리고 소비자들에게 최상의 것이라고 믿고 있다.

제17장 GMAC

소비자금융의 필요성 자동차사업의 역사에 대해 잘 모르는 사람은 GM이 어떻게 미국에서 가장 중요한 금융기관의 하나를 소유하게 되었는지에 대해 의아해한다. GM은 금융기관의 소유를 통해 소비자금융에 관여하기 시작했다.

과거 몇 년 동안 GM의 자회사인 GM억셉턴스 코퍼레이션GMAC은 미국에서 자동차 판매와 관련한 융자액의 16~18%를 취급했다. GMAC는 전적으로 GM 딜러들과 거래하면서 은행, 기타 판매금융회사, 신용조합, 지방 대여기관들과 경쟁했다. 내가 그것을 '경쟁관계'라고 말하는 것은 GMAC가 독점적인 지위에 있는 것이 아니기 때문이다. GM 딜러는 어떤 금융서비스도 자유롭게 선택하여 사용할 수 있었고, 그의 소매 고객들도 마찬가지였다. GMAC의 총 연간 사업 규모는 소매융자에서 약 40억 달러, 그리고 GM으로부터 매입자금을 조달하기 위해 딜러가 사용한 도매융자에서 약 90억 달러였다.

GM은 자동차 구매대금을 마련할 때 융자의 필요성이 처음으로 대두된 때인 40년 전에 이 사업에 진출했다. 대량생산은 소비자금융에서 광범위한 접근법을 필요로 했으나, 당시 은행들은 그것을 적극적으로 받아들이지 않았다. 은행들은 그 요구에 소홀하게 대처했다. 그 요구를 거부했다고 할 수도 있을 것이다. 그래서 자동차업계가 차를 대량으로 판매하기 위해서는 다른 수단들을 찾을 수밖에 없었다. 1919년에 GMAC가 설립되었을 때, 미국 전체에 소비자금융을 위한 기관은 하나도 존재하지 않았다. 내가 기억할 수 있는 범위까지 거슬러 올라가면, 상인들은 현금으로 구매하기에는 너무 비싼 주택, 가구, 재봉틀, 피아노, 다른 용품들은 할부로 판매했으나, 은행들은 이러한 용품을 구매할 목적을 가진 선정된 일부 개인들에게만 융자를 해주었다.

소비자금융의 아이디어는 새로운 것이 아니다. 1910년경에 모리스 플랜Morris Plan 은행이 일부 자동차 구입 금융을 시작했는데, 이때부터 이러한 관행이 나타나기 시작했다. 그러나 1915년까지만 해도 자동차 구매에 소비자금융을 일상적으로 적용한 것은 새로운 것이었다. 당시에 가장 성공적인 자동차 제조업체의 하나인 윌리스-오버랜드 컴퍼니의 사장인 나의 친구 존 N. 윌리스John N. Willys가 나에게 윌리스와 다른 차들의 판매 금융을 위해 만들어진 개런티 시큐리티스 컴퍼니Guaranty Securities Company의 지배인 자리를 맡으라고 제안했다. 이것이 실제적으로 최초는 아니었지만, 일상적 융자기관의 부재를 메우기 위해 설립된 최초의 자동차 금융기관의 하나였다. 여기서 나는 최초로 할부판매를 접했다. 당시 나는 아직 하얏트에 있었고, 물론 자동차를 만들지도 팔지도 않았기 때문에 직접적인 관심을 갖지는 않았다. 존 J. 래스콥은 당시 GM의 재무위원회 위원장으로서 GMAC의 출발에서 중요한 역할을 했다. 당시 나는 집행위원회에 있었고, 그 구상을 지지했다.

듀랜트 씨가 GMAC의 초대 사장인 J. 에이모리 해스켈에게 보낸 1919년 3월 15일자 서한을 공개하는 형태로 GMAC의 설립에 대한 공적인 발표를 했다. 그 편지에서 듀랜트 씨는 다음과 같이 적고 있다:

사업의 규모가 커짐에 따라 현재의 은행들은 자금 조달에 대응하기에는 충분히 탄력적이지 않다는 새로운 금융문제가 나타나고 있습니다.

우리의 제품들, 특히 승용차와 상용차에 대한 수요는 지속적으로 증가하고 있어 그에 따라 딜러들의 어려움 또한 커졌습니다. 판매담당자의 능력과 우리 제품의 상품성이 좋아짐에 따라 거래량이 증대했지만, 자금 차입이 가장 필요한 시기에 그것을 얻을 수 없다는 문제가 있습니다.

이런 사실은 GM코퍼레이션이 이들 문제들을 해결하기 위해 도움을 주어야 한다는 결론을 내리도록 만들었고, 이런 이유로 GMAC의 설립을 결정했습니다. 이 회사의 기능은 지역의 융자 재원을 보충하고, 우리 딜러들의 사업 확대를 최대한 지원하는 것입니다.

그 당시의 은행업과 제조업의 사고방식 간의 차이에 관해 몇 마디 언급하고 싶다. 내 추측으로 은행가들은 자동차를 경주계의 전설적인 영웅인 바니 올드필드Barney Oldfield가 일요일에 넓은 가로수 길을 따라 랜도 마차를 타고 출전하는 것 정도로만 생각하고 있었음이 틀림없다. 그들은 자동차를 철도 이후에 나타난 수송 중에서 가장 큰 혁명이 아니라, 스포츠와 오락 활동 정도로 생각했던 것이다. 그들은 일반인에게 소비자융자를 확장하는 것은 매우 위험하다고 생각했다. 게다가 그들은 어떻든 간에 소비를 조장하는 것은 명백하게 절약할 의욕을 꺾는다고 믿었다. 또한 사치품의 소비에 금융 지원을 하는 것에 대한 도덕적인 반감도 가지고 있었다. 그 결과 자동차는 주로 현금으로 소비자들에게 판매되었다.

유통업체들과 딜러들 역시 재원을 조달하기 위해 주로 자기자본과 고객으로부터의 예치금 및 은행융자에 의존해야 했다. 이런 관행은 유통업체들이 광범위한 권역을 할당받아 계약을 하고, 차를 현금으로 판매했던 초기에는 잘 굴러갔다. 그들의 자금수요를 충족하는 것은 그렇게 어려운 문제가 아니었기 때문이다. 그러나 사업이 성장하고, 제조업체들이 대금 교환 인도를 계속 요구함에 따라 딜러들은 소매 할부판매는 말할 것도 없고, 재고 금융을 위한 자금도 가지고 있지 않았다는 문제에 직면했다.

자동차산업이 판매량 기준에서 미국의 최대사업이 되기 약 8년 전인 1915년에 자동차산업의 유통시스템은 일반적인 은행업무 채널 외에는 일상적 소매 융자 구조를 갖지 못했고, 그러한 구조를 가지고 있다고 하더라도 채널들이 매우 제한적이었다. 따라서 자동차업계는 스스로 융자 구조를 개발해야 했다.

오늘날 딜러의 매입대금은 대부분 사후 결제가 되고 있고, 미국의 신차 및 중고차 소매판매의 약 3분의 2가 할부판매로 이루어지고 있다. 소비자융자의 건전성을 의심하는 사람들의 기우가 근거 없음이 증명되었다.

GMAC의 1919년에서 1929년까지 소매 할부판매에 대한 손실률은 구입한 소매량의 약 0.33%였다. 이는 GMAC의 손실 비율을 말하는 것으로, 차를 회수한 후에 딜러들이 입는 손실을 말하는 것은 아니다. 이 비율은 1930년에 0.5%, 1931년에는 0.6%, 1932년에는 대략 0.83%로 증가했다. 1933년의 손실률은 약 0.2%였다. 최악의 불황에서도 손실률이 수량의 1%에 달한 적이 없는데, 이는 시스템의 안전성과 구입자의 성실성에 대한 주목할 만한 지표다.

우리가 당초 GM 제품의 유통과 판매에 대한 체계적인 금융을 수행했을 때에는 대공황과 같이 심각한 사태는 예측하지 못했고, 대공황을 견딜 수 있을지에 대해서도 전혀 예상하지 못했다. 우리는 이 융자시스템이 대공황 같은 혹독한 테스트를 받게 될 줄 몰랐고, 이러한 테스트에서 잘 생존할 수 있을지에 대해서도 생각하지 못했다. 그러나 우리는 만약 우리가 예상되는 위험들에 대해 통상적인 주의만 기울인다면 자동차의 도 · 소매 유통과 판매에 대한 금융은 융자의 부족으로 제한을 받고 있던 건전한 수요를 촉진할 것이라고 확신했다.

GMAC의 업무 GMAC는 오늘날 미국과 캐나다 그리고 많은 해외국가에서 직영하거나 자회사를 통해 운영하고 있다. GMAC는 GM 딜러들과 유통업체들의 융자 필요를 충족하기 위한 특정 목적을 가지고 출범했고, 여전히 그렇게 운영하고 있다. 그리고 그것은 항상 딜러들의 신제품 및 중고제품의 유통 및 판매 금융을 위한 활동에 한정하고 있다.

GMAC는 도매와 소매 거래 모두에 금융을 제공했다. GMAC는 GM 딜러들이 보유하고 있던 GM의 제품들을 화물신탁예치증 또는 다른 유가증권서류와 교환함으로써 도매금융서비스를 받을 수 있도록 했다. 딜러는 상응하는 채무에 대한 대금을 지급한 후에 제품에 대한 소유권을 획득하고, 그 후에 그 제품은 소비자에게 팔리게 된다. 만약 딜러가 채무에 대한 지급을 하지 않거나 계약 조건들을 지키지 못한다면 GMAC는 제품을 회수할 권리를 갖는다.

1919년에서 1963년까지 GMAC는 회사의 다른 제품들에 추가하여 4,300만 대의 신차에 대해 소비자들과는 별도로 유통업자와 딜러들을 위한 융자를 했다. 같은 기간에 GMAC는 소비자를 위해서는 4,600만 대의 차에 대한 융자를 했는데 신차가 2,100만 대, 중고차가 2,500만 대였다.

소매금융방법은 'GMAC 분할지급플랜GMAC Time Payment Plan'으로 알려졌는데, 딜러와 소매구입자 사이에 계약을 체결한 후에 GM 딜러들이 소매구입자로부터 받는 분할대금을 GMAC에 지급하는 계약을 하는 방식이다. 그러나 GMAC는 딜러가 요청한 모든 계약을 구입할 의무는 없다. 딜러 또한 GMAC가 구입하도록 계약을 제의할 의무는 없다. 양 당사자 사이의 거래는 자발적이다. GMAC는 그들이 맡고 싶지 않은 위험을 거부할 권리를 가졌다. 딜러는 그것이 자신에게 이익이 될 것이라고 생각하면 어느 곳과도 계약할 수 있다. 딜러가 GMAC에 계약을 요청하고 모든 융자 요소들을 충족한 것이 입증되면 GMAC는 그 채무를 매입한다. 그 후에 GMAC는 모든 지급액을 딜러가 아니라 고객으로부터 회수한다.

미국 밖에서는 현지 법률과 다른 상황들의 영향으로 GMAC 융자 플랜과 운영의 기술적 형태가 미국과는 약간 달랐다. 이런 예외를 제외하면 미국 내에서의 소매와 도매 플랜은 다른 나라에서도 충실히 따르고 있다. 우리의 경험에 의하면 미국 내에서의 우리 제품들의 도 · 소매 판매와 유통에 대한 신중한 융자는 해외에서도 잘 운영되고 있다. 솔직하게 말하면 국내외에서 자동차 금융 분야에서 평균적인 소비자에 대한 융자 위험은 아주 낮다.

GMAC의 기본정책들은 1919년과 1925년 사이에 수립되어 점차 정교화되었다. 초기에 우리는 두 가지 중요한 동기를 가졌는데, 하나는 합리적인 제도의 설정이고, 다른 하나는 고객을 위해 합리적인 이율을 제시하는 것이었다. 우리는 이 사업으로부터 이익을 창출하고, 우리의 고객에게 장기적으로 이익을 가져다줌과 동시에 높은 이율로부터 보호하는 데 관심을 가졌다.

소비자금융의 주요 위험은 채무불이행, 압류, 중고차시장에 있었다. 그에 따라 계약금, 상환에 소요된 기간, 구매자의 상환 능력, 압류한 차의 미상환액 가치가 어느 정도인지를 파악하는 것이 중요했다. 딜러는 구입자의 채무에 대한 보증인으로서 필요하면 공정가격으로 자동차를 회수하거나 재판매할 수 있는 담보를 확보하는 것이 가장 중요했다. 이러한 담보가 없다면 딜러에 대한 금융 부담은 매우 컸다.

경제학자 E. R. A. 셀리그먼E. R. A. Seligman 교수는 GM의 연구비 지원을 받아 수년간 소비자금융에 대한 연구를 했다. 셀리그먼 교수는 1927년에 이 연구의 결실로 2권으로 된 『할부판매의 경제학The Economics of Installment Selling』을 출간했고, 그 분야의 표준저서가 되었다. 나는 그것이 은행가들, 사업가들, 일반대중에게 할부판매를 수용하도록 하는 데 가장 강력한 영향을 미쳤다고 생각한다.

셀리그먼 교수는 오늘날은 자명하지만 당시에는 소설과 같았던 몇 가지 결론을 이끌어냈다. 할부융자는 저축을 위한 동기를 강하게 할 뿐만 아니라 그렇게 할 개인의 능력을 증가시킨다고 했다. 그것은 수요의 시점을 앞당길 뿐만 아니라 실제로 경제와 상호작용함으로써 구매력을 증가시킨다. 또한 할부금융은 생산을 안정화시키고 증가시켜 금융비용보다 더 큰 이점을 얻는다고 했다.

우리가 해결해야 할 초기의 의문점 하나는 딜러가 얼마나 많은 부담을 안아야 하는가였다. 우리는 딜러가 실질적으로 구입자의 채무에 대한 무제한의 보증을 서는 상황에서 위험의 크기가 얼마나 되는지를 측정할 만한 방법론이 없었다. 자동차를 담보로 할 때에는 회수한 담보에 대한 재판매 손실의 위험성에 부가하여 정부가 자동차를 몰수하여 사라질 위험성 또는 충돌사고로 인해 자동차의 가치가 상실될 위험성이 있었다.

1925년 당시 GMAC의 부사장인 A. L. 딘A. L. Deane에 의한 철저한 조사 결과 딜러의 위험성을 일부 줄여주는 수정안이 채택됐다. 이 수정안을 바탕으로 GMAC는 고객의 최초 채무불이행 이후 90일 내에 담보차량을 양호한 상태로 압류할 수 없는 경우에는 어떤 손실도 떠안겠다고 약속했다. 게다가 GMAC 융자수수료의 특정 비율은 회수차량의 판매에서 발생하는 손실을 보전할 수 있는 적립금으로 설정하여 딜러의 자본으로 기입했다. 따라서 딜러의 판매이익이 융자판매 손실에 의해 감소될 위험은 상당 부분 줄어들었다.

동시에 또 다른 GM의 자회사인 제너럴 익스체인지 인슈런스 코퍼레이션General Exchange Insurance Corporation을 설립하여 화재, 도난, 충돌 위험에 대한 보장보험서비스를 제공했다. 이 회사는 공적 부채와 재산 손실에 대한 보험이 아니라 요청한 고객에 대해 자동차의 물리적 손실을 보상해주는 보험이었다. 당시에 자동차보험회사들은 고객을 선별적으로 받아들였기 때문에 자동차 구입자가 융자를 위한 사전 요건이었던 보험에 항상 가입할 수 있는 것이 아니었다. 차량손해보험을 제공하는 금융회사의 아이디어는 딜러와 금융회사의 관계를 위한 표준 유형으로서 일부 수정하여 널리 채택되었다. 오늘날 할부구입자들에게 차량손해보험을 제공하는 회사는 GMAC의 자회사인 모터스 인슈런스 코퍼레이션Motors Insurance Corporation이다.

그 당시 일부 금융회사는 고객이 채무불이행을 했을 때 소매융자 거래의 미지급잔액에 대한 책임을 면제한다는 관행이 있었다. 이런 '비상환청구nonrecourse'제도는 당초 신용의 건전성 관점에서 딜러의 관심을 떨어뜨리는 단점을 가졌다. 또한 그것은 운영비용이 많이 들었다. 가장 중요한 사실은 금융회사가 프랜차이즈에 가맹된 딜러만큼 좋은 가격으로 압류차량을 판매할 위치에 있지 않았다는 것이다. 구입자들은 결국 높은 금융비용을 포함한 추가비용을 지급했다.

GMAC는 처음에는 비상환청구제도를 따르지 않았다. 이렇게 한 데는 많은 이유가 있었다. 그것들 중에는 소비자에게 비용을 추가로 부담하게 한다는 문제가 있었다. GMAC는 소매할부판매에서 딜러를 모든 채무에서 구제하는 것은 바람직하지 않다고 생각했다. 담보차량의 반환을 보증하는 계획이 구입자에게 최저비용을 부담시키면서도 딜러에게는 적절한 보호가 될 수 있는 것이라고 느꼈다. 경험적으로 이것이 옳았다. 그러나 경쟁압력 때문에 GMAC는 서비스에 비상환청구를 추가했다.

금융비용은 자동차의 원가에 중요한 요소다. 수년 동안 GM과 GMAC는 이 사실을 강조했다. GMAC는 상환시간이 불필요하게 길고, 계약금이 과도하게 적으면 자동차 구입자에 의해 추가적이고 불필요한 비용이 발생한다고 지적했다. GMAC는 과도한 금융비용에 반대하는 캠페인을 벌였으며, 이 문제에 대해 리더십을 발휘했다고 말하는 것이 공정하다고 생각한다. 누구보다도 GMAC와 관련을 가졌던 사람은 존 J. 슈먼 2세John J. Schumann, Jr.였다. 그는 1919년에 GMAC에 참여해서 1929년에서 1954년까지 25년 동안 사장으로 있었다. 그는 건전한 관행을 주장하는 강한 리더였고, 조직에서 자신의 개성을 각인시켰다. 임기 중에 그는 오랜 세월에 걸쳐 유효성이 증명된 정직과 공정한 거래라는 공식에 따른 정책과 관행들을 발전시켰다.

슈먼 씨의 정책을 지지하여 나는 1937년의 GM 연차보고서에서 다음과 같이 썼다:

> …… 소비자에게 공정한 최소액을 초과하여 부담시키는 것은 회사의 정책과 일치하지 않습니다. 딜러는 할 수 있는 한 낮은 가격으로 적절한 서비스를 제공해야 합니다.

이와 관련하여 역사가 흥미로운 방향으로 흘러간 사례가 있다. 1935년에 GMAC는 '6% 플랜'을 발표했다. 이것은 일반대중이 연초

미지급잔액에 연리 6%로 융자를 받을 수 있다는 것을 의미했다. 이것은 전통적인 금융비용을 계산하는 방식이다. 따라서 경쟁관계에 있는 금융회사의 비용을 측정하기 위한 비교기준이 되었다. 물론 실질이자 기준에서 계산된 자금에 대한 이율은 더 높았다. 그러나 GMAC는 이 관습을 따랐고 그것을 광고했다. GMAC의 '6% 플랜'은 고객이 그의 실제 금융비용을 측정할 수 있는 하나의 편리하고 공지된 기준을 제시하였다. 그러나 경쟁자들은 GMAC의 '6% 플랜'을 좋아하지 않았다. 경쟁자들은 '6% 플랜'이 명시된 금융비용을 단순이자율이라고 믿도록 일반대중을 호도하는 '불공정거래관행'이라며 연방거래위원회에 호소했다. 나는 광고에서 '6%'는 승수즉, 이자율이 아님임을 명확히 밝혔다고 생각했지만, 연방거래위원회는 GMAC가 '6%'라는 용어의 사용을 중단해야 한다고 결정했다. 나는 이것이 고이율을 추구하는 금융회사에게는 이익이고 소비자에는 불이익이 되었다고 생각한다.

1938년에 정부는 GM 딜러들이 GMAC의 금융서비스를 사용하도록 강요받았다고 비난하면서 GM과 GMAC를 공격했다. GM은 그런 요구사항을 만들었다는 것을 부인했고, 우리는 고객을 보호하고 우리의 딜러들이 낮은 이자율을 제공하는 우리의 정책을 따르도록 설득하는 데 한정했다고 역설했다.

그러나 정부는 인디애나 주 사우스밴드에서 GM코퍼레이션, GMAC, 두 개의 자회사, 그리고 18명의 경영자들에 대해 형사소송 절차를 개시했다. 재판은 1939년 가을에 열렸는데, 이례적이고 명백히 일관성 없는 평결로 종결됐다. 경영자들 개인은 모두 무죄를 선고받았고, 4개의 피고회사는 유죄판결을 받았다. 그 후에 정부는 GM 딜러들이 GMAC의 금융서비스를 사용하도록 강요받고 있다는 동일한 고발에 근거해서 GM과 GMAC 그리고 두 개의 자회사에 대해 민사소송을 시작했다. 법무부 반독점부의 오랜 심사 후, 1952년에 우리는 화해가 이서된 법원 명령에 따라 GM, GMAC와 딜러 사이의 관계에서 기본 원칙을 정했다. 우리는 이 원칙 아래 만족스럽게 운영했다. 그 원칙들 아래에서 GMAC는 다른 금융조직들과 독립적으로 경쟁하며 아직도 사업을 운영하고 있다.

1955년이 끝날 무렵 나는 여러 GM 경영자들과 함께 상원의 반독점과 독점 소위원회가 주관하는 청문회에 참석하기 위해 워싱턴으로 출두하라는 요청을 받았다. 대부분 '대기업'의 이슈와 관련된 이 청문회에서 GMAC의 입장이 상당히 자세하게 논의되었다. 일부는 GMAC를 GM에서 분리해야 한다고 주장했다. 나는 소위원회의 스태프 보고서의 결론에 관심을 가졌다. "GM은 자체 소유의 판매금융회사를 가지고 있기 때문에 다른 자동차 제조업체들에 대해 경쟁우위를 가지고 있으므로 판매금융회사를 분리해야 해야 한다"고 서술하고 있었다.

하지만 왜 분리해야 하는가? 많은 다른 자동차 딜러들도 GMAC의 자금을 이용할 수 있다. GMAC가 GM에 주는 혜택이 있다면, 그것은 GM과 공감하는 관계를 맺고 있다는 것뿐이며, 이러한 관계는 소비자와도 똑같이 갖고 있다. 내가 기꺼이 말할 수 있는 것은 GMAC는 소비자들과 딜러들에게 경제적 서비스를 제공함으로써 GM을 위한 수익성 있는 사업을 만들었다는 것이다.

유사한 사업 유형에서 많은 다른 업체들은 판매-금융 자회사의 가치를 인정하고 있다. 예를 들어 제너럴 일렉트릭 컴퍼니General Electric Company는 휘하에 제너럴 일렉트릭 크레디트 코퍼레이션General Electric Credit Corporation을 가지고 있고, 인터내셔널 하비스트 컴퍼니International Harvest Company는 인터내셔널 하비스트 크레디트 코퍼레이션International Harvest Credit Corporation을 가지고 있다. GM이 소비자를 위하여 운영하고 있는 판매 및 유통 구조를 가질 수 없다는 주장은 나에게 충격을 주었는데, 우리의 체제상 이는 매우 기이한 것이었다. 이러한 공격은 이기심 때문에 나온 것이며, GMAC가 초기부터 추구하였던 것으로 공공 활동을 추구하는 것과 일반대중이 서비스와 이러한 서비스 제공의 원가에 관해 공정하게 대우받도록 하는 정책을 공격한 것으로 보인다.

나는 1955년 소위원회에서 당시 GMAC의 사장 찰스 G. 스트라델라Charles G. Stradella의 의견에 동의한다. 그는 다음과 같이 말했다:

> GMAC는 GM코퍼레이션과 제휴하여 우위성을 가지고 있을 수도 있었을 것입니다. 그렇지만 이 제휴에 의해 딜러들은 서비스의 지속적인 제공에 대한 확신, 이익 공동체, 공정한 대우 등의 측면에서 영향을 받았을 개연성이 아주 높습니다. [GMAC에] 자금을 제공한 사람들은 GMAC 자본의 적정성, 건전한 경영, 보수적 재무정책과 관행들에 대한 확신에 의해 영향을 받았습니다. 다른 한편으로 이러한 우위가 GMAC와 그것의 건전한 관행에 대한 적극적인 추구에 의해 지원되지 않았다면 이러한 제휴는 관련 당사자들에게 좋게 보이지 않았을 것입니다.

GMAC는 초기에 소비자금융을 발전시키는 데 기여했다. GMAC는 상당히 보수적인 기준에서 계약금과 상환기간에 대한 조건들을 유지하는 데 영향을 주었다. 소비자에 대한 합리적인 이자율의 방향에서 그것의 징벌적인 효력이 점차 입법에 반영되었다. 현재 과반수의 주들이 주법에 의해 이자율의 상한을 정하고 있다. 나는 멀지 않은 장래에 모든 주들이 이자율에 대한 법률을 만들 것이라고 생각한다. 나의 개인적 의견으로는 이것은 바람직한 것이며, 각 주들이 소비자의 이익을 보호하기 위해 합리적 수준에서 이율의 한계를 정하여야 한다고 본다.

일반대중이 할부융자에 대해 지불해야 하는 수수료의 상한을 법률로 규제하는 것은 효과적이고도 바람직하다. 그러나 나는 다른 계약금과 상환기간 같은 딜러와 구매자 간의 거래 조건들은 국가적 위기의 경우를 제외하고는 결코 규제해서는 안 된다고 생각한다. 소비자융자의 과대 확장 위험을 가져올 수 있다는 것을 염려하지 않고 있는 것은 아니다. 그간의 기록으로 볼 때 명확한 것은 GMAC는 지나치게 적은 금액의 계약금을 저지하려고 하였다는 것이다. 또한 합리적 한계 내에서 상환기간의 한도를 지키는 데 있어 계속적으로 관심을 가져왔다. 내가 첨언하고 싶은 것은 보수적인 융자가 자동차산업의 건전성을 유지하는 기본이 된다는 것이다. 지나치게 적은 계약금으로 장기상환 하려는 사람은 신차에 대해 충분한 상환능력을 가지고 있지 않을 것이다.

1955년 말에 다방면에서 상당한 우려가 나타났다. 소비자융자가 과도하게 확장되었고, 계약금과 기간통제가 너무 느슨해졌다는 것이다. 그러나 나는 이와 관련하여 제기한 어느 주장도 사실에 반한다고 생각한다. 인플레이션을 막기 위해 소비자융자를 통제하기 위한 법률을 발의해야 한다는 활발한 움직임이 있었다. 대통령은 1956년 1월의 경제교서에서 다른 안정화 조치들에 부가해서 일부 정부기관에 의한 소비자융자의 상시통제에 대한 항구적 권한이 유용할 것인지에 대해 의문을 제기했다. 경제자문위원회는 이 문제를 조사하기 위해 연방준비제도이사회에 의뢰했다. 나는 조사과정 중에 나온 설문지에 응답했다. 여기에서 나는 정부기관에 의해 운영되는 항구적 상시통제는 불필요하다는 생각을 개진했으며, 그 이유에 대해서도 언급했다. 의회에 의한 소비자융자의 통제는 특수한 사정이 인정되었을 경우나 국가적 위기로 대통령의 조치가 필요할 때를 제외하고는 일반적으로 소비자와 대부자에게 맡기는 것이 안전하다는 것이다. 1957년 연방준비제도이사회는 성명을 발표했는데, 그 가운데 다음과 같은 내용이 나타나 있다.

- 소비자 할부융자의 변동은 전반적으로 급속하게 성장하는 동태적인 경제에서 용인될 수 있는 한계 내에 있다.
- 소비자 할부융자를 규제하기 위한 정부의 특별한 평시 권한은 바람직하지 않다.
- 신용대부의 확대는 경제의 불안정화 요인이 될 수 있지만, 통상의 금융정책과 공공 및 민간의 건전한 재정정책의 적용으로 억제할 수 있다면 광범위한 대중의 이익에 훨씬 기여할 수 있다.

나는 이러한 생각들에 동의한다.

GMAC가 관련되는 한 그것이 소비자를 위해 제품에 관련된 서비스를 제공한 것이라고 간단히 말할 수 있다. 분명한 것은 GMAC가 소비자, 딜러, 회사 모두에게 이익이 되었다는 것이다.

제18장 해외사업

GM의 해외진출 미국과 캐나다 외에 자유세계로 수출한 승용차와 트럭 대수는 1962년에 750만 대 이상, 그리고 1963년에는 800만 대 이상을 돌파하였다. 해외시장에서 GM의 차량은 1962년에 총 85만 5,000대, 1963년에는 110만 대추정로 상당한 지위를 차지하고 있다. 우리의 해외사업부Overseas Operations Division는 오늘날 13억 달러 이상의 자산과 13만 5,000명의 종업원을 가진 대규모 국제적 조직이다. 이 사업부는 22개 국가에서의 제조, 조립, 물류 활동, 미국과 캐나다로부터 우리의 제품 수출, 미국과 캐나다를 제외한 자유세계의 모든 국가들대략 150개국에서 GM제품들을 유통하고 서비스하는 책임을 가지고 있다. 이 사업부의 1963년 추정매출액은 23억 달러다.

지난 40년 동안 이 사업부의 급속한 성장을 돌아볼 때, 누구나 해외에서의 사업 성장을 국내에서의 사업 성장에 따른 일종의 자연스럽고도 필연적인 확장으로 간주할 수도 있을 것이다. 실제로 그것은 자연스럽게 전개되었다. 나는 지난 몇 해 동안 GM의 해외정책 입안을 다루고 있는 많은 문서들을 검토했다. 그 문서들은 정책의 오래되고 복잡한 역사를 내 마음에 일깨워주었고, 우리의 발전을 가져온 어려운 결정들을 상기시켜주었다. 왜냐하면 해외시장은 미국시장의 단순한 확장이 아니었기 때문이다. 우리는 해외사업부를 설치하는 데 있어 시작부터 상당히 중요하고 근본적인 문제들에 직면해야 했다. 우리는 미국 자동차에 대한 해외시장이 있는지, 그리고 어느 정도 규모인지, 그리고 있다면 어떤 차종이 최고의 성장을 할 수 있을지를 결정해야 했다. 또한 우리가 수출업체로 남을 것인지, 아니면 해외생산업체가 될 것인지도 결정해야 했다. 우리가 일부 해외생산에 관여해야 한다는 것이 분명해졌을 때 다음으로 직면한 문제는 새로운 회사를 설립할 것인지 또는 기존의 회사를 매수해서 발전시킬 것인지를 결정해야 했다. 우리는 규제조항들과 세금에 대처하여 운영할 수 있는 방법들을 찾아내야 했고, 해외사업에 적합한 특수한 조직형태를 찾아내야 했다. 1920년대 수년의 기간 동안에 이들 문제에 대해 회사 내에서 충분히 숙고하여 기본정책들을 수립했다.

오늘날 GM은 해외시장에 두 가지 방식으로 참여하고 있는데, 하나는 미국 승용차와 트럭의 수출업체로서, 다른 하나는 소형 외국차량의 해외 생산업체로서다. 예를 들어, 1962년에 승용차와 트럭 약 5만 9,000대를 미국과 캐나다에서 수출했다. 그것은 'SUP' 또는 '싱글-유니트-팩스Single-Unit-Packs'라고 불렸다. 이것은 차량이 완전히 조립되어 출하된다는 것을 의미했고, 미세한 조정만으로 주행할 수 있도록 만들었다. 또 다른 4만 6,000대는 CKD, 즉 완성차용 조립부품Completely Knocked Down으로 해외에 보냈고, 그것들은 해외 GM 조립공장에서 조립되었다. (통상 CKD 출하는 좌석시트 및 타이어와 같이 현지에서 조달할 수 있는 특정부품들을 제외한다.) GM 승용차와 트럭 중 10만 5,000대 이상이 미국과 캐나다에서 수출됐는데, 이것들은 미국에서 이용 가능한 전 차종과 모델이었고, 회사의 모든 자동차사업부들을 대표했다.

게다가 1962년에 약 75만 대를 해외에서 설계하여 제작했고,

1963년에는 100만 대로 추정됐다. 1963년의 증가폭은 오펠에 의한 신형 소형차 도입이 반영되어 있다. 해외의 주요 GM차 제조 자회사는 독일의 아담 오펠 A. G., 영국의 복스홀 모터스Vauxhall Motors, Ltd., 그리고 호주의 GM-홀덴스 프티GM-Holden's Pty다. 이들 회사는 각각 해외시장의 거의 어디에서나 주류를 이루고 있는 상대적으로 소형차미국 기준으로를 제작한다. 이들 3사는 GM이 완전히 소유한 자회사다. 현재 3사 모두 상당한 수출사업을 가지고 있고, 세계 각지로 차량을 수출하고 있다. 근년에 브라질에 제조공장들이 세워졌고, 1962년에 거기에서 트럭과 상용차량 1만 9,000대가 생산됐으며, 아르헨티나에서는 최근에 완전한 엔진과 연철판 생산이 시작됐다.

회사의 해외사업은 전적으로 우리의 해외생산시설에 의존하고 있다. 1962년에 해외에서 팔린 GM 차량의 약 88%는 해외에서 생산됐다. 이런 생산이 증가하고 있고, 금후 몇 년간 증가할 가능성이 있다. 왜냐하면 최근 우리의 해외생산업체들에 의해 주요 확장 프로그램이 완성되었기 때문이다. 반면에 미국과 캐나다에서의 수출은 1930년대보다 크지 않고, 실제로 그것들은 1920년대보다 작았다수출에서 최고 기록을 세운 1928년에 회사는 미국과 캐나다에서 거의 29만 대를 출시했다.

미국인들은 해외시장이 아직도 얼마나 미개발상태인지를 쉽게 잊고 있다. 해외시장의 잠재력은 거의 무한대였다. 세계의 큰 도시들에서 자동차시대는 이제 겨우 여명기에 있다. 방대한 지역이 아직도 좋은 도로 서비스를 받지 못한다. 서유럽의 공업 국가들조차 자동차 사용에 있어서는 미국에 뒤진다. 비교해보면 미국에서는 3인당 1대의 차량을 소유하고 있는데, 유럽공동체시장의 국가들을 통틀어서 보면 9인당 약 1대를 가지고 있다. GM은 현재 1926년 말에 미국에서 판매된 것만큼 많은 차량들을 해외에서 판매하고 있다.

경제 국수주의 해외사업에 대한 정책 개발을 향한 초기의 암중모색 과정에서 우리는 곧 해외의 경제 국수주의에 의해 위험이 초래될 수 있는 문제점들을 절감하게 되었다. 자동차산업의 초기부터 달러가 부족한 나라들은 미국 차그리고 다른 미국 제품들의 수입에 대해 높은 관세와 가혹한 쿼터를 부과했다. 이런 국수주의는 많은 국가들이 자국시장이 너무 작아 효율적이고 통합적인 자동차산업을 유지하기 어려울 때일지라도 자국에서 생산하도록 압력을 가했다.

1920년 해외시장 전체의 승용차와 트럭의 판매대수는 약 42만대였다. 이들 중 거의 절반은 영국, 프랑스, 독일, 이탈리아의 서유럽 4개 공업국가에 집중됐다. 이들 서유럽시장은 가장 부유했지만, 침투하기는 가장 어려웠다. 왜냐하면 한 집단으로서의 이들 4개국은 자신들이 소화한 차량의 약 4분의 3을 생산했으며, 강력한 경쟁자인 미국을 배제하기로 결의했다. 상대적으로 미개발된 국가들로 구성된 해외시장의 다른 절반은 지구 전체에 널리 흩어져 있었다. 이 '제2의 시장'에서 미국의 제조업체들은 일반적으로 자유로이 출입할 수 있었다.

각 나라들을 독립된 문제로 처리했음에도 불구하고 1920년대 중에 우리의 해외활동들에서 일정한 유형이 나타나기 시작했다. 우리는 점차 두 가지 큰 종류의 시장 상황이 해외에서 주류를 이루고 있다는 것을 깨달았다. 이런 상황의 첫 번째는 주로 서유럽에 한정되었다. 표면적으로 대륙에 대한 우리의 수출사업은 번창하고 있는 것으로 보였다. 그러나 장기적으로 볼 때 경제적 국수주의에 의해 우리의 유럽 수출과 유통시스템이 위협받고 있다는 것이 점차로 명확해졌다. 우리는 수출사업을 성장시키기 위해 전력을 다했고, 다수의 유럽 국가에 조립공장들을 건설함으로써 이러한 입장을 뒷받침했다. 조립공장들은 현지 경영자와 노동자를 활용함으로써 현지 경제와 좀 더 가까워지게 했다. 또한 현지 조달 상황에 대한 경험을 얻음으로써 타이어, 유리, 좌석시트 등과 같은 품목은 현지 공급 물품의 사용을 증가시켰다. 다시 말하면, 우리는 이러한 품목들 없이 미조립된 차들을 미국에서 가져갈 수 있었지만 경제성이 있을 경우는 그것들을 현지에서 구입해서 조립했다. 이것은 완성차를 수출하는 것과 비교하여 또 다른 이점을 가지고 있었다. 이러한 조치는 관세 부담을 경감시켜주었다오늘날 미국 자동차들은 벨기에, 덴마크 그리고 스위스에서 GM에 의해 조립된다. 그러나 유럽에서 우리의 장래는 자동차의 현지 생산에 달려 있다는 확신이 점차 커지고 있었다. 당시 우리의 익스포트 컴퍼니 사장이었던 제임스 D. 무니는 유럽 생산에 대해 정력적으로 그리고 끊임없이 언급하였다. 그러나 내가 위원장이었던 회사의 집행위원회는 1920년 말이 끝날 때까지도 우리의 해외생산업체가 되고자 하는 구상에 대해 회의적이었다.

공업화가 아주 덜된 지역인 유럽 밖의 세계의 많은 지역에서는 크게 공업화되지 않은 영역에서는 다른 종류의 마케팅 상황이 지배하고 있었다. 수년 동안 이들 지역에서는 제조활동이 적합하지 않았다. 따라서 거기에서 우리의 활동들은 수출에 집중해야 했는데, SUP와 CKD 수출이라는 두 가지 형태로 이루어졌다. 오늘날 유럽 밖에서 우리의 조립 사업체들은 남아프리카공화국, 페루, 멕시코, 베네수엘라, 호주, 뉴질랜드, 우루과이에 있다.

1925년 이래로 우리의 해외 판매량은 8배 이상 증가했다. 나는 사업운영의 성격과 우리의 기본 해외 마케팅 정책은 모두 1920년대에 확립되었다고 말하는 것이 온당하다고 생각한다.

유럽 생산거점을 확보하는 것에 관련한 우리의 최초의 고민은 프랑스의 시트로엥 컴퍼니Citroën Company에 대한 것이었다. 1929년 여름과 초가을의 몇 주간은 시트로엥 지분의 절반을 취득하기 위한 교섭에 소요되었다. 전술한 바와 같이 그해에 GM 경영자들의 한 그룹을 유럽 자동차시장에 대한 조사를 하기 위해 해외에 파견했는데, 이 그룹은 나를 비롯하여 실제로 협상을 했던 단장 해스켈 씨, 케터링 씨, 모트 씨, 크라이슬러 씨, 챔피언 씨로 구성되었다. 앙드레 시트로엥André Citroën은 적극적이고 상상력이 풍부한 사업가였는데, 마침 자신의 회사를 매각하는 데 관심을 가지고 있었다. 우리는 프랑스에서 우리의 체재가 끝나가는 시점까지도 그 재산을 취득하는 것이 현명한 선택인지를 확신하지 못하고 있었다. 귀국하기 전날 밤, 우리는 호텔 크리용의 한 방에서 새벽까지 그 문제에 대해 장황하게 논의했던 것으로 기억된다. 대체로 우리가 취득하는 쪽에 무게가 실렸으나 일부 특수한 문제점이 있었다. 우선 한 가지 이유는 프랑스정부가 군수활동에 크게 공헌하고 있는 기업을 미국 자본이 인수하는 것을 좋아하지 않았다. 또 하나는 생산시설이 우리에게 매력적이지 못했고, 시트로엥을 운영하려면 초기투자를 훨씬 상회하는 투자가 필요할 것이 분명했다. 게다가 당시 회사의 경영진 가운데 적합한 사람이 없었다. 그날 저녁 한때 나와 크라이슬러 씨 중에 한 명이 프랑스로 와서 회사를 운영하는 제안이 논의됐다. 나는 개인적으로 이 제의에 관심이 없었다. 그리고 나는 국내의 자체 경영진이 시트로엥을 운영하기 위해 최고위 인사를 파견할 만큼 그렇게 충분하지 못하다고 주장했다.

나는 종종 크라이슬러 씨나 내가 GM을 위해 기꺼이 시트로엥을 운영하겠다고 했다면 자동차산업의 역사가 어떻게 바뀌었을까 생각해보기도 한다. 산업이 새롭고 폭발적으로 확대된 그 당시에는 업계를 이끌어 가던 소수의 인물이 업계의 미래를 만들어 갔다. 대체로 인물들이 자본을 따라갔다기보다는 자본이 인물들을 따라갔다. 여하튼 우리는 출발하기 몇 시간 전에야 시트로엥을 매수하지 않기로 결정했다. 회사는 후에 미셸린 컴퍼니Michelin Company에 의해 인수되었고 모든 일이 매우 잘되어 나갔다. GM은 프랑스에 자동차생산회사를 설립한 적이 없는데, 왜 그런지 시간과 상황이 맞아떨어진 적이 없었다. 그러나 우리는 프랑스에 대규모 프리지데어사업부를 가지고 있었고, 거기에 자동차산업을 위한 스파크플러그와 일부 다른 부품들을 제조하는 중요한 사업체를 가지고 있었다.

해외에 제조거점을 확보하기 위한 우리의 다음 활동들은 영국에서 이루어졌다. 1920년대 초에 영국시장에서 미국 차의 미래는 취약해 보였다. 소위 매케나Mckenna 관세가 모든 외국차에 대한 엄청난 관세 장벽을 세웠다. 게다가 자동차면허세는 마력단위로 부과됐다. 마력의 계산 방식은 크게 소구경, 롱 스트로크, 고속엔진을 선택했고, 스트로크와 거의 동일한 구경을 가진 미국 엔진은 불리했다. 그리고 보험료는 일반적으로 면허세와 관련되었기 때문에 미국 차의 소유자는 두 배로 불리했다. 1925년에 영국에서 쉐보레 투어링카에 대한 등록세, 보험료, 주차료를 모두 합치면 주당 1파운드 스털링에 달했다연간 250달러. 이것에 통상적인 유지비용이 더해진다. 비교해서 영국제 오스틴Austin의 소유주는 아마도 주당 11실링연간 약 38달러의 고정비용을 가지고 있었고, 초기투자 또한 낮았다.

이런 환경에 의해 미국 차의 영국 수출이 억제되는 동안, 영국 제조업체들은 상당한 어려움에 직면했다. 1920년대 중반 무렵에 다수의 생산자들이 자동차산업에 진출하기 시작했다. 그러나 생산자들의 생산수량을 모두 합친 차량대수는 승용차와 트럭 약 16만 대에 불과했고, 다수의 디자인들과 가격대로 분할되어 있었다. 따라서 영국 생산자들은 미국의 대량생산기법과 관련된 경제성을 거의 갖지 못하고 있었고, 가격도 만성적으로 하락했다. 그 당시 제조거점을 확보하는 데 있어 우리는 장기적인 전망을 예상하고 해야 했다. 목전의 이익에 대한 큰 희망은 없었다.

우리의 최초의 활동은 오스틴 컴퍼니Austin Company를 매수하는 것으로 방향을 잡았다. 오스틴의 자동차 생산량은 1924년에 1만 2,000대 정도였는데, 그 당시 영국에서는 아주 많은 생산량이었다. 당시 GM 엑스포트 컴퍼니현재 해외운영사업부를 담당하고 있던 부사장 무니 씨는 1924~1925년 중에 여러 번 나 그리고 다른 사람들과 함께 오스틴의 인수 전망에 대해 논의했다. 우리는 매케나 관세의 방어가 일시적으로 정지되었을 때라도1924년 8월 1일에 없앴다가 1925년 7월 1일에 부활시켰다 오스틴은 판매량과 이익을 더 높일 수 있다고 보았다. 무니 씨는 1925년 봄에 오스틴의 재정상태를 조사했고, 우리가 그것을 인수하도록 제안하는 보고서를 작성했다. 7월에 위원회는 문제를 더 깊이 조사하기 위해 영국으로 출장을 갔다. 프레드 피셔, 도널드슨 브라운, 존 프랫, 그리고 물론 무니 씨가 포함됐다. 8월에 위원회는 나에게 다음과 같은 전문을 보냈다:

> 영국 회사 인수가 GM엑스포트 컴퍼니에 이익이 될 것임. 위원회 전원 찬성. 오스틴의 기 발행 보통주식증서 100만 파운드, 13만 3,000파운드 배당을 요구하는 누적우선주식 106만 파운드. 합계 549만 5,050달러에 인수할 수 있음을 고려 요함. 본사의 입장 강화와 이익 증가 전망, 투자이익 20% 이상임을 고려하기 바람. 부채 차감 후의 보수적 추정 순자산은 200만 파운드이며, 영업권 60만 파운드를 가산한 총자산은 1,261만 달러. 전원 찬성 시 매수 계약 종결 승인 요청.

같은 날 나는 전보로 다음과 같은 답신을 보냈다:

재무위원회, 6월 18일에 집행위원회의 제안 승인. 위원회 전원 합의 매수 및 매수가격에 만족함. 진행 바람. 매수나 제안된 지급 금액의 적절성 판단 불가능. 계약 후 본인이 적절한 발표를 할 수 있도록 전보 요함. 여기 상황 모두 잘되고 있음. 행운을 빔.

인수는 성사되지 못했다. 나는 여기서 주된 의견차이는 오스틴이 그 자산을 평가하는 방식에 관련되었다는 것 외에는 교섭과정에서 발생한 모든 장애물들을 다시 요약하지는 않을 것이다. 9월 11일에 무니 씨는 나에게 우리의 제의를 철회했다는 전문을 보내왔다.

그 사건을 돌이켜보면 사실 나는 이 소식을 듣고 정말로 안도했다. 왜냐하면 내가 보기에 6년 전 시트로엥에서 나를 괴롭혔던 비슷한 단점들을 오스틴이 가지고 있었기 때문이다. 당시 오스틴의 공장시설은 취약한 상황이었고, 그 회사의 경영진도 취약했다. 그리고 나는 여전히 우리의 경영진이 오스틴의 결점들을 만회하기에 충분할 만큼 강한 능력을 가지고 있었는지에 대해 약간의 의구심을 가지고 있었다. 사실 우리가 해외 그리고 국내에서 사업이 확대됨에 따라 우리 경영진의 능력이 계속 희석되는 것이 1920년대 내내 문제가 되었다.

독자들은 당초에 이런 상황에서 영국에 있는 우리 팀에게 내가 왜 오스틴과의 협상을 매듭짓도록 승인했는지 의문을 가질 것이다. 그 답은 기본적으로 나는 항상 강요보다는 조화라는 정책으로 GM을 운영하려고 했다는 것이다. 따라서 다수가 나의 생각에 반대했을 때 나는 흔쾌히 내 견해를 철회하고 양보했다. 첨언하면 이 상황에 관여한 GM의 최고위 임원들은 비상한 재능과 강한 신념을 가진 인물들이었다. 사장으로서 나는 그들의 판단을 존중해야 한다고 생각했다. 그러나 영국의 우리 그룹에게 보낸 답신 전보에 나타나 있는 대로 나는 그들에게 명확한 책임을 부여하고 있었다. 그들은 그것을 입증해야 했다.

수출인가 현지생산인가? 오스틴과의 협상이 결렬된 후 우리는 곧바로 영국에서 아주 작은 기업인 복스홀 모터스를 매수하기 위한 교섭에 들어갔다. 1925년 하반기에 추진한 복스홀 인수는 GM 내부에서 논란이 별로 없는 사안이었다. 복스홀은 비교적 고가의 차를 제조했고, 대략 크기 면에서 우리의 뷰익과 비슷했으며, 연간생산량이 약 1,500대에 불과했다. 결코 오스틴을 대체할 수 있는 것은 아니었다. 사실 나는 그것을 단지 일종의 해외제조의 실험으로 지켜보았다. 실험은 매우 흥미로워 보였다. 우리에게 요구된 투자액은 257만 5,291달러였다.

복스홀을 인수한 후 첫 몇 년 동안은 손실을 보았다. 그리고 점차 명확해진 것은 우리가 영국시장에서 훨씬 큰 시장점유율을 원한다면 소형차를 개발해야 한다는 것이었다. 무니 씨는 가능한 한 신속하게 이 개발을 시작하고 싶어 했다. 그는 또한 복스홀을 다른 나라들에서 우리의 생산 운영활동을 확장하기 위한 선례로 보았다. 우리의 해외사업의 장래에 대한 나의 생각은 당시 그의 생각보다 훨씬 명확했다. 그리고 나는 차후 몇 년간 우리가 해외사업에 대한 명확한 정책을 수립할 때까지 천천히 그리고 신중하게 추진한다는 노선을 택했다.

특이한 사실은 내가 해외생산을 지향해나간다고 말하고 복스홀을 인수하는 제스처를 취했음에도 불구하고 집행위원회는 아직 해외정책을 구체화하지 않았다는 것이다. 회사에서 이 주제에 대한 결정적 논의는 1928년에 시작됐다. 1928년 1월에 나는 여전히 우리의 입장을 유연하게 유지하는 것에 관심을 가졌지만, 집행위원회에 다음과 같은 초안을 제시했다:

> 회사의 이익을 증가시키고 사업을 확대할 목적으로 해외제조에 추가적 자본을 사용하는 것은 바람직하다고 생각됩니다. 집행위원회는 자비로 이러한 자본을 사용하는 형식을 취하건 외국 제조업체와의 제휴를 통하건 간에 원칙적으로 해외 제조 국가들에서 제조 목적으로 자본을 사용하는 것에 대해 호의적으로 고려해야 할 것입니다.

따라서 나는 원칙적으로 해외제조가 바람직하다는 의견을 표시했다. 이런 나의 견해는 1월 26일에 집행위원회에 의해 상세히 검토되었고, 어떤 구체적 결론 없이 기록에 남기도록 정리됐다. 우리가 아직 정책을 탐색하는 과정에 있다는 것은 분명했다. 이즈음 폭넓은 정책 이슈들이 다음과 같은 몇 개의 특정 주제들로 모아지기 시작했다. 우리는 복스홀을 확장해야 할 것인가, 아니면 불량 투자로 받아들이고 청산해야 하는가? 유럽에서 제조하는 것이 꼭 필요한가? 또는 미국에서 수출한 개조된 쉐보레를 유럽시장에서 유럽 차들과 경쟁시킬 수 있는가? 우리는 특히 독일에서 어떻게 할 것인지에 대해 확신이 없었다. 우리가 거기서 생산하기로 결정하면 우리의 베를린 조립공장을 제조활동으로 확장시켜야 하는가, 아니면 어떤 다른 생산자들과 제휴해야 하는가? 우리의 해외사업가들, 특히 무니 씨는 기존시설의 확장을 찬성하는 쪽으로 기운 반면, 나는 오히려 독일 생산자와의 제휴를 선호했다. 두 가지 접근법은 각각 당연하게 탄탄한 찬성 이유들을 가지고 있었다.

해외제조의 문제는 집행위원회에서 3월 29일에, 그리고 또다시 4월 12일에 논의되었는데, 후자의 회의에서 특별히 우리가 영국과 독일에서 소형차를 제조할 것인지의 문제를 토의했다. 사실상 그 문제는 거의 1928년 내내 집행위원회를 통해 논의되었다. 해외에 미국 제품을 판매하는 것은 우리의 수출조직으로 한정해야 하고, 해외제조를 하지 않겠다는 강한 정서가 있었다. 그동안 나는 개조된 '소구경small-bore' 쉐보레를 설계하기 위해 미국에서 조직을 설립하자는 제안에 관심을 가졌다. 이 차는 우리가 영국과 독일에서 무거운 마력세를 피하기 위해 만든 자동차다. 만약 이것의 생산이 이루어진다면 복스홀에서 새로운 소형차를 개발하거나 독일로 생산을 가져가는 것이 불필요하다는 것이 입증될 수 있을 것이고, 그렇지 않고 이러한 차를 해외에서 생산할 필요가 생길 경우 우리는 적어도 기존의 디자인을 이용할 수 있을 것이라고 생각했다. 어쨌든 나는 두 나라에서 더 진척되기 전에 기정사실화하여 모든 사람이 만족하기를 기대했다.

1928년 6월 4일의 집행위원회 회의에서 나는 이 논의가 우리의 생각을 분명하게 할 것이라는 희망을 갖고 각 멤버들이 개별적으로 무니 씨에게 말하도록 촉구했다. 7월에 무니 씨는 모든 이슈에 대한 자신의 관점을 상세히 기록한 장문의 비망록을 나에게 보냈다. 몇 주 후에 나는 이 보고서를 무니 씨에 의해 제기된 논점들과 나 자신의 논평과 함께 집행위원회에 전달했다. 아마도 논점을 기술하고 토론하는 분위기에서 일부를 재창조하는 가장 쉬운 방법은 그의 보고서로부터 일부를 발췌하여 인용하는 것이다.

무니 씨에 의해 만들어진 첫 번째 논점의 하나는 수출회사에 의한 계속적인 확장이 바람직한가와 관련되었다. 그는 "지난 5년 동안 수출사업부는 매출액을 2,000만 달러에서 2억 5,000만 달러로 증가시켰다. …… 우리의 일반적 문제는 …… 단기간 내에 2억 5,000만 달러의 현재 수준에서 5억 달러로 끌어올리는 것이고, 장래에 계속적인 증가추세를 유지할 수단을 제공하는 것이다. ……"라고 지적했다.

더 나아가 무니 씨는 "…… 오늘날 세계시장에서 판매를 위해 제공할 수 있는 최저가의 제품은 쉐보레로, 그 가격은 미국의 사용자들이 지불하는 것보다 대략 75%가 더 비싸다. 그리고 해외시장의 사용자들은 미국의 사용자가 쉐보레에 대해 지불할 수 있는 금액의 대략 60%만을 가지고 있다. 따라서 해외시장에 출시할 때 쉐보레는 최대 판매량의 영역에 있지 않으며 상대적으로 고가격층이다"라고 지적했다.

무니 씨는 이러한 노선에 따라 복스홀을 확장해야 하는 이유에 대해 다음과 같은 주장을 펼쳤다:

(1) 우리는 이미 제조프로그램을 시작했고, 또 다른 차 모델을 추가하여 확장할 것을 제안했다.
(2) 우리는 영국에서 성장 중인 대형 유통시스템을 가지고 있고, 복스홀 공장에 대한 투자는 보호되어야 한다.
(3) 대영제국이 미국과 캐나다 밖의 세계시장의 38%를 차지하고 있다는 사실로 미루어볼 때 수출시장의 거점으로서 영국을 고려하는 것이 중요하다.

당시 논의는 독일에서의 장래 사업방식의 문제로 이동했다. 거기에 대해 무니 씨는 다음과 같은 핵심적 논점을 가지고 주장을 폈다:

(1) 우리는 이미 베를린에 GM 조립공장 형태로 하나의 기존 조직을 가지고 있다.
(2) 우리가 오펠자동차회사의 지분을 취득하기보다는 이 공장에서 하나의 차 모델을 제조할 것을 제안한다.
(3) 독일의 자동차산업이 막 형성되는 시기에 있었기 때문에 지금이 제조사업을 성공적으로 구축할 적절한 시기다.
(4) 우리의 기존 투자는 보호되어야 한다.
(5) 독일 국내시장이 잠재적으로 클 뿐만 아니라 독일은 주변 국가들에게 수출하기 좋은 입장에 있다.

독일 시장으로 진출 나는 그의 핵심적인 논점에 대해 일부는 동의했으나 다른 부분에 대해서는 이미 시사한 바와 같이 솔직하게 말하면 결정하지 못했다. 나와 무니 씨 사이에 존재하는 명확한 의견 차이는 독일에서 우리의 정책이 무엇이 되어야 하는지에 대한 측면에 관한 것이었다. 내 생각에 그 아이디어가 쉐보레보다 훨씬 작은 소형차를 만드는 것이었다면 — 그것이 경제적이라고 가정할 때 — 그때는 우리가 오펠과 직접 협상하는 것이 나을 것이다. 나는 우리가 익숙하지 않은 대부분의 나라에서 우리의 힘으로 경쟁하려고 하는 것보다 그런 방법을 사용하는 것이 순조로운 출발을 보장해줄 수 있을 것으로 생각했다.

6개월 후에 마침내 독일에서 우리의 정책이 수립되었다. 1928년 10월에 나는 GM의 법무자문위원이었던 존 토머스 스미스John Thomas Smith, 찰스 T. 피셔와 함께 유럽 시찰을 목적으로 출장을 갔다. 우리는 유럽 전역에 있는 우리의 수출과 조립사업체를 방문했고, 아담 오펠 A. G.를 방문했다. 오펠의 인수에 대한 나의 보다 큰 관심은 이 방문이 계기가 되었다. 나는 오펠을 매수하기 위해 GM의 옵션에 대해 협상했다. 옵션은 1929년 4월 1일에 소멸되는 것이었고, 회사에 대한 추가적 조사에 따라 그것을 매수하는 경우 약 3,000만 달러를 지급해야 한다는 데 합의를 보았다.

나는 1928년 11월 9일에 이러한 합의사항을 집행위원회에 보고했다. 위원회는 대체로 오펠 매수 아이디어에 대해 호의적이었고, 우리가 재정상태를 더 조사해보아야 한다는 데 의견의 일치를 보았다. 1928년 11월 22일의 위원회 회의에서 우리는 바로 조사를 하기 위한 조사그룹을 구성하기로 결정했다. 그 그룹은 마침내 책임자인 스미스, 부재무책임자인 앨버트 브래들리, 뷰익의 제조책임자 C. B. 더햄C. B. Durham, 공장 배치의 전문가였던 W. K. 웨너런드W. K. Wennerlund로 구성하는 데 합의했다. 그룹이 떠나기 전에 나는 내가 알고 있는 상황을 요약한 공식적 비망록을 스미스에게 주었다. 나는 그에게 이 문제점들을 유념할 것을 부탁했다:

1. 규제에 의해 미국 차의 수출이 고가격대의 차로 제한될 수 있다. 판매량이 큰 시장은 주로 현지 생산차가 차지할 수 있는데, 그 후의 진전에 따라 이에 따른 영향이 고가격대의 차에도 미칠 수 있지 않을지.
2. 현재의 쉐보레보다 사치스러운 요소가 적은 자동차를 현재의 쉐보레보다 충분히 낮은 가격으로 판매될 수 있도록 설계하고 개발해서 제공했을 경우 유럽대륙, 영국과 해외 모두에서 엄청난 시장기회가 있지 않을지.
3. 위의 두 번째 논점이 정확하다고 가정하는 것이 합리적이 아닐지. 현재가 아닐지라도 …… 독일의 자동차산업이 발전하면 가까운 장래에 제조원가의 차이보다 관세와 수입수수료보다 더 중요해질 수 있을 것이다. 특히 마력세라는 핸디캡을 감안할 경우 해외로부터의 수입이 한층 더 어려워지는 것은 아닐지.
4. 유럽대륙과 영국에서의 사업을 통해 대규모 조직, 대량판매, 거기에서 발생하는 상당히 큰 이익을 유지하면서 해외 제조에서 자본 투자를 통해, 그리고 그 추가 자본에 대한 상당한 이익을 얻음으로써 어느 정도 다른 지역의 해외사업에 대한 보호를 제공할 수 있을지.

나는 이런 일반적 충고들로 결론을 맺었다:

…… 특별히 위원장으로서 위원회 멤버들 개개인과 귀하에게 당부하고 싶은 것은 그 어떤 것도 당연하게 생각해서는 안 된다는 것입니다. 모든 점은 그것들이 우리를 어디로 이끌건 간에 편견 없이, 그리고 실제적인 것을 얻는다는 단순한 목적을 가지고 '열린 마음'으로 조사하고 접

근해야 합니다. 이것은 사실상 현재의 경영진이 관리 측면과 연결된 이후에 자본투자와 조직의 확대 관점에서 회사가 수립한 가장 중요한 조치의 하나입니다. GM이 해외에서의 제조에 나서면 정 · 재계에 반드시 큰 반향을 일으킬 것입니다. 따라서 건설적인 일을 건설적인 방법으로 하는 데 대한 우리의 평판은 불확실한 상태에 있습니다. 위원회는 문제를 분석하는 데 있어서 문제 자체뿐만 아니라 전사적으로 엄청난 책임을 갖고 있습니다.

조사그룹은 1929년 1월 1일경에 떠났다. 1월 18일에 나는 오펠 문제, 더 나아가 사실상 해외생산과 관련된 문제 전체를 재무위원회에 상정했다. 대체로 위원회는 오펠과의 협상에 호의적인 경향을 갖고 있었으며, 다음과 같은 결의안을 만장일치로 채택했다:

결의안

집행위원회 소위원회에 독일의 오펠 오토모빌 컴퍼니의 전체 사업을 1억 2,500만 마르크에 매수하기 위하여 해외출장을 지시했다. 목적은 GM코퍼레이션이 보유한 옵션을 종결하거나 연장하기 위해 실질적인 지분 취득의 타당함을 결정하는 것이다. 그들의 의견이 어떤 것이건 코퍼레이션의 최대 이익을 위해 이 문제와 관련하여 전권을 부여했다. 소유권의 일부가 오펠 경영진에게 남아 있는 경우에 GM코퍼레이션이 나중에 당초 가격에 발생이익을 더한 기준에서 나중에 똑같이 매수할 수 있도록 했다회사가 유럽으로의 사업을 확대하는 계획을 세웠을 경우, 미래는 이러한 조치의 적절함 여부에 따라 좌우된다. 전술한 사항에 대해 부대조항을 제정하는 것이 바람직한 것으로 합의되었다.

위의 기록에서 분명한 것은 집행위원회와 재무위원회가 합의했다는 것이다. 소위원회가 구성되어 오펠과의 계약을 체결하기 위한 권한을 위임받았는데, 위원회는 나와 이사인 프레드 J. 피셔, 집행위원회와 재무위원회의 멤버로 구성되었다. 3월 초에 우리는 유럽으로 출발하여 파리에서 조사그룹과 합류했다. 그룹은 1929년 3월 8일자로 된 보고서를 우리에게 제출했는데, 거기에는 오펠에 관한 그들의 조사 결과들이 망라되어 있었다. 보고서는 완벽했고, 제안 또한 명쾌하고 구체적이었다. 조사그룹이 회사의 사장인 나에게 보낸 첨부서신에는 다음과 같이 쓰여 있었다. "우리는 수정한 조건으로 매수권의 행사를 강력히 건의합니다." 그 보고서상의 조사 결과들은 다음과 같이 요약될 수 있다:

(1) 독일 국내시장은 1911년의 미국시장과 거의 동일한 개발 단계에 있다.

(2) 독일은 원래 제조국가로 숙련된 많은 노동인구를 가지고 풍부한 석탄과 철을 공급하고 있다. 독일은 국내 경제 개발을 위해 많은 재화를 생산하고 수출해야 하며 낮은 원가로 제조해야 한다. 결론은 독일 자동차시장에서 성공하기 위해서는 독일에서 제조해야 한다.

(3) 아담 오펠 A. G.기업은 독일 최대의 자동차 제조업체로서 저가격대를 선도했고, 1928년에 독일에서 팔린 독일제 차들의 44%를 제조했다그리고 독일에서 팔린 모든 차들의 26%.

(4) 뤼셀하임의 아담 오펠 A. G. 공장은 자동차 제조를 위해 잘 만들어져 있다. 또한 빌딩들은 잘 디자인돼 있다. 기계류의 70%는 지난 4년 동안에 구입되었고, 적절하게 선택되어왔다. 실제적으로 특수 공구는 거의 모두 감가상각이 끝났다. 공장은 유연하고 쉽게 신 모델에 적응 가능하다. 이용 가능한 질 높은 노동력이 공급되고 있다.

(5) 오펠은 독일에서 최고의 딜러 조직을 구성하고 있는 736개의 판매 아울렛들을 가지고 있다.

(6) 회사의 순유형자산1,800만 달러에 덧붙여 영업권의 상각1,200만 달러은 적정했다. 독일에서 신 공장을 제조하기 위해 건설하고 장비를 갖추는 데 적어도 2~3년이 필요할 것이고, 그 이후에야 사업이 효율적이고

수익성 있게 운영될 수 있을 것이다.

(7) 오펠의 취득으로 GM은 오펠의 딜러 조직을 산하에 둘 수 있고, 우리는 외국인으로서 운영하는 대신에 '독일이라는 배경'을 얻을 수 있을 것이다.

피셔 씨와 나에게 분명한 것은 조사그룹의 제안이 종합적인 보고서에 의해 충분하게 뒷받침되었다는 것이다. 따라서 우리는 오펠 재산의 취득을 승인하기로 결정했고, 아담 오펠 A. G.의 본거지인 뤼셀하임으로 이동했다. 일이 순조롭게 진행되어 내가 옵션을 확보했을 때 생각했던 것과 거의 차이가 없는 계약을 맺었다. 최종적인 합의는 2,596만 7,000달러의 가격으로 오펠 지분의 80%를 받는 것으로 정해졌다. 여기에 부가해서 우리는 739만 5,000달러로 나머지 20%를 구입할 옵션을 받았고, 오펠 가족은 정해진 가격 범위에서 5년 내에 우리에게 20%를 팔 수 있는 자격을 가진 '매각선택권put'을 받았다. 오펠 가족은 1931년 10월에 옵션을 행사했고, 그에 따라 GM은 총비용 3,336만 2,000달러로 아담 오펠 A. G.에 대한 완전한 소유권을 획득했다.

오펠은 운영이 잘되는 회사였지만, 최고 정책수준에서 경영 문제들이 없는 것은 아니었다. 우리가 볼 때 회사는 딜러와 관련한 문제를 가지고 있었다. 그것들 중의 대부분은 자체의 세련된 기계공장을 세워 거기에서 오히려 여분의 부품들을 생산하는 것이었다. 딜러의 상당수는 정교한 기계공장을 독자적으로 세워서 예비부품들을 생산하고 있었다. 아담 오펠 A. G.는 호환되는 부품시스템을 개발하지 않았다. 고객이 예비부품을 필요로 했을 때 유통업체는 특정의 차에 맞추기 위해 부품을 만들어야 했다. 그렇지 않고 공장으로부터 부품을 받을 경우는 부품을 개조해야 쓸 수 있었다. 그것은 호환 가능한 부품에 기반을 둔 대량

생산시스템을 사용해온 미국의 생산자에게는 이해가 되지 않았고, 우리는 이것을 바로잡기 시작했다.

오펠의 매수로 우리는 독일에서 우월한 지위를 확보했다. 1928년, 승용차와 트럭의 생산량은 약 4만 3,000대로 미국 기준에 의하면 소규모였다. 우리는 비약적 확장을 위한 계획을 공개했다. 거래가 완결된 직후 곧 회사의 사장인 게하임라트 빌헬름 폰 오펠Geheimrat Wilhelm von Opel은 딜러 및 전체 유통업체들과 함께 프랑크푸르트의 대규모 회의에 참석했다. 그들은 모두 합쳐 약 5,600명이었는데, 독일과 오펠이 수출하고 있던 인근 국가에서 왔다. 나는 그 그룹에게 GM의 정책들에 관해 설명했다. 나는 독일이 고도로 산업화된 국가이지만 자동차생산은 미국 기준에 의하면 매우 낮은 편이고, 오펠의 자동차 생산량이 언젠가 연간 15만 대 이상이 될 것으로 예상한다고 말했다. 연설이 독일어로 통역되었을 때 아주 많은 조소를 받았다. 나는 현실을 모르고 환상에 빠진 또 한 명의 미국인으로 간주되었다. 내가 이 책을 쓰고 있는 현재 연간 생산량은 65만 대로 증가됐다.

오펠을 인수한 직후 우리는 I. J. 로이터I. J. Reuter를 전무로 기용했다. 로이터 씨는 우리의 올즈사업부장이었다. 그는 생산과 판매 경험을 가졌고, 엔지니어링 배경을 가진 유능한 운영임원이었다. 그는 독일계였고, 독일어를 꽤 유창하게 구사했다. 로이터 씨는 내가 많은 설득을 한 후에야 비로소 수락했다. 1929년 9월에 그와 나 그리고 그의 여러 보좌관이 뤼셀하임으로 갔고, 공식적으로 그의 체제로 개관을 선언했다.

일반적으로 독일에 대한 정책개발에서는 내 의견이 우세했지만, 영국에 대해서는 결국 무니 씨의 제안이 채택됐다. 1929년경에 우리는 복스홀을 강화시키든가 아니면 영국시장을 포기하든가 둘 중 하나를 선택해야 하는 것이 분명했다. 무니 씨는 복스홀이 소형차를 개발해야 한다는 의견을 관철하는 데 성공했다. 1930년에 저가 6기통 모델이 추가되었다. 그해에 주목할 만한 것은 복스홀이 최초로 상용차시장에 진입했다는 사실이다. 회사는 트럭사업에서 우월한 위치를 얻었지만, 승용차사업에서는 실망스러웠다. 따라서 나는 1932년 초에 소위원회를 구성하여 위원들에게 영국으로 가서 제품프로그램에 대한 보고서를 작성하고 건의서를 제출하도록 했다. 이 위원회는 당시 재무담당부사장 앨버트 브래들리 주재 하에 복스홀이 현재의 승용차 라인을 중단한 다음 4기통 라인으로 후일에 따르게 될 소형의 6기통 경승용차를 제조해서 판매해야 한다고 건의했다. 1933년에 새로운 '라이트 식스경량 6기통차'가, 1937년에는 저마력 4기통 차가 도입되었다. 위원회의 제안들은 복스홀에서 계속 중요했다. 현재 복스홀의 생산량은 연간 승용차와 트럭 39만 5,000대를 생산할 수 있도록 확대되고 있다.

오펠을 취득하고 복스홀을 증강함으로써 GM은 큰 변모를 했다. 그것은 국내 제조업체에서 국제적 제조업체로 탈바꿈한 것이다. 세계의 어느 곳에서든 제품에 대한 시장을 찾고, 상황이 허용하는 곳에서 제조와 조립시설 그리고 조직들을 가지고 이들 시장에 대응하기 위한 준비를 했다. 최고경영진의 정책결정은 확고했다.

우리가 20세기 말에 복스홀과 오펠을 인수한 것은 행운이었다. 왜냐하면 1929년에 세계 대공황이 시작되었을 때 다른 미국의 생산자들이 그랬던 것처럼 우리의 수출사업은 돌연 가파른 하락세를 보였다. GM의 미국과 캐나다에서의 수출은 1928년의 29만 대에서 1932년에 4만 대로 급감했다. 그 후에 다시 증가하기 시작했지만, 해외생산에서는 훨씬 더 급격한 성장을 했다. 1933년에 복스홀과 오펠의 판매는 최초로 GM의 미국산 차량의 해외 판매를 앞섰다. 국내 및 해외생산을 포함한 모든 해외 활동들에서 전쟁 전 최고의 활황 연도는 1937년이었다. 그해에 우리는 미국과 캐나다에서 18만 대의 차량을 수출했고, 해외에서 제조된 18만 8,000대의 차량을 팔았다.

물론 제2차 세계대전이 발발한 후에 우리의 해외사업 전체의 장래는 매우 의심스러웠다. 추축국의 궁극적 패배를 가정할 때 세계의 많은 곳에서 어떤 정치 · 경제 상황이 전개될 것인지에 대해 확실하게 예견할 수 없었다. 1942년에 나의 제안으로 우리는 회사 내부에 전후정책기획그룹Post War Planning Policy Group을 설치하여 장래의 세계정치 상황을 예측하는 동시에 GM의 미래 해외정책에 대해 건의하는 무거운 책임을 맡겼다. 나는 이 정책그룹의 의장이었다. GM의 부사장이자 해외운영사업부장인 에드워드 라일리Edward Riley가 책임을 맡아 일에 착수했고, 전후 해외의 정치 및 경제 상황에 대해 최고로 유용한 의견을 상세하게 요약하여 나와 정책그룹에게 제공했다. 조사 결과들의 대부분이 1943년 2월 23일자로 나에게 보낸 서한에 기록되어 있다. 나는 이 문건의 내용을 약간 장황하게 인용할 것이다. 왜냐하면 전쟁기간 중에 그것은 미래의 해외사업에 관한 우리의 사고에 많은 지침이 되었기 때문이다:

> …… 저는 확신을 가지고 이것을 제출하고 싶습니다[라일리가 씀]. …… 미국은 이 전쟁 후 제1차 세계대전 이후에 있었던 것보다 세계에서 더 강력한 위상과 자세를 가질 것입니다. 다시 말해 지금까지 우리의 국내 정치 발전의 과정과 상관없이 …… 이전의 과거 4반세기의 경험을 가진 미국은 세계의 문제들과 활동들에서 또다시 고립되어 물러나지는 않을 것입니다. 미국의 지도, 개입, 지원의 혜택 없이 되어가는 대로 내버려둔다면 전체적으로 우리의 이익에 반하는 방향으로 바뀌고 또다시 바뀔 수 있을 것입니다. ……
>
> 영국에서 …… 우리는 장래 사건을 예측할 수 있는 현상들이 현재 나타나고 있다고 생각됩니다.

이것들 중 오늘날 우리가 알고 있는 것과 같은 중요한 영역에서의 영국의 결정입니다. 전쟁 전 높은 생산비와 보호시장을 계속적으로 필요로 하는 카르텔로 보호된 기간산업의 상태를 탈피하여 효율적인 생산을 통한 낮은 비용으로 세계교역국가로서 경쟁하려는 것입니다.

영국에서 또 다른 눈에 띄는 동향은 의심할 여지가 없이 영연방의 미래 복지와 안전이 미국과의 긴밀한 정치적 협력을 통해 가장 잘 보호될 수 있다는 인식의 증가입니다.

…… 오늘날 이용 가능한 정보에 비추어볼 때 러시아의 정치적 사고의 주류는 공격적이고 호전적인 행동을 통한 침략보다는 오히려 평화적 발전으로 계속 나타날 것입니다.

러시아의 영향은 서쪽으로 유럽을 향할 뿐만 아니라 남쪽과 동쪽으로도 향할 것입니다. 페르시아, 인도, 중국, 만주국 그리고 일본까지도 과거에 이런 영향을 체감하였습니다. …… 러시아는 전후에 모든 방향에서 이 영향력을 유지하기 위해 노력을 계속할 것입니다.

우리가 생각하기에 …… 러시아의 사회적 및 정치적 철학은 …… 상황상 그것의 수용과 발전이 유리한 지역으로, 러시아의 국경을 넘어 계속적으로 확대해나갈 것입니다. …… 러시아 철학의 확산에 대응하는 가장 효과적인 수단은 그것의 발전에 유리한 상황을 가로막거나 없애는 것이고, 미국인과 영국인의 관점을 보여주고 있는 생활제도가 국민의 대다수에게 더 많은 것을 제공할 수 있다는 것을 보여주는 것입니다.

앞서 언급한 일반적 관점의 최종 결과는 …… 아마도 러시아의 사고가 우세한 지역과 이들 지역 외부에 미국과 영국의 사고가 우세한 지역으로 나뉠 텐데 소련의 서쪽, 남쪽, 동쪽에서 분계선 또는 경계선의 어떤 라인들이 될 것입니다.

…… 과거의 경험에 기준해서 볼 때 전후 러시아의 강력한 영향 아래 있는 지역들은 아마도 우리의 사업유형을 가지고 활동하기에 적합한 지역은 아닐 것입니다.

이러한 예측들은 단지 잠정적으로 '경험에서 우러난 추측'으로 간주될 수 있었지만, 전체적으로 상당히 예리한 것으로 판명됐다. 나는 '냉전'과 같은 무엇이 있을 것으로 예상했다고 말함으로써 우리의 전시 전망을 요약했다고 생각한다. 그러나 동시에 우리는 전후에 세계의 넓은 지역에서 우리의 해외사업들이 번창할 수 있을 것으로 확신했다.

라일리 씨의 보고서와 많은 다른 자료들을 검토한 후 앨버트 브래들리의 주도하에 우리의 해외정책그룹은 1943년 6월에 회사의 해외확장계획을 담고 있는 보고서를 채택했다. 정책그룹이 직면하고 있는 하나의 큰 문제는 우리가 전후에 해외에서 어떤 새로운 제조회사들을 취득하길 원하는지의 여부였다. 보고서는 산업화를 향한 전 세계적 추세를 언급했고, 이것이 계속되고 강화될 것임을 시사했다. GM은 해외운영회사들을 가지고 있는 어디에서나 이런 추세에 참여하고 지원을 계획하고 있다고 계속 말해왔다. 보고서는 이어진다. "그러나 GM은 전쟁 전에 이러한 제조 경험이 없는 어떤 해외 국가들에서 당분간 승용차와 트럭이 완전히 제조될 수 있는 기초조건이 마련되어 있거나 앞으로 마련될 것으로 믿지 않고 있다. 호주는 예외다. ……" 다시 말하면, 우리는 호주 외에는 전후에 해외에서 더 이상의 주요 거점을 취득하게 되지 않을 것이라고 예상했다.

전후에 일어난 문제 전후 우리가 당면한 가장 크고 시급한 문제는 오펠의 재산과 관련된 것이었다. 오펠의 재산은 개전 직후에 독일정부가 몰수했다. 1942년에 오펠에서의 우리의 총 투자액은 약 3,500만 달러에 달했고, 재무부가 적의 수중에 있는 자산에 관해 만든 규정으로 우리에게는 현재 과세소득에서 투자액을 공제하는 것이 허용됐다. 그러나 이 지침은 오펠 재산에서 대한 우리의 지분이나 책임을 종결하는 것은 아니었다. 종전이 다가옴에 따라 우리가 아직도 오펠 주식의 소유자라는 것과 소유주로서 그 재산에 대한 책임을 떠맡아야 할 것이라는 것을 명심해야 했다.

그 당시 우리는 오펠에 대한 관리control의 재개 여부에 관해 다소간 백지상태에 있었다. 우리는 재산의 물리적 상태에 대해 알지 못했고, 우리의 세금상태는 아주 불명확했다. 1945년 7월 6일에 해외제품그룹 Overseas Product Group에 대한 보고서에 언급된 다음과 같은 사례의 문제를 조사하기 위해 위원회를 구성했다:

1. 현재로서는 재산 상황에 관한 이용 가능한 정보가 없어서 주식투자액의 처분이 타당한지의 여부에 대해 결정할 수 없다.
2. 이 시점에서 명목금액으로 주식을 매각하여 오펠 재산의 반환으로 발생하는 추가 세금부채를 제거하는 방법은 옳지 않다.
3. 전쟁 손실의 회복을 다루고 있는 법규에 현재 나타나 있는 대로 회복에 대한 세율, 과세한도, 회복일, 평가방법이 결코 명확하지 않다.

상황을 한층 더 복잡하게 만든 것은 러시아인들이 오펠의 재산을 배상금으로서 자기들에게 넘기라고 요구하고 있다는 것이다. 한동안 이것이 실제로 이루어질 것처럼 보였다. 그러나 전쟁이 끝난 후인 1945년 후반에 미국정부는 이러한 움직임에 대해 단호한 입장을 취했다. 나는 오펠의 재산을 배상금으로 사용할 가능성에 관한 어떤 논의에서도 아무런 역할을 하지 않았다고 말할 수밖에 없다. 정말로 우리는 그 시점에 아마도 오펠로부터 이익을 얻는 것은 가망이 없다고 생각하고 있었다. 1946년 3월 1일자 라일리에게 보낸 편지에서 나는 다음과 같이 썼다:

경위야 어떻든 내 개인적 확신은 기존의 상황 아래서 …… 우리가 알고 있는 한 GM이 전쟁 전에 가지고 있던 것과 같은 어떤 운영책임을 갖고 있을지라도 이익을 창출한다는 견지에서 보면 타당하지는 않습니다. …… 나는 귀하의 가정에서 지적된 것처럼 한정된 시장이 우리가 돌파해야 하는 모든 일들을 정당화한다고 보지는 않습니다. ……

나의 비관적 결론에 전쟁의 황폐화로 인한 정서적 영향이 많이 반영되어 있는 것은 아닐지 두려웠다. 물론 오펠이 처한 상황의 여러 가지 미지수가 나의 불안감을 증폭시킨 경향이 있었다. 이러한 생각은 미래가 서서히 명확해지고 미지수의 영역에서 사실의 영역으로 사건들이 전개됨으로써 변화했다. 다음 2년간 GM과 독일에서 미국 구역의 연합군 정부 사이에 협의가 계속되었다. 미국의 군정 장관 루시어스 D. 클레이Lucius D. Clay 장군은 가능한 한 빨리 우리의 재산을 돌려받기를 지지하고 있다는 것을 분명히 했다. 그는 우리가 머뭇거리며 지체할 경우 재산들이 독일정부가 임명한 관재인에게 양도된다는 것을 강조했다.

1947년 11월 20일에 운영정책위원회는 재무정책위원회에 GM이 아담 오펠 A. G.의 경영에 복귀해야 한다고 건의했다. 이 건의는 경영 복귀를 건의했던 해외정책그룹의 발견과 같은 노선이었다.

1947년 12월 1일에 재무정책위원회는 그 문제들을 검토했고, 아담 오펠 A. G.에 관한 모든 사실들을 검토하기 위해 당시에 존재했던 것과 같은 조사그룹의 설치를 지시했다. 이 그룹은 당시 사장인 C. E. 윌슨이 임명하였다. 의장은 경험과 능력을 가진 운영경영자인 B. D. 컨클이었다. 다른 멤버들로는 우리의 해외사업 E. S. 호글런드E. S. Hoglund, 당시 재무담당부사장 프레데릭 G. 도너, 당시 법무자문위원 헨리 M. 호건Henry M. Hogan, 수년간의 해외경험을 가진 엔지니어링과 생산 경험을 가진 R. K 에반스R. K. Evance가 포함되었다.

이 그룹은 2월 11일에 뉴욕을 떠나 3월 18일에 돌아왔다. 그 기간 중에 그들은 오펠의 재무상황을 면밀하게 조사했고, 베를린, 프랑크푸르트, 비스바덴에서 군사정부 대표자들, 오펠의 임원, 독일의 주요 공급선, 독일정부의 지방대표, 오펠노동협의회 임원들과 인터뷰를 했다. 그들이 자신들의 의견을 마무리 짓기 전에 영국, 폴란드, 벨기에, 스위스의 기업가, 은행가, 정부관리 그리고 미국 국무부와 워싱턴의 미 육군 대표들을 만났다.

조사그룹의 조사결과들은 1948년 3월 26일, 사장에게 제출되었다. 조사그룹은 보고서를 경영 복귀에 찬성하는 논점과 그것에 대해 반대한 논점들을 대차대조표 형식으로 제시했다. 그 그룹의 제안은 우리가 아담 오펠 A. G.의 경영에 복귀하는 것이었다. 그러나 1948년 4월 5일의 회의에서 재무정책위원회는 GM이 그 시점에서 아담 오펠의 운영에 대한 책임을 다시 맡는 것이 타당한지에 대해 의문을 제기했다. 그날 회의의 의사록에는 다음과 같은 내용이 담겨 있다:

> 서독에서 사업을 재개하는 것이 바람직한 것인지를 조사하기 위해 사장이 임명한 특별위원회로부터 1948년 3월 26일자로 된 보고서#580를 제출받았다. ……
>
> [재무정책]위원회의 결론은 재산을 둘러싸고 있는 많은 불확실성을 고려할 때 이 시점에 회사가 운영에 대한 책임을 다시 맡는 것은 타당하지 않다는 것이다. ……

해외정책그룹은 1948년 4월 6일에 회의를 열고 재무정책위원회가 4월 5일 회의에서 도달한 결론에 대해 협의했다. 특별연구위원회가 제출한 보고서를 심층적으로 검토한 후에 아담 오펠 A. G.의 경영 복귀에 대한 재무정책위원회의 대체적인 반대 입장은 대부분 어떤 중요한 상황에 관해 위원회의 여러 멤버들의 마음속에 불확실한 점이 존재했기 때문에 발생했다는 의견이 제시되었다. 그룹은 이들 불확실성은 몇 가지 기본문제로 압축될 수 있다고 생각했다. 이에 대한 협의에서 나는 다수의 불확실성에 대한 논점들을 간단한 비망록에 명확하게 제시하여 분명히 한다면 그것들이 재무정책위원회에 경영복귀 문제를 재고할 수 있는 근거를 제공할 수 있을 것이라고 설득했다. 나는 라일리에게 이러한 비망록을 위한 기초 자료를 준비하도록 의뢰했다. 그리고 완성된 후에 논점들이 충분한 내용과 효과성을 담은 것으로 합의된다면 재무정책위원회에 추가보고서를 제출하고 전체 문제에 대해 재고를 요청하겠다고 말했다.

윌슨 씨가 내게 보낸 1948년 4월 9일자 서한에서 재무정책위원회의 결정 이후에 오펠의 상황이 그의 마음에 큰 부담이 되었음을 보여주었다. 다음은 그 편지에서 발췌한 것이다:

> …… 저는 월요일의 [재무정책]위원회에서 자신이 멤버였던 특별위원회의 만장일치 권고에 동의하고 지지했던 도너 씨를 제외하고 제가 독일에서 사업 재개에 찬성하는 유일한 멤버인 것을 알고 깜짝 놀랐습니다.
>
> 그러나 저에게 분명한 것은 문제를 현재 상태로 오래 미뤄놓을 수는 없고, [재무정책]위원회에서 재고해야 한다는 것입니다. 저는 이러한 검토가 이탈리아에서의 선거가 끝난 후 월터 카펜터와 앨버트 브래들리가 협의에 참석해서 최종결정에 대한 책임을 공유하게 될 때에야 이루어져야 한다고 생각하지 않습니다.

나에게 보낸 윌슨 씨의 편지에 대한 답장으로 1948년 4월 14일자로 그에게 편지를 썼는데, 다음은 그 내용 중 일부다.

> …… 귀하는 월요일의 회의에서 도너 씨와 아마도 브래들리 씨를 제외하고 귀하가 독일에서의 사업 재개에 찬성했던 위원회의 유일한 멤버라는 것을 알고 놀랐다고 말했습니다. 그러나 실제로 그렇지는 않습니다. 내가 관련되어 있는 한 나는 독일에서 사업 재개를 계속하려고 할 것입니다. 나는 일관성 있게 지지할 수 있는 세부사항에 대한 명확한 계산서를 가지고 있고, 독일에서의 사업 재개를 지지할 것입니다.
>
> 나는 우리가 귀하의 의견에 따라 어떤 명확한 원칙들을 정할 수 있다는 희망을 가지고 재무정책위원회 회의에 임했습니다. 나는 이것을 고려하도록 설득했습니다. 그러나 원칙들이 없어 근본적 확신에 반해 부정적인 입장을 취할 수밖에 없었습니다. ……
>
> 나는 그 순간에 문제들이 매우 불만족스런 상황에 있었다는 데 동감합니다. 월요일 회의 종료 시에 그렇게 느꼈고, 그 후 화요일의 협의에서 더욱더 그렇게 느꼈습니다. 그런 이유로 나는 월요일에 고려하고 노력했던 것과 똑같이 우리가 재개해야 하는 상황을 개진한 구체적인 제안을 화요일 회의에서 강조했습니다. 나는 그것이 이루어질 수 있다면 재무정책위원회가 그 자체를 번복할 수 있다는 믿음을 가지고 있습니다. 여하간 그들과 함께 노력해야 합니다.

그 후에 나와 라일리 씨 사이에 일련의 논의가 이어졌다. 그것은 일부 확실한 점을 명확히 하고, 운영의 관점에서 해외운영사업부가 수용할 수 있는 현실적인 진정한 한계를 설정하기 위한 것이었다. 이러한 의견 교환의 결과에 따라 나는 보고서를 작성하여 1948년 4월 26일자 재무정책위원회에 제출했다. 거기에서 나는 다음과 같은 점들을 강조했다:

1. 이것은 1928년 당시에 재무위원회가 직면했던 것과 같은 문제가 아니라는 것을 알아야 합니다. 이것은 우리가 운영방식에서 독일에 들어갈 것인지의 문제가 아닙니다. 우리는 이미 거기에 있습니다. 당초의 문제는 일반적으로 주요 정책의 매우 중요한 원칙을 포함하고 있었습니다. 그것은 제가 차후에 공개할 것입니다. 더 자세히 말하면 1928년의 문제는 거액의 자본, 외국에서 완전하고 고도로 기술적인 제조활동을 조직할 우리의 능력에 대한 불확실성, 제품의 관련된 라인이지만 약간 다른 것의 시장의 잠재력, 이익 가능성과 다른 고려요소를 포함했습니다. 현재의 문제는 자본의 수출을 생각해서는 안 됩니다. ……
2. 의심의 여지없이 보고서는 건설적인 기업의 기초와 관련되는 한 경제침체와 밀접한 상황을 반영하고 있습니다. 그렇지 않으면 어땠을까요? 종전 이래 독일 경제 전체는 재건을 위해 건설적이고 대단히 적극적인 대처까지 해야 하는 상황에 있습니다.
3. GM이 국내기업으로 남아서 이 나라에서 제조한 제품을 해외시장으로 수출해야 할지 아니면 국제적 조직으로 확장하여 건설적인 기회들이 있는 곳에서 지원하거나 미국의 생산과 독립적으로 제조를 계속해야 할지의 문제는 이미 1920년대 후반부에 결정되었습니다. …… 저는 좋건 싫건 간에 GM은 그 정책을 적극적으로 실천해야 한다고 확신합니다. 저는 어떤 특정 문제와 관련된 유일한 고려사항은 모험이 장기적으로 이익을 얻을 기회를 확보함으로써 정당화될 수 있을지 여부에 관한 것이라고 생각합니다.

구체적으로 나는 이런 건의들을 했다.

1. 위원회는 4월 5일의 그 회의에서 도달한 결론을 재고하고 보고서를 기초로 이 문제를 재검토해야 한다.
2. 위원회는 대략 2년간의 잠정기간 동안 아담 오펠 A. G.의 경영 재개

를 승인하고, 2년의 잠정기간 후 그때의 상황에 비추어 상황을 재검토할 것을 승인한다.

3. 우리가 경영을 재개하는 조건들은 이후에 정한다. 그렇게 정한 조건들은 어떤 기관에 의해 보증되는 것도 아니고 동일하게 비례하여 어떤 책임을 지는 것도 아니다. 그것들은 2년 기간 중 어느 시점에 우리의 사업 경영진이 운영조건들이 더 이상 계속하기에는 쓸모없거나 불가능하게 되었다고 판단할 경우 경영권의 철회의 사전결정기준으로서만 사용하려고 한 것이다.

나는 네 번째 항목에서 이전 항목에서 언급한 조건들을 다음과 같이 설명했다.

- GM은 오펠에서 추가적 자본 투자의 위험이 없어야 하고, 융자기관들을 이용해야 한다.
- 우리는 인사정책과 인사관리에서 완전한 자유를 가져야 한다.
- 아담 오펠 A. G.에 의해 생산되는 제품은 경영진의 관할 하에 있어야 하고, 가격이 정부권한에 의해 승인되는 경우 사용된 자본에 대한 합리적 이익이 허용되어야 한다.

1948년 5월 3일 회의에서 재무정책위원회는 오펠의 안건을 검토했다. 그 회의의 의사록에는 다음과 같이 기록되어 있다:

앨프리드 P. 슬론 2세로부터 1948년 4월 26일자 보고서#606를 제출받았다. 그 보고서는 당 위원회가 특정 조건하에서 아담 오펠 A. G.의 경영 재개를 승인할 것을 제안하고 있다. 당 위원회는 다음과 같은 전제에 기준을 두어야 한다는 데 합의를 했다.

(1) GM코퍼레이션은 오펠에 대한 어떤 추가적 자금을 투입하거나 투입을 어떤 방법으로든 보증하지 않는다.
(2) 경영의 재개가 GM코퍼레이션의 미국 연방 소득세 상황을 변화시키지 않는다.

GM코퍼레이션의 세금부채에 관한 일반적 논의가 이어졌다. 호건 씨와 도너 씨는 GM코퍼레이션의 미국 연방 소득세 상태는 이 시점에서 경영 재개에 의해 불이익을 받지 않을 것이라는 의견을 표시했다.

동의에 대해 적정한 재청을 얻어 다음의 전문과 결의안을 만장일치로 채택했다.

재무정책위원회는 합의한 사실이 있음. 아담 오펠 A. G.의 경영 재개는 GM코퍼레이션이 아담 오펠 A. G.에 대한 어떤 추가적 자금을 투입하거나 투입을 어떤 한 방법으로든 보증을 요구하거나 의무를 지우지 않을 것이다.

이 위원회는 합의한 사실이 있음. GM코퍼레이션의 미국 연방 소득세 상태는 이 시점에 통제 재개에 의해 불이익을 받지 않을 것이다.

따라서 이제 의결한다.

결의안

재무정책위원회는 운영정책위원회에 이 기준에서 아담 오펠 A. G.의 경영 재개를 반대하지 말 것을 건의한다. 그리고 더 나아가

결의안

위에 비추어 아담 오펠 A. G.의 경영은 운영정책위원회가 적절하다고 생각하는 조건 아래에서 재개한다. 그리고 더 나아가

결의안

'아담 오펠 A. G.'라는 제목을 붙인 1948년 4월 26일자 앨프리드 P. 슬론 2세의 보고서#606 사본은 검토를 위해 운영정책위원회에 전달한다.

회사의 입장은 이제 명확하게 정해졌다. 목적은 재무정책위원회에 의해 정해진 한계에 따라 아담 오펠 A. G.의 경영을 재개하는 것이었고, 오펠의 재산동결 해제를 위해 미국 군사정부와의 교섭을 진행시키고자 수많은 중요한 세부사항을 명확히 하여 GM코퍼레이션이 아담 오펠 A. G.의 경영의 재개와 경영을 승인받는 것이었다. 이상의 목적이 마침내 모두 달성되어 1948년 11월 1일에 GM코퍼레이션은 다음과 같은 대 언론 성명서를 발표했다.

> GM은 오늘 자로 독일 프랑크푸르트 암마인 교외의 뤼셀하임에 위치한 아담 오펠 A. G.의 경영을 재개하였음을 선언합니다. 이전에 GM 해외운영사업부의 유럽지역담당 경영자인 에드워드 W. 즈두네크Edward W. Zdunek를 그 회사의 전무이사로 임명했습니다. 이번 주에 선출된 이사회는 이사회 의장으로서 GM의 해외사업부 부부장인 엘리스 S. 호글런드Elis S. Hoglund와 함께 GM의 미국 대표 9명으로 구성됩니다.

1949년까지 오펠의 차량 판매대수는 4만 대로 증가했고, 그 후 서독경제가 눈부신 부흥을 하면서 판매량은 급속히 확대되었다. 1954년에 오펠의 판매량은 거의 16만 5,000대에 도달했고, 그것은 전쟁 전 최고연도의 기록을 갱신했다.

호주로의 진출 전후 연도들 초에 오펠에 대해 교섭하고 있는 동안 호주에서도 새로운 제조시설을 인수하고 있었다. 우리는 1920년대 초에 그 나라에서 최초로 진출을 위한 거점을 확보했다. 당시 호주는 미국 자동차가 압도적으로 인기를 누리고 있어서 몇 년 동안 판매량의 90%가 넘을 정도였다. 그러나 호주정부는 미국 차체 수입을 어렵게 만들고 있었다. 관세는 투어링카 차체에 60파운드로, 그 당시 거의 300달러에 상당했다. 이런 관세는 선적 공간이 품귀 상태로 프리미엄이 붙어 있었을 때인 제1차 세계대전에서 유래한 것으로, 그 후에도 익숙하다는 이유에서 국내 산업을 촉진하기 위하여 장려되었다. 높은 관세 때문에 GM은 1923년에 제1차 세계대전 중에 차체생산을 시작했던 이전의 가죽-제품기업인 아델라이드의 홀덴스 모터 바디 빌더스Holden's Motor Body Builders Ltd.를 매수하기로 결정했다. 우리는 이 회사와 긴밀한 사업관계를 구축했고, 1920년대 후반에 거의 생산품 전부를 획득했다. 1926년에 우리는 GM프티GM(Australia) Pty. Ltd.를 설립했고, 호주에 조립공장들을 건설했으며, 자체의 딜러 조직을 만들기 시작했다. 1931년에 우리는 홀덴스사를 완전히 매수하여 GM과 합병했고, GM-홀덴스GM-Holden's, Ltd.를 설립했다역자 주: 1998년에 홀덴(Holden, Ltd)으로 이름이 변경되었다. 많은 부품들을 제조하기 시작했다. 따라서 제2차 세계대전 말에 우리는 이미 호주에서 딜러 조직과 현지시장에 익숙했을 뿐만 아니라 제조 경험을 갖고 있었다.

홀덴스를 완성품의 제조사업으로 만들기 위한 우리의 결정은 전쟁이 아직 진행되고 있는 와중에 만들어졌다. 이 장의 앞에서 말한 것처럼 브래들리 씨가 의장이었던 우리의 해외정책그룹에 의해 채택된 보고서에 의하면 1943년에 호주는 아마도 우리가 전후에 새로운 주요 제조거점 설립 검토를 원하게 될 유일한 국가라는 결론을 맺었다. 더 나아가 1944년 9월경에 해외정책그룹은 호주에서 완성차의 제조 방향으로 나아가는 것이 바람직할 것이라고 결정했다. 이것은 시의적절한 결정임이 입증됐다. 왜냐하면 그해 10월에 호주 정부는 공식적으로 다른 이해관계자뿐만 아니라 GM을 초청해서 호주에서 자동차의 제조를 위한 제안서들을 제출하도록 했기 때문이다. 이 분야에서 우리의 생각은 이미 대부분 다듬어져 있었기 때문에 우리는 이 초청을 수락하는 데 신속하게 움직일 수 있었다. 해외정책그룹의 승인을 거쳐 1944년 11월 1일자로 관리위원회에 제출된 보고서에서는 호주에서의 제조를 위한 사례가 언급되어 있다. 그것은 다음과 같은 내용을 지적하고 있다.

(1) 우리는 이미 거기서 일정 수준으로 제조를 하고 있었고, 전면적으로 진출하기로 한 결정은 단지 규모의 문제일 뿐이다.

(2) 호주는 숙련된 노동자, 저원가의 강철, 자동차 생산업체를 위한 다른 경제적 기초들, 좋은 기후까지 가지고 있다.

(3) 보호시장에서 완성차의 현지생산을 하지 않으면 의심할 여지없이 점유율의 하락을 가져올 것이다.

GM-홀덴스의 지위는 1945년 3월에 호주 정부당국과 합의를 보았다. 그해의 남은 기간 동안, 그리고 1946년으로 넘어가서 GM은 디트로이트에서 약 30명의 미국 엔지니어들과 제조담당자들, 그리고 호주 견습생들의 한 그룹이 모였고, 그들에게 새로운 제조활동에 대해 브리핑했다. 3대의 시제차량이 이 나라를 떠나는 그룹 앞에서 만들어졌다. 1946년 가을에 그들과 그 가족들은 특별히 전세 낸 캐나다 퍼시픽 트레인으로 디트로이트를 떠나 밴쿠버로 갔다. 그들에게는 시험차량들, 모든 필요한 엔지니어링 자료, 다양한 톤의 도안과 프린트물, 그리고 디트로이트의 정신이 있었다. 1946년 1월에 전세 증기선은 그들을 밴쿠버에서 호주로 데려갔다. 1948년에 호주시장을 위한 최초의 생산이 이루어졌으며, 그때 112대의 차가 팔렸다. 1950년에는 생산량이 2만 대까지 증가했다. 그리고 1962년에는 13만 3,000대로, 그리고 17만 5,000대의 생산량으로 확장이 진행 중이다.

제19장 비자동차 분야: 디젤전기기관차, 가전제품, 항공기

다각화 GM은 승용차와 트럭뿐만 아니라 디젤전기기관차, 가전제품, 항공기엔진, 토공장비, 다양한 내구재들을 포함하는 비자동차사업의 판매 비율이 민수 판매의 대략 10%를 차지한다. 그럼에도 불구하고 우리의 제품 다각화는 항상 한계가 있었다. 우리는 결코 '내구제품' 외에는 어떤 것도 만들지 않았으며, 사소한 예외는 있지만 그것들은 항상 자동차와 관련되었다. 듀랜트 씨까지도 확장과 다각화를 위해 우리가 회사의 이름인 제너럴 모터스에 의해 연상되는 경계를 넘어 다양한 영역으로 진출해야 한다는 뜻을 결코 비친 적이 없다.

여기에서는 자동차 이외의 우리 제품들의 유래에 대해 개별적으로 상세하게 보여주지는 않을 것이다. 이 장의 주제는 프리지데어 제품계열과 항공사업의 전개과정 중에 우리가 디젤사업을 개척하게 된 이야기이다.

GM의 자동차사업 이외의 모험에서 일관된 유형을 추적하는 것은 멋진 시도이기는 하나, 우연이나 다른 요인들이 많이 발생했다는 점을 고려하면 그런 시도는 매우 어려워진다. 물론 우리는 자연스럽게 자동차 판매의 쇠퇴에 대비하여 위험을 분산시키는 다각화에 약간의 관심을 가졌다. 그러나 우리는 결코 비자동차사업에 대한 마스터플랜을 가져본 적이 없었다. 우리는 비자동차사업을 다른 이유들로 시작했고, 어떤 중요한 순간에는 운이 매우 좋았다. 예를 들어 우리가 디젤 분야로 들어간 것은 케터링 씨의 디젤엔진에 대한 특별한 관심 때문이었다. 그것은 1913년 초로 거슬러 올라가는데, 그때 그는 자신이 만들고 싶어 했던 농장 조명 세트에서 사용할 발전기에 맞는 엔진을 마련하기 위해 디젤동력으로 실험하고 있었다. 듀랜트 씨는 개인적인 이유에서 GM이 냉장고사업에 진출하도록 했다. 그러나 우리는 아주 초기 개발 상태였던 프리지데어를 포기하지 않았는데, 분명한 것은 이것이 후술한 바와 같이 사건들의 이상한 조합에 의한 것은 아니었다. 또한 우리가 항공으로 진출한 것도 소형비행기가 자동차의 중요한 경쟁자라고 생각했기 때문이다.

나는 이러한 제품들이 우리가 처음으로 투자했을 때에는 상대적으로 새로운 제품들이었다는 것에 주목할 가치가 있다고 생각한다. 당시 미국에서는 철도에 대한 간선 서비스를 제공할 수 있는 디젤기관차가 없었다. 그리고 전기냉장고는 단지 공상에 불과한 기기였고, 항공기의 미래는 예측하기 어려운 것이었다. 환언하면 우리는 자동차사업 밖의 신제품들을 '인수'하기 위해 우리의 재무 및 엔지니어링 자원들을 그냥 사용하지 않았다. 우리는 이미 45년 전에 일찍 사업에 뛰어들었고, 그것들의 개발에 많은 노력을 기울였다. 우리는 이들 분야에서 사업을 확장해왔지만 1953년에 토공장비의 제조업체인 유클리드 로드 머시너리 컴퍼니Euclid Road Machinary Company의 매수, 그리고 군수와 방위생산을 제외하고는 우리가 최근에 완전히 새롭게 시작한 사업은 없었다.

디젤전기기관차

GM은 1930년대 초에 소규모로 기관차산업을 시작했다. 당시에 미국의 철도는 특수 전철기관차switch-engine 사용을 제외하고는 디젤기관차에 별 관심이 없는 것으로 보였다. 10년도 못 되어 디젤이 증기기관차보다 더 많이 팔릴지는 그 누구도 몰랐다. GM은 모든 다른 기관차제조업체를 합한 것보다 더 많이 팔고 있었다. 우리가 디젤혁명을 이끌었기 때문에 철도산업에서 엄청난 절약으로 발생한 이익의 대부분은 우리의 몫이었고, 오늘날 우리의 전동사업부Electro-Motive Division는 기관차시장의 대부분을 점유하고 있다.

나는 이런 극적인 발전에는 두 가지 주된 이유가 있다고 생각한다. 첫 번째 이유는 단순했다. 미국 철도에서 장거리 도로 수송의 사용에 적당한 경량의 고속디젤기관차를 생산하기 위한 우리의 노력이 다른 업체들보다 좀 더 집요했다는 것이다. 두 번째 이유는 우리가 자동차산업의 제조, 엔지니어링 그리고 마케팅 개념의 일부를 기관차사업부로 가져왔다는 것이다. 우리가 디젤을 만들기 시작했을 때 기관차는 주문생산이 되었다. 따라서 고객들은 제조업체에게 상당히 세부적인 것까지 요구하고 있어서 사실상 미국 철도에서 거의 같은 두 개의 기관차는 존재하지 않았다. 그러나 우리는 거의 처음부터 철도에 표준 기관차를 제공했다. 따라서 우리는 상대적으로 저가로 대량생산할 수 있었다. 게다가 우리는 증기기관차의 사용으로 가능했던 것보다 톤 마일당 더 낮은 가격으로 성능을 보증했고, 서비스조직을 유지하고 표준화된 대체부품을 제공함으로써 보증에 성공했다. 이 프로그램은 기관차산업에 혁명을 일으켰고, 그로 인하여 우리의 위상을 확보했다.

보다 소형이면서 강력한 디젤 물론 GM이 처음으로 관심을 갖게 되었을 때 디젤엔진의 원리에 관해 새로운 것이라고는 하나도 없었다. 독일의 발명가 루돌프 디젤Rudolf Diesel은 1892년에 이러한 종류의 엔진에 대해 최초의 특허를 취득했고, 1897년에 1기통과 25마력을 가진 완성품을 만들었다. 1898년 초에는 60마력 2기통 디젤 단위가 이 나라에서 만들어졌다. 이들 초기 기구들은 현대 디젤기관차의 엔진에서와 같이 기본적으로 압축점화 원리를 구체화한 것이었다.

4사이클 디젤엔진은 다음과 같은 방식으로 작동한다. 첫 번째 석션에서 피스톤을 때릴 때 엔진은 공기 외에는 전혀 끌어들이지 않는다. 다음의 피스톤에 대한 스트로크는 스퀘어 인치당 500파운드 정도로 공기를 압축하고, 화씨 약 1,000°의 고온상태가 된다. 압축스트로크의 종료 바로 전에 오일이 미세 스프레이를 통해 고압의 연소실로 주입된다. 그러면 더운 공기가 이 연료를 점화시킨다. 세 번째와 네 번째의 피스톤에 대한 스트로크는 가솔린엔진에서와 같이 동력을 제공하고 소진한다. 그러나 디젤은 카뷰레터나 전기점화를 모두 필요로 하지 않는다. 따라서 단순성에서 가솔린엔진보다 우세하다.

이 기술에서 지적한 바와 같이 디젤은 그 연료를 직접 동력원으로 전환한다. 이러한 점에서 디젤엔진은 증기를 생성하기 위해서만 연료를 사용하는 증기엔진과 다르고, 점화되기 전에 연료를 증발시키는 가솔린엔진과도 다르다. 이들 두 엔진은 모두 디젤엔진보다 효율이 떨어진다. 디젤은 사실상 매일 사용하는 어떤 열기관 중에서도 최고의 열효율을 가지고 있다. 현대의 디젤엔진은 증류된 석유연료오일을 사용하지만 과거에는 다른 연료들이 사용되었다. 루돌프 디젤은 가루탄으로 자신의 엔진을 작동하려고 했지만, 그의 동료 엔지니어들은 엔진 표면의 손상문제를 피하려고 처음부터 그에게 석유petroleum oil를 사용하도록 설득했다. 가루탄은 후에 디젤의 원안을 실현하려고 하는 다른 사람들에 의해 실험적으로 사용되었고, 다른 연료들도 시험되었다. 그러나 석유는 현재 표준 디젤 연료로 남아 있다.

디젤엔진은 엄청난 효율에도 불구하고 수년 동안 실용화에서는 아주 제한적이었다. 엔진은 크고, 무겁고, 느리게 작동했다. 그래서 디젤엔진은 발전소, 펌핑, 선박용으로 사용되어왔다. 그것들은 마력당 200 또는 300파운드의 무게를 가졌는데, 따라서 사실상 상대적으로 소형의 강력한, 고속의 디젤을 만드는 것이 문제의 핵심이었다.

나는 디젤엔진의 원리에 관해 새로운 것이 없다고 말했다. 덧붙여 GM이 발명한 디젤-동력의 기관차의 어떠한 부품에 관해서도 알려지지 않은 원리는 없었다. 부족한 것은 상상력, 적극성 그리고 실용성이라고 할 수 있을 정도로 문제를 풀기 위한 재능이 필요했다.

유럽인들은 1910년 이래로 이것의 개발을 위해 일해왔고, 1920년에 약간의 디젤 철도차들railcars과 기관차들locomotives을 운행하고 있었다. 1933년에 소수의 미국 디젤 제조업체들은 전철기 서비스switcher service를 위한 많은 디젤엔진을 성공적으로 만들었다. 디젤엔진의 중량이 전철기에게 이점이 있었고, 그것들이 운영 중인 스팀에 대한 경제성을 보여주었기 때문에 상당한 성공을 거두게 되었다. 그러나 이 나라에서 간선승객과 화물 적용을 위한 디젤엔진을 만드는 시도는 그 누구도 성공하지 못했다. 그 이유는 이 경우들에 있어서는 무게, 동력, 규모가 매우 중요하기 때문이다. 우리 엔지니어들의 주요 관심사는 디젤엔진 마력당 중량비율을 가진 좀 더 관리 가능한 낮은 비율로 떨어뜨리는 것이었다.

GM과 같은 대형 조직에서 어떤 큰 사업의 착수에 대한 공로나 책임을 어떤 한 사람에게 돌리는 것은 거의 불가능하다. 그러나 디젤의 경우에는 찰스 F. 케터링이 그것의 거의 대부분을 차지하고 있다. 현재 우리 연구소의 전신인 GM리서치 코퍼레이션은 1921년 초에 케터링 씨의 철저한 조사 하에 디젤엔진을 테스트하고 있었다. 케터링 씨 자신이 1928년 4월에 디젤동력의 요트를 구입한 후에 이들 엔진들은 그의 주요 관심사가 되었다. 그는 요트 위에 있을 때 갑판에서 휴식을 취하기보다는 엔진룸에서 무언가를 만지작거리고 있었다. 그는 이미 디젤이 불합리하게 크고 무거울 필요가 없다고 확신했다.

나는 거의 동시에 GM을 위한 디젤엔진의 개발 가능성에 관심을 갖게 되었다. 나의 기억이 정확하다면 어느 날 디트로이트의 연구소에 잠깐 들러 케터링 씨에게 다음과 같이 말한 것으로 기억한다. "케트, 이유가 뭡니까? 디젤사이클의 고효율에 대해 알고 있지만 그것이 일반적으로 사용되어본 적이 없었잖아요." 그는 그 이유가 엔지니어가 굴러가길 원하는 방식으로 엔진이 굴러 가질 않는 것이라고 그의 특유한 화법으로 말했다. 당시 나는 그에게 다음과 같이 말했다. "그렇군요. 우리는 현재 디젤엔진사업을 하고 있어요. 그 엔진을 어떻게 운영해야 하는지 우리에게 알려주세요. 제가 그 프로그램을 시작하기 위해 이용 가능한 제조시설들의 제공에 대해 알아보겠습니다." 물론 디젤사업을 하고 있다고 말한 것은 단지 수사법이었다. 내가 그렇게 말한 것은 조직에서 그를 지원할 것이라는 것을 의미했다.

1928년에 연구소에서 케터링 씨와 엔지니어링그룹은 당시 다양한 제조업체들에 의해 제공되고 있는 디젤엔진들에 대해 일련의 포괄적인 테스트를 시작했다. 이들 테스트에 대한 분석은 디젤에 대한 당시의 과학적 문헌에 대한 철저한 연구와 결합되었고, 마침내 케터링 씨가 그의 문제에 대한 해법이 소위 2사이클 디젤엔진이었다는 결론을 내리도록 했다. 2사이클 엔진은 당시에 새로운 것이 아니었다. 사실상 케터링 씨의 결론에서 진면목은 2사이클 원리가 이상적으로 소형 디젤엔진에 적합하다는 그의 확신이었다. 2사이클 엔진은 이전에 철저하게 연구되었지만, 일반적으로 대형 저속엔진을 제외하고는 작동 불가능한 것으로 알려져 사용되지 않았다.

2사이클 엔진에서는 신선한 공기의 유입과 연소된 가스 배출이 동시에 발생한다. 2개 중에서 하나의 스트로크는 하나의 파워스트로크로, 4사이클 엔진에서와 같이 4개 중에서 하나를 대신한다. 따라서 그것의 이전 모델이었던 등가의 동력을 산출하는 4사이클 엔진의 5분의 1 이하의 중량과 6분의 1 이하의 크기를 가질 수 있었다. 그러나 이런 소형기구는 일부 엄청난 엔지니어링 문제를 야기한다. 한 가지 예를 든다면, 케터링 씨가 개발한 2사이클 엔진은 연료분사시스템에서 고도의 정확성을 요구한다. 구체적으로 말하면 연구소가 생산하려고 했고 마침내 생산해낸 한 단위의 분사기 펌프가 필요했다. 분사기 펌프는 분사기 끝에 구멍을 뚫은 지름에서 1인치의 13,000분의 10의 구멍을 통해 연료를 주입함으로써 부품이 인치의 6,000만 분의 30의 간격을 가진 단위 연료 분사기에 평방인치당 3만 파운드만큼 높은 압력을 장착한 것이었다. 또한 2사이클 엔진은 외부 공기 펌프가 있어야 한다. 이것은 또 다른 주요 프로젝트가 됐고, 마침내 우리의 연구는 필요했던 약 6분의 3파운드의 압력으로 대량의 공기를 주입할 수 있는 경량의 소형 장치를 만들어냈다.

2개사를 매수하다 1930년 말이 되었을 때 2사이클 엔진은 실용성이 있었고, 케터링 씨가 디젤 기술에서 중요한 돌파구를 열었다는 것이 확실했다. 또한 내가 그에게 약속한 제조시설을 제공할 때가 왔다는 것이 확실했다. 우리는 필요한 시설을 찾기 위해 여러 곳을 둘러보았다. 우리는 오하이오 주 클리블랜드의 윈턴 엔진 컴퍼니Winton Engine Company와 일렉트로-모티브 엔지니어링 컴퍼니Electro-Motive Engineering Company 2개사를 매수하기로 했다.

윈턴은 주로 선박용의 디젤엔진케터링 씨가 두 번째 요트엔진 세트를 만들었다과 대형 가솔린엔진의 제조업체였다. 일렉트로-모티브는 그 자체의 제조시설을 갖고 있지 않은 엔지니어링, 디자인 및 판매기업이었다. 양사는 거의 10년 동안 긴밀한 사업관계를 가지고 있었다. 그러는 동안 일렉트로-모티브와 윈턴은 주로 단거리수송을 위한 가스-전기 철도차량의 설계 및 판매에서 상당한 사업과 명성을 구축했다. 1920년대 윈턴의 대부분 사업은 이들 철도차량을 위한 엔진의 제작이었다. 그러나 증기에 비하여 가스차들의 운영경제성은 감소하고 있었고, 10년이 지날 무렵 일렉트로-모티브는 그 자체로 가스-전기차를 계속 판매하는 일이 쉽지 않으리라 판단했다. 그것은 결국 윈턴에도 영향을 미쳤다.

이러한 상황에 대비하여 윈턴과 일렉트로-모티브는 1928년과 1929년에 철도에 디젤동력을 사용할 가능성을 진지하게 조사하기 시작했다. 당시 일렉트로-모티브의 사장인 해럴드 해밀턴Harold Hamilton은 당시 케터링 씨가 씨름하고 있던 동일한 연료분사의 벽에 부딪혔다. 해밀턴 씨 또한 소형 디젤엔진을 개발하려고 노력하고 있었다. 당시 그가 이용 가능한 기술로 만든 소형 디젤은 마력당 약 60파운드의 중량을 가진 것이었다. 그는 기관차가 분당 약 800회 회전하는 크랭크샤프트 속도를 가진 마력당 20파운드가 넘지 않는 엔진 무게를 필요로 한다고 생각했다. 해밀턴 씨는 이들 규격에 밀접하게 들어맞는 몇 개의 이용 가능한 디젤엔진이 있었지만, 그것들이 철도에 성공적으로 적용하기 위해 필요하다고 생각했던 성능과 신뢰성 요건들에도 잘 견딜 수 있다고 생각하지 않았다. 또한 해밀턴 씨는 그가 원하는 디젤은 평방인치에

6,000파운드와 7,000파운드의 압력이 주어질 때 오랜 시간 동안 그 작동을 지속하기 위해 금속 튜브와 조인트를 필요로 한다는 것을 알았다. 윈턴은 이러한 종류의 야금기술을 개발할 수 없었고, 해밀턴 씨는 업계에서 구할 수 있는 곳이 없다는 것을 알았다. 그는 마침내 그 자신과 윈턴의 문제들을 해결하기 위해 약 1,000만 달러 정도의 벤처자본, 그리고 기술적 장애를 극복하기 위해서는 또다시 500만 달러, 그리고 제조시설을 위해 필요한 공장시설을 제공하기 위해 또 다른 500만 달러 정도가 소요될 것이라는 결론을 내렸다.

해밀턴 씨와 윈턴의 사장인 조지 W. 코드링턴George W. Codrington에게 분명한 것은 은행에서 자금을 조달할 수 없고, 철도사업 어디에서도 이러한 벤처자본이 확실히 없다는 것이었다. (철도회사 또는 기관차 제조업체는 필요한 연구를 수행하기 충분할 만큼 디젤에 관심을 보여주지 않았다.) 그러나 이때쯤 케터링 씨는 두 번째 요트를 위한 윈턴 엔진을 주문한 것을 계기로 코드링턴 씨와 친해졌다. 코드링턴 씨는 마지못해 윈턴의 엔지니어들 중 한 명이 개발하고 있던 새로운 종류의 연료분사 장치를 장착하는 데 동의했다. 따라서 쉽게 이 엔진들을 구입했고, 케터링 씨는 그 엔진들에 전망이 있다고 느꼈다. 나는 누가 먼저 윈턴을 GM의 산하로 영입하자는 아이디어를 제안했는지 기억나지 않는다. 아무튼 우리는 1929년 늦은 여름에 공식적으로 교섭을 시작했다. 증권시장의 대폭락이 일시적으로 상황을 혼란스럽게 했을 때인 10월이 되어서야 윈턴의 매수에 대한 합의에 도달했다.

그러나 윈턴이 우리에게 좋은 조건의 매수였다는 것에 대해 조금도 의심하지 않았다. 한 가지 예를 든다면, 우리는 당시 1920년대 말 동안 확대되어 있지 않았던 미국 자동차시장의 장래성에 관해 확신을 갖고 있지는 않았다. 따라서 윈턴의 매수는 우리의 전망 내에서 다각화를 위해 우리에게 합리적인 기회를 제공했던 한 기업에 대한 자연스런 관심에서 비롯된 것이다.

윈턴 구입에 대한 사례는 부사장 존 L. 프랫이 1929년 10월 21일자 운영재무위원회와 재무위원회에서 연설했던 비망록에 다음과 같이 언급되어 있다:

> 우리는 지난 얼마 동안 오하이오 주 클리블랜드에 위치한 윈턴 엔진 컴퍼니의 구입 가능성을 검토 중에 있었습니다. 그 문제는 이전의 회의에서 공식적으로 논의되어왔습니다.
>
> 이 나라에서 디젤엔진의 개발은 상용화되는 단계에 도달했고, 아마도 상당한 확장 전야에 와 있다고 생각합니다. 윈턴 엔진 컴퍼니는 의심할 여지없이 미국의 뛰어난 디젤엔진 제조업체입니다. ……
>
> 윈턴 컴퍼니는 유능한 경영진을 가졌고, 현재 직원의 충원을 필요로 하지 않을 것입니다. 사업이 우리의 예상대로 계속 확대된다면 직원이나 또 다른 유능한 경영자, 아마도 부사업부장이나 판매관리자를 증원하는 것이 바람직할 것으로 생각됩니다. ……
>
> …… 이 회사의 매수는 엔진라인을 따라 우리 연구조직의 개발을 위한 차량을 제공할 것이고, 디젤엔진 개발의 원동력이 될 것입니다. 사업은 또한 상당히 수익성이 있을 것입니다. 대부분의 우리 엔지니어들이 믿는 것처럼 확장이 계속된다면 우리는 궁극적으로 윈턴 컴퍼니의 매수에 소요된 투자에 대해 상당한 이익을 얻을 수 있을 것입니다. ……

1930년 6월에 마침내 윈턴의 운영은 GM의 산하로 들어왔고, 사장은 코드링턴 씨가 계속 맡았다. 윈턴의 주요 시장은 대형 선박 엔진에서 지속되었다.[22] 윈턴을 취득하고 나서 5개월 후에 우리는 일렉트로-

---

22 1937년에 윈턴의 명칭은 클리블랜드 디젤엔진사업부로 바뀌었고, 1962년에 그의 운

모티브를 취득했고, 회사의 기존 경영진이 그 사업을 운영했다. 일렉트로-모티브 취득을 위해 교섭하는 동안 해밀턴 씨와 케터링 씨는 디젤엔진의 경량화 과제에 관해 많은 협의를 했다. 1955년 상원 소위원회의 증언에서 해밀턴 씨는 디젤엔진개발 작업에 대한 케터링 씨의 엄청난 열정을 다음과 같이 묘사했다. "그는 …… 마치 물 만난 물고기와 같았습니다"라고 회상했다. 사실상 해밀턴 씨는 자신이 GM에 끌린 것은 회사의 경제력에 의해서만이 아니라는 것을 분명히 했다. "…… 우리에게는 GM보다 더 큰 경제력을 가진 다수의 회사들이 있었습니다"라고 말했다. "제가 그때 알고 있던 풍부한 재무자원을 가진 회사 중에 이 문제에 대해 반드시 가져야 할 정신적 접근법, 그리고 성공의 지점까지 도달하기 위해 함께 가겠다는 용기를 아무도 갖고 있지 않았습니다. 그러한 것들이 반드시 필요하다는 것이 우리의 의견이었습니다."

한동안 윈턴과 일렉트로-모티브는 거의 전과 똑같이 운영되었다. 해밀턴 씨와 케터링 씨는 철도를 위해 상용화가 가능한 디젤엔진을 제작하는 데 상당히 긴 시간이 필요하다는 생각을 가지고 있었다. 한편 케터링 씨는 자신의 노력의 대부분을 2기통 디젤엔진을 개선하는 데 쏟아 붓고 있었다. 1932년에 케터링 씨는 약 600마력을 생산하게 될 2사이클 8기통 엔진을 만들 수 있다고 결론을 내렸다. 케터링 씨의 새로운 엔진이 600마력급에서 특히 마력당 중량비율에서 기존의 4사이클 엔진보다 더 우위를 가질 것이기 때문에 그의 엔진은 가치 있는 것으로 보였다.

영들은 일렉트로-모티브사업부와 결합되었다. 1937년에 우리는 또한 선박용과 산업용으로 소형 디젤엔진을 생산하기 위해 디트로이트 디젤엔진사업부를 설립했다. 수년 동안 그들의 제품에 중복이 있었지만, 사실상 디트로이트 디젤엔진사업부가 소형 엔진의 개발에 전문화했다.

만국박람회 전시 그 당시에 우리는 1933년 시카고에서 열리기로 계획되어 있는 발전의 세기 만국박람회Century of Progress World's fair를 위한 전시를 계획하고 있었다. 쉐보레 승용차의 생산을 실연하는 자동차 조립라인 전시는 인상적인 전시가 될 것이었다. 우리는 조립라인에 동력원이 필요했고, 케터링 씨가 제안한 600마력 디젤엔진 중 두 가지는 성공할 것이라고 결론을 내렸다.

우리가 최초로 새로운 디젤엔진을 가지고 세계박람회 전시에서 동력을 공급하는 발상을 했을 때 우리가 유념하고 있었던 것은 실제 운영상황 하에서 엔진의 기능을 시간을 가지고 판별하는 것이었다. 우리는 주로 케터링 씨의 기본 디자인이 좋고 실용적이라는 것을 입증하는데 관심을 가졌다. 따라서 우리는 새로운 디젤엔진이 곧 상용화되리라고 기대하지는 않았다. 그러나 엔진의 전시가 끝나기도 전에 이 문제에 대한 우리의 생각은 급속히 바뀌었다.

그것을 변화시킨 것은 한 철도회사의 사장, 즉 벌링턴Burlington의 랠프 버드Ralph Budd의 디젤엔진에 대한 갑작스런 관심이었다. 버드 씨는 당시 외관상 인상적이고 운영 면에서도 경제성이 있는 새로운 유선형의 경량 여객용 기차를 만들고 싶어 했다. 1932년 가을의 어느 날, 버드 씨는 해밀턴 씨를 만나기 위해 클리블랜드에 잠시 들렀다. 해밀턴 씨는 GM의 디젤실험에 관해 그에게 말해주었고, 버드 씨를 케터링 씨와 만나도록 주선했다. 버드 씨는 그런 가망성에 대해 알고 매우 신이 났다.

그는 디트로이트와 GM연구소를 방문했다. 케터링 씨는 그에게 실험적인 2사이클 엔진을 보여줬지만, 8기통 모델은 아직 만들어지지 않았고, 기관차의 동력원으로 진지하게 검토될 수 있기 전에 개발 작업이 더 필요하다고 분명하게 알려주었다. 버드 씨는 만국박람회에서 그 엔진을 테스트하기 위한 GM의 계획에 대해 들었다.

박람회가 개막했을 때 우리의 디젤엔진은 판유리를 통해 관심을 가진 누구나 볼 수 있었다. 그러나 우리는 아직 디젤엔진에 관해 불안해했다. 그래서 그것들이 우리의 전시에 가장 극적인 특징이었는데도 불구하고 전시 홍보담당자에게 엄격한 함구령을 내렸다. 당시 그 엔진은 세상에 알려지지 않았지만 적어도 버드 씨만은 박람회 내내 그것들에 주의를 집중했다. 그는 그 엔진들을 개발하기 위해 우리가 가지고 있던 고충들을 잘 알고 있었다. 그는 매일 밤 한두 명의 엔지니어가 그것들이 다음 날 잘 작동할지 확인해야 한다는 것을 알고 있었다. 그는 유지활동에 책임을 맡고 있던 케터링 씨의 아들 유진Eugene의 의견도 알고 있었다. 유진은 나중에 "유일하게 잘 작동했던 엔진은 오일계량봉이었다"고 밝혔다.

그럼에도 불구하고 버드 씨는 그의 벌링턴 제퍼Burlington Zephyr에 대해 사용할 수 있는 디젤엔진을 개발하도록 우리에게 계속 압박을 가했다. 1933년에 유니온 퍼시픽Union Pacific이 유선형 열차를 만든다는 계획을 공개적으로 선언하자 그는 전보다 더욱 집요해졌다. 유니온 퍼시픽은 단지 실제 기관차가 없는 3대의 소형차량 사업을 계획하고 있었다. 동력차는 기차 그 자체의 통합적 부분이 될 것이었다. 동력원은 윈턴에 의해 제조된 2기통 600마력 가솔린엔진이었다. 유니온 퍼시픽 기차에서 중요한 기술 혁신은 없었음에도 사진이 광범위하게 배포되었고, 일반대중의 반응은 매우 호의적이었다. 갑자기 국가는 유선형 열차에 매우 많은 관심을 갖게 되었다. 이 모든 것은 유선형 열차를 사업에 투입하겠다는 버드 씨의 열망을 더욱 강렬하게 만들었다.

우리는 케터링 씨의 엔진에서 '버그'를 제거하기 위해 또 다른 2년을 보내길 원했지만, 버드 씨의 주장은 마침내 우리를 굴복시켰다. 1933년 6월에 우리는 그의 파이어니어 제퍼Pioneer Zephyr를 제작하는

데 동의했다. 1934년 4월에 시험운영에 투입했을 때 우려했던 대로 계속 고장이 났다. 그러나 결함들은 점차 해소되었고, 1934년 6월에 버드 씨는 트윈 제퍼Twin Zephyr를 위해 201A GM 디젤을 두 개 더 주문했다. 그동안에 유니온 퍼시픽은 유선형 열차의 출하를 기다리지 않았다. 이에 앞서 1933년 6월 말 윈턴에 새로운 주문을 했는데, 이때는 6대의 차량을 연결한 침대차용으로 12기통 900마력의 디젤이었다. 그리고 유니온 퍼시픽은 1934년 2월에 또다시 새로운 주문을 했는데, 이는 그의 '시티' 시리즈를 위한 6개의 1,200마력 디젤 여객열차였다.

이들 초기 디젤동력의 유선형 열차는 대성공이었다. 덴버에서 시카고까지 시험주행에서 벌링턴 제퍼는 평균 시속 78마일로 총 13시간 10분 동안 주행했는데, 그 광경은 아직도 잊히지 않는다. 유니온 퍼시픽 '시티' 기차는 서부해안에서 시카고까지 주행시간을 60시간 이상에서 40시간 이하로 줄였다. 철도에 대한 운영비는 낮아졌고, 승객의 평판은 상당히 좋아졌다. 우리의 두 고객은 기차의 차량수를 증가할 수 있도록 즉각적으로 더 많은 동력을 요구하기 시작했다. 1935년 5월, 우리는 유니온 퍼시픽의 1,200마력 디젤을 출하하기 시작했다. 동시에 우리는 1,200마력인 두 개의 엔진을 낱개로 벌링톤에 공급했다. 이들 엔진들은 12차량의 기차를 끌 수 있었다.

1934년 초 어느 날 케터링 씨와 해밀턴 씨는 나를 방문했고, 우리는 디젤에 관해 얘기를 나누었다. 철도계 인사들과 밀접한 교류를 하고 있던 해밀턴 씨는 나에게 철도계 인사들이 우리가 생산하는 엔진들이 엄청난 성공을 거둘 것으로 생각하고 있다고 말했다. 그러나 그는 철도업계는 GM에 단순히 동력차를 위한 엔진 대신에 다목적 디젤동력기관차를 제공할 것을 요구하기 시작했다고 말했다. 케터링 씨는 디젤동력기관차 시작품의 개발에 착수하고 싶다는 뜻을 내비쳤다. 나는 그가 생각하는 액수가 어느 정도인지를 물었다. 케터링 씨는 자신이 생각하기에 50만 달러 정도 들 것이라고 말했다. 그에게 신개발프로젝트에 대한 나의 경험으로 볼 때 그 정도의 소액으로는 우리가 새로운 기관차를 개발할 수 없을 것이라고 말했다. 그는 "압니다. 하지만 그만큼의 자금을 투자하면 나머지의 자금도 나중에 반드시 내주겠지요"라고 온화하게 응답했다. 결국 그는 개발자금을 확보했다.

실제로 우리는 그 당시 기관차사업과는 아주 거리가 멀었다. 우리의 유일한 생산시설은 윈턴 공장에서 엔진을 만들기 위한 것이었고, 이것들도 약간 노후화됐다. 또한 우리는 전기변속기 시설과 기관차 차체의 제작을 위해 아무것도 갖고 있지 않았다. 따라서 우리는 1935년 초에 일리노이 주 라그랜지에 우리 소유의 공장을 건설하기로 결정했다. 이 공장은 이전처럼 윈턴에서 오는 엔진들과 외부공급자로부터의 기타 부품들을 가지고 기관차 차체 — 운전석과 차대 — 만 생산했다. 그러나 라그랜지 공장은 기관차의 모든 부품을 생산하고 조립하기 위해 운영을 확장할 수 있도록 설계되었다. 우리는 공장이 완성된 직후 확장을 시작했다. 1938년에 라그랜지 공장은 기관차 전체의 생산에 이용되었다.

기관차의 성공 전술한 바와 같이 디젤에 관한 우리의 초기 경험은 여객기관차 분야에 있었다. 그러나 30년대 중반에 해밀턴 씨와 그의 그룹은 디젤동력의 전철기관차에 거대한 잠재력이 있다고 판단했다. 그 당시 우리의 경쟁자들 중의 하나가 약 100톤의 무게를 가진 디젤동력의 전철기관차를 철도업계에 제안하고 있었고, 8만 달러 정도에 팔렸다. 기관차는 대부분 고객의 사양서에 따라 제작되었다. 고객이 '기성의' 표준 디젤전철기관차를 받아들이려 한다면 당시 우리는 하나에 7만 2,000 달러로 판매할 수 있다는 것이 해밀턴 씨의 생각이었다. 그의 재촉으로 우리는 전철기관차를 만들기 시작했다. 실제로 우리는 그중 50개는 기업의 수주도 받기 전에 생산에 투입했다.

우리가 이 새로운 정책에 부여한 중요성은 1935년 12월 12일에 쓰인 비망록으로 판단할 수 있다. 그것은 프랫 씨가 나에게 보낸 것이다:

> 우리가 지켜야 한다고 생각하는 하나의 기본 정책이 있습니다. 즉, 일렉트로-모티브 코퍼레이션은 표준화된 제품을 만들 것이고, 여러 다른 표준들과 각 철도회사가 구입 시 요구하는 개별 사양을 만들지 않을 것입니다. 그리고 우리가 수주를 위해 어떤 기관차를 만들지에 관해 각 철도회사의 사양에 맞추어 타협하기 이전에 적어도 표준제품을 만드는 정책을 공정하게 시도해볼 것을 추천하고 싶습니다.

이미 판명된 바와 같이 이 문제는 아주 빨리 해결되었다. 우리가 만든 최초의 전철기관차의 배치는 쉽게 팔렸고, 1936년 5월 초에 출하되었다. 처음에는 이익률이 작았지만, 일렉트로-모티브의 이익 창출에 큰 차이를 가져오는 데 충분했다. 해밀턴 씨는 전철기관차의 판매량이 증가하여 규모의 경제가 달성되면 가격인하 형태로 돌려주겠다고 철도회사에 약속했다. 전시생산위원회War Production Board가 GM을 전철기관차 분야에서 나와 화물기관차에 전력투구하라고 명령했을 때인 1943년에 우리는 768대의 전철기관차를 만들었다. 1940년 10월에 600마력의 전철기관차의 고객에 대한 가격은 5만 9,750달러로 인하되었다.

그동안에 우리의 여객기관차 사업은 급속하게 확대되었다. 1940년에 우리는 전국철도서비스에서 약 130대의 디젤동력 여객기관차들을 확보했다. 1939년에는 화물기관차를 만들기 시작했다. 제2차 세계대전 초반에는 생산을 중단했는데, 이때 우리의 공장은 사실상 기관차

사업을 떠나 해군을 위해 LST엔진을 생산하고 있었다.

독자들은 그 당시 우리가 디젤프로그램을 밀고 나가고 있던 동안에 다른 기관차업계는 무엇을 하고 있었는지 의아해할 것이다. 업계의 나머지는 일부의 예외적인 경우만을 제외하고는 증기동력을 고수하고 있었다. 1940년 이전에 미국과 캐나다에서 디젤 여객기관차를 개발하려는 몇몇 시도가 이루어졌지만 생산으로까지 이어지지는 않았다. (1940년에 마침내 경쟁자들에 의해 개발된 디젤동력 여객기관차가 만들어져 운행에 들어갔다.) 1920년대 후반에 한 그룹의 제작자들에 의해 만들어진 시도를 제외하고는 미국에서 우리 외에 제2차 세계대전 후까지 디젤동력 화물기관차를 세상에 내놓은 제조업체가 없었다. 전철기관차 외에도 미국의 철도에서 디젤동력을 가진 것은 우리가 최초였다. 1955년 상원 소위원회에서 언급된 것 같이 우리가 전력을 기울여 기관차시장으로 진출했다고 말하는 것은 다른 제조업체들이 디젤의 잠재력을 알지 못했다는 사실을 간과한 것이다. 케터링 씨가 또 다른 의회 조사 중에 언급했던 것처럼 기관차산업에서 최대의 경쟁우위는 경쟁자들이 우리가 정상이 아니라고 생각했다는 사실이다.

증기보다 디젤이 우월하다는 것은 처음부터 명백했다. 루돌프 디젤은 1984년에 처음으로, 그리고 그 후 여러 차례에 걸쳐 철도에 사용시 디젤의 우월성을 언급했다. 1920년대 말 중에 엔지니어링과 철도 관련 저널들은 당시 유럽에서 운행 중인 디젤기관차에 대한 상세한 보고서와 운영비 자료를 게재했다. 경청하려고 하는 사람에게 우리는 디젤이 유연하고, 빠르며, 깨끗한 서비스를 제공하고, 연료와 운영비 면에서 엄청난 절약을 가져온다는 것을 증명할 수 있었다. 1930년대 중에 가능한 한 모든 방법으로 비용절감을 열망했던 철도회사들은 열심히 경청한 반면 다른 기관차 제조업체들은 계속 디젤을 일종의 일시적 유행으로 간주했다. 이것이 고객과의 강한 연대와 함께 오랜 전통을 가진 경제적으로 강력한 기관차 제조업체가 그 사업으로 신규 진입한 초보자에 의해 왜 그렇게 쉽게 패배했는지를 설명해준다.

미국에서 증기기관차의 제조가 완전히 중단된 것은 1950년대 중반이었다. 중단 연도에도 생산은 대부분 수출을 위한 것이었다. 오늘날 미국에서는 100개 미만의 증기기관차가 남아 운영되고 있다. 디젤동력 그 자체는 전동식 도로에서 사용되는 전기기관차를 제외하고는 철도에서 사용되고 있다. 미국 철도산업에서의 이런 혁명은 대부분 GM이 이룩했다.

디젤기관차사업의 장래에 관해 정확하게 말하기는 어렵다. 그러나 이후 미국의 시장은 약간 축소될 것으로 보인다. 철도 여객서비스는 국가의 여러 지역에서 중단되고 있고, 화차 전세 취급화물도 최근 연도에 약간 감소됐다. 1930년대 중반에 운행 중인 증기기관차는 오늘날의 디젤보다 약 60% 더 많았다. 이런 사실은 물론 디젤의 더 큰 동력과 운영의 유용성을 반영한다. 그러나 그 또한 철도의 침체된 상황을 반영하고 있다.

해외에는 아직도 약 10만 대의 증기기관차가 운영 중에 있다. 이들도 궁극적으로는 디젤발전기를 갖춘 액체식 디젤기관의 전기기관차로 대체될 것이다. 해외의 잠재적 디젤시장의 규모는 대략 4만 대다. 일렉트릭-모티브사업부는 이런 수출 수요를 충족하기 위해 경량의 높이나 폭의 제한이 있는 다양한 기관차를 개발하고 있다. 표준 국내 기관차는 해외의 사용 가능한 곳에서 팔릴 것이다. 4,000대 이상의 GM 기관차들이 미국 밖의 37개 국가들, 서반구에서 캐나다를 포함한 9개국과 동반구의 28개국에서 현재 운행 중에 있다.

미국시장은 현재 신규 사용자 시장보다는 대체, 수리, 업그레이드시장이 대부분을 차지하고 있다. 물론 오늘날 소위 업그레이드 시장은 갈수록 중요해지고 있다. 내가 그것을 과소평가하려고 하는 것은 아니다. 아직도 미국의 산업은 디젤화되어 있다. 혁명은 끝났으나 해외에서는 진행 중이다.

프리지데어

초기에는 회사 최상층부의 열의가 없었음에도 불구하고 프리지데어사업부는 대략 50년간 꾸준히 성장했고, 가전제품산업에서 영향을 주는 주요 요인이 되었다. 오늘날 프리지데어사업부의 제품라인은 가정용 전기냉장고, 식품냉동고, 제빙기, 자동세탁 · 건조기, 전기레인지, 온수기, 식기세척기, 음식 찌꺼기 처리 장치, 에어컨장치, 상용 세탁기, 드라이클리닝기를 포괄하고 있다. 프리지데어는 현재 미국에서 약 1만 개의 아울렛을 가지고 있다.

GM이 어떻게 냉각장치사업에 진출하게 되었는지에 대한 이야기는 당시 회사의 사장이었던 듀랜트 씨가 디트로이트의 가디언 프리저레이터 컴퍼니Guardian Frigerator Company를 매수했을 때인 1918년 6월로 거슬러 올라간다. 듀랜트 씨 개인 명의와 개인 자금으로 매수했는데, 정확한 금액은 5만 6,366.50달러였다. 1919년 5월에 듀랜트 씨는 그 회사를 GM에 동일 가격으로 양도했다. 그 회사는 별 내용이 없는 소기업이었다. 듀랜트 씨는 그 회사를 바로 '프리지데어 코퍼레이션Frigidaire Corporation'으로 개명했고, 당시 유일한 제품이었던 상당히 조잡하고 초보적인 기구에 '프리지데어'라는 이름을 붙여주었다. 나는 듀랜트 씨가 이런 거래를 한 동기에 대해 알지 못한다. 그러나 그는 무한한 열정과 엄청난 호기심을 가진 인물이었다. 그리고 '얼음 없는 냉장고' — 가디언제품을 그렇게 불렀다 — 가 듀랜트 씨의 이런 특성을 자극했을 것으로 쉽게 이해할 수 있다. 자동차 분야뿐만 아니라 이 분야에서도 미래의 발전과 연결시키는 그의 재능에 그저 경탄할 뿐이다.

나는 당시 듀랜트 씨의 거래에 대해 개인적으로 알지는 못하지만 존 L. 프랫이 말하기를 그의 의견으로는 하나의 새 기기에 대한 열정 이상의 무엇인가가 매수의 바탕을 이루고 있다는 것이다. 그는 듀랜트 씨가 제1차 세계대전의 동원 체제하에서 필수적이지 않은 것으로 선언된 자동차사업의 장래에 관심을 가졌고, 민간 자동차사업을 대신할 '필수적인' 사업을 찾고 있었다고 말했다. 제1차 세계대전 중에 식량을 보존하기 위한 많은 국가적 노력이 있었을 때 냉장고회사는 필수적인 것으로 간주되었을 것이다. 그러나 정부는 자동차생산을 중단시키려고는 하지 않았다. 그리고 매수가 이루어진 5개월 후인 11월에 전쟁은 끝났다.

당초의 가디언 냉장고는 1915년에 앨프리드 멜로스Alfred Mellowes라는 데이턴의 기계기사가 만들었다. 다음 해 그는 자신의 기기를 제조하여 팔기 위해 디트로이트에 가디언 프리저레이터 컴퍼니Guardian Frigerator Company를 설립했다. 1916년 4월 1일과 1918년 2월 28일 사이에 가디언은 단지 34개의 냉장고를 만들어 판매했는데, 그것들은 모두 디트로이트 지역의 가정들에 설치되었다. 1917년에 가디언의 제조시설은 단지 선반 2개, 드릴 프레스 1개, 셰이퍼 1개, 동력톱 1개, 수동진공펌프 1개로 구성되었다. 멜로스 씨는 '프리저레이터'의 제조뿐만 아니라 개인적으로 그들에게 서비스했는데, 2~3주마다 구입자들을 방문하여 긴밀한 접촉을 유지했다. 우리가 프리지데어를 매수했을 때 확인한 바로는 이들 초기의 가디언 고객들은 그 제품에 매우 흡족해했다. 사실상 그들 중 몇몇은 서비스 면에서 많은 문제가 있음에도 불구하고 멜로스 씨의 회사에 투자했다. 첫 23개월 동안 가디언은 1만 9,582달러의 손실을 입었다. 듀랜트 씨가 매수하기 3개월 전에 회사는 또 다른 1만 4,580달러의 손실이 발생해 적자총액은 3만 4,162달러가 되었다. 존속기간 내내 40개 미만의 냉장고를 만들어 판매했다. 그렇기 때문에 당초의 주주들이 이 회사의 주식을 왜 그렇게 기꺼이 매각했는지 쉽게 이해할 수 있다.

프리지데어가 GM 산하로 양도되었을 때 우리는 프리지데어 모델 A사소한 기계적 변화 외에는 구 가디언과 동일한 기계를 제조하기 위해 디트로이트에 있는 우리 회사의 노스웨이 공장에 장비를 갖춰주었다. 그 모델이 대량소비에 적절한 제품이라는 우리의 판단은 오산이었음이 곧 밝혀졌다. 첫 몇 년 동안 모델 A와 그것의 후속제품은 사치품으로 남았다. 심지어 반복적으로 고장 나는 기계에서 '버그'를 제거할 수도 없었다. 디트로이트 밖의 다른 많은 도시에 판매와 서비스조직을 도입하려는 우리의 노력은 대부분 성공하지 못했다. 그 기계는 실제로 멜로스 씨가 그의 소집단 고객이 필요로 했던 꾸준한 개인적 서비스 유형이었던 것으로 보였다. 그러나 이런 종류의 서비스는 대량시장을 겨냥한 제품에서는 명백히 불가능했다. 약 1년 반 후에 우리는 프리지데어 운영을 포기할 것인지의 여부를 심각하게 고려했다. 우리의 심리 상태가 어떠했는지는 1929년 2월 9일 내 사무실에서 열린 회의의 의사록에서 감지될 수 있다. 이것들에 대한 논평은 아래와 같다:

> 프리지데어 코퍼레이션Frigidaire corporation: 미시간 주 디트로이트에 위치하고 현재까지 실패해온 프리지데어를 제조한다. 수요창출를 위해 모델들을 자주 변경했지만 성공하지 못했다. 지점들을 다양한 곳에 개설했으나 그 후에 중단되었다. …… 현재까지 손실은 약 152만 달러이

다. 재고는 약 110만 달러로, 총 손실은 약 250만 달러로 예상된다.

GM이 거액의 운영자본의 필요했던 시기에 계속되는 손실과 과다한 재고는 오래 용인될 수 없었다. 프리지데어는 당시에 어떻게든 처분해야 했으나 하나의 예기치 못한 상황이 나타났는데, 이것이 이 이야기의 토대가 된다.

프리지데어를 사업부에 영입하다 앞장에서 1919년에 GM이 케터링 씨와 관련된 데이턴의 시설들을 취득한 이유에 대해 설명했다. 이들 시설 중 도메스틱 엔지니어링 컴퍼니와 데이턴 메탈 프로덕트 컴퍼니가 있었다.

도메스틱 엔지니어링 컴퍼니 — 후에 델코 조명 컴퍼니Delco Light Company로 개명 — 는 주택조명시설 제조업체로, 농부들을 대상으로 하여 판매하고 있었다.

무기제조기업인 데이턴 메탈 프로덕트 컴퍼니는 1918년 초에 전쟁이 끝나 군비사업이 종식되었을 때 회사운영을 지속하기 위한 제품을 확보하기 위해 만든 프로그램의 일환으로 냉각장치 분야에 대한 연구를 시작했다.

이 두 기업은 일부 항목들에서 가전사업을 하고 있었고, 일부 다른 항목들로 확대할 준비를 하고 있었다. GM은 이들 기업들과 함께 케터링 연구그룹의 모든 냉장장치 개발 사업을 취득했다. 이 비공식적 연구 조직은 자회사인 GM리서치 코퍼레이션이 설립된 때인 1920년 6월 12일까지 데이턴에서 운영을 계속했다. 따라서 GM은 1920년대 초반과 중반에 프리지데어의 성공에 중요하게 기여한 경영 및 판매능력을 갖춘 리처드 H. 그랜트를 포함해 이 분야에서 아주 뛰어난 엔지니어들을 영입했다.

이 모든 요인은 1921년의 경기침체 동안에 프리지데어를 계속하겠다는 우리의 결정과 맞물렸다. 우리는 분명하게 데이턴에 프리지데어 개발을 지원하는 연구기반과 조직을 갖게 되었다. 델코-라이트는 국가 전체의 광대한 지역에 퍼져 있는 뛰어난 판매력과 냉장고 생산에 적합하게 전용할 수 있는 약간의 잉여 생산능력을 가지고 있었다. 그래서 우리는 프리지데어를 데이턴으로 옮겼고, 그 사업을 델코-라이트와 통합했으며, 냉장고산업에서 이전보다 더 큰 규모로 재출발했다.

그 결정은 타당한 것으로 입증됐다. 1921년 프리지데어의 막대한 손실은 다음 2년 내에 꾸준히 감소되었고, 1924년에 사업은 최초로 흑자로 전환됐다. 그동안 생산은 급속하게 증가했다. 프리지데어는 1921년에 노스웨이 공장에서 고작 1,000대를 다소 상회한 정도로 생산되었으나 데이턴에서 풀가동한 첫해인 1922년에 약 2,100대가 팔렸다. 그 수치는 1923년에 4,700대, 1924년에 2만 200대, 1925년에 6만 3,500대로 증가했다. 마지막 연도에 프리지데어는 새로운 냉장고산업에서 선두 자리를 차지했다. 내 생각에는 시장의 절반 이상을 차지했다. 1927년에 프리지데어는 너무 커져서 델코-라이트 안에서 운영될 수 없게 되었다. 그래서 1928년 1월에 회사에서 독립했다. 사업의 일부는 이미 우리가 이용 가능한 공장이 있는 오하이오 주 모레인 근처로 이전했다. 프리지데어는 1933년에 GM의 사업부가 되었다.

프리지데어를 설립하기로 결정한 이후 기계 설계와 제조에서 신기원을 이룬 여러 가지 중요한 진전을 이룩했다. 이러한 공헌들이 없었다면 냉장고에 대한 일반적 보급은 상당 기간 지연되었을 것이라고 해도 큰 무리는 없을 것이다.

전술한 바와 같이 가디언 조직은 당초 멜로스 씨 자신 외에는 사실상의 연구 직원을 가지고 있지 않았다. 프리지데어가 델코-라이트로 흡수된 1921년까지도 대략 20명 남짓한 엔지니어, 모델 메이커, 검사 담당자 등이 이 작업에 종사하고 있었다. 우리는 연구를 중시했는데, 프리지데어의 장래는 여러 연구문제들을 해결하고, 안전하고 경제적으로 신뢰성 있게 운영되는 기계를 생산할 능력에 달려 있다는 것을 깨달았기 때문이다. 우리는 얼마 지나지 않아 당초의 가디언 기계에서 사용됐던 공간을 많이 차지하는 브라인 탱크와 수랭식 압축기를 어떻게 해서든 제거하려고 했다. 그 결과 냉장고 고장의 주요 원인이었던 이들 기구들을 직접팽창코일과 2기통 공랭식 압축기로 대체하였다. 초기의 기계에서 습기가 냉장고로 누수되면 종종 식품이 오염되었으므로 우리는 이 문제를 아스팔트-코르크 밀봉을 도입하여 해결했다. 우리는 기계를 경량화했고, 1927년에 도자기캐비닛을 도입하여 외관을 상당히 개선했다. 이러한 개선은 모두 1920년 중에 프리지데어 시장의 대폭적 확장에 중요한 역할을 했다. 확장을 가져온 또 다른 주요 요인은 가격 인하였다. 1922년 브라인 탱크와 수랭식 압착기를 가진 B-9 목제냉장고는 834파운드의 순중량을 가졌는데, 판매가는 714달러였다. 그에 비해 1926년 M-9 프리지데어 모델은 공랭식 압축기와 직접냉각코일로 맞춘 철제 캐비닛으로 362파운드의 중량을 가졌는데, 판매가는 468달러였다.

1919~1926년 동안 다른 제조업체나 조직은 연구, 엔지니어링 개발, 대량생산방법 또는 유통 및 서비스기법들에서 냉장고사업에 주목할 만한 기여를 하지 못했다. 프리지데어에서 연구의 최대 과제와 회사의 궁극적인 큰 기여는 냉매 그 자체와 관련되었다. 1920년에는 프리지데어와 주요 경쟁업체에서 사용된 냉매는 건강을 상당히 위협했다.

냉매에서 발생한 가스는 유독성이 있었고, 실제로 그것을 흡입한 사람들이 사망하는 결과를 가져오기도 했다. 이들 초기 냉장고들은 건강상의 장애 때문에 종종 주방보다는 뒷베란다에 놓아두었다. 병원에서는 일반적으로 냉장고를 아예 사용하지 않았다. 우리는 최초로 냉장고에 사용된 물질인 아황산가스가 그때까지 알려진 냉매 중에서 가장 위험이 적다고 생각했다. 그것은 아주 독특한 자극적 냄새 때문에 흡입하는 누구에게나 경고 역할을 했다. 그럼에도 불구하고 궁극적으로 더 나은 무엇인가를 찾아야 한다는 것은 분명했다.

1928년 당시 GM연구소 소장이었던 케터링 씨는 냉매 문제 전체에 대해 큰 도전을 시작했다. 케터링 씨는 GM에서 자신의 전임 동료였던 토머스 미즐리 — 테트라에틸납을 개발한 사람 — 에게 새로운 물질을 발견하도록 의뢰했다. 미즐리 씨, 케터링 씨, 프리지데어 임원들 간의 일련의 협의 후에 그들은 자신들이 찾고 있는 냉매가 특정요건들을 충족하여야 한다는 데 합의했다. 그 요건들은 다음과 같다.

1차적 요건
(1) 비등점이 적절하다.
(2) 무해하다.
(3) 불연성이다.
(4) 확실히 느낄 수 있을 정도로 악취를 갖고 있지 않다.

2차적 요건
(5) 윤활유와 혼합되지 않는다.
(6) 상대적으로 비싸지 않다.

이들 2차적 요건은 기본 요건들과 상충되지 않는 한 충족되어야 할 것으로 이해되었다. 그러나 첫 번째 네 가지 요건이 모두 충족되어야 전기냉장고가 완전한 성공으로 간주될 수 있다는 합의가 있었다. 연구소에서 케터링 씨의 지휘 아래 기존의 모든 문헌에 대한 연구가 진행되어 이들 내역을 충족할 화합물을 탐구했다. 이 연구는 불화계 탄화수소의 사용 가능성을 알려주었다. 1928년 내내 미즐리 씨와 일부 동료들, 특히 H. L. 헤니H. L. Henne 박사는 적합한 냉매를 발견하기 위해 데이턴의 개인 실험실에서 작업했다. 그해 말경에 미즐리 씨는 '프레온-12'라는 디클로로로-디플루오로-메탄이 합의한 주요 요건 4가지 모두를 충족한다는 결론을 내렸다. 두 개의 2차적 요건 중 하나를 충족하지 않았으나 그것은 명확하게 이용 가능한 최선의 냉매였다. 미즐리 씨와 그의 동료들은 화합물의 제조를 위한 공정개발 작업을 하기 시작했다. 시험적 공장이 1929년 가을과 1930년의 겨울 동안에 데이턴에서 설계되었고 가동에 들어갔다.

1929년 가을에 우리는 프레온-12 냉각제에 관해 알아야 할 만큼 많이 알았다. 프리지데어 화학자들은 화학적 화합물의 물리적 특성에 대한 철저한 연구를 했다. 그들은 냉각시스템에 사용된 고저-카본 강철, 알루미늄, 구리, 모넬 메탈, 주석, 아연, 주석-납, 땜납, 연납 그리고 다른 금속들과 합금에 대한 프레온-12의 부식효과를 밝혀냈다. 그들은 다른 여러 가지 음식들, 꽃들, 모피 등에 대한 프레온-12의 영향을 검증했다. 그 결과는 만족스러웠다. 미즐리 씨는 1930년 미국화학학회 총회에서 프레온-12에 대한 연구 논문을 발표하고, 공개적으로 그것은 불연성이었다는 것을 보여줬는데, 그것의 일부를 흡입함으로써 무해성이라는 것을 입증했다.

전술한 바와 같이 프레온-12는 미즐리 씨의 2차 요건들 두 가지 중의 하나를 충족하지 못했다. 그것은 사실 매우 비쌌다. 이산화황은 1

파운드에 6센트가 든 반면 프레온-12의 초기 가격은 1931년에 61센트였다. 현재도 프레온-12는 그 당시보다 더 비싸다. 그러나 보건국은 이산화유황의 사용을 허용하지 않고 있다.

우리는 당초부터 새 화합물을 가장 안전하게 이용 가능한 냉매로 간주했기 때문에 그것을 우리의 경쟁자들에게 제공했다. 1930년대 중반에 프레온-12는 전기냉장고에서 거의 보편적으로 사용됐다. 오늘날까지도 더 나은 냉매는 발견되지 않았다.

새로운 가전제품의 개발 1932년경에 우리에게 분명해진 것은 프리지데어가 막대한 성장잠재력을 가진 재산이라는 것이다. 1929년에 우리는 100만 대의 프리지데어를 제조했고, 3년 후에는 225만 대를 제조했다. 프레온-12의 개발 성공으로 냉장고산업에서 길을 막고 서 있던 마지막 장애물을 제거했다. 프리지데어와 그 산업이 확대될 것은 분명했지만, 이 거대한 시장에서의 프리지데어의 점유율이 불가피하게 약간 하락한다는 것 또한 분명했다. 1920년대 후반에 들어서자 여러 회사들이 냉장고를 만들기 시작했다. 물론 켈비네이터Kelvinator가 그 분야의 개척자였다. 켈비네이터 코퍼레이션Kelvinator Corporation은 1914년에 전기냉장고 분야에 들어왔고, 영리적으로 수지에 맞는 규모 안에서 가정용 기계냉장고를 제조한 최초의 기업이었다. 제너럴 일렉트릭과 노지Norge는 1927년에, 웨스팅하우스는 1930년에 이 분야에 진출했다. 상용 생산에 대한 규제가 없었던 전쟁 직전인 1940년에 냉장고시장에서 프리지데어의 점유율은 20~25%로 떨어졌다. 1920년대에는 50%를 초과했었다. 점유율은 낮아졌지만 절대판매량은 커졌다. 우리의 냉장고 출하는 1929년의 약 30만 대에서 62만 대로 증가하였다.

1926~1936년 중에 많은 프리지데어 경쟁자들은 마케팅 측면에

서 우리보다 경쟁우위를 가지고 있었다. 프리지데어가 냉장고에 주력하고 있는 동안 그들은 라디오, 전기레인지, 세탁기, 다리미, 식기세척기를 만들기 시작했다. 1937년에 우리는 프리지데어 라인에 전기주방레인지를 추가했고, 몇 년 후 창문형 룸 에어컨을 추가했다. 그러나 이것들은 프리지데어의 불리한 입장을 거의 극복해주지 못했다. 가전제품 전체를 구입하기 원한 가정들과 주택건설업체들은 모든 제품을 취급하는 제조업체들 중 한 곳으로부터 구입하기를 원한다는 것이 분명했다.

우리는 전쟁 이전 기간에 프리지데어 라인을 확장하는 데 실패했다. 예를 들어 1935년 초에 프랫 씨는 프리지데어가 에어컨시장에 좀 더 적극적으로 진출해야 한다고 건의했으나 당시 그 제안은 채택되지 않았다.

전시 중에 우리는 프리지데어의 장래에 대해 검토했고, 가전제품 분야에서 제한적으로 운영되는 것이 더 이상 적합하지 않다는 결론을 내렸다. 이전에 프리지데어의 딜러를 상대로 한 설문조사가 이러한 확신을 강화시켜주었다. "프리지데어는 추가적인 기기 제품을 제조해야 하는가?"라는 설문조사에 응답한 딜러의 99%가 "네"라고 응답했다. 딜러들은 주로 자동세탁기, 냉장 · 냉동고, 구형 세탁기, 식품용 냉동고, 가스레인지, 다리미의 순서로 원하고 있었다.

전쟁 후에 이들 제품 대부분과 여러 다른 제품들에 프리지데어가 추가되었다. 다음의 목록은 우리가 새로운 가전제품을 도입한 연도들을 보여준다:

가정용 식품냉동고	1947
자동세탁기	1947

건조기	1947
자동제빙기	1950
식기세척기	1955
빌트인 오븐	1955
폴드 백 요리기구	1955
빌트인 요리기구	1956

그동안 우리의 주력 제품인 냉장고는 거의 신제품이 되었을 정도로 조금씩 확대되고 개선되었다. 1930년 초에 판매된 전형적인 냉장고는 5입방피트 모델이었고, 약간 따분한 스타일이었으며, 실제 냉장 공간에 비해 맥이 풀릴 정도로 부피가 커서 옮기기가 힘들었다. 오늘날 팔리고 있는 냉장고는 보통 10~19입방피트의 저장 공간을 가지고 있다. 그것들은 아름다운 스타일을 가졌고, 서리 제거가 필요하지 않으며, 상당한 냉동고 공간을 가지고 있다. 현대의 냉장고는 초기 제품들보다 훨씬 더 훌륭하다는 데는 의문의 여지가 없다. 나는 이 점과 관련된 일부 상세한 자료에 대해 노스웨스턴대학의 M. L. 버스타인M. L. Berstein 교수의 연구에 혜택을 입고 있다. 그는 "1955년 냉장서비스의 실제 가격은 1931년 가격의 고작 23%였다"고 계산했다. 그것은 제품의 발전이 가져오는 핵심적 의미를 가장 잘 나타내주고 있다.

항공기

GM은 여러 가지 방법으로 항공산업에 관여해왔다. 물론 우리의 항공산업의 대부분은 군수용이었으며, 연방정부와 계약 하에서 이루어진 작업으로 구성되어 있었다. 대부분은 제2차 세계대전 중에 그리고 뒤이은 냉전기간에 집중되었다. 그러나 그것이 전부가 아니었다.

GM이 오래전부터 상용 항공 분야에 들어가기 위해 상당한 노력을 했다는 것은 많은 독자들을 놀라게 할 것이다. 벤딕스 코퍼레이션 Bendix Corporation, 노스 아메리칸 에이비에이션North American Aviation, 트랜스 월드 에어라인Trans World Airlines, 이스턴 에어라인Eastern Air Lines의 현재 위상은 모두 GM의 활동 덕분이다.

상용 항공 분야를 향한 우리의 모험은 1929년부터 시작되었다. 그해에 우리는 항공산업에 고액투자 2건과 소액투자 1건을 성사시켰다. 우리는 새로 설립된 벤딕스 코퍼레이션의 지분 24%와 포커 에어크래프트 코퍼레이션 오브 아메리카Fokker Aircraft Corporation of America의 지분 40%를 매수했다. 이들 투자를 모두 합하면 2,300만 달러의 비용이 소요되었다. 우리는 또한 앨리슨 엔지니어링 컴퍼니Allison Engineering Company의 자본 주식 전량을 매수했다. 이 투자는 59만 2,000달러에 불과했고, 당시 우리의 항공산업 진출계획에서 큰 역할을 점유하고 있지는 않았다.

장래성 있는 항공기 1929년에 항공 분야에 진출하기 위한 우리의 결정은 흥미로운 배경을 가지고 있다. 나는 당시 GM이 항공산업에서 완전한 신참자는 아니었다고 말할 수 있다. 제1차 세계대전 동안에 뷰익과 캐딜락은 포드, 패커드, 링컨, 마몬 등의 회사와 연합해 정부를 위해 유명한 리버티 비행기엔진을 제조했다. 이들 엔진 중 2,500개 이상을 실제로 우리가 생산했고, 1918년 휴전이 되었을 때 우리의 장부상에는 1만 개가 넘는 주문이 있었다. 엔지니어링 관점에서 당시 비행기엔진과 자동차엔진 사이에는 차이가 별로 없었고, 그 결과 우리는 자동차에 관한 경험을 이용하여 뛰어난 생산성과를 올렸다. 또한 GM은 1919년 전시 중에 총 3,300대의 비행기를 생산한 데이턴 라이트 에어플레인 컴퍼니Dayton Wright Airplane Company를 인수했다. GM에 매수되기 전에 피셔 바디 또한 군용비행기 분야에서 중요한 제조업체였다.

1920년대에 항공은 미국의 큰 성장산업 중의 하나가 될 것임이 분명해졌다. 특히 1927년에 린드버그Lindberg의 극적인 비행 후에 항공에 대한 거대한 열정이 널리 확산되었다. 우리는 그런 열정을 공유했고, 그것은 더 많은 '기적'을 가져왔다. 자동차 생산업체로서 우리는 특별히 비행기의 용도에 대한 하나의 가능성에 관해 관심을 가졌다. 1920년대 말에 가정용 소형비행기인 '플리버Flivver' 개발에 관해 많은 이야기가 있었다. 우리는 물론 그러한 비행기는 기존의 모델들보다 더 안전하고 저렴해야 한다는 것을 알고 있었다. 그러나 항공기의 기적이 또 다른 기적을 부름으로써 플리버는 적어도 가능성이 있다는 확신이 깊어졌다. 이러한 비행기의 개발은 자동차업계에 대해 크고도 예측 불가능한 결과들을 가져올 수 있다. 그리고 우리는 항공산업에서의 우리의 '입장'을 밝힘으로써 어떤 보호를 얻어야 한다고 생각했다. 1929년에 우리는 벤딕스나 포커 중 하나를 GM의 사업부로 영입해 운영하려고 하지는 않았다. 우리의 투자는 항공산업의 발전과 직접적이고 계속적인 관련을 유지하는 수단으로 이루어졌다. 그 문제에 대한 우리의 생각을 1929년 주주에 대한 연차보고서에서 다음과 같이 요약하고 있다:

> …… 비행기와 자동차 사이에는 엔지니어링의 방법, 운영조직, 기술적인 것과 그 밖의 것들에서 다소 가까운 관계가 있기 때문에 GM은 [항공산업과] 이런 관계를 구축하고, 항공기 수송에 포함된 특수한 문제들에 접할 기회를 가져야 한다고 생각합니다. 비행기의 장래가 어떻게 될지는 아무도 단언할 수 없습니다. 이런 관계를 통해 GM은 산업의

발전에 대해 평가할 수 있고, 사실에 대해 좀 더 확실한 지식을 가지고 장래의 정책을 결정할 수 있을 것입니다.

노스 아메리칸 에이비에이션과의 관계 이상의 언급에서 시사하는 것처럼 1929년에 자동차와 항공기산업의 엔지니어링 기법은 아주 유사했는데, 오늘날보다 훨씬 유사했다. 따라서 항공회사의 지분을 인수함으로써 우리 소유의 자동차사업에 직접적인 관련을 가진 상당히 중요한 기술적 정보를 얻을 수 있었다. 특히 벤딕스는 자동차산업에 적용 가능한 장치에서 중요한 특허들을 소유하거나 관리하고 있었다. 사실상 그들의 액세서리 라인들은 일부 자동차 부품들, 예를 들어 브레이크, 카뷰레터, 엔진을 위한 스타팅 드라이브를 포함하고 있었다. 회사는 또한 최고의 기술스태프를 가지고 있었는데, 이러한 사실이 아주 매력적인 투자 요인이었다. 우리는 이들 회사들에 투자한 후에 벤딕스와 포커의 회사조직과 경영의 영역에서 큰 기여를 했다.

우리는 포커에 778만 2,000달러를 투자하여 40%의 지분을 취득했다. 이 회사는 우리가 투자했던 시기에 두 개의 소형 임대공장을 가지고 있었는데, 하나는 뉴저지 주 하스브룩 하이트네에, 다른 하나는 웨스트버지니아 주 그렌데일에 위치하고 있었다. 네덜란드의 뛰어난 항공기제작자인 앤서니 H. G. 포커Anthony H. G. Fokker는 미국에서의 제조권을 개척하기 위해 좀 더 이른 시기에 회사를 설립했다. 그의 항공기는 항공산업의 개척기에 뛰어난 제품으로 인정받았는데, 그것들은 미국 전역에서 최초의 논스톱비행인 비어드Byrd의 북극 비행원정 그리고 미국 본토에서 하와이 사이의 최초 비행 같은 역사적 사건들과 관련되었다. 우리가 포커를 매수했을 때 그 회사는 주로 미국정부나 소규모 상용 항공운송 운영자들을 위한 항공기 제조에 관여했다. 우리가 투자한 직후에 회사는 심각한 운영손실을 입었다. 우리는 이 손실들이 경영상의 약점을 반영한다고 생각했고, 우리의 견해를 포커 씨에게 전달했다. 그는 우리에게 동의하지 않았고, 일련의 의견교환 후에 회사에서 물러나 네덜란드로 돌아갔다. 우리는 그 후 회사의 성격을 완전히 바꾸는 방안에 착수했다.

그 이후의 상호관계는 매우 복잡한데, 이것을 간결하게 설명하기는 매우 어렵다. 우선 포커 에어크래프트 코퍼레이션 오브 아메리카 Fokker Aircraft Corporation of America라는 명칭을 제너럴 에이비에이션 매뉴팩처링 코퍼레이션General Aviation Manufacturing Corporation으로 바꾸고 매릴랜드 주 던달크의 임대 공장에 사업을 통합했다. 1933년에 우리는 또 다른 중요한 조치를 취했다. 제너럴 에이비에이션과 노스 아메리칸 에이비에이션을 합병했는데, 제너럴 에이비에이션의 자산 모두는 노스 아메리칸 보통주식 대략 1,500만 주와 교환되었다. 제너럴 에이비에이션은 나중에 청산되었고, 노스 아메리칸 주식의 보유분은 주주에게 배분되었다. 이러한 배분 결과, 노스 아메리칸에 대한 GM의 지분은 1933년 말경에 회사 발행주식의 거의 30%에 달했다.

노스 아메리칸 에이비에이션은 1928년에 지주회사로 설립되었다. 제너럴 에이비에이션에 참여하기 전에도 항공기 제조회사에 상당한 투자를 했지만, 그것의 주요 관심은 에어라인사업이었다. 그것은 나중에 이스턴 에어라인Eastern Airlines이 된 이스턴 에어 트랜스포트Eastern Air Transport의 주식 전체, 트랜스컨티넨털 에어 트랜스포트Transcontinental Air Transport의 26.7%, 웨스턴 에어 익스프레스 코퍼레이션Western Air Express Corporation의 5.3%를 소유하고 있었다. 또한 제너럴 에이비에이션은 웨스턴 에어 익스프레스 주식의 36.6%를 소유했다. 나중에 노스 아메리칸은 웨스턴 에어 익스프레스 주식의 41.9%를 소유하게 된다. 게다가 웨스턴 에어 익스프레스와 트랜스컨티넨털 에어 트랜스포트는 각각 현재 트랜스 월드 에어라인Trans World Airlines인 트랜스콘티넨털 앤드 웨스턴 에어Transcontinental and Western Air, Inc., TWA 주식의 47.5%를 소유했다. 당시 조정의 결과로 GM이 노스 아메리칸 지분의 30%를 보유하고, 노스 아메리칸은 TWA에서 약 33%의 지분을 보유하게 되었다. 그렇게 함으로써 노스 아메리칸은 자신의 소유인 이스턴 에어라인의 이스트 코스트 시스템East Coast System을 가진 TWA의 대륙 횡단 운항을 조정할 수 있었다.

1934년의 항공우편법은 항공기 제조에 직접 또는 자회사를 통하여 관여하고 있는 회사에 의한 항공회사의 주식소유를 금지했다. 따라서 노스 아메리칸은 TWA에서의 보유주식들을 주주에게 분배했다. GM은 노스 아메리칸의 주주로서 우리가 1935년에 팔았던 TWA 주식의 약 13%를 받았다.

한동안 노스 아메리칸은 이스턴 에어라인을 사업부로 운영한 다음 1938년에 이 항공사를 처분했다. 북미 최대의 단일 주주로서 GM은 그 이사회에 여러 대표를 파견하고 있었다. 노스 아메리칸이 일부 월스트리트 지분과 이스턴 에어라인의 매각을 위해 교섭하고 있을 때, 그 기간 동안에 나는 제1차 세계대전 때 위대한 조종사였던 에디 리켄배커 Eddie Rickenbacher로부터 전화를 받았다. 그는 이스턴 에어의 경영진에서 적극적으로 활동하고 있었고, 현재 항공사의 경영권을 매수하는 거래에 관심을 가지고 있었다. 그러나 그는 기회가 주어지지 않는다고 불평하면서 내가 그를 대신하여 개입할 수 있는지를 물었다.

나는 항상 에디가 유능한 경영자가 될 것으로 생각했고, 자연히 이스턴에 대한 입찰에 상응하는 기회를 갖기 원했다. 내 생각에는 그가 사업을 효율적으로 발전시킬 수 있을 것으로 예상되었다. 나는 그에게 내가 할 수 있을 것 같다고 말했다. 다음날 아침 나는 그 문제를 조사했고, 이스턴 에어 주식이 아직 팔리지 않았음을 알았다. 나는 에디를 위해 매각 시기의 연장을 요구했고, 그 결과 에디가 입찰할 수 있도록 30일이 연기되었다.

그러나 그는 자금지원을 쉽게 받지 못했고, 기한이 다가오자 결과에 대해 신경이 예민해졌다. 최종일 바로 직전 토요일이었다. 에디는 내가 잠자리에 들려는 찰나에 전화해서 잠시 집에 들러도 되는지를 물었다. 그는 집에 도착한 후, 아직도 자금을 마련할 전망은 좋지만 시간이 더 필요하다고 말했다. 그는 며칠 더 연장할 수 있는지를 알고 싶어 했다. 나는 그에게 걱정하지 말라고 했고, 그는 기분이 좋아져서 내 아파트를 떠났다. 그러나 나중에 알고 보니 그는 연장이 필요하지 않았다. 그의 자금지원자들은 다음날 아침 그에게 전화를 걸어 협상할 준비가 되었다고 말했다. 노스 아메리칸에 의한 이스턴 에어라인사업의 처분은 우리에게 아주 큰 만족을 준 거래였다.

1934년의 항공우편법에 따라 조직을 재편한 노스 아메리칸은 운영회사가 되었다. 그의 제조사업은 통합되어 캘리포니아 주 잉글우드의 신설 공장으로 이전했다. 그 후 몇 년 동안 회사는 군용항공기 개발에 중점을 두었고, 이 분야에서 일부 주목할 만한 진전을 이뤄냈다. 1930년대 말에 회사는 여러 가지 군용기 디자인 경쟁에서 승리했고, 이 성공으로 국가의 선두적인 항공기 제조업체들 중의 하나가 되었다.

이 초기 개발활동에서 발전된 많은 항공기가 제2차 세계대전에서 중요한 역할을 했다. 노스 아메리칸 항공기 중에서 유명한 것은 아마도 전쟁 동안 연합군에 의해 사용되어 최고로 평가된 P-51 무스탕 전투기, 도쿄를 겨냥한 역사적 공습에서 두리틀Doolittle 장군이 사용한 B-25 미첼 폭격기, 어디에서나 볼 수 있던 AT-6 텍산 훈련기가 있었다. AT-6 텍산 훈련기는 사실상 육군항공대와 해군훈련기지에서 표준 장비가 되었고, 다른 연합국에서 대규모로 사용되었다.

AT-6는 노스 아메리칸에 대한 GM의 영향력을 반영하고 있다. 자동차 사업가로서 우리는 자연히 대량생산의 경제성을 실현할 수 있는 '표준화된' 생산모델에 관심이 많았다. 노스 아메리칸은 이런 방식으로 판매할 수 있는 비행기를 찾기 시작했고, 곧 고성능의 기본-훈련비행기가 최선의 방책이라고 결정했다. 전쟁 이전부터 AT-6는 노스 아메리칸의 '주 소득원'이 되었다.

GM은 1933~1948년 동안 지분을 마지막으로 처분할 때까지 계속적으로 노스 아메리칸 이사회에 대표를 파견했다. 그 기간 동안, 특히 초기 몇 연도에 우리는 이사회에서 우리의 대표를 통해 상당한 양의 정책과 경영관리지침을 제공했다. 나는 GM이 그 회사의 경영에 대해 효율적이고 체계적인 방법을 개발하는 데 중요한 역할을 했다고 자부하고 있다. 우리는 특히 노스 아메리칸의 회사조직과 재무, 생산, 원가통제에 공헌했다. 1939년에 노스 아메리칸은 자동차산업에서 사용된 것과 같은 생산통제시스템과 원가통제시스템을 가진 유일한 항공기 제조회사였다.

GM 출신의 경영자들 노스 아메리칸 그리고 벤딕스에서 GM의 경영기법을 도입한 공로의 상당한 몫은 어니스트 R. 브리치Ernest R. Breech에게 가야 한다. 브리치 씨는 원래 GM의 재무전문가였다그는 1929년부터 1933년까지 본사 재무 부책임자였다. 그는 노스 아메리칸으로 이적하여 곧 운영에서도 탁월한 재능을 발휘했다. 그는 지주회사가 대규모 제조사업으로 전환된 1933년에서 1942년까지 노스 아메리칸 에이비에이션의 이사회 의장이었다. 또한 1937년에는 벤딕스의 이사가 되었다. 나는 항상 브리치 씨를 최고경영자가 될 훌륭한 재목으로 생각했고, 얼마 동안 그를 GM의 비중 있는 운영 직책에 영입하려고 시도했다. 나의 이러한 노력을 집행부사장이자 나중에 GM 사장이 된 윌리엄 S. 뉴슨이 반대했다. 그는 브리치 씨를 아직도 재무전문가로만 보았다. 그러나 1937년에 마침내 나는 브리치 씨를 위한 자리를 발견하여 GM의 가전제품사업을 담당할 그룹 임원으로 선임했다. 그는 노스 아메리칸의 회장으로서 그리고 벤딕스의 이사로서 직책을 수행하는 동안 뛰어난 성과를 발휘했다.

1942년에 브리치 씨는 벤딕스의 사장에 취임하면서 다른 임무들에서는 손을 뗐다. 그는 벤딕스에서 또다시 전시 연도 중 모든 일을 뛰어나게 수행했고, 그에 대한 나의 신임에 부응했다. 그러나 그의 경력에 대한 이야기는 많은 사람들이 알고 있는 대로 아이러니컬하게 전개되었다. GM에서의 모든 임무를 아주 잘 수행함으로써 그는 포드자동차회사의 재건설프로그램을 이끌 누군가를 원한 헨리 포드 2세의 눈에 띄었다. 1946년에 브리치 씨는 그 직책을 맡아 GM의 경영 및 재무기법들을 새로운 현대적 포드 조직에 도입했다.

브리치 씨가 노스 아메리칸의 회장이었을 때, 더글러스 에어크래프트Douglas Aircraft의 수석엔지니어인 J. H. '더치' 킨들버거J. H. 'Dutch' Kindelberger를 운영책임자로 영입했다. 1934년에 킨들버거 씨는 노스 아메리칸의 사장 겸 CEO로 선임됐다. 그는 매우 유능한 엔지니어였고, 항공기 설계와 제작에 큰 기술적 역량을 발휘했다. 그는 훌륭한 경영자로 두각을 나타냈고, 저가로 뛰어난 군용비행기를 생산할 수 있는 인물로 알려졌다. 그러나 그는 노스 아메리칸으로 오기 전에는 일반관리 경험이 매우 적었고, 그 자신의 한계를 알고 있었다. 처음에는 자문과 상담을 위해 GM 이사에게 의존했다. 브리치 씨와 킨들버거 씨는 당시 GM의 부법무자문위원인 헨리 M. 호건과 함께 일종의 비공식집행위원회를 구성하여 정기적으로 이사회 회의에서 발생한 모든 중요한 회사 문제에 대해 상의했다. 브리치 씨와 호건 씨는 GM의 집행임원으로서 자신의 정규 의무 이외에도 관계회사에 대한 투자의 그룹책임을 갖고 있던 앨버트 브래들리 또는 C. E. 윌슨에게 교대로 보고하는 역할을 했다.

벤딕스와 우리의 관계는 노스 아메리칸과 우리의 관계와 거의 같았다. 우리는 윌슨 씨와 브래들리 씨를 1929년부터 1937년까지 벤딕스 이사회에 대표로 파견했다. 브래들리 씨는 그 기간 동안 벤딕스 재무위원회의 위원장이었다. 1937년에 다른 의무에 대한 압박으로 이들 두 사람은 벤딕스 이사회 직에서 떠나야 했고, 브리치 씨와 GM의 회계책임자인 A. C. 앤더슨A. C. Anderson이 그 자리를 이어받았다. 벤딕스 이사회에서 우리의 대표들은 벤딕스의 내부 경영에 직접 관심을 가졌고, 나는 그들이 경영의 효과성을 개선하는 데 중요한 역할을 했다고 생각한다. 그들은 일부 조직의 개편과 준자주적 사업부들의 조정에 대한 새롭고 효과적인 시스템 마련에 대한 책임을 졌다. 또한 우리의 대표들은 맬컴 퍼거슨Malcom Perguson을 사우스밴드 자동차 부품공장의 공장장으로서의 중요한 직책에 승진하는 데 직접적 역할을 했다. 그는 후에 벤딕스의 사장에 취임했다.

1930년대 말경에 노스 아메리칸과 벤딕스에 대한 우리의 시각은 상당히 바뀌었다. 항공산업에 투자한 우리의 당초 동기는 어떻게든 자동차와 필적할 수 있는 소형비행기를 생산하려는 것이었는데, 해가 지남에 따라 적합하지 않은 것으로 보였다. '가족용'으로 적합한 비행기는 개발된 적이 없었으며, 사실상 상용 항공 분야 전체는 침체연도 동안에 답보상태로 남아 있었다. 노스 아메리칸과 벤딕스는 계속 성장했지만, 두 회사는 그들의 최대 기회가 군수 분야에 있다는 것을 발견했다. 1940년에 각 회사는 연매출이 약 4,000만 달러에 달했는데, 이 중 큰 규모는 정부계약 하에 이루어진 방위사업이었다. 1944년 전시의 정점에서 노스 아메리칸의 매출은 약 7억 달러였고, 벤딕스의 매출은 약 8억 달러를 초과했다. 이 엄청난 수치들은 소형비행기에 관한 우리의 당초 관심이 우리에게 얼마나 지대한 영향을 미쳤는지를 시사하고 있다.

앨리슨 엔지니어링의 매수 우리가 1929년에 취득한 앨리슨 엔지니어링 컴퍼니Allison Engineering Company는 노스 아메리칸과 벤딕스보다 덜 화려한 성장사를 가지고 있었다. 전술한 바와 같이 우리는 앨리슨을 단지 59만 2,000달러에 완전히 매수했다. 우리의 기준에 의하면 그것은 소형 사업체로, 회사는 1929년에 200명 미만의 종업원을 가지고 있었고, 제조시설은 단지 약 5만 평방피트의 건평을 점유하고 있었다. 우리는 이 회사가 항공산업에 진출하기 위한 우리의 계획에 조금이라도 도움이 될 것으로 생각했다. 이미 결과에서 나타났듯이 우리는 앨리슨을 항공업계와의 가교역할을 하도록 만들었다.

1929년에 우리가 앨리슨을 인수했을 때 회사는 창업한 지 14년이 되었다. 초기에는 항공 분야가 아니었으며, 주로 인디애나폴리스 스피드웨이에서 경주용차에 대한 지원을 하는 기계 공장이었다. 설립자 제임스 A. 앨리슨James A. Allison은 서서히 숙련된 정비공, 기계제작 기술자, 엔지니어들로 구성된 조직형태를 만들었고, 선박과 항공기용으로 소수의 선박 엔진과 감속 기어를 생산하기 시작했다. 1929년 초에 앨리슨은 제1차 세계대전에 사용된 리버티항공기의 엔진 개량을 위한 수주를 할 수 있었다. 크랭크샤프트와 연접봉베어링에서의 만성적인 실패는 이들 엔진의 내구성을 심각하게 제약했다. 그러나 앨리슨은 높은 마력하중을 지원할 수 있는 강철로 지원된 연청동 크랭크샤프트 메인 베어링을 개발할 수 있었다. 또한 강철 껍데기의 내 · 외부 표면 양쪽에 연청동을 주입하는 독창적인 방법을 개발했는데, 그것은 큰 내구성을 가진 연접봉베어링을 만드는 데 사용될 수 있었다. 이 개발은 높이 평가되었으며, 전 세계적으로 고마력엔진에서 널리 사용된 앨리슨베어링의 기준이 되었다. 이 베어링의 생산과 리버티엔진을 개량하기 위한 계약들은 1920년대에 회사의 주요 사업을 차지하고 있었다.

1928년에 앨리슨 씨가 사망하자 회사를 매각하려고 내놓았는데, 사업을 인디애나폴리스에서 계속해야 한다는 조건이 붙어 있었다. 여러 유망한 구매자가 접근했지만 이런 조항을 받아들이려고 하지 않았다. 운 좋게도 C. E. 윌슨이 인디애나 주 앤더슨의 델코-레미사업부장으로 근무하던 중 앨리슨 조직과 친분관계를 유지하고 있었다. 그는 앨리슨 조직이 우리가 사용할 수 있는 귀중한 기계기술을 보유하고 있다는 것을 알았다. 우리는 인디애나폴리스에서 사업을 계속하는 것을 반대하지 않았고, 윌슨 씨의 제안에 따라 1929년 초에 매수를 승인했다. 앨리슨 씨 밑에서 사장 겸 수석엔지니어를 맡았던 노먼 H. 길먼Norman H. Gilman이 우리가 인수한 후에도 사업부장으로서 책임을 계속 맡았다.

1930년대 초에 앨리슨은 군사적 중요성이 큰 것으로 입증된 프로젝트에 착수했다. 이것이 V-1710 엔진 프로젝트로 길먼 씨에 의해 시작되었다. 길먼 씨는 당시에 기존의 모든 군용항공기엔진을 주의 깊게 조사한 후에 군용항공기엔진에서는 1,000마력의 리시프로엔진을 필요로 하고, 엔진은 액체냉각식이어야 한다그것은 공랭식 엔진보다 날렵한 형태다는 결론을 내렸다.

1930년대 초에 군대를 통해 이용할 수 있었던 자금은 이러한 프로젝트를 수행하기에는 매우 빈약했다. 그러나 길먼 씨는 소형계약을 따냈고, 앨리슨은 엔진을 설계하는 일을 시작했다. 1935년에는 약 50시간 동안 연속 작동하는 1,000마력을 가진 엔진을 만들어 부분적으로 성공했다. 그러나 엔지니어들은 육군의 사양서가 요구한 150시간 동안 작동하는 엔진은 얻지 못했다. 엔진에 대한 개발 작업을 가속화하기 위해 우리는 GM연구소의 뛰어난 엔지니어인 로널드 M. 하젠Ronald M. Hazen을 앨리슨으로 파견했다. 하젠 씨의 노력은 성공했고, 1937년 4월 23일에 V-1710이 육군항공대가 요구한 모든 테스트를 통과했다. 그것은 1,000마력을 갖춘 미국 최초의 비행기 엔진이었고, 사실상 국가 최초의 성공적인 고온의 액랭식 엔진이었다.

항공대는 V-1710 엔진이 개발되었을 때까지는 공랭식 엔진의 우월성을 당연시했다. 그러나 앨리슨엔진은 빠르게 그 가치가 입증되었다. 1939년 3월에 V-1710 엔진을 사용한 커티스 P-40은 항공대 전투기 경주에서 우승했는데, 이전 승자에 비해 시간당 40마일의 명백한 속도 우위를 자랑했다. 그 사건 이후에 자연히 앨리슨엔진에 대한 관심이 갑작스럽게 밀려들었다. 미국 항공대뿐만 아니라 영국과 프랑스의 육군도 우리의 제품을 면밀하게 주시하기 시작했다.

앨리슨은 현재 심각한 문제에 직면해 있다. 우리가 인수한 연도인 1929년 이래로 앨리슨은 약간의 증설은 했지만, 아직도 기본적으로 대량생산을 위한 시설을 전혀 갖추지 않은 채 주로 실험적 작업에 적합하게 맞춘 소형 엔지니어링 기업이었다. 그러나 1930년대 말이 되자 정부에 의해 숙명적으로 대량생산이 요구되었다.

전쟁 차관 루이스 존슨Louis Johnson이 GM 사장이었던 뉴슨 씨를 개인적으로 방문했는데, 그 이유는 앨리슨엔진의 양산 가능성을 알아보기 위해서였다. 당시 836엔진에 대해서만 발주가 확약되어 있었다. 존슨 씨가 수긍한 바와 같이 그는 더 이상의 발주가 있을지에 대해 우리에게 보증할 수 있는 위치에 있지 않았다. 단순하게 사업문제로만 보면 836엔진을 만들기 위해 공장을 신설하는 것은 위험성이 높은 것으로 보였다. 왜냐하면 실제로 국제정세의 급변이나 새로운 기술의 획기적인 발전이 있을 경우 우리의 공장이 건설되기도 전에 이러한 소규모 수요를 쓸어가 버릴지 모를 위험성이 있었기 때문이다. 그럼에도 불구하고 우리는 면밀하게 저울질한 후에 인디애나폴리스에 앨리슨공장을 신설하기로 결정했다. 이 결정은 V-1710 엔진이 아마도 큰 수요가 있을 것이라는 직감에 기준한 것이었다. 또한 누구나 국가안보와 관련된 정부의 요구를 가볍게 거부할 수는 없었다.

그래서 1939년 5월 30일에 우리는 앨리슨엔진을 제조하기 위해 인디애나폴리스 스피드웨이의 근처에 신설 공장을 착공했다. 때마침 V-1710에 대한 더 많은 주문이 이어졌는데, 1940년 2월에 프랑스정부가 엔진 700개를 주문했고, 영국이 몇 달 후에 3,500개를 더 주문했다. 1940년 12월경에 앨리슨은 한 달에 1,100개의 비율로 엔진을 생산하고 있었다. 전시 중에 우리는 이 비율을 더욱 높여야 했다. 그럼에도 불구하고 최종적으로 실전 시의 마력인 약 2,250마력을 달성할 때까지 엔진이 계속적으로 재설계되어 마력은 증강되었다. 1947년 12월, 우리가 V-1710 엔진 생산을 중지했을 때 엔진 생산총량은 7만 개에 달했다. 그것들은 전시 중에 탁월하게 수행되었고 커티스 P-40 워호크, 벨 P-39 에어코브라, 벨 P-63 킹코브라, 록히드 P-38 라이트닝과 같은 유명한 전투기에 탑재되었다.

전후의 문제 전쟁 초에 분명해진 것은 항공업계에서의 우리의 관여 정도가 너무 커서 업계에서의 영속적 위상에 문제가 제기되었다는 것이다. 따라서 우리는 항공업계와 그 안에서 우리가 해야 할 역할에 관한 생각을 재정리를 시도해야 했다. 이 중요한 문제에 관한 주요 견해를 기술하고 있는 것이 1942년에 GM의 전후기획그룹에게 마련토록 했던 보고서다. 이 보고서의 건의들은 결국 회사의 정책위원회에서 채택됐고, 그것들은 우리의 전후 항공 프로그램에 대한 기준이 되었다.

그 보고서에서 나는 전후 항공산업에서 군용, 상용 항공운송, 자가용 민간 비행의 세 가지 주요 시장이 있을 것이라고 지적했다. 당시에 나는 우리가 완성항공기의 생산자로서 이들 시장의 일부 또는 전부에 참여하기를 원하는지에 대해 의문을 제기했다. 나는 군용기 제작은 소량 모델들의 계속적인 개량으로 엔지니어링과 개발의 양면에 많은 양의 작업이 요구될 것이라고 지적했다. 또한 의심할 여지없이 어떤 사업은 격심한 경쟁을 초래함으로써 초과생산능력을 갖게 되어 높은 이익은 기대할 수 없을 것이다.

상용 수송 분야에서 나는 여객뿐만 아니라 화물까지 항공기에 의한 수송이 급격한 속도로 증가할 것이라고 보았다. 그러나 이런 확장된 시장에서도 제조업체에 가능한 잠재적 판매량은 한정될 것이다. 나는 사용 중인 수송기의 10배, 대략 합쳐서 4,000대의 주문 증가 정도가 있을 것으로 추정했다. 그러나 비행기당 대략 5년의 평균 수명을 가지고 있어서 어떤 한 연도에 한 생산자에게 판매 가능한 잠재적 수량은 크지 않을 것 같았다.

나는 또한 우리의 소형 자가용 비행기 제작에 대한 타당함에 관해서도 회의적이었다. 이 비행기에 대한 시장에서 — 사업용과 개인용 모두에서 — 전후 약간의 확대가 있을 것이라고 믿었지만, 이 분야에서의 성장은 기술 발전으로 안전성이 크게 개선되지 않는 한 매우 제한적일 것으로 생각했다. 나는 안전성에서 어떤 혁명적 돌파구가 생기지 않으면 개인용 비행기는 예견되는 장래에 자동차의 심각한 경쟁자가 되지 않을 것이라고 말했다.

요컨대 세 가지 항공기시장 중 어느 것도 GM에게는 좋은 대안이 될 수 없을 것으로 보였다. 더군다나 GM이 완성항공기 제조사업에 들어간다면 회사의 타 항공사업을 위태롭게 할 수도 있을 것이라고 말했다. 우리의 앨리슨사업부는 비행기엔진과 특정 항공기 액세서리의 주요 생산자이고 앞으로도 그럴 것이다. 일반적으로 이들 액세서리는 엔지니어링과 생산의 측면에서 비교적 근소한 차이를 가지고 있어서 다양한 기종에 이용 가능하고, 보통 비행기 총원가의 약 40~45%를 차지한다. 이 시장 영역에서 판매 가능성은 매우 중요했다. 그러나 이런 가능성을 실현하기 위해 액세서리 제조업체는 고객인 항공기 제조업체와의 기술 협력과 그들의 신뢰를 필요로 할 것이다. 우리가 완전한 항공기를 생산하고 있다면 고객들과 이러한 관계를 설정하는 데 어려움을 갖게 될 것이다. 신 기종을 개발하고 있는 항공기 제조업체가 경쟁자로서 이들 디자인들을 사용할지도 모르는 액세서리 생산업체에게 생산에 앞서서 어떻게 디자인을 공개할 수 있을 것인가? 요컨대 액세서리를 성공적으로 판매함과 동시에 여러 기종을 생산하여 그들에게 판매한다는 것은 불가능해 보였다.

이 주제에 대한 협의는 한동안 계속되었다. 1943년 8월 17일에 우리의 전후 항공정책은 회사의 정책위원회의 결의안으로 다음과 같이 공식적으로 결정되었다:

> 첫째, 회사는 군용 또는 수송용을 불문하고 완성비행기의 제조는 고려하지 않는다.
>
> 둘째, 회사는 생산능력과 상황에 따라 액세서리 제조에서 지위를 완벽하게 확립해야 한다.

항공기에서 철수하다 독자들은 그 당시 우리가 특별히 개인 사업용과 자가용 소형비행기에 대한 제조 가능성을 배제하지 않았다는 것을 알았을 것이다. 우리는 여전히 이러한 비행기의 대량생산이 GM에 이익을 가져올 수 있는지에 대한 확신이 없었다. 그러나 우리는 가능성을 완전히 무시할 수 없었다. 나는 보고서에서 소형비행기사업에서 기술 개발에 부응하는 프로그램을 만들자고 제안했다. 그러나 나중에 이 아이디어는 비현실적인 것으로 판단되어 폐기했다. 그러나 노스 아메리칸 에이비에이션은 개인 수송을 위한 비행기인 나비온을 계속해서 설계하고 제조했다.

우리의 전후 항공정책의 수립은 자연스럽게 노스 아메리칸과 벤딕스에 투자를 하는 데 있어서 우리의 태도에 상당한 영향을 주었다. 전쟁 중에 노스 아메리칸은 국가를 대표하는 기체 제조업체의 하나가 되었고, 우리는 그 회사에 계속적으로 투자하는 것이 우리가 스스로 기체를 직접 제작하는 것보다 GM의 액세서리사업에 해를 주지 않을 것이라는 결론을 내렸다. 더 나아가 점차 분명해진 것은 GM이 기체산업에 대량생산 기법들을 효과적으로 사용할 수 없었다는 것이다. 따라서 우리는 어떤 적절한 시기에 회사에서 우리의 보유지분을 처분하는 것이 GM과 노스 아메리칸 양측에 최선의 이익이 될 것으로 판단했다.

벤딕스는 약간 다른 문제였다. 이 회사는 이미 항공 액세서리 분야에서 확고한 지위를 가지고 있었고, 그들의 활동은 우리의 운영체계와 전후 정책 목표들과 아주 멋지게 맞아떨어졌다. 어느 시점에 우리는 벤딕스를 완전히 취득하여 GM 산하의 사업부나 자회사로서 운영하기 위해 매우 진지한 연구를 했지만, 결국 그에 상반되는 결정을 했다. 우리는 점차 소수지분을 처분한다는 전반적인 정책을 수립하게 되었고, 1948년에 우리의 지분을 노스 아메리칸과 벤딕스에 팔았다. 이렇게 하여 얻은 자금은 급격하게 확장하고 있는 우리의 자동차사업에 사용되었다.

벤딕스와 노스 아메리칸에 대한 우리의 공헌은 엔지니어링과 기술 분야에서가 아니라 기업경영이라는 좀 더 무형적인 분야에서 이루어졌다. 우리는 이 회사들과 항공산업 전체에 우리의 경영철학을 전해주었다. 따라서 나는 GM이 항공산업에 확실하게 공헌했다고 생각한다.

제20장 국방에의 기여

방위사업의 네 시기 미국을 외부 침략으로부터 방어해야 하는 것은 항구적 과제다. 해가 갈수록 거대한 군사력을 유지할 필요가 없는 때를 상상하기는 점점 더 어려워지고 있다. GM을 포함한 수백 개의 회사들에게 방위사업은 현대 기업 활동에서 불가피한 현실 중의 하나로 보인다. 1959년에서 1962년 사이에 GM이 방위사업에 투자한 금액은 매출액의 약 3% 수준으로, 연간 3억 5만 달러에서 5억 달러 사이이다. 이것은 중요하지만 상대적으로 큰 금액은 아니었으며, GM이 전시 중에 투자했던 것과는 비교할 수 없다. 우리의 방위사업 역사는 여러 가지 독립적인 일화를 가지고 있다.

방위사업 역사는 크게 4기로 구분할 수 있다. 제1기는 제1차 세계대전 시기로, 그 기간 중에 우리는 육군 항공기의 중요한 제조업체의 하나였다. 이 기간 중에 우리의 군수 생산 총액은 3,500만 달러로 현대의 군수 기준에서 보면 사소한 금액이었다. 전시 중에 회사를 전쟁에 '동원'하는 심각한 활동은 없었다. 따라서 우리는 방해 없이 자동차를 생산했고, 군수사업을 일종의 일시적 부업 정도로 생각했다. 제1차 세계대전이 끝났을 때 우리의 군수활동도 끝났다. 10년 이상의 기간 동안 우리는 아주 소규모의 방위사업을 했다. 물론 우리는 어느 날 갑자기 세계 최대의 민간 군수 '장비' 제조업체가 되리라는 것을 알지 못했다.

제2기는 제2차 세계대전 직전과 전시 기간으로, 이 기간 중에 예상치 않은 뛰어난 성과를 달성했다. 이 기간에 우리는 믿어지지 않을 정도로 많은 120억 달러의 군수품을 생산했다. 이런 생산은 대부분 몇 년 이내에 이루어졌다. 그 기간 중에 우리는 전쟁에 완전히 동원되었다. 1942년 2월과 1945년 9월 사이에 우리는 미국에서 단 한 대의 승용차도 만들지 않았다. 제1차 세계대전의 경험은 우리가 제2차 세계대전에서 직면한 문제들을 해결하는 데 대부분 부적합했다. 사실상 우리는 제1차 세계대전에서 배웠던 몇 가지 경험만 제2차 세계대전에 적용할 수 있었다. 이들 중 하나는 예를 들어, 재고의 엄격한 통제와 명확한 계약 조항들에 따른 업무의 진행과 관련된 것이다.

제3기는 1950년에서 1953년까지의 기간으로 대략 한국전쟁이 있던 기간이다. 여기서 우리는 또다시 새로운 상황에 직면했다. 제2차 세계대전 말에 사실상 모든 군수사업은 종식되었고, 우리는 자동차와 다른 상용제품을 만드는 데 매진할 수 있기를 기대하고 있었다. 그러나 우리는 군부와 밀접한 관계를 계속하려 했고, 그 결과 사실상 몇 가지 군수품을 계속 생산했다. 이 작업은 주로 항공기엔진에 부가하여 군사 전술적 궤도 부설에 사용되는 차량에 탑재할 동력변속기의 개발과 생산을 시작한 앨리슨에 집중되었다. 따라서 1950년 6월에 한국의 위기가 방위생산에 대한 새로운 수요를 가져왔을 때, 앨리슨은 이미 전투기에 사용할 수 있는 제트엔진의 상당 부분을 출하했고, 탱크 변속기도 생산하고 있었다. 다른 여러 사업부들 또한 특별한 엔지니어링과 개발 임무를 하고 있었다. 이때 우리가 직면한 문제는 일종의 '부분 동원'이었다. 즉, 정부는 임금과 가격에 대해 통제를 다시 시작하고 일부 자재 예를 들어 고무와 구리의 사용을 규제했지만, 우리의 상용품사업의 대부분을 계속하는 것을 허용했다. 이미 밝혀진 바와 같이 한국전쟁 중에 군수제품들이 우리 사업에서 차지하는 비율은 19%를 넘지 않았다. 그러나 우리는 총동원령이 떨어질 가능성을 경계하고 있었고, 그에 따른 대비를 하고 있었다.

제4기는 현재로, 이전의 모든 기간과는 아주 달라서 우리의 입장에서 또 다른 조정을 필요로 한다. 한 예로 군사기술은 너무 진보해서 새로운 생산방법과 새로운 연구 유형을 필요로 하게 되었다. 그동안 총동원의 개념은 거의 구식이 되었다. 이제 우리가 전쟁을 위해 전체적으로 조직되는 일은 두 번 다시는 없을 것임을 알고 있다. 또 다른 큰 전쟁이 발생한다면 대체로 아주 단기간 내에 끝날 것이기 때문이다.

그럼에도 불구하고 나는 우리의 제2차 세계대전의 총동원 경험은 어느 정도 흥미로울 것이라고 생각한다. 사람들은 당시에 우리에게 부과된 임무가 어떤 것이었으며, 우리가 그것을 어떻게 수행했는지를 거의 알지 못한다.

전쟁으로 인한 영향 보다 명백한 사실을 가지고 시작하기 위해 GM이 전시 중에는 평상시와는 다른 제품을 취급했다는 것을 밝히고 싶다. 이 점에서 우리는 전시 생산 하에서는 상대적으로 큰 변동이 없던 다른 군수기업들과 다르다. 예를 들어, 의류제조업체들은 군대의 제복을 만들 수 있다. 건설업체들은 군대 막사를 만들거나 방위근로자들을 위한 주택을 세울 수 있다. 기체 제작업체들은 여객비행기를 줄이고 폭격기를 더 많이 제작할 수 있다. 그러나 GM은 전시에 응용할 제품의 비율이 아주 낮았다. 우리가 제2차 세계대전에 동원되었을 때 사업의 아주 많은 부분을 거의 완전하게 전환해야 했다. 우리는 경험이 전무했던 탱크, 기관총, 항공기 프로펠러, 다른 많은 종류의 장비를 제작하는 법을 빨리 배워야 한다는 점에서 큰 압박감을 느꼈다. 우리는 많은 대규모 공장을 개조했고, 수십만 명의 노동자들을 재훈련해야 했다. 인용할만한 통계자료가 있는데, 제2차 세계대전 중에 GM이 생산한 군사장비 120억 달러 중에서 80억 달러 이상이 GM에게는 완전히 새로운 제품이었다. 우리가 이것을 할 수 있었던 것은 조직이 분권화되어 있었기 때문이다. 당시 각 사업부는 독자적으로 목표를 세웠으며, 매년 자동차 모델을 변경하는 것은 그들에게 노하우와 유연성을 길러주었다.

또한 우리 사업은 전쟁으로 인해 아마도 가장 근본적인 면에서 변모됐다. 전시에 동원되었을 때 우리는 새로운 경제체제 및 규칙 아래서 운영됐다. 전시 GM은 평시의 자동차를 판매하는 것과는 완전히 다른 조직이 되었다. 조직을 구성하고 있는 사람들까지 달랐다. 제2차 세계대전 중에 우리의 종업원들 중 11만 3,000명 이상이 참전하기 위해 회사를 떠났고, 우리의 최고경영자들 중 여러 명이 워싱턴에서 행정가로 봉사했다. 두드러지게 뉴슨 씨는 전시 생산의 책임자들 중의 한 명이 되었다. GM의 이러한 성격 변화는 아주 갑자기 발생했으며, 대부분의 변화는 1942년도 중의 몇 달 내로 압축됐다.

그해 중의 우리의 임무를 간단히 말하면, 세계 최대 자동차회사에서 세계 최대의 군수품 제조업체로 전환하는 것이었다. 이 임무는 진주만 공격 이후에 더욱 명확해졌다. 1942년 1월 중에 약 20억 달러의 군수품 주문을 받았는데, 이는 당시까지 우리가 전체 국방프로그램을 하는 중에 얻은 수주의 총액과 같은 수치였다. 1942년의 나머지 기간에 정부는 GM에 40억 달러의 군수품을 추가로 주문했다. 따라서 그해 말에 우리는 총 80억 달러 이상에 달하는 군수품의 주문을 받았다. 이는 1941년에 GM의 전쟁 전 최고 생산액이 24억 달러임을 감안할 때, 실로 엄청난 수치다. 환언하면 우리는 우리의 제품 성격을 바꾸어야 했을 뿐만 아니라 총생산량을 실질적으로 증가시켜야 했다.

다행히 우리는 이런 엄청난 문제에 체계적으로 대처할 수 있는 몇 가지 계획을 세울 수 있었다. 1940년에 내가 위원장이었던 정책위원회는 회사가 대대적인 전시 생산으로 전환하는 경우 GM에서 발생할 수 있는 문제들을 연구하기 시작했고, 그 후 몇 달 동안 위원회는 몇 가지 기본정책을 결정했다. 이들 결정 중의 하나는 우리의 전시 운영의 규모와 관련되어 있다. 당시 GM이 금속제품 제조를 위한 국가의 금속제품 제조시설의 약 10%를 가지고 있었기 때문에 회사는 전시 상황에서 이 비율만큼 무기를 생산해야 한다는 결론을 내렸다. 회고해보면 이 목표를 달성했다고는 말하기 어렵다. 미국정부는 제2차 세계대전 동안에 군사장비에 모두 합쳐 약 1,500억 달러를 지출했다. GM의 군수품 판매는 120억 달러였지만, 그것은 총액의 8%에 불과했다. 그러나 나는 원가가 유사제품의 평균 전시 계약의 원가보다 더 낮았다고 생각한다.

정책위원회가 내린 또 다른 기본적 결정은 전시 중 우리의 조직형태에 관한 것이다. 정책위원회의 3인 멤버인 사장 윌슨 씨, 집행부사장 브래들리 씨와 헌트 씨는 모든 운영정책을 처리하기 위해 '3인 체제'를 만들었다. 1942년 당시 우리는 전쟁이 계속되는 동안 모든 전시 운영을 맡을 전시관리위원회War Administration Committee를 공식적으로 설치했다. 당시에 위원회는 12명으로 구성되었는데, 나중에 14명으로 증원되었다. 여기에는 앞의 3인이 포함되어 시니어 운영멤버로서 남아 있었다.

또한 조직의 유연성은 평시와 전시를 불문하고 중요한 요소였기 때문에 당시 우리의 기본정책이었던 '조화로운 통제 하의 분권화된 책임'이라는 정책을 평시와 마찬가지로 전시에도 유지해야 한다는 결론을 내렸다. 이 결정은 전시 중에 개별 사업부는 회사의 전반적 정책을 따르면서 동시에 계약, 매가결정, 생산에 대한 책임을 갖는다는 것을 의미했다. 그런 결정은 여러 사업부의 업무를 상호 간에 '하청'함과 동시에 회사의 통합시스템을 유지하는 것을 의미했다. 이런 내부 하청시스템은 조정에 많은 노력이 요구되지만, 전시 상황에서는 매우 효과적으로 작동했다. 예를 들어, 캐딜락이 1944년에 생산하기 시작했던 M-24 탱크에 필요한 부품들은 17개의 서로 다른 사업부가 공급했다.

우리는 또한 외부 하청업체들에게 계속적으로 크게 의존해야 한다고 판단했다. 우리는 1만 3,500개의 평시 공급자들과 사업관계를 가졌다. 전시 중에 이 수치는 점진적으로 증가했고, 전시 생산의 정점이었던 1944년에는 1만 9,000개의 하청업체들의 시설을 사용하였다.

또 다른 정책결정은 우리의 생산 활동의 효율성을 증가시키기 위해 설계된 것으로, 공장 시설을 사내외로 어느 정도 이전하는 것을 필요로 했다. 전쟁 중에 GM 소유의 약 5,000개의 기계와 정부 소유의 약 2,000개의 기계를 한 사업부에서 다른 사업부로 이전했다. 또한 우리 공장 중 여러 개를 더 잘 사용할 수 있는 다른 회사로 임대했고, 한편으로 다른 공장의 사용권을 취득했다1945년 초에 미국 내에서 운영한 120개 공장 중 18개는 정부로부터 임차했고, 또 다른 6개는 다른 업체들로부터 임차했다.

1940년에 또 하나의 매우 중요한 결정이 있었다. 당시 우리는 GM이 가장 복잡하고 어려운 생산임무의 수행을 추구해야 한다고 결정했다.

전술한 바와 같이 우리는 대부분의 군수품을 처음 만들었다. 그러나 문제는 단순히 생산에만 머무르는 것이 아니었다. 군사과학은 당시 아주 급속도로 발전해서 우리가 생산한 많은 장비들을 설계하고 재설계해야 했다. 전쟁이 끝을 향해 가는 동안 우리는 설계 종별로 분류한 모든 GM 군수품의 목록을 작성했다. 1944년의 수주 내용에 근거하여 분류하면 다음과 같다:

20%는 군부와 협력하여 GM이 설계한 군수품들이다. 이들 제품은 경량급 · 중간급 · 중량급 탱크들, 장갑차, 항공기 엔진과 프로펠러, 수륙 양용 '덕스Ducks'다.

35%는 타 업체들이 설계했지만 GM이 주요 설계 또는 생산기술을 상당 부분 개량했다. 이러한 제품에는 30구경과 50구경 브라우닝 자동기관총, M-1카빈총, 와일드캣 전투기와 공뢰폭격기가 있다.

17%는 군용을 위해 재설계할 수 있는 평시 GM제품이었다. 예를 들면 트럭, 디젤엔진, 전기설비가 있다.

13%는 주요 설계의 변경 없이 군수용으로 투입할 수 있는 평시 GM 제품이었다. 예들 들면 상용 트럭들, 가솔린과 디젤엔진, 볼베어링, 스파크 플러그가 있다.

15%는 다른 업체들이 설계했고, 주요 설계의 변경 없이 GM이 생산한 군수품이었다. 예들 들면 프라트와 휘트니 항공기 엔진, B-29와 B-25 하위 부품의 조립, 탄약이 있다.

이 수치는 GM이 전시 중에 제작했던 군수품 전체로, 이 중 72%를 적어도 부분적으로 설계했다. 1945년 출하를 기준으로 한 519쪽의 표는 우리의 군수품 생산이 매우 다양했다는 것을 보여준다.

이 표는 아직도 우리의 또 다른 큰 문제, 즉 전시 중에 우리의 '제품 배합'이 계속해서 변화하고 있다는 것을 보여주고 있다. 제품 배합이 변화하는 것은 무기의 진부화율이 매우 큰 데 그 원인이 있다. 1944년에 전쟁부는 "현재 사용하고 있는 무기 중에 진주만 공격 때 사용한 것과 동일한 형태나 설계를 가진 무기는 단 하나도 없다"고 발표했다. 전투력에 따라 필요로 하는 전술이 달라졌고, 이에 따라 우리의 생산도 함께 변했다. 이러한 상황에서 생산일정을 잡는 것은 머리카락이 곤두서는 일이었다. 전형적인 상황을 고려해보면 다음과 같다. 1945년 1월에

B-24를 위한 착륙용 기어 받침대를 생산하는 델코 프로덕트 사업부는 4월 중에 총 95개의 받침대를 생산해야 했다. 그러나 2월에는 4월 중에 생산해야 할 받침대가 갑자기 295세트로 상향 조정되었다. 3월에는 목표가 60세트로 하향 조정되었다. 4월 1일에 목표는 다시 120세트로 상향 조정되었다. 4월 중의 실제 생산은 85세트였다. 이는 최종 목표에 매우 가까운 수치인데, 델코 프로덕트가 직면한 생산 일정 문제를 고려했기 때문이다.

GM의 전쟁물자 인도

제품종류	1942년 12월 31일까지의 누계 (%)	1943년 (%)	1944년 (%)	1945년 (%)	1945년 12월 31일까지의 누계(%)	1945년 12월 31일까지의 누계*
군용트럭, 수륙양용트럭, 부품 및 액세서리	22.3	11.3	18.0	18.2	17.0	$2,090,620
항공기:						
앨리슨엔진	16.5	8.3	7.1	3.2	8.4	1,038,964
프라트 및 휘트니 엔진	8.2	13.7	11.0	9.8	11.0	1,356,640
제트추진엔진	–	–	–	1.2	0.3	32,565
완성품항공기 및 하위부품	2.4	9.4	14.6	13.9	10.6	1,305,088
항공기부품, 프로펠러 등	5.6	9.8	9.3	11.3	9.1	1,128,452
항공기합계	32.7	41.2	42.0	39.4	39.4	4,861,709
탱크, 장갑차, 자주포차	11.8	17.9	15.6	19.0	16.2	1,999,365
선박용디젤엔진	14.1	10.7	10.9	8.5	11.0	1,351,849
총기, 포가 및 제어장치	12.2	12.6	7.5	4.8	9.3	1,148,369
포탄, 탄환, 탄약통 등	4.2	3.8	3.0	4.7	3.8	468,135
기타	2.7	2.5	3.0	5.4	3.3	406,011
합계	100.0	100.0	100.0	100.0	100.0	
총액(10억단위)	$2.4	$3.5	$3.8	$2.6	$12.3	

*금액, 1,000단위

이러한 어려움에도 불구하고 전체적으로 우리의 납기 준수에 대한 기록은 유난히 좋았다. 이 기록을 회사의 최고임원들이 계속적으로 체크할 수 있도록 하기 위해 우리는 각 사업부가 우리에게 정기적으로 제출할 두 종류의 생산진척보고서를 고안했다. 월별로 작성되었던 첫 번째 진척보고서에는 다음의 정보를 포함하고 있다.

- 모든 주요 군수계약에 대한 누적생산량
- 향후 4개월간의 월별 계약에 대한 기대생산량
- 계약요건과 비교한 4개월 말의 기대총생산량
- 각 계약의 완료일
- 최대 계약 요구
- 현재 시설의 최대 생산량

최근 또는 예상 계약 연체에 대해 상세한 설명도 부가했다.

다른 한 종류의 보고서는 단기 전망을 보고했다. 이 보고서는 보름마다 작성했고, 월초에 군부가 제시한 일정을 그달의 15일과 월말의 실제 생산과 비교했다. 또한 사업부는 모든 제품에 대한 납기 지연은 아무리 지연 기간이 짧더라도, 아무리 중요하지 않아도 보고하고 설명해야 한다. 첨언하면 상대적으로 우리는 납기 지연이 거의 없었다. 게다가 그것들 중 다수는 환경적 요인으로 발생했다. 예를 들어 노동이나 재료의 부족, 출하의뢰서의 결여, 정부요건의 변경 등과 같이 우리가 효과적으로 통제할 수 없는 환경에 의해 발생했다.

심각한 인력 부족 문제에도 불구하고 우리는 성공적으로 생산일정을 충족함과 동시에 생산의 고품질을 유지했다. 전시 중에 우리는 믿기 어려울 만큼 많은 신규노동자를 고용하고 훈련시켜야 했다. 그 수치는 1942년에 24만 4,000명, 1943년에 33만 2,000명, 1944년에 15만 6,000명이었다. 전시 중에 75만 명이 넘는 신규노동자를 고용했다. 이 엄청난 수치 자체가 이미 우리에게는 충분히 고통이었다. 여기에 부가해서 신규노동자들은 대부분 매우 낮은 수준의 산업 기술밖에 가지고 있지 않았다. 그들 중 많은 사람이 신체적으로도 적합하지 않았다. 특히 많은 여성들은 이전에 업계 경험을 전혀 갖고 있지 않았다. 1941년 말과 1943년 말 사이에 GM을 위해 일한 시간제 여성 종업원의 비율은 총 시간제 종업원의 약 10%에서 약 30%로 증가했다.

이런 다양한 배경을 가진 미숙련 노동자와 일하기 위해 우리는 생산기법들을 될 수 있는 한 합리화해야 했다. 예를 들어, 캐딜락에서 M-24탱크의 생산에 들어갔을 때 그 사업부는 '회전목마' 유형의 컨베이어를 만들었다. 이는 어려운 용접활동 대신에 하나의 전문화되고 상대적으로 단순한 과업을 수행하기 위해서였다. 1944년이 되자 숙련노동자의 공급부족이 심각해졌다. 따라서 공장에서 어떤 작업을 수행할 수 있는지를 결정하는 가장 중요한 요소는 숙련노동자의 활용 가능성이 되었다. 다른 공장들이 그 작업을 위한 우수한 기계를 가졌을지라도 작업을 수행할 수 있는 숙련노동자가 없으면 일을 할당할 수 없었다.

전시 중에 우리의 성과와 많은 관련을 가진 것은 운영의 지주역할을 하는 기본 재무정책이었다. 1942년 초에 회사의 정책위원회는 전시 가격과 이익에 대한 새로운 정책을 채택했다. 우리는 이 정책을 전쟁부의 가격조정위원회에 설명했다. 그것은 "제조활동에서 창출되는 전반적인 이익률을 소득세준비금과 초과이익세준비금 차감 전이나 충당금을 포함한 기타의 모든 비용을 차감한 후 10%로 제한하거나 완전경쟁 상황 하에 있던 1941년에 획득한 매출액의 일정률로 표시된 매출총이익률의 대략 2분의 1로 제한한다"는 안이었다. 환언하면 우리는 세금이

1941년보다 상당히 높아질 것이 명백해졌는데도 불구하고 자발적으로 세전이익률을 절반으로 줄였다.

이러한 이익제한 정책과 관련된 것으로 가능한 한 고정가격기준fixed price basis으로 전시생산계약을 체결한다는 정책도 있었다. 우리는 효율적 운영이라는 큰 인센티브 때문에 원가-가산-정액보수계약cost-plus-fixed fee contract보다는 고정가격기준계약을 선호했다. 물론 우리에게 새로웠던 많은 군수품사실상 누군가에 의해 대량생산기준으로 제조되지 않았다을 생산하는 데 있어서 우리의 원가추정이 실제 원가보다 높게 나타날 가능성이 상존하고 있다는 것을 알고 있었다. 따라서 우리는 전쟁부의 가격조정위원회에 원가를 절감해서 가격을 인하하겠다고 약속했다.

우리가 예견한 대로 대부분의 계약에서 제조원가는 상당한 생산 경험을 쌓고, 높은 생산량을 달성한 후에 상당히 낮아졌다. 아래는 프리지데어의 50구경 항공기 기관총의 판매가격의 추이를 나타낸 표로, 높은 생산량과 낮은 판매가 사이에 밀접한 관계가 있음을 보여준다. 1945년 초에는 생산의 감소로 인해 총기의 가격을 근소하게 올릴 필요가 있었다.

	유효일	생산량	단위당 판매가(달러)
당초가격	7/41–1/42	5,674	689.85
1차 수정	2/42–3/42	4,043	515.80
2차 수정	4/42–7/42	10,281	462.29
3차 수정	7/42–10/42	15,922	310.21
4차 수정	11/42–12/42	14,744	283.75
5차 수정	1/43	6,000	386.93
6차 수정	1/43–4/43	32,938	252.50
7차 수정	5/43–8/43	40,723	231.00
8차 수정	9/43–1/44	40,000	222.00
9차 수정	1/44	10,257	207.00

	유효일	생산량	단위당 판매가(달러)
10차 수정	2/44–3/44	21,579	197.00
11차 수정	4/44–6/44	34,126	186.50
12차 수정	7/44–8/44	21,031	180.30
13차 수정	9/44–1/45	43,824	169.00
14차 수정	1/45–4/45	12,819	176.00
15차 수정	4/45–6/45	13,306	174.50

자발적 환불과 재교섭을 통해 대부분의 군수 생산품의 가격을 인하함으로써 우리의 세전 영업이익은 1942년에서 1944년까지의 재교섭에서 매출액의 약 10%로 유지되었다. 1945년에는 부분적으로 전쟁이 끝난 후 많은 주문이 취소되었고, 평시 운영체제로 전환하는 데 드는 비용 때문에 전쟁과 관련된 세전 매출이익률은 10% 미만이었다.

좌익의 강한 믿음 중의 하나는 전쟁이 '대기업'에 엄청난 이익을 안겨준다는 것이다. GM에 관련되는 한 이런 사고는 아주 잘못된 것이다. 전쟁 중에 우리의 순이익은 상당히 감소되었는데, 그것은 세전이익에 대한 우리의 제한정책과 높은 세금이 합쳐진 결과다. 우리의 이익은 1940년이나 1941년보다 전시의 모든 연도에서 더 낮았다. 1942년에서 1945년도 중에 우리의 평균 순이익은 사실상 침체연도인 1938년을 포함하고 있는 1936년에서 1939년 중의 평균 순이익보다 낮았다.

전시생산에서 평시생산으로 우리는 내가 아는 한 다른 어느 회사보다 일찍이 전후 세계에서 우리의 위상에 대해 진지하게 생각하고, 행동을 위한 구체적이고 포괄적인 프로그램을 마련하기 시작했다. 나는 진주만 공격이 있기 사흘 전인 1941년 12월 4일에 전미제조업체협회National Association of Manufacturer, NAM에서 '산업계의 전후 책임Industry's Post War

Responsibilities'에 대해 연설했다. 전쟁 시기가 지나감에 따라, 그리고 전후에 대한 윤곽이 어느 정도 확실해짐에 따라 또다시 상용 생산을 위한 기획이 필요하게 되었다. 구체적으로 우리는 전후 경기 확장에 대비할 것인지, 아니면 많은 경제학자들과 기업인들이 당연시 여기고 있는 '전후의 침체'에 대비해 긴축정책을 시행할지를 결정해야 했다. 자랑스럽게 말할 수 있는 것은 우리가 확장을 위한 계획을 세웠다는 것이다. 나는 1943년 12월에 NAM 연설에서 밝혔던 우리의 계획들은 사실상 그것들 자체로 경제의 확장에 힘을 실어주는 것이었고, 다른 기업인들에게 성장을 위한 계획을 세우도록 적극적으로 장려하는 것이었다고 생각한다. 연설에서 언급했던 우리의 구체적 계산의 일부는 다음과 같다:

> 여기에 GM의 대처방법이 있습니다. 국민소득에 대한 전쟁 전 기준은 전쟁 이후의 기간에는 의미가 없다는 확신을 가지고 출발합니다. 국가 차원에서 증가된 생산능력, 폭넓은 유통 비법, 개선된 기술들, 전쟁의 자극으로 초래된 지식의 가속화, 이 모든 것은 국민의 입장에서 향상된 체계에 대한 합리적 수요를 정당화합니다. 우리의 엄청난 공공부채와 계속적으로 증가하는 정부의 비용은 정당하든 그렇지 않든 더 많은 생산과 더 높은 국민소득을 요구합니다. 그렇지 않으면 기업과 개인에 대한 정부의 부담은 경제가 확대되는 데 심각하게 해를 끼칠 것입니다.
>
> 국민소득을 전쟁 전 기준으로 650억 달러 또는 700억 달러라고 가정해보겠습니다. 전후 상황 하에 동일한 화폐로 1,000억 달러의 새로운 기준이 합리적 목표가 되어야 합니다. 그런 후에 신구 양면에서 우리의 제품과 서비스의 생산량을 각각 결정해야 합니다. 생산량 결정의 기준은 확대된 생산 기회를 기준으로 해야 하며, 각 필수품들은 상이한 수요 탄력성을 가지고 있다는 것을 알아야 합니다. 그 결과는 새로운 사업규모를 측정할 수 있고, 인력, 조직, 공장, 기계와 같은 생산에 필요한 경제적 자원을 결정합니다. 재전환 원가, 현재 시설을 최신의 기술 기준으로

> 향상시키는 데 드는 비용, 그리고 전후 제품 생산을 위한 기계교체비용을 포함한 GM의 비용은 대략 5억 달러 정도로 추산됩니다. 이는 미국 경제의 핵심을 이루고 있는 자유경쟁 기업체제의 보존을 지원하는 데 기여할 수 있다고 생각합니다.

이 글을 쓸 당시 나는 국민소득을 아주 낙관적으로 예측했는데, 실제로는 오히려 보수적인 것으로 입증되었다. 1939년 달러로 측정된 1946년 미국의 국민소득은 1,000억 달러보다 더 많은 1,250억 달러였다. 그 이후에 수치는 약 2,000억 달러로 증가했다.

대일 전승 기념일V-J Day 직후 우리는 대략 17억 5,000만 달러에 달하는 계약이 일시에 종료되는 문제에 직면했다. 종전과 함께 다가온 이런 갑작스러운 변화들은 평시운영으로 질서 있는 전환을 불가능하게 만들었고, 우리는 여러 달 동안 대부분 계약의 종료 청구와 관련된 서류 작업의 눈사태에 파묻힐 수밖에 없었다. 또한 갑자기 전국의 GM 공장의 복원이라는 큰 과제에도 직면했다. 나는 우리의 군수품 재고들을 운송하기 위해서는 9,000대의 화물차가 정부 소유의 기계 및 장비들을 처분하기 위해 또 다른 8,000대의 화물차가 필요하다는 정보를 얻었다. 그동안에 우리는 상용 생산을 위한 시설의 설치에도 매진하고 있었다. 상황은 대체로 엉망이었지만, 혼란은 없었다. 계획이 이미 마련되어 있었고, 군부가 잘 협조해준 덕분에 공장의 정리와 재전환의 기간을 단축시킬 수 있었고, 전승 기념일 약 45일 후에 우리의 첫 번째 자동차를 생산해서 출하할 수 있었다.

GM에서 제2차 세계대전 후의 복귀는 단순히 공장을 전쟁 전 형태로 되돌리는 것을 의미하지 않았다. 전후 프로그램은 확장과 개선을 신중하게 계획했다. 그것은 기존의 생산시설, 신 기계설비, 일부의 완전히 새로운 공장들을 조직화하고 균형을 맞추는 일들을 포함하고 있었다. 그것들 중 많은 것은 우리의 종업원들을 위한 개선된 작업 상황, 예를 들어 새로운 카페테리아와 개선된 의료시설들을 제공하는 것을 목표로 하고 있었다. 그 결과 여러 가지 면에서 훨씬 더 효율적인 제조공장을 만들었다.

한국전쟁은 GM으로 하여금 또다른 복잡한 계획문제에 직면하게 만들었는데, 이는 우리가 부분적으로 전쟁에 동원되었기 때문이다. 이미 언급한 바와 같이 이 전쟁 중의 군사 활동은 제2차 세계대전에 동원된 것과는 비교할 수 없다. 예를 들어 1952년의 총 생산량은 우리가 1944년에 생산했던 무기 생산량의 40% 이하였다. 전쟁이 발발한 직후 곧 우리는 또다시 우리가 국가 무기제조의 약 10%를 맡게 될 것이라는 것을 알았다. 우리는 또한 정부에 의해 군비확충요구들이 증가하는 경우 방위관련생산으로 전환될 수 있는 새로운 공장의 건설을 위해 시설을 확충하라는 촉구도 받고 있었다. 우리는 정부에 협조하기를 원했지만, 우리의 생산시설들이 잉여 생산시설로 '묶이게' 되기를 원하지 않았다. 한편으로 우리는 미래에 생산시설의 부족 문제에 빠지는 것을 원하지 않았다. 1950년도에 들어서자 확장에 대한 상당히 큰 기획이 필요하다는 것이 분명해졌다. 1950년 11월 17일에 나는 당시 재무정책위원회의 위원장인 브래들리 씨에게 비망록을 보냈고, 거기에서 다음과 같은 나의 소신을 언급했다:

1. 국가의 장기적 경제활동은 과거와 같이 장래에도 계속 증가할 것이고, 과학적 지식과 거기에 수반한 기술발전, 그리고 인구 증가에 의해 자극받을 것입니다. 이것은 GM 제품의 수요 확대로 나타날 것입니다.

2. 경제적으로 볼 때 너무 적은 생산능력을 보유하고 있으면 경쟁력, 평판, 이익의 감소를 초래하는 것으로 판단되는데, 이는 잉여 생산설비의 보유 비용과는 전혀 관계가 없습니다. 나는 타당성 있는 잉여 생산능력은 과거를 기준으로 판단할 때 항상 일시적이었고, 장래에도 그럴 것이라고 생각합니다. 여기서 나는 '수요'를 정상 수요뿐만 아니라 생산의 임의적 삭감에서 나타나는 것과 같은 비정상적 수요까지 포함하여 정의하고 있었습니다. 이러한 비정상적 수요는 합리적으로 중요하고, 그것이 한정된 기간 동안뿐일지라도 계속될 것으로 예상됩니다.
3. 우리의 야심찬 전후 프로그램에도 불구하고 우리의 판매 가능성을 충족할 충분한 생산능력을 갖지 않으면 우리의 지위를 상실하게 됩니다. 이런 이유로 우리 자체 비용으로 경쟁을 강화했습니다. ……
4. 전쟁 직전 당사가 업계 이익에서 차지하는 비중과 대비하여 당사의 실질적 생산능력이 업계에서 차지하는 비중은 증가하지 않은 것으로 보입니다.

나는 당시에 차후 5~10년 동안의 수요를 측정하고 그 수요를 충족하기 위한 계획을 세우는 진지한 노력을 계속할 것을 제안했다. 나는 새로운 시설을 건설할 때, "장기적 마스터플랜에 준거해 장기적으로 보다 적절한 통제를 제공한다면 군수생산에 필요한 공장을 지을 때에도 회사자금을 사용한다"고 제안했다. 가속감가상각은 회사 자금의 이용을 실현 가능하게 만들었고, 정부가 공장 건설에 자금을 제공할 필요가 없어졌다.

우리의 시장예측은 정말로 확대가 필요하다는 것을 보여주었다. 1951년 2월과 3월에 우리는 이들 중 주요 요소가 되었던 프로그램에 대해 다음과 같이 결정했다.

• 우리는 상용 생산을 위해 생산능력의 80%를 유지한다는 전제하에 계획한다.
• 우리는 미국과 캐나다에서 승용차와 트럭의 생산능력을 1일 1만 4,500대에서 1만 8,000대로 약 24% 확장한다일부 초과시간 근무일들을 포함하여 연간 250일의 작업을 가정할 때, 1년에 승용차와 트럭 4만 5,000대를 생산할 수 있게 해준다.

그러나 확장이 획일적인 것은 아니었다. 쉐보레의 성장률은 21%, 폰티악은 31%, 올즈모빌은 25%, 뷰익은 15%, 캐딜락은 35%였다. 이들 수치들은 물론 이후 기간에 변경했다.

우리는 한국전쟁에 사용될 제품을 생산하기 위해 약 1,500만 평방피트 내지 2,000만 평방피트의 공장승용차와 트럭 생산에 사용된 건평에서 25%의 증가이 필요했는데, 여기에 소요되는 비용은 약 3억 달러였다. 우리는 이 전쟁이 끝난 후에 상용 생산을 위한 신규 공장에 적합한 기계설비에 갖추는 데 추가로 4억 5,000만 달러의 비용이 들어갈 것으로 추정했다.

요컨대, 신규 프로그램은 우리가 제2차 세계대전 이후에 수행했던 5억 달러의 확장 프로그램보다 훨씬 더2억 5,000만 달러만큼 야심찬 것이었다. 우리는 이 두 번째의 대폭적인 확대를 후회할 이유는 없었다. 그것은 한국전쟁 동안에 군수품 생산을 위한 시설을 제공했는데, 이는 후에 민수용품 생산에 기여했다. 1955년은 정말로 기록적인 수요가 있었던 해로, 우리는 미국과 캐나다산 승용차와 트럭 463만 8,000대를 팔았는데 당시 신규 시설에 대한 부담이 매우 컸다. 그리고 업계 전체도 사상 최고치를 기록했다.

한국전쟁 중에 생산한 군수품들은 기본적으로 우리가 제2차 세계대전 시에 만들었던 제품들탱크, 항공기, 트럭, 총 등의 향상된 버전이었다. 오늘날은 현대적 방위 장비의 근대화가 급격하게 진행되고 있어 주 활동은 생산보다는 연구와 개발에 있다. 이것은 방위에서 GM의 역할에 상당한 영향을 미쳤다. 우리는 경쟁 분야에서는 연구개발을 했지만 대부분 생산조직이었고, 당시 생산은 국방당국이 요구하는 것이 주된 것은 아니었다. 이것은 우리의 방위사업이 총매출액의 3%밖에 안 된다는 사실로 설명된다.

새로운 영속적 방위산업에서 우리의 역할 중 큰 부분은 앨리슨과 AC 스파크 플러그의 두 사업부가 맡았다. 앨리슨은 1956년에 군용항공기에서 사용된 터보프롭 제트 엔진의 최초 공급자였다. T-56으로 지정된 이들 엔진들은 현재 록히드 C-130, 그럼만 E2A '호크아이', 그리고 록히드 P3A 대잠함초계기에 탑재된다. 이 유형의 좀 더 강력한 엔진들이 개발되고 있다. 1958년 이래 개발 중인 앨리슨 250-마력 T-63 터보 샤프트 엔진은 1962년에 군용과 상용 모두를 위한 동력엔진으로서 사용되었다. 앨리슨은 또한 1962년에 육군을 위한 원자로의 개발, 건설 및 운영을 위한 계약을 따냈다. 현재는 다양한 육군 차량을 위한 5개의 군용 변속기를 공급하고 있다. 이들 변속기는 디젤동력의 전차를 위한 완전 파워 시프트, 스티어링, 브레이킹 기능, 중형 구난차량, 수륙양용 병력수송 장갑차 및 재보급용 고기동 수송차량을 제공하고 있다. 앨리슨의 방위사업이 추진한 다른 국면은 미니트맨 미사일 프로그램을 위한 강철 및 티타늄 로켓 모터 케이스를 공급하는 것이다.

한국전쟁 중에 많은 양의 폭격용 항법 컴퓨터시스템을 생산한 AC-밀워키는 이 시스템의 범위 및 역량을 확대했다. 1957년에 공군은 전략공군폭격기에서 사용된 폭격용 항법 컴퓨터와 그 시스템의 개량을 위한 완전한 시스템 책임을 AC 스파크 플러그에 부여했다. 이 사업부는 또한 회사의 미사일 작업에서 선도적 역할을 했다. '어치버Achiever'라는 관성유도시스템은 1957년에 공군의 토르 장거리 탄도 미사일에서 성공적으로 비행시험을 했다. 우리는 계속 이 시스템을 개량했고, 드디어 메이스 앤드 타이탄 Ⅱ 미사일에 성공적으로 탑재되었다. AC-밀워키는 1962년에 2개의 중요한 우주유도시스템을 맡았다. 미항공우주국NASA은 세 명의 우주비행사를 달로 보내기 위해 만들고 있던 아폴로우주선을 위한 항법 및 유도시스템의 설계, 개발 및 제조를 지원하기 위해 AC를 선택했다. 공군도 우주로켓 타이탄 Ⅲ을 위한 유도시스템을 공급하는 데 AC를 선택했다.

근년에 다른 GM 사업부들은 국가의 새로운 국방프로그램과 우주활동을 위한 프로젝트들을 수행했다. GMC트럭 & 코치는 미니트맨 미사일 프로그램을 위한 이동조립장비를 제조하고 있다. 디트로이트 디젤엔진은 정부에 무한궤도식의 자주포와 회수용 차량에 사용할 다양한 디젤 터보차가 달린 'V' 엔진들을 제공하고 있다. 델코-레미는 미니트맨 미사일 프로그램을 위해 은-아연 배터리를 생산했고, 델코 라디오는 다양한 미사일 프로그램에 사용하기 위한 전원공급장치를 제공하고 있다. 1962년 한국전쟁 시에 탱크를 공급했던 캐딜락-클리블랜드 군수품공장은 3대의 새로운 알루미늄장갑차량에 대한 생산을 시작했다.

회사는 사업부들에서 그리고 최근에 설립된 GM방위연구소에서 현재 개발 중인 아주 새로운 제품의 생산을 기대하고 있다. GM이 국가의 방위프로그램에서 계속 중요한 역할을 맡을 것은 의심할 여지가 없다. GM은 국가의 요청이 있다면 언제라도 최대한의 방위서비스를 제공할 준비가 되어 있다.

제21장 인사 및 노무관계

종업원의 복리후생 GM에서 국가적 이슈들로 인해 확대되었던 파업 이후 17년이 지난 시점에서 이 글을 쓰고 있다. 1930년대 중반의 폭력적이고 위기에 빠진 분위기와 1945년부터 1946년까지 대규모 전후 파업의 긴 시련을 기억하는 우리에게는 지난 17년의 기록이 거의 믿어지지 않을 정도다. 그리고 우리는 경영의 기본적 책임을 조금도 포기하지 않고 이러한 기록을 달성했다. 흔히 우리는 인플레이션을 자극하는 협약을 추진함으로써 노사평화를 얻을 수 있었다고 주장한다. 여기에서 논의하기에는 너무 크고 복잡한 문제다. 그러나 나는 그렇게 생각하지 않는다고 말하고 싶다.

노동단체들과 우리의 관계를 설명하기 전에 우리의 많은 인사정책들이 단체교섭과는 별개로 존재했다는 사실을 설명해야 한다. 1963년 초에 GM은 전 세계에 63만 5,000명의 종업원들이 있었고, 그중 16만 명은 봉급제 종업원들이었다. 후자의 극소수가 노동단체에 대표를 파견했다. 게다가 대략 35만 명의 노동조합원들은 계약에 없는 혜택을 받았고, 어떤 경우에는 현대적 산업 노동단체들이 등장하기 전의 회사에서는 제공되지 않은 많은 혜택을 받았다. 계약의 범위 밖에 있는 혜택에는 우리의 공장 오락시설, 종업원 제안에 대한 포상제도, 종업원의 연수제도, 장애인 노동자들에 대한 배려가 있었다. 1920년대로 거슬러 올라가서 GM은 종업원들에게 많은 복리후생제도를 제공하고 있었다. 이들 중 일부는 시설의 형태, 예를 들어 종업원을 위한 최고 의료서비스, 멋진 카페테리아, 라커룸, 샤워실, 주차장으로 제공되었다.

우리는 이미 1926년 초에 모든 종업원에게 개방된 단체생명보험 프로그램을 만들었다. 1919년에 존 J. 래스콥이 마련한 저축 및 투자플랜도 가지고 있었다. 1929년에 그 플랜에 18만 5,000명의 종업원, 즉 전체 종업원의 93%가 가입되어 있었다. 1933년에 은행들이 문을 닫았을 때 우리는 종업원들이 그 플랜에서 저금을 인출할 것이라고 예상했으나 그들은 그렇게 하는 대신 거의 만장일치로 우리에게 계속 그 돈을 맡아 가지고 있으라고 요청했다. 이는 회사의 안정성에 대한 일종의 신임 투표였다. 그 플랜은 1933년 사회보장법과 증권법의 시행 후인 1935년 말에 폐기되었다.

오늘날 GM은 미국과 캐나다의 봉급제 직원들을 위한 예금-주식구입 프로그램Savings-Stock Purchase Program을 가지고 있다. 이 프로그램 하에 종업원들은 기본소득의 10%까지 특별기금으로 투자할 수 있다. 우리의 봉급제 종업원들이 2달러를 저축할 때마다 회사는 1달러를 저축한다. 종업원들의 저축 절반은 정부채권에, 나머지는 GM의 보통주식에 투자된다. 모든 이자와 배당은 현재 유자격 봉급제 종업원들의 80% 이상으로 구성된 참여자들을 위해 재투자된다. 그 플랜은 1955년의 교섭에서 시간급 종업원들에게도 제공되었지만, 나중에 논의될 보조실업수당플랜Supplementary Unemployment Benefit Plan이 채택됨으로써 실현되지는 않았다.

예금-주식구입 프로그램만이 현재 봉급제 종업원들에게 이용 가능한 복리후생제도 중의 하나다. 대부분은 시간급 종업원들처럼 생활비수당을 받는다. 그리고 봉급을 받는 사람들은 단체생명보험, 의료비보장보험, 질병상해보험, 연금 프로그램 그리고 퇴직수당규정에 의해 혜택을 받는다. 요약하면 그들은 포괄적인 복리후생 프로그램을 제공받았다. 시간급 종업원들 또한 이들 영역에서 복리후생의 혜택을 받는다.

우리의 인사스태프는 종업원 복지 분야 외에도 훨씬 더 많은 것에 대한 책임을 가지고 있다. 또한 인사스태프는 종업원의 모집, 고용, 훈련에 대한 전반적 관리를 맡고 있다. 예를 들어, 직공장연수 프로그램foreman-training program은 우리가 특별히 자랑스러워하는 것 중의 하나다. 우리는 항상 직공장들의 사기를 최고수준으로 유지하기 위해 고심했다. 1934년에 직공장들은 월급제로 고용되었고, 1941년에 우리는 그들의 봉급이 적어도 그들의 감독 하에 있는 종업원들 그룹의 최고 보수보다 25% 이상 높아야 한다는 규칙을 채택했다. 게다가 최일선 현장의 감독을 담당하고 있는 직공장은 연방노동기준법에서 슈퍼바이저에게 초과근무수당의 지급을 요구하지 않았음에도 제2차 세계대전 초기 이래로 초과근무수당을 계속 받아왔다. 그러나 아마도 우리의 직공장의 사기가 높은 가장 중요한 이유는 직장 내의 규율과 작업표준 문제와 관련하여 그들에게 제공한 확실한 지원이다. 그들은 관리직의 일원으로 간주되고 있다는 사실을 알고 있었다.

앞의 사실들에서 지적한 바와 같이 우리의 인사스태프들은 잘 알려진 전미자동차노동조합United Automobile Workers, UAW과의 교섭 외에 아주 많은 책임을 가지고 있었다. 인사관리는 1931년에 최초로 회사 스태프 수준에서 통상적인 책임이 되었지만, 우리의 모든 인사프로그램들은 1937년까지 하나의 부서에 집중되지 않았다. 그때부터 인사스태프는 두 가지 방식으로 회사에 기여했다. 하나는 회사가 자문과 협의에 의존할 수 있는 전문가들의 전문화된 스태프로서, 다른 하나는 노조와의 교섭과 고용계약조항들을 관리하는 데 있어서 라인 책임을 위임받은 경영자그룹으로서다. 그런데 스태프는 일상적으로 4단계 고충처리절차 하에서 종업원 고충에 대해 합의에 들어가지 않았으며, 고충 사례들이 네 번째 또는 중재단계로 갔을 때만 그렇게 했다. 1948년부터 1962년 사이에 연평균 7만 6,000건의 고충처리가 이러한 절차에 의해 해결되었다. 이들 사례의 약 60%는 1단계에서 해결되었다. 그중 교섭은 대부분 직장과 노조 위원들에 의해 처리되었다. 또 다른 30%는 2단계에서 유니언 숍 위원회union's shop committee와 일반적으로 공장 자체의 인사스태프의 멤버들로 구성된 경영위원회management committee 사이의 교섭들로 해결되었다. 또 다른 10%는 3단계로 갔고, 노조의 지역사무소 2인과 두 지역이나 사업부 경영자 대표 2인으로 특색 있게 구성된 4인의 재정위원회appeal board에 의해 해결되었다. 1년에 평균 63건의 사례만이 공정한 심판에 의한 해결을 위해 4단계로 갔다.

인사스태프의 책임은 노동조합과의 교섭과 관련됨으로써 명백히 매우 중대한 것이 되었다. 왜냐하면 이들 교섭은 항상 회사에 큰 손실을 줄 가능성이 있고 종업원들에게 심한 고통을 줄 수 있기 때문이다. 한편으로 우리는 가능한 한 대규모 파업뿐만 아니라 소규모 파업도 피해야 한다. 다른 한편으로 우리는 비합리적인 경제적 요구에 굴복하거나 경영의 기본적 책임을 포기해서도 안 된다. 이러한 위험을 피하는 것은 쉬운 과제가 아니다. 그럼에도 불구하고 우리는 과거 10년 반 동안에 상당히 성공적으로 해왔다.

전후 기간 초에는 유익한 노사관계에 대한 전망은 아득해 보였다. 1945년부터 1946년까지 파업의 종결시점에 UAW는 미국에서 최대 노조 중의 하나로 거의 100만 명의 회원을 가지고 있었다. 그 대변인들 중 많은 사람들이 사기업에 적대적이었다. UAW는 내부적으로 그리고 다른 조합들에 대하여 파벌간의 알력과 다툼 속에 있었다. 이미 나타난 대로 이런 알력의 주된 결과는 모든 측면에서 회사에 반대하는 '투쟁성' 쇼의 관점에서 다른 사람들과 경쟁하는 성향으로 나타났다.

설상가상으로 UAW는 누란의 위기에서 정부의 지지를 얻을 수 있는 것으로 보였다. 노조의 행동책들이 물리력을 동원하여 우리의 시설을 점유하고 있었지만, 우리가 노조와 교섭하지 않을 것이라는 입장을 가지고 있을 때 정부의 태도는 1937년의 농성파업 때로 회귀했다. 농성파업은 분명히 불법으로, 후에 대법원에 의해 확정된 판결이다. 프랭클린 D. 루스벨트 대통령, 프랜시스 퍼킨스Frances Perkins 노동장관, 프랭크 머피Frank Murphy 미시간 주지사는 회사와 나에게 우리의 시설을 점유하고 있던 파업자들과 교섭하도록 지속적인 압력을 행사했다. 또다시 1945년부터 1946년에 걸친 119일의 파업 중에 트루먼 대통령은 공식적으로 우리의 '지급능력ability to pay'이 임금 인상의 크기에 반영되어야 한다는 노조의 주장을 지지했다. 우리는 이런 부적절한 제의에 성공적으로 잘 버텨왔지만 대통령의 언급은 노조의 공적 지위를 강화시켜주었고, 그로 인해 파업을 연장시키는 데 기여할 것이라는 데는 의심의 여지가 없었다.

전후 기간 초에 우리의 노동 전망에 관해 관심을 가져야 할 또 하나의 이유가 있었다. 당시는 극심한 인플레이션이 진행 중이었다. 1946년에 가격통제는 해제되었는데, 9개월 동안 소비자 물가는 17%가 올랐다. 1947년과 1948년에는 거의 10%나 높게 올랐다. 인플레이션 기간 중에 조합들의 자연스런 성향은 미래의 가격 인상에 대비해 허용될 만큼 충분히 높은 임금 인상을 위해 교섭하는 것이었다. 그리고 물가상승을 포함하여 임금이 설정되면 물가를 한층 더 상승시키는 경향이 있다. 전후의 임금과 가격의 연차적 인상은 이런 인플레이션 악순환의 완벽한 예다. UAW는 거의 정확하게 노동계의 견인차 역할을 하고 있었기 때문에 GM이 요구를 받아들이면 한층 더 높은 요구조건을 들이댈 가능성이 있었다.

전후 노사관계에 관한 우리의 우려가 1947년 중에 큰 파업이 없었다는 사실들로도 해소되지는 않았다. 사실상 그해의 교섭에서 나타난 현안은 우리가 직면한 문제들을 두드러지게 했다. 교섭을 하고 있던 4월 중순에 우리는 UAW가 디트로이트 지역에 있는 모든 멤버를 노조가 주관하는 시위에 참가할 수 있도록 작업을 중단하게 하고 데려올 계획을 하고 있다는 보고를 받았다. 이는 당시 의회에서 고려되고 있던 태프트-하트리 법안에 반대하기 위한 것이었다. 디트로이트 중심가에서 열리게 될 시위는 물론 조합 자체의 일이었으나, 작업 중단은 우리의 큰 관심사였다. 우리는 집회에 참석하기 위해 작업을 중단하는 것은 우리 계약의 파업 및 중단 조항의 명백한 위반이고 작업을 중단하는 종업원들은 징계 받을 것임을 알려주었다1937년 농성파업 후에 우리는 계약기간 중에 금지되었던 작업 중단에 대해 불이익을 주어야 한다고 결의했다. 그에 대한 응답에서 노조원들은 작업 중단은 국제집행이사회에 의해 승인되어 왔으나 이 사례에 대한 우리의 견해를 이사회에 전달할 것이라고 온건하게 말했다.

1947년 4월 24일 오후 2시에 새로운 협약이 성립됐고, 작업 중단이 시작됐다. 디트로이트 공장 중 일곱 곳에서 1만 9,000명의 시간급 종업원들이 가지 않았기 때문에 파업은 단지 부분적으로 성공했다. 그러나 1만 3,000명이 참가했고, 작업 중단과정에서 그들은 협박 또는 폭력에 가까운 행동을 했다. 우리는 UAW가 마음대로 계약을 위반하려는 당초의 성향으로 회귀했다고 보았다. 따라서 우리는 과거에 했던 대로 단호하게 대응했다. 우리는 공공연하게 과도한 행위를 한 15명의 종업원들을 해고했고, 다른 25명에게는 장기 강제휴업으로 징계했다. 이들 40명의 종업원들에는 4명의 지역노동조합장, 6명의 직장위원회 위원장, 22명의 직장 및 지역위원회의 위원들이 포함되어 있었다. 게다가 401명의 종업원들을 단기 강제휴업으로 징계했다.

물론 노조는 모든 행위에 대해 상임중재인에게 항소할 권리를 갖고 있었다. 그러나 회사와의 교섭을 선택했고, 마침내 협약을 위반했다고 인정했다. 5월 8일에 서명한 공식 양해각서에는 이러한 작업 중단은 계약위반이라는 노조의 명확한 진술이 포함되었다. 답례로 15명의 해고를 장기 강제휴업으로 감면했고, 다른 방법으로 원래의 불이익을 수정했다.

다음 해에 우리의 노사관계는 극적으로 보다 좋은 쪽으로 바뀌었다. 그해는 UAW에서 공산주의 계열의 패배와 이들에 대한 불신임이 나타났고, 그 후 노조의 내부 문제들이 상당히 크게 안정되기 시작하는 것으로 보였다.

단체협약 노사관계 변화의 주된 수단은 새로운 형태인 1948년의 단체교섭협약이다. 이 특징이 GM의 문제들에서 매우 중요한 것으로 입증되었기 때문에 나는 이 장의 나머지 대부분을 단체교섭협약에 대한 논의와 배경에 할애할 것이다.

1948년의 계약은 우리의 시간급 종업원들의 처리에 두 가지 주요 혁신을 가져왔다. 하나는 노조와의 연차적인 경제 교섭을 없애고 장기 협약의 아이디어를 도입했다. 협약은 2년간 운영했다. 1950년에는 5년 협약을 따랐고, 그 후에 3년 연속으로 3년 협약을 따랐다. 이런 긴 간격은 회사가 장기 생산일정을 충족할 수 있다는 확증을 강화시켜주었다. 이 협약들은 경영자 1인당 투입시간man-hours에서 현저한 절약을 가져온다는 의미를 가지고 있었다. 왜냐하면 노사협상은 예외 없이 회사 최고위임원들의 많은 시간을 빼앗기 때문이다. 장기협약은 종업원들의 연례적인 파업 가능성에 관한 우려에서 벗어나게 했으며, 그들이 더 큰 믿음을 갖고 자신의 업무에 대한 계획을 세울 수 있도록 했다.

1948년 계약의 또 다른 혁신은 소위 GM의 임금공식이다. 이 공식은 두 가지 특징을 가지고 있다:

① 에스컬레이터 조항escalator clause: 생계비 변화에 기준한 종업원들에 대한 비용을 임금으로 제공한다.
② 연차 개선요소annual improvement factor: 종업원들에게 기술발전으로 인한 효율 증가의 이익을 정기적으로 공유하도록 보장한다.

전체 공식은 근거 그리고 예측 가능성의 요소들을 우리의 임금 프로그램에 도입하기 위한 노력을 나타내고 있다. 특히 적어도 임금이 흔히 과거에 설정되었다는 데서 팽팽히 맞서는 것을 어느 정도 끝내는 것을 목표로 하고 있었다.

이러한 종류의 합리적 임금프로그램에 대한 우리의 탐색은 실제로 1930년대에 시작되었다. 1935년에 우리는 특별히 생계비의 변동에 임금을 연계하는 것이 가능한지에 관심을 갖게 되었다. 당초 우리는 노동통계국Bureau of Labor Statistics, BLS의 전국지수보다는 BLS에 의해 작성된 지역 생계비지수들을 가지고 생각했다. 1935년에 BLS는 32개 도시들에서의 생계비의 변화에 대한 반기보고서를 간행하고 있었다. GM은 디트로이트를 포함하는 이들 도시 중 12곳에 공장을 가지고 있었다. 그러나 BLS가 보고하지 않은 GM공장을 가진 많은 다른 도시들이 있었다. 당시에 우리가 그 주제를 밀고 나가지 못한 이유 중의 하나는 이런 실제적 어려움 때문이었다. 또 다른 이유는 1935년에서 1940년까지의 기간 동안에 소비자물가가 상대적으로 안정적이었다는 것이다. 그 기간 동안 가격변동은 우리의 임금 조정에서 큰 요인이 아니었다.

그러나 1941년에 방위프로그램이 물가를 자극하여 급격한 상승을 가져왔고, 우리와 우리의 봉급제 종업원들은 불가피하게 인플레이션 문제에 직면했다. 따라서 나는 1941년 4월 4일에 전미산업협의회National Industrial Conference Board의 의장인 버질 조던Virgil Jordan에게 편지를 썼고, 생계비지수에 연계된 임금공식의 가능성에 대해 그가 어떻게 생각하고 있는지를 물었다.

> 우리가 지난 25년 동안과 마찬가지로 미래에도 실질임금을 증가시켜야 한다고 가정했을 경우 임금조정을 위한 경제공식을 설정하는 것이 의미가 있을 것으로 생각하시는지요? 우리는 생활비의 상승에 맞추어 임금을 인상하는 방식을 검토하고 있습니다. 인상 폭에 대해서는 지역별 물가상승률로 할 예정입니다. 그러나 생계비가 하락하는 경우에 달러 임금률의 감소가 증가보다 더 낮은 비율이 될 것입니다. 이것은 수년 동안 실질임금의 증가를 보증할 것입니다. 나는 노동자들이 그러한 임금을 받을 권리가 있고, 산업계는 기술적 효율의 증가에 근거하여 그것을 가능하게 만들 수 있다고 생각합니다.

이런 비공식적 제안에 대해 조던 씨는 대체로 비관적인 반응을 내놓았다. 그는 노조가 자동적 임금공식에 동조할 가능성에 대해 확신하지 못했고, 노조 지도자들은 임금결정에서 주도적인 역할을 하는 것을 보다 더 선호할 것이라고 말했다. 그럼에도 불구하고 편지의 교환은 임금을 생계비와 연결시키는 대원칙에서 우리의 관심을 자극하는 데 기여했다.

1941년 초에 당시 GM의 사장 찰스 E. 윌슨은 이 주제에 대한 우리의 생각을 한층 더 발전시켰다. 그는 허리를 다쳐 병원에 입원해 있었는데, 거기서 임금공식의 연구에 많은 시간을 보냈다. 그는 임금조정에 관한 새로운 두 가지 논점을 발표했다. 하나는 실제적인 문제로서 생계비 변동에 기준한 임금조정은 국가의 소비자물가지수와 연계되어야 한다는 것이다. 그렇지 않으면 회사는 계속적으로 일부의 종업원들만 임금을 증가시켜주고, 다른 종업원들의 임금은 증가되지 않는 결과를 초래한다는 것이다. 이 사례는 경제원리 면에서는 충분히 타당하나 현실적으로 심리적 문제를 야기할 수 있다.

윌슨 씨에 의해 제안된 다른 논점은 생산성 증가의 몫을 우리의 근로자들에게 환원하는 방법들과 관련되었다. 이것을 실행하기 위한 유일한 방법은 각 근로자들이 매년 받을 일정액의 증가분을 설정해야 한다는 것이 그의 주장이었다. 이 제안은 GM 공식의 '연차 개선요소annual improvement factor'의 시발점이었다.

임금공식의 기본요소들은 1941년에 윌슨 씨가 결정했지만, 1948년의 교섭까지 단체교섭에서 공식을 활용할만한 좋은 기회는 없었다. 전시연도 중에 정부의 임금안정화정책은 새로운 제안들을 시작하는 것을 어렵게 만들었다. 1945년에 우리 종업원들은 전시의 생계비 증가를 '따라잡을 수' 있는 큰 폭의 기본임금 증가에만 관심을 가지고 있다는 것이 분명했다. 게다가 1945년부터 1946년까지의 장기 파업 중에 노조는 임금증가가 우리의 지급능력에 의해 결정되고, 사실상 노조가 우리의 판매가격을 교섭할 수 있어야 한다고 주장했다. 이것은 중요한 원칙의 문제가 제기된 것으로, 우리가 새로운 임금 프로그램을 채택하기 전에 해결해야 한다고 생각했다. 1947년에 또다시 우리는 종업원들의 주된 요구가 대폭적인 기본임금의 인상이라고 판단했다.

1948년 교섭은 3월 12일에 시작됐고, 처음부터 전년도의 유형에 따르는 것으로 보였다. 노조의 요구는 오히려 전보다 더욱 극단적이었다. 그것들은 사실상 이전의 10년 동안에 많은 노력을 기울여 개발한 전체 기본 계약을 거의 다시 쓰자는 제안에까지 도달했다. 그 요구들은 시간당 25센트의 임금 인상, 연금프로그램, 사회보장프로그램, 주 40시간 노동보장, 그리고 다수의 경제적 항목들을 포함했다. 우리는 이 요구들이 근거 없이 과도한 것으로 판단했고, UAW가 그것들을 집요하게 계속 요구한다면 우리는 1945년부터 1946까지의 파업과 비슷한 또 다른 재난적 파업이 발생할 것이라는 공포를 느꼈다. 정말로 1948년 봄에는 마치 나라 전체가 이전에 직면했던 가장 심한 파업이 발생한 것 같은 분위기였다. 대부분의 철강 및 전기산업의 교섭은 교착상태에 있었다. 5월 12일에 UAW는 크라이슬러에서 파업에 돌입했고, 그때쯤 GM 지부 사이에서도 파업투표를 실시하기 시작했다.

그러나 1948년 교섭에서 우리에게 유리한 하나의 상황이 있었다. 그것은 우리가 UAW와 교섭이 비교적 비공개로 수행되어야 한다는 데 합의했다는 것이다. 이전 연도들에서 우리의 단체교섭은 노조가 언론에 한바탕 도발적인 성명서를 뿌리는 대중정치포럼을 닮아갔고, 우리는 공개적으로 회답할 의무감이 생겼다. 1948년의 비공개교섭은 출발부터 그들의 분위기를 좀 더 현실적으로 만들었다.

그럼에도 불구하고 교섭은 더디게 진행됐고, 5월에는 파업이 임박한 것으로 보였다. 이 시점에서 우리는 교섭에서 우리의 임금공식을 소개하기로 결정했다. 5월 21일에 우리는 그것을 문서형태로 UAW에 전달했다. 우리는 노조가 우리의 계약 제안에 긍정적으로 반응할 것이라는 조짐을 갖고 있지 않았다. 그러나 노조는 원칙적으로 그것을 수락했고, 우리는 세부사항에 대한 작업을 시작했다. 교섭을 가속화하기 위해 우리는 GM과 노조가 문제를 검토할 4인의 태스크포스를 지명하자고 제안했다.

새로운 계약에 대한 세부사항은 3일 동안 계속된 교섭에서 해결됐다. 전술한 바와 같이 협약은 2년간이었다. 협약의 참신함은 노조가 장기간 그 자체에 개입하기를 원하지 않게 만들었다. 연차 개선요소는 협약에 의해 결정된 노동자들에게 시간당 3센트로 정했다. 그리고 물가가 완전하게 안정되었던 전년도인 1940년에 마침내 기본 자료를 생계비의 계산에 사용하는 것을 합의했다.

GM방식 GM공식에 관해서는 이해해야 할 필요가 있는 몇 가지 논점이 있다. 첫째, 연차 개선요소들에 관한 것인데, 흔히 노사문제에 익숙한 사람들조차 오해하고 있다. 개선요소를 다루는 협약의 조항 101(a)은 "종업원들의 생계기준의 계속적인 개선은 기술적 진보, 더 나은 도구, 방법, 공정과 시설, 그리고 이러한 진전에서 모든 집단에 대한 협력적 태도 …… 동일한 양의 인간의 노력을 가지고 더 많이 생산하는 것은 건전한 경제적 및 사회적 목표다. ……" 환언하면 이익의 진정한 원천은 생산성이다. 이 합리적인 말들을 노조가 수용한 것은 확실히 노사관계에서의 하나의 획기적인 사건이었다.

그러나 폭넓은 가정에 반해 개선요인은 GM에서 명확하게 알려진 생산성의 증가와 연결되지 않는다. 내가 알기로는 GM이나 사실상 계속적으로 변화하는 제품을 제조하는 어떤 회사에서도 생산성을 측정하는 만족스런 기법이 없다. 그리고 한 산업의 생산성 측정이 가능할지라도 그것을 임금 인상에 직접 비례하여 관련시키는 것은 아직 바람직하지 않을 수 있다. 전체적으로 경제에 적용된 이러한 정책은 기술진보가 급속하게 증가하고 있는 업계에서 지급된 임금과 소위 서비스산업에서와 같이 기술진보가 제한되어야 하는 곳에서 지급된 임금 사이에 용인할 수 없는 편차를 가져올 수 있다. 개선요소가 전체적으로 미국경제의 장기생산성 증가를 반영해야 한다는 것이 나의 생각이다.

수년 동안 미국에서의 생산성은 1년에 약 2% 상승한 것으로 추정되었다. 그 추정이 얼마나 정확한지를 나는 알지 못한다. 어떤 경우에도 우리는 GM공식에서의 개선요소를 시간당 3센트로 설정했다. 이것은 연간 2% 임금증가율에 달한다. 이 3센트는 1.49달러의 2%로 당시 GM의 평균 시간급이었다. 이어진 협상에서 개선요소는 여러 번 증가되었다. 주목해야 할 것은 미국 전체 산업에서의 생산성의 변화와 관계없이 계약기간 중에 이러한 증가를 계속 제공할 것을 약속했다는 것이다. 전체적으로 국가 또는 특별히 GM에서 생산성이 하락할지라도 우리는 아직 연차 개선요소들을 지급해야 할 의무가 있었다.

나는 항상 개선요소에 '생산성 증가'라는 라벨을 붙이는 것이 혼동의 원천이었다고 생각했다. 나는 생산성 증가를 전체 종업원이 올린 결과물이라고 생각하고 싶다. 많은 GM 종업원들이 그런 관점에서 받아들이고 있다고 생각한다.

결국 증가된 효율은 근로자들의 증가된 효과성에서라기보다는 주로 더 효율적인 경영으로부터, 그리고 생력화 기구들에 대한 추가적 자본 투자로부터 나온다. 일부 노조 대변인은 마치 증가된 생산성의 전체 이익이 노동으로 가야 할 것처럼 말한다. 나는 그것은 타당하다고 생각하지 않는다. 새로운 기계를 도입하려면 자본이 투하되어야 한다. 추가투자는 그 투자에 대한 이익에 의해 정당화되어야 한다. 혹은 다른 의견도 있을 것이다. 그리고 생산성 증가를 가격을 낮추는 데 전적으로 활용한다면 소비자와 경제 전체는 대부분 혜택을 입을 것이다. 이상적으로 그것은 좋은 일이 될 수도 있다. 그러나 그것은 개인이나 그룹의 이득에 대한 인센티브를 가지고 일을 더 잘하려고 하고, 그 이득에 대해 교섭을 원하는 사람의 본성 때문에 교섭을 위해 무엇인가를 갖는 것이 좋은 일이다. 그래서 나는 생산성 증가의 이익은 소비자저가 또는 양질의 제품, 노동자고임금, 주주투자이익 사이에 분배되어야 한다는 결론을 내렸다.

개선요소들이 GM공식에서 처음 적용되었을 때 하나의 흥미 있는 현상이 나타났다. 1948년과 1950년 협약 하에서 개선은 모든 근로자들, 바닥 청소부, 고숙련의 공구 및 금형 직공 등이 똑같이 정확하게 동일한 시간급이 되었다. 우리의 모든 사람을 평균근로자로 인정하여 2%즉, 시간당 3센트를 지급하는 결정은 명백히 평등주의 방향으로의 움직임이었다. 물론 그 효과는 용구제작자와 금형제작자에게 주어진 개선요소는 1년에 2%만큼도 되지 않았던 반면, 청소부는 3%의 증가를 얻고 있었다. 따라서 1948년부터 1955년까지 개선요인은 임금 차이의 비율을 축소하는 경향을 가져왔다. 이러한 경향은 모든 근로자에게 2.5%의 기준 — 최소한 6센트를 가지고 — 에서 개선요소를 제공한 1955년 계약에서 수정되었다.

개선요소가 변화하였지만 에스컬레이터공식은 실질적으로 변화하지 않고 남아 있다. 그것 또한 수년 동안 지급률을 평등화하는 경향이 있었다. 여기서 공식이 생계비가 1% 상승할 때마다 급여의 1% 증가를 단순하게 제공할 수 없었는지에 대한 이론적 이유는 없다. 그 대신에 공식은 모든 근로자의 생계비가 증가할 때 그의 급여에 동일한 액수의 돈을 가산할 수 있도록 설정되었다. 생계비프로그램은 이런 방식으로 계산되었다. 첫째, 소비자 가격은 1940년 기준일 이래로 약 69% 상승했다고 결정되었다. 평균적 GM 근로자의 시간급은 그사이에 단지 약 60% 상승했다. 9%의 차이를 벌충하기 위해 임률에 시간당 8센트가 가산되었다. 그러나 이 증가는 명백히 저소득 근로자들에 대해서는 9% 이상 그리고 고소득 근로자들에 대해서는 그 미만이었다. 미래의 증가에 대한 조항에서 에스컬레이터 조항은 유사하게 임금을 평등화하는 효과를 가져왔다. 우리는 평균 시간당 임금과 1948년 소비자 임금지수 — 최근의 이용 가능한 — 를 택했고, 그것들 사이에 관계를 유지하기로 결정했다. 평균임금 1.49달러를 지수 수치 169.3으로 나눌 때, 우리는 가격지수에서 1.14포인트의 각각의 상향이동에 대해 1센트를 증가시킨다. 따라서 이것은 모든 근로자에 대한 규칙이 되었다. 그러나 최고보수를 받는 근로자들은 생계비와 맞추어 더 급격한 증가를 필요로 한다는 것에 주목할 필요가 있다. 한편, 1948년에 시간당 1.20달러를 받는 잡역부는 분명히 어떤 인플레이션에 대해서도 더 큰 보상을 받을 것이다. GM 임금공식의 생계비 부분에 관한 사고에서 그것이 진정으로 가격지수와 연계된 평균임률이라는 것, 그리고 에스컬레이터 조항은 모든 다른 임률을 평균을 향해 끌어들이는 경향이 있다는 것을 잊어서는 안 된다. 나는 이 평등주의 효과가 장기적으로 좋을지 나쁠지는 말할 준비가 되어 있지 않다. 내 생각에 흥미 있는 것은 우리 프로그램의 범위 내에서 다른 노조들에 의해 채택된 많은 임금공식들이 예외 없이 이러한 평준화의 특징을 가지는 경향이 있다는 것이다.

여러 경우에 우리는 숙련공들에게 특별한 증액을 승인했다. 이들 증액은 숙련된 사람들에게 관련되는 공식의 평준화 효과를 상쇄했다. 1950년부터 1962년까지 용구 및 금형 직공들을 위한 특별증가는 시간당 31센트에 달했다.

또한 다른 면에서 임금공식에 기초하는 당초의 개념은 단체교섭의 긴급사태에 의해 약간 방향을 바꾸었다. 하나의 반복되는 문제들은 우리의 생계비 계약에서 임금 아래 있는 '하한'이었다. 조던 씨에게 보낸 당초의 편지에서 제안한 바와 같이 노동자들은 심한 디플레이션 기간일지라도 임금삭감에 대한 어떤 한계를 원했을 것이다. 1948년 협약에서 우리는 생계비가 얼마나 많이 떨어지건 간에 당초의 8센트 생계비 상승 중 5센트 이상을 가져갈 수 없도록 규정했다. 1953년, 1958년 그리고 1961년에 또다시 '하한'은 노조와 회사 사이의 협약에 의해 인상되었다. 에스컬레이터 조항의 논리는 명백하게 근로자들이 임금 삭감을 꺼리기 때문에 심한 디플레이션 기간까지 연장될 수 없다는 것이다.

그런데 GM의 임금방식에는 끊임없이 여론의 압력이 가해져 윌슨 씨가 당초에 의도한 대로 운용할 수 없었다. 1953년 교섭은 이 같은 대중의 압력에 관한 예를 보여준다. 원칙적으로 1953년에는 어떤 교섭도 있어서는 안 되었다. 왜냐하면 1950년에 5년 협약에서 노조는 협약에서 결정된 이슈에 대해 교섭하기 위한 "권리를 무조건 포기한다"는 데 서명했기 때문이다. 그러나 1952년 말경에 UAW는 계약의 생계비 조항들에 대해 불만족스럽게 생각했다. 노조는 이 당시에 다른 많은 사람들이 그랬던 것처럼 한국전쟁 이후 거의 자연스럽게 인플레이션으로 갈 것이라는 데 공포를 느꼈다. 생계비가 하락한다면 노조의 멤버들은 당시 에스컬레이터 조항 아래 받고 있던 특별수당의 일부, 생각하기에 따라서는 전체를 잃을 수 있다. 설상가상으로 임금안정위원회Wage Stabilization Board는 다른 그룹의 근로자들, 즉 철강, 전기, 기타 산업에서 그들의 기본율에 가산되었던 생계비 증가를 받는 것을 허용했다. 환언하면, 디플레이션 하에서는 UAW 멤버들이 일부 실수령 급료를 잃게 될 것이고, 한편으로 다른 노조원들은 그렇지 않을 것이라는 것을 의미했다. 우리는 GM에서의 임금이 비교 가능한 업계의 임금에 뒤떨어져서는 안 된다는 것을 노조와 합의했다. 그래서 우리는 계약을 재개했고, 19센트의 생계비수당당시 24센트까지 올랐던을 영구적 기준율에 포함시켰다. 이 에피소드는 임금공식의 당초 개념을 엄격하게 준수하는 것이 어려움을 분명하게 보여주고 있다.

우리의 임금공식은 흔히 인플레이션을 부채질한다는 공격을 받아왔다. 나는 윌슨 씨와 마찬가지로 공식 그 자체가 인플레이션으로부터 우리의 근로자들을 더 이상 보호하지 못할 것이라는 데 동의한다. 그러나 공식은 결코 우리의 노동계약 전체가 아니다. 일부 비판가들은 우리가 많은 복리후생을 승인했기 때문에 생산성을 초과하여 원가가 증가했고, 그런 이유에서 복리후생이 인플레이션과 관련되어 있다고 주장했다.

고려되어야 할 또 다른 중요한 요소가 있다. 개선요소를 논의함에 있어서 나는 개선 요소 그 자체보다 오히려 인센티브와 보너스가 더 중요하다고 생각했다. 그리고 그런 관점에서 보면 우리의 근로자들이 그들의 생활수준을 향상시키는 결과를 초래하는 명확하고 사전에 결정된 기준에서 혜택을 입는다는 사실이 기술진보로부터 비롯된 노동력 절약형 기구와 다른 개선의 도입에 더욱 호의적으로 협력하도록 하고 있다고 생각한다. 전체적으로 개선요소들은 회사 운영의 효율성에 대한 건전한 영향력을 갖고 있다.

이 글을 쓰고 있는 현재도 공식이 우리의 노사관계에 비교적 평화와 안정을 가져오는 데 공헌했다는 것을 부인할 수 없다. 우리는 1948년에 공식이 시행된 이래 국내 협약의 교섭에 대해 대규모 파업이 발생된 적이 없다.

지난 몇 년 동안 GM의 노사협약에 가장 널리 공개된 추가 요소는 추가적 실업수당에 대한 조항이었다. 그것은 정확한 것은 아니지만 흔히 연간임금보장제guaranteed annual wage로 묘사된 하나의 조항이다. 모든 주요 자동차회사들이 1955년 단체교섭에 들어가려고 하는 시기에 노조가 이 프로그램을 역사에서 하나의 큰 이정표로 간주하고 무슨 수를 써서라도 쟁취할 의향을 가지고 있음이 분명했다. 이 프로그램의 배후에 있는 대부분의 아이디어, 즉 주정부 등에 의한 실업수당에 추가된 고용주 부담 추가라는 아이디어는 이미 1954년과 1955년에 노조에 의해 분명하게 계획되었다. 그러나 포드 모터스 컴퍼니에 의해 제안되어 마침내 수용된 계획은 노조의 특별 제안들과 많은 측면에서 달랐다. 그리고 회사가 보수적으로 훨씬 더 부담하게 되었다. 우리는 그 플랜의 여러 측면에 동의하지는 않았지만, 포드가 수용한 직후에 이 프로그램에 결국 동의했다. 결국에는 업계 전체가 그 주장을 받아들였다.

실제로 GM에서는 약 20년 동안 이런 광범위한 유형에 대한 대안적 플랜들을 검토해왔다. 주정부 실업보험법들이 성문화되기 이전인 1934년 12월에 회사 자체의 근로자들에 대한 사적 보험 프로그램이라는 구상이 대략적으로 정리됐다. 제안된 구상들 중에서 우리는 다음과 같은 것들을 지지했다:

- GM은 비자발적 실업 기간에 종업원들에게 지급하게 될 준비금의 적립 원칙을 지지한다.
- 또한 고용주들과 대상 종업원들 양측에 의해 이러한 준비금에 대한 합동 기여금을 지지한다.
- 또한 어떤 종업원이 대상자가 되기 전에 견습기간의 정당성을 믿는다.

나는 이들 논점의 훌륭함에 깊은 인상을 받았으며, 동료들 대부분도 그랬다. 그러나 1930년대 중반에 연방과 주정부의 실업보험프로그램의 급격한 성장은 그 문제에 대한 우리의 생각을 바꾸었다. 현재 이용가능한 실업보험과 함께 우리는 생산의 계절적 변동이 종업원에게 미치는 악영향을 완화시키기 위해 새로운 프로그램을 개발하였다. 그것은 이런 방식으로 운영되었다. 일시적 해고를 당했지만 5년 근속한 어떤 종업원들 — 예를 들면, 모델 변경 시에 — 또는 일주일에 24시간의 보수 미만을 받는 사람은 매주 회사로부터 그의 소득과 24시간의 보수 간의 차이를 차입할 수 있다. 이자는 부과되지 않았다. 24시간 보수를 초과하는 소득을 가진 주간들에서 그는 24시간 보수의 초과분의 2분의 1의 비율로 차입금을 상환한다. 5년 미만이지만 2년 이상 근속한 종업원들의 경우 회사는 최대 합계 72시간 보수를 선급하는데, 16시간까지 매주 선급한다. 환언하면 근로자들의 소득은 1년 동안 더 균일하게 펼쳐져 있었다. 프로그램은 방위생산으로 인해 이 제도가 불필요해졌을 때까지 운영되었다.

이러한 무이자 융자프로그램에 부가하여 우리는 상당한 비율의 근로자들에게 1년 동안 최소 노동시간 수를 어느 정도 보장할 수 있었다. 1935년의 사회보장법은 이러한 플랜을 고안하기 위해 고용주에게 인센티브를 주려고 의도했던 한 구절을 포함했다. 이 구절에 따라 근로자에게 1년에 1,200 작업시간을 보증하는 고용주들은 3%의 급여세 지급에서 면제되었다. 1938년에 우리는 근로자들에게 이러한 보장을 일부 제공할 것을 검토했다. 그러나 당시 이사회 부의장 도널드슨 브라운은 매우 설득력 있게 반론을 전개했다. 나에게 보낸 1938년 7월 18일자의 비망록에서 브라운 씨는 "보장은 다수의 근로자들에게 확대될 수 없고, 그것을 실현할 수 있을지라도 이들 근로자들은 매우 많은 시간을 보장받을 수 없다"고 주장했다. 더 나아가 그는 다음과 같이 말했다:

> 일부 종업원들에게 일정 이상의 연간 취업시간 수의 보장을 확대하는 것은 불가피하게 그 수준에서 평균취업시간을 동결하는 경향이 나타날 것입니다. 이런 종류의 플랜은 사업이 부진한 경우에 보장된 수준의 평균취업시간까지 작업을 분산시키는 것으로 받아들여질 우려가 있

습니다. 이런 결과에 대해 노조의 압력이 불가피하게 행사될 것입니다.

우리 모두는 GM과 같이 크고 복잡한 조직에서 워크셰어링의 실행 가능성에 의구심을 가졌다. 나는 장기간 동안 낮은 시간수준에서의 워크셰어링이 경제적으로나 사회적으로 적절하지 못한 것으로 생각했다. 그러나 전후기간 초기에 나는 회사가 어떤 종류의 보장을 강구해야 한다고 생각했다. 1946년 5월 15일에 추가 실업수당에 대한 나의 견해를 다음과 같이 정리했다:

> …… 장래에 우리에게 부과될 압력이 어느 정도인지, 그리고 우리 자신의 방식으로, 또 사실에 기반을 둔 방식으로 어떻게 제도를 추진하면 좋은지를 결정할 수 있을까? 이것들을 판별할 수 있으면 실적에 대해 임금을 지불함으로써 회사와 종업원의 관계에 바람직한 영향을 미칠 수 있을 것이다.

모든 것을 감안할 때, 최종적으로 계약서에 쓰여 있는 플랜은 지지자들이 예상하는 것보다 나에게는 별로 혁신적이지 않은 것으로 보였다. 많은 경제학자들이 지적했던 대로 그 플랜은 단순히 실업보험의 또 다른 연장이었다. 그것은 20년 이상 유효했고, 항상 고용주가 부담했다. 나는 새로운 플랜의 진가는 단순히 불경기에 종업원들에게 줄 보장의 정도에 있는 것이 아니라고 생각했다. 결국 많은 종업원들이 항상 그 보장의 범위에 포함될 수는 없고, 많은 다른 종업원들은 적은 급여만 받게 될 것이다. 오히려 그 플랜은 종업원들에게 더 큰 경제적 안정감을 준다는 것에서 장기적으로 충분히 장점이 될 수 있다.

1933년 이전에 GM은 건설 분야에서 몇 개의 항공기 조직을 제외하고 노조와의 관계를 갖지 않았다. 이런 이유와 아마도 또 다른 이유들로 우리는 주로 1933년에 시작된 정치적 분위기 변화와 노동조합주의unionism의 성장에 대해 준비하지 않았다. 우리는 대규모 산업들에서 노동조합주의가 당시 미국의 관습이 아니었다는 것을 망각하는 경향이 있다. 대규모 노동조합주의의 중요성은 아직 우리에게 명확하지 않았다. 우리는 일부 정치적 급진주의자들이 노조를 권력 쟁취를 위한 도구로 생각했다고 알고 있다. 그러나 순수한 '비즈니스 노동조합주의'까지도 우리에게는 경영권에 대한 잠재적 위협으로 보였다. 비즈니스맨으로서 나는 이런 발상에 익숙하지 않았다. 자동차산업에서 미국노동총연맹AFL 가입노조와 우리가 초창기에 경험했던 일들은 유쾌하지 않았다. 이들 노조가 가진 주요 이슈는 조직에 관한 일이었다. 그들은 본인의 의사와 관계없이 우리의 전 종업원들을 대표할 것을 요구했다. 산업별노동조합회의CIO와 우리의 첫 만남은 더욱더 유쾌하지 않았다. 왜냐하면 그 조직은 독점적인 교섭권을 손에 넣으려고 가장 무시무시한 폭력행위에 의해 자신들의 요구를 강제하려고 시도했기 때문이다. 그리고 마지막으로 1937년 농성파업에서 우리의 시설들을 점거했다. 나는 초기 노동조직과의 관계에서 발생한 이런 쓰디쓴 논쟁의 기억을 되살리고 싶지 않다. 내가 그것들을 언급하는 이유는 노동조합주의에 대한 우리의 초기 대응이 부정적이었던 이유들 중의 하나를 제시하기 위해서다.

초기 연도들에서 전망을 특별하게 암울하게 보이게 한 것은 기본 경영권을 침해하기 위한 노조의 집요한 시도였다. 생산일정을 결정하고, 작업표준을 설정하며, 종업원들을 징계하는 우리의 권리들을 느닷없이 문제 삼았다. 이것에 추가하여 노조는 반복적으로 매가정책에도 개입하려는 경향을 보였다. 일부 임원들에게는 마치 어느 날 갑자기 노조가 사실상 우리의 사업들에 대한 통제를 하려는 것처럼 보였다.

결국, 우리는 이들 경영권 침해를 방어하는 데 상당히 성공했다. 가격결정은 노조의 기능이 아니라 경영 기능이라는 것은 당연한 것이다. 운영에 관련되는 한 우리는 특정 관행을 문서화하기 위해, 종업원의 고충처리를 노조대표들과 협의하기 위해, 해결되지 않고 남아 있는 소수의 고충을 중재에 회부하기 위해 조치를 취했다. 그러나 전체적으로 우리는 모든 기본 경영권을 유지했다.

GM에서 노동조합주의의 이슈는 해결된 지 오래되었다. 우리는 종업원들을 대표하는 노동조합들 모두와 유익한 관계를 구축하고 있다.

제22장 인센티브보상제도

보너스제도 GM의 보너스제도는 1918년 이래로 우리의 경영철학과 조직의 필수적인 부분이었고, 회사 발전의 기본적 요소였다고 생각한다. 1942년도 연차보고서에 우리의 경영정책은 "사업에서 가장 효과적인 성과와 최대의 발전과 안정성은 경영자들을 가능한 한 자기 사업을 운영하고 있는 경우에 차지하게 될 수 있는 것과 상대적으로 같은 상태에 둠으로써 달성된다는 믿음으로부터 발전되었다. 이것은 개인이 주도권의 행사를 통해 성취할 수 있는 기회를 제공하고, 그에 따른 성과에 상응하는 경제적 성장을 할 수 있는 기회를 제공한다. 회사는 그런 방식으로 유능한 경영자를 끌어들이고 유지한다"고 언급되어 있다.

보너스제도와 분권화 정책은 관련되어 있다. 왜냐하면 분권화는 경영자들에게 성취를 위한 기회를 제공하고, 보너스제도는 각 경영자가 그 자신의 업적에 상응하는 보상을 받도록 해줄 수 있어 그에게 항상 최선의 노력을 하기 위한 인센티브를 제공해주기 때문이다.

GM의 보너스제도는 1918년 8월 27일에 처음으로 채택되었지만, 그것의 근본적 원리는 변하지 않았다. 그것은 회사와 주주의 이익은 가장 중요한 종업원을 회사 번영의 파트너로 만듦으로써 최대화할 수 있다는 것과 각 개인은 그 자신의 사업부와 전사적 이익에 대한 그의 공헌도에 비례해서 보상을 받아야 한다는 것이다. 물론 우리는 종종 이에 변화를 주었다. 예를 들어, 1958년에 인센티브 프로그램은 최고 경영진의 스톡옵션을 포함하기 위해 확대됐다. 현재 보너스는 회사의 순사용자본이익률이 6%를 초과하는 경우에만 순이익에서 지급된다. 보너스 준비금에 대한 최대 연간 적립액은 세후 6% 이익을 차감 후에 순이익의 12%로 제한된다. 그리고 보너스와 봉급위원회Bonus and Salary Committee는 재량에 따라 최대 이하의 적립액을 결정할 수도 있다. 1962년에 약 1만 4,000명의 종업원들이 GM 주식과 현금으로 총 9,410만 2,089달러의 보너스를 받았다. 게다가 스톡옵션제도 하에 긴급융자는 733만 7,239달러에 달했다. 4개사의 해외제조 자회사의 독립된 보너스제도에 적용된 355만 85달러와 함께 이들 금액은 1962년 중에 차입으로 마련한 1억 500만 달러의 준비금으로 분배되었다. 그것은 그 제도 하에서 허용된 최대 금액보다 3,800만 달러만큼 적은 금액이었다.

그러나 보너스 지급이 이익에 의존하기는 하지만 보너스시스템은 이익분배제도가 아니다. 그것은 어떤 종업원에게도 회사나 그 어떤 사업부의 이익에서 정기적인 배분을 위한 자격을 주지 않는다. 보너스와 봉급위원회는 보너스 지급에 이용 가능한 최대 합계액 미만을 부여할 수 있고, 때때로 그렇게 한다. 더욱 중요한 것은 각 종업원은 매년 그 자신의 노력으로 보너스를 받을 권리를 획득해야 한다는 것이다. 그의 노력은 매년 판단되기 때문에 정말로 그가 매년 받을지라도 그의 보너스 금액은 해마다 크게 변동될 것이다. 회사에 대한 그의 기여도를 정기적으로 따져보고, 그것으로 금액이 결정된다는 알고 있기 때문에 항상 각 경영자에 대해 인센티브로 작용한다.

또한 보너스제도는 소유경영자그룹을 형성함으로써 경영자와 주주 간의 이해의 일치를 야기하는 데 중대한 영향을 미치고 있다. 대부분의 경우에 보너스는 부분적으로나 전체적으로 GM 주식으로 지급되었다. 결과적으로 GM은 항상 비중이 큰 주식지분을 가진 최고경영자그룹을 가졌다. 여기에서 비중이 크다는 것은 회사의 총 발행주식이라는 관점이 아니라 경영자의 총 개인자산의 관점에서 말하는 것이다. GM 경영자들은 소유자산의 대부분이 GM 주식으로 구성되었기 때문에 단지 전문경영자였을 때보다 자신들의 이해와 주주들의 이해의 일치를 더 많이 의식하고 있다.

그러나 보너스제도는 그 자체로 개인적 노력을 자극하거나 보상하는 것보다 많은 성과를 거두었다. 그 제도가 처음 시작되었을 때, 경영자들이 회사 전체의 안녕을 위해 그들 자신의 개인적 노력을 관련시키도록 장려하는 데 엄청난 기여를 했다. 실제로 보너스제도는 분권화를 효과적으로 운영하도록 만드는 데 있어서 우리의 조정시스템만큼이나 큰 역할을 했다. O. E. 헌트는 나에게 보낸 편지에서 다음과 같이 말했다:

> 분권화는 기회를 제공했습니다. 인센티브 보상제도는 …… 자극을 제공했습니다. 이 두 제도가 결합하여 회사의 최고위경영자들이 개인적 야망과 주도권을 유지한 채 건설적으로 협력하는 그룹이 되었습니다.

우리가 전사적으로 운영하는 보너스제도를 갖기 전에 다양한 분권화 조직을 통합하기 위한 장애물 중 하나는 주요 경영자들이 전사적 번영의 측면에서 생각할 인센티브가 거의 없었다는 사실이다. 반면에 사업부장들은 주로 그들 자신의 사업부의 이익을 생각하도록 조장되었다. 1918년 이전에 운영 중인 인센티브시스템 하에서 소수의 사업부 경영자들은 전사적으로 얼마를 벌었는지에 관계없이 자신의 사업부 이익에서 명시된 몫을 그들에게 제공하는 계약조항을 가졌다. 불가피하게 이 시스템은 회사 그 자체의 이익을 희생하고 각 사업부의 자체 이익을 최대화하도록 했다. 그것은 사업부 경영자가 그 자신의 사업부 이익을 극대화하기 위한 노력을 하는 과정에서 회사의 이익에 반하는 행동을 하는 것까지 가능하게 했다.

보너스제도는 회사의 이익을 구성하는 일부에 지나지 않는 사업부의 이익divisional profit 대신에 회사의 이익corporate profit 개념을 확립했다. 그것은 "그들의 발명, 능력, 근면성, 충성도나 특출한 서비스에 의해 특별한 정도로 GM의 성공에 공헌한" 종업원들에게 지급될 보너스에 대해 적절하게 제공됐다. 처음에 보너스 지급 총액은 세후 6% 이익 차감 후에 순이익의 10%에 한정되었다. 1918년에 2,000명 이상의 종업원들이, 1919년과 1920년에는 6,000명 이상이 보너스를 지급받았다. 1921년에 불황과 재고청산으로 이익이 급격하게 감소되었을 때는 보너스가 지급되지 않았다.

보너스제도에 대한 최초의 주요 수정은 보너스 지급이 재개되었을 때인 1922년에 만들어졌다. 어떤 보너스 조항이 만들어지기 전의 최소자본이익률은 세후 6%에서 7%로 증가했다. 그것은 최소자본이익률이 5%로 하락했고, 최소자본이익률을 초과하는 보너스를 위해 이용 가능한 순이익이 12%로 증가했을 때인 1947년까지 그 수준에서 머물렀다. 1962년에 최소자본이익률은 6%로 증가했다.

1922년의 개정은 보너스의 지급조건에 종업원의 책임수준을 관련시켰다. 종업원의 책임수준과 관련된 가장 단순한 측정치는 그의 봉급이기 때문에 보너스에 대한 자격은 그 기준에서 설정되었다. 1922년에 시작하여 수년 동안 보너스 자격에 대한 최소봉급은 연 5,000달러였다. 이런 변경에 따라 우리는 1922년에 단지 총 550건의 보너스를 지급했다.

매니저스 시큐리티스 컴퍼니

또 다른 중요한 변경은 1923년 11월에 매니저스 시큐리티스 컴퍼니Managers Securities Company, MSC의 설립과 함께 시작되었다. MSC는 기본적으로 우리의 최고경영자들에게 GM에서의 그들의 소유지분을 증가시킬 기회를 주기 위해 설립되었다. 우리가 염두에 둔 것은 이것이 추가적인 인센티브를 제공할 것이라는 데 있었다. 제도에 참여하기로 선택한 경영자는 듀퐁 컴퍼니에 의해 이용할 수 있게 만든 한 세트의 주식을 실제로 당시의 시가로 구입했다. 경영자들은 그들의 MSC 참여를 통하여 최초에 현금으로 주식에 대해 부분적으로 지급을 하고, 잔액은 장래에 수년 동안 그들의 추가적 보상액에서 지급하는 데 합의했다. 이는 사업이 성공한다면 그들이 주식의 실질적 소유주가 될 것임을 의미했다. 이 제도로 혜택을 받은 사람들은 GM 주식을 그 목적에 이용 가능하도록 해준 피에르 S. 듀퐁과 존 L. 래스콥 그리고 기회를 실현하기 위해 매우 효과적인 제도를 개발한 도널드슨 브라운의 덕택이다. 이하에서는 브라운 씨가 수립한 계획의 핵심을 보여준다.

MSC는 다음과 같이 분할된 3,380만 달러의 수권보통주식으로 조직되었다.

- 7%의 누적적 비의결권 전환우선주의 2,880만 달러
- 액면가 100달러의 A등급 주식 400만 달러
- 액면가 25달러의 B등급 주식 100만 달러

설립 시에 MSC는 GM 시큐리티스 컴퍼니General Motors Securities Company의 주식을 일부 구입했는데, 그것은 GM의 보통주식 225만 주와 동일했다. GM 시큐리티스 컴퍼니는 듀퐁사 소유의 GM 주식의 지주회사였다. MSC는 GM 시큐리티스 컴퍼니에 30%의 출자를 했다.

듀퐁이 GM 주식의 전체 보유분의 30% 지분을 시가로 판매하려고 한 이유는 두 가지다. 첫째, 듀퐁은 그렇게 함으로써 GM 경영진과 듀퐁 사이에 파트너십 관계를 만들고 있었다고 굳게 믿었다. 그에 따른 GM의 경영자들에 대한 인센티브가 커지면 배당이 증가할 것이며, 그렇게 함으로써 남아 있는 지분의 증가된 가치를 통해 듀퐁 소유 주식의 가치가 증가할 것이라고 확신했다. 둘째, 듀퐁이 매각한 이유는 문제의 주식이 억지로, 말하자면 듀랜트 씨의 문제들에 대한 재무적 조정과 관련하여 취득한 특별한 목적을 가진 투자였기 때문이었다.

MSC는 GM 시큐리티스 컴퍼니의 주식 225만 주에 대해 주당 15달러, 즉 총 매수가격 3,375만 달러를 지급했다. 이 매수는 7%의 전환우선주 액면가 2,880만 달러와 같은 액수를 지급함으로써 조달하고, 잔액 495만 달러 정도를 현금으로 지급했다. MSC는 그의 전체 등급 A와 등급 B 주식을 GM 코퍼레이션에 총액 500만 달러에 판매함으로써 현금을 확보했다. GM은 MSC에 회사의 세후순이익의 5%에서 각 연도 동안에 사용된 자본에 대한 7%를 차감한 금액을 지급하는 데 합의했다. 이 지급은 각 연도에 총 보너스 자금의 2분의 1과 같았다. 계약은 1923년에 시작하여 1930년까지 8년간 유효했다.

GM은 더 나아가 어떤 연도에든 MSC에 대한 계약금은 200만 달러 미만이 되어야 하고, 그다음에 GM은 그 차액에 대해 무담보 대출의 형태로 6%의 이자를 붙여 MSC에 보상한다는 데 합의했다이 조항 하의 지급은 사실상 1923년과 1924년의 두 개 연도에 만들어졌다.

GM은 이사회가 지명한 특별위원회에게 내가 제출한 제안에 근거한 배정안에 따라 약 80명의 최고경영자에게 차례로 등급 A와 등급 B 주식을 되팔았다. 종업원들은 GM이 MSC에 지급한 동일가격인 등급 A 주식에 대해 주당 현금 100달러를, 그리고 등급 B 주식에 대해 주당 25달러를 지급했다.

일반적으로 배정된 주식의 수는 회사에서 경영자의 지위에 따라 달랐다. 나는 개인적으로 그 제도하에 자격이 있는 것으로 보인 모든 경영자를 방문했고, 그가 제도에 참여할지 그리고 그의 그의 배정분에 대해 현금을 지급할 여유가 있을지를 결정하기 위해 그의 상황에 대해 협의했다. 나는 막연히 각 경영자의 입장에서 그의 연봉 범위 내의 금액으로 투자를 제한하려고 했다. MSC의 모든 주식이 당초에 배정되지는 않았다. 일부는 장래의 배정을 위해, 첫 번째는 장래에 자격을 갖게 되는 경영자들, 그리고 두 번째는 그의 책임이 증가한 경우에 경영자의 주식보유를 늘리기 위해 따로 떼어두었다.

GM은 어떤 경영자의 보유분의 전부나 일부를 그가 사임하거나 회사에서 그의 직위나 성과가 변경된다면 재구입해야 할, 변경할 수 없는 옵션을 보유했다. 현행기준에서 MSC의 참여를 유지하기 위하여 매니저스 시큐리티스 제도 하에 있는 각 경영자의 성과에 대한 연례적인 검토가 필요했다. 그것은 그의 참여가 그 제도 하에 있지 않은 사람들을 포함하여 다른 경영자들과 일치하고 있는지를 결정하기 위해서였다. 나는 차이가 큰 곳에는 미사용된 MSC 주식의 추가적 배정이나 MSC로 유입되지 않은 보너스의 절반 수준에서 지분참여를 권고했다.

여기에서는 그 제도가 어떻게 운용되었는지를 설명하고자 한다.

GM의 세후순이익의 5%에서 사용자본에 대한 7%를 차감했던 GM 코퍼레이션에 의한 MSC로의 연간 지급액은 등급 A 주식을 위하여 등급 A로 입금되었다. MSC가 소유한 GM 주식GM 시큐리티스 컴퍼니를 통해에 대해 받은 배당금은 MSC의 모든 다른 이익과 함께 등급 B로 입금되었다. MSC의 기발행 7% 우선주에 대한 배당금은 등급 B로 지급되었다.

MSC는 매년 세금 및 비용 차감 후 그리고 우선주에 지급된 배당과 동일한 금액을 차감한 후의 모든 이익과 동일한 금액으로 7%의 우선주를 상환할 의무가 있었다. MSC는 또한 등급 A와 등급 B에 대한 배당금을 지급할 수 있었다. 그러나 이러한 배당금은 전환우선주식에 대해 7%의 누적배당금을 모두 지급했다는 가정하에 1년에 납입자본500만 달러과 잉여금의 7%를 초과하지 않도록 했다.

1923년 이후의 기간에 GM이 이룩한 성공의 결과로서 MSC제도는 가장 낙관적인 기대조차 넘어서는 성공을 했다. 전술한 바와 같이 이 기간은 GM의 놀랄 만한 성취 기간이었다. 의미 있게도 전반적으로 자동차시장은 그 기간에 큰 성장을 보여주지 못했다. 사실상 그것은 1923년부터 1928년까지 매년 약 400만 대의 승용차와 트럭 수준을 유지하고 있었다. 그러나 GM은 이 기간에 2배 이상을 팔았고, 우리의 시장점유율은 1923년에 20% 미만에서 1928년에 40%를 초과했다. 물론 이것은 이익의 급격한 증가를 가져왔고, 그와 함께 참여자의 추가적 보상을 대표하는 MSC에 대한 지급은 증가했다. 1947년에 우선주도 완전히 상환했고, 회사의 총자산을 독점적으로 보유했으며, 각각의 잉여계정을 가진 등급 A와 등급 B 주식은 저당권의 설정 없이 보유하였다.

GM 코퍼레이션의 이익 확대는 MSC의 7%의 우선주의 상환을 가능하게 했을 뿐만 아니라 GM 주식의 시장가치를 상승시켰다. 이는 GM 주식에 대한 배당의 증가와 함께 MSC 주식의 가치도 높아졌고, 제도가 시작된 후 최고경영층으로 진급한 경영자에게는 더 이상 제공할 수 없었다. 결과적으로 당초의 8년의 기간은 7년으로 감축됐고, 1930년이 아니라 1929년도에 종료됐다. 이것의 목적은 GM 매니지먼트 코퍼레이션General Motors Management Corporation, GMMC의 설립을 용이하게 하기 위한 것이었다. GMMC는 또 다른 7년 동안에 증가된 사업규모에 적합한 경영자의 참여를 확대함으로써 MSC의 일반적 개념을 실행하기 위해 설계된 것이다.

나는 이미 MSC제도가 가장 낙관적인 예상을 넘어서는 성공을 했다고 언급했다. 아마도 그것은 1923년 10월에 MSC의 등급 A와 등급 B 주식에서 구입한 각 1,000달러의 주식에 의한 결과를 언급함으로써 가장 잘 설명할 수 있다. 그 당시에 이러한 투자는 사실상 당시 주당 15달러의 시가를 가진 GM의 무액면 보통주식 450주에 대한 일부분을 지급했고, 경영자는 만기 잔액을 그의 미래 보너스로부터 지급하는 데 동의했다. 다음 7년 동안 이러한 투자에 대해 GM이 규정에 근거하여 MSC에 지불한 금액은 총 9,800달러에 달했다. 이렇게 경영자가 그 기간 중에 보너스로 수령한 금액은 사실상 회사에 대한 추가투자가 되었으며, 각 1,000달러의 초기투자가 총 1만 800달러로 증가했다.

1923년부터 1930년에 해당되는 450주의 지분은 교환을 통해 주식배당을 했고, MSC에 의한 추가구입은 902주로 증가했다. GM이 1930년 4월 15일에 MSC에 대한 최종 계약금을 지급한 후에 나타난 총투자는 부채 없이 액면 10달러인 GM의 보통주식 902주를 보유하고 있었던 셈이다. 또 다른 방식으로 표시하면 그때까지 초기투자 1,000달러와 추가보상의 해당되는 지분 9,800달러로 표시된 총 1만 800달러는 사실상 액면 10달러의 GM 보통주식의 902주를 구입한 것이다. 중간에 GM 보통주식의 시장가치가 상승함으로써 902주는 주당

52.375달러의 가치 또는 총액으로 47만 232달러의 시장가치를 가졌다. 1927년과 1928년의 2,050달러의 부분적인 투자금 상환과 그 기간에 수령한 1만 1,936달러의 배당이익을 고려할 때, 투자총액 1만 800달러에서 증가한 최종가치는 6만 1,218달러였다.

MSC제도는 참여하고 있는 경영자에게 보상한 만큼 GM 코퍼레이션과 그의 주주들에게도 보상했다. 이 제도의 성공은 1923년과 1929년 사이의 GM의 성공을 반영했다. 그리고 나는 이 성공은 부분적으로 MSC가 회사 전체의 성공에 비중이 큰 개인 지분을 가진 최고경영층팀을 형성했다는 사실에 기인했다고 확신한다. MSC는 개인에게 확실하게 큰 재무적 인센티브였다. 그러나 듀퐁 컴퍼니의 월터 S. 카펜터 2세Walter S. Carpenter, Jr.가 나에게 쓴 편지에서와 같이 그것은 기업을 전사적으로 지원하고 협력을 증진시켰다. 카펜터 씨는 다음과 같이 썼다:

> MSC의 중요성은 그것이 이들 많은 개인들이 …… 이전처럼 그들의 사업부에 한정된 편협한 이익만을 추구하는 것이 아니라 전사적인 성공을 가져오겠다는 절실하면서도 지속적인 감정을 갖게 한 점입니다. ……
>
> 귀하는 소위 재무 메커니즘의 설계가 회사 전체 이익에 대한 혜택을 결국 개인의 공헌도에 비례하여 받을 수 있도록 피라미드식으로 조직되었다는 것을 누구보다도 잘 알고 계십니다. 그것은 지금에 와서 아주 오래되었고, 너무 많이 사용해서 우리는 거의 당연지사로 받아들이고 있습니다. 그러나 반드시 알고 있어야 할 것은 그런 방식이 그때는 아주 새로웠고, 전사적 성공을 가져오기 위한 추진력과 결단력에 엄청나게 기여했다는 것입니다. …… 물론 이것은 서서히 협력, 상호관계, 상호의존의 진전을 용이하게 했습니다. 그것들 모두는 나중에 회사의 성공에 중요한 역할을 했습니다.

매년 말에 나는 MSC 주주총회를 개최했고, 그해에 바로 종료된 결과를 검토하기 위해 참여한 경영자가 모두 참석했다. 이것은 나에게 경영자주주와 GM주주 사이에 이해의 상호관계를 강조할 기회를 주었다. 도널드슨 브라운은 하루 종일 계속된 이 회의에서 "어떻게 그런 공통의 이해가 자본적 지출, 재고자산 및 수취채권의 효과적인 통제와 제조, 판매와 유통, 그리고 소비대중에 대한 제품의 매력에서의 효율성에 의해 충족되었는지를 보여주기 위해 종합적인 보고서가 제시되었다"고 기억한다.

GM 매니지먼트 코퍼레이션

GMMC에 대한 개념은 MSC의 그것과 유사하다. 물론 기법은 일부 측면에서 당연하게 차이가 있다. 그러나 역시 우리의 경영자에게 GM에서 그들의 소유지분을 증가시키고 추가적 인센티브를 제공하기 위해 설립되었다. 이것은 MSC에서와 같이 GM의 보통주식 대금을 참여자가 초기에 일부는 현금을 지급하고 나머지는 장래에 다년간에 걸쳐 보너스에서 지급하는 구조였다.

물론 새 제도를 발효시키기 위해 GM 주식의 또 다른 큰 일부가 필요했다. 이런 필요를 예상하여 GM 코퍼레이션은 GM 보통주식 중 137만 5,000주를 1930년 이전에 3년 동안 누적했다. 이것은 주당 40달러의 시가로 총원가 5,500만 달러에 GMMC에 팔렸다. GMMC은 이 구입자금을 자사의 보통주식 5만 주를 500만 달러에 팔고, 7년의 6% 연속상환사채를 5,000만 달러에 발행함으로써 조달했다. 이는 GM 코퍼레이션이 모두 인수했다. GM은 GMMC의 보통주식을 약 250명의 경영자들에게 현금으로 팔았다. 원래 MSC에 참여한 것의 무려 3배 이상이었다.

GMMC의 설립 초기는 대공황의 시대로, 사실상 거의 모든 상업적 계약에 악영향을 미쳤다. 전술한 바와 같이 GM이 전반적으로 자동차시장에서 그의 점유율을 유지하는 동안 업계의 매출은 감소했다. 그것은 경제 상황에 따라 판매량이 상응하게 감소했기 때문이다. 그 상황하에서도 GM의 성과는 괄목할만했다. 공황이 최고로 심각했던 해에도 회사는 이익을 내며 운영될 수 있었다. 그러나 세후이익이 사용된 자본의 7% 이하로 떨어져서 보너스 자금이 발생하지 않았다. 또한 이익률이 낮아서 GMMC는 채무를 상환하거나 그에 대한 이자지급도 할 수 없었다. 말할 것도 없이 GM 주식의 시가 또한 대폭 떨어졌다. 그것은 한때 주당 약 8달러로 떨어졌다오늘날의 $1\frac{2}{3}$달러 액면 보통주식으로 치환하면 주당 1달러를 다소 상회한 것과 같은 금액일 것이다. 이렇게 침체된 수준에서 GMMC에 의해 보유되었던 GM 보통주식의 시가는 GM에 대한 기발행 담보부채무보다 훨씬 낮았다.

GM은 새롭게 전개된 사태에 매우 당황했고, 경영자의 사기는 크게 떨어졌다. 왜냐하면 GMMC의 주주로서 경영자들은 그들의 누적 정상 연간보너스지급액과 그들의 당초 자본투자만큼 회사의 채무에 대해 책임을 가지고 있었기 때문이다. 따라서 나는 GM의 재무위원회에서 경영자가 GMMC의 손실에 의해 매년 그들의 전체 보너스가 모두 사라지는 것을 보지 않도록 하기 위해 어떤 조정안을 만들 것을 촉구했다.

재무위원회가 조치를 취하도록 촉구함에 있어서 나는 GM 경영자의 이익만큼 GM 주주의 이익에 대해서도 관심을 보여줬다. 양자는 서로 밀접하게 관련되어 있었다. 나는 경영자의 사기를 회복시키려면 GM 모든 관계자들의 최대 이익을 중요하게 여겨야 한다고 생각했다.

재무위원회는 처음에 어떤 지원을 제공하는 것을 꺼려했는데, 그 이유는 GM의 주가가 회복될 것이라고 생각했기 때문이다. 그럼에도 불구하고 1934년에 많은 검토 후에 당초의 계획을 수정했다.

이 수정은 무담보 채무에 대해 만기가 지난 이자의 조정뿐만 아니라 GMMC의 자본에 어떤 조정을 하도록 검토하게 했다. 그러나 가장 중요한 변경은 그 계획의 만료 시에 GMMC가 GM에 채무를 부담하고 있었을 경우, GM 보통주식의 이용 가능한 전량을 주당 40달러에 GMMC가 GM에 인도함으로써 해결될 수 있다는 조항 또는 옵션에서 GMMC는 주식의 2분의 1을 (또한 40달러에) 인도할 수 있고, 현금으로 부채의 2분의 1에 대한 동시 지급을 할 수 있다는 조항이었다. 이것은 부채를 처리하기 위해 더 융통성 있는 기준을 제공했다.

나중에 밝혀진 바와 같이 재무위원회의 당초 판단이 옳았다. GM의 주식가격은 1937년 3월 15일 그 계획이 종료된 시점에 주당 65.375달러로 회복되었다. 부채를 청산하기 위해 GM 주식에 대한 GMMC의 보유분에서 그들의 지분 일부를 주당 40달러에 사용함으로써 GMMC의 주주로서 경영자들은 500만 달러의 이익을 포기했다. 이 이익은 GM 코퍼레이션의 이익으로 흘러들어 갔다.

GMMC가 MSC만큼 성공했다는 증거는 없었지만 증가된 주식 소유와 GM과 그의 경영자들이 운영으로 이익을 얻는다는 두 가지 목적을 달성했다. 한 예로서 또다시 1930년에 GMMC의 주식에 투자했던 각 1,000달러에 대한 결과를 언급하고자 한다. 각 1,000달러는 사실상 당시 주당 시가가 40달러인 액면 10달러의 GM 보통주식 275주에 대해 부분적으로 현금을 지급하고, 경영자는 만기 잔액을 장래의 보너스로 지급하기로 합의했다. 다음의 7년 동안 GM이 이러한 투자에 대해 계약에 근거해 회사에 지급해야 할 금액은 총 4,988달러에 달했다. 또다시 이것들은 그 기간 중에 경영자가 보너스로 받게 될 금액을 표시하고, 사실상 경영자에 의한 회사에 대한 추가 투자를 구성했으며, 각 1,000달러의 당초 투자가 5,988달러로 증가했다.

제도의 종료시점인 1937년 3월 15일에 총투자는 주당 액면가 10달러, 시가 40달러의 GM 보통주식의 179주에 대한 청구권으로 나타났다. GM 보통주식에서 비례적 지분의 감소는 시장에 나와 있는 GMMC의 18만 7,300주의 판매와 GM에 대한 그의 채무를 감소시키기 위해 GM 보통주식 29만 3,098주를 인도한 것을 반영했다. 그 중간기간에 GM 보통주식의 시가는 주당 40달러에서 주당 65.375달러로 상승했다. 그래서 1937년 3월 15일에 179주의 시가는 1만 1,702달러였다. 그 기간 중에 받은 893달러의 배당을 고려할 때 5,988달러 투자의 최종가치는 1만 2,595달러였다.

기본보너스제도

GM 보너스제도의 대상자는 GM의 성장에 따라 증가했다. 40년 동안 보너스 지급을 받고 있는 종업원들의 숫자는 1922년의 550명에서 1962년에 1만 4,000명으로 약 25배 증가했다. 1922년에는 단지 5%였는데, 1962년에는 보너스 지급을 받는 모든 봉급제 종업원들은 약 9%다.

1920년대 중 · 후반에는 회사경영조직이 방대하게 확장되었기 때문에 자격요건을 변경하지 않았는데도 보너스제도의 범위는 상당히 확대되었다. 1929년에는 거의 3,000명의 봉급제 종업원들이 보너스를 받았다. 7년 동안 5배나 증가했다.

1920년대 이래로 대상자는 몇 개의 큰 단계를 거쳐 확대해왔다. 1936년에 인센티브제도는 1년에 2,400달러와 4,200달러 사이에 종업원에 대한 연간 보너스 조항의 일부분을 유보함으로써 많은 수의 추가적 봉급제 종업원들로 확대되었다. 1931년의 공황 시기에 적격자에 대한 최소봉급은 봉급삭감을 위한 조정을 위해 5,000달러에서 4,200달러로 떨어졌다. 당시 적격자에 대한 최소봉급은 1936년에 2,400달러로 떨어졌을 때 이것은 보너스 수급자의 숫자를 1935년에 2,400명에서 1936년에 9,483명으로 만들었다.

낮은 이익으로 인해 보너스자금이 상대적으로 소액이었던 1938년을 제외하면 대상자는 1942년까지 약 1만 명의 범위에 있었다. 후반연도에 최소봉급은 4,200달러로 회복되었고, 보너스 대상자는 1년에 약 4,000명으로 감소했다.

전후 첫 몇 년 동안 보너스와 봉급위원회는 인플레이션이 일반급여수준을 인상시킴으로써 최소봉급을 증가시켜 수령자의 숫자를 그와 거의 동일한 수준에서 유지했다. 그러나 1950년에 보너스와 봉급위원회는 적격자에 대한 최소봉급기준을 7,800달러에서 6,000달러까지 낮춤으로써 또다시 보너스플랜의 범위를 1942년의 4,201명의 수급자에서 1950년의 1만 352명으로 확대했다. 연차보고서에는 "1950년의 보너스 수여를 위한 최소봉급을 월 500달러로 삭감하는 데 있어서 위원회의 조치는 이러한 범위 내에 사업의 성공에 크게 기여한 많은 종업원들이 있다는 사실을 인정한 것이다. 보너스배분에 대한 이런 광범한 기준은 GM 조직을 매우 활성화시키는 효과를 가져올 것이다"라고 표현되어 있다.

시간은 확실히 그러한 판단의 정당성을 입증했다. 적격자에 대한 최소봉급기준은 봉급의 일반적 증가와 보조를 맞추기 위해 꾸준히 올라갔지만, 보너스 수여를 받는 종업원들의 숫자는 매우 꾸준하게 상승했고, 현재 연간 대략 1만 4,000명이다.

일반적으로 수년 동안 분할하여 보너스를 수여하는 것이 관행이었다. 예를 들어 1947년 이래로 5,000달러까지의 수여는 각각 1,000달러씩 분할하여 지급되어왔다. 더 큰 금액의 수여는 5년 균등 분할로 지급되었다. 그 제도는 종업원들이 특정 상황 하에서 회사를 퇴직하면 미지급된 보너스를 정산할 권리를 잃게 되는 조항들을 포함하고 있다. 이러한 정산의 기준은 보너스제도의 목적 중 하나가 경영자가 회사에 계속 남아 있도록 하는 유인을 제공하는 것임을 인정하는 것이다.

우리의 인센티브제도의 기본 목적 가운데 하나는 우리의 경영자를 사업파트너로 만들기 위한 것이었다. 이 개념은 보너스 수여가 GM 주식으로 만들어져야 한다는 것이다. 보너스 목적을 위한 매년의 필요를 충족하기 위해 매월 시장에서 보통주식이 구입된다. 당초 전체 보너스 수여는 주식으로 지급하는 것이 가능했지만, 보너스와 봉급위원회에 명백해진 것은 높은 개인소득세라는 새로운 변수로 인해 수혜자가 관련 소득세를 지급하기 위해 그 주식의 상당 부분을 팔아야 한다면 주식으로 전체 보너스를 지급하는 것은 무익하다는 것이었다. 따라서 1943년에 회사는 부분적으로 현금으로 보너스를 수여하는 정책을 채택했다. 1950년 이후 일반 목적은 보너스의 일부를 현금으로 수여함으로써 수령자가 그의 총 보너스에 대해 세금을 지급하고 보너스 중 주식 부분을 유지할 수 있도록 하는 것이었다. 수여시점에 경영자에게 전달되지 않은 주식은 보너스 분할이 정산될 때까지 자기주식으로서 회사가 보유한다. 정산기간 동안 경영자는 그것이 이미 정산되어 전달되었다면 주식으로 지급될 배당과 동일한 현금액을 지급받는다.

높은 개인소득세의 영향에도 불구하고 회사의 운영경영자가 보유하는 주식금액은 상당하다. 1963년 3월 31일자로 회사의 최고경영자 약 350명의 총 주식보유는 그들의 전달되지 않은 보너스에서 정산될 저축-주식구입프로그램을 통해 보유된 주식과 조건부 융자를 더하여 총 180만 주 이상에 달했다. 그것들의 대부분은 그들의 인생을 헌신한 대가로, 이 사업에 최고경영자들의 자본투자는 최근의 거래 범위에 맞추어 주당 75달러의 시장가치를 가정하면 현 시점에서 1억 3,500만 달러를 넘는 금액이 된다. 이런 말을 해도 될지 모르겠는데 그것은 사실상 하나의 개인기업이다.

스톡옵션제도

한동안 높은 개인소득세는 주요 경영자가 GM 주식에 대한 투자로서 유지할 수 있었던 보너스 지급을 부분적으로 감소시켰다.

보너스제도의 주요 목표의 하나가 소유경영그룹을 형성하고 유지하기 위한 것이기 때문에 1957년에는 보너스제도를 보완하기 위해 핵심적 종업원들에 대한 스톡옵션제도가 설치되었다. 그것은 1958년에서 1962년까지 각 연도에 옵션을 승인하기 위해 제공되었다. 이것은 참여자의 입장에서 증가된 주식보유를 위한 기회를 제공할 것이고, 보너스제도와 함께 보너스제도 그 자체보다 더 효과적인 인센티브를 제공할 것이라고 생각됐다. 1962년에 주주들은 1967년까지 변동 없이 그 제도의 연장을 승인했다. 스톡옵션제도는 1950년의 세입법Revenue Act의 제한된 스톡옵션제도Restricted Stock Option Plan 조항으로서 알려진 것에 근거했다. 보너스와 봉급위원회는 계속해서 개인적 보너스 지급을 결정했고, 스톡옵션을 받을 사람을 결정했다. 그러나 스톡옵션을 받는 경영자에 대한 보너스 지급은 총계로 원래 지급될 금액의 75%에 불과했다. 보너스는 완전히 현금이었지만 종래와 같이 분할로 지급됐다. 동시에 이들 경영자들은 조건부로 그들에게 지급된 보너스 감액분의 3분의 1에 상당하는 GM의 보통주식으로 조건부융자contingent credit를 받을 권리를 갖는다. 따라서 보너스 지급에 그들에게 조건부로 입금된 조건부 융자를 더한 것은 만약 그들이 스톡옵션을 받지 않았을 경우 보너스로 지급받은 금액과 동일했다. 당시 이들 경영자들 각각은 조건부융자에서 있던 만큼 많은 주식수를 세 번 구입할 수 있는 옵션을 승인받았다. 옵션가격은 옵션이 승인된 시점에 주식의 공정시장가격이다.

그 제도가 연장됨으로써 1958년부터 1967년까지의 각 연도에 총 400만 주까지 승인됐다. 그러나 경영자들은 10년 동안 총 7만 5,000주 이상에 대한 옵션을 받지 않았다. 옵션은 경영자가 옵션이 승인된 이후 8개월 동안 회사에 계속 재직하고 있는 경우에만 행사될 수 있다. 그리고 퇴직한 경우를 제외하고 승인일로부터 10년의 기간 동안만 유효하다. 경영자가 그의 옵션 또는 그중의 일부를 행사한다면 관련된 조건부융자에 대한 권리를 상실한다. 그러나 옵션이 만기가 되었을 때 조건부융자에 남아 있는 어떤 주식은 5년 동안 경영자에게 배분되었다. 조건부융자가 조건부로 경영자에게 입금되는 한 그는 본인이 그것을 보유했다면 조건부융자에서 주식에 대해 지급되어야 할 배당과 동일한 현금액을 지급받는다.

스톡옵션제도로 어떤 경영자가 얻을 수 있는 이익들 중의 하나는 현행 세법 하에서 10년의 기간 내에 옵션 또는 그중 일부를 행사하여야 하고, 구입한 주식을 6개월 이상 보유하고 있었을 경우 그 후에 매각이익을 얻었다 해도 장기자본이득으로서 우대세율이 적용된다. 스톡옵션제도는 근본 원칙들 또는 GM 보너스제도의 관리방식에 어떤 변화를 수반하지는 않는다. 그것은 단순히 좀 더 효과적으로 인센티브를 창조하고, 경영진의 자사주 보유를 촉진하기 위해 채택된 것이다.

보너스제도의 운영

GM 인센티브제도의 핵심은 대상 종업원들에게 각각 얼마를 지급할 것인지를 결정하기 위한 절차에 있다고 할 수 있다.

보너스와 봉급위원회는 보너스 지급에 대해 완전한 재량권을 가지고 있으며, 보너스 대상에서 제외된 이사들로 구성된다. 이 위원회는 이사회 멤버인 경영자에게 지급될 보너스를 독자적으로 결정할 수 있다. 다른 모든 경우들에서 보너스와 봉급위원회는 이사회 의장과 사장에 의해 함께 제안된 보너스를 검토하고 결론을 내린다. 조화로운 통제에 의한 분권화의 정책과 일치하여 개인의 보너스를 추천하는 데 있어서 발의권은 운영사업부와 스태프조직에 위임된다. 우선 위원회는 보너스 목적을 위해 그 연도의 이익에서 이용 가능한 최대 금액에 대해 매년 독립된 공인회계사들의 자문을 받는다. 그 금액은 현재 세금과 순자본에 대한 6%를 차감한 후인 순이익의 12%다. 당시 위원회는 처음으로 이 전체 금액 또는 일부 더 적은 금액을 보너스 준비금으로 적립할 것인지를 결정해야 했다. 예를 들어, 1947년부터 1962년까지 16년 중 5년 동안은 위원회에 의해 보너스 준비금으로 적립될 금액은 이용 가능한 전체 금액보다 적었다. 이 기간 동안 보너스 준비금으로 입금된 총액은 최대 금액보다 적은 1억 3,100만 달러였다. 1962년에 입금된 금액은 허용 최대액보다 적은 3,800만 달러였다.

더구나 어느 연도에 실제로 지급된 보너스 금액은 그해 중의 보너스 준비금으로 이전될 금액보다 적을 수 있다. 따라서 전후 첫 3년 동안에 준비금에 입금된 금액 1,900만 달러는 지급되지 않았다. 그러나 어떤 다음 연도에 사용할 수 있도록 이월했다. 그러나 1957년에 보너스와 봉급위원회는 당시 대략 2,000만 달러로 계산된 1956년 말의 준비금에서 전체 미지급된 잔액을 회사의 이익에 반환해야 한다고 결정했다. 이 금액은 보너스에 속하는 순이익에 포함되지 않았다.

얼마만큼을 보너스 준비금으로 이전하고 그 합계에서 얼마만큼을 총 보너스로 지급할지를 결정한 후에 위원회는 각 개인에 대해 지급하는 것을 결정해야 한다. 이 과정은 여러 단계를 거쳐야 한다. 보너스 자격에 대한 최소봉급은 매년 이사회 의장과 사장으로부터 추천을 받은 후에 위원회가 결정한다. 이 제도는 또한 전 계층에서 뛰어난 실적에 보답하기 위해 특례로서 하한급여의 조건을 채우지 않은 사람에게도 보너스를 지급하는 것이 인정되고 있다.

자금의 배분에서 대상 종업원들은 관리 목적으로 다음과 같은 특정 계층으로 구분된다:

(a) 운영경영자인 회사의 이사
(b) 운영사업부장과 여러 스태프조직의 책임자이들 두 그룹은 회사조직의 최고관리영역을 구성하고 있다
(c) 하한급여의 기준을 만족시킨 전 종업원

이들 계층에 자금 배분을 결정하는 데 있어서 위원회는 보너스 지급에 이용 가능한 금액과 대상자 봉급총액과 그해의 성과와의 관계를 검토한다.

위원회에 의하여 취해진 첫 단계는 운영임원으로서 보너스 대상

자인 회사의 이사에게 가능한 배분을 결정하는 것이다. 각 개인 이사는 독립되어 검토되고, 그의 성과는 위원회 멤버에 의하여 검토된다. 이런 연유로 위원회는 2인의 임원들을 제외하고 개인이사들의 성과에 대해 회장, 사장과 비공식적으로 협의할 수 있다. 이상의 작업이 종료되면 보너스 지급범위의 일정비율을 이사들의 몫으로 할당해 각자의 몫을 결정한다.

다음 단계는 두 번째 계층인 사업부장들과 스태프조직의 책임자들에 대한 할당을 결정한다.

위원회는 이용 가능한 총 보너스에 관해 전체 그룹에 어떻게 잠정적인 배분을 해야 하는지를 검토한다. 위원회가 이 계층에 대한 할당을 결정한 후에 사장과 회장은 개인적 제안을 하고, 승인이나 수정을 위해 보너스와 봉급위원회에 그것들을 보고한다.

이사들에 대해 그리고 운영사업부장들과 스태프조직의 장들에 대해 배분을 결정했을 때, 회장과 사장은 운영사업부들의 직원과 스태프조직에 이용 가능한 균형에 대해 자문을 받는다. 그러면 회장과 사장은 중역 일부와 함께 그런 다양한 그룹들 사이에 이용 가능한 배분액을 결정한다.

먼저 회사의 이익창출 수단인 운영사업부들을 처리하는 데 있어서 위원회는 회장, 사장과 협의한 후에 따라야 할 일반적인 배분기준을 설정한다. 운영사업부들에 대한 배분에서 고려요인은 대상 종업원들의 급여총액, 상대적 투자자본이익률, 특별한 고려가 타당한 경우 특정 상황을 고려한 사업부의 성과에 대한 전반적으로 내린 판단이다. 위원회에서 회장과 사장이 제안한 사업부 배분이 승인되면, 운영사업부장들에게 사업부들에 대한 배분이 통지되고, 그 후에 그들의 판단에 따라 사업부 내에 종업원들을 위한 개별보너스 수여를 위해 추천할 책임을 갖는다물론 그들 자신을 제외하고. 직접적으로 이익창출활동을 하지 않는 스태프 조직의 경우에 배분은 그들의 대상 급여와 스태프성과의 평가에 기준해 각 그룹에 대해 이루어진다.

다양한 사업부들과 스태프조직들 내에 개인의 보너스 지급액을 결정하기 위한 단일 공식은 없다. 각각은 독자적인 기법을 가지고 있다. 그러나 각 개인은 그가 연중 회사에 공헌했는지에 대해 그의 상사가 실시한 아주 신중하고 탐색적인 분석에 근거해서 보너스를 지급받는다. 보통 특정한 개인을 위한 추천은 그의 직속상사로부터 시작한다. 상사의 평가는 경영에서의 성공수준을 가지고 사업부장 또는 적격의 스태프의 책임자에까지 올라가 검토된다. 사업부장이나 스태프의 책임자는 그의 관할 하의 사람들에 대해 추천된 모든 수여를 검토하고, 그것들을 그의 상사인 그룹경영자에게 제출한다. 그룹경영자는 차례로 추천서를 검토하여 통과시킨 다음 추천서를 회장과 사장에게 제출한다. 이러한 모든 추천은 집행부사장과 함께 최종 경영자에 의해 검토된 후에 최종 결정을 위해 보너스와 봉급위원회에 제출된다.

각 사업부가 보너스의 지급대상자를 추천하는 데 있어서 자체 절차를 따르는 동안 검토과정에서 불공정이 감소된다. 물론 보너스와 봉급위원회는 대략 1만 4,000명의 수혜자들의 상세한 자격요건 그 자체에 정통할 수는 없다. 그러나 위원회는 모든 보너스 적격자에 대한 명부 작성과 추천된 보너스 배분액에 대한 평가를 돕기 위해 작정된 모든 개인 보너스 추천에 대한 상세한 관련 통계 요약서를 받는다. 또한 위원회는 대략 750명의 주요 경영자와 관련된 개별 추천을 평가하고, 본사 스태프뿐만 아니라 여러 사업부에서 회사 전체의 비교 가능한 직위의 사람들과 비교한다. 위원회는 보너스가 성과에서의 편차를 반영하고, 가능한 한 가장 공정하게 배분되는지 확인하기 위해 이들 경영자의 각각에 대한 성과를 주의 깊게 검토한다. 부수적으로 개별 경영자의 발전과 개발에 대해 주의 깊게 검토하는 것은 회사 관리 인력의 강점과 약점을 분석한다는 관점에서 매우 가치가 있다. 이것은 특히 사전기획을 하고 불가피한 조직개편을 준비하는 데 있어서 매우 유용하다.

GM에서 보너스의 중요성

보너스제도의 운용에 그렇게 모든 경영자가 시간과 노력을 소비해야 할 가치가 있는가? 그리고 거기에 소요되는 비용이 가치가 있는가? 나는 단연코 그렇다고 믿고 있다. 나는 보너스제도가 주주에게는 1달러도 들어가지 않지만 장기적으로 그들의 이익을 크게 증가시켰다고 확신한다. 보너스제도는 GM코퍼레이션의 눈부신 성공에 주요 요인이 되었고, 앞으로도 그럴 것이다. 창업한 지 얼마 안 되는 소기업을 자신의 저축으로 투자한 몇 사람들이 운영할 때, 분명한 것은 그들 자신의 지분이 기업의 그것과 뒤섞인다는 것이다. 그러나 기업이 성장하고 더 많은 사람들이 회사의 경영에 참여할 때 그 연관성은 약해지고, 보너스제도가 제공하는 것과 같이 주기적으로 일체감을 나타내거나 강하게 호소할 필요가 생긴다.

보너스제도는 회사의 여러 계층에 다른 종류의 인센티브를 준다. 그것은 종업원들 사이에서 아직 보너스 지급 대상이 아닌 종업원들이 그 대상이 되기 위해 노력할 엄청난 인센티브를 제공한다. 얼마 전에 우리의 최고경영자 가운데 한 명이 나에게 보낸 편지에서 다음과 같이 회상했다. "저는 제가 처음으로 보너스를 지급받았을 때 느꼈던 감격을 잘 기억합니다. 마침내 보너스 수급자의 일원이 되었다는 감격 속에서 조직에서 계속 성공해나가겠다는 다짐을 했습니다." 나는 보너스제도에 참여할 기회를 가진 모든 이들이 같은 감정을 가졌으리라 생각한다. 그리고 현재 그들 대다수의 개인자산 중 상당 부분은 아마도 지급받은 보너스가 점유하고 있을 것이다.

보너스가 매년 지급되었기 때문에 인센티브는 그 사람이 회사에 남아 있는 한 오래 지속된다. 사실상 이런 자극은 한 사람이 조직에서 승진함으로써 갈수록 더 효과적이 된다. 왜냐하면 보너스는 일반적으로 낮은 급여 층보다는 높은 층에서의 급여와 관련하여 더 컸기 때문이다. 다시 말하면, 보너스는 한 사람이 승진함에 따라 일종의 기하학적수학적이기보다는 속도로 증가하는 경향이 있다. 그래서 그가 기존의 직무에서 가능한 한 최선의 작업을 하도록 할 뿐만 아니라 더 높은 계급으로 승진할 수 있도록 탁월한 성과를 내게 하는 엄청난 인센티브가 주어진다.

그러나 인센티브와 보상이 단순히 재무적인 측면만을 가진 것은 아니다. 또다시 나는 위에서 언급한 편지에서 인용한다:

> 저는 회사가 보너스제도의 관리에서 유도하는 또 다른 가치가 있다고 확신합니다. 그것은 금전적 보상 같은 유형적인 인센티브와는 별도로 제공되는 무형적인 인센티브입니다. 보너스제도가 가져오는 자아만족은 잠재적 보상으로서 회사 내에 엄청난 추진력을 만들어냅니다.
>
> 각 보너스는 현금과 보통주식의 내재가치보다 더 큰 것을 가지고 있습니다. 수령자에게는 사업에서의 성공에 대한 그의 개인적 공헌에 대한 평가입니다. 보너스는 금전적 보상과는 별개로 받게 되는 회사 내에서의 하나의 방식을 경영자에게 전달하는 수단입니다.

이런 비금전적 인센티브는 각 수급자의 감독자가 보너스 통고 편지를 써서 전달하는 널리 받아들여지는 관행에 의해 강화된다. 이것은 수급자의 성과에 대한 검토를 하거나 논의의 기회를 제공한다.

보너스제도의 중요한 부수적 효과는 그것이 각 참가자에게 그의 직무와 그의 상사와의 관계를 절실하게 의식하도록 만든다는 것이다. 이를테면 그 자신과 회사의 발전에 대해 숙고하도록 한다는 것이다. 사람은 상사가 자신의 가치를 인정했다는 것을 앎으로써 만족감을 얻고, 동시에 매년 그의 업무실적을 재검토하는 데서 자극을 받을 수 있다.

이런 종류의 분위기는 직접적 봉급시스템 하에서 또는 자동적으로 보너스를 지급하고 이익분배제도에 의해 보완되는 봉급시스템 하에서는 발생되거나 유지될 수 없다. 이러한 제도에서 종업원은 그가 승급을 받았거나 받지 못했을 때에만 평가 대상이 되고 있다는 것을 의식한다. 그리고 통상적 방식 하에서는 불이익을 주기가 더욱 어렵다. 왜냐하면 봉급은 일반적으로 하방 경직성을 가지고 있다. 그러나 GM 보너스 제도하에서 지급된 보너스 총금액 추세에 역행하는 사람에게 보너스의 상당한 감소는 심각한 벌칙이 되는 것으로 여겨진다. 당사자는 싫어도 눈치 채게 된다. 지급될 총액은 연차보고서에서 공개된다.

또한 보너스제도는 봉급시스템에서보다 증액하는 측면에 더 많은 유연성을 제공한다. 우수한 성과를 가진 사람에게는 그의 봉급을 인상하여 보상하기가 어렵다. 왜냐하면 그 인상이 전체의 봉급 계층구조를 틀어지게 할 수 있기 때문이다. 게다가 봉급 인상은 회사로 하여금 계속적으로 돈을 쓰게 한다. 반면 보너스는 성과가 특이했던 기간에 대한 보상을 계획할 수 있도록 해준다. 그래서 보너스제도는 일정을 틀어지게 하지 않고 봉급 일정 전반에서 벗어나 특별한 개인들을 위해 그것을 가능하게 만든다.

게다가 보너스제도는 경영자의 이직을 억제하는 경향이 있다. 전술한 바와 같이 보너스는 현재 연간 5회 분할로 지급된다. 따라서 자발적으로 퇴사하는 종업원들은 그에게 전달되지 않은 보너스 잔액을 정산 받을 권리를 잃게 된다. 이것은 경우에 따라서는 상당한 금액이 된다. GM에서는 이런 억지력으로 인해 수년 동안 특히 상층부에서 유능한 경영자의 이직이 거의 없었다.

물론 궁극적으로 보너스제도의 성공을 '입증'하는 것은 가능하지 않을 수도 있다. 왜냐하면 우리는 이 제도가 존재하지 않았다면 무엇이 발생했을 것인지를 단지 추측만 할 수 있기 때문이다. 나의 오랜 친구이며 동료인 월터 S. 카펜터 2세Walter S. Carpenter, Jr.에게 보너스제도의 효과에 대한 평가를 요청했다. 그에 대한 답변은 나의 감상을 대변하고 있었다. 그는 다음과 같이 썼다:

> 보너스제도의 '효과'를 보너스제도에 의해 달성된 결과에 대해 다소 사실에 입각한, 아마도 수학적인 증거로 추론하려 한다면 처음부터 내가 별로 도움이 되지 못해 두렵다는 것을 바로 인정해야 할 것입니다. 내가 이렇게 말하는 것은 우리가 이 문제에 대해 다년간 생각해왔기 때문입니다.
>
> 우리는 보너스제도를 고안했을 당시에 특히 우리가 연간 보너스 자금액수를 설정하는 데 있어서 몇 퍼센트로 할 것인지에 대해 개략적인 방법으로라도 기준을 명확하게 하려고 했습니다. 그 후에도 매년 제도의 범위 내에서 이 문제를 검토할 때 역시 같은 문제로 심사숙고를 했습니다. 그러나 오랫동안 이 제도를 운용하는 가운데 봐온 것을 기초로 판단할 수밖에 없는 것이라는 결론에 도달했습니다. 덧붙인다면 우리는 보너스제도의 기본을 이루는 철학에 자신을 가지고 있었습니다.
>
> 내 생각에 그것들을 정밀하게 측정할 수 없을지라도 보너스제도가 효과적인 도구라는 우리의 생각을 지지하는 측정치로 추론할 수 있는 한두 개의 사실적인 상황들이 있습니다.
>
> 먼저 내 생각에는 보너스제도의 가장 두드러진 주창자였던 듀퐁 컴

퍼니와 GM코퍼레이션 두 회사가 모두 엄청나게 성공했다는 것입니다. 물론 이것을 폄하하는 사람들은 이런 성공에 대해 많은 다른 이유들이 있었다는 것이 의심할 여지가 없다고 말할 수도 있습니다. 그러나 이들 두 회사가 뛰어나게 성공해온 사실은 감명을 줍니다. ……

따라서 앨프리드, 우리는 보너스제도의 효과에 대해 단 하나 또는 수학적으로 표현할 수 있는 증거를 갖고 있지 않습니다. 그러나 그 효과성에서 우리의 확신을 지지하고 있는 것은 그것이 중요한 역할을 했던 오랜 기간 동안에 두 개의 위대한 기업의 성공 기록입니다. 우리는 우수한 인재 집단을 만들고 유지함으로써 공헌한 증거를 가지고 있습니다. 거기에다가 우리는 제도의 토대가 되었던 기본원칙에서 우리의 확신과 신뢰를 가지고 있습니다.

여기에서 부언하고 싶은 것은 45년간 성공적으로 운영한 보너스 제도를 폐지하거나 과도하게 수정하는 것은 회사의 경영 정신과 조직을 확실하게 파괴할지 모른다는 것이 나의 확고한 믿음이다.

제23장 경영: 어떻게 작동하는가?

성공의 요인 어떤 경영은 성공적인데, 어떤 경영은 성공적이지 못한 이유에 대해 설명하기는 쉽지 않다. 성공과 실패의 원인들은 깊고 복잡하며, 운chance이 작용한다. 그러나 그간의 경험으로 볼 때 나는 사업에 책임을 지고 있는 사람들에게는 동기부여motivation와 기회opportunity라는 두 가지 요인이 중요하다는 것을 확신하고 있다. 전자의 상당 부분은 인센티브 보상에 의해, 후자는 분권화에 의해 제공된다.

그러나 문제는 거기서 끝나는 것이 아니다. 훌륭한 경영은 집권화와 분권화의 조화 또는 '조화로운 통제하의 분권화'에 달려 있다는 것이 이 책의 주제다.

이 개념에서 각각의 상충하는 요소들을 조화시키면 사업에서 특출한 성과를 얻을 수 있다. 분권화로부터 우리는 주도권, 책임, 인력 개발, 사실에 근접한 결정, 융통성을 얻는다. 이 모든 특징은 새로운 상황에 적응하기 위해 꼭 필요하다. 조정을 통해 우리는 효율성과 경제성을 얻는다. 조화롭게 균형을 이룬 분권화의 개념을 적용하는 것이 쉽지 않다는 것은 분명하다. 다양한 책임을 구분하기 위한 고정 불변의 법칙과 그것들을 배분하는 최선의 방법은 없다. 회사와 사업부 사이의 책임은 의사결정 대상, 당시의 상황, 관련된 경영자의 기질과 역량에 따라 다르다.

조화롭게 균형을 이룬 분권화의 개념은 GM에서 우리가 현실적 경영 과제들을 해결해나가는 과정에서 점진적으로 발달했다. 이미 소개한 바와 같이 개발이 시작된 약 40년 전에는 분명히 사업에 대한 일차적 책임을 각 사업부의 경영진이 지는 것이 바람직했다. 그러나 1920년과 1921년의 경험은 사업부에 대하여 우리가 해왔던 것보다 더 큰 통제 장치가 필요하다는 것을 보여주었다. 본사가 적절한 통제를 하지 않으면 사업부들은 손을 쓸 수 없게 되고, 회사의 경영진에 의해 설정된 정책을 따르지 않아 회사에 큰 손해를 안겨주었다. 그러는 동안 본사의 경영진은 최선의 정책을 수립할 위치에 있지 못했다. 왜냐하면 사업부로부터 받은 적절하고 시의성 있는 자료가 없었기 때문이다. 나중에 절차가 마련되어 운영 자료가 본사에 지속적으로 제출됨으로써 마침내 진정한 조정이 가능하게 되었다.

아직도 사업부들의 자주성과 본사의 통제 사이에 적절한 조합을 찾는 문제가 남아 있다. 적절한 조합은 물론 한 번에 완전하게 확립될 수는 없다. 그것은 변화하는 상황에 따라 달라지고, 관리 조직의 결정에 대한 책임은 지속적인 것이다. 예전에는 각 사업부가 자동차와 기타 제품들의 스타일링에 대한 책임을 졌다. 그 이후에 우리의 모든 주요 제품의 일반적 스타일을 개발할 책임은 스타일링스태프에게 부여하는 것이 바람직한 것으로 확인되었다. 이것은 부분적으로 조정된 스타일링에 의해 얻어지게 될 물적 절약에 의해 제안된 것이다. 부가해서 우리가 경험으로부터 배운 것은 질 높은 작업은 회사 전체의 고도로 개발된 전문가의 재능을 이용함으로써 얻어질 수 있다는 것이었다. 어떤 특정한 스타일의 채택은 관련 사업부, 스타일링스태프, 본사 경영진의 연대 책임이다.

사업부 경영진과 본사 경영진의 상대적인 책임을 지속적으로 조율해나가는 과정은 경험 또는 변화된 상황이 개선되거나 좀 더 경제적인 성과를 가져올 기회를 제시할 때마다 GM의 분권조직에 의해 허용되었다. 내가 CEO로 있을 때 실제로 본사 임원들은 사업부경영자들에 대해 보통 정도의 감독만을 행사했다. 변화된 상황과 좀 더 새롭고 복잡한 문제의 등장으로 이전보다는 다소 긴밀한 정도의 조정을 야기했지만, 오늘날도 기본적인 것은 크게 변하지 않았다.

GM은 라인과 스태프에 관한 교과서적 정의를 따르지 않는다. GM은 라인과 스태프를 본사스태프를 포함한와 사업부로 각각 구분했다. 주로 전문가들로 구성된 스태프임원들은 기존 정책의 특정 문제에서 라인 권한을 가지고 있지 않으며, 정책을 사업부에 직접 전달한다.

본사 경영진은 본사가 의사결정할 경우와 사업부가 의사결정할 경우를 비교해서 어떤 경우에 더 효율적이고 효과적인지를 결정하는 데 책임을 가진다. 본사 경영진이 이러한 결정에 정통하기 위해서는 상당히 많은 부분을 스태프임원들에게 의존한다. 실제로 본사 경영진이 하는 많은 중요한 의사결정은 먼저 정책그룹의 스태프와의 협력 하에 공식화되고, 그 후에 토론을 통해 지배위원회가 공식적으로 채택한다. 예를 들어, 디젤기관차의 제조에 참여하기 위한 기본결정은 주로 스태프에 의한 제품연구에 근거한다.

법률작업 같은 일부의 본사 스태프활동은 개별 사업부에 대응하는 부서가 없다. 엔지니어링, 제조, 유통 활동과 같은 다른 본사 스태프 활동은 사업부의 각 활동에 대응한다. 그러나 이들 스태프들과 사업부 활동 사이에 몇 가지 중요한 차이가 있다. 본사 스태프는 사업부에 대응하는 스태프들보다 장기적이고 광범위한 문제에 관심을 갖는다. 그러나 한 사업부에서 프로젝트 개발을 승인했더라도 예외가 있다. 한 가지 예는 코베어의 개발로, 다음 장에서 언급된다.

본사 활동으로부터 발생된 절약은 상당하지만, 비용은 평균적으로 보통 회사의 순매출액의 1% 미만이다. 각 사업부는 그들이 스스로 창출하거나 외부에서 아웃소싱하는 것보다 본사 스태프를 통하여 구입하는 것이 더 싸고, 양질의 서비스를 얻는다. 나의 견해로는 후자가 훨씬 중요하다. 스타일링, 재무, 기술연구, 발전된 엔지니어링, 인사 및 노사관계, 법률문제, 제조, 유통 분야에서 스태프의 기여는 뛰어나고, 이 분야에서 스태프들은 투입되는 비용의 몇 배의 가치를 창출시킨다.

본사 스태프활동은 여러 유형의 비용을 절약하게 해주었다. 가장 중요한 것 중 하나는 사업부들 간의 조정에서 나온 절약이다. 이는 본사 임원들과 사업부 직원 사이에 아이디어와 개발의 공유를 통해 발생한다. 사업부들은 상호간에 그리고 본사 경영에 있어 아이디어와 기법을 공유함으로써 공헌한다. 많은 경영 및 엔지니어링 재능은 사업부에서 나왔고, 본사 임원들 역시 각 사업부 출신이다. 예를 들어 고압축엔진과 자동변속기의 개발은 스태프와 각 사업부의 합작품이다. 항공엔진과 디젤엔진의 발전 역시 합동 개발 작업에서 나왔다.

조직과 경영 분권화된 사업부 운영 하에서 서로 다른 사업부경영자들은 유사한 유형의 문제를 서로 다른 방법으로 해결하고 있으며, 이는 본사의 자문 대상이다. 이 과정에서 기법들과 아이디어를 걸러내는 판단과 기술이 개발된다. GM의 전사적 경영의 질은 부분적으로 공통목표를 가지고 공유된 경험과 공통목표의 틀 안에서 사업부끼리 경쟁하는 의식에서 나온다.

또한 우리의 분권화 시스템 하에서는 경제성의 면에서 전문화가 가능하다. 전문화와 분업에 의해 원가가 절감되고 거래가 창출되는 것은 하나의 경제 원리다. 이것을 GM에 적용할 때에는 부품의 생산에 전문화한 우리의 내부 공급 사업부들이 가격, 품질, 서비스에서 완전히 경쟁력을 가져야 한다는 것을 의미했다. 그렇지 않은 경우 구매사업부들은 외부공급처로부터 구입할 수 있는 자유를 갖는다. 우리가 부품을 외부에서 구입하지 않고, 직접 제조하기로 결정하고 생산체제를 구축했다고 하더라도 이는 결코 우리가 그 라인의 생산을 계속 유지한다는 폐쇄적인 결정을 한 것은 아니다. 우리는 가능하면 언제나 내부의 공급 사업부들을 외부 사업자들과 경쟁시켜 테스트하고, 자가 제조 또는 구입 여부에 대한 계속적인 판단을 내린다.

어떤 항목을 외부에서 구매하는 것보다 항상 자가 제조를 해야 한다는 결정은 원가 절감의 가정에 근거한 보편적인 오해다. 그 논거는 외부에서 구매하는 대신 직접 제조함으로써 공급자가 여분의 원가를 절약할 수 있다는 데 있다. 그러나 공급자의 이익이 정상적이고 경쟁적인 경우에는 자체 투자로 직접 제조할지라도 순절약이 없다. GM은 일부의 경쟁사와는 달리 원자재 생산에 관여하지 않고, 제품 생산에 투입할 많은 부품을 구입한다. 왜냐하면 그것들을 직접 생산함으로써 우리가 더 나은 제품이나 서비스 또는 가격 경쟁력을 얻을 수 있다는 어떤 근거도 없기 때문이다.

우리 제품의 총매출원가 중에서 외부공급처로부터 구입하는 부품, 재료, 서비스는 55~60% 수준이다.

효율성과 적응성 두 가지를 유지하기 위해 사업부경영자들의 계속적인 노력이 중요하다. 그러나 이들 경영자들은 일부 중요한 조건을 만족시킨다는 전제하에 사업부의 거의 모든 운영을 결정한다. 그들의 결정은 회사의 일반 정책들과 일치해야 한다. 사업부의 운영 결과는 본사 경영진에게 보고되어야 한다. 사업부 임원들은 운영정책의 어떤 중요한 변경이 있을 경우 본사 경영진을 '납득sell'시켜야 하고, 일반 임원들로부터의 제안에 개방되어 있어야 한다.

주요 제안들을 납득시키는 관행은 GM 경영의 중요한 특징이다. 어떤 제안도 본사 경영진을 납득시켜야 하고, 그것이 다른 사업부들에 영향을 준다면 그들 또한 납득시켜야 한다. 건전한 경영을 위해 본사도 대부분의 경우에 그의 제안을 정책그룹과 그룹경영자를 통하여 사업부에 납득시켜야 한다. 납득접근법selling approach은 신중하지 못한 결정에 대해 중요한 추가적인 안전장치를 제공한다. 안전장치는 보통 주주에 대한 회사임원의 책임을 의미하는 것이다. 그것은 어떤 기본적 의사결정도 모든 관련 당사자들이 완벽하게 검토한 후에만 만들어진다는 것을 의미한다.

우리의 분권화된 조직과 단순한 명령이 아닌 아이디어를 납득시키는 전통은 GM 내의 모든 경영진이 어떠한 제안을 하기 위해서는 충분한 근거를 준비해야 한다는 것을 의미한다. 이런 기준하에서 직감hunch을 바탕으로 운영하고 싶은 경영자는 보통 자신의 아이디어를 다른 사람에게 납득시키기가 어렵다는 것을 발견하게 될 것이다. 뛰어난 직감을 배제하는 것에는 어떤 희생이 따르겠지만, 그럼에도 불구하고 일반적으로 사정에 정통하고 호의적인 비판에 대해 강하게 변호될 수 있는 정책에서는 기대 이상의 결과가 나타난다. 요컨대 GM은 순전히 직감에 따르는 경영자들에게 적합한 조직이 아니다. 그러나 유능하고 합리적인 사람들에게는 호의적인 환경을 제공한다. 조직에 따라서는 천재가 능력을 발휘하도록 그를 중심으로 조직을 조정할 필요가 있다. 전체적으로 GM은 그런 조직이 아니다. 그러나 케터링 씨는 명백한 예외였다.

우리의 경영정책은 각종 지배위원회와 정책그룹에서 논의한 후 결정된다. 이것들은 한 순간의 영감을 받아 만드는 것이 아니라, 경영의 근본적 문제를 처리하면서 오랜 과정을 거쳐 개발한 결과다. 그것은 또한 의사결정을 하는 유능한 사람들에게 정책에 대한 책임을 부여하는 것이다. 이것은 어느 정도 모순을 가지고 있다. 한편으로 책임을 떠맡고 있는 유능한 사람들은 주주에게 이익을 가져다주기 위해 폭넓은 사업 관점을 가지고 있어야 한다. 다른 한편으로는 특별의사결정을 할 수 있는 자격이 있는 사람들은 실제 사업 활동에 친근해야 한다. 이미 보여준 바와 같이 우리는 이 모순을 주로 본사 경영진 내에서 정책결정의 책임을 재무위원회와 집행위원회 사이에 분할함으로써 해결하려고 했다.

정책제안의 또 다른 원천은 관리위원회다. 이 위원회는 사장이나 집행위원회가 언급한 사안 혹은 회사의 경영활동에 영향을 미치는 제조 및 판매활동, 그 밖의 활동에 관하여 사장에게 조언하는 것을 목적으로 하고 있다. 사장은 위원회의 위원장이고, 현재 위원은 집행위원회의 멤버들과 집행위원회의 멤버가 아닌 두 그룹의 경영자들, 승용차와 트럭 사업부장, 피셔바디사업부장, 해외운영사업부장을 포함하고 있다.

이와 같이 책임을 분산시킨 결과 정책의 개발과 제안은 주로 운영에 가장 가까운 사람들로 구성된 본사 경영진이 맡았다. 그들은 물론 사업부에서 온 사람들과 매우 긴밀하게 제휴하여 업무를 진행하고, 사업부 사람들은 일부 정책그룹에 속해 있다. 집행위원회는 전사적 관점에서 보는 동시에 운영 문제에 정통하고, 약간의 사법적 기능을 가지고 있다. 집행위원회는 정책그룹과 관리위원회의 작업과 운영상황에 대해 위원회 멤버들의 상세한 지식을 토대로 기본적 의사결정을 한다. 재무위원회는 사외이사를 포함하고 있으며, 사외이사는 폭넓은 기업 정책의 분야에서 책임과 권한을 행사한다.

GM에서 나는 대부분의 시간을 본사 경영에서 지배그룹의 개발, 조직 그리고 주기적인 조직개편을 하는 데 할애했다. 이것은 GM과 같은 조직에서는 의사결정을 위한 올바른 틀을 제공하는 것이 다른 무엇보다 중요했기 때문에 꼭 필요한 일이었다. 의식적으로 유지하지 않을 경우 틀이 무너지게 되는 것이 자연스런 상황이다. 집단 결정group decision은 쉽게 되는 것이 아니다. 임원들은 종종 협의라는 아주 번거로운 절차 없이 그들 스스로 의사결정을 하려는 강한 유혹에 빠진다. 협의에는 아이디어를 다른 이에게 납득시키는 것을 포함한다. 물론 집단이 어떤 특정인이 하는 것보다 항상 더 나은 결정을 하는 것은 아니다. 오히려 더 좋지 않은 결정을 내릴 가능성도 있다. 그러나 GM의 기록들은 집단 결정이 더 좋은 결과를 가져온다는 것을 보여주고 있다. 기본적으로 1920년 이래로 10년 동안 자동차시장에서 일어났던 큰 변화에 우리가 적응할 수 있었던 것은 이러한 조직 형태를 가지고 있었기 때문이다.

제24장 변화와 진보

변화에 대한 대비 내가 기술한 사건들과 생각들에서 분명한 것은 나의 세대는 미국 산업사에서 아주 특별한 기회를 가졌다는 것이다. 우리가 사업을 시작했을 때 자동차는 신제품이었고, 대기업은 새로운 형태의 사업조직이었다. 우리는 그 제품이 큰 잠재력을 가지고 있다는 것을 알았지만 당초에 우리 중 어느 누구도 자동차가 미국과 세계를 변화시키고, 경제 전체를 재편성하며, 새로운 산업으로 불리게 되고, 삶의 속도와 스타일을 바꿀 것임을 알고 있었다고 말할 수 없다. 우리는 금세기에 거의 모든 사람들에게 이용 가능한 자가용 운송수단을 만든 산업 개발에 공헌했다는 만족감을 가지고 있다. 나는 이 산업을 창조하고 발전에 공헌한 수많은 훌륭한 시민과 함께 공급자로서 또는 경쟁자로서 사업적 방식으로 관련을 맺게 된 것이 개인적으로 만족스럽다. 자동차와 회사와 사람들의 관련에 의해 산업에 기여한 사람 중 몇몇 이름은 미국 사회에 새로운 전설을 낳았다. 나에게 있어 포드 씨, 뷰익 씨, 쉐보레 씨, 올즈 씨, 크라이슬러 씨, 내시 씨, 윌리스 씨 등을 언급하거나 생각하는 것은 너무도 자연스럽다. 이 사업의 명운에 관련된 수많은 다른 이들, 그들은 자신들이 만들고 있던 혁명에 대해 깨닫지 못하고 사업을 운영하는 평범한 일을 수행했다.

미국의 산업에서 성공적인 기업들의 대부분은 성장을 해왔다. GM은 명백하게 성공적인 기업이다. 효율적이기 때문에 성공했고, 그에 따라 성장도 했다. 우리만큼 활력을 가진 대기업이라면 경제를 선도하는 입장에 섰다고 해도 놀라운 일이 아니다. 물론 아직 비판자들이 있다. 합리적 비판자들에게 나는 이렇게 말하고 싶다. GM은 GM의 사람들과 그들이 함께 일한 방법 덕분에, 그리고 그들의 활동을 효율적으로 결합한 기업에서 참가한 사람들에게 주어진 기회 덕분에 현재의 GM이 되었다고. 장field은 누구에게나 열려 있었다. 과학적 진보의 공동 창고에서 기술적 지식이 흘러나왔고, 생산기법은 알려져 있었으며, 관련 생산수단들은 모두에게 이용 가능했다. 시장은 전 세계로 확장됐고, 고객에게 선택을 받는 것 외에 다른 더 좋은 대안은 없었다.

나는 오늘날 크게 성공한 기업이 항상 큰 것이 아니었다는 것을 지적하고 싶다. 이 책은 우리가 자동차업계 전체가 자신을 발견하기 위해 방법과 수단을 찾고 있었던 1900년대 초, 이런 큰 모험을 시작했을 때를 보여주었다. 그런 초기의 날들에서 우리 업계는 오늘날 당연한 것으로 여기는 기술을 보유하고 있지 않았다. 우리와 업계에 무슨 일이 그냥 일어날 것 같았다. 딜러의 매출액 수치를 알지 못했으며, 딜러가 보유하고 있는 차량대수를 알지 못했다. 소비자 수요의 추세를 알지 못했고, 중고차의 중요성에 대해 알지 못했다. 다른 자동차의 시장 침투에 대한 통계가 없었고, 아무도 차량등록을 추적하지 않았다. 따라서 생산일정은 최종수요와 진정한 관계없이 수립되었다. 우리의 제품들은 어떤 다른 것 또는 시장과 계획된 관련을 갖지 않았다. 시장의 완전한 범위를 충족시키기 위한 제품라인의 개념을 생각해본 적이 없었다. 오늘날 우리가 알고 있는 것과 같은 연차모델 변경은 까마득했으며, 제품의 품질은 들쑥날쑥했다.

우리의 출발은 그런 상태에서 시작되었다. 우리의 과업은 어떠한 형태의 조직이 우리의 회사에 적합한지를 찾아내는 것이었다. 이것은 무엇보다 시장의 큰 변화에 적응할 수 있는 조직을 의미했다. 얼마나 크게 또는 얼마나 잘 설립되었는지에 관계없이 자동차 제조업체의 경직성은 시장에서 심각하게 불리했다. 우리는 그것을 1920년대의 포드 씨의 사례에서 엿볼 수 있다. 그는 너무 오랫동안 한 시대를 풍미했던 자신의 낡은 성공적 사업개념에 머물러 있었다. 우리는 다른 사업개념을 가졌고, 그것으로 그와의 경쟁에 들어갔다. 그가 옳았던 것으로 나타날 수도 있었으나 그렇게 되기 위해서는 그의 자동차에 대한 개념을 뒷받침해주었던 국가 경제상태가 지속된다는 것을 가정해야 했다. 우리의 사업개념은 때마침 경제, 자동차 기술의 진보, 소비자들의 변화하는 관심 및 기호와 일치했다. 그러나 우리 또한 최초의 성공 후에 실패했을 수도 있었다. 자동차업계에는 많은 실패의 위험들이 있어왔고, 상존하고 있었다. 변화무쌍한 시장과 제품에 대한 환경은 그 조직이 변화에 대비하지 않았다면, 정말로 내가 보기에 그것이 기대되는 변화에 대응하는 구체적 절차들을 마련하지 않았다면 어떤 사업조직도 파괴할 수 있었다.

GM에서 이 절차들은 시장의 광범한 장기 추세를 평가할 수 있는 위치에 있는 본사 경영진에 의해 제공되었다. 이것은 수년 동안 우리가 만들어내는 제품의 변천에 의해 잘 묘사되어 있다. 1920년대에 우리의 제품라인의 점진적 진화는 시장의 문제들에 대한 점진적 적응과 함께 출발했고, 우리가 단순하게 "모든 소득계층과 용도에 맞는 자동차a car of every purse and purpose"로 정의했던 정책으로 계속 나아갔다. 산업이 성장하고 발전함에 따라 우리는 이 정책을 고수했고, 경쟁과 고객수요의 변화를 충족시킬 능력을 보여주었다. 이런 연유로 우리 제품의 진화를 개관하고 싶다.

1923년에 400만 대의 승용차와 트럭이 팔렸고, 시장은 1920년대 동안에는 이 수준에 머물렀다. 이 시기 중에 우리의 제품은 여러모로 지속적으로 개선되었다. 가장 중요한 것은 덮개 차체의 개발이었다. 고가차의 판매는 국가 번영과 함께 증가했다. 1930년대 초 공황기간에 수요 그 자체는 역전되어 저가 분야에 집중하게 되었다. 1933년과 1934년에 미국에서 팔린 차의 거의 4분의 3은 저가격대였다. 우리는 그 수요에 맞추어 생산을 조정했다. 경제의 회복과 함께 소비자들은 또다시 고가 차종들을 더 높은 비율로 찾았다. 그리고 미국이 참전하기 직전인 1939년에서 1941년도까지 저가 모델은 1929년도와 거의 같은 비율인 전체 시장의 57%에 불과했다. 따라서 우리는 그에 대응했다.

제2차 세계대전 후 생산의 재개와 함께 그것은 특히 철강의 부족 때문에 필요했다. 왜냐하면 산업이 자재의 통제 하에 운영되었기 때문이다. 이런 상황은 소형 제조업체들카이저-프레이저, 내시, 허드슨, 스튜드베이커, 패커드을 선호하게 했다. 그 당시 그들의 대표적 제품은 중간가격대에 집중되었으며, 그들의 시장점유율이 급격하게 증가했다. 이 기간 동안에 경쟁은 주로 생산에 한정되었다. 즉, 제조업체가 어떤 것을 만들건 간에 고객들은 구입하기 위해 기다리고 있었다. 1948년에 신차등록이 1929년과 1941년에 이룩했던 전쟁 전 최고기록에 도달했을 때 중간가격대가 전체 시장의 45.6%를 차지했고, 거의 저가 모델이 차지했던 점유율46.6%과 같았다.

1948년 이후 정상적인 경쟁의 영향이 일부 시장 영역에서 다시 효력을 발휘하기 시작했고, 중간가격대의 소형제조업체의 판매는 감소했다. 얼핏 보기에는 고객의 수요가 전쟁 전 패턴으로 돌아오고 있는 것처럼 보였다. 1954년에 또다시 외견상으로 전통적 저가 모델이 전체

매출의 약 60%를 차지했다. 그러나 실제로 중요한 변화가 저가 모델의 제품 판매 안에서 발생하고 있었다. 다른 모델과 마찬가지로 이 그룹에서의 생산자들은 1950년대의 증가된 소비자의 구매력을 끌어들이기 위해 점점 더 많은 선택적 장치를 제공하고 있었다. 당시에 1953년 9월에 「포춘」에 게재된 시장의 특징 '새로운 유형의 자동차시장'은 다음과 같다: "전후 판매자시장에서 그것자동차산업은 스스로 차량당 더 많은 액세서리, 사치품, 개량품과 혁신품 등을 추가한 차를 판매하고 있음을 발견했다. 현재는 그런 식으로 계획해야 한다. …… 단위 수요와 구매력 사이의 차이 폭 확대는 차량당 더욱 추가된 차를 판매할 강력한 추진력을 가져올 것이다." '뉴 룩new look'과 함께 1955년 차들은 더 크고, 더욱 강력하게 성장했고, 많은 액세서리들이 표준장비가 되었다. 전체 자동차시장은 하드톱, 컨버터블, 스테이션왜건 같은 상대적으로 비싼 모델들의 인기가 커짐에 따라 더욱 변화를 가져오게 되었다. 판매는 중간가격대에서 강력했다. 예를 들어, 포드는 그런 상상을 확대하기 위한 노력으로 머큐리라인을 확대했고, 1957년에 완전히 신형 차인 엣셀을 세상에 내놓았다. 그러나 저가 모델의 차들은 그동안 규모와 품질 모두에서 향상되고 있었다. 포드, 쉐보레, 플리머츠는 사실상 모든 면에서 저가격대의 일부였지만 명칭에서 새롭고, 좀 더 고가의 시리즈 차들이 그들의 개별 라인들에 최고등급으로 모두 추가됐다.[23] 원론적으로 이것은 단순히 소비자의 새로운 소득과 그의 새로운 욕구에 맞추어 공급하겠다는 업계의 인식을 반영한 것이다.

1950년대 중반에 소위 '스트립드stripped' 모델, 즉 최소의 장비를

23 궁극적으로 이 사실은 인식되었고, 산업을 다루고 있는 통계기관들에 의해 보고된 가격 그루핑은 이러한 모델들이 현재 중간가격 범위에 포함되도록 수정되었다.

가진 저가 그룹의 차들은 고객에게 인기가 별로 없었다. 이런 사실로 보아 1957년 이후의 연도에 기세가 커진 소위 콤팩트카 또는 경제형 차의 급증은 언뜻 보기에 혼란스러워 보였다. 그러나 유심히 보면, 이런 수요는 소비자의 더 큰 다양성에 대한 욕망이 진전되어 표출된 것이다. 업계는 자동차 역사 내내 고객의 선호가 어떻게 변화하는지를 예측하기 위해 노력해야 하는 문제에 직면해왔다. 신제품을 개발하기 위해 수년이 걸릴지라도 유효수요가 있을 때 그것에 대비하는 것이 우리의 일이다. GM의 회장 겸 CEO인 도너 씨는 그것을 최근에 이런 식으로 설명하고 있다:

> …… 시장의 도전에 대처하기 위해서는 적정한 시간에 적정한 장소에서 그리고 적정한 수량의 적정한 제품을 확보하려는 고객의 필요와 욕구의 변화를 훨씬 앞질러서 인식해야 한다.
>
> 신뢰할 수 있고, 뛰어난 외관을 가지고 있으며, 성능이 좋고, 필요한 수량을 경쟁력 있는 가격으로 판매하기 위해서는 다양한 조건을 만족시켜야 하고 구매자의 기호에도 잘 대응해나가야 한다. 우리가 만들려고 하는 그런 차뿐만 아니라 소비자가 구입하려고 하는 차들을 우리의 차로 설계하는 것이 더욱 중요하다.

창조는 앞으로도 계속된다 1950년대 말과 1960년대 초 시장에 나타난 극적인 사건들은 소비자의 기호가 어떻게 급속하게 변하는지를 보여주는 좋은 예다. 1955년에 자동차 판매가 새로운 고점에 도달했을 때 업계 판매량의 98%는 표준화된 국내 차들이 점유했다. 15만 대 미만인 나머지 2%는 일부 45개의 외국 차와 미국산 소형 차종들이 포함됐다. 1957년에 외국 수입차들과 미국산 소형차들은 총 5%로 증가했다. 1957년, 소형차에 대한 수요는 계속 증가할 것이라는 것이 아직도 분명해 보이지 않았다. 그러나 GM은 한동안 그 가능성을 인정했고, 이런 차들에 대한 설계가 이미 시작되었다. 1952년 초에 쉐보레는 본사 경영진의 승인을 받아 이러한 차의 개발업무를 담당할 연구개발그룹을 만들었다. 그것은 수요가 대량생산을 정당화할 만큼 충분하게 증가했을 경우에 대비하기 위한 것이었다. 이런 움직임은 어떤 의미에서 GM이 1947년 이전에 소형차의 개발을 적극적으로 검토했을 때 이루어진 작업이 투영된 것이다.

코베어의 설계는 1957년 말에 종료되어 1959년 가을에 소개되었다. 다른 제조업체들은 같은 시기에 새로운 소형차를 소개했다. 후에 우리는 뷰익 스페셜, 올즈모빌 F-85, 그리고 폰티악 템페스트를 포함한 다른 라인들을 추가했는데, 모두 1960년에 소개되었다. 쉐비 Ⅱ는 1961년에, 그리고 쉐벨은 1963년에 소개되었다. 소형차는 낮은 초기비용과 운영비를 원하는 경제마인드가 있는 고객에게 어필하기 위해 설계되었다. 그러나 다소 모순되게도 고객은 안락, 편리성, 표준 규격 차들의 스타일링에 대한 기호를 잃지 않았다는 것이 분명해졌다. 고객은 이전에 일반적인 크기의 자동차에서 가졌던 더 좋은 내부 시설, 편리하고 유용한 액세서리들, 자동변속기나 파워 스티어링 같은 장비, 파워 브레이크를 갖춘 소형차를 주문하고 있었다. 코베어 몬자는 1960년에 출시되었는데 자동변속기, 1인용 좌석, 특수 실내장식, 고급 트림이라는 특징을 가지고 있었다. 그것은 도입 시부터 코베어 판매량의 거의 절반을 차지했다. 게다가 고객이 표준 차들에서 이용 가능했던 같은 범위의 모델들과 유사한 차체 스타일을 가진 소형차들을 원했다는 것이 곧 분명해졌다. 즉, 그들은 2도어와 4도어 세단뿐만 아니라 하드톱, 컨버터블, 스테이션왜건을 원했다. 광범한 표준규격 차들에 이들 소형차들의 추가는 고객에게 전례 없이 다양성을 가진 모델의 자동차를 선택할 수 있도록 하였다.

1950년대 말과 1960년대 초는 덮개 차가 주역으로 등장했을 때로, 1920년대 이래로 자동차시장에서 확실하게 가장 극적인 변화를 보였던 때다. 모델 T는 종말을 고하고, 차의 업그레이드가 시작됐다. 나는 자동차시장에서 나타난 과거 수년간의 사건들이 우리가 1921년에 만들었던 GM의 제품정책의 효과를 입증했다고 생각한다. GM의 사장인 존 고든John Gordon은 최근에 "모든 소득계층과 용도에 맞는 자동차"라는 우리의 슬로건은 여전히 적절하다고 말했다. 실제로 우리는 결코 오늘날 우리가 하는 것보다 더 큰 다양성과 선택을 우리의 고객에게 제공할 수는 없다. 1963년 모델연도에서 업계는 429종의 미국산 차 모델들을 제공했는데, 그에 비해 1955년에는 272종의 모델들을 제공했다. GM은 1963년에 유일하게 138종의 모델들을 가지고 있었는데, 이와 비교하여 1955년에는 85종의 모델들을 가지고 있었다. 이에 대해 고든은 말했다. "우리가 현재 제공하는 이용 가능한 모든 색상과 동력지원장치, 에어컨 장치, 젖혀지는 운전대 등 모든 선택적 장비와 액세서리를 고려할 때 우리는 적어도 이론상으로 어떤 두 개의 차를 정확하게 거의 똑같이 만들지 않고 전체 연도의 생산을 끝낼 수 있었다. 우리의 목표는 단지 모든 소득계층과 용도에 맞는 자동차가 아니라 모든 소득계층, 용도, 사람에게 맞는 자동차를 제공하는 것이었다고 말할 수 있다."

소형차를 향한 추세는 1957년 이후에 명백히 가시화되었다. 1959년에 외국 수입차들은 미국 내에서 자동차 매출의 10%를 차지했다. 반면에 미국산 소형차들은 추가적으로 자동차 매출 중 10%를 차지했다. 1959년 이후에 외국 수입차들은 상대적으로 중요성이 떨어졌고, 1963년에 시장 전체의 약 5%를 차지했다. 그러나 미국산 소형차는 계속적으로 증가했고, 1960년 이후에는 시장 전체의 약 3분의 1을 차지했다. 그러는 동안 이전의 저가 모델의 일부는 중간그룹에서 기반을 구축하게 되었다.

이러한 추세에 직면하여 국내 제조업체의 일부는 전통적으로 중간가격대로 불렸던 분야에서 그들의 제품을 감소시켰다. 1957년 말에 소개된 엣셀은 1959년에 단종되었다. 크라이슬러에서 오랜 역사를 가진 데 소토는 1960년에 단종되었다. 그리고 머큐리, 특정 닷지 모델들, 그리고 아메리칸 모터스American Motors의 앰배서더는 소형화되고 장비도 줄였다. GM에서는 중간가격대에서 대략 동일한 중량, 크기, 모델의 총수로 우리의 표준규격 차들을 유지하는 동시에 이들 라인에 소형차를 추가하기로 결정했다.

자동차는 우리 사업의 90%를 차지하고 있지만 각 사업운영이나 잠재적 사업운영은 독립된 문제로 취급된다. 우리는 제조할 제품에 대해 경직된 정책을 갖고 있지는 않지만, 사업의 중심에 자동차가 있다. 우리의 제품에 대한 결정은 당연히 부분적으로 경험에 의존한다. 일부 제품들에 대한 실제의 경험에서 그것들이 우리의 경영기술에 잘 맞지 않는다고 판단되는 경우도 있다. 이런 경우에 우리는 그런 활동에서 철수한다.

예를 들어 1921년에 우리는 농업용 트랙터사업에서 철수하는 것이 최선이라는 것을 알았다. 왜냐하면 우리는 그 분야에서 특별한 공헌을 할 수 있다고 믿지 않았기 때문이다. 그 이후에 우리는 계속적으로 비행기, 가정용 라디오, 유리 및 화학제품을 제조하는 회사에서 지분을 포기했다.

우리는 엔지니어링과 대량생산에서 우리의 노하우를 살려 항공기 엔진과 디젤엔진으로 진출하여 새로운 가치를 창출했다. 우리는 기관차에 넣을 새로운 개념의 디젤엔진인 2사이클 엔진을 개발했고, 미국 철도에 대변혁을 일으켰다. 우리는 그것에 대해 많은 고객이 심각한 재정상황이나 파산에 처했을 때, 그리고 그들 중 대다수가 총체적으로 혁신에 무관심하게 보였을 때 이런 입증되지 않은 제품에 한 번에 수백만 달러를 쏟아 부었다. 그렇게 하여 결과적으로 철도회사가 지급능력을 되찾을 수 있도록 했다. 이것은 오늘날 철도회사 경영진들도 인정하고 있는 사실이다.

우리의 어떤 제품시장에서도 타사를 매수함으로써 우리가 이룬 것과 같은 중요한 위상을 확보한 적은 없다. 자동차, 가전냉장고, 디젤기관차, 항공기엔진 등 일반적으로 우리는 매우 이른 단계에서 우리의 관련된 활동들 각각에 진출한 다음 우리의 제품에 대한 시장을 개발하기 위해 노력했다. 우리는 사업을 매수하는 것이 아니라 만들어왔던 것이다.

GM이라는 조직을 설명함에 있어서 "조직은 하나의 완성품이다"라고 생각한다는 인상을 남겨주고 싶지 않다. 어느 회사도 변화를 멈춘 적이 없다. 변화는 싫든 좋든 온다. 또한 "조직은 스스로 자동적으로 돌아간다"고 생각한다는 인상을 남겨주고 싶지 않다. 조직은 의사결정을 하지 않는다. 조직의 기능은 정해진 기준에 근거해 그 안에서 질서 있는 방법으로 의사결정이 이루어질 수 있도록 틀을 제공하는 것이다. 개인들은 의사결정을 하고, 그것들에 대해 책임을 진다. 내가 경영일선에서 은퇴한 이래로 다년간에 걸쳐 GM에서 의사결정을 한 사람들은 상당히 복잡한 문제들에 맞서서 눈부신 성공 기록을 세웠다. 경영의 과제는 공식을 적용하는 것이 아니라 사례별로 과제들에 유연하게 대처해나가는 것이다. 의사결정 과정에서 고정되고 경직된 규칙이 건전한 사업적 판단을 대체할 수는 없다.

이 책에서 내가 그려낸 최종제품은 '효율성efficiency'이다. 그 개념은 광의로 사용되고 있다. 나는 GM의 효율성과 성장은 우리의 경쟁이 치열한 경제체제와 상호 관련되어 있다는 생각을 가지고 있다. 그리고 나는 회사들이 규모가 크다는 것 때문에 공격을 받는다면 그 공격에 대한 당연한 귀결은 효율성에 대한 공격이 되어야 한다는 생각을 가지고 있다. 만약에 우리가 효율성을 비난한다면 미국이 어떻게 전 세계 경제에서 경쟁할 수 있겠는가?

나 자신의 이야기를 한다면, 나의 일은 이미 끝났다. 오래전인 1946년에 일흔한 살로 CEO에서 물러난 후 이사회의 의장으로서 계속 남아 있긴 했지만 나의 책무는 줄어들었다. 1956년에 나는 명예회장이 되었다. 그때부터 나는 재무위원회, 보너스와 봉급위원회, 이사회에만 참여해왔다. 이사회에서는 세월의 흐름을 통감한다. 큰 변혁의 물결이 밀려들어 인적 구성에 영향을 주고 있다. 과거에 회사 주식의 25%를 차지했고 회사에 큰 기여를 했던 듀퐁사는 이미 이사회에서 떠났다. 많은 구세대 멤버들은 고인이 되었다. 이전부터 GM의 대주주로 경영진에 남아 있는 구세대들, 즉 모트 씨, 프랫 씨, 브래들리 씨, 헌트 씨, 맥러플린 씨, 피셔 씨 그리고 내가 현실적으로 이사회와 위원회 멤버로서 오랫동안 일할 수는 없다. 우리가 경영을 하고 있는 임원진으로서 친밀한 관계를 가지고 오랫동안 맡아왔던 책임은 다른 사람들에게 인계되었거나 곧 인계되어야 한다. 각각의 새로운 세대는 자동차시장에서, 기업의 일반관리에서 그리고 변화하는 세상에서 회사와 관련된 변화에 대응해야 한다. 현재의 경영진에게서 그 일이 바로 시작되고 있다. 그 문제들 중 일부는 나의 시대에 접했던 것들과 유사하지만, 일부는 내가 결코 꿈도 꾸지 못했던 문제들이다. 창조의 작업은 계속되고 있다.

역자 후기

이 책은 20세기 전반 미국 제너럴 모터스를 세계 최고의 기업으로 키운 전설적인 경영자 앨프리드 P. 슬론 2세의 GM 시절에 대한 회고록이다. 출간되자마자 베스트셀러가 되었고, 아직까지도 꾸준히 읽히고 있는 최고의 경영학 고전 중 하나로 '제조업자의 바이블'이라고도 불린다. 그래서 항상 경영학의 고전 리스트의 상위권에 랭크되고 있는 경영의 기본서로 현대 경영교육 분야의 기념비적 텍스트로 평가받고 있다. 좋은 영화의 DVD를 보면 영화를 만들기까지의 과정을 담은 '메이킹 필름Making Film'이 포함되어 있는 것을 볼 수 있다. 이 책은 책으로서는 특이하게도 이 책의 대필자였던 존 맥도널드가 2003년에 『대필자의 회고록a ghost's memoir』이라는 책을 써서 '메이킹 북Making Book'을 만들었는데, 이는 이 책의 위상을 단적으로 알려주는 예라고 할 수 있다.

이 책은 얼핏 보기에 출간된 지 오래된 책으로 시의성이 없어 보이나 아직도 유효하다는 것은 의문의 여지가 없다. 왜냐하면 이 책에서 우리는 현대경영의 기본원리가 나오게 된 많은 유래를 찾을 수 있는 동시에 많은 아이디어를 얻을 수 있기 때문이다. 사실상 우리가 오늘날 사용하는 있는 많은 경영원리와 기법은 20세기 전반기에 개발되어 기본원리로 구축된 것이다. 우리가 아주 어려운 처지에 있을 때 그에 대처하는 방법으로 "기본으로 돌아가라Return to basics"는 명구를 많이 사용한다. 경영에서 기본으로 돌아가기 위해서는 20세기 전반기에 개발된 경영원리와 기법을 참조할 수밖에 없다. 그 후에 나온 경영기법들은 경영원리라기보다는 시류에 따른 기법이 많이 소개되었고, 그 결과 대부분이 경영의 기본원리로 자리를 잡지 못했다고 해도 과언이 아니라고 생각한다. 그래서 현대를 대표하는 경영자 중의 한 명인 빌 게이츠는 이 책을 자기가 가장 좋아하는 경영서favorite business book라고 하면서 비즈니스서적을 단 한 권만 읽기를 원한다면 주저 없이 이 책을 권한다고 말하고 있다. 그럼에도 불구하고 유감스럽게도 우리나라에서는 이 책뿐만 아니라 저자인 슬론에 대해서도 잘 알려져 있지 않다. 그것은 추측건대 이 책의 번역판이 나오지 않은 것이 그 원인 중의 하나가 아닌가 한다.

전술한 바와 같이 이 책의 초판은 1964년에 출간되었다. 그 후 1999년에 초판에 삽입되었던 많은 사진들을 삭제하는 대신 왜 이 책이 필독서가 되어야 하는가를 서술한 피터 드러커의 추천사를 수록하여 재출간했는데, 번역은 바로 이 1999년에 나온 판본을 가지고 하였다. 이 책은 24장으로 되어 있는데 1부와 2부로 나뉘어 1부에 11개장, 2부에 13개장이 배치되어 있다.

이 책에 대한 소개는 피터 드러커의 추천사로 충분히 대체할 수 있기 때문에 역자가 다시 길게 소개할 필요는 없다고 생각한다. 드러커는 슬론에게 책 제목을 『전문경영자: GM과 함께한 40년에서 얻은 교훈』으로 하자고 제안했다고 한다. 사실 이 책은 기업제국 GM의 창업과 수성에 관련된 경영이야기를 기록하고 있지만, 한마디로 전문경영자가 된다는 것은 무엇을 의미하는지를 후세에 제시하기 위하여 GM에서의 그의 경영활동을 모범으로서 보여주고 있다. 따라서 주요 내용은 GM의 경영과 발전에 관한 것으로 되어 있는데, 경영의 원리principle of management뿐만 아니라 기업의 기능적 분야의 관리도 망라하고 있다. 책 전체를 관통하여 보여주고 있는 핵심적인 메시지는 "조화롭고 균형 잡힌 통제하의 분권화된 운영"이다. 즉, 다양한 집단이 모인 거대한 자동차회사를 어떻게 하나로 통합하여 효율적이고 수익성 있게 만들 수 있는지에 대한 아이디어를 제공하고 있다. 한편으로 이 책을 통하여 자동차산업이 세상의 경제와 문화 발전에 얼마나 큰 영향을 주었는가도 알 수 있다. 사실상 자동차산업에서 발전한 기술이 다른 산업, 즉 항공기, 기차, 선박 등 운송수단뿐만 아니라 냉장고, 에어컨 같은 가전제품의 발전에 엄청난 기여를 했고, 그 결과 현재 우리가 편리하고 안락한 생활을 하는 데 크게 공헌했음을 보여주고 있다.

이 책의 제목을 보면 자서전으로 보이나 슬론의 신상과 관련된 이야기는 거의 없다. 다만 하나의 사례연구로 GM의 창업 후 빌리 듀랜트를 끝내 퇴출시킨 1920년의 기업실패 후에 여러 가지로 곤경에 빠져 헤매고 있던 상황에서 GM호의 키를 잡은 슬론의 경영이야기가 주된 내용이다. 즉, "모든 소득계층과 용도에 맞는 자동차"전략을 사용하여 자동차업계의 코끼리로 그 누구도 극복할 수 없다고 생각했던 포드의 아성을 무너뜨리고 GM이 자동차업계의 선두주자로서뿐만 아니라 미국산업계의 최고의 기업으로 우뚝 서가는 과정을 그리고 있다. 슬론은 "GM에 좋은 것은 미국에도 좋다"라는 말이 나올 정도로 GM을 미국의 대표적 기업으로 만들었다. 그래서 만약 슬론이 있었다면 GM이 현재처럼 어려움에 빠지지는 않았을 것이라는 평가를 하기도 한다. 스티브 포브스와 존 프레바스는 그들의 저서 『권력자들Power Ambition Glory』에서 슬론을 팍스 로마나를 가져온 로마황제 아우구스투스와 비교하고 있다. 즉, "무분별하게 영토사업를 확장하지 않았고, 제국기업이 안정된 궤도로 돌아갈 수 있는 토대를 마련했으며, 자신을 도와줄 유능한 인재를 가까이 뒀다. 신중하고 겸손했으며 분별 있게 행동했다. 두 사람이 운영할 때 제국기업은 가장 큰 경제적 풍요를 누렸다"고 평가하고 있다.

슬론은 20세기에 가장 성공적인 제조-판매기업의 전형으로 간주되는 GM을 경영했던 인물로 '현대 경영이론의 아버지', '근대기업의 아버지', 'GM 중흥의 아버지', '경영의 귀재' 등으로 불린다. 어떤 평자는 슬론 이후의 뛰어난 경영자로 알려진 잭 웰치를 비롯한 대부분의 경영자들이 그의 DNA를 물려받았다고 말한다. 이에 따라 「포춘」은 그를 헨리 포드, 톰 왓슨, 빌 게이츠와 함께 20세기의 기업가Businessman of the Century로 선정했다. 또한 그를 '진정한 전문경영자 제1호'라고도 한다. 전문경영자로서 슬론은 마치 GM의 소유주인 것처럼 회사의 발전을 위해 헌신적으로 봉사했다. 슬론의 대표적 경영철학은 '사실에 입각한 신중한 의사결정'이다. 이를 통해 회사가 위험에 빠지지 않고 안정적으로 성장하는 것을 매우 중시했다. 그래서 회사 전반을 꼼꼼히 챙겼다. 슬론은 그 유명한 '작고 검은 수첩'에 철저히 메모하고 사실을 확인했다고 한다. 이 책에서 나오는 수많은 서신, 메모 등을 보면 최대기업의 CEO가 어떻게 저렇게까지 할 시간과 에너지가 있었을까 하는 의문이 들 정도다. 사실 그는 회사경영 이외에는 아무 취미도 없었고, 술이나 담배는 물론 골프도 치지 않았다고 한다. 정말로 그는 전문경영자는 하인이 되어야 한다는 교훈을 우리에게 몸소 보여주고 있다.

번역하는 과정에서 이 책이 아직까지 한국에서 번역되지 못한 이유를 어렴풋이 알게 되었다. 양의 방대함뿐만 아니라 원문 자체가 어려웠다. 특히 슬론은 사실에 입각한 경영을 해야 한다는 강력한 주장을 하고 있는 것과 같이 이 책을 서술함에 있어서도 자기 주장의 객관성을 증명하기 위하여 당시에 주고받은 많은 서신, 이사회 의사록, 비망록 등을 인용하고 있는데, 이 부분들이 특히 번역에 어려움을 주었다. 또한 슬론은 철두철미한 성격으로 단어, 문장, 기호의 표현 하나하나에 세

심한 신경을 쓰고 있음을 느꼈다. 이런 저자의 뜻을 헤아려 가능한 한 원문에 충실하려 했다. 그리고 번역의 정확성을 기하기 위해 일본에서 2003년에 신역으로 나온 번역서아리가 유코 역, 『GM과 함께』, 다이아몬드, 2007를 참조하였다, 원서에는 대부분의 장에서 절에 해당하는 부분이 표시되어 있지 않으나 일본 번역서에는 역자가 나름대로 절에 해당하는 부분을 임의로 만들어 제목을 달아놓았는데 독자들의 가독성을 높이기 위해 이를 활용하였음을 밝힌다.

이 책을 내면서 최고의 경영서를 제대로 번역하지 못해 누를 끼치는 것이 아닌가 하는 두려움이 앞선다. 이런 일급 경영서의 번역서라면 이미 오래전에 우리나라에서 출판되었어야 한다고 생각한다. 일본은 1967년에 초역했고다나카 유지 · 카노 사타코 · 이시카와 박우 공역, 『GM과 함께』, 다이아몬드사, 2003년에 다시 신역이 나왔다. 대만은 1971년에 초역이 나왔고채진송 역, 『나와 제너럴 모터스』, 협지공업총서, 중국은 2004년에 초역이 나왔는데류신 역, 『내가 제너럴 모터스에 있던 세월』, 경화출판사, 우리나라는 아직까지 번역판을 갖고 있지 못하다는 안타까움과 하루라도 빨리 번역판이 나와야 한다는 일종의 사명감이 앞서서 부족함이 많은 줄 알면서 감히 용기를 내어 출간함을 독자들께서 양해해주시고, 혹시나 바로 잡을 곳이 있을 시에는 역자에게 알려주시면 감사하겠다. 부디 이 책이 많이 읽혀 우리나라의 경영학계나 실무계에 도움이 되었으면 하는 마음이 간절하다.

이 번역본은 우여곡절을 거쳐 나왔다. 역자가 이 책에 관심을 갖게 된 것은 미국회계학회 저널인 「Accounting Review 1984년 7월호」에 게재된 로버트 캐플란Robert Kaplan의 논문 「관리회계의 발전The Evolution of Management Accounting」을 읽으면서부터다. 이 논문에서 경영통제의 역사적 발전을 서술한 부분에서 슬론의 책을 인용하고 있어 관심을 갖게 되었다. 그래서 당시 우리나라에 이 책의 번역판이 있는가를 찾아보았는데 아쉽게도 발견할 수 없었다. 그 후 친구인 홍익대 경영학과 신홍철 교수로부터 유학 시 이 책을 관리회계의 필독서로 추천받았다는 얘기를 들었다. 또한 1970년대에 일본인들이 이 책을 집중적으로 읽고 연구했다는 것도 알게 되면서 관심을 더하게 되었다. 그 후 한동안 잊고 있다가 1999년에 빌 게이츠가 쓴 『생각의 속도』를 읽다 보니 전술한 바와 같이 이 책을 최고의 경영서로 추천하고 있었다. 그래서 다시 관심을 갖게 되었고, 지금쯤은 번역판이 나와 있지 않을까 하고 확인해보니 나와 있지 않았다.

이즈음에 북코리아 이찬규 사장님을 만나서 이 이야기를 했더니 이 책의 번역출판을 맡고 싶다고 했는데, 판권을 이미 누가 가지고 있어서 이루어지지 못했다. 이후 2007년에 판권이 반납되었는데, 그것을 한국방송통신대학교출판부가 받아서 번역 프로젝트가 시작되었다. 번역작업을 맡은 시점이 교무처장이라는 바쁜 보직을 수행하고 있는 시점과 중복되어 지연되었다가 2012년에 1년간 캐나다의 브리티시컬럼비아대학교UBC에 객원교수로 가게 되어 이때 집중적으로 작업을 하여 마무리하였다. 그 후 사정이 있어 출판사를 북코리아로 옮겨 출판하게 되었다.

이 책의 번역출판은 여러분의 도움이 있어 가능했다. 우선 어려운 가운데도 쾌히 출판을 맡아주신 북코리아 이찬규 사장님, 그리고 이 작업의 출발을 가능하게 해주신 한국방송통신대학교 출판문화원 김정규 팀장님에게도 감사를 드린다. 또한 번역과정에서 나타난 의문점에 대해 여러 차례 자문을 해주신 학과 동료 김성영 교수님, 그리고 교정에 참여해준 서울대학교 경영학 박사과정에 재학 중인 권세원 석사와 안혜진 석사의 도움에 감사를 표한다. 오류의 교정과 문장의 개선에 많은 도움을 받았다. 장문의 읽기 어려운 원고를 다시 검토하여 개선시켜주시고 편집을 해주신 북코리아 편집진의 노고에도 감사를 드린다. 또한 역자를 학계로 이끌어주시고 항상 든든한 정신적 지주로 학문의 길을 갈 수 있는 힘을 주시고 계신 은사 이정호 교수님서울대 경영대 명예교수께 깊은 감사를 드린다. 초임교수 시절부터 번역의 중요성을 일깨워주시고 평소 교수가 바쁘기는 하지만 하루 한 페이지를 번역하면 1년이면 365 페이지가 된다고 하시면서 의지만 있으면 충분히 할 수 있다고 말씀하시곤 하셨는데, 이번에도 그 가르침이 번역을 시작할 수 있도록 용기를 주었음을 밝히고 싶다. UBC에서 안식년을 가질 수 있는 기회를 마련해 주셔서 번역 작업을 끝낼 수 있도록 도움을 주신 박경애 교수님께도 감사를 드린다. 마지막으로 모처럼 외국에서의 안식년 기간인데 거의 9개월 동안 꼬박 대학도서관UBC Golden Jubilee Room에 나가 번역에 매달려 같이 간 가족들아내와 근보 · 혜원과 함께하지 못했다. 이 기회에 이해해주고 격려해준 가족들에게도 고마운 마음을 전한다.

역자 심재영

E-mail: jyshim@knou.ac.kr

부록

제너럴 모터스 코퍼레이션 사업부별 승용차 및 트럭의 총 판매량

연도	미국 공장의 생산량								캐나다 공장의 생산량	미국과 캐나다 합계	해외공장의 생산량				회사 총계
	뷰익 (마케트)	캐딜락 (라살)	쉐보레	올즈모빌 (바이킹)	폰티악 (오클랜드)	GMC 트럭(c)	기타	미국 소계			브라질	홀든	오펠	복스홀	
1909(a)	14,140	6,484	-	1,690	948	372	1,047	24,681	-	24,681	-	-	-	-	24,681
1909(b)	4,437	2,156	-	336	157	102	442	7,630	-	7,630	-	-	-	-	7,630
1910	20,758	10,039	-	1,425	4,049	656	2,373	39,300	-	39,300	-	-	-	-	39,300
1911	18,844	10,071	-	1,271	3,386	293	1,887	35,752	-	35,752	-	-	-	-	35,752
1912	26,796	12,708	-	1,155	5,838	372	2,827	49,696	-	49,696	-	-	-	-	49,696
1913	29,722	17,284	-	888	7,030	601	1,745	57,270	-	57,270	-	-	-	-	57,270
1914	42,803	7,818	-	2,254	6,105	708	1,896	61,584	-	61,584	-	-	-	-	61,584
1915	60,662	20,404	-	7,696	11,952	1,408	266	102,388	-	102,388	-	-	-	-	102,388
1916	90,925	16,323	-	10,263	25,675	2,999	-	146,185	-	146,185	-	-	-	-	146,185
1917	122,262	19,759	-	22,042	33,171	5,885	-	203,119	-	203,119	-	-	-	-	203,119
1918	81,413	12,329	52,689	18,871	27,757	8,999	1,956	204,014	1,312	205,326	-	-	-	-	205,326
1919	115,401	19,851	117,840	41,127	52,124	7,730	13,334	367,407	24,331	391,738	-	-	-	-	391,738
1920	112,208	19,790	134,117	33,949	34,839	5,137	30,627	370,667	22,408	393,075	-	-	-	-	393,075
1921	80,122	11,130	68,080	18,978	11,852	2,760	6,493	199,415	15,384	214,799	-	-	-	-	214,799
1922	123,048	22,021	223,840	21,505	19,636	5,277	4,355	419,682	37,081	456,763	-	-	-	-	456,763
1923	200,759	22,009	454,386	34,721	35,847	6,968	120	754,810	43,745	798,555	-	-	-	-	798,555
1924	156,627	17,748	293,849	44,309	35,792	5,508	-	553,833	33,508	587,341	-	-	-	-	587,341
1925	196,863	22,542	481,267	42,701	44,642	2,865	-	790,880	45,022	835,902	-	-	-	-	835,902
1926	267,991	27,340	692,417	57,862	133,604	-	-	1,179,214	55,636	1,234,850	-	-	-	1,513	1,236,363
1927	254,350	34,811	940,277	54,888	188,168	-	-	1,472,494	90,254	1,562,748	-	-	-	1,606	1,564,354
1928	218,779	41,172	1,118,993	86,235	244,584	-	-	1,709,763	101,043	1,810,806	-	-	-	2,587	1,813,393
1929	190,662	36,698	1,259,434	101,579	211,054	-	-	1,799,427	99,840	1,899,267	-	-	-	1,387	1,900,654
1930	121,816	22,559	825,287	49,886	86,225	-	-	1,105,773	52,520	1,158,293	-	-	26,312	8,930	1,193,535
1931	91,485	15,012	756,790	48,000	86,307	-	-	997,594	35,924	1,033,518	-	-	26,355	14,836	1,074,709
1932	45,356	9,153	383,892	21,933	46,594	-	-	506,928	18,799	525,727	-	-	20,914	16,329	562,970
1933	42,191	6,736	607,973	36,357	85,772	-	-	779,029	23,075	802,104	-	-	39,295	27,636	869,035
1934	78,327	11,468	835,812	80,911	79,803	-	-	1,086,321	42,005	1,128,326	-	-	71,665	40,456	1,240,447
1935	106,590	22,675	1,020,055	182,483	172,895	-	-	1,504,698	59,554	1,564,252	-	-	102,765	48,671	1,715,688
1936	179,279	28,741	1,228,816	186,324	180,115	-	-	1,803,275	63,314	1,866,589	-	-	120,397	50,704	2,037,690
1937	225,936	44,724	1,132,631	211,715	231,615	-	-	1,846,621	81,212	1,927,833	-	-	128,370	59,746	2,115,949
1938	175,369	28,297	655,771	94,225	99,211	-	-	1,052,873	56,028	1,108,901	-	-	139,631	60,111	1,308,643
1939	230,088	38,390	891,572	158,005	169,320	-	-	1,487,375	55,170	1,542,545	-	-	122,856	61,454	1,726,855

1940 …………	310,823	40,206	1,135,826	213,907	249,380	-	-	1,950,142	75,071	2,025,213	-	-	-	55,353	2,080,566
1941 …………	317,986	60,037	1,256,108	231,788	283,885	-	-	2,149,804	107,214	2,257,018	-	-	-	43,010	2,300,028
1942 …………	18,225	2,865	166,043	14,262	16,409	-	-	217,804	83,686	301,490	-	-	-	47,316	348,806
1943(d) ………	-	-	60,257	-	-	30,187	665	91,109	61,437	152,546	-	-	-	41,598	194,144
1944(d) ………	-	-	71,631	-	-	152,530	66	224,227	54,312	278,539	-	-	-	38,493	317,032
1945 …………	2,337	933	102,896	3,183	5,301	115,279	-	229,929	45,644	275,573	-	-	-	32,471	308,044
1946 …………	153,733	27,993	662,952	112,680	129,700	36,393	-	1,123,451	51,997	1,175,448	-	-	-	53,586	1,229,034
1947 …………	268,798	59,652	1,037,109	192,684	221,747	65,895	-	1,845,885	85,033	1,930,918	-	-	-	61,453	1,992,371
1948 …………	273,845	65,714	1,166,340	193,853	254,684	97,306	-	2,051,742	94,563	2,146,305	-	112	-	74,576	2,220,993
1949 …………	397,978	82,043	1,487,642	282,734	335,820	86,677	-	2,672,894	91,503	2,764,397	-	7,725	40,058	84,168	2,896,348
1950 …………	554,326	109,515	2,009,611	397,884	469,465	112,557	-	3,653,358	158,805	3,812,163	-	20,113	72,568	87,454	3,992,298
1951 …………	405,880	104,601	1,555,856	286,452	347,057	129,644	-	2,829,490	186,996	3,016,486	-	25,177	77,594	77,877	3,197,134
1952 …………	315,301	95,420	1,200,589	224,684	275,145	123,258	-	2,234,397	199,763	2,434,160	-	31,945	83,282	79,813	2,629,200
1953 …………	481,557	104,999	1,839,230	323,361	414,413	113,026	-	3,276,586	219,413	3,495,999	-	44,175	110,164	110,141	3,760,479
1954 …………	536,894	122,144	1,749,578	431,462	372,055	83,823	-	3,295,956	153,808	3,449,764	-	54,796	164,117	130,951	3,799,628
1955 …………	780,237	153,134	2,213,888	642,156	580,464	106,793	-	4,476,672	161,374	4,638,046	-	63,800	186,999	142,149	5,030,994
1956 …………	535,315	140,340	1,970,610	433,061	334,628	93,787	-	3,507,741	184,981	3,692,722	-	68,893	205,605	123,643	4,090,863
1957 …………	407,546	152,660	1,871,902	390,305	341,875	72,890	-	3,237,178	181,322	3,418,500	-	94,557	228,736	143,573	3,885,366
1958 …………	258,394	126,087	1,543,992	310,909	220,767	66,096	-	2,526,245	186,625	2,712,870	-	110,626	312,873	174,124	3,310,493
1959 …………	232,757	138,610	1,754,784	366,879	389,616	77,371	-	2,960,017	180,216	3,140,233	16,274	115,308	334,444	244,655	3,850,914
1960 …………	304,085	158,719	2,267,759	400,379	447,868	102,567	-	3,681,377	208,357	3,889,734	18,128	140,336	366,817	245,981	4,660,996
1961 …………	292,398	147,957	1,949,111	322,366	362,147	76,333	-	3,150,312	196,407	3,346,719	13,584	112,680	377,258	186,388	4,036,629
1962 …………	416,087	159,014	2,555,081	458,045	545,884	88,712	-	4,222,823	268,624	4,491,447	18,977	133,325	378,878	215,974	5,238,601

(a) — 1909년 9월 30일에 종료되는 회계연도

(b) — 1909년 9월 30일에 종료되는 3개월

(c) — GMC트럭은 1925년 7월 1일부터 1943년 9월 30일까지의 회사 수치에 포함되지 않았다. 당시에는 옐로 트럭 & 매뉴팩처링 컴퍼니의 일부였다.

(d) — 기타. 1909년에서 1923년까지는 카터카, 엘모어, 마퀘트, 랜돌프, 스크립스-부스, 웰치승용차, 그리고 샘슨트럭과 트랙터가 포함되어 있다. 1943년과 1944년 전쟁의 필요로 인해 1942년 2월 10일에 승용차 생산이 중단되기 전에 미국에서 생산된 매출을 나타낸다. 1943년과 1994년 중에 보이는 쉐보레 수치는 트럭 매출만 나타낸다.

재무스태프

1963년 5월 현재

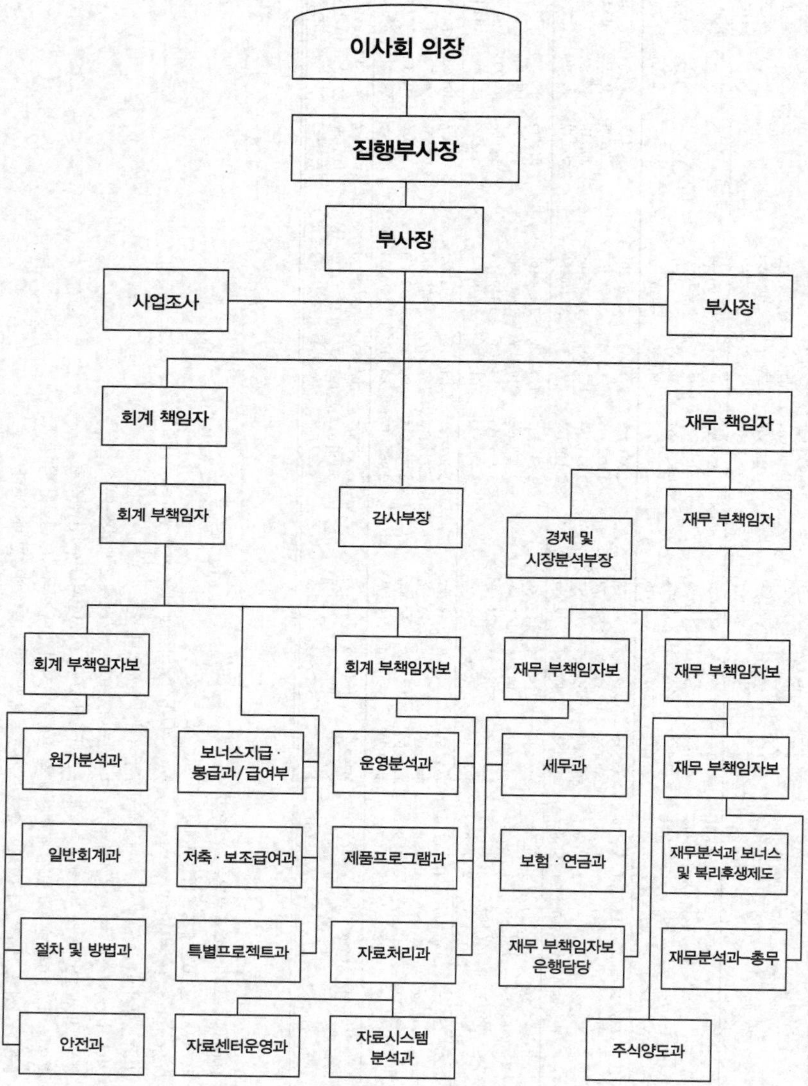

연구소

1963년 7월 현재

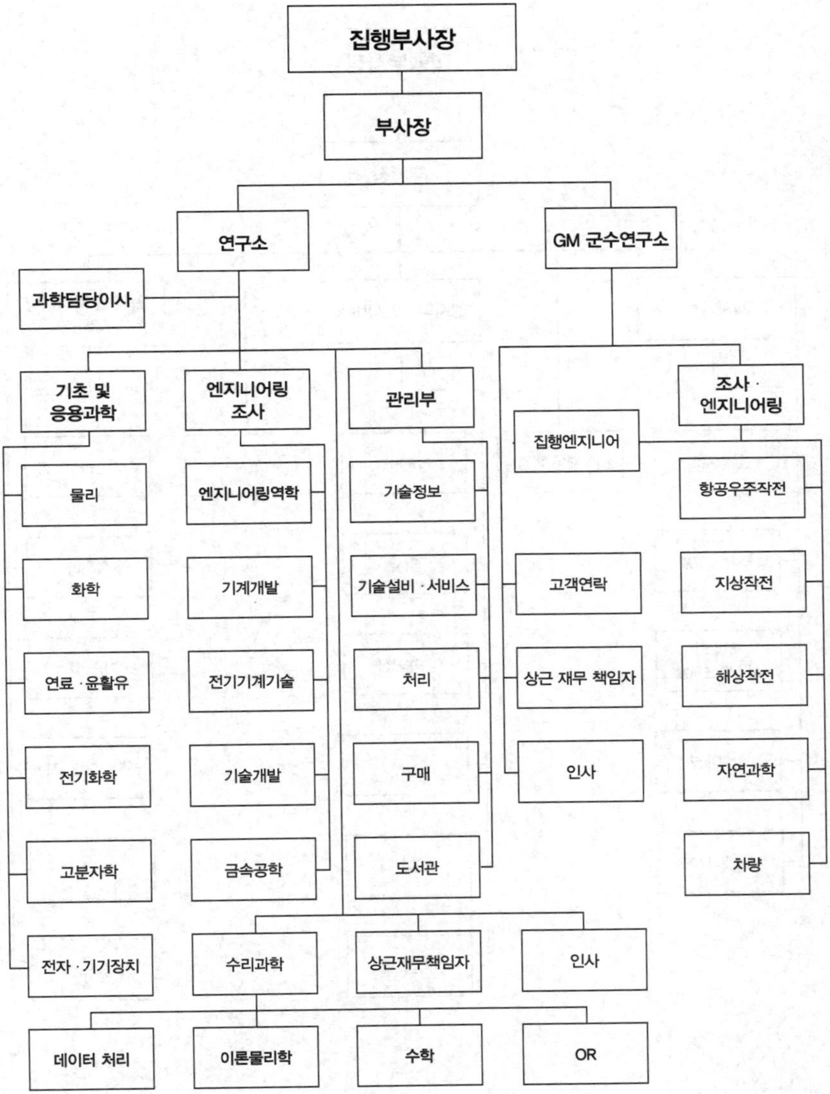

엔지니어링스태프

1963년 6월 현재

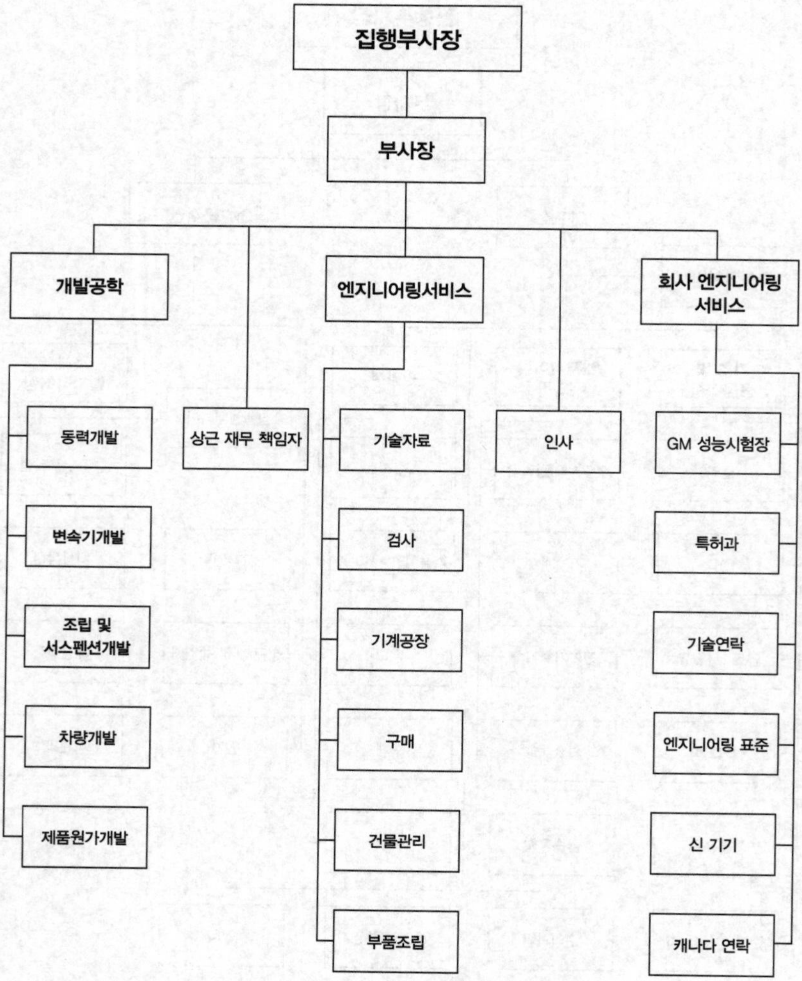

제조스태프

1963년 5월 현재

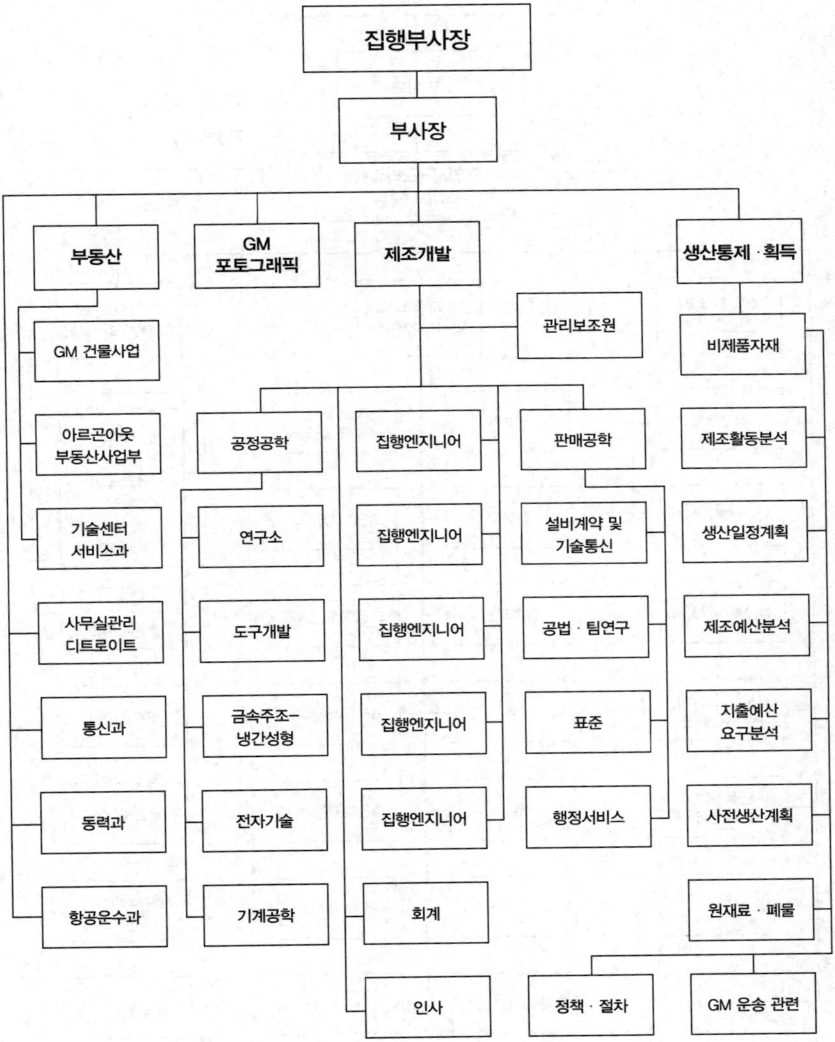

스타일링스태프

1963년 7월 현재

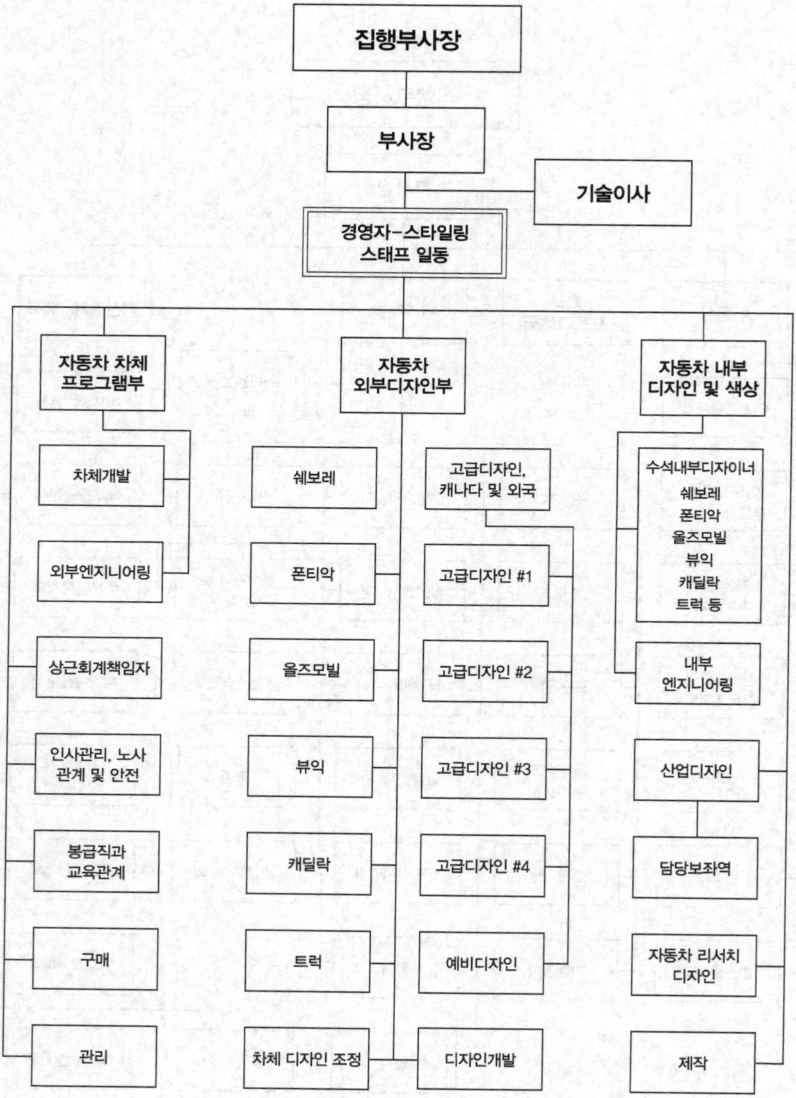

유통스태프

1963년 5월 현재

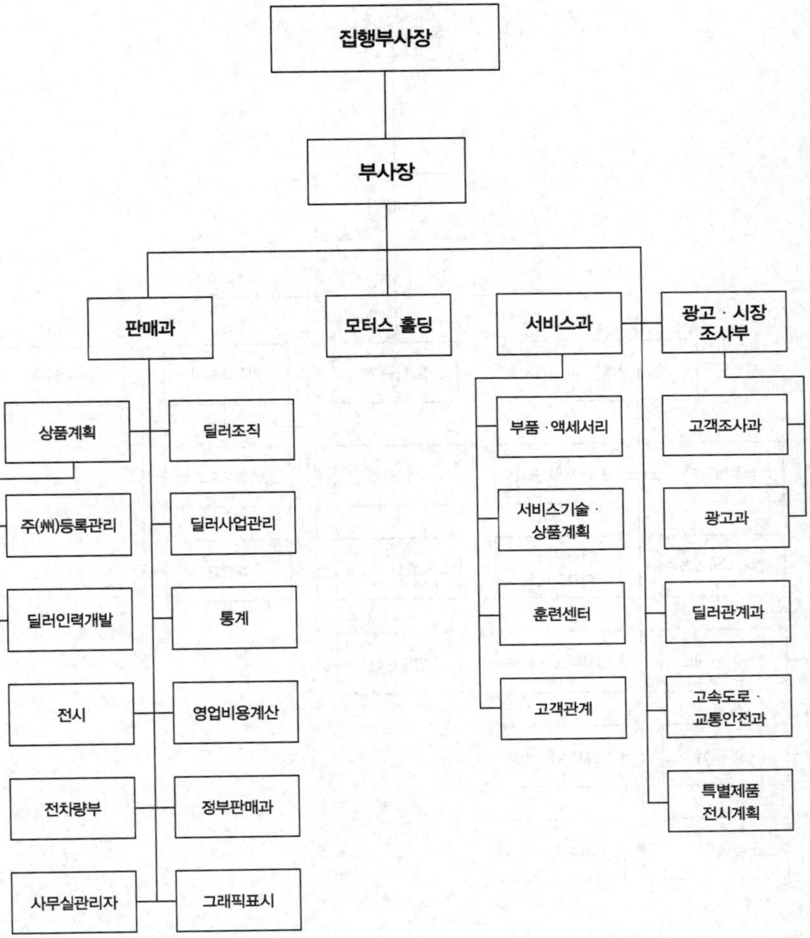

인사스태프

1963년 5월 현재

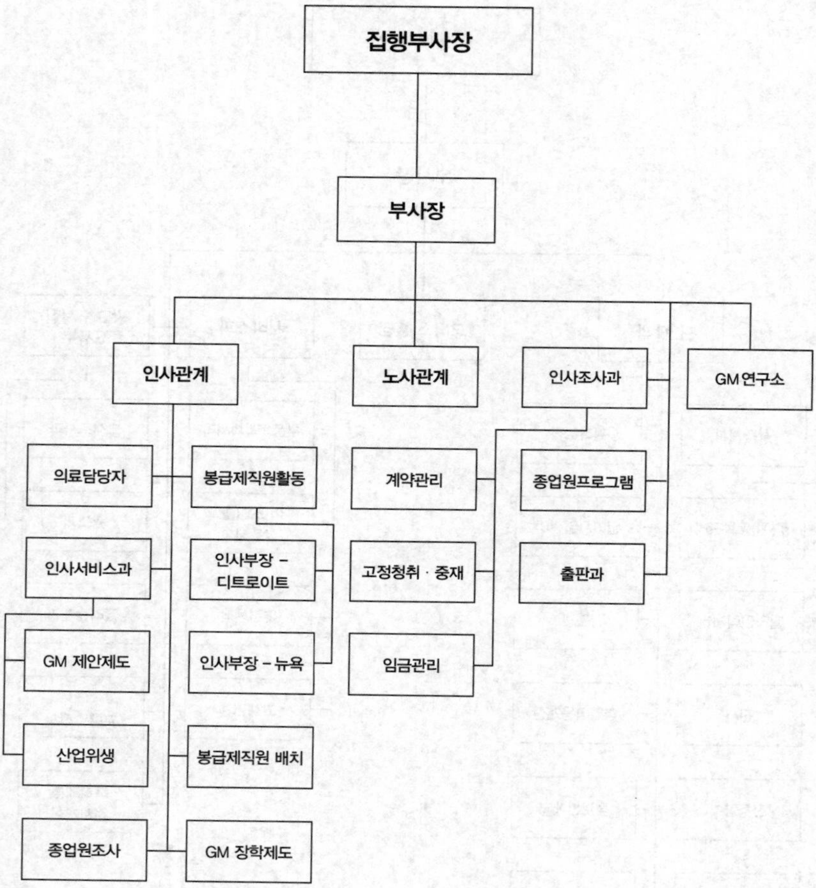

앨프리드 P. 슬론 2세

1875년 미국에서 태어나 MIT를 졸업하고 하얏트 베어링 컴퍼니를 인수하여 성장시킨 후 1918년 제너럴 모터스에 매각한 것을 계기로 제너럴 모터스에 참여했다. 그 후 유나이티드 모터스를 설립했고, 이후 제너럴 모터스 부사장으로 사장인 피에르 듀퐁을 보좌하다가 1923년에 사장 겸 CEO가 되었으며, 1956년까지 자리를 지키며 제너럴 모터스를 미국 최고의 기업으로 키워냈다. 오늘날 우리가 당연시하고 있으나 당시에 창의적이고 혁신적인 경영 개념이나 기법을 고안하여 기업경영의 기초를 만들어 현대기업의 기본골격을 마련했다. 따라서 그는 '현대기업경영의 아버지'로 불린다.

역자 심재영

1983년 이래로 한국방송통신대학교 경영학과 교수로 재직하고 있으며, 회계학과 비영리조직경영 분야의 강의를 담당하고 있다. 경희대학교 경영학과를 졸업하고, 서울대학교 대학원에서 경영학 석사, 경희대학교 대학원에서 경영학 박사학위를 취득했다. 미국 일리노이대학교(UIUC) 객원연구원, 캐나다 브리티시컬럼비아대학교(UBC) 객원교수, 한국정부회계학회 회장과 한국회계학회 상임이사를 역임했다. 주요 연구 및 관심 분야는 정부회계와 비영리조직경영 · 회계로 이 분야와 기업회계 분야에서 다수의 저서와 논문을 가지고 있다.
Hompage: http://faculty.knou.ac.kr/~jyshim/

나의 GM 시절
My Years with General Motors

2014년 10월 20일 초판 1쇄 발행
2015년 7월 5일 초판 2쇄 발행

지은이 앨프리드 P. 슬론 2세 | **옮긴이** 심재영 | **편집** 선우애림 | **교정교열** 정난진
펴낸이 이찬규 | **펴낸곳** 북코리아 | **등록번호** 제03-01240호 | **전화** 02-704-7840
팩스 02-704-7848 | **이메일** sunhaksa@korea.com | **홈페이지** www.북코리아.kr
주소 462-807 경기도 성남시 중원구 사기막골로 45번길 14 우림라이온스밸리2차 A동 1007호
ISBN 978-89-6324-388-7 (93320)

값 25,000원